国家出版基金项目
NATIONAL PUBLICATION FOUNDATION

欧亚历史文化文库
总策划 张余胜
兰州大学出版社

俄蒙关系历史档案文献集

（下册 1636—1654）

丛书主编 余太山
〔苏联〕И. Я. 兹拉特金 主编
〔苏联〕М. И. 戈利曼 Г. И. 斯列萨尔丘克 著
马曼丽 胡尚哲 译

（译自东方文献出版社，莫斯科1974年版）

图书在版编目（CIP）数据

俄蒙关系历史档案文献集 / （苏）戈利曼，（苏）斯列萨尔丘克著 ; 马曼丽，胡尚哲译. -- 兰州 : 兰州大学出版社，2014.5
（欧亚历史文化文库 / 余太山主编）
ISBN 978-7-311-04461-9

Ⅰ. ①俄… Ⅱ. ①戈… ②斯… ③马… ④胡… Ⅲ. ①国际关系史—档案资料—汇编—俄罗斯、蒙古 Ⅳ. ①D851.29②D831.19

中国版本图书馆CIP数据核字(2014)第096096号

总 策 划　张余胜
策划编辑　施援平
责任编辑　马继萌　施援平
装帧设计　张友乾

书　　名　俄蒙关系历史档案文献集(下册 1636—1654)
丛书主编　余太山
作　　者　〔苏联〕И. Я. 兹拉特金　主编
　　　　　〔苏联〕М. И. 戈利曼　Г. И. 斯列萨尔丘克　著
　　　　　马曼丽　胡尚哲　译
出版发行　兰州大学出版社　(地址:兰州市天水南路222号　730000)
电　　话　0931-8912613(总编办公室)　0931-8617156(营销中心)
　　　　　0931-8914298(读者服务部)
网　　址　http://www.onbook.com.cn
电子信箱　press@lzu.edu.cn
印　　刷　兰州人民印刷厂
开　　本　700 mm×1000 mm　1/16
总 印 张　63.5
总 字 数　879千
版　　次　2014年5月第1版
印　　次　2014年5月第1次印刷
书　　号　ISBN 978-7-311-04461-9
定　　价　180.00元(上、下册)

目录

下册（1636—1654）

第1号 / 1

1636年2月8日：外事衙门就准许派出新使团与阿勒坦汗使节一同从托木斯克前往阿勒坦汗处办理其宣誓一事下达给托木斯克总督И.И.罗莫丹诺夫斯基的诏书。

第2号 / 7

1636年2月8日：外事衙门送往阿勒坦汗和达音·梅尔根·兰扎喇嘛处的赏赐清单。

第3号 / 8

1636年4月5日：托木斯克贵族军役人员E.米哈列夫斯基请求自西伯利亚调往莫斯科以嘉奖其忠诚服役事迹呈西伯利亚衙门的申请书摘录以及谈到关于吉尔吉斯人和蒙古人冲突的情况。

第4号 / 10

1636年5月21日：喀山省廷衙门就卫拉特台吉伊森盖和奥尔恰克人（Орчаки）的王公科赫

托贝在托木斯克举行宣誓一事下达给托木斯克总督И.И.罗莫丹诺夫斯基的诏书。

第5号 / 13

1636年7月11日至8月31日：托波尔斯克总督M.M.乔姆金·罗斯托夫斯基就和硕特台吉图鲁拜琥屡次要求交出布哈拉使节卡兹及库楚姆汗家人而与其进行交涉一事呈喀山省廷衙门的报告。

第6号 / 18

1636年7月14日至8月12日：托木斯克总督И.И.罗莫丹诺夫斯基就派遣贵族军役人员赴阿勒坦汗处一事请求提供护送人员及运载马车以护送使臣及礼品至阿勒坦汗处而呈交喀山省廷衙门的报告。

第7号 / 20

1636年8月28日至1637年4月23日：托木斯克军役贵族C.格列切宁和书吏A.萨姆索诺夫使团前往阿勒坦汗处的出使报告。

第8号 / 28

1636年8月28日至1637年4月23日：托木斯克军役贵族Б.卡尔塔舍夫使团前往达音·梅尔根·兰扎喇嘛处的出使报告。

第9号 / 31

1636年9月26日之后：西伯利亚衙门就托波尔斯克军役贵族T.彼得罗夫与额尔德尼·巴图尔珲台吉谈判关于免征巴拉巴乡鞑靼人实物税、归还准噶尔人所擒的俘虏以及派送赏赐给额尔德尼·巴图尔珲台吉等事所草拟的报告文录提要。

第10号 / 35

1636年不早于10月6日至1637年不迟于1月13日：西伯利亚衙门就卫拉特人进犯塔拉并就俄国贵族军役人员击败他们的情况所草拟的报告文录提要。

第11号 / 37

1636年10月8日：托木克斯军役人员M.哈津斯基和库兹涅茨克城堡哥萨克Φ. 彼特罗夫就托木斯克的马匹价格、与卫拉特人经商及西伯利亚诸城粮食储备不足等事在西伯利亚衙门的答问词。

第12号 / 39

1636年10月31日：喀山省廷衙门就和硕特

台吉图鲁拜琥和额尔德尼·巴图尔珲台吉宣誓问题下达给托木斯克总督И.И. 罗莫丹诺夫斯基的诏书文录。

第13号 / 41

1636年11月21日：托木斯克贵族军役人员П.雷赫列夫斯基等人就粮食价格问题及卫拉特人在托木斯克开设马市诸事在西伯利亚衙门的答问词。

第14号 / 42

1637年不迟于2月4日：阿勒坦汗就为其派送贵族军役人员和赏赐并向俄国沙皇效忠等事致沙皇米哈伊尔·费多罗维奇的书信。

第15号 / 44

1637年不迟于2月4日：阿勒坦汗妻儿就送给他们皇赏一事致沙皇米哈伊尔·费多罗维奇的书信。

第16号 / 45

1637年不迟于2月4日：阿勒坦汗兄弟达音诺颜就发放皇赏一事致沙皇米哈伊尔·费多罗维奇的索要赏物书。

第17号 / 46

1637年不迟于2月4日：阿勒坦汗兄弟衮布·叶尔

登诺颜就发放皇赏一事致沙皇米哈伊尔·费多罗维奇的索要赏物书。

第18号 / 47

1637年不迟于2月4日：阿勒坦汗兄弟岱青诺颜就给他遣送皇赏一事致沙皇米哈伊尔·费多罗维奇的索要赏物书。

第19号 / 48

1637年不迟于2月4日：达音·梅尔根·兰扎喇嘛就为沙皇效忠和要求送赏赐一事致沙皇米哈伊尔·费多罗维奇的申请呈文。

第20号 / 50

1637年4月23日至6月5日：托木斯克总督И. И. 罗莫丹诺夫斯基同杜拉尔塔布囊和使臣墨尔根·德噶谈判的文件资料。

第21号 / 56

1637年6月5日至15日：托木斯克И.И.罗莫丹诺夫斯基就阿勒坦汗和达音·梅尔根·兰扎喇嘛的使臣们去莫斯科的放行问题呈喀山省廷衙门的报告。

第22号 / 57

1637年8月27日至31日：塔拉总督Ф.П.鲍里亚金斯基就塔拉哥萨克首领Н.热多夫斯基去图鲁拜琥台吉所在兀鲁思和卫拉特台吉可能来打塔拉一事呈托波尔斯克总督М.М.捷姆金·罗斯托夫斯基的报告。

第23号 / 60

1637年不早于9月6日：秋明总督И.А.利沃夫就卫拉特诸台吉、王子杰弗列特·基列伊诸游牧地情况和军役贵族适时向其发起进攻的情况致托波尔斯克总督М.М.捷姆金·罗斯托夫斯基的报告。

第24号 / 62

1637年10月27日：外事衙门接待阿勒坦汗和达音·梅尔根·兰扎喇嘛的使臣墨尔根·德噶及其同僚的记录。

第25号 / 65

1638年2月18日：沙皇米哈伊尔·费多罗维奇接见蒙古使臣墨尔根·德噶一行人的记录。

第26号 / 67

1638年2月28日：沙皇米哈伊尔·费多罗维奇关于接受阿勒坦汗加入俄国国籍的特许状。

第27号 / 69

1638年7月18日至8月31日：秋明总督И.А.利沃夫就准许从卡尔梅克人地区逃来的缴纳实物税的鞑靼人迁入秋明县一事呈托波尔斯克总督М.М.捷姆金·罗斯托夫斯基的报告。

第28号 / 71

1638年9月5日至1639年4月26日：前往阿勒坦汗处的托木斯克军役贵族В. 斯塔尔科夫使团的出使报告。

第29号 / 99

1638年9月5日至1639年4月26日：前往达音·梅尔根·兰扎喇嘛处的托木斯克军役贵族С.涅维罗夫使团的出使报告。

第30号 / 113

1638年12月31日：托波尔斯克总督М.М.捷姆金·罗斯托夫斯基关于塔拉军役贵族去额尔德尼·巴图尔珲台吉处就巴拉巴乡鞑靼人返回、修建和布克赛尔城以及准噶尔使臣兀鲁思凯前来托波尔斯克等问题进行谈判一事呈西伯利亚衙门的报告。

第31号 / 121

1639年2月3日至16日：达音·梅尔根·兰扎喇嘛为给他皇赏和派俄国使臣去“唐古特国王”处一事致沙皇米哈伊尔·费多罗维奇的国书。

第32号 / 123

1639年3月10日或11日：阿勒坦汗就军事互助和同意护送使臣去中国和西藏一事致沙皇米哈伊尔·费多罗维奇的国书。

第33号 / 125

1639年3月10日或11日：阿勒坦汗兄弟、塔布囊杜拉尔斋桑请求给他送去皇赏一事致沙皇米哈伊尔·费多罗维奇的书函。

第34号 / 126

1639年4月26日至6月3日：托木斯克总督И.И.罗莫丹诺夫斯基在托木斯克接见阿勒坦汗使节布达特·巴克什和随行人员墨尔根·德噶以及同僚的文件资料。

第35号 / 129

1639年6月3日：托木斯克总督И.И.罗莫丹诺夫斯基就阿勒坦汗使节布达特·巴克什一行去莫斯科

一事呈外事衙门的报告。

第36号 / 132

1639年6月3日：托木斯克总督伊·伊·罗莫丹诺夫斯基就将托木斯克军役贵族B. 斯塔尔科夫和C. 涅维罗夫出使报告送往莫斯科一事呈外事衙门的报告。

第37号 / 137

1639年8月17日：托波尔斯克总督П.И.普隆斯基就允许准噶尔使臣兀鲁思凯经托波尔斯克去额尔德尼·巴图尔珲台吉处和批准将准噶尔诸使臣送往莫斯科之事呈西伯利亚衙门的报告。

第38号 / 141

1639年8月17日：托波尔斯克总督П.И.普隆斯基就托波尔斯克和塔拉军役贵族去卫拉特台吉处谈判巴拉巴乡缴纳毛皮实物税的鞑靼人返归问题呈西伯利亚衙门的报告摘录及关于卫拉特人可能袭击西伯利亚诸城的情况报告。

第39号 / 152

1639年不早于10月10日：西伯利亚衙门就派送皇赏给额尔德尼·巴图尔珲台吉并批准将他的使臣送往莫斯科一事所草拟的报告提要。

第40号 / 156

1639年10月19日：西伯利亚衙门就准许准噶尔使臣去莫斯科并在外事衙门予以接见事宜致外事衙门的公函。

第41号 / 158

1639年10月20日：西伯利亚衙门就向吉尔吉斯人征收实物税并就此类问题与阿勒坦汗谈判诸事以及在阿巴坎河修筑城堡一事呈沙皇米哈伊尔·费多罗维奇的报告。

第42号 / 162

1640年1月20日：国库就赠给额尔德尼·巴图尔珲台吉的赏赐事致喀山省廷衙门的公函。

第43号 / 163

1640年1月20日：国库送往喀山省廷衙门的赠给额尔德尼·巴图尔珲台吉的赏赐清单。

第44号 / 164

1640年不早于2月26日：托波尔斯克总督普·伊·普隆斯基就军役贵族K.阿勃拉英夫和X.伊捷耶夫去准噶尔兀鲁思和遣送巴图尔珲台吉使臣去莫斯科等事呈西伯利亚衙门的报告。

第45号 / 172

1640年3月11日：书吏Д.阿加尔科夫就他个人去阿勒坦汗处情况呈外事衙门的申诉呈文。

第46号 / 173

1640年5月31日：西伯利亚衙门就准噶尔使臣携带赏赐前往额尔德尼·巴图尔珲台吉处的放行一事下达给托波尔斯克总督П.И. 普隆斯基的诏书。

第47号 / 175

1640年6月3日至1641年2月3日：托波尔斯克军役贵族列麦佐夫使团去额尔德尼·巴图尔珲台吉和库拉台吉处的出使报告。

第48号 / 181

1641年8月31日：托波尔斯克总督就缅尼硕

夫·列麦佐夫出使报告送往莫斯科一事呈西伯利亚衙门的报告。

第49号 / 182

1641年8月31日：托波尔斯克总督彼得·伊凡诺维奇·普隆斯基就额尔德尼·巴图尔珲台吉和楚库尔台吉的使臣留住托波尔斯克及准噶尔使臣获准赴莫斯科诸事呈西伯利亚衙门的报告。

第50号 / 185

1641年11月30日：托波尔斯克军役人员谢苗卡·涅乌斯特罗耶夫及其同僚在托波尔斯克官署关于回答他们赴见额尔德尼·巴图尔珲台吉情况的讯问记录。

第51号 / 188

1641年不早于12月30日：托波尔斯克总督彼得·伊凡诺维奇·普隆斯基就叙述托波尔斯克新受洗礼的教徒A.克兹洛夫关于他赴见楚库尔台吉情况的答问词呈西伯利亚衙门的报告。

第52号 / 190

1641年不早于12月：托波尔斯克总督彼得·伊凡诺维奇·普隆斯基致派往楚库尔台吉处进行谈判的

托波尔斯克哥萨克骑兵A.纳索诺夫的训令。

第53号 / 192

1642年3月24日：托波尔斯克总督谢尼卡·克卢勃科夫·莫萨利斯基关于阿勒坦汗使臣在托木斯克逗留至吉尔吉斯人质到来之前一事呈西伯利亚衙门的报告文录。

第54号 / 195

1642年3月24日：托木斯克总督谢尼卡·克卢勃科夫·莫萨利斯基鉴于准噶尔人和白卡尔梅克人可能来袭一事拟增派贵族军役人员去库兹涅茨克城堡和其他城关镇等事呈西伯利亚衙门的报告。

第55号 / 197

1642年6月3日至9月21日：托波尔斯克新受洗礼的教徒亚科夫·布戈拉科夫就其去亚梅什湖向额尔德尼·巴图尔珲台吉转交礼品一事呈托波尔斯克官署的情况报告。

第56号 / 200

1642年6月：额尔德尼·巴图尔珲台吉要求送还其被俄国贵族军役人员俘获的缴纳皮毛

实物税的吉尔吉斯人一事致沙皇米哈伊尔·费多罗维奇的信件。

第57号 / 201

1642年9月2日：托波尔斯克哥萨克骑兵拉里克·纳索诺夫关于赴见额尔德尼·巴图尔珲台吉和楚库尔台吉的情况在托波尔斯克官署的答问词和额尔德尼·巴图尔珲台吉关于被俘人员一事的信件抄本。

第58号 / 203

1642年不早于9月20日：托木斯克总督谢尼卡·克卢勃科夫·莫萨利斯基就塔拉哥萨克骑兵奥麦利卡·维尔希宁在土尔扈特台吉岱青的兀鲁思逗留情况呈西伯利亚衙门的报告。

第59号 / 206

1642年10月12日：秋明总督Г.П.鲍梁金斯基就蒙古诸台吉计划前来攻打西伯利亚诸城附近地区一事发往下尼津斯克城关镇托波尔斯克军役贵族缅·列麦佐夫的公函。

第60号 / 207

1643年12月4日：西伯利亚衙门就日后在卡尔梅克市场换取马匹而规定必须出售征实物税所得的水

獭皮一事下达给维尔霍图里耶总督H.Φ. 麦舍尔斯基的诏书。

第61号 / 209

1644年1月9日:西伯利亚衙门就阿勒坦汗可能进犯西伯利亚俄罗斯诸城并就采取必要的防备措施一事下达给托木斯克总督谢尼卡·克卢勃科夫·莫萨利斯基的诏书。

第62号 / 212

1644年2月6日至5月9日:托波尔斯克总督格里什卡·库拉金就阿巴顿使臣巴赫特抵达托波尔斯克并就派遣哥萨克骑兵И. 马麦耶夫赴见阿巴顿台吉一事呈西伯利亚衙门的报告。

第63号 / 214

1644年早于2月12日:额尔德尼·巴图尔珲台吉就无偿归还俘虏并请求给他遣送礼品一事致沙皇米哈伊尔·费多罗维奇的信件。

第64号 / 215

1644年2月16日至5月9日:托波尔斯克总督格里什卡·库拉金就托波尔斯克贵族军役人员格里什卡·伊利英和库切别尔杰·库切耶夫在

额尔德尼·巴图尔珲台吉兀鲁思逗留情况、准噶尔使臣兀鲁思凯多尔济和携函前来托波尔斯克以及准许卫拉特使臣赴莫斯科等诸事呈西伯利亚衙门的报告。

第65号 / 221

1644年8月22日：西伯利亚衙门就不归还吉尔吉斯王公伊泽尼给额尔德尼·巴图尔珲台吉并要他将所俘获的实物税民交送西伯利亚诸城及给他遣送所恳请的赏赐诸事，下达给托波尔斯克总督格里戈里·谢苗诺维奇·库拉金的诏书摘录。

第66号 / 224

1644年8月25日至31日：托波尔斯克总督格里戈里·谢苗诺维奇·库拉金就军役人员报告的关于和鄂尔勒克已故的消息并就卫拉特诸台吉拟去西伯利亚诸城附近地区等事呈西伯利亚衙门的报告。

第67号 / 227

1644年9月24日到12月21日：塔拉总督彼得·谢季宁就卫拉特人抵达俄国交纳皮毛实物税诸乡并就其一旦拒绝自行返归原游牧地时，准予派遣军役贵族进行反击一事呈西伯利亚衙门的报告。

第68号 / 229

1644年早于10月14日：额尔德尼·巴图尔珲台吉就准噶尔使臣赴莫斯科途中准予通行并就给珲台吉赏赐一事致沙皇米哈伊尔·费多罗维奇的信件。

第69号 / 230

1644年10月25日至1645年1月27日：托波尔斯克总督格里戈里·谢苗诺维奇·库拉金就火枪兵百人长沃洛吉麦尔·克利亚皮科夫使团从额尔德尼·巴图尔珲台吉处返回托波尔斯克的情况并就准噶尔使臣丘恩和瑟梁已来到和准予将其送往莫斯科等事呈西伯利亚衙门的报告。

第70号 / 233

1644年11月11日：西伯利亚衙门就禁止额尔德尼·巴图尔珲台吉的实物税民居住塔拉并将其遣返至原游牧地一事转给托波尔斯克总督格里戈里·谢苗诺维奇·库拉金的诏书。

第71号 / 235

1644年不早于12月28日：西伯利亚衙门就

额尔德尼·巴图尔珲台吉逼近吉尔吉斯诸兀鲁思，但鉴于遣军役人员人数有限无法去保卫一事所草拟的报告提要。

第72号 / 237

1645年1月20日：西伯利亚衙门就派遣托波尔斯克贵族军役人员前往额尔德尼·巴图尔珲台吉处商定将其兀鲁思人员迁出缴纳实物税的俄国诸乡并禁止他向塔拉县诸乡和吉尔吉斯人征收实物税问题下达给托波尔斯克总督格里戈里·谢苗诺维奇·库拉金的诏书。

第73号 / 240

1645年2月11日：西伯利亚衙门就准予使臣丘恩和瑟梁赴莫斯科并就给额尔德尼·巴图尔珲台吉遣送所请求的礼品一事下达给托波尔斯克总督格里戈里·谢苗诺维奇·库拉金的诏书摘录。

第74号 / 242

1645年早于5月2日：阿勒坦汗就与俄罗斯国断绝关系的原因并就为恢复已中断的关系派遣使臣一事致沙皇米哈伊尔·费多罗维奇的国书。

第75号 / 244

1645年5月9日至8月31日：托木斯克总督A.A. 莫尔维亚尼诺夫就蒙古使臣塔尔罕喇嘛和阿尔奇台携带阿勒坦汗信件前来并放他们回蒙古一事呈西伯利亚衙门的报告。

第76号 / 245

1645年5月20日：托波尔斯克官署就托波尔斯克贵族军役人员缅尼硕夫·列麦佐夫前往亚梅什湖向额尔德尼·巴图尔珲台吉转交鸡、猪一事致缅尼硕夫·列麦佐夫的公函。

第77号 / 246

1645年8月29日：托波尔斯克军役贵族缅尼硕夫·列麦佐夫关于去亚梅什湖向额尔德尼·巴图尔珲台吉转交鸡、猪一事的出使记录。

第78号 / 247

1645年10月2日至11月18日：乌法总督Ф.А.阿利亚比耶夫就请求准予在乌法接待卫拉特使臣往返一事呈外事衙门的报告。

第79号 / 249

1645年10月23日：沙皇阿列克赛·米哈伊洛

维奇接见额尔德尼·巴图尔珲台吉使臣丘恩和瑟梁的仪式程序摘要。

第80号 / 251

1645年10月29日至1646年1月1日：阿斯特拉罕总督鲍里斯科·列普宁就被俘鞑靼人陈述卫拉特人同叶济桑人和诺盖人头目的相互关系问题和部分卫拉特·土尔扈特人拟去准噶尔一事的答问词呈外事衙门的报告。

第81号 / 255

1645年11月19日：秋明总督И.Г.鲍勃里谢夫·普什金为告知卫拉特人集结在卡兹雷克似准备出征的消息给下尼津斯克镇总管托波尔斯克军役贵族鲍里斯·杰特科夫的公函。

第82号 / 256

1645年12月14日：外事衙门允准额尔德尼·巴图尔珲台吉使臣丘恩和瑟梁去托波尔斯克并准许卫拉特人在西伯利亚诸城经商、准许准噶尔使臣赴莫斯科诸事下达给托波尔斯克总督格里戈里·谢苗诺维奇·库拉金的诏书。

第83号 / 257

1645年12月15日：沙皇阿列克赛·米哈伊洛维奇大公颁赐额尔德尼·巴图尔珲台吉的关于接受其加入俄国国籍的特许状。

第84号 / 259

1646年1月30日：额尔德尼·巴图尔珲台吉使臣丘恩和瑟梁逗留托波尔斯克情况摘录。

第85号 / 261

1646年2月3日至12月21日：托波尔斯克军役贵族达尼尔·阿尔申斯基赴见额尔德尼·巴图尔珲台吉的出使报告。

第86号 / 267

1646年不早于3月2日：存于外事衙门的德鲁仁·阿加尔科夫的申诉书摘录。

第87号 / 268

1646年5月31日至8月29日：托木斯克军役贵族П.萨班斯基赴见白卡尔梅克王公科卡·阿巴科夫的出使报告。

第88号 / 272

1646年7月6日至8月31日：托木斯克总督奥西普·谢尔巴托夫为告知已经使白卡尔梅克人宣誓和就彼得·萨班斯基的出使报告送往莫斯科一事呈西伯利亚衙门的报告。

第89号 / 273

1646年10月7日至1647年1月4日：托波尔斯克总督伊瓦什卡·萨尔腾科夫就禁止塔拉诸总督派遣军役人员征讨卫拉特人一事呈西伯利亚衙门的报告。

第90号 / 275

1647年1月27日：托波尔斯克总督伊凡什卡·萨尔腾科夫就准予额尔德尼·巴图尔珲台吉使臣诺耶代及其同僚从托波尔斯克赴莫斯科一事呈外事衙门的报告。

第91号 / 277

1647年7月10日至8月31日：秋明总督伊凡·图尔盖涅夫就禁止卫拉特使臣在秋明经商一事致图林斯克Ф.Г.希什金的报告。

第92号 / 279

1647年7月15日至8月31日：托波尔斯克总督伊凡

什卡·萨尔腾科夫就准许卫拉特人在秋明经商一事呈西伯利亚衙门的报告。

第93号 / 282

1647年早于7月17日：秋明总督伊瓦什卡·图尔盖涅夫就准许卫拉特人在秋明开设马市的必要性呈西伯利亚衙门的报告。

第94号 / 284

1647年7月18日至8月31日：托木斯克总督奥·伊·谢尔巴托夫就逃亡的准噶尔人进入俄国实物税诸乡及税民的投诉和派遣军人前往说服他们返回原游牧地之事给西伯利亚衙门的报告。

第95号 / 304

1647年8月16日至31日：托木斯克总督·奥·伊·谢尔巴托夫给外交衙门的关于阿勒坦汗的使者墨尔根·德噶前来确认归顺俄国一事呈外事衙门的报告。

第96号 / 308

1647年10月6日：叶尼塞哥萨克十人长科·莫斯克维京就前往图鲁凯塔布囊和车臣汗硕

垒处打探银矿一事给叶尼塞总督办公室递交的报告。

第97号 / 313

1647年10月6日之后：叶尼塞总督费·珀·珀利宾就向莫斯科送交毛皮和金、银矿样品一事给西伯利亚衙门的公文。

第98号 / 316

1647年12月10日至1648年2月8日：托波尔斯克总督伊瓦什卡·萨尔腾科夫就卡尔梅克人拟攻打秋明及派贵族军役人员前往会见卡尔梅克诸台吉等事呈西伯利亚衙门的报告。

第99号 / 320

1648年早于6月9日：阿勒坦汗就蒙古使臣墨尔根·德噶及其同僚被扣留在托木斯克一事致沙皇阿列克赛·米哈伊洛维奇的信件，并附使臣们被夺之商品清单。

第100号 / 321

1648年6月9日至8月31日间：托木斯克总督伊列伊卡·布纳科夫就阿勒坦汗使臣前来托木斯克并将阿勒坦汗信件及其译文送往莫斯科一事呈外事衙门

的报告。

第101号 / 322

1648年9月18日至24日：秋明总督伊凡·图尔盖涅夫就蒙古人抵达托波尔河并就对他们采取防备措施一事致下尼津斯克城镇总管Φ. A.沃罗诺夫的报告。

第102号 / 324

1648年10月20日：叶尼塞斯克军役贵族伊凡·波哈鲍夫和托波尔斯克火枪手亚库尼卡·库拉科夫在托波尔斯克官署关于他们赴喀尔喀车臣汗硕垒处的答问词文录。

第103号 / 327

1648年11月30日：托波尔斯克总督伊瓦什卡·萨尔腾科夫就准予喀尔喀车臣汗硕垒的使臣谢吉科及同僚去莫斯科一事呈外事衙门的报告。

第104号 / 329

1648年不早于12月3日：杜尔伯特台吉达颜衮布就双方友好关系要求准许其使臣去莫斯科一事致沙皇阿列克赛·米哈伊洛维奇的信件。

第105号 / 331

1648年12月6日至1649年1月30日：托波尔斯克总督伊凡·伊凡诺维奇·萨尔腾科夫就要求准许卫拉特使臣赴莫斯科一事呈外事衙门的报告。

第106号 / 332

1649年3月13日：外事衙门就车臣汗硕垒的使臣离开莫斯科予以放行一事并就配备新使团从托波尔斯克出发前往车臣汗硕垒处履行宣誓一事下达给托波尔斯克总督瓦西里·舍列麦杰夫的诏书。

第107号 / 334

1649年不迟于3月17日：西伯利亚衙门就有关叶尼塞斯克军役贵族伊凡·波哈鲍夫前往车臣汗硕垒及图鲁凯塔布囊处收集银矿产地情况一事的报告摘录。

第108号 / 336

1649年3月24日至8月31日：克拉斯诺雅尔斯克总督米什卡·杜尔诺伊就实物税交纳者在向阿勒坦汗交纳实物税之后再向他们收实物税的种种困难呈西伯利亚衙门的报告。

第109号 / 338

1649年6月5日至8月31日：托波尔斯克总督瓦西里·舍列麦杰夫就杜尔伯特台吉达颜衮布的使臣基奇回兀鲁思予以放行一事并就已送来的礼品清单送往莫斯科等事呈外事衙门的报告。

第110号 / 340

1649年6月12日至8月21日：托波尔斯克总督瓦西里·舍列麦杰夫就军役贵族亚罗菲伊·扎勃洛茨基携带国书及赏赐前往蒙古车臣汗硕垒处一事呈外事衙门的报告。

第111号 / 342

1649年6月13日至1652年9月13日：翻译官潘菲尔科·谢苗诺夫就赴见阿海哈敦和图鲁凯塔布囊的情况呈递叶尼塞斯克官署的报告。

第112号 / 347

1649年7月29日：托波尔斯克军役人员费季卡·伊凡诺夫和拜拜什科·亚克舍古洛夫就赴见和硕特王公托尔贡·额尔德尼洪台吉的情况在托波尔斯克官署的答问词文录。

第113号 / 349

1649年9月21日至1650年6月14日：乌法贵族军役人员伊凡·伊凡诺维奇·奥努钦使团赴见土尔扈特岱青台吉的出使报告摘录。

第114号 / 353

1649年11月11日：西伯利亚衙门就以“温和”方式向实物税民征收实物税一事下达给克拉斯诺雅尔总督安德烈·安德烈耶维奇·布纳科夫的诏书。

第115号 / 354

1650年1月21日：西伯利亚衙门就允许卫拉特人在秋明附近交易一事下达给托波尔斯克总督B.Б.舍列麦杰夫的诏书。

第116号 / 356

1650年6月10日至8月31日：托木斯克总督米什卡·沃伦斯基就车臣汗、台吉鄂齐尔图的使臣抵临并就给鄂齐尔图送去皇赏一事呈西伯利亚衙门的报告。

第117号 / 357

1650年7月2日至8月31日：托木斯克总督米什卡·沃伦斯基就白卡尔梅克王公玛济克袭击俄罗斯居民点并决定派遣军役人员征讨该王公一事呈西伯利亚

衙门的报告。

第118号 / 359

1650年7月19日：叶尼塞斯克总督费季卡·波利宾为禀告喀尔喀车臣汗硕垒去世和向通古斯人及与其有亲属关系的部落征收实物税一事呈西伯利亚衙门的报告。

第119号 / 360

1650年8月18日至31日：托波尔斯克总督瓦西里·舍列麦杰夫就车臣汗硕垒的蒙古使臣在叶尼塞斯克城堡滞留的情况呈西伯利亚衙门的报告。

第120号 / 361

1650年不早于9月1日：托木斯克总督米什卡·沃伦斯基就托木斯克官署接待蒙古使臣墨尔根·德噶一行的情况以及阿勒坦汗要求从到过蒙古的俄国使臣中派遣一人去见他等事宜呈西伯利亚衙门的报告。

第121号 / 362

1651年不迟于4月5日：西伯利亚衙门就额尔德尼·巴图尔珲台吉请求允许他的使臣去莫

斯科并给他送去礼品和各种工匠一事的报告提要。

第122号 / 364

1651年9月4日至1652年12月前后：托波尔斯克军役贵族伊凡·拜加乔夫及其同僚在托波尔斯克官署呈递的关于他们赴见额尔德尼·巴图尔珲台吉的出使报告。

第123号 / 367

1651年早于10月17日：和硕特台吉图鲁拜琥之妻贡日关于派遣使臣前往托波尔斯克并要求准许其使臣前往莫斯科的信件。

第124号 / 369

1651年11月24日：托波尔斯克总督瓦西里·舍列麦杰夫就派遣军役人员将铜钹转交给额尔德尼·巴图尔珲台吉并就接受珲台吉送至托波尔斯克的礼品事呈西伯利亚衙门的报告。

第125号 / 371

1652年不迟于2月25日：西伯利亚衙门关于和硕特台吉图鲁拜琥之妻贡日请求准许其使臣赴莫斯科问题所草拟的报告提要。

第126号 / 372

1652年8月30日：和硕特使臣科苏奇耶内关于阿穆尔河和达斡尔地区问题在外事衙门的答问词。

第127号 / 374

1652年不早于12月1日：库兹涅茨克军总督费多尔·巴斯卡科夫就阿勒坦汗击溃吉尔吉斯王公一事致托木斯克总督米季福尔·纳硕金的报告。

第128号 / 375

1652年不早于12月14日：托木斯克总督米季福尔·纳硕金就吉尔吉斯王公因阿勒坦汗突袭而遣使求援并就库兹涅茨克城堡驻军为应付袭击做好备战一事致库兹涅茨克总督Ф.Е.巴斯卡科夫的报告。

第129号 / 377

1652年不早于12月31日：克拉斯诺雅尔斯克总督米哈伊尔·斯克梁宾就克拉斯诺雅尔贵族军役人员斯捷潘·科洛弗斯基与阿勒坦汗使臣墨尔根·德噶商谈阿勒坦汗赴图巴乡并向吉

尔吉斯实物税民征收实物税诸事致托木斯克总督米季福尔·纳硕金的报告。

第130号 / 382

1653年1月18日：托波尔斯克总督瓦西卡·希尔科夫就翻译官潘菲尔科·谢苗诺夫自喀尔喀车臣汗硕垒处返回并就向莫斯科呈送出使报告一事呈外事衙门的报告。

第131号 / 384

1653年6月23日：秋明总督伊凡·维里根就采取防备措施对付卫拉特人可能发动的袭击一事致下尼津斯克城关镇的书信。

第132号 / 385

1653年7月2日至8月31日：叶尼塞克斯克总督П.别克托夫就军役人员费季卡·阿福纳西耶夫等人在洛卜藏王子兀鲁思逗留的情况呈叶尼塞斯克总督阿福纳西·菲利波维奇的禀文摘录。

第133号 / 388

1653年8月20日：托波尔斯克总督瓦西卡·赫尔科夫就派遣商队前往清帝国和派遣托波尔斯克军役贵族格里戈里·乌沙可夫使团前往贡日处送交赏赐并

就收集达斡尔地区、阿穆尔河和中国情况诸事呈西伯利亚衙门的报告。

第134号 / 391

1653年12月3日至1654年1月22日：托波尔斯克总督瓦西卡·希尔科夫就托波尔斯克军役贵族格里戈里·乌沙可夫自和硕特台吉阿巴赖台吉处返回并就阿巴赖答应护送普·亚雷日金去清帝国等事呈西伯利亚衙门的报告。

第135号 / 393

1654年3月25日：阿斯特拉罕总督伊凡什卡·普隆斯基就乌法一名军役人员告知额尔德尼·巴图尔珲台吉拟前往蒙恰克台吉处的消息一事呈外事衙门的报告。

第136号 / 394

1654年6月25日至1657年7月31日：费多尔·伊沙科维奇·拜科夫使团前往中国的出使报告。

索引 / 398

第1号

1636年2月8日：外事衙门就准许派出新使团与阿勒坦汗[1]使节一 17
同从托木斯克前往阿勒坦汗处办理其宣誓一事下达给托木斯克总督И.И.罗莫丹诺夫斯基的诏书。

……[2]他的敌人进攻他，希望我们令我们的军队帮助他。那么，如果哪天有需要让他的军队帮助我们，他阿勒坦汗本人也一定会全力以赴准备好率军帮我们的，而且他保证今后会坚定不移地宣誓效忠我们，并派使节进贡，希勿扣留他的使节们。而是随其使节派我们的和平使节回访他阿勒坦汗，并给他带去沙皇的赏赐，如金银、大珍珠、各色宝石、优良军马、军刀、七排子弹的火炮、金带、优质呢绒、报警用钟、小旱烟管等。还希望给他送一名当过教士的长老，以便他看看长老是如何向上帝祈祷的，还有会俄文和蒙古文的翻译，以及巫医和会造火炮跟打仗用火器的技师。而凡是他阿勒坦汗有的东西，如我们需要，我们可给他下令。至于那个由我们的大使雅科夫和德鲁仁[3]捎给他的奖赏国书，还在他那里存放着没翻译出来，因为他们没人会翻译那东西，而我们的大使雅科夫和德鲁仁没有我方指令也没向他阐明那国书的内容。希望我方开恩，派一名好人，能把这份国书内容向他阿勒坦汗译说清楚。

而在喇嘛的使节拉米奥克给我们的喇嘛呈文中写道[4]：……当我

---

〔1〕这说的是第二代阿勒坦汗巴德玛·额尔德尼洪台吉，即衮布·额尔德尼，是硕雷乌巴什洪台吉的长子。在他统治的年代(17世纪20年代末到1657年)，是极盛时期。他在蒙古封建主中有很高威望。

〔2〕这文件是原文一开始就缺损的。

〔3〕他们两人是1633—1634年间去阿勒坦汗处的(见本译著下册文件第95号、96号、102号、103号等)。

〔4〕见本译著下册文件第112号。

们的使节雅科夫·图哈切夫斯基和书吏德鲁仁·阿加尔科夫从托木斯克带着皇赏去阿勒坦汗处要他进行宣誓时,他阿勒坦汗不愿宣誓,而且塔布囊们也劝阻他宣誓。而他喇嘛听到阿勒坦汗和塔布囊们这种决定,就赶往阿勒坦汗的兀鲁思,对阿勒坦汗大加指责劝阻,要他务必向伟大的沙皇宣誓。于是阿勒坦汗才让其堂兄杜拉尔塔布囊以及自己的
18 女婿多尤塔布囊跟岱青塔布囊代表他自己和全汗国宣了誓。这几位塔布囊是按他阿勒坦汗的指令当着他喇嘛的面照着雅科夫和德鲁仁带来的拟好的誓文宣的誓,而且还喝了金子。[1] 而当我们的使节返回莫斯科时,他喇嘛护送他们到吉尔吉斯并提供了食宿和大车,从吉尔吉斯兀鲁思到托木斯克则派了5个人护送。因为喇嘛让他的使节拉米奥克带来了给沙皇陛下的贡品,我们望沙皇陛下恩准,收下他使节带来的那些贡品,放他回去,并带上我方的皇赏:大珍珠、金银、5匹各色呢绒、帐篷、金带、贵金属和绸缎等。

我们下令给阿勒坦汗和喇嘛捎去的皇赏是他们呈文中要求过的,不过究竟什么东西给了他们,您还是了解一下我们国书中的清单。[2] 把我们的赏赐物在莫斯科外事衙门让他们的使节过目,故派贵族军役人员瓦西利·斯塔尔科夫和卢卡·瓦西利耶夫去你们托木斯克。即派他两人给你们发去两份国书,一份给阿勒坦汗,另一份给喇嘛达音·梅尔根·兰扎,国书中的清单[3]是给你们了解用的。同时让他们带去宣

---

[1]原著注说,"喝金子"习俗是与萨满教信仰联系的,跟蒙古的结拜制度有关,还在12世纪时就已经产生了。两个地位相等的人,往往出身不同的氏族,彼此要签订友好条约,而成为"兄弟"——安答时,通常一定要交换礼物,杯中装酒或水,双方并需为表示结义的忠诚而放入砸碎的金子碎屑。以后"喝金子"就普遍用于各种条约和誓言的忠诚(参见弗拉基米尔佐夫《蒙古社会制度》,列宁格勒,1934年,60-61页)。

[2]见本译著下册文件第2号。

[3]见本译著下册文件第134号、135号。

誓样本一份[1]给你们，阿勒坦汗应按此拟好的誓文宣誓。并让阿勒坦汗和喇嘛的使节们收下皇赏之后，放他们离开莫斯科，护送他们上路直到托木斯克的是贵族军役人员瓦西利·斯塔尔科夫和卢卡·瓦西利耶夫，随同护送国库财物到托木斯克城的还另派有哥萨克谢尼夫·舍波

---

〔1〕原著注 4 说，下面是外事衙门拟好的为阿勒坦汗进行宣誓用的誓文，这份誓文是 1636 年 2 月 9 日拟的，这也是给托木斯克的有关派新使团去阿勒坦汗处的国书拟定的时间。

引导阿勒坦汗宣誓需依照的宣誓文样板誓文

我，阿勒坦汗向自己的沙皇、全俄并弗拉季米尔斯克、莫斯科、诺沃戈尔斯克伟大至善的君主米哈伊尔·费多罗维奇大公宣誓，他也是喀山、阿斯托拉罕、西伯利亚的沙皇，还是普斯科夫斯克的国王以及斯摩凌斯克、脱维尔斯克、尤戈尔斯克、彼尔木斯克、维亚茨克、鲍尔戈尔斯克等地的大公，他还是诺夫戈罗德低地、切尔尼戈夫斯克、列赞斯克、波洛茨克、罗斯托夫斯克、雅罗斯拉夫斯克、别洛泽尔斯克、利夫梁斯克、乌多尔斯克、奥勃多尔斯克、康金斯克并整个北方各国的元首、国王和大公，他又是伊维尔地区卡尔塔林斯克和格鲁津斯克的沙皇，卡巴尔津地区切尔卡斯克和戈尔斯克的王公，以及其他许多国家的君主和国王；我也向伟大沙皇大公陛下的皇子们、伟大的阿列克赛·米哈伊洛维奇和伊凡·米哈伊洛维奇大公宣誓，我阿勒坦汗一定带领我的兄弟多尔济、库尔巴伊叶尔登、凯坎、萨雷奇，带领我的儿子们、孙子们，带领整个自己的氏族、部落和整个汗国臣服于沙皇和伟大沙皇的皇子阿列克赛·米哈伊洛维奇以及伊凡·米哈伊洛维奇，还有他们的子孙，世代相传臣服于俄罗斯大公们永不背叛，世世代代生活在皇恩之下，顺从不逆，效忠沙皇皇室宗嗣，希望永沐和平与皇上的荣耀，得到庇护。而我阿勒坦汗及我的兄弟、子孙、全氏族、部落和整个汗国一定会尽我们所能给沙皇及其子孙世代进贡。我们将在我们原来的牧地上游牧，不游牧到靠近沙皇俄国的西伯利亚地区去，不欺凌皇上陛下的吉尔吉斯地区和其他给皇上交实物税的地区，不从他们那里收取任何实物税和贡赋。我阿勒坦汗本人和我的兄弟、子孙、全汗国、全部部落，都不向他们发动战争，不派军队攻打他们，而且还要保护他们免受其他汗国和一切好战者的侵犯。

全俄沙皇陛下米哈伊尔·费多罗维奇大公要我阿勒坦汗及我的兄弟、子孙、全汗国，以及全部氏族、部落效忠沙皇，攻击沙皇的敌人和叛徒时，指向哪里，我们就忠诚不渝地奔向哪里，去为全俄国沙皇陛下米哈伊尔·费多罗维奇大公以及他的神圣的皇子阿列克赛·米哈伊洛维奇大公和崇高的皇子伊凡·米哈伊洛维奇大公效忠，不惜抛头颅、洒热血去攻击沙皇的敌人和叛逆们，以保护俄罗斯人和所有人们的平安。

如果我阿勒坦汗或我的兄弟、子孙、族人，部落的人、汗国的人中有谁做了背叛伟大皇上陛下的事，我阿勒坦汗及我的兄弟、子孙、族人、部落和汗国的人要立即就此写文告知托木斯克总督们和秘书长们。而对那些不顺从沙皇的汗国，无论是其领主们，还是卡尔梅克台吉们，如果没有沙皇的命令，绝不与之发生任何交往。同样，我阿勒坦汗和我的兄弟、子孙、族人、部落和整个汗国，如果没有沙皇的命令，也不去攻打其他国家，为了沙皇的荣誉和日益提高的威望。

我，阿勒坦汗特遵照这份誓文，代表我自己和我的兄弟、子孙、全族、全体部落和整个汗国向伟大的沙皇全俄和众多国家至尊的君主米哈伊尔·费多罗维奇及其神圣崇高的皇子阿列克赛·米哈伊洛维奇大公和皇子伊凡·米哈伊洛维奇公爵庄严宣誓。（科学院档案馆列宁格勒部栏目 4，17 册，文件第 167 号，283 页反面 – 286 页，18 世纪拷贝。）

特金一行7人。在托木斯克城选好贵族子弟出身的军役人员和书吏(需要能担此任,了解风俗,不会坏事的)看来也只有派雅科夫和德鲁仁带这批皇赏亲自去阿勒坦汗及喇嘛处,并引导阿勒坦汗宣誓,或再看情况另定。我们得到的指令是把有关皇赏交给雅科夫·图哈切夫斯基和德鲁仁·阿加尔科夫以及军役人员和翻译官。

当我们的国书送到你们处,当托木斯克城贵族子弟军人瓦西利·斯塔尔科夫和卢卡·瓦西利耶夫一行以及阿勒坦汗的使节们抵达托木
19 斯克城时,望你们立即将这个捎有给阿勒坦汗、喇嘛和杜拉尔皇赏的邮包的东西,按清单当着他们的面一一点请让他们过目,并立即在托木斯克就地根据情况挑选出一名贵族或贵族子弟以及书吏的合适人选,还要比以前更好的翻译官和护送的哥萨克,并在把这样的邮包交给雅科夫·图哈切夫斯基、德鲁仁·阿加尔科夫和军人及翻译之前,就把皇赏的事托付给护送人员。也望在验收给阿勒坦汗和喇嘛的国书中的清单和给雅科夫·图哈切夫斯基的指令的同时,也把指令交给护送人员。只要把皇赏和指令交给他们之后,就可放他们去阿勒坦汗、喇嘛和杜拉尔·塔布囊那里,让他们带上沙皇的皇赏,并让阿勒坦汗和喇嘛的使节也跟随他们同行,请同时派出护送他们的军人,军人的数量看当地情况酌情决定好了。

指令中告知去见阿勒坦汗的人,他们应在阿勒坦汗那里怎样做,怎样对阿勒坦汗说哪些话。他阿勒坦汗往托木斯克城给我们皇上陛下的御前大臣兼总督伊凡·塔捷夫公爵等人此前曾派过使节拜噶尔·巴克什[1],其后又派来过另外的使节苏鲁姆基奇·阿加等人[2]来叩拜我们沙皇陛下,叩求我们赏赐他阿勒坦汗,接受他整个汗国臣服沙皇,使得到庇护,并保护他不受外敌欺凌,希望我们沙皇派和平使节去他阿勒坦汗处。而他阿勒坦汗就会代表他自己和他的整个汗国当着沙皇使节们的面向沙皇陛下承诺,按他自己的意愿进行宣誓,将效忠沙皇陛下,

〔1〕也可参看本译著下册文件第84号。

〔2〕参看本译著下册文件第90号。

自行交纳贡赋。[1] 于是,我们沙皇陛下,按他的呈文和请求,赏赐了他阿勒坦汗,并令接受他的臣服。已令从托木斯克派出我们的贵族雅科夫·图哈切夫斯基和书吏德鲁仁·阿加尔科夫去他那里作为他对我们宣誓的见证人,并且命令使节们带去皇赏给阿勒坦汗,让他当他们的面进行宣誓。可他阿勒坦汗却令他的亲人,他的堂兄杜拉尔·塔布囊和他的女婿多尤塔布囊以及岱青塔布囊代表他自己,代他的兄弟、儿孙和部落族人与整个汗国在我们的大使面前宣誓,代表他承诺阿勒坦汗及其兄弟、子孙、部落族人和整个汗国会世代臣服沙皇,向沙皇进贡,如果沙皇命令他率全汗国去哪里,他就到哪里效忠。他自己阿勒坦汗却不肯向我们宣誓,就把我们的大使雅科夫和德鲁仁遣返回来了,同时让他们带来了贡品,还让他们回访的使节杜拉尔和乌拉尔·霍仁一行[2]带来了呈文。

我们皇上还是赏赐了他阿勒坦汗,让他的使节亲睹了圣容,收下了他送来的贡品,并仁慈地倾听了他的呈文。[3] 他在呈文里写,他阿勒坦汗承诺,他最亲近的人代表他已经宣誓,世代臣服沙皇,接受庇护,给沙皇进贡,随时准备去沙皇陛下指定的地方效忠沙皇,并希望我们沙皇陛下赏赐他阿勒坦汗,派大使去他那里,带上他在国书和呈文里索要的赏赐。

后来,我们皇上按他阿勒坦汗呈文里申请的内容,派人给他捎去皇 20
赏……

至于阿勒坦汗和喇嘛达音·梅尔根·兰扎之所以派使节送来呈文[4],是状告书吏德鲁仁·阿加尔科夫的。诉说他如何扔掉他阿勒坦汗和其母亲以及喇嘛的礼物,而且辱骂他们。为此阿勒坦汗的使节杜

〔1〕进行宣誓一般要与年年进贡相联系。但是在俄蒙关系中贡赋并不起实质性作用。在沙皇国书中从不规定这种进贡的规模。阿勒坦汗们不认为进行宣誓这种封建活动具有什么意义,并把“进贡”看作是他们去交换沙皇赏赐的礼品。在与阿勒坦汗交往的文件中经常运用“贡赋”这个术语,是俄国当局对阿勒坦汗立场的错误解释(见本译著下册文件第7号注释4)。

〔2〕参见本译著下册文件第117号、127号。

〔3〕参见本译著下册文件第109－111号。

〔4〕参见本译著下册文件第111号、112号。

拉尔和乌拉尔·霍仁以及达音·梅尔扎喇嘛的使节拉米奥克叩求我方御前大臣兼总督米基塔·叶古珀夫·切尔卡斯基等惩罚那个德鲁仁。总督在审查德鲁仁的恶行之后,就把他德鲁仁关进了监狱。你们要指出德鲁仁他的胡作非为的严重,之后可当着阿勒坦汗和喇嘛的使节们的面无情地鞭打他德鲁仁,并关入监狱,要让别的人以后不敢这么做,以一儆百。你们在托木斯克所选中的贵族或贵族子弟姓啥名谁,把我们的皇赏分别给他们谁了,令帮助他们些什么,几号放他们和阿勒坦汗的使节们离开托木斯克城,有多少人护送,令他们送到什么地方,布置给了他们怎样的分项记录,希望你们把这一切如实上报给我们,并把分项记录送来。

特令把复文和分项记录交给外事衙门贵族议会秘书长费多尔·利哈切夫和马克西姆·玛丘什金。

7144 年(1635)2 月 8 日写于莫斯科。

苏联科学院档案馆列宁格勒部,全宗:缪勒存档卷,登记目录 4,第 17 册,文件第 163 号,267 – 274 页,18 世纪拷贝。

第2号

1636年2月8日[1]：外事衙门送往阿勒坦汗和达音·梅尔根·兰扎 21
喇嘛处的赏赐清单。

按阿勒坦汗和喇嘛达音·梅尔根·兰扎以及阿勒坦汗的兄弟杜拉尔塔布囊向沙皇陛下的呈文所叩求的东西赏赐的皇赏物品清单。……有金银、珠宝、呢绒……（琐物，略）

苏联科学院档案馆列宁格勒分部，全宗：缪勒存档卷，登记目录4，17册，文件第164号，274反面至275反面，18世纪拷贝。

〔1〕此日期是根据国书（见本译著下册文件第1号）与制定清单同时确定的。

第3号

22 1636年4月5日[1]:托木斯克贵族军役人员E.米哈列夫斯基请求自西伯利亚调往莫斯科以嘉奖其忠诚服役事迹呈西伯利亚衙门的申请书摘录以及谈到关于吉尔吉斯人和蒙古人冲突的情况。

呈全俄沙皇米哈伊尔·费多罗维奇大公陛下,您的奴仆波兰国奥斯塔什科·米哈列夫斯基向您叩呈!……[2]

前些年7140年(1631),按照您的总督彼得·普隆斯基等人以及您的诏书的旨意令我从托波尔斯克前往托木斯克服役,现从托木斯克来。7140年(1631)我曾被派遣沿着楚雷姆河上溯,沿鄂毕河下游去皇上的领地处理替换死去的实物税民的事,把兄弟、子侄和无业流民过户了50人。这为皇上的国库增加了不少利润。142年(1633)吉尔吉斯人打到了您的边堡克拉斯诺雅尔和库兹涅茨克堡,攻打了交实物税的属民,并在城堡下杀了好些人,赶走了其塔布囊管理人,烧了粮食,还在托木斯克城下的通道口杀死了恰茨克鞑靼贵族和军役人员。于是派我们从托木斯克去打击您皇上的背叛者——吉尔吉斯人。我们的领头人是安德烈·普罗索维茨基。当抓到一名告知敌方情况的"舌头"之后,安德烈·普罗索维茨基就听其建议叫军人们和鞑靼贵族们在黑米尤斯山下于夜间伏击吉尔吉斯兀鲁思,可那个安德烈·普罗索维茨基却没让我们等到夜里,就自作主张选了些优秀的军人和鞑靼贵族提前去袭击帐篷,我劝他不要提前行动,但那些军人和鞑靼贵族已经去开火了,没法阻止他们,于是那些军人和鞑靼贵族都成群落入帐篷包围中成了敌人的猎物,并在驱赶中这些军人和鞑靼贵族纷纷被杀死。

---

[1]此日期是根据叶·米哈列夫斯基给托木斯克警察局上交该呈文的时间确定的(参见西伯利亚衙门卷宗,栏目53,361页)。

[2]这里俄文原文缺了呈文中关于他在西伯利亚各城服役的那部分内容。

当这个消息传到我们这里,安德烈·普罗索维茨基得知后,就撇下步兵,率骑兵去向吉尔吉斯人交战,而吉尔吉斯人躲在山谷间,察看到我们的情况,就重创了步兵,开始大杀戮。我得知后,在营盘中再也待不住了,就带了少量军人深入吉尔吉斯兵团身后,去救出步兵战士,杀了一个吉尔吉斯王公,还打伤了另一个王公,最终使步兵战士撤出被围地得救……[1] 23

西伯利亚衙门卷宗,栏目53,362－366页,原件。

[1]原文给莫斯科的呈文之中略去了后面的细节。

第 4 号

1636 年 5 月 21 日:喀山省廷衙门就卫拉特台吉伊森盖和奥尔恰克人(Орчаки)的王公科赫托贝在托木斯克举行宣誓一事下达给托木斯克总督 И. И. 罗莫丹诺夫斯基的诏书。[1]

由全俄沙皇米哈伊尔·费多罗维奇大公发给西伯利亚托木斯克总督伊凡·伊凡塔维奇·罗莫丹诺夫斯基公爵和安德烈·安德烈耶维奇·布纳科夫以及秘书长奥尼西姆·特罗菲莫夫的谕旨。

我们得知,去年 143 年(1635)你们派出了托木斯克贵族子弟谢苗·拉弗罗夫和随同军役人员谢恩卡·波洛莫什诺夫等一行人去到黑

[1]见本译著下册文件第 12 号。

卡尔梅克[1]奥尔恰克人[2]的科赫托巴伊王公那里。吩咐他们对科赫托巴伊王公说，他曾派其兀鲁思人伊曾巴伊等三人来到托木斯克叩求皇上陛下，赏赐他科赫托巴伊王公和他的兀鲁思人，接受他们永世臣服伟大沙皇。并在托木斯克代表他科赫托巴伊王公和他的兀鲁思属民、整个兀鲁思宣誓承诺了他们对沙皇的臣服。

今年144年(1636)9月1日贵族子弟谢苗·拉弗罗夫及其军役人员从卡尔梅克奥尔恰克的科赫托巴伊王公那里返回，在他们的记事文录中写道，当他们一来到黑卡尔梅克奥尔恰克的科赫托巴伊王公那里，就告知了我们对他的仁慈，告知对他的赏赐，接受他和他的兀鲁思人受伟大沙皇的世代庇护，并明确要他亲自到托木斯克去宣誓。而科赫托巴伊王公由于当时正好从拜巴噶斯兀鲁思的珲台吉派来了使节在他那里，他不能亲自来宣誓，他就当着谢苗和军役人员的面宣了誓，承诺他

〔1〕"黑卡尔梅克"指卫拉特准噶尔和西蒙古的封建领地，在文献中称"杜尔本·卫拉特"、"卫拉特联盟"或"四卫拉特联盟"——杜尔伯特、绰罗斯、土尔扈特以及和硕特。出现卫拉特的最早的资料是在13世纪初(见拉施德哀丁《史集》第1卷，莫斯科－列宁格勒1952年版，118－121页)。当时，他们居住在蒙古西北部极边地带和叶尼塞河上游。1204年他们和乃蛮部人反抗成吉思汗，但1208年已臣属于成吉思汗。

14—17世纪，卫拉特人遍布草原广阔地域，基本领地在阿尔泰山以西，从事畜牧业。当时他们中封建关系已占统治地位。在汉文史料中明代他们称瓦剌、厄鲁特、额鲁特。那些史料是最早谈到厄鲁特前述那四个部的分裂，不过，关于绰罗斯，他们称是指准噶尔。这可解释为绰罗斯的基本领地(见本译著下册文件第23号注1)那一时期是在伊犁谷地。

17世纪最初15年，土尔扈特以和鄂尔勒克为首迁到俄国境内，定居在伏尔加河下游。后来部分杜尔伯特人和辉特人也加入了进来。

1635年以图鲁拜琥王公(顾实汗，1582—1654年)著名的和硕特与准噶尔分牧，迁牧到库库淖尔地区(参见拉施德哀丁《史集》，118－121页；鲍戈雅弗连斯基《卡尔梅克人历史资料——历史札记》，1939，第5号；巴图尔·乌巴什·丘缅《关于杜尔本·卫拉特的传说——阿斯特拉罕调查表》1859—1860年；兹拉特金《准噶尔汗国史》[1635—1758年]，莫斯科1964年；《苏联卡尔梅克共和国简史》，莫斯科1967年)。俄文文件中的"黑卡尔梅克"就是指准噶尔兀鲁思。

〔2〕很难给"奥尔恰克人"这个名称加以阐明。在1752年外交委员会的摘录抄本中，"在过去西伯利亚与卡尔梅克的著名王公辈的交往记事中，属其他王公性质的族中，涉及一个特别的和硕特族，说到过卡尔梅克奥尔恰克族游牧在鄂毕河一带。他们还称作库尔恰克、乌尔恰克。同一个摘录中还指出，奥尔恰克没准不是卡尔梅克人，而是吉林古特人。后者在文件中也称白卡尔梅克"。当时奥尔恰克的领头人是科赫托别伊王公。但文件中并未确认奥尔恰克和"白卡尔梅克"是一回事(参见准噶尔事务1752年文件第8号，3－3页反面)。当时白卡尔梅克的王公是阿巴科夫(参见本译著下册文件第54、71、87号)。文件中奥尔恰克跟黑、白卡尔梅克同时提到过(参见缪勒《西伯利亚史》第2卷，莫斯科－列宁格勒，1941年，370、395、583页)。

科赫托巴伊王公、他的兄弟子侄和全体兀鲁思人一定效忠伟大的沙皇陛下,保持全面友好,并派兀鲁思人到托木斯克去友好通商。这样那位贵族子弟谢苗和军役人员就被光荣地送回托木斯克。

跟他们贵族子弟谢苗和军役人员一行人返回托木斯克的还有来自黑卡尔梅克拜巴噶斯兀鲁思的僧格台吉的属民叶罗克和奇玛克,并且代表僧格台吉给我们呈送了棕黄骏马,给你伊凡公爵送了杂色斑马,而给你们安德烈和奥尼西姆则送了三块名贵狐狸皮。他们说,他们是来自拜巴噶斯兀鲁思,是卡尔梅克僧格台吉派来,为向沙皇叩求赏赐,让他和全兀鲁思人接受沙皇庇护,让其属下叶罗克和奇玛克代表他僧格,代表他全体兀鲁思人在托木斯克宣誓。他们可以接受两位使节捎来的
24 贡品,并让他俩按拟好的誓词样板进行宣誓,并给科赫托巴伊王公、僧格台吉以及他们的使节们都赏赐一些英国呢子。你们要跟他们的使节说明,必须告知僧格台吉和科赫托巴伊王公,让他们亲自来托木斯克接受皇恩,为此可选派托木斯克的军役人员去他们的兀鲁思以便确定他们亲自来托木斯克接受皇恩之事。

至于僧格台吉派其属下叶罗克和奇玛克送来的各种马匹,如方便,就运到莫斯科来,如不方便,就按当地高的价格出售,多获些利,卖掉的钱存入国库,记录在案,也可留作托木斯克的当地费用。

7144 年(1636)5 月 31 日写于莫斯科。[1]

苏联科学院档案馆列宁格勒档案部,全宗:缪勒存档卷,第 4 栏,17 册,文件第 213 号,400 页反面至 403 页反面,18 世纪拷贝。

---

〔1〕在托木斯克总督罗莫丹诺夫斯基 1636 年 10 月 8 日递交给西伯利亚衙门的记录中说,除了谢苗·拉弗罗夫 1636 年 3 月 7 日还派了托木斯克军役人员十人长谢苗·麦泽尼一行去科赫托别伊的兀鲁思,从他那里委托把皇赏交给黑卡尔梅克拜巴噶斯兀鲁思的僧格台吉,并建议他亲自来托木斯克宣誓。这也涉及了“大卡尔梅克兀鲁思”的库什台吉和巴噶德尔洪台吉。5 月 19 日麦泽尼回到托木斯克,但台吉们前来的事没达成协议,僧格在自己兀鲁思里宣了誓,而其他几位派了使节前来宣誓(参见西伯利亚衙门卷宗,栏目 183,7 – 11 页)。

第5号

1636年7月11日至8月31日[1]:托波尔斯克总督M.M.乔姆金·罗斯托夫斯基就和硕特台吉图鲁拜琥屡次要求交出布哈拉使节卡兹及库楚姆汗家人而与其进行交涉一事呈喀山省廷衙门的报告。[2] 25

全俄沙皇米哈伊尔·费多罗维奇大公陛下,您的臣仆们米哈尔科·乔姆金·罗斯托夫斯基、安德柳什卡·沃楞斯基、多罗菲·普斯腾尼可夫、葛利什卡·普罗托波波夫向您叩安。

陛下,今年144年(1636)4月1日我们曾从托波尔斯克写信让托波尔斯克的军役人员德鲁仁科·库拉金和瓦西利卡·叶弗谢维耶夫捎去莫斯科呈给您,告知您塔拉的总督费多尔·鲍梁金斯基和葛里戈列伊·卡弗腾列夫曾发文到托波尔斯克给米哈尔科说,库什台吉派来了其使节沙玛拉等一行人到达塔拉,来叩求您伟大的全俄沙皇米哈伊尔·费多罗维奇大公赏赐他库什台吉,并拟派一名布哈拉使节卡兹从

[1]日期是据文中提到的日期定的,根据提到的7144年(1635)作为"今年"。

[2]图鲁拜琥——和硕特执政者(俄文文件中的库什),后来的顾实汗,额尔德尼·巴图尔洪台吉的附庸。他与俄国保持了独立的交往关系(参见鲍戈雅弗连斯基《17世纪前半叶卡尔梅克历史资料》,载《历史札记》1939年第5号)。1635年末,他与额尔德尼·巴图尔洪台吉发生冲突,此后,很快跟许多和硕特执政者一起从塔尔巴哈台地区迁牧到库库淖尔,在那里建立了独立汗国。40年代走上与清朝合作的道路(参见兹拉特金《准噶尔汗国史》[1635—1758],莫斯科,1964年)。

塔拉去卡尔梅克库什台吉处[1],可是有名塔拉俘虏探知库什的全部打算,想派人打塔拉城或者亚梅什盐湖。为此您陛下没有赏赐他库什台吉,也没批准卡兹出使他那里,所以库什台吉要来攻打塔拉城,攻打给皇上交实物税的属地。因此所有塔拉属民叩求您陛下派那个布哈拉使节卡兹去库什那里阻止卡尔梅克人来攻打塔拉城,阻止攻打皇上的收
26 实物税地区,警告他们不要自取灭亡。

于是,他们费多尔和格里戈列伊公爵按照您皇上的指示派出布哈拉使节卡兹去了库什台吉处,为了阻止卡尔梅克人攻打塔拉城和沙皇领地。

陛下,库什台吉也派来了他的使节吉尔吉斯人舍盖,让他来表示,库什台吉他愿意照旧效忠您沙皇,在盐湖边派其属人和骆驼帮助把盐运载到船上,并把塔拉的俘虏[2]交还给盐湖那边的皇上的军役人员。

陛下,我们作为您的军役人员,就在春汛时坐船来到了托波尔斯克,我们并从托波尔斯克派出了步兵哥萨克头人波格丹·阿尔申斯基去塔拉和亚梅什盐湖服役,随同他去的还有托波尔斯克军人和尤尔托

---

〔1〕这里讲的是布哈拉商人卡兹准备好的商队在塔拉城滞留的事。在俄国档案文件中布哈拉人指的不光是布哈拉汗国的居民,还一般指中亚和东土耳克斯坦的穆斯林居民,即文献中所谓的“小布哈拉”。16 世纪最后 25 年中,这些商人“布哈拉人”与俄国的贸易之广,不仅通过阿斯特拉罕,而且通过西伯利亚各城市——秋明、托波尔斯克、塔拉进行贸易。

这些城市变成重要的贸易中心之后,就成了吸引布哈拉人的地方,正如缪勒指出的,为此他们中的许多人就留在那里,成了永久的定居民(参见缪勒《西伯利亚史》第 1 卷,莫斯科 – 列宁格勒,1937 年,6 页)。

卫拉特封建主利用这些穆斯林商人“布哈拉人”作为中介人、信托人与俄国进行贸易和外交交往,委托他们出售他们囤积下来的剩余货物(参见兹拉特金《蒙古现代史和当代史纲要》,莫斯科,1957 年,20 页),或者委托他们完成外交使节的任务。

这里库什台吉坚决要求派卡兹·卡兹耶夫去他那里,这可解释为后者到库什这里之后,可以带着贸易人员去塔拉做生意,在那里他可以公布他自己是布哈拉汗伊玛目库里的使节。从库什那里派来的库柳克·阿布塔耶夫这人证实了,卡兹的确“谎称”自己是使节,并要求释放他,并借口长期没有卡兹的消息,便开始与布哈拉汗开战(参见西伯利亚衙门卷宗,栏目 455,41 页)。

〔2〕这说的是被达赖台吉、库莱台吉和库什台吉 1634 年在塔拉和秋明地区俘虏的交实物税的人,后来他们中有一部分被遣送回来(参见本译著下册文件第 3 号、10 号、22 号、39 号、40 号等)。

夫鞑靼军人[1]以及德米特列伊·奥斯恰克公爵的人阿尔乔夫，总共762人，并令他们在盐湖帮助办沙皇的事，千方百计地在盐湖取盐运往托波尔斯克的同时，自己也要安全返回。而陛下，在路上的驻营地并令他们千方百计在盐湖边坚决保护不让卡尔梅克人来悄悄地攻打他们。……陛下，我们对达赖[2]和库什二台吉都谈到了，让他们按原协议他 27
们必须交出塔拉和秋明所俘人员。

今年144年(1636)7月11日，总督费多尔·鲍梁金斯基公爵和格里戈列伊·卡弗腾列夫从塔拉写信到托波尔斯克给我，你的臣仆米哈尔科，说7月1日他们随同布哈拉使节卡兹和卡尔梅克使者一位头人及其翻译一起派往库什台吉处的塔拉城军役人员已从卡尔梅克人处返回塔拉城，跟他们一起回来的还有库什台吉派来的使节库兰琴科。那头人斯捷潘·斯库拉托夫和翻译伊瓦什科在警察局上交给总督们一份旅行记录。陛下，在该记录中写道，他们随同布哈拉使节卡兹来到塔尔巴哈台和卡拉巴扎尔河地区遇到库什台吉就把卡兹交还给他，并谈判了关于他交还塔拉和秋明俘虏的事。库什台吉就此说，他曾为卡兹这布哈拉使节之事袭击过沙皇的人，而现在皇上陛下开恩，交还了布哈拉使节卡兹，所以他库什台吉今后不会再为此事袭击沙皇属民，而对塔拉

---

〔1〕莫斯科政府在向西伯利亚深入推进中，深感兵力严重缺乏，因此它很乐意利用库楚姆白人藩属来为沙皇国家效忠，为此而赋予他们一些财产和特权。从交实物税一般群众中脱颖而出的当地王公贵族(比，伯克)、鞑靼贵族、部落王公、僧侣界执政者共同组成了所谓的尤尔托夫军役鞑靼人阶层。他们利用承担西伯利亚的军役事务，同时利用完成各种委托的机会，特别是暂时把他们调到外交部门工作的机会，便与亚洲一些国家进行交往。他们去到中国进行国家级贸易，他们被委托护送卡尔梅克使节回国等(参看巴赫鲁申《17世纪的军役鞑靼人》，载《历史札记》第1册，莫斯科1937年，55－80页，以及他的《学术论文集》第2卷第2部分，莫斯科1955年，153－175页)。

〔2〕即达赖·巴图尔台吉(指1637年，参见本译著下册文件第27号)——蒙古封建主卫拉特执政王公之一，与俄国有外交关系，并正式宣誓效忠米哈伊尔·费多罗维奇沙皇(参见《1607—1636俄蒙关系史资料集》，1959年，文件第2、3、8－10、29号)。

费舍尔的资料说，达赖台吉1635年完成了对秋明地区的突袭，此前不久又袭击过塔拉，这是许多文件证实了的(参见费舍尔《开发西伯利亚之初到被俄军占领时期的西伯利亚史》，德文版，圣彼得堡1774年，570页)。

俄国文件证明，达赖巴图尔从17世纪10年代中期是杜尔伯特人的首领，杜尔伯特人游牧到了俄国边境。不应把达赖跟他的同时代人准噶尔汗国的首领额尔德尼·巴图尔珲台吉·达赖巴图尔混淆，此人在俄国文件中通常直呼其名为巴图尔(参见本译著下册文件第4号注)。

俘虏他库什台吉令审查后,进行放还,而其他俘虏会查明后送回盐湖,至于秋明俘虏,他的兀鲁思里没有,因为他根本没去秋明打过仗。

陛下,此后,他们对库什台吉说了,他库什台吉已得到卡兹,就应遵守承诺,交还所有俘去的塔拉人和秋明人,不再到邻近给沙皇交实物税的地区游牧,不扰乱沙皇属民的狩猎和渔猎业。

库什台吉对斯捷藩和伊瓦什科说,库楚姆的孙子们[1]在乌法战役中被俘走了。只要沙皇陛下命令把这些人归还给他,他一定和沙皇的人和睦相处。如果沙皇陛下不开恩归还库楚姆孙儿辈那些人,那么,他库什台吉只能仍率全部武装属民来攻打塔拉、秋明和托波尔斯克,秋天他会率全体兀鲁思人到卡梅舍夫游牧,陛下,那里离塔拉仅四日程。

而且那个斯捷潘和翻译伊瓦什科在卡尔梅克兀鲁思时听说,卡尔
28 梅克人想在盐湖边抓100名沙皇的军人和其他人员,用来交换库楚姆的儿孙们。陛下,有一位背叛了俄国的塔拉尤尔托夫鞑靼贵族科恰什科·塔纳塔罗夫也对斯捷潘和伊瓦什科他们说起过,让他们住在托波尔斯克、塔拉、秋明和乌法的人要格外小心,因为库什台吉和其他卡尔梅克台吉都有攻击这些俄国西伯利亚城市的打算,而那个库楚姆的孙子杰弗列特·基列伊[2]对乌法的战争已经剑拔弩张,他科恰什科想以皇上的名义出来制止,希望今后能宣布他是为了效力,而不是为了掩盖他的错误。他科恰什科还叩求这件事不要让俄人和鞑靼贵族知道,希望不在卡尔梅克人中引起反响,不致为此发生他和卡尔梅克人的冲突……

---

〔1〕这说的是库楚姆系的阿巴顿和杰弗克力(杰维克力)王子,即伊希姆的儿子和库楚姆的孙子1635年对乌法的偷袭。乌法军人粉碎了王子们的进攻,并俘虏了他们。被俘的王子们被监禁——阿巴顿被关在白湖地方,而杰弗克力被关在卡尔戈波力(参见卡尔梅克事务卷宗,文件第2号,1639年,56页)。西伯利亚王国衰落后,王子们没有任何可能恢复昔日的强势,只有幻想借助卫拉特或哈萨克封建主的力量来恢复库楚姆王国。亲属关系也使他们往往跟卫特人联合[例如伊希姆王子娶的就是土尔扈特首领和鄂尔勒克的女儿,参见乌斯秋戈夫《巴什基尔起义[1662—1664年]》,载《历史札记》24册,莫斯科,1947年,45-48页]。

〔2〕杰弗列特·基列伊是库楚姆的孙子,楚瓦克王子的儿子。他依靠卫拉特封建主的军事援助,在与莫斯科国家的关系方面,坚持了敌对政策,而与卫拉特一起游牧。他对巴什基尔人的领土进行了一系列突袭。他企图通过诈骗手段弄回被俘的杰弗克力王子(参见乌斯秋科夫《巴什基尔起义[1662—1664年]》,载《历史札记》24册,莫斯科,1947年,45-48页)。

费多夫和格里戈列伊他们把这些信息从塔拉写文告知了陛下您的军队的波格丹·阿尔申等人,他们是为弄盐的事从托波尔斯克派往亚梅什湖的[1],令他们务必千方百计坚守住,抗击卡尔梅克人。并随这份公文特意加急派去了塔拉军役人员费季卡·波尔米诺夫。

陛下,此后7月3日费多尔和格里戈列伊公爵他们又令库什台吉的使节库拉奇来到他们外事庭院。库拉奇在外事庭院对他俩说了与上述同样的情况。

西伯利亚衙门卷宗,栏目178,51、53、52、54、55、56、58、67、59、64、57、64等页,原件(页码的顺序原栏目中就是混乱的)。

---

[1]亚梅什湖(雅梅舍夫湖)是额尔齐斯河右岸的盐湖。从17世纪20年代起西伯利亚军队就开始经常巡查(有的年代达800人次)到湖边捞盐,多用作皇赏。随着军人到来的还有商人,使这里与布哈拉买卖人、卫拉特人、蒙古人的货币交易极为活跃。在雅梅舍夫集市上占统治地位的是中国商品。但贸易集市常常由于"许多卡尔梅克"游牧近邻而被破坏(参见西伯利亚衙门卷宗,栏目83,153页;维尔科夫《17世纪西西伯利亚的手工业和贸易》,莫斯科,1967年,194、197页)。

第6号

30 1636年7月14日至8月12日：托木斯克总督И.И.罗莫丹诺夫斯基就派遣贵族军役人员赴阿勒坦汗处一事请求提供护送人员及运载马车以护送使臣及礼品至阿勒坦汗处而呈交喀山省廷衙门的报告。[1]

全俄沙皇米哈伊尔·费多罗维奇大公陛下，您的臣仆伊瓦什卡·罗莫丹诺夫斯基、昂德柳什卡·布纳科夫、阿尼西姆科·特罗菲莫夫向您叩安！

陛下，今年144年(1636)7月7日阿勒坦汗的使节塔尔罕·霍津和乌拉尔·科津等8人随同托木斯克贵族子弟瓦西利·斯塔尔科夫、卢卡·瓦西利耶夫以及军役人员一起来到了托木斯克，并已按谕旨把沙皇的赏赐的财物等全部送到。又按您的指令从托木斯克贵族子弟和军役人员中选出了雅科夫·图哈切夫斯基等人携带您的皇赏随同使节们把阿勒坦汗的使节们正拟从托木斯克放行。

但正当托木斯克放阿勒坦汗的使节去莫斯科拜见陛下时，吉尔吉斯人却发动了攻打您的俄国城市库兹涅茨克、克拉斯诺雅尔斯克以及给您的托木斯克交实物税的地区的战争，所以因为吉尔吉斯人的背叛变故，暂未放您的皇赏财物以及使节们去阿勒坦汗处，而是选了4名托木斯克军人和阿勒坦汗的4个人，先遣去阿勒坦汗处告知您给他的皇赏和使节的情况。令他们对他说，如果在吉尔吉斯有阿勒坦汗的人，让他们速备大车和护送人员随即来托木斯克。如果在吉尔吉斯没有阿勒坦汗的人，已嘱咐军役人员随阿勒坦汗的4人去见阿勒坦汗，让他速派

---

〔1〕日期是根据被派往阿勒坦汗处的托木斯克军人的记录确定的（苏联科学院档案馆列宁格勒档案馆，全宗：缪勒存档，第4目，17册，文件第170号，290－291页），也依据了对哥萨克阿尔帕托夫的问话，此人是从吉尔吉斯人处返回，了解阿勒坦汗接待使团的准备日期（苏联科学院档案馆列宁格勒档案馆，全宗：缪勒存档，第4目，17册，文件第171号）。

出较多护送皇赏和皇使的人员和大车，以确保陛下的财物和使节平安抵达。并已给阿勒坦汗写文，让他派他的军队去打败那些背叛沙皇的吉尔吉斯人，希望令他们臣服沙皇并派出上层精英到托木斯克作为人质。 31

陛下，一旦托木斯克军人们从阿勒坦汗处回来有了消息，准备了护送皇赏和皇使的人员和大车，我们立即令皇上的大使、皇赏和阿勒坦汗的使节们从托木斯克起程赶往阿勒坦汗处。陛下，一旦从托木斯克出发，我们当天就会给陛下您汇报告知。至于书吏德鲁仁·阿加尔科夫，已按您的圣旨当着阿勒坦汗使节们的面，严惩了他对阿勒坦汗的母亲切琴哈敦[1]等人的无礼，处以无情地鞭打，并打入监狱[2]。

全宗：西伯利亚衙门，栏目74，97、98页，原件。苏联科学院档案馆列宁格勒分部，全宗：缪勒存档卷，第4目，17册，文件第169号，289页，289页反面，18世纪拷贝。

---

[1]切琴或切琴哈敦，蒙古语称彻辰哈敦。讲的是衮布·额尔德尼洪台吉的母亲霍玛呼·霍洛奇(参见《沙拉·图吉，17世纪的蒙古编年史》，沙斯季娜汇编的文章、译文、绪论和注释，莫斯科－列宁格勒，1957年，167页)。

[2]图哈切夫斯基使团从阿勒坦汗处返回后，阿加尔科夫曾于1635年10月向托木斯克总督递交了一份申诉呈文，文中不仅企图诋毁图哈切夫斯基在阿勒坦汗处逗留时期进行的活动，还控诉了达音·梅尔根·兰扎的一些丑陋行为，痛骂了杜拉尔塔布囊等。但经调查后，阿加尔科夫指控图哈切夫斯基名下的罪状没有证实，阿加尔科夫终于被鞭抽毒打，并送入监狱(参见西伯利亚衙门卷宗，栏目74)。

第 7 号

1636 年 8 月 28 日至 1637 年 4 月 23 日：托木斯克军役贵族 C. 格列切宁和书吏 A. 萨姆索诺夫使团前往阿勒坦汗处的出使报告。[1]

按沙皇指令在阿勒坦汗处一字不差地记录的详细记录资料。

按全俄沙皇米哈伊尔·费多罗维奇大公的圣旨和御前大臣兼总督伊凡·伊凡诺维奇·罗莫丹诺夫斯基公爵和安德烈伊·安德烈耶维
32 奇·布纳科夫以及阿尼西姆·特罗菲莫夫秘书长等人的指令，144 年(1636)8 月 28 日已令托木斯克贵族子弟斯捷潘·格列钦宁和书吏安德烈·萨姆采诺夫，率托木斯克军人阿勃拉姆科·基兹洛夫、米什卡·萨罗耶仁、奥麦力卡·维尔申宁、费季卡·阿尔帕托夫、瓦西卡·亚基莫夫、格里什卡·谢列勃列尼科等 6 人，携带沙皇的赏赐，随同阿勒坦汗的使节们一起去阿勒坦汗处。

今年 145 年(1637)9 月 16 日到达吉尔吉斯叶尔姆河，从吉尔吉斯出来，阿勒坦汗的人塔尔罕·什巴乌奇和卓洛乌姆巴图尔等 5 人带着饲料和食物来迎接给阿勒坦汗的皇赏和皇使们。

这天吉尔吉斯王公包古奇等人率领 100 人也来表示欢迎，他们一下马，就向斯捷潘和书吏安德烈问候全俄沙皇米哈伊尔·费多罗维奇大公是否福体安康。

斯捷潘和书吏安德烈说靠上帝的仁慈保佑，伟大的沙皇米哈伊尔·费多罗维奇大公陛下、全俄和许多国家至尊的君主，作为无上荣光的俄罗斯沙皇，在其至高无上的皇位上无比健康。

于是，吉尔吉斯王公听这些话后说，请阁下转祝沙皇陛下万寿无疆，我们现在已亲眼看到了全俄伟大沙皇米哈伊尔·费多罗维奇大公

[1]根据使节们从托木斯克出发和他们返回托木斯克的时间来确定的。

的皇赏。而且现在阿勒坦汗既已臣服沙皇,那我们吉尔吉斯人也就开始算是沙皇的交实物税的属民和克什蒂姆了,因为他们吉尔吉斯人不听从俄国已没处可去,另一边还有阿勒坦汗。

所以吉尔吉斯王公提供的饲料和运送皇赏及大使的车辆都很充足,沿途还给了五头牛当伙食。

9 月 19 日从吉尔吉斯兀鲁思起程,就来到阿尔腾尔的吉尔吉斯兀鲁思,他们游牧在阿尔图布拉克河,由此三日程也到不了阿巴坎河。阿尔腾尔王公阿尔腾巴依等人从兀鲁思出迎,也为皇上陛下的人提供了食物和大车。

9 月 25 日阿勒坦汗派出其塔布囊基钦加·切仁等人率 20 人带着去阿巴坎一路的饲料和食物、牛羊前来迎接皇赏和皇使。那位塔布囊说,阿勒坦汗派他基钦加来迎接皇赏和皇使,为了沙皇陛下的大使们不致路途缺乏食物,并免受车马不足的劳累。

跟斯捷潘和书吏安德烈等一行人告别时,他请求皇上的礼物。于是斯捷潘和安德烈等人以皇上的名义给那个塔布囊送了些英国黄色呢子和红顶帽子。

9 月 30 日来到阿勒坦汗的蒙加特[1]的兀鲁思,他们当时游牧在萨彦岭一带。

10 月 3 日,一批萨彦庄稼人从萨彦岭出来,渡过阿拉斯河,想打过来,并化装后逼近皇赏的财物。斯捷潘和书吏安德烈等人用骆驼和马 33

〔1〕在拉施特笔下,这个部落叫蒙加特、满古特,在《宝贝念珠》中叫满呼特,而在《蒙古游牧记》中叫明加特。这个西蒙古不大的部落,就渊源上说,跟乌梁海部落相近。

12 世纪末至 13 世纪初,明加特是属"林木中"部落,他们连同泰奇兀特人、兀拉苏特和其他蒙古部落一起被成吉思汗粉碎消灭。残余的明加特人被分给成吉思汗的亲信——该部落出身的哲岱诺颜为奴。他们参加了成吉思汗的掠夺战争(参见拉施德哀丁《史集》1 卷,莫斯科 - 列宁格勒,1952 年,184 - 188 页)。13—14 世纪,部分明加特人定居在呼拉格兀鲁思,即留在了西蒙古老牧地上的南西伯利亚地区。

15—17 世纪,明加特臣属于卫拉特汗。卫拉特汗国被击溃后,18 世纪中叶,按照清帝国的指令,他们移居呼伦贝尔地区。后来起义逃往纳林·哈兰地区。

19 世纪中叶游牧到科布多地区。在所研究时期明加特人在南西伯利亚地区游牧,以康恰克王公为首(见费舍尔《西伯利亚史——从开发西伯利亚到俄军占领西伯利亚》,德文版,圣彼得堡,1774 年,114 页。《蒙古游牧记》,圣彼得堡,1883 年,445、448、449 页)。

为屏障,从骆驼后面阻击那些萨彦人,保卫了皇赏。我和斯捷潘、安德烈等人就利用一个驼包战略粉碎了那些萨彦人,他们落马而逃往萨彦岭山中,这个驼包中装的是呢子。10 月 4 日渡过克姆奇克河,要走到 10 月 14 日才能到阿勒坦汗兀鲁思。在离阿勒坦汗兀鲁思一天路程的察干 · 布尔加斯河畔达音 · 梅尔根 · 兰扎喇嘛的兀鲁思〔1〕中停留下来。……

10 月 18 日到达了库逊托凯河开阔地的阿勒坦汗的兀鲁思,那里是他自己的游牧地。当时阿勒坦汗在召开兄弟们和其塔布囊们参加的会议。所以,阿勒坦汗的兄弟达音诺颜、梅尔根诺颜和许多塔布囊都出来欢迎,并送斯捷潘和书吏安德烈到给他们安排的帐篷里。那里阿勒坦汗给的饲料充足,款待丰盛。

10 月 19 日,达音 · 梅尔根 · 兰扎喇嘛派来了他的使节拉米奥克,转达说,希望皇上陛下的大使斯捷潘和巴仁〔2〕等一行人能会见他喇嘛。他已令人在库逊托凯河选了个地方,铺好了地毯。喇嘛本人会跟阿勒坦汗的堂兄弟杜拉尔塔布囊一起到该地。派人来告知斯捷潘和巴仁一行,是希望皇使们能按约定地点会见他。当我们走了 20 俄丈到达了该处时,喇嘛达音 · 梅尔根 · 兰扎和杜拉尔塔布囊起身迎接并问候沙皇是否福体安康。

巴仁等关于皇上陛下的身体情况照惯例回了话。

后来斯捷潘和安德烈书吏送发了陛下的诏书,并当着阿勒坦汗的

〔1〕独立的"喇嘛兀鲁思"的存在证明了蒙古喇嘛王公势力的增长,证明了封建统治阶级对喇嘛寺院和僧侣界不吝惜的物质支持。蒙古封建主不仅建造各种寺院——柱、苏穆和西特,不仅把自己的儿子们献出当喇嘛,而且还赐给那些从西藏邀请来的大部分喇嘛以主教父的荣誉和牧地,还有做农奴的阿拉特,后来由这些阿拉特就形成了僧侣封建主的农奴。特别是在 1640 年的法规中,任何认为僧侣所有制和喇嘛财产无效的看法,被看作是犯罪并要严惩。如该法规中有一条规定:"如果有谁胆敢反对僧侣权利,攻打喇嘛兀鲁思,打死其一个人或拿了其什么财产,那就要处以这个占有者罚金 100 副铠甲、100 峰骆驼和 1000 匹马。"(参见列昂托维奇《俄罗斯异族人法规史——古代蒙古 - 卡尔梅克[或卫拉特]的惩罚法规》;《察津必扯克》,奥德萨,1879 年,172 页)

〔2〕跟出使阿勒坦汗的斯捷潘和安德烈使团同时派往达音 · 梅尔根 · 兰扎喇嘛处的使团,是由巴仁 · 卡尔塔舍什和书吏盖拉西姆 · 季莫菲耶夫组成的,所以该喇嘛在同一天接待了他们(参见本译著下册文件第 8 号)。

面按他的意思朗读全篇诏书，并叫翻译官叶尔玛麦特科用蒙文翻给他听：前些年140年（1631）以来你阿勒坦汗先是派来了使节拜噶尔·巴克什[1]到托木斯克来见沙皇的御前大臣兼总督伊凡·塔季耶夫等人，后来又派了另外几名使节苏卢姆基奇·阿尔加一行[2]，来叩求伟大的沙皇陛下、全俄许多国家至尊的君主和统治者米哈伊尔·费多罗维奇大公陛下，求皇上赏赐你阿勒坦汗，让你臣服于伟大的沙皇并保护你们免受敌人侵犯。希望陛下遣使来你处，以便你在皇使面前代表自己和整个汗国保证按自己的意愿进行宣誓，承诺效忠于伟大的沙皇陛下，自觉上交贡品。所以，伟大的沙皇陛下，全俄大公米哈伊尔·费多罗维奇大公陛下，按你的叩求来赏赐你，接纳你阿勒坦汗臣服于俄国。按沙皇圣旨从托木斯克派出皇室贵族雅科夫·图哈切夫斯基及书吏德鲁仁·阿加尔科夫[3]，并让他们捎去给你的皇赏，由他们为你执行向沙皇的宣誓。可是你阿勒坦汗在雅科夫和德鲁仁书吏面前没有亲自宣誓，而是令你最亲的堂兄弟杜拉尔塔布囊代表你自己、你的兄弟们、你的子女们、你的孙儿们、你的侄儿们以及整个汗国举行了宣誓，宣誓保证你阿勒坦汗和所有你的兄弟、子女们、孙儿们、侄儿们以及整个汗国都世代臣服伟大的沙皇为奴，保证自觉向伟大沙皇交纳贡赋，如果沙皇命令你阿勒坦汗去哪里为他效忠，你就率全汗国奔赴哪里。皇使雅科夫和德鲁仁随同给皇上陛下的贡品和叩拜皇上的使节塔尔罕与乌兰·科津一行人一起放回了。伟大的沙皇、全俄许多国家至尊的君主米哈伊尔·费多罗维奇大公令赏赐你阿勒坦汗，还亲自查看了你让他们捎来的贡品，令人接受你的呈文，并仁慈地倾听。你的呈文中写道，你阿勒坦汗向伟大沙皇陛下保证，你最亲的人已代表你阿勒坦汗宣了誓，你一定会世代臣服沙皇为奴，向陛下上交贡赋，并准备为沙皇效忠，但希望皇上陛下赏赐你阿勒坦汗，把你在国书呈文中写到的东西捎给你。所以，伟

〔1〕见本译著下册文件第84号。

〔2〕见本译著下册文件第90号。

〔3〕图哈切夫斯基和阿加尔科夫于1633—1634年出访阿勒坦汗（参见本译著下册文件第95、96、102、103号）。

35 大的沙皇、全俄许多国家至尊的君主和统治者米哈伊尔·费多罗维奇大公按你呈文的叩求吩咐送皇赏给你阿勒坦汗，并派回你的使节塔尔罕和乌兰·科津一行，让他们领了给他们自己的皇赏以后，把给你的皇赏捎回去。希望你阿勒坦汗见到沙皇对自己的仁慈和赏赐后，能坚持效忠伟大的沙皇，证明你对皇上陛下的承诺，并按我们带来的誓文[1]向我们沙皇自愿地亲自宣誓。希望你坚定不移地做到自己的承诺和誓言。希望你阿勒坦汗对皇上陛下的指令能永不退缩，率全汗国坚决服从。希望你阿勒坦汗今后能得到皇上陛下更全面的恩赐和奖赏，能上交比现在更多的贡赋……

……我阿勒坦汗是先后派出了使节拜噶尔·巴克什和另一批苏卢姆基奇·阿尔加等人去托木斯克叩拜伟大的沙皇、全俄许多国家至尊的君主和统治者米哈伊尔·费多罗维奇大公陛下以及沙皇的御前大臣兼总督伊凡·塔捷夫等人，那是去叩求伟大的沙皇陛下赏赐我阿勒坦汗，接受我的臣服和保护我免受敌方侵犯，但不是"为奴"。[2]

我阿勒坦汗对那些不顺从的人和地方自己能处理。[3] 至于伟大的沙皇陛下按我的叩求赏赐了我，还派了大使雅科夫·图哈切夫斯基和书吏德鲁仁·阿加尔科夫捎来皇赏，现已按清单交给了我阿勒坦汗。向伟大沙皇陛下宣誓的事，我阿勒坦汗已命令我最优秀的塔布囊我的堂兄弟杜拉尔、女婿比尤图和岱青塔布囊办了，体现阿勒坦汗的心声保证我阿勒坦汗臣服伟大的沙皇陛下，坚持效忠皇上，自觉交纳贡赋，沙皇的命令指向哪里，我们就奔赴哪里，但不是"为奴"。我们蒙古地方

---

〔1〕见本译著下册文件第1号注释4。

〔2〕西蒙古各代阿勒坦汗力求在与俄国的谈判中签订平等对待的条约，能得到军事援助，能广泛获得西伯利亚城市的市场。事件的进程证实了，他们把宣誓看作是一种友好互助条约，而不是像总有顺利好运的莫斯科政府西伯利亚总督们所认为的那样发了誓献忠心而入了国籍，就变成了俄国沙皇的奴仆。显然，举行正式的宣誓仪式也不具有特殊的意义，按阿勒坦汗他自己的阐释同时还认为，宣誓公文的写成，对这种联盟的表达方式是不体面的，因此坚决拒绝亲自参加这种宣誓典礼，而推说在蒙古"不通行(汗)王亲自给(沙)皇宣誓"。特别令阿勒坦汗恼怒和不满的是俄国人坚持认为"奴仆"这术语适用于阿勒坦汗。从公布的文件中(本译著下册第7、8、24、25、32号等文件)可见，由于衮布·额尔德尼的反对，1637年斯捷潘和巴仁使团之后在这方面做了让步，"奴仆"对阿勒坦汗的一词，开始称"臣民"。

〔3〕这里指的是1636年阿勒坦汗使卫拉特台吉巴图尔等人遭受的失败。

认为“奴仆”是不幸的。你们希望我阿勒坦汗在皇使面前亲自宣誓做出更好的保证与承诺，认为那样宣誓才合适。但那样做在我们蒙古却不行，一位（汗）王不能亲自对另一位（沙）皇宣誓。并希望皇上陛下开恩，今后不要把我写成“为奴”，陛下可以随意写别的称呼。至于吉尔吉斯王公在我宣誓之后，又偷袭沙皇的库兹涅茨克和克拉斯诺雅尔，其骑兵赶走了游牧的畜群，还抢掠了皇上的交实物税的属民，抓俘了另一些人回去了，我阿勒坦汗一定制止这些背叛沙皇陛下的吉尔吉斯王公的背叛行动，令他们臣服伟大的沙皇为奴，并派他们中2到3位优秀的吉尔吉斯王公去托木斯克做人质，以便制止他们的背叛活动。我阿勒坦汗可没有教唆过吉尔吉斯王公，对其背叛行为也毫不知情，没想到吉尔吉斯王公在我宣誓之后还会偷袭沙皇的城市，用骑兵赶走游牧畜群，抢掠沙皇交实物税的属民，或把他们掳走。关于皇上陛下写给我的一切，我跟我的教父达音·梅尔根·兰扎喇嘛以及跟我的母亲彻辰哈敦、跟我的兄弟们都思考商议过了，一定完成皇上诏书的指令。……

阿勒坦汗的母亲彻辰哈敦和汗的教父达音·梅尔根·兰扎喇嘛等 36
人或分别宴请了皇使和军役人员一行或索要皇赏，皇使斯捷潘和书吏安德烈就去到他们的帐篷，以沙皇名义分别送去了礼品。……

阿勒坦汗再次派杜拉尔塔布囊带了一队人来对皇使斯捷潘和书吏安德烈说，阿勒坦汗嘱咐来收缴他们的武器、火枪和军刀，如不交，就向皇上陛下告他们。于是收去了斯捷潘、安德烈书吏和军役人员的枪支、军刀。杜拉尔给了些小马，替换了这些武器，但这些劣马在吉尔吉斯的路上就精疲力竭，全死了。

后来到阿勒坦汗这里来了叶沙克图汗[1]的使节苏尔昆和巴噶德

---

[1]此叶沙克图汗是指第一任扎萨克图汗素巴第（1651年），赉呼尔哈干（1562年）的儿子，阿勒坦汗的正式宗主。

素巴第是17世纪前半叶喀尔喀蒙古三个最有影响的封建主之一。

1636年与土谢图汗衮布·多尔济和车臣汗硕雷（参见本译著下册文件第96号注释2）协同的最早的一批向满族皇帝献“九白”之贡的人，1640年参加了准噶尔代表大会。

尔一行三人,另外还有其他来自布尔罕呼图克图[1]以及喀尔喀汗哈坦巴图尔[2]的梅尔根·巴噶德尔和贡巴等五人。都来到了斯捷潘和书吏安德烈一行人的帐篷里,来了之后都问了沙皇陛下福体可安康,皇使们按惯例回答了他们。……

2月4日阿勒坦汗宣誓之后,斯捷潘和书吏宣布了给皇上陛下的贡品,然后就让这些皇使一行人跟他的兄弟杜拉尔塔布囊向克姆奇克河出发。当时他阿勒坦汗自己则率属民跟随他们之后立即奔赴吉尔吉斯人处。当他们刚到克姆奇克河时,阿勒坦汗的急使就带着信来到杜拉尔处,令杜拉尔赶快返回其兀鲁思,而让斯捷潘和书吏一行人留在克姆奇克河。

斯捷潘和书吏安德烈问杜拉尔塔布囊:为什么阿勒坦汗让你塔布囊返回,却把皇上的使节丢在克姆奇克河?他阿勒坦汗跟随我们之后没有以沙皇的名义去吉尔吉斯吗?

杜拉尔告诉皇使们,阿勒坦汗信中告诉他说,有消息说,黑卡尔梅克7位台吉率领7万大军已向阿勒坦汗兀鲁思方向飞驰而来,他担心黑卡尔梅克人会偷袭他的兀鲁思,他们到底会到哪里,他不清楚,所以
37 叫杜拉尔赶快返回御敌,而留两个蒙古使节和斯捷潘他们一行人留在驻地,为他们收、供食物。所以,他们在克姆奇克河一直待了两个星期,等阿勒坦汗的指令。……

当杜拉尔集合了所有吉尔吉斯王公后,对他们说:……如果你们不听阿勒坦汗的命令,不查明并交出被你们俘虏的沙皇陛下的人和牲畜,

---

[1]以布尔罕呼图克图著名,他是阿勒坦汗的儿子硕雷-温都尔·托洛尔图,以后变成17世纪头15年著名的传教士忽毕尔罕,即活动在西蒙古的敦噶尔·满珠什姆·呼图克图,他多半是住在扎萨克图汗的爱马克的领土上(参见《卫拉特属性的咱雅·班第达传》,蒙古学手稿集,第5卷2-3目,乌兰巴托,1967年;戈尔斯通斯基《1640年蒙古-卫拉特法典——噶尔丹洪台吉补充条款》,以及伏尔加河卡尔梅克人在顿杜克达什汗时期编制的法规、带有俄文译文和注释的卡尔梅克文书,圣彼得堡,1880年,3页)。

[2]暂时还不能确定,谁是这个哈坦·巴图尔。根据中国史料,特别是《蒙古游牧记》(第106页)巴德雷认为这人是赛音·巴德玛·哈坦·巴图尔,大诸侯扎萨克图汗之一。在参加1640年准噶尔代表大会的王公中,提到过一个叫阿尤什·哈坦·巴图尔的(戈尔斯通斯基《1640年蒙古-卫拉特法典——噶尔丹洪台吉补充条款》,5页)。俄国档案中,首次见这名字是在图哈切夫斯基的文件中(本译著下册文件第102号)。

阿勒坦汗就要为此来讨伐你们。

可是吉尔吉斯王公们不听从,而说:我们吉尔吉斯人现在已不可能去托木斯克,因为会把我们打入监狱。那个叫素叶特的图宾斯克王公就是这样应召去克拉斯诺雅尔的,后来就被打入了监狱,所以他们不肯交出沙皇陛下的交实物税的属民和牲畜,也根本不听从阿勒坦汗和杜拉尔的命令。……

全宗:蒙古事务1636年文件,第2号,1-45页,原件。蒙古事务1636年文件,第3号,1-46页,17世纪抄本。头上几页看不清了。苏联科学院档案馆列宁格勒分部,全宗:缪勒存档卷,第4目,19册,文件第58号,117页反面至125页反面,18世纪拷贝。开头部分磨损不清。

第8号

50 1636年8月28日至1637年4月23日:托木斯克军役贵族Б.卡尔塔舍夫使团前往达音·梅尔根·兰扎喇嘛处的出使报告。

今年145年(1636)在蒙古喇嘛那里出使的记录。

去年144年(1635)按沙皇陛下的谕旨和御前大臣伊凡·伊凡诺维奇公爵等的指令,8月28日托木斯克贵族子弟巴仁·科尔塔舍夫及书吏加拉西姆等一行人带着皇赏跟随喇嘛使节们前往蒙古领地唐古特地方的兀鲁思去访问喇嘛达音·梅尔根·兰扎。

今年145年(1636)9月16日抵达叶尔姆河畔的吉尔吉斯兀鲁思。沿途,各兀鲁思都派王公和塔布囊来迎接皇使。

达音·梅尔根·兰扎喇嘛听了巴仁和加拉西姆两位大使的话之后说,伟大的沙皇、全俄至高无上的君主、许多国家的国王米哈伊尔·费多罗维奇大公赏赐了我,还把要走的枪估算成钱,送到我手里,我叩谢沙皇陛下的重赏。

51 当时要阿勒坦汗亲自向伟大的沙皇陛下、全俄和许多国家至尊的君主米哈伊尔·费多罗维奇大公宣誓坚定不渝地效忠沙皇陛下时,阿勒坦汗却让塔布囊代他宣了誓,他的使者虽去了沙皇那里,可吉尔吉斯王公却攻打了皇上的库兹涅茨克、克拉斯诺雅尔等城市和皇上的交实物税地区的属民,赶走了牲畜,俘走了属民。这些你们希望我都告知阿勒坦汗,让阿勒坦汗派那些背叛皇上的吉尔吉斯王公中两三名权威、优秀的人物去托木斯克做人质,以便遏制他们的背叛行为。让他们不能对托木斯克做任何坏事,可给他们皇赏,让他们把那些俘虏和牲畜查清交还到他们的原牧地皇上的领地。如果吉尔吉斯王公不向沙皇陛下认错,不查出赶走的牲畜,不交还俘去的实物税人,也不送人质去托木斯克,我喇嘛就在告知阿勒坦汗所有这些文件的内容时,劝他证明对沙皇的忠诚,令吉尔吉斯人臣服。等他回话之后,我会立即详细告知你们各位皇使。

10月25日,达音·梅尔根·兰扎喇嘛叫巴仁、加拉西姆大使和军役人员去他的帐篷并对他们说:我已经千方百计劝阿勒坦汗不要再犹豫,快按伟大沙皇、全俄和许多国家至尊的君主米哈伊尔·费多罗维奇大公陛下的谕旨,亲自在皇使面前宣誓,保证年年给沙皇陛下进贡,这样皇上也会赏赐你,并以其浩荡的皇恩庇护对他臣服为奴的人。当我千方百计向他阿勒坦汗说明宣誓和皇上来文的意思后,阿勒坦汗听了我喇嘛的话坐不住了,为此而向我大吼:我阿勒坦汗怎么能在皇使面前亲自宣誓,那我在其他各国君主面前还有什么荣耀?而且,此前我已经让我的塔布囊在皇使面前宣过誓,承诺了我阿勒坦汗臣服沙皇,效忠沙皇,年年交贡赋,只是不为奴。奴仆在我们这里意味"不幸",会木倒水淹。

于是喇嘛对阿勒坦汗说:你阿勒坦汗的父亲都听我的,因为我是他教父、导师,你父亲曾令你阿勒坦汗在他死后,各方面都要听我的,包括你的兄弟们和全体兀鲁思人也得听。可现在你阿勒坦汗根本不听我喇嘛、你的教父的话,不肯亲自向沙皇宣誓。如果你不听我的话给沙皇亲自宣誓,我喇嘛也不想在你阿勒坦汗的兀鲁思里过活,你就放我回我自己的喇嘛领地[1]去,因为我喇嘛收了皇赏却没法表示一点效忠沙皇陛下之心。你阿勒坦汗看到了沙皇的恩惠,但却不同意亲自宣誓,不听我的意见,为此我绝不可能再住在你这里。……

后来,阿勒坦汗派来了女管家、大小汗妃、他的兄弟等人来看望沙 52
皇使节巴仁和加拉西姆,并以各种理由索要礼物,皇使都以沙皇陛下的名义给他们赠了礼品……

3月10日,巴仁和加拉西姆及随军人员一行人随着喇嘛达音·梅尔根·兰扎给沙皇的贡品和回派的喇嘛使节离开了蒙古地面。当他们到达萨彦岭时,从山岭后窜出一群萨彦男子,赶走了喇嘛给皇使们的8

[1]喇嘛领地指的是西藏地方。

匹马和路上食用的羊。

53 于是巴仁和加拉西姆对护送的阿勒坦汗兄弟杜拉尔塔布囊说，他应令人把这些被萨彦人赶走的马匹找回来。

但杜拉尔却说，要找回这些马匹是不可能了，因为这些萨彦人是从捷列斯克湖来到这里专门从事抢劫的，从属于黑卡尔梅克康台什[1]的克什蒂姆。

现将在蒙古地方的阿勒坦汗和喇嘛达音·梅尔根·兰扎处为全俄沙皇陛下米哈伊尔·费多罗维奇大公效忠时，以皇上陛下的名义送给阿勒坦汗、喇嘛、阿勒坦汗之母彻辰哈敦以及汗妃们、阿勒坦汗的兄弟们、塔布囊们、其他汗派来的使节等等各给了什么礼物，阿勒坦汗收缴武器、火枪、军刀等的情况，以皇上陛下的名义对谁说了些什么，这一切都已记入文录之中。

文录由书吏加拉西姆·季莫菲耶夫所写。

全宗：蒙古事务卷，1636 年，文件第 4 号，1－36 页，原件。

---

〔1〕“康台什”和“珲台吉”都是“洪台吉”的别称。17 世纪俄国文件中常常这样称呼巴图尔珲台吉，其名字叫呼图霍庆。他是绰罗斯汗哈喇忽拉的儿子。

巴图尔（1635—1653）作为他父亲开创的卫拉特联合王国政策的继承人而名声卓著。而实际上他是准噶尔汗国真正的奠基人和汗国第一位执政者。

在切列帕诺夫 1635 年的编年史中说：“这些年卡尔梅克台吉们开始张罗建立准噶尔政权，因为明智而英勇的巴图尔台吉作为哈喇忽拉的儿子在张罗如何把分散的卡尔梅克国家跟他们的台吉们都聚集在一起，他并占据了布哈拉的一部分，也就从这时起，即 1635 年起，他巴图尔台吉就开始以康台什之名著称了。”（参见玛祖林，文件第 1542 号，184 页）。

1640 年他首创召开各卫拉特封建主和喀尔喀封建主以及上层僧侣参加的历史性准噶尔代表大会，其主要目的在于聚集蒙古汗国和王公们的力量以便对抗满洲侵略者；他积极优待喇嘛教会，建寺院，筑城镇，企望培植起工农业；支持与俄罗斯发展紧密的外交和贸易关系，这在俄罗斯眼中被认为是所有卫拉特（卡尔梅克）王公承认其为主宰者。达赖喇嘛授予他巴图尔珲台吉以“额尔德尼”的尊称。

巴图尔珲台吉执政年代准噶尔汗国终于形成并得到巩固（参见兹拉特金《准噶尔汗国史》［1635—1758 年］，莫斯科，1964 年）。

第9号

1636年9月26日之后：西伯利亚衙门就托波尔斯克军役贵族T.彼得罗夫与额尔德尼·巴图尔珲台吉谈判关于免征巴拉巴乡鞑靼人实物税、归还准噶尔人所擒的俘虏以及派送赏赐给额尔德尼·巴图尔珲台吉等事所草拟的报告文录提要。 64

报告中写：

……[1]今年145年(1636)西伯利亚托波尔斯克御前大臣兼总督米哈伊尔·捷姆舍·罗斯托夫斯基公爵等人向皇上陛下报告说：去年144年(1635)3月23日他们从托波尔斯克派出了使节的贵族子弟托米拉·彼特罗夫等3名军人随同卡尔梅克使节去康台什和库拉台吉[2]那里，还让他们带去了皇赏：给珲台吉的是1匹黑色英国呢子和1匹天蓝英国呢子；而库拉台吉，赏了1匹天蓝英国呢子。令使节对他们台吉们说，让他们能在其兀鲁思内搜索背叛沙皇的巴拉巴鞑靼人库拉切伊卡等人，释放塔拉和秋明所俘虏的人，交还给皇使托米拉或送到塔拉，令今后不得攻击塔拉实物税地区抓俘属民。

144年(1635)8月26日托米拉·彼特罗夫等人从卡尔梅克兀鲁思返回托波尔斯克，跟他们一起回来的有珲台吉的母亲阿巴海[3]和他的

[1]原文中删节。

[2]库拉台吉是一位无权势的卫拉特扎萨克(领主)，是额尔德尼·巴图尔珲台吉的藩属。但有时也以独立身份出现，曾袭击俄国农村，并以其自己名义遣使去莫斯科(参见本译著下册文件第47号)。

[3]阿巴海是巴图尔珲台吉的母亲，是哈喇忽拉的发妻。请勿与哈喇忽拉的妹妹、巴图尔的姑姑也叫阿巴海的混淆(参见本译著下册文件第28、29号，28号的注1)。

兄弟叫绰库尔[1]的使节，还有其2个女婿叫伊尔卡塔布囊和秋沙塔的也派了使节阿班·巴加纳耶夫等共8人。

在询问中，他们托波尔斯克军役人员托米拉·彼特罗夫一行人对米哈伊洛公爵等人说，他们把皇赏呢绒都交给了珲台吉和库拉台吉，并
65 按指令的话全都转告了珲台吉。珲台吉和库拉台吉高兴地收下了赏呢并叩谢了皇恩。珲台吉对托米拉他们说，他父亲哈喇忽拉台吉[2]效忠沙皇，从未亲自派过军队去攻打过沙皇的城乡和属地。为此他父亲受到皇上陛下赏赐。而珲台吉也因此仍效忠沙皇，已将沙皇的叛徒巴拉巴鞑靼人库古杰伊王公等人交还，他们是自己来到他的兀鲁思的，并非被俘来的，库拉台吉后来又抓了他们，珲台吉并不知情。至于其他叛徒库拉切伊卡等人，如查出，一定交还，而且今后不会接待这种人来自己兀鲁思，并且还会在亚梅什湖跟沙皇的人一起让他的人帮助沙皇的人运盐上船，提供骆驼。这种时候，他也会自己去亚梅什湖视察，而不会派军队，因为他要跟蒙古人打仗。而且他们所有卡尔梅克台吉都要去打蒙古人。[3] 关于塔拉和秋明俘虏的事，珲台吉已派了使节去了库什台吉和达赖台吉那里。他本人也去那里跟他们谈了交出俘虏和效忠皇上的事，叫他们不要去邻近的沙皇实物税属地游牧，不得杀害和俘虏任何从事捕猎的沙皇属民，并在各自兀鲁思中查明从塔拉和秋明俘来的人，一律交还。如果库什台吉和达赖台吉不听他珲台吉的话，如不交还塔拉和秋明的俘虏，或者还派人去打沙皇的城市，他决不纵容，而且他本人更不会去打沙皇的人。当珲台吉让托米拉和叶吉盖尔从自己那里

[1]绰库尔台吉（绰古尔、硕古尔、硕库尔乌巴什）是巴图尔珲台吉的兄弟，准噶尔代表大会的参加者。应当把他跟和鄂尔勒克的儿子硕库尔岱青区别开来。后者1676年被噶尔丹俘虏，同年就死了（参见波兹德涅耶夫《蒙古编年史及1636—1736年喀尔喀历史资料中的注释》，圣彼得堡，1883年，171-181页），在被研究的这段时间，他游牧在托波尔河上游，这也支持了他曾与托波尔斯克总督有过独立关系的说法。

[2]哈喇忽拉是绰罗斯执政者，他在联合卫拉特各领地和建立准噶尔汗国方面起过巨大作用。1619年他派了第一个外交使团去俄国，请求帮他反对阿勒坦汗和哈萨克封建主，当时他跟他们斗争失利。但是在1628—1629年的再一次战争中，卫拉特封建主得胜。1634年哈喇忽拉逝世[参见兹拉特金《准噶尔汗国史》（1635—1758年），莫斯科，1964年，116-151页]。

[3]这里说的是巴图尔珲台吉对卓克图台吉之战（见本译著下册文件第38号）。

回托波尔斯克时，谈到了关于收集塔拉巴拉巴鞑靼人的实物税并按呈文从各自兀鲁思送到沙皇那里的事，并且巴拉巴的库朱杰科王公等人 66
对他珲台吉说，他们每个巴拉巴人给皇上付一份软皮货当实物税，而给他珲台吉仍可以多交皮毛呢绒当实物税。为此，他就放他们回了皇上那里，而现在他珲台吉却叩求皇上今后不再从巴拉巴鞑靼人那里收实物税，而还派了自己的使节到托波尔斯克请求皇赏。说如果他的使节带着皇使从托波尔斯克返回时，他亲眼看见皇赏之时，他就会交出自己兀鲁思另一些背叛沙皇的叛徒库拉切伊卡及他们的妻儿们。

今年145年(1636)9月24日，米哈伊洛公爵等人在外事衙门庭院给库什台吉的使节们送行时委托他们把他们的话带给珲台吉，说到他珲台吉曾委托他们托米拉·彼得罗夫等皇使到托波尔斯克跟米哈伊洛公爵等人说明他在自己兀鲁思所做的效忠沙皇的事。米哈伊洛公爵等已经把珲台吉的效忠行为报告了莫斯科沙皇陛下，所以当时就为奖励他的效忠，给他捎去了礼品，即从托波尔斯克给珲台吉、其母亲、其兄弟和女婿都各赐了皇赏——呢绒，而且给卡尔梅克使节阿班等一行人也赐了皇赏，在原先各赐优质呢绒之外，又给了沿途供给，并于9月26日送他们返回珲台吉处。随同这些卡尔梅克使节还从托波尔斯克派遣了贵族子弟费里普·奥鲍利尼亚宁和哥萨克骑兵雅库什科·科佩洛夫以及尤尔托夫鞑靼军人纳登尔科·舍霍夫[1]，同时捎有皇赏：给珲台吉为其效忠又赐2块英国黑呢和1块天蓝呢子；给其母亲、兄弟、女婿都分别赏赐了黑呢和天蓝呢……

如果今后珲台吉再派使节来托波尔斯克，并叩求为其这次效忠赐给皇赏，而且在今年145年(1636)不收取巴拉巴鞑靼人的实物税，那么，米哈伊洛公爵等人是否还要赐皇赏给珲台吉，或者借口什么别的理

[1]参见本译著下册文件第38号。

由,让他不伤害沙皇的巴拉巴交实物税鞑靼人?这些都希望沙皇陛下能给他们米哈伊洛公爵等人有谕旨下来。

全宗:西伯利亚衙门,栏目 455,25、39 - 47 页,原件。

第10号

1636年不早于10月6日至1637年不迟于1月13日:西伯利亚衙门就卫拉特人进犯塔拉并就俄国贵族军役人员击败他们的情况所草拟的报告文录提要。 67

西伯利亚塔拉军役人员叩拜全俄沙皇米哈伊尔·费多罗维奇大公陛下,告知了前年143年(1634)元月26日费多尔·别利斯基和涅乌波克·科可什金从西伯利亚塔拉城给全俄沙皇米哈伊尔·费多罗维奇大公陛下报告的内容:前年143年(1634)9月12日卡尔梅克库什台吉的儿子翁布和康古跟库楚姆的孙子们来进攻塔拉城,后来连同沙皇的叛徒、尤尔托夫和县城的鞑靼人科恰什科·托纳塔罗夫等人以及哥萨克都赶到了城里,还杀掉了些马匹,有的进了城,有的则进了森林。军役人员正在耕地,一下就挡住了这些武装进犯者,或者杀死了他们,但他们军人们的妻儿则被俘了,牛马被赶跑了,怎么也没法保护他们,因为进犯的武装人员从各条大路攻到塔拉城下,是按布哈拉人科诺加奇科·多斯玛麦杰夫的派遣直逼近城里和堡垒的。他们派出那些卡尔梅克人就是为偷袭托波尔斯克和塔拉的军役人员,以及立陶宛人、哥萨克骑兵和步兵,还有射击手们,跟这些卡尔梅克人的战斗从早晨一直打到晚上,才打退了他们对城市和堡垒的进攻。那个科诺加奇科背叛皇上陛下发动这场卡尔梅克来犯事件,然后带着其母亲、妻子和兄弟撤退到卡尔梅克人和叛徒们那里去了。当时没人能到卡尔梅克人那里去搜捕,因为塔拉城里人员很少,而他们那边军队要多得多。那些卡尔梅克人逼近堡垒时说,要求把布哈拉使节卡兹交给他们,那他们就交出全部塔拉俘虏。所以那场战争就是为那个卡兹发动的,而不是什么其他原因寻衅。

143年(1635)10月13日库什台吉的儿子翁布和女婿土尔扈特的

鄂木布率领许多卡尔梅克军队打到塔拉城下。于是军役人员和农夫们以及尤尔托夫鞑靼人都从城里冲出来保卫庄稼田禾,把进犯者或打退,或杀死了,另外还俘虏了一些人,并一直打到逼近了城市和堡垒前。攻打塔拉城的首领是沙皇的叛徒阿亚雷县交实物税的鞑靼人萨班科。为了出击,费多尔公爵和涅乌波科伊派出了托波尔斯克贵族子弟鲍里斯·切尔卡索夫和塔拉立陶宛骑兵大尉安德烈·克罗波托夫以及哥萨克骑兵头目纳扎尔·日多夫斯基、塔拉头人沃音·杰苗季耶夫等人,而他们率领的是托波尔斯克和塔拉的军人。

在城下这场战斗跟卡尔梅卡人从早晨打到夜晚,终于卡尔梅克人撤出离城10俄里处。10月14日那些卡尔梅克人又来到城下,遇到俄国人时说,只要把布哈拉使节卡兹交给他们。如果不交出使节,库什台吉就不会令他们撤离城市,而会令他们到城里来生息。于是费多尔公爵和涅乌波科伊一边加强围攻,一面祈求上帝保佑,并派出前述那些武装人员打击卡尔梅克进犯者。终因上帝仁慈,皇上福大,库什台吉的儿子被打死,许多卡尔梅克人被杀,俄罗斯和塔拉俘虏被夺回,大约300匹马被赶回来……

所以,塔拉军人们叩求沙皇米哈伊尔·费多罗维奇大公陛下[1],请给这些效忠立功人员赐以皇赏[2],上帝知道,他们对皇上陛下是如何勇猛地效忠的。

全宗:西伯利亚衙门,栏目172,126、128-130、137页,原件。

---

〔1〕这份塔拉军役人员递交的呈文,是要求奖赏这场打胜卫拉特人的战斗,呈文是在塔拉警察局递交的,时间不晚于1635年元月16日,以后转到了西伯利亚衙门。这份呈文上的登记记录是:145年(1636)10月6日。效忠服役记录(全宗:西伯利亚衙门,栏目172,125、127页)。

〔2〕1637年元月13日[7145年(1636)]在赏赐圣旨中指明给军人们战死的每人赏1卢布,给"受伤的军人"每人半卢布(全宗:西伯利亚衙门,栏目172,第157-151页)。

第11号

1636年10月8日：托木克斯军役人员M.哈津斯基和库兹涅茨克城堡哥萨克Φ.彼特罗夫就托木斯克的马匹价格、与卫拉特人经商及西伯利亚诸城粮食储备不足等事在西伯利亚衙门的答问词。[1]

145年(1636)10月8日，贵族子弟玛特维·哈律斯基和库兹涅茨克边堡的哥萨克费杰卡·彼特罗夫等5人从西伯利亚托木斯克城带着库兹涅茨克国库的黑貂皮和一份文录来到皇上这儿，在盘问中他们说，他们被从托波尔斯克派出，带着皇上的库兹涅茨克实物税软货款，于去

---

〔1〕随着俄国人在西伯利亚的地位的巩固，开始发展俄国与蒙古王国间的贸易关系，其中也包括跟卫拉特汗国的贸易关系。初期的贸易是以使团间交换礼品的形式产生的，后来随着俄国人向东方，向外贝加尔地区的推进，跟蒙古人的接触扩大，贸易关系也逐渐增长。蒙古人为了出售和交换马匹、骆驼以及大量长角牲畜，纷纷来西伯利亚的塔拉、秋明、托波尔斯克和托木斯克等城市的集市贸易赶集，还运来了毛皮、大黄、中国丝绸和其他货物。卫拉特商人的大商队，基本上是穆斯林布哈拉人的商队，也经常来那里进行集市贸易(参见本译著下册文件第5号注释2)。从17世纪20年代起，乌法开始成为与土尔扈特和杜尔伯特人联系的重要中心。

俄国人经营的是各种布匹、皮革制品、金属制品、黑貂和其他商品，蒙古人对这类商品的需求量越来越大。

贸易的发展是以互赢为基础的。剩余商品的积累主要是牲畜和畜牧产品，还有毛皮过剩。一方面，对工农业产品的急切需求和与中国的正常贸易交流存在困难，另一方面，推动了卫拉特执政者和喀尔喀王公们跟俄国贸易的扩大，俄国也对获得牲畜，特别是对俄国居民和西伯利亚军队所需的马匹，和长角牲畜以及畜牧产品也有兴趣(参见本译著下册文件第93号)。因此蒙古封建主发展与俄国的贸易的渴望得到了莫斯科政府的全力支持。1670年前，俄蒙贸易完全不受地方的限制和封锁，而且除了武器，都能有买卖的办法和渠道。西伯利亚给蒙古人和卫拉特人所做“自由贸易”的决定，在1645年10月14日(本译著下册文件第82号)给西伯利亚各总督的训令和公函中，以及1647年5月3日(玛林诺夫斯基全宗，文件第6号，2页)所发文件和其他文件中都可以得到证实。后来，甚至允许卫拉特汗国可以赶着马匹通过阿斯特拉罕去莫斯科贸易。应该指出，亚梅什湖地区也是俄国与卫拉特贸易的重要中心(参见波塔宁《17世纪中叶托木斯克城商品的输出与输入》，载《帝俄地理学会通报》，圣彼得堡1825年卷；波塔宁《关于18世纪与准噶尔布哈拉的商队贸易》(莫斯科大学藏俄罗斯古代帝国史学会读物)，莫斯科，1868年第2册；特鲁谢维奇《俄中外交与贸易关系》[到19世纪]，莫斯科，1882年；费赫涅尔《16世纪俄国与东方国家的贸易》，莫斯科，1952年；兹拉特金《准噶尔汗国史》[1635—1758年]，莫斯科，1964年等书)。

年斋戒期前的最后一个荤食日到达，彼特罗夫走了 3 天。当他们被派出时，托木斯克平静无事，没有进犯的人来到托木斯克城下，也没队伍到边堡，只是到了春天卡尔梅克人才来到托木斯克城进行了3次马匹
69 交易，不过，马价不贵，军用好马才换 5、6 个卢布；耕地用马 2 个卢布、1.5 卢布，或 3 个卢布……

那天哥萨克五十人长斯捷潘科·费多罗夫和哥萨克瓦西卡·谢苗诺夫从西伯利亚带着克拉斯诺雅尔堡的文录和预算清单等来到皇上这儿。在盘问中他们说，他们是去年 144 年（1635）复活节周末那天从克拉斯诺雅尔堡来到皇上这里的。他们离开前，该地平安无事，他们走的那个冬天和春天都没有军队进犯。不过，他们从克拉斯诺雅尔出发时，当地的粮食已很贵，买官方的 1 俄石也得 6 个卢布，而前年 143 年（1634）他们克拉斯诺雅尔的粮食都够吃了。但 144 年（1635）吉尔吉斯人打来，粮食都被烧了，或被践踏完了。于是去年 144 年（1635）国家发的粮食储备也就不够供给克拉斯诺雅尔发放薪额，因此为了从玛克夫斯克堡给叶尼塞斯克堡运送储备粮，托波尔斯克送来的数量，还是不够，所以一收到皇上的实物税之后，费多尔·米亚舍宁就想立即从克拉斯诺雅尔堡放行尽快运走。

全宗：西伯利亚衙门，栏目 53，119 – 121 页，原件。

第12号

1636年10月31日：喀山省廷衙门就和硕特台吉图鲁拜琥和额尔德尼·巴图尔珲台吉宣誓问题下达给托木斯克总督И.И.罗莫丹诺夫斯基的诏书文录。

转发全俄沙皇米哈伊尔·费多罗维奇大公陛下的谕旨给西伯利亚托木斯克御前大臣兼总督伊凡·伊凡诺维奇·罗莫丹诺夫斯基公爵和安德烈·安德烈耶维奇·布纳科夫以及秘书长阿尼西姆·特罗菲莫 70
夫。

前年143年(1634)给我们写道:黑卡尔梅克奥尔恰克部王公科赫杰巴伊派人来叩求赏赐,要臣服沙皇陛下。他的使节在托木斯克代他科赫杰巴伊宣了誓。

于是从托木斯克派了贵族子弟谢苗·拉弗罗夫带了一行军役人员前往科赫杰巴伊处,并令科赫杰别伊王公在他自己的兀鲁思宣了誓。他已效忠我们,并常派其兀鲁思属民到托木斯克来贸易。

去年144年(1635)3月7日,你们派了托木斯克军役人员十人长谢麦伊卡·麦曾等5人去黑卡尔梅克拜巴噶斯兀鲁思访问僧格台吉,并令他们对僧格台吉说,他僧格派了其使节来托木斯克叩求我们给予赏赐,他愿臣服于伟大沙皇陛下世代为奴。他僧格很想到托木斯克来。他很高兴能臣服于沙皇,他没到托木斯克来,是因为要去兀鲁思收税,而当着我们的面代兄弟们和整个兀鲁思宣誓的事,在自己兀鲁思已经保证,承诺他僧格一定效忠于我们,坚定不移,世代为奴仆,并已派其兀鲁思属民到托木斯克贸易。还有库日阿台吉、奥切塔台吉和巴噶德尔·康台什也准备效忠我们,世代为奴,并派了他们各自的兀鲁思使节军人来托木斯克,库日阿4人,康台什5人。而且前者叫其使节带1匹淡栗色马来到托木斯克叩谢我们,还给您伊凡公爵捎来1匹马作为礼物，而给我们安德烈和阿尼西姆则各送了3块上等狐皮。巴噶德尔·康台什叩谢我们的礼品是1匹快马，给你们也各送了马。不过他们来叩求我们给他们赏赐，并接受他们的臣服。库日阿台吉、奥切塔台吉和巴噶德尔·康台什都令他们的使节代他们向我们宣誓。那些使节在托木斯克宣誓保证，他们的台吉会率全体兀鲁思人效忠我们，世代为奴，不来攻打我们的城市，只派人到托木斯克来贸易。作为卡尔梅克台吉们所送马匹的回礼，我们赏赐了各位台吉及其使节英国呢子、绸缎等物之后，放他们回各自的兀鲁思了……卡尔梅克所送马匹已分别给农夫们耕地用了。

全宗：苏联科学院档案馆，列宁格勒分部，全宗：缪勒存档卷，第4目，第17册，文件第215号，408－412页反面，18世纪拷贝。

第13号

1636年11月21日：托木斯克贵族军役人员П.雷赫列夫斯基等人就粮食价格问题及卫拉特人在托木斯克开设马市诸事在西伯利亚衙门的答问词。

（本文为具体货物价，略。）

第14号

72　1637年不迟于2月4日:阿勒坦汗就为其派送贵族军役人员和赏赐并向俄国沙皇效忠等事致沙皇米哈伊尔·费多罗维奇的书信。

伟大的白沙皇、全俄至尊的君主米哈伊尔·费多罗维奇大公陛下,您的臣属阿勒坦汗向您叩安!

我阿勒坦汗已经率全汗国宣誓,不伤害贵国属民,承诺在您白沙皇指示我做什么时,我都准备尽臣民之责。按我的命令,先是杜拉尔塔布囊和岱青塔布囊向您宣的誓。当您的皇使雅科夫和德鲁仁来后,德鲁仁辱骂了我母亲,使我十分难堪,我根据查明的事实向你遣使述说了一切。

而现在,新皇使又到了,我又一次叫教父喇嘛和兄弟杜拉尔塔布囊代我宣誓,承诺带领儿孙、兄弟子侄和全体兀鲁思臣服皇上陛下,求上帝保佑全俄沙皇米哈伊尔·费多罗维奇大公万寿无疆,感谢皇上为我全部兀鲁思效忠皇上而高兴,我兀鲁思唯沙皇陛下之命听从,准备率全汗国去效忠。伟大的沙皇,天上有上帝,地上有沙皇陛下,您将皇赏赐给我,您的臣属,各地因此全都臣服了您,您赐皇赏,我也会年年进贡。至于吉尔吉斯人赶走了沙皇的城市中的牲畜,我已令我的兄弟杜拉尔塔布囊去查明那些牲畜。如果他们不听从,您可另派其他皇使来交涉,我会亲自去吉尔吉斯办这事,令交还所有皇上的属民和牲畜,并准备提交重要人质。

不过,今后望陛下白沙皇赏赐我阿勒坦汗时,不要再派像德鲁仁·阿加尔科夫那种人做皇使。至于皇使斯捷潘和安德烈已经把皇赏按皇上的谕旨全数交来。为叩谢皇恩,阿勒坦汗也呈上2块雪豹皮、250块黑貂皮等作为贡品,今后我会贡献更多贡品。不过叩求皇上能把以前曾求赐的那些东西当皇赏赐给我,还希望能赐给沙皇属民8000到1万

人，因为我要引领很多地方臣服陛下，在托木斯克得安置他们。当我的
使节从莫斯科离开时，跟随使节往返的和留居托木斯克的人就得近1 73
万人。当需要这些人时，我会再写信告诉托木斯克的。还希望皇上赏赐时追加一份珍珠和宝石，尤其是黄宝石和茶砖色宝石。

沙皇旨意要派皇使去中国、唐古特地方〔1〕和阿尔干地方〔2〕，我已准备好护送人员和草料、大车……

全宗：西伯利亚衙门，栏目74，49、48、47、46页。译文。

出版物：《17世纪俄中关系》（1608—1683年文件资料集）第1卷，莫斯科1969年，文件第43号，108－109页。

---

〔1〕俄国文件中，这指西藏地方。

〔2〕很难说这指什么地方，《17世纪俄中关系》（文件资料集）中，似乎认为是指满洲阿巴孩汗的领地。

第15号

1637年不迟于2月4日:阿勒坦汗妻儿就送给他们皇赏一事致沙皇米哈伊尔·费多罗维奇的书信。

(感谢皇赏并继续索要的短信,略)

第16号

1637年不迟于2月4日：阿勒坦汗兄弟达音诺颜就发放皇赏一事致 74
沙皇米哈伊尔·费多罗维奇的索要赏物书。

（索要珠宝皇赏书，略）

第17号

1637年不迟于2月4日:阿勒坦汗兄弟衮布·叶尔登诺颜就发放皇赏一事致沙皇米哈伊尔·费多罗维奇的索要赏物书。

(略)

第18号

1637年不迟于2月4日：阿勒坦汗兄弟岱青诺颜就给他遣送皇赏一事致沙皇米哈伊尔·费多罗维奇索要赏物书。 75

（略）

第 19 号

1637 年不迟于 2 月 4 日:达音·梅尔根·兰扎喇嘛就为沙皇效忠和要求送赏赐一事致沙皇米哈伊尔·费多罗维奇的申请呈文。

今年 146 年(1637)10 月 26 日喇嘛达音·梅尔根·兰扎遣使拉米奥克等人叩见全俄沙皇米哈伊尔·费多罗维奇大公陛下时的呈文的译文。

伟大的全俄沙皇、至尊君主米哈伊尔·费多罗维奇大公陛下,唐古特喇嘛达音·梅尔根·兰扎向您叩安。

全俄沙皇米哈伊尔·费多罗维奇大公派来了皇使斯捷潘和巴仁等人,并令阿勒坦汗自己亲自宣誓,但阿勒坦汗的意思还是让其教父喇嘛
76 和兄弟杜拉尔代为宣誓。不管这种宣誓合适不合适,既然我已经宣誓,还望沙皇陛下赏赐我。皇使斯捷潘、巴仁和加拉西姆等都是善良好人,请皇上陛下也赏赐他们,以后也望皇上开恩仍派这种善良的人前来,切勿派德鲁仁·阿加尔科夫那种人。至于您皇上陛下叫皇使等人捎给我的皇赏,已及时送到,我起立敬迎皇赏,感到无上光荣。您皇上陛下现在又派来了皇使,我对他们是好是坏,他们将会亲自告诉您,如我有不足之处,望见谅。

全俄至尊的沙皇米哈伊尔·费多罗维奇大公陛下,我达音·梅尔根·兰扎现特呈上贡品,有敬献皇上的,还有给皇上夫人的、太子的……

达音·梅尔根·兰扎叩求全俄至尊的沙皇米哈伊尔·费多罗维奇大公陛下赏赐我大珍珠、黑狐狸皮和各色呢子。

贡品在一个良辰吉日送到全俄至尊的沙皇米哈伊尔·费多罗维奇

陛下那里。皇使也会在新年白月[1]的吉日放使节们去全俄至尊的沙皇米哈伊尔·费多罗维奇大公处。

陛下,去中国的道路已通,开始通行已经第3个年头了。但是,当皇使雅科夫和阿加尔科夫问去中国的道路时,当时路不通[2],现在我特把路线写信告知。现在如果皇上陛下再派皇使来,让他们骑大象走,就会放他们到中国皇帝那里,有没有大象,不会放他们进到中国边城。不过到中国皇帝的住地还很远,另外过草原地带大部队要通过不可能,只能小股人员通过。

希望沙皇赏赐阿勒坦汗的使节们,让他们骑马捷径赶回,不要令其走水路……

全宗:蒙古事务,1637年,文件第2号,158-165页,17世纪译文。

全宗:西伯利亚衙门,栏目74,42-36页……

出版物:《17世纪俄中关系》(1608—1683年文件资料集)第1卷,莫斯科1969年,文件第44号,109-111页。

---

[1]1637年2月4日白月,蒙语"察干沙尔",蒙古人表示新一年的开始。节日是移动的,一般是元月底2月初。这里日期的确定是按卡尔塔舍夫的文录定的(参见本译著下册文件第8号,24页)。

[2]为了与蒙古人贸易,1551年中国皇帝在大同和兴安府开了马市。但很快被撤销,1568—1570年又重新开市。这种贸易根据中国和蒙古商人在边城一年三次聚会所定的规定而开展。1591年跟蒙古的贸易又被切断,但是1598年有一位蒙古王公重新允许在边境贸易[参见波科季洛夫《明朝时期东蒙古史》(1368—1634年),圣彼得堡,1893年,166-168和192-195页等]。这里显然说的是清朝当局跟反清的察哈尔林丹汗把中断的贸易重新开启的事。

第20号

78　1637年4月23日至6月5日:托木斯克总督И.И.罗莫丹诺夫斯基同杜拉尔塔布囊和使臣墨尔根·德噶谈判的文件资料。

144年(1635)7月7日,按全俄沙皇米哈伊尔·费多罗维奇大公陛下的谕旨,把托木斯克的贵族子弟瓦西列伊·斯塔尔科夫和卢卡·瓦西利耶夫等托木斯克军役人员从莫斯科派到托木斯克来,并让阿勒坦汗的使节达尔罕和乌拉尔·科津等8人跟随他们一起将皇赏按清单全数安全送达阿勒坦汗和喇嘛并杜拉尔塔布囊那里,同时把沙皇圣旨和阿勒坦汗照其宣誓的誓文、沙皇信使证书等交给阿勒坦汗和喇嘛。沙皇谕旨令在托木斯克就地选择比雅科夫·图哈切斯基和书吏德鲁仁·阿加尔科夫更合适的贵族子弟、书吏和军役人员,把皇赏交给他们,令其帮助完成这一任务,然后再放阿勒坦汗的使节跟皇赏一起离开托波尔斯克。但这些阿勒坦汗、喇嘛的使节和皇使运送皇赏去阿勒坦汗、喇嘛和杜拉尔处,不得走通过吉尔吉斯人地区的路。

但7月14日御前大臣兼总督伊凡·伊凡诺维奇·罗莫丹诺夫斯基等人令从托木斯克军役人员中选拔4人,奥勃拉姆·基兹洛夫等以及翻译官阿利亚尔科,与他们同去的有阿勒坦汗的使节2人,不过仍让他们通过吉尔吉斯人地区去阿勒坦汗处。因为如果在吉尔吉斯人那里有阿勒坦汗的人,可以令他们准备大车护送皇赏和皇使们到达阿勒坦汗处。如果吉尔吉斯人那里没有阿勒坦汗的人,也可以令他们去通知阿勒坦汗告知皇赏和皇使要来的事。要让阿勒坦汗准备大车派人来迎接皇赏和皇使,而从吉尔吉斯令一个人来托木斯克说明,到底吉尔吉斯有没有阿勒坦汗的人,有没有准备好大车。

144年(1635)8月12日托木斯克军役人员费杰卡·阿尔巴托夫从吉尔吉斯返回托木斯克说,当他们跟蒙古人一起到达吉尔吉斯头人那里时，吉尔吉斯人来欢迎他们了，在吉尔吉斯的阿勒坦汗的4个人也来迎接了。而且给他们这些军役人员备了饲料和大车，并放皇上的军役人员奥勃拉姆·基兹洛夫等3人跟翻译官阿利亚尔科前往阿勒坦汗处了，而叫他费杰卡坐大车赶来托木斯克报信告知这一切。于是托木斯克就选了贵族子弟斯捷潘·奥列克山德罗夫和书吏安德烈·萨姆索诺夫作为使节速去阿勒坦汗处。他们送皇赏给他们145年(1636)薪俸按每年每人10卢布发给。护送他们的骑兵军役人员共7人，有十人长奥勃拉姆·基兹洛夫、米什卡·色罗叶仁、奥麦利卡·维尔什宁、费杰卡·阿尔帕托夫、瓦西卡·亚基莫夫、格里什卡·谢列勃列尼科夫等。145年(1636)给十人长奥勃拉姆的赏俸是7卢布25阿尔滕，其余5人
每人7卢布加1/4，帮助运皇赏。步兵哥萨克库泽姆卡·加弗里洛夫 79
赏皇俸4卢布加1/4，帮助运皇赏。为他们做翻译的布哈拉人叶尔玛麦特科赏皇俸8卢布，并帮助运皇赏。

144年(1635)8月28日，托木斯克贵族子弟斯捷潘·奥列克山德罗夫、巴仁·卡尔塔硕夫和书吏安德烈跟加拉西姆以及军役人员带着皇赏随同阿勒坦汗的使节们从托木斯克出发去阿勒坦汗处。

145年(1636)4月20日，皇使书吏安德烈及随行军役人员从阿勒坦汗处返回托木斯克，并汇报说，他们带着皇赏去了阿勒坦汗处，进入蒙古地区，于10月18日到阿勒坦汗兀鲁思的库素图凯地方后把皇上的国书谕旨交给了阿勒坦汗，并进行了宣读，翻译官叶尔玛麦特科也将它译成了蒙古语，并按清单把皇赏分别赐给了阿勒坦汗和喇嘛。在阿勒坦汗兀鲁思从10月18日住到2月8日，其间按照捎去的誓文，代表阿勒坦汗宣誓的仍是喇嘛教父达音·梅尔根·兰扎和阿勒坦汗的兄弟杜拉尔塔布囊。

2月8日皇使们从蒙古地方出发返托木斯克时，跟皇使一起出发的有阿勒坦汗、其兄弟和喇嘛的使节共22人。跟他们回来是为了护送给沙皇的贡品，并由阿勒坦汗的兄弟杜拉尔塔布囊率40名蒙古人负责送达托木斯克。……

杜拉尔塔布囊说，全俄至尊的伟大沙皇米哈伊尔·费多罗维奇大

公陛下叫皇使斯捷潘·奥列克山德罗夫等人所运给阿勒坦汗的皇赏,已全数安全运到阿勒坦汗处。他们对阿勒坦汗说要他巩固坚持以前的誓言,即坚持为伟大沙皇效忠,忠为奴仆,每年追加贡品,并对这些亲自宣誓。

阿勒坦汗十分愉快地接受了皇赏,叩谢了皇恩,并令其教父喇嘛达音·梅尔根·兰扎和其兄弟杜拉尔塔布囊代阿勒坦汗自己宣誓,以表示坚持誓言,保证他会效忠伟大沙皇,忠贞不渝,听从沙皇指令,他准备随时随地到皇上指令的地方去效忠。但,阿勒坦汗自己没有亲自宣誓,因为他们蒙古地方不习惯于这样一个皇帝向另一个皇帝宣誓,贡品他正在收集,并会让皇使和他派的使节一起带贡品出发。一旦贡品起运,贡品名目会写入国书。如果这个按阿勒坦汗指令所写国书由杜拉尔塔布囊所带,皇上对誓言不信,他可以让其教父达音·梅尔根·兰扎以及兄弟杜拉尔塔布囊再一次宣誓,以便皇上陛下看到其兀鲁思的优秀儿
80 女为自己的人再次宣誓,会更相信一些。阿勒坦汗派他杜拉尔塔布囊护送皇使以及护送阿勒坦汗的、其兄弟的和喇嘛的几个方面的贡品到托木斯克来是遵守外交条约。他奉阿勒坦汗之命,把皇使一行人以及阿勒坦汗他们给皇上的贡品安全送到托木斯克之后,要扣谢皇恩,并请求皇上回赐皇赏给阿勒坦汗。他杜拉尔看到皇恩浩荡,自会效忠伟大沙皇,忠诚不渝地臣服于沙皇,不惜为奴仆,他杜拉尔塔布囊准备率领自己的兀鲁思,遵从沙皇之命,奔向沙皇指定的地方去效忠。同时他向沙皇呈上他一直带在身边的一封阿勒坦汗和阿勒坦汗儿子们写的信。杜拉尔塔布囊和他的儿子以及跟他一起的那些人,受了皇赏之后,大喝其酒和蜂蜜,醉醺醺地倒在院子里。

一批一批阿勒坦汗的、喇嘛的、阿勒坦汗兄弟的使节到来后,都先问候沙皇,然后相互问候,再喝酒到醉……

当天午饭后,警察长彼得·萨班斯基来到警察局说,当杜拉尔塔布
81 囊到达住地,看到皇上恩惠而喝醉躺在床上时,有两个吉尔吉斯男子跟他在一起。其中一个叫伊列克的,走进其住房,乱射弓箭,一支箭射往正在梦乡的杜拉尔塔布囊,射在了杜拉尔的喉部。杜拉尔的人立即在

房里用刀子捅死了那个吉尔吉斯男子，后来杜拉尔奄奄一息，死里逃生。

5 月 3 日，御前大臣兼总督伊凡·伊凡诺维奇·罗莫丹诺夫斯基等人就阿勒坦汗的、其兄弟的和喇嘛的使节去莫斯科见沙皇一事，叫警察长彼得·萨班斯基去跟杜拉尔塔布囊、阿勒坦汗和喇嘛的使节去说明，要放他们 22 个人都去沙皇陛下那儿，人实在太多了，让他们阿勒坦汗的使节代表去 2 个人，带 1 名护卫，阿勒坦汗兄弟的使节去 3 个人，也带 1 名护卫；喇嘛的使节去 2 个人，加 1 名护卫，这样总共 10 个人，其余的人由杜拉尔塔布囊带回蒙古地面去。

于是警察长彼得·萨班斯基来到警察局办公室，他对杜拉尔塔布囊、阿勒坦汗的使节、阿勒坦汗兄弟的使节和喇嘛的使节说了，可以
让他们去莫斯科给皇上陛下送贡品的使节限为 10 人，另外 12 人留下，82
让跟杜拉尔塔布囊一起回阿勒坦汗处。

但杜拉尔塔布囊表示，阿勒坦汗、其兄弟及喇嘛派来送贡品的使团就是 22 人，所以他不敢留下他们，怕惹怒阿勒坦汗，不管沙皇陛下的意思是让他们去还是让留下，他都不敢带他们就这样回蒙古。如果非要留下这么多人，恐怕这会给皇上的事惹麻烦。

5 月 7 日，御前大臣兼总督伊凡·伊凡诺维奇·罗莫丹诺夫斯基叫警察长贵族子弟彼得·萨班斯基带那些使节到警察局院中先接收他们给沙皇陛下的贡品。按贡品清单逐一核查了贡品。

按清单分别对阿勒坦汗的使节、其兄弟的使节、喇嘛的使节献给沙皇的、给亚历山大皇子的以及皇后的贡品，一一核查完，并全部仔细登记入册……主要是雪豹皮、黑貂皮、绸缎、贵金属之类。

然后，御前大臣兼总督伊凡·伊凡诺维奇公爵又分别对阿勒坦汗的使节、阿勒坦汗兄弟的使节和喇嘛的使节做说服工作。但是使节们谁也不肯留下，坚持要全体都去莫斯科送贡品……

4月25日，杜拉尔塔布囊由于受伤在托木斯克病倒了，他们就让
人给他治疗。83

6 月 5 日，御前大臣兼总督伊凡·伊凡诺维奇·罗莫丹诺夫斯基

等人叫杜拉尔到警察局院内对他说：皇上陛下曾派皇使雅科夫·图哈切夫斯基和书吏德鲁仁·阿加尔科夫带着皇赏去阿勒坦汗处，让他们引导阿勒坦汗宣誓臣服为奴，年年进贡。但阿勒坦汗自己没宣誓，而让你这位兄弟杜拉尔塔布囊和女婿比尤塔布囊和岱青塔布囊代他宣誓，承诺了他阿勒坦汗准备为皇上效忠，臣服皇上陛下为奴，并年年给皇上进贡。要效忠沙皇，服从沙皇命令，无论皇上指向哪里，就率全体兀鲁思去哪里。而现在阿勒坦汗在给伟大的沙皇信中写的却是：臣阿勒坦汗向全俄至尊的伟大沙皇米哈伊尔·费多罗维奇大公陛下叩拜，而没称奴仆，这说明你们的誓言是不确定而易变的。

但杜拉尔塔布囊说：当全俄至尊的伟大沙皇米哈伊尔·费多罗维奇大公的皇使雅科夫·图哈切夫斯基和书吏德鲁仁·阿加尔科夫带着皇赏到来时，阿勒坦汗是命他杜拉尔及其女婿比尤·塔布囊和岱青·塔布囊代其宣了誓，承诺了坚定不移地全力效忠伟大的沙皇陛下，皇上指向哪里，他阿勒坦汗就率领全体兀鲁思去哪里效忠，并年年给皇上进贡。但是关于“为奴”却没有承诺过，他们没有宣誓过“为奴仆”的话。在阿勒坦汗的国书中也没阿勒坦汗自称“奴仆”这样的用语，只有他杜

拉尔在他的函中写过。如果在阿勒坦汗给伟大沙皇的呈文中写了“奴仆阿勒坦汗叩拜”这样的用语，那他不知道这呈文是谁写了这样的词语。汗自称“奴仆”不是他们的习惯，称奴仆在他们那里是不幸的灾难。

御前大臣兼总督伊凡·伊凡诺维奇·罗莫丹诺夫斯基等人又对杜拉尔塔布囊说，那阿勒坦汗曾在信中和对皇使们都承诺过，他要亲自去制约背叛沙皇的吉尔吉斯王公们，组织他们把赶到他们吉尔吉斯人那里去游牧的沙皇的各城市的牛羊或者把皇上的交实物税属民，查出来，并把所有被掠走的全部沙皇的属民，一一交还，并且派出吉尔吉斯的优秀头人去托木斯克作为人质。可是后来他自己却根本没有去吉尔吉斯，也没去制约吉尔吉斯人的背叛，没查找被赶走的牛马和对交实物税的属民以及其抢掠行为，更没有给托木斯克捎来人质，那阿勒坦汗的誓言不是反复无常吗？

杜拉尔塔布囊辩解说,阿勒坦汗本想亲自去制约背叛皇上的吉尔吉斯王公,想叫他们臣服伟大沙皇,并查清被掠走的牛马和皇上的交实物税属民,他之所以亲自没去成,是因为发生了突然的不幸,他的姐姐和岳丈先后去世。为此阿勒坦汗没法亲自去吉尔吉斯,而吩咐他杜拉尔去吉尔吉斯查寻那些被掠走的牛羊和皇上的已游牧在吉尔吉斯的交实物税属民,并把他们和被抢来的牲畜一并交还给沙皇方面。他杜拉尔也已下令叫吉尔吉斯王公查明那些被掠走的牛马和交还他们所抢的交实物税属民。但是吉尔吉斯王公们不听从他杜拉尔的命令。他杜拉
尔也已把吉尔吉斯人不听从命令的情况写信告知了阿勒坦汗,阿勒坦 85
汗一收到信,就说了,他一定会亲自去吉尔吉斯人那里并令他们臣服沙皇陛下。

然后杜拉尔塔布囊就向沙皇陛下叩求皇赏,请赏赐他为皇上效忠,代阿勒坦汗宣了誓,还有把皇使们和阿勒坦汗的、汗的兄弟的以及喇嘛的贡品都护送到了托木斯克,为此希望给他皇赏。

于是御前大臣兼总督伊凡·伊凡诺维奇·罗莫丹诺夫斯基等人依次给杜拉尔和阿勒坦汗兄弟的使节、喇嘛的使节等人一一赏赐了皇赏……

7月5日,杜拉尔带着自己的儿子和阿勒坦汗派的其他人、喇嘛的人等从托木斯克出发回蒙古,并为他们提供了到吉尔吉斯需要的4匹马和一大桶酒作为食物。还派了20名托木斯克军队和10名恰莰克鞑
靼人,令护送他们走出沙皇管辖的交实物税地区,以便不致发生伤害沙 86
皇的实物税民的任何事件。

全宗:蒙古事务,1637年,文件第1号,14-53页,原件。

全宗:西伯利亚衙门,栏目74,75-35、33、34、32、31页和19-30页等[1]。

[1]页码顺序是按原书排列的。——译者注

第21号

88 1637年6月5日至15日:托木斯克И.И.罗莫丹诺夫斯基就阿勒坦汗和达音·梅尔根·兰扎喇嘛的使臣们去莫斯科的放行问题呈喀山省廷衙门的报告。

前年144年(1635)8月28日,按照您全俄沙皇米哈伊尔·费多罗维奇大公陛下的谕旨,托木斯克的贵族子弟斯捷潘·奥列克山德罗夫和巴仁·科尔塔硕夫以及书吏安德烈·萨姆索诺夫和加拉西姆·季莫菲耶夫,还有其随同们被派往蒙古地方给阿勒坦汗和喇嘛梅尔根·兰扎送皇赏。

145年(1636)4月23日,托木斯克贵族子弟斯捷潘等一行人回到了托木斯克,还带来了来自阿勒坦汗及其兄弟和喇嘛梅尔根·兰扎的使节共计22人,他们是……

陛下,现将派遣公文和此事的指令文录交由您的皇族子弟鲍里斯·米哈伊洛维奇·雷科夫和皇上您的秘书长费多尔·帕诺夫以及谢
89 尔盖·玛特维耶夫带往喀山省廷。另外,陛下,又将您明年146年(1637)需付给他们的赏赐工资款项全部交给派往莫斯科拜见您的贵族子弟们及军役人员了。

全宗:西伯利亚衙门,栏目74,16、15、17、18、76等页(页码似乱了),原件。

全宗:蒙古事务,1637年,文件第2号,27-30页。

第22号

1637年8月27日至31日:塔拉总督Ф.П.鲍里亚金斯基就塔拉哥萨 90
克首领Н.热多夫斯基去图鲁拜琥台吉所在兀鲁思和卫拉特台吉可能来打塔拉一事呈托波尔斯克总督М.М.捷姆金·罗斯托夫斯基的报告。

米哈伊洛·米哈伊洛维奇公爵阁下,费多尔·鲍里亚金斯基、格里戈里·卡弗腾列夫向您问安!

阁下,145年(1636)4月7日我们派遣了塔拉城哥萨克头目纳扎尔·热多夫斯基的骑兵去卡尔梅克的库什台吉处,选了一名市场翻译瓦西卡·谢苗诺夫同行,还有一名尤尔托夫的鞑靼族军役人员。令转告库什台吉,让他在自己的兀鲁思或其子女与其他兀鲁思搜查从沙皇的塔拉和秋明等地俘去的人员[1],然后望速遣返回塔拉城。希望他本人不要到给沙皇交实物税的属地附近来游牧,也不得纵容兀鲁思人前来,不得掳掠交实物税的鞑靼人的兽猎物和渔猎获物,否则会挑起沙皇陛下惩罚他的战争而遭到毁灭。

阁下,8月27日纳扎尔·热多夫斯科伊一行从卡尔梅克人处返回托波尔斯克城,并给我们带来的其出使记录,该记录中写道:他在亚梅什河自然界区遇到库什兀鲁思,从塔拉城到那个自然界区走了6周,但库什和他的儿子安波都没在兀鲁思,只听人说,他们去打仗了,而后听俄国被俘人员说,他们前年144年(1635)秋天去打蒙古人了。据纳扎尔·热多夫斯基交给塔拉的记录中记载,他转告了库什的妻子康莎,要她在库什的和其他的兀鲁思中搜索沙皇陛下的塔拉和秋明的被俘人员,并送还到塔拉城。而她却对纳扎尔说:皇上每年都给那个珲台吉赐
皇赏,你给我带来了什么皇赏吗? 91

---

[1]参见本译著下册文件第5号注释。

纳扎尔·热多夫斯科伊回答说:珲台吉他效忠沙皇陛下坚定不移,给皇上送还了100名巴拉巴等地的实物税属民,连他们的妻儿达500人,所以皇上陛下赏赐了他。如果库什台吉也能这样忠于皇上,查出塔拉和秋明的被俘人员,归还到塔拉城,那么全俄沙皇米哈伊尔·费多罗维奇大公也会赐皇赏给库什台吉的。于是她把皇使们扣在自己的兀鲁思等待了2个月。她想率全兀鲁思人跟他们一起迎接库什台吉归来。后来却传来消息说,库什和珲台吉被蒙古人击溃,许多人被围。[1] 后来她也不想去额尔齐斯河与亚梅什湖那边游牧,不想看到蒙古人,也把纳扎尔一行人从其兀鲁思放回。但没有遣使随皇使来塔拉城,可却在半路赶上皇使们,把他们的一半马匹夺走了。

他们离开亚梅什湖,遇到沿额尔齐斯河游牧的许多卡尔梅克人到达日列津卡地方。他们在这个兀鲁思走了3天。据说这里游牧的是达赖兀鲁思的人,然后他们走出伊希姆河地区。这一带兀鲁思里没有能作战的人,只留下一些老幼妇女在看管牲畜,他们正沿着额尔齐斯河游牧去下游,想沿卡梅什洛夫河一带去游牧。不过达赖的孩子们跟一些卡尔梅克军人留在了伊希姆河,是想去打仗,不清楚去打哪儿。陛下,从卡梅什洛夫到塔拉城只有5天路程。所以,交实物税地区的人们一听说,这些卡尔梅克人已游牧到靠近沙皇陛下的实物税属地了,许多实物税属民便丢弃了自己的帐篷,没头没脑地逃跑了。

陛下,我们这里也听到许多卡尔梅克人已游牧到离塔拉城很近的消息,已禁止军人们带妻儿出城,号召他们进入塔拉城内,准备打击进犯的敌人。陛下,军人们也纷纷叩求全俄沙皇米哈伊尔·费多罗维奇大公陛下,给他们皇赏并令他们去打败那些卡尔梅克人。不过,陛下,我们没敢派出这里的微不足道的军人,因为游牧过来的卡尔梅克人数量极大。

---

〔1〕这里说的是1636年秋卫拉特封建主和东蒙古人之间的武装冲突。但是在文件中没有记载引发这场冲突的原因的资料[参见兹拉特金《准噶尔汗国史》(1635—1758年),第194、195页]。

苏联科学院档案馆列宁格勒分部,全宗:缪勒存档卷,第 4 目,11 册,文件第 38 号,21 - 22 页,18 世纪拷贝。

出版物:存档卷《西伯利亚史》,第 2 卷,莫斯科 - 列宁格勒,1941 年,第 367 号,442 - 443 页。

第23号

1637年不早于9月6日:秋明总督 И. А. 利沃夫就卫拉特诸台吉、王子杰弗列特·基列伊诸游牧地情况和军役贵族适时向其发起进攻的情况致托波尔斯克总督 М. М. 捷姆金·罗斯托夫斯基的报告。

米哈伊尔·费多罗维奇公爵阁下,利沃夫向您问安!……

阁下,今年146年(1637)9月6日有一些俘虏从卡尔梅克兀鲁思
92 来到秋明。盘问他们时,他们说,杰弗列特·基列伊的妻子和他兄弟的妻子跟孩子们游牧在蒙恰克山下的阿库什尔湖,护送他们的只有4个人。而杰弗列特·基列伊和科恰什科带着属民和孩子们共100人到卡梅什洛夫打猎去了,而萨雷那个乌法鞑靼人则带了10个人去布哈拉做生意了。从杰弗列特·基列伊兀鲁思来的绰罗斯人[1]跟塔尔罕的儿子巴什坎游牧在额尔齐斯河,塔尔罕已经死了。现在卡尔梅克人之间正在打仗,和鄂尔勒克的儿子岱青[2]正在攻打库什台吉,俘虏了库什台吉本人。那些打败的卡尔梅克人看踪迹是朝伊希姆河上游逃去的。而那些卡尔梅克的大台吉们[3]和岱青台吉离开杰弗列特·基列伊兀鲁思后游牧得越来越远,但不知道他们具体游牧在什么自然界区。不

---

〔1〕绰罗斯是卫拉特四个基本部落联盟之一,也叫准噶尔部,因为他们游牧在蒙古领地的最西部(按蒙古语"准噶"是左翼、左手之意。17—18世纪俄国文献中的准噶尔之称即由此而来)。17世纪30年代绰罗斯的王公们就建立了强大的卫拉特汗国,作为汗国的首领,他们到最后一直保持着强盛的状况(本译著下册文件第4号注释1)。

〔2〕岱青(岱青,舒库尔·岱青),和鄂尔勒克的儿子,属土尔扈特。和鄂尔勒克死后,他成为土尔扈特的大台吉。1638—1639年游牧到离西伯利亚各城市很近的地方,通过阿斯特拉罕和乌法跟俄国贸易。他是1640年卫拉特-蒙古封建主代表大会的参加者,这次会议制定了一系列使蒙古-卫拉特1640年法典登上历史舞台的条文规定。有资料证明,岱青获得了西藏达赖喇嘛授予的汗的尊号,成为组成准噶尔汗国的头目之一(《苏联卡尔梅克人简史》,1967年,99页)。

〔3〕这卡尔梅克大台吉指土尔扈特的和鄂尔勒克,达赖巴图尔(死于1637年);而后是指其子杜尔伯特的达颜·翁布、准噶尔的巴图尔珲台吉以及和硕特的拜巴噶斯。

过，现在卡尔梅克人不会想到来攻打沙皇陛下各城市的，因为卡尔梅克人之间目前正在相互打仗。

阁下，那位外来的原秋明尤尔托夫鞑靼军人费季金的叔叔托普玛麦特·库达格梅舍夫叩求皇上时说，现在正是沙皇陛下的军队可去进攻杰弗列特·基列伊兀鲁思的时机，这里正值兵强马壮之时，而且那边兀鲁思人则正分散去狩猎了，另外一些人也去布哈拉做生意了。而其妻儿除了现在游牧的地方之外，也没处可去游牧，经常在湖边那个蒙恰山下靠渔猎为生。据知，那些外来人所说杰弗列特·基列伊牧地的情况是真实的，那里现在确只有其妻儿在游牧。他们，即那些外来人从杰弗列特·基列伊兀鲁思回秋明走了20天，因为他们是往乌法地区走，而且有些人迷了路。阁下，据秋明做向导的人说，从秋明到蒙恰山一般2周就可走到。

苏联科学院档案馆列宁格勒分部，全宗：缪勒存档卷，第4目，11册，文件第39号，22页至22页反面，18世纪拷贝。

出版物：存档卷《西伯利亚史》，第2卷，莫斯科－列宁格勒，1941年，第368号，443页。

第24号

1637年10月27日：外事衙门接待阿勒坦汗和达音·梅尔根·兰扎喇嘛的使臣墨尔根·德噶及其同僚的记录。

93 146年(1637)10月27日，全俄沙皇米哈伊尔·费多罗维奇大公陛下指示让蒙古地方到来的阿勒坦汗的、其兄弟的以及喇嘛的使节墨尔根·德噶等一行人去皇宫。

于是当天安排这些使节去沙皇那里。

派了警察长萨弗·雅兹科夫为他们安排了住处，并护送他们进城。他们的用骑从皇上的马厩中提用……

秘书长曾问使节们：阿勒坦汗的领地后面有哪些汗国和领地？谁掌管那些地方？他们跟阿勒坦汗是否和睦？

使节们回答说，他们后面是中国的地方和唐古特国诺罗甘钦地方[1]，这些地方的执政者都是中国皇帝大宝帝[2]，不过唐古特的诺罗甘钦王公和台吉们叫什么名字，他们没提起。阿勒坦汗跟中国皇帝和唐古特王公是和睦相处的，而诺罗甘钦王公则是阿勒坦汗的敌人。

秘书长又问使节们：中国离阿勒坦汗那里有多远？阿勒坦汗和喇嘛的属民是否有某种事务与他们交往或者去做生意？还会不会去皇帝住的那个城市？或者会去边城？人们带些什么货物去中国，交易些什么货物？运来蒙古国的又是些什么货物？他们有什么信仰？崇拜祈求什么？中国人讲什么语言，跟他们是同一种还是有自己独特的语言？

---

〔1〕见本译著下册文件第14号注释2。

〔2〕弗拉季米尔佐夫，根据蒙古编年史《额尔德尼·托布奇》和《波洛尔·托里》，认为蒙古词这里的“太宝”是对元代表示重要官称的汉字的混淆，即对表示伟大男人的大副、伟大执政者和大官太保的混淆。所以认为，这里指的可能是明朝皇帝思宗，即末代执政者崇祯帝(1628—1644年)。

他们跟阿勒坦汗是否和睦相处？

使节们回答说，他们的商人常常去中国，中国来的皇上使团其生意人一次约400人，中国那边的商品有天鹅绒、金银宝石、丝绸和其他各种商品。但没有呢子，而黑貂皮在他们那里很贵，黑狐皮的价格也很高。从阿勒坦汗处到中国约需要走一个月，或略短一些。他们有自己的语言和信仰，阿勒坦汗的人去的正是皇帝住的城市，也去边城。至于他们中国人崇拜和信仰的神，这倒没听说。

秘书长又问到黄蒙古人[1]，问他们在哪里游牧？谁掌管他们？离他们多远？往哪个方向游牧？

使节们回答，黄蒙古人游牧的地方在中国附近，离阿勒坦汗处也大约需走一个月，以前统治他们的是察哈尔汗[2]。这位察哈尔汗死后，黄蒙古人就分成了两部分：一半由阿勒坦汗统辖，而另一半由诺兰钦台吉统管。黄蒙古人有自己的语言，习惯以游牧为生。

国务秘书费多尔·利哈切夫去皇上陛下那里谈国务工作，而叫使 94

〔1〕可能这里说的是最早漠南蒙古的察哈尔蒙古统治者。

对于"黄蒙古"这个术语及其民族学边界，研究者中没有统一的观点，例如，阿尔谢尼耶夫认为这个称呼表示富音·诺颜汗统治的地区，位于色楞格河上游喀尔喀的西北部。

而费舍尔则断言，"黄蒙古"居住的地方是在沿陕西省的长城边的戈壁沙漠之间的地区。阿尔赫满德里特·帕拉吉写道：明代史籍中有时称游牧于南部蒙古的兀良哈人为"黄蒙古人"，而且他把兀良哈人称为察哈尔人、巴林人等。但按巴德雷的意见，"黄蒙古"这是整体指内蒙古居民或内蒙古居民的一部分，或西宁和青海湖（库库淖尔）一带的蒙古人，但绝不是喀尔喀蒙古人（参见费舍尔《西伯利亚史——从开发西伯利亚到俄国武装占领西伯利亚》，德文版，圣彼得堡，1774年，29－30页）；阿尔谢尼耶夫《俄国公使尼古拉·斯帕法里亚1675年从西伯利亚托波尔斯克到涅尔钦斯克和中国边境游记》，圣彼得堡，1882年，9、13页；帕拉吉《蒙古旅途摘记》（1847和1859年俄国地理学会普通地理札记），第22卷1册，圣彼得堡，1892年，136－163页；巴德雷《俄国、蒙古、中国》，第2卷，伦敦，1919年，60页。

〔2〕契赫尔钦汗在俄国档案文件中也叫著名的察钦汗、察哈尔汗、九亲汗（参见文件集171页76注）。有关他的更详细的资料在《俄蒙关系史1607—1636年历史文件集》1629到1634年的资料中，特别是在卡兹伊·卡梁津的文录中（可参看文件第86号以及74号、75号、83号、84号、90号等）。还有一种意见，认为这个名字是指察哈尔林丹汗（1604—1634年）（参见沙斯季娜《17世纪俄蒙外交关系》，莫斯科，1958年，32－33页；《17世纪俄中关系》[1608—1683年]，第1卷，莫斯科，1969年，536－537页）。

节在外事衙门[1]等待皇上出来。

全宗:蒙古事务,1637 年,文件第 2 号,145 - 152 页,原件。

部分出版物:《17 世纪俄中关系》(1608—1683 年文件资料集)第 1 卷,莫斯科,1969 年,文件第 45 号,111 - 112 页。

[1]记录到此却中断了。很可能,使节们未能受到沙皇米哈伊尔·费多罗维奇的亲自接见,因为再没有后来跟沙皇谈话的记录(参见本译著下册文件第 25 号)。

第 25 号

1638 年 2 月 18 日：沙皇米哈伊尔·费多罗维奇接见蒙古使臣墨尔根·德噶一行人的记录。

墨尔根·德噶一行人：

全俄沙皇、各国至尊的米哈伊尔·费多罗维奇大公对你们说，前几年阿勒坦汗派使节带着呈文和贡品来叩拜我们皇上，告知说，他阿勒坦汗向我们沙皇承诺，率全汗国臣服我们沙皇陛下，坚决世代服从命令。按他的意愿让他最亲近的塔布囊照着誓文代表他和整个蒙古地方在皇使面前宣了誓。

现在阿勒坦汗派你们携带呈文和贡品来叩见沙皇。我们沙皇陛下吩咐我们赏赐你们，让你们亲睹沙皇圣容，令接受你们的贡品和呈文，而且让把呈文翻译出来后亲自聆听。阿勒坦汗在其呈文中写道，他阿勒坦汗臣服沙皇陛下世代不变，并表示固守以前在皇使斯捷潘·格列切宁和巴仁·科尔塔舍夫面前所做的承诺，再次叫他的教父喇嘛达音·梅尔根·兰扎和杜拉尔塔布囊代表他按照皇使们带来的拟好的誓文宣誓。而且他阿勒坦汗亲自在誓文上按了手印，表示他一定坚持率兄弟、儿女、叔侄、孙子辈和全汗国臣服沙皇，世代听命于沙皇，并遵守进 95
贡规定，现在他已经令你们带来了蒙古地方的贡品，今后还会比现在进贡得更多。而我们的沙皇陛下也奖赏他能坚持臣服沙皇，赐给他阿勒坦汗皇赏的恩惠，并保护他不受敌人侵犯。

也为此，我们沙皇陛下赞赏他阿勒坦汗，并希望他不忘恩赐的皇赏和受到的庇护，现特放你们回阿勒坦汗处，并带去沙皇陛下的圣旨以及阿勒坦汗在呈文中向皇上叩求的皇赏。希望阿勒坦汗见到我们沙皇陛下的恩惠和赏赐，牢记自己以前和现在的承诺和誓言，坚持率其兄弟、儿女、子侄、孙子辈以及整个汗国臣服沙皇，世代不变，效忠沙皇，坚守全面和平。我们伟大的沙皇令他去哪里对抗我们的敌人,他阿勒坦汗就准备毫不犹豫地听从沙皇的指令,去攻击我们的敌人和不听指令者。不做任何伤害皇上属民的事,年年不间断地给沙皇陛下进献阿勒坦汗自己的和全汗国的贡品。而我们沙皇也会根据他阿勒坦汗效忠沙皇的实际表现,对他进行奖赏和保护他不受敌人的伤害。

而你们拉米奥克一行人受达音·梅尔根·兰扎喇嘛的派遣,来拜见我们伟大的沙皇,并来告知说,我们的皇使斯捷潘等一行人按我们的指令从托木斯克到达了阿勒坦汗和喇嘛那里,为引导阿勒坦汗亲自宣誓。当皇使们一到达,一说要阿勒坦汗宣誓的事,喇嘛就反复劝说阿勒坦汗,说他应该亲自向沙皇陛下宣誓,以巩固以前的承诺。但是阿勒坦汗仍然令他喇嘛达音·梅尔根·兰扎跟杜拉尔·塔布囊代替阿勒坦汗自己和整个汗国宣誓。不过,他喇嘛为了坚定阿勒坦汗遵守原来和当时按誓文宣誓的承诺,让他发了毒誓,并吃金子担保遵守誓文中所写的所有内容。而且他喇嘛在誓文上按手印之后,为了表示坚守誓文,让阿勒坦汗也亲自在他喇嘛面前按了手印,即承诺了他阿勒坦汗对沙皇陛下的臣服,世代为臣子,效忠沙皇,遵守全面和平,沙皇指令他去哪里效忠,他就率全汗国去哪里;年年岁岁逐渐增加贡品。而他喇嘛祝愿伟大沙皇万事如意,俄国繁荣昌盛。

我们伟大的沙皇陛下赏赐了你们各位使节,让你们亲眼看见了圣
96 容,接受了你们的呈文,译出后,还亲自过目,还专门接收了你喇嘛的贡品。而且现在就让你们带回去一份显示皇恩的圣旨,并把他喇嘛在呈文中向皇上叩求的皇赏也带回去给他。希望他喇嘛达音·梅尔根·兰扎看到沙皇陛下的皇赏和恩惠,好好效忠沙皇,愿意更好地与俄国交往,常常来向沙皇陛下进贡。我们皇上今后也会按他效忠沙皇的实际表现,再继续赐给他皇赏以表奖励。……

全宗:蒙古事务,1637 年,文件第 2 号,260 - 274 页,原件。

第26号

1638年2月28日：沙皇米哈伊尔·费多罗维奇关于接受阿勒坦汗加入俄国国籍的特许状。 97

全俄沙皇米哈伊尔·费多罗维奇大公给阿勒坦汗的仁慈圣令：

你不止一次地遣使叩求沙皇赏赐你阿勒坦汗，接受你率领你的兄弟、子女、叔侄、孙子辈及塔布囊们和全汗国臣服伟大沙皇。你阿勒坦汗还承诺准备率全汗国效忠沙皇，并进献贡品给沙皇陛下，承诺听从沙皇的指令，坚定遵守誓言。现按我的指示从托波尔斯克城派出雅科夫·图哈切夫斯基和书吏德鲁仁·阿加尔科夫带着皇使去你处，并让皇使引导你亲自进行宣誓。可是你阿勒坦汗不肯在皇使雅科夫和德鲁仁面前亲自宣誓，而让杜拉尔等人代你自己宣了誓，并派了你的使节杜拉尔和乌拉尔·科津带着呈文和贡品跟随皇使雅科夫来叩拜我，向我臣服。所以，我沙皇赏赐了你的使节杜拉尔和乌拉尔·科津，让他们目睹圣容。接受皇赏后，就让他们带着我的皇赏和圣旨从托木斯克带另一批皇使去见你。我给你的圣旨中希望你阿勒坦汗看到皇赏的皇恩浩荡，能效忠皇室，亲自在我的皇使面前按捎去的誓文宣誓，亲自承诺坚持誓言，坚定不移，你不仅要向我进贡，且要不断追加进贡。作为皇上，会按你对皇上的效忠和实践情况继续赏赐你阿勒坦汗，保护你免受你的敌人侵犯。

前年145年(1636)4月23日斯捷潘·阿列克山德罗夫·格列切宁一行人从你那里返回托木斯克城，你阿勒坦汗派来了使节墨尔根·德噶一行跟随他们带着你的贡品和呈文来到托木斯克城。我御前大臣兼总督伊凡·伊凡诺维奇·罗莫丹诺夫斯基等人来信说要让你的使节来到莫斯科，他们在文录中说，皇使在你那里赐给了你皇赏，也转达了要你亲自宣誓的旨意。但是你阿勒坦汗仍然对皇使说，你愿意维护原

98 来宣誓的那些承诺,可是现在要亲自宣誓那不行,因为你们的法规中没这种惯例,汗王不能做这种宣誓。所以,你还是令达音·梅尔根·兰扎喇嘛和堂兄弟杜拉尔塔布囊代替你照着皇使们拟好的誓文进行了宣誓。不过,你阿勒坦汗为表示坚守这个他人代你宣誓的誓言,自己按上了手印,并让喇嘛和杜拉尔也按了手印,然后就让他们来了我们这里。

你说,在你附近游牧着许多帝王,而你阿勒坦汗只愿意臣服我沙皇,并交纳贡品,希望用皇赏赏赐你们。关于吉尔吉斯人在我国城市赶走牛马、牲畜和掳走属民的事,你已令你兄弟杜拉尔塔布囊去搜寻。如果他们不听从你兄弟的命令,你就会亲自去讨伐吉尔吉斯人,夺回我的属民和牛马牲畜,抓获吉尔吉斯人送到我的城市来,并把有影响的吉尔吉斯人交来做人质。如果我们要遣使去中国和唐古特地方,你会准备好护送人员和饲料、大车。最后你还祝福我圣体万寿无疆,万事如意。你阿勒坦汗又派出使节墨尔根·德噶和阿尔罕·塔尔素凯带着你的贡品来我处,贡品有中国绣金花麻布、各色绸缎、老虎皮、雪豹皮、黑貂皮等,你儿子伊尔庆台吉给我皇儿阿列克赛·米哈伊洛维奇大公进献了双料绸缎……我则令人按你在呈文中请求的皇赏赐给你,有贵重大珍珠、各色绸缎、各色优质呢绒、贵金属以及珍贵熊皮等。

99 给你的哈敦夫人也捎了皇赏,有优质绸缎和最好的宽幅塔夫绸;我的皇子们也给你的儿子们回赐了赏赐,有镶银的宝刀和宝剑……

你在呈文中写到过,说在你周围游牧的各国,都想臣服我沙皇,也愿交纳贡品,希望我们也赏赐他们皇赏,但你在呈文中没写明在你周围游牧的是哪些国家?什么民族?有何信仰?他们的统治者是谁?我方城市和你处离他们有多远?希望你阿勒坦汗补充告知我们,你周围分
100 布着哪些汗国?属何种居民?何种信仰?汗国统治者是谁?叫什么名字?离你们多远?人口多少?有战事否?总之希告知一切有关情况,以便我们据实际状况准备给他们的皇赏。

全宗:蒙古事务,第2目,1638年,文件第6号,1-27页。

第27号

1638年7月18日至8月31日：秋明总督И. A. 利沃夫就准许从卡尔梅克人地区逃来的缴纳实物税的鞑靼人迁入秋明县一事呈托波尔斯克总督M. M. 捷姆金·罗斯托夫斯基的报告。 102

米哈伊尔·米哈伊洛维奇公爵阁下，伊凡·利沃夫向您问安！

阁下，146年(1637)7月18日从卡尔梅克达赖和塔尔罕那里来了一些人到达秋明，他们是秋明县的鞑靼族属民恩拜科的儿子杨土林·伊杰姆根科·恩拜科的手下库图奇科。他的父亲伊杰姆根科，即恩拜科背叛了皇上，于142年(1633)带着子女妻室从秋明逃到了卡尔梅克人那里。他们到了卡尔梅克塔尔罕的兀鲁思中，他父亲恩拜科144年(1635)死在了塔尔罕的兀鲁思中。塔尔罕145年(1636)去了达赖的儿子那里，因为达赖台吉死了，他留有2个儿子，他们之间为争夺父亲的兀鲁思财产而发生了争战。他们在那里时，还没见塔尔罕从达赖的儿子那里回来，塔尔罕的兀鲁思在伊希姆河南岸的苏尤特玛卡班开阔地带，伊杰姆根科和库图奇科他们2人就从塔尔罕兀鲁思回到秋明来了，走了20天。说达赖的儿子们游牧在伊希姆河上游，但他们不知道，是不是现在这些卡尔梅克台吉们游牧的地方比达赖的儿子们和塔尔罕的开阔地更远？反正在塔尔罕的兀鲁思中现在没有一兵一卒，在兀鲁思留下的全是老弱病残。至于杰弗列特·基列伊，那个库楚姆的孙子，也游牧在开阔地带，叫奇杰捷河界区，离塔尔罕兀鲁思约3日程，离秋明更近。而且在杰弗列特·基列伊的兀鲁思里则干脆没有卡尔梅克人，只留有塔拉和乌法来的鞑靼人，而且人数极少。他们在塔尔罕兀鲁思听说，卡尔梅克人全去打蒙古人了。他们自己就带上恩拜科的兄弟乌谢科和妹妹拜尼亚从卡尔梅克人那里回来了。他们叩请皇上，让他们回秋明县鞑靼实物税属民那里落帐。对此，不知阁下有何指示，能否允许他们回去成为交实物税的鞑靼属民?

苏联档案馆列宁格勒分部,全宗:缪勒存档卷,第4目,11册,文件第41号,24页反面至25页,18世纪拷贝。

出版物:存档卷《西伯利亚史》,第2卷,莫斯科-列宁格勒,1947年,第372号,448-449页。

第28号

1638年9月5日至1639年4月26日：前往阿勒坦汗处的托木斯克军 103
役贵族B.斯塔尔科夫使团的出使报告。

此文本逐字逐句抄自贵族子弟瓦西利·斯塔尔科夫带皇赏去阿勒坦汗处所做的记录。

遵照全俄沙皇米哈伊尔·费多罗维奇大公的圣旨，并按御前大臣兼总督伊凡·伊凡诺维奇·罗莫丹诺夫斯基和安德烈·安德烈耶维奇·布纳科夫和秘书长阿尼西姆·特罗菲莫夫的指令，今年147年(1638)9月5日托木斯克贵族子弟瓦西利·斯塔尔科夫遵嘱跟随阿勒坦汗的使节们一起去拜访阿勒坦汗、他的弟弟岱青诺颜、达音诺颜以及堂弟杜拉尔塔布囊，其随从有带信的1名军人哥萨克骑兵十人长玛卡尔科·科尔莫戈尔茨以及6名护送皇赏的军役人员。

今年147年(1638)9月22日他们到达吉尔吉斯白米尤斯河的塔布吉尔吉斯王公的兀鲁思，也是其母阿巴凯王妃[1]和伊兹尔切伊王公的兀鲁思。我们到达吉尔吉斯人处，没任何人迎接，也没人提供给养，也没任何光荣的事情，而且人们拒绝提供大车和任何东西。

9月23日，吉尔吉斯王公塔布等20人大吵大骂地来到我们住地，当着蒙古使节墨尔根·德噶等人的面说：你们送皇赏给谁，就问谁去要大车和给养，我们可不是沙皇的属民，就是阿勒坦汗的命令我们也不管，更别说要我们听你们托木斯克的命令。那个叫塔布的还说：这是我自己的土地，我自己就是总督。

然后我们只好亲自去塔布的母亲阿巴凯王妃的住地，劝说她说服

[1]阿巴凯，即阿巴海，是哈喇忽拉的妹妹，在吉尔吉斯有很高的地位，这也说明后者对卫拉特的依属关系和亲属关系。

她的儿子塔布、伊兹尔切伊和其他王公以及头人们，劝他们吉尔吉斯人不要忘记以前受过皇赏的恩惠，而保护皇款、派给大车，不要阻碍我们从吉尔吉斯去阿勒坦汗处，不可做出任何有损于国款的事。

对此王妃回答说：塔布和伊兹尔切伊是我的儿子，没有我允许，不会做任何有损沙皇皇款的事，只要你们送我些俄国礼品以表对我的尊重就行了。她，阿巴凯王妃出身黑卡尔梅克族，是哈喇忽拉[1]的妹妹，她全面掌控着吉尔吉斯人。

于是我们给阿巴凯王妃赠送了一些优质英国黑呢和英国的绿色呢装，给她儿子塔布也送了顶戴等少量礼品，希望皇上的皇赏不受任何损害，不会被黑卡尔梅克人抢光，反而能受到保护，并弄到大车，不受阻碍地离开吉尔吉斯去蒙古阿勒坦汗处。果然吉尔吉斯人听从了阿巴凯王妃和他儿子塔布的劝告。

这时在吉尔吉斯有黑卡尔梅克人和一位台吉之子，他们这些黑卡尔梅克人早已蓄谋在吉尔吉斯等待我们这些赐给阿勒坦汗的沙皇皇赏，准备全都抢走，并抓走我们所有的人员。而他们吉尔吉斯人则认为，大量皇赏赐给阿勒坦汗，而对他们吉尔吉斯人的台吉则没有这样赐给过皇赏，所以很妒忌阿勒坦汗。巴噶德尔洪台吉兀鲁思的一个小台吉带着属民来到我们的住地，不知他叫什么名字，是哪位台吉之子，只责问说：皇上赏识阿勒坦汗，给他那么多皇赏，还要借道我们吉尔吉斯领地，阿勒坦汗到底比我们巴噶德尔洪台吉好多少？伊尔杰涅洪台吉的阿勒坦汗，跟我们巴噶德尔洪台吉有什么不一样。

我们对此回答说，伟大的沙皇米哈伊尔·费多罗维奇大公是许多国家至高无上的君主和帝王，他十分仁慈。沙皇陛下赐皇赏给阿勒坦汗，因为他叩求皇上庇护，愿世代臣服沙皇，效忠沙皇，岁岁进贡，和睦相处。对这些他代表全汗国向沙皇宣过誓。如果你们的巴噶德尔洪台吉也能这样叩求沙皇，接受庇护，岁岁年年交纳贡品，愿意效忠沙皇，和睦友好相处，并听命于沙皇，代表自己和全汗国这样宣誓，臣服沙皇，那

---

〔1〕哈喇忽拉，准噶尔(绰罗斯)执政者(见本译著下册文件第9号注释4)。

么,我们伟大的沙皇也同样会给你们黑卡尔梅克人和你们的台吉赏赐皇赏的。

卡尔梅克人对此回答说:阿勒坦汗做出过什么效忠的事,什么好事,他能带来什么好处?而我们巴噶德尔洪台吉和其他吉台倒对沙皇有好处,赶着牛马和各种牲畜去城市,让你们西伯利亚各城市饱享食肉之福,我们还运各种软货与你们做各种生意。这就是我们对皇上的好处。

然后,这些卡尔梅克人就离开了我们的住地,还在吉尔吉斯人那儿住了一周。

吉尔吉斯王妃阿巴凯跟其子塔布对吉尔吉斯人说,吉尔吉斯人不能动沙皇的皇款,不能做任何损害沙皇使节的事,不得抢劫皇赏,并为我们准备了大车,未加阻碍地放我们从吉尔吉斯去阿勒坦汗处。吉尔吉斯人听从了他们的话,准备了大车给蒙古使节。

9 月 29 日,曾到过莫斯科的阿勒坦汗使节墨尔根·德噶一行人押着皇赏和给我们的大车来到我们那里。当天就从吉尔吉斯前往上吉尔吉斯的阿尔腾,而从那白米尤斯河兀鲁思,从那些叫大吉尔吉斯的人那里到阿尔腾走了 3 天,当时阿尔腾人游牧在威巴特河沿岸的山谷中。

来到阿尔腾也没有任何人迎接和提供食物,只让我们在其兀鲁思停留一下,也没给一块地方,而迎接我们的却是木棒和乱打,木棒猛打 105
哥萨克人,拟送给阿勒坦汗及其儿子、兄弟的皇赏也挨了军刀,他们还想抢走皇赏。我们和蒙古使节奋力争夺。而且他们不给住地,也不让煮饭,打翻了装有果酱的锅,做食物的果酱全都给弄翻了。就这样挨冻受饿停了 3 天。这些阿尔腾人对阿勒坦汗蒙古使节也根本不听从,不维护,因为当时在阿尔腾也有黑卡尔梅克人。他们跟大吉尔吉斯那边的卡尔梅克人打着同样的主意,他们在那里有意等蒙古人来寻衅找碴儿,于是我们又收买他们,叫蒙古人不要跟卡尔梅克人和阿尔腾人交手打起来。这样我们在阿尔腾地方给来到我们那儿的卡尔梅克人和阿尔腾人贿赂散发了各色呢绒约 9 俄丈,让他们不要跟那些黑卡尔梅克人一起对皇赏干打砸抢的罪恶勾当,表明我们绝不会放弃皇赏。此后阿尔腾人想明白了不能听信那些贼人的纵容,并劝说了卡尔梅克人,不再来我们住地进行各种威胁和打闹。直到他们收受贿赂之前,他们谁来我们住地,都威胁说要杀死我们夺走皇赏,要用箭射我们,用皮鞭抽烂我们的眼睛。如果不收买他们,不给他们礼品,我们可能在阿尔腾全部被杀,皇赏也会被抢光,也没法弄到继续前行的大车和饲料给养。

然后从阿尔腾前往阿巴坎河,十分需要吉尔吉斯人的大车,但因为大车少,一半人只好步行向蒙古兀鲁思走去。从阿尔腾到阿巴坎(河)走到第 3 天,渡过阿玛罕河,经由萨彦岭时,走的是沿切干玛哈小河的一条道爬到山顶的。而从河口处到山顶沿途所经河岸两边都是水洼草地,大水洼过了约 40 个,小水洼总有 80 来个,水洼的平均水深度能陷到马的腹部和马鞍边,而这样的路走了 2 天。从切干玛哈登上大萨彦岭,从阿巴坎到萨彦岭爬了 4 天。再从这个岭下到坎腾吉尔小河。下到坎腾吉尔河的路极为陡峭,一路上几乎没有平地,只有这条路下山。然后沿这条河上溯到水洼地出现一片宽阔河面,就从坎腾吉尔河小河右岸渡河到了左岸,然后还需要沿河到源头处,这段路又走了 2 天。然后再翻过另一个高高的萨彦岭,再由此下山走右边的一条路,此后在第 3 个不太高的山腰再翻过这个岭。从此再下来总算越走越低了,就走到了阿科尔小河边。沿这条河往下游走可到达克姆奇克河。10 月 10 日我们到达克姆奇克河。在克姆奇克河游牧的是明加茨人,那里有科乌沙科夫的兀鲁思。在那个兀鲁思我们得到了供给。

当天迎接我们的有图拉尔兀鲁思的卡尔恰加和开谢尔等 4 人,说是让他们在克姆奇克地方为皇赏提供供应。他们虽提供了给养,但提出了许多讨厌的要求。

过后我们对他们的卡尔恰加警察长等人说,让他通知阿勒坦汗有
106 关皇上给他赐了皇赏的事,要他派信使疾驰告诉阿勒坦汗,务必速来把我们和皇赏接回去,上帝保佑,让这皇赏还能完好无缺地运到他阿勒坦汗领地,不受任何损失,不要让我们皇使因人少力薄,沿途受饿。当天警察长就派开谢尔去阿勒坦汗处告知了皇使和皇赏运来的情况,他去了 4 天,10 月 14 日深夜返回。

清晨,那位警长卡尔恰加和开谢尔以及蒙使墨尔根·德噶等人来到我们的住地告知说,阿勒坦汗令他们留在当地保护好皇赏和我们,等他来,他阿勒坦汗会来克姆奇克,他从乌布素湖游牧过来,而从乌布素湖到当地得游牧8天。

10月17日,卡尔恰加等人没等阿勒坦汗到来,就让人叫我们离开克姆奇克取道丘库尔布拉克,经由伊丹小河到扎科尔小河,然后沿克姆奇克下溯去大克姆河。起营时,警长给我们拉来了倒死的母绵羊和奄奄一息的公山羊各1头作为路上的食物,我们不要那些死羊。于是警长就拒绝提供食物,让我们2天都没饭吃,什么也不给。

第3天中午过了丘库尔布拉克,没走到扎科尔小河约2俄里时,杜拉尔·塔布囊领着他儿子卡泰奇和15个兀鲁思属民带着喝的、吃的来迎接我们。迎接时,杜拉尔首先问候了沙皇陛下龙体是否安康。我们通过翻译官让他、他儿子和他们所有属人下马,脱掉帽子。于是杜拉尔马上爬下马,听着瓦西利开始说皇上陛下的尊号及皇上福体安康的惯语。当瓦西利说皇上陛下尊号时,他杜拉尔及其子都立正倾听。这场欢迎仪式在杜拉尔兀鲁思办得很荣耀,也吃饱喝足了,并有了帐篷。他每来我们住地,都亲自带来葡萄酒,让警长捎来食物。这样在扎科尔小河杜拉尔兀鲁思住了4天。

杜拉尔率领自己的兀鲁思从这个地方走另一条路游牧去绰库尔布拉克,再到克姆奇克,从绰库尔布拉克左手方向开始到乃丹小河。在这里杜拉尔向我们索要并拿走了优质的单排扣黄色军装、英国黑呢、德国机械小刀和牛皮等东西,他的儿子卡泰奇拿走了优质军刀、镶宝石的金戒指、优质牛皮镶银雨衣等等。

10月27日,阿勒坦汗的内弟土沙特塔尔罕等3人来到我们的住地。阿勒坦汗派他来,让他土沙特在杜拉尔这里待到汗的命令来,而当时阿勒坦汗的兀鲁思已经游牧到了同一条河上游10俄里处。

10月31日,杜拉尔率其兀鲁思全体和我们从乃丹河游牧去切格木河,而汗却走另一条路上溯到河的上游游牧而走岔了,离杜拉尔兀鲁思的切格木河只有5俄里。又从那个地方游牧到了日尔加塔河。这样

分别游牧又走岔又停留的情况都已写入了文录中。汗的住地安在离杜
107 拉尔约 10 俄里的山岭下……

11 月 9 日杜拉尔和汗的内弟土沙特塔尔罕照阿勒坦汗的命令来到我们的住地查看给阿勒坦汗及其儿子的皇赏。查看过程中他们又说按阿勒坦汗的命令要从皇赏中取走 188 个铃铛珠子给其母彻辰哈敦结扎马车用，但为了不让其他塔布囊知道这事，他们带来了 207 个旧的，比我们小的铃铛珠子。那次我们没让他们拿走。

当时杜拉尔就对我们说，阿勒坦汗要我们把皇赏、圣旨摆好，给他的皇赏要按清单接收的次序摆，他阿勒坦汗就会带几个人到杜拉尔兀鲁思来接受皇赏。

当天晚上，杜拉尔在离我们使团营地处扎了个大帐篷等阿勒坦汗来用，夜里一点钟阿勒坦汗来了，只带了 2 个人。过了一小时，阿勒坦汗从他的帐篷派他的去莫斯科的使节和警长卡尔恰加来到我们住处，通知我们把圣旨和皇赏送到帐篷中，皇赏要按清单顺序全部拿去。

于是贵族子弟瓦西利·斯塔尔科夫等人拿起圣旨，并按清单顺序拿着皇赏，一个接一个地拿到阿勒坦汗的帐篷里，看到站在阿勒坦汗面前的先是被派往喇嘛处的皇使斯捷潘·涅维洛夫等人。由于帐篷中生着炉火，阿勒坦汗在炉子的帘子后看不清。他的右面是他的女婿和岳丈，左面是兄弟杜拉尔，另外还有几人坐在两边，总共 8 人。

我们到了以后，在阿勒坦汗面前站了好一阵，他阿勒坦汗还是没露脸，阿勒坦汗跟那些塔布囊都没搭理我们。

瓦西利就叫翻译对阿勒坦汗说，我们是伟大沙皇的使节，是奉全俄伟大沙皇米哈伊尔·费多罗维奇大公的圣旨和御前总督伊凡·伊凡诺维奇·罗莫丹诺夫斯基公爵、安德烈·安德烈耶维奇·布纳科夫以及秘书长阿尼西姆·特罗菲莫夫的指令给你阿勒坦汗送来你的呈文中请求沙皇赏赐的皇赏的，现在全部已按清单放在你面前，我们也陪着皇赏站在这里。可是你阿勒坦汗和你的塔布囊面对这些皇赏都不起身迎接，也不关心皇上陛下的健康长寿，不问候全俄伟大沙皇米哈伊尔·费多罗维奇大公陛下圣体可安康，你自己不露脸，也没叫塔布囊招呼我

们,难道对赐给你皇赏还不高兴?

他阿勒坦汗仍没应答,不过开始跟塔布囊们商量。我们又一次叫 108
翻译说,叫他阿勒坦汗跟塔布囊站起来面对皇赏脱帽,叫阿勒坦汗出来见我们,希望他亲自问候全俄至尊的沙皇米哈伊尔·费多罗维奇大公的圣体健康状况,问候皇子们、皇妃们,并提醒阿勒坦汗是臣子。

一个叫诺木恰塔布囊的以阿勒坦汗的口气说:你们皇使们是来给我阿勒坦汗送皇上赐我的皇赏来的,你们远途来到,现在站在我面前,你们应该像以前给我送来皇赏的使节一样,先问我阿勒坦汗的健康,以前送皇赏来的卡兹、雅科夫·图哈切夫斯基、书吏德鲁仁·阿加尔科夫以及斯捷潘·格列钦尼和巴仁·卡尔塔舍夫等人都是先问我阿勒坦汗健康的。我们没有先问你们皇上陛下的圣体健康,没这么做过,也不知道要这么做,现在也不能由我们先问。

于是瓦西利针对塔布囊的话立即反击阿勒坦汗说:你阿勒坦汗对全俄伟大沙皇、许多国家的至高无上的君主米哈伊尔·费多罗维奇陛下现在就开始不顺从、不安分了,不听皇上的指令安排,连皇上的健康都不肯问候。你阿勒坦汗难道忘了过去收过皇上的赏赐,并且宣过誓?难道你忘了代表全体汗国自愿向沙皇陛下宣誓承诺的誓言? 那些誓言,你阿勒坦汗此前可是在表示自己臣服的呈文中、在使团的文录中都写过的,你难道不知道? 你阿勒坦汗宣誓承诺过,而且是代表自己的儿子们、孙子们、兄弟们、塔布囊们和全汗国宣誓承诺过你们臣服伟大沙皇,世代不变,还在宣誓的誓言上亲自按了手印,承诺过年年岁岁进贡,并不断追加贡品,要效忠沙皇,全面友好,沙皇命你去哪里效忠,你阿勒坦汗就准备好率全汗国去效忠,你阿勒坦汗祝福伟大沙皇长命百岁,万事如意……你现在必须听从皇上指令,起立,脱帽迎接皇赏,问候皇上
圣体安康,叩谢皇上赐你皇赏! …… 109

可是阿勒坦汗就是不听,不起立,不脱帽,不给沙皇陛下问安。

杜拉尔照阿勒坦汗的嘱咐说:你们皇使干吗那么固执,非不先给阿勒坦汗问安。这到底是不是皇上的规定,还是你瓦西利自己的主意?莫非是你不想先问候阿勒坦汗,而坚持先问候沙皇? 在你之前来过的

皇使也不比你差,他们到来就先问候了阿勒坦汗,然后我们再问候皇上。

我们对答说:你们这么说太无知了,这表现出你们对沙皇的命令根本不听从、不尊重,竟然对全俄沙皇、许多国家至高无上的君主米哈伊尔·费多罗维奇大公如此蛮横无理、肆无忌惮,不肯先问候沙皇圣体安康,是不想今后再听从沙皇,安于本分了,也不要他的皇恩了?我们不可能先问候阿勒坦汗的健康,也不会问候。无论在俄国还是在最大的汗国,谁听说过沙皇的皇使到汗国国王那里,有不先问候沙皇安康的,有听到沙皇尊号所有全汗国的人不起立和脱帽的?都是战战兢兢站在一边听沙皇的尊号,先问候沙皇,没人说要问候他们自己的。并且臣服全俄沙皇米哈伊尔·费多罗维奇大公陛下的汗和国王多得不计其数,全对沙皇毕恭毕敬,驯服安分,不断向沙皇进贡,万分崇敬沙皇。而你阿勒坦汗不但不崇敬,而且行为蛮横无理,狂妄不羁。

杜拉尔转达阿勒坦汗的话说:如果你们皇使不先问候我阿勒坦汗健康,我们就不问候莫斯科的什么皇上的健康。我们与你们无关,从哪来就滚回哪里去吧!

我们回斥他:你阿勒坦汗竟敢如此无礼地说我们光荣伟大的全俄沙皇、许多国家至尊的君主米哈伊尔·费多罗维奇大公陛下,看来是不想再听从沙皇陛下和要他的皇赏了。

塔布囊们无礼地说:你们莫斯科皇帝那里比我们阿勒坦汗伟大呀?你们莫斯科皇帝有许多汗国和国王臣服,我们阿勒坦汗也有无数的蒙
110 古人,我们阿勒坦汗可是成吉思汗的后裔……

就这样争辩了两个小时,后来我们带着圣旨和皇赏不幸地被轰赶出了帐篷。

我们离开阿勒坦汗帐篷来到自己住处,放好圣旨,把皇赏放进袋子中加封并守护着,那一夜我们无法入睡,因为担心阿勒坦汗会不会想出什么损招,会不会令塔布囊来抢皇赏。我们发现,回来后夜里五六点钟时,有许多人从各处聚集到阿勒坦汗的帐篷里,整夜在我们住处前,不断有 20 多人来回巡逻着。我们离开阿勒坦汗后的那天,还给了点什么

吃的,到卡尔恰加来到我们住地,就把什么都拿走了,再没什么吃的了。

11 月 10 日早上,我们派军役人员谢尼卡和费季卡翻译去杜拉尔那里交涉食物的事,对他说,警长来到我们的住地,把吃的东西都拿走了,难道是阿勒坦汗命令他这么做的?现在我们没吃的东西,难道要饿死我们?

但是杜拉尔拒绝提供食物,说:没有阿勒坦汗的命令,我不能供给你们食物,警长卡尔恰加拿走你们那里的食物确实是汗的命令。这样连着 3 天没给我们食物,在这个地方进入岭中后,就没处可以买到食物,也没人卖。当天阿勒坦汗率其全体兀鲁思人,杜拉尔·塔布囊也带着他自己的兀鲁思人游牧到克姆奇克河汗占用的一个冬季牧场。第 4 天警长卡尔恰加来到我们那里,押我们过渡到杜拉尔的牧场,杜拉尔把住地设到阿勒坦汗所占的克姆奇克河的农耕地去了。那天晚上杜拉尔把阿勒坦汗给的食物送到我们的住地。

那个清晨阿勒坦汗从山岭中游牧出来到了克姆奇克河,把他的营 111
帐扎在克姆奇克河畔他占的一块农耕地上,离杜拉尔和我们往下游一点的地方。跟阿勒坦汗一起游牧的有他母亲彻辰哈敦和他儿子呼图克图等所有的儿子、王妃、喇嘛和亲近的塔布囊。所有情况都已分别写入文录。

我们在那里把杜拉尔·塔布囊叫到住地来,对他,对不止他一个人说,他杜拉尔曾按阿勒坦汗的意思向沙皇宣了誓,承诺坚守誓言,希望他劝说阿勒坦汗不忘以前收受过皇赏和宣誓过的话,承诺过信守誓言,世代不忘皇恩,并跟兄弟们、儿子们、塔布囊们以及全汗国一起世代听命于沙皇,祝福沙皇万寿无疆,并愉快地接受皇赏,战战兢兢问候沙皇圣体安康。那么全俄伟大沙皇、许多国家至尊的君主米哈伊尔·费多罗维奇大公陛下也会世代给他皇赏,庇护他阿勒坦汗和他所有的汗国领地。现在按阿勒坦汗的请求,我们给他带来的皇赏有珍珠、宝石、贵重金属、呢绒、皮革和王子们用的军刀等等贵重用品。但他现在让我们把这些皇赏和圣旨摆在这里,希望他来问候一下沙皇的圣体健康,亲自来愉快地取走圣旨和皇赏,像以前那样接待皇使。

杜拉尔说，现在汗不会叫你们去他面前，不会问候沙皇，此前我们
112 也没问候过，问候这点事我们没有宣过誓……

杜拉尔对他宣誓的内容只字不提。

后来杜拉尔对我们说：你们现在给阿勒坦汗送来了皇赏，汗令我到你们这里接受皇赏，汗是派我接收，他现在没要你瓦西利等人在他面前呈皇赏，如果你们不交给我们皇赏，不听他阿勒坦汗的安排，你们就别想有食物和大车的供给，你们想去哪儿去哪儿。皇赏你们不交我们照样会拿到。到时他不会再跟你们说什么多余的话。

11 月 14 日，杜拉尔 · 塔布囊带着汗的财务总管比尤塔 · 恰仁和彻辰哈敦的财务女管家切里克娅 · 麦尔根卡按汗的指令来我们的住地要给阿勒坦汗的皇赏。当时我们没把皇赏交给他们。

此后那些警长又来要皇赏，我们仍拒绝了他们。并对警长说，如果阿勒坦汗自己不来拿，不来问候沙皇圣体安康，他阿勒坦汗若不亲自来接圣旨，我们除了交给他，不会交给任何人。哪怕他阿勒坦汗愚蠢地顽固坚持，塔布囊们疯狂地威胁，不想驯服沙皇，忘了以前的皇恩撕毁了宣誓的誓言，还在自己土地让皇使忍饥挨饿，甚至要令人抢皇赏，我们也不可能交出皇赏。

这样他们就沉默不语地出去了。此后，杜拉尔从那个汗的兀鲁思地方沿克姆奇克河上溯去他自己的牧地游牧了 6 天。

11 月 16 日，喇嘛达音 · 梅尔根 · 兰扎游牧来到汗的这块耕地，到汗的兀鲁思来办点小事。他喇嘛的牧地和全部兀鲁思都与达音诺颜的牧地在一起游牧，而由达音诺颜处到阿勒坦汗的牧地轻骑得大约 10 天路程。

那个清晨喇嘛叫瓦西利去他帐篷，他派的是去过莫斯科的墨尔根 · 德噶和杜布 · 巴克什。当瓦西利来到喇嘛帐篷，就叫翻译费季卡说，希望喇嘛问候沙皇陛下圣体安康，起立并脱帽。

喇嘛就问了瓦西利，沙皇陛下圣体可安康。但当瓦西利在喇嘛面前说到沙皇的尊号和圣体十分健康的话时，喇嘛没起立，也没脱帽，他对此似置之不理。

此后,他问了瓦西利来到汗的兀鲁思的情况。

瓦西利跟他说了来到这儿后阿勒坦汗对沙皇陛下的种种不尊敬,以及被饿了 4 天的情况…… 113

喇嘛对此做了祈祷说:他不先问候沙皇陛下,不顺服沙皇指令,这就是他阿勒坦汗的不是了。可我当时不在,现在我来了,我就去劝劝他,只怕他也不听我的。

接着他又祈祷说:每个汗在自己土地上都认为是最伟大的,我一个喇嘛,领地又不在这里,只是暂时来一下,现在还是想离开蒙古回自己的领地去。

11 月 21 日按照阿勒坦汗的指令,喇嘛达音·梅尔根·兰扎和汗的兄弟杜拉尔塔布囊以及汗的财务总管比尤塔·恰仁和彻辰哈敦的女管家麦尔根卡·切里克娅,还有其他汗和喇嘛的亲近来到我们住地索要给阿勒坦汗的皇赏。而且阿勒坦汗命他们来要问瓦西利等人取走除了圣旨以外的全部皇赏。

我们对他们说:阿勒坦汗令你们喇嘛和杜拉尔强力夺走捎给他的皇赏,这是阿勒坦汗的耻辱,是他对沙皇指令的不听从和对皇赏的不敬。但喇嘛和杜拉尔不听,仍强迫把皇赏拉走了。

11 月 23 日,喇嘛达音·梅尔根·兰扎从自己那个老阿勒坦汗的帐篷来到一个白帐篷,独立扎营,他并从这里派曾去莫斯科的墨尔根·德噶到我们住地,还带了阿尔达尔等 4 人。喇嘛令他跟我们说,让我们去一趟白帐,他希望我们带些优质呢绒、黑狐皮和珍贵油性革或者俄国的什么货物去赠给汗的母亲彻辰哈敦。

我们就按彻辰哈敦的要求和喇嘛的指令,带上英国优质黑呢、黑狐皮、各色优质油性皮革和肥皂[1]等礼品去到喇嘛帐篷,并把带来的礼品放在喇嘛前面。喇嘛收下后,叫警长把它们全部交给彻辰的女眷们和女管家麦尔根卡·切里克娅。

喇嘛对我们说:我让你们皇使带礼品来,并当着汗母亲女眷们的面

〔1〕这是一种俄国人认为的品牌最好的肥皂。

全部交给了女管家。我之所以派墨尔根·德噶去你们那里，让你们带上自己的货物过来，是按彻辰哈敦的索求令你们这么做的，这是蒙古的习惯，一切使节都要给长辈带来礼品。

11月24日，汗的财务总管又按汗的命令来我们住地，叫我们去给
114 汗和汗的王妃们送礼品，我们又送去了礼品……

11月28日，汗率全体兀鲁思由那个地方沿克姆奇克河上溯，叫我们也自行迁移。但牧地的所有大车用作迁牧还不够，我们只有一半人能坐马车游牧，另一半人得步行，另外给3个人提供了骆驼，给2个人马骑。

12月7日，大清早喇嘛又叫我们带礼品去他那里，我们各送给墨尔根·德噶、阿尔达尔以及杜布·巴克什一些东西，他还要我们给他自己带些优质呢绒货物，说他收受这些后，会去劝说阿勒坦汗令后仍要臣服沙皇，听从沙皇，让汗遵守他喇嘛代他宣誓所做的那些承诺，应该坚定不移地遵守。

于是我们给他带去了黑狐皮、单排扣镶金的优质服装、英国黑呢等东西。他喇嘛收下这些东西对我们说，他已经从各方面劝说了汗的母亲彻辰哈敦。但是我们没有从喇嘛那里得到这些礼品的任何实际回报。

12月11日，喇嘛达音·梅尔根·兰扎、杜拉尔塔布囊和汗的岳父比尤塔·斋桑塔布囊按汗的指令来到我们住地，让我们准备，说是阿勒
115 坦汗要亲自取圣旨和指令。

我们对他们说：我们怎么能去汗那里？你们的汗对皇上既不起立，又不脱帽，不肯问候沙皇，还强夺走了皇赏，对皇上出口不逊，又不遵守你喇嘛和杜拉尔代他和他的兄弟、塔布囊和全汗国宣誓承诺的誓言。

他们对我们说：我们也不想这样，现在我们已经从各方面劝说了阿勒坦汗。你们至少不会有危险了，现在阿勒坦汗将会问候沙皇陛下，不会再说那些无礼的话了。

当天晚上阿勒坦汗派来他的人素加·巴克什和喇嘛的人阿尔达尔，让我们带着圣旨和指令去见他，他在喇嘛的帐篷中。于是我们拿着

圣旨和指令去了那帐篷,站在汗面前。我们到后,阿勒坦汗开始问候沙皇陛下是否圣体安康,但既未起立,也没脱帽。

我们对他阿勒坦汗说:你阿勒坦汗问候沙皇陛下时应该起立并脱帽,因为沙皇的名字是神圣而伟大的。

阿勒坦汗严厉地拒绝说:为什么你们反复唠叨这些我不爱听的话?我们这里不习惯这样,又站又脱帽说这说那。

我们反对他说:我们不听你阿勒坦汗这些话。我们是听沙皇的命令,让你阿勒坦汗听他沙皇的命令。为什么你阿勒坦汗现在还不听沙皇陛下的话,不尊重沙皇的意愿呢?

阿勒坦汗大怒地说:你们读指令吧,别再拖拉,再不要说这些了,我已经先问候过沙皇陛下的圣体情况了……

我们对阿勒坦汗说完皇上陛下福体安康之后,瓦西利就把圣旨交给阿勒坦汗。阿勒坦汗接过圣旨,但当时既没叫拆开,也不叫翻译,只说等空的时候他再翻译圣旨。

我们又诉说了他不驯服不尊重沙皇、忘记誓言等等表现。并问他喇嘛和杜拉尔强行拿走皇赏是不是他的命令…… 116

阿勒坦汗对此承认说,是他命令拿走的。不过他不知道清单的内容。

我们就给他读了清单。阿勒坦汗说:按这清单,你们带来的皇赏我们已经全部收到了。

但是阿勒坦汗没有叩谢沙皇赐给他皇赏。对我们一再指责他不再听命沙皇,不遵守誓言的行为……他只沉默不语。

然后我们要求阿勒坦汗不加阻挠地放我们回国,不要强夺我们的武器枪支,派人护送我们安全抵达托木斯克。

阿勒坦汗对此先是置之不管,沉默一阵后说:你们这是给我指示吗?又要怎样送你们回去,还要让你们带武器?

我们又说:还有当你派你的使节去叩拜沙皇陛下时,你的呈文中曾写到你周围游牧的一些国王,都愿意臣服沙皇,并给沙皇进贡,取得伟大沙皇的皇赏,但是你呈文中没说,你周围游牧的是哪些汗国?是什么样的人？信仰什么？希望你阿勒坦汗给沙皇陛下详细写写，你周围有哪些汗国？其中生活着怎样的人民？信仰什么？汗国中的执政者是谁？国王叫什么名字？离你们多远？人口有多少？有过什么战事？沙皇要根据他们的情况，给予他们皇赏。

阿勒坦汗对写文一事说，关于这些我会给沙皇写的，我不想对你们说，没你们的事，你们不必知道。

我们又对阿勒坦汗说：我们是按皇上的圣旨和指令中内容问问你，现在你不告诉我们，那你就按指令中问到的内容，给莫斯科沙皇陛下回封信吧！另外你在给沙皇陛下的呈文中还写到吉尔吉斯的事，即他们前几年从沙皇陛下的城市掳掠了牛马牲畜和交实物税属民的事，你在呈文中写道，你会令兄弟杜拉尔去查明，如果吉尔吉斯人不听你兄弟的，你阿勒坦汗会对他们的不听从行为亲自去讨伐、惩罚，亲自去查明被掠走的人畜，交还那些被抢劫的城市，还要交一些吉尔吉斯头面人物给沙皇的城市做人质。这方面你说得很好，为此沙皇很赞赏你遵守了自己的效忠沙皇的誓言。希望你阿勒坦汗像你在呈文中写过的那样，遵守在皇使前两次宣誓的承诺，不忘你按了手印的誓文，坚守不变，坚
117 持去做。如果吉尔吉斯人不听从你兄弟杜拉尔的话，不改正对沙皇犯下的错误，不交还掳去的人畜，希望你阿勒坦汗亲自去驯服吉尔吉斯人，查明他们从沙皇各城市掳掠去的人畜，还给被掠的城市，以表现你对沙皇的效忠。往后为了巩固这种管理，你可以从吉尔吉斯王公的兄弟、儿子中头面人物里派 5 至 6 个（你认为合适）可信的人给沙皇的城市，那你对沙皇的效忠就可称忠贞不渝，干得漂亮极了。

阿勒坦汗说：皇上知道你们说的那寻衅的事，我也知道，这事以后路上我再给你们说。

我们起程时，阿勒坦汗跟我们回复了吉尔吉斯人的事，他说：现在还不能跟你们说定，谁搞了那抢掠事件，还没查明。

阿勒坦汗接着说：关于被俘的人，还涉及在俄国城下战争中被俘的一些国家的人和属民，还有被掠走的牛马畜群，如果其国王埋怨我，要我交还在克拉斯诺雅尔被总督阿尔赫普·阿金福夫俘往俄罗斯的吉尔

吉斯男子科乔洛夫的儿子休特·玛塔尔斯基[1],怎么办?能把那人交还给我吗?否则我怎么去吉尔吉斯查他们俘虏的人,让他们交还俄国城市呢?所以我阿勒坦汗不能去打吉尔吉斯人,没法去,也不能派任何头面人物去托木斯克或别的什么城市做人质,我不会派。

我们辩驳了阿勒坦汗有关休特·玛塔尔斯基的说法,指出:你阿勒坦汗竟然这样叩求沙皇,索要克拉斯诺雅尔作乱的贼人休特,不惜站在进犯俄国的贼人一边,可见你对沙皇是不忠的。休特的罪行罄竹难书,他杀死了无数沙皇的军役人员、交实物税属民和各种各样的百姓,攻打
俄国城市,到处抢劫,而却把抢到的枪支、衣物、沙皇的军人和平民全交 118
给了你阿勒坦汗,你也全部收受,所以你不追究他的贼行。现在,他休特在克拉斯诺雅尔因他的罪行被俘,你还为他求沙皇归还,是想还给你后再让他进犯克拉斯诺雅尔吧。还是希望你尽可能不要纵容这样的反贼,亲自去查明抢劫的贼人和制服这种恶行,不要明知是抢来的人畜,还接收下来。

阿勒坦汗对此一言不发,不置可否。

还有你在给沙皇陛下的呈文中向皇上承诺过:如果皇上准备遣使去中国、唐古特和阿尔贡地方[2],你阿勒坦汗可以派人护送皇使,并准备给养和大车。希望你阿勒坦汗真能派出合适的人去查看一下那些地方:谁统治着那些地方?他们的首领人物的名字叫什么?他们有何信仰?那些地方出产什么?以什么为营生?从水路或陆路输入、输出那里的有些什么货物?去那些地方的人多吗?这些国家有多少人口?他们有过些什么战事?都跟谁打仗?你的人派去侦察之后,就把一切如
实写信告知沙皇陛下。根据你查明的情况,皇上陛下会问你要什么回 119
报。

阿勒坦汗就此回答说:关于中国皇帝和唐古特地方的情况我知道,

〔1〕休特王公,是游牧在叶尼塞河上游的吉尔吉斯领地的玛托尔人的头目。在一次冲突战时,被克拉斯诺雅尔的皇军俘虏。玛托尔人和其他吉尔吉斯族人(阿尔腾人、图瓦人等)一样,都是阿勒坦汗周期性的克什蒂姆(臣民)。

〔2〕参见本译著下册文件第14号注释2,该注释说“很难说这是指什么地方”,《17世纪俄中关系》中拟认为是指满洲阿巴孩汗的领地。

可以写信告诉沙皇陛下,但关于阿尔贡地方我不知道,没听说过。

他又说:以前我在我的使节梅尔根·杰加和皇使斯捷潘·格列钦尼带去给沙皇的呈文中写过,要沙皇让我的使节通过贵方地盘去见土耳斯克王叶罗沙利木,并去基兹尔巴什和其他地方。可是此事我一直没得到沙皇的指示,你们这次的指令中也一字不提。如果沙皇陛下不让我的使节通过去那些地方,那我也不能让皇使通过去中国和唐古特。

在放行时,阿勒坦汗谈到中国皇帝太宝[1],说这个中国皇帝大宝住在科布兰[2],这个城市离蒙古的边城很远。他们蒙古人去中国边城做生意,这边城离蒙古要过两个大城休格拉城和巴颜城。他们的蒙古货物是马牛羊和各种牲畜,卖给中国人可以换来银子、宝石、绸缎和棉布。其他情况他再没说什么,对了还说在蒙古人那里除了中国货物,再没有任何其他地方的货物。阿勒坦汗还说,除了通过中国边城,没法去中国皇帝大宝那里,不让任何人为任何事去那里。蒙古人去中国边城除非率大队人马,少量的人没法进去,为啥少量人不能进,而只有大量蒙古人可以进中国那边城进行贸易,他没说明原因。但答应现在他就派可信的能干的人去中国的城市,令他们查明一切,查明后向沙皇报告。

你阿勒坦汗在给沙皇陛下的信中写过,让沙皇在托木斯克城安顿好 8000 到 1 万人的军队,你阿勒坦汗就能把许多土地归入臣服沙皇麾
120 下。托木斯克的大总督和秘书长们成天就关注于沙皇陛下的谕旨,早已准备好许多军队,还有许多全是各西伯利亚城市的带火器的作战部队,都在西伯利亚各城市严阵以待了。

阿勒坦汗对此问道:那沙皇的军队怎么为我所用呢? 没有来自莫斯科的沙皇的谕旨,能派到我这里来吗?

我们回答他说:沙皇陛下命令指向哪里,皇上的军队就可派到哪里。

---

〔1〕太宝,可能是太保之误用,认为“太保”是指皇上,所以这里可能是说的明朝思宗皇帝,崇祯皇帝。

〔2〕可能说的是当时的北京。

阿勒坦汗就此事又说：关于军队的事我会再写信并派我的使节去沙皇陛下那里。

但阿勒坦汗到那时还没拆开圣旨，对我们说：我放你们回莫斯科皇上那儿去的时候，会叫你们几位皇使来我这里的，到时候我会拆看圣旨，并叫你们读给我听，告知圣旨给我写了些什么。

我们就问阿勒坦汗：你叩求沙皇派军队给你，说你要引导许多汗国归服沙皇陛下，那你给我们说说你要沙皇的军队是要去攻打谁，是哪位汗或执政者，是去什么地方，打什么人，他们打过什么样的战争，他们人多吗，离你这儿多远，在哪个方向，你亲自率兵去打还是派谁去，你总得告诉皇上，你想归并谁，归并哪些汗国吧。

阿勒坦汗对此回答说：我没法引导任何人来臣服皇上陛下，我自己要去对付什么人，我不能告诉你们，你们也不必知道。

此后我们就离开了他的帐篷，我们没得到他的任何待遇，没吃没喝，没迎接，也没护送。当我们回到自己的住地后，喇嘛派人来叫我们全体去他那里。我们就转去喇嘛那里，喇嘛告诉我们说：是汗吩咐叫回你们，让我宴请你们。所以喇嘛宴请了我们，端上了大盆的牛羊肉放在我们面前，但没有备任何酒。

不过，这次之后，在汗的兀鲁思中就很少有吃的了，吃一点点牛肉，还得做些烦心的事，比如跟警长和一些有名的人一起吃。还有汗的财务总管比尤塔·恰仁、杜古伊和叶普斯的警卫以及彻辰哈敦女管家麦尔根卡·切里克娅的警卫等等，我们还得给这些警卫送好东西做礼物。这些警卫对我们说：之所以供给你们的食物很贫乏，因为你们对汗的言辞太苛刻了，汗本来还想扣下你们呢。

过后，比尤塔和杜古伊警长等人也来到我们这儿，告诉我们：汗和王妃让我们来问你们索要优质呢的单排扣呢装和你们有的奇怪东西。

我们看到，汗对我们除了用饥饿威胁索要东西外，别无他意，为了不挨饿，我们只好又给了一批一排和两排金银包镶的扣子的呢子服装
和不少优质呢绒。但是这样付出之后，却仍然未得到任何回报和照顾。 121

元月 18 日[1],阿勒坦汗派其兄弟杜拉尔塔布囊和谢列塔布囊以及他的管家比尤塔·恰仁来到我们住地,这次是令他们收缴我们的武器、枪支和军刀。我们对他们说,按沙皇的指令以及在沙皇给阿勒坦汗的谕旨中都写明,勿强行收缴我们的武器、衣物,所以可以不交。我们不能没有武器,因为从蒙古到托木斯克路途遥远,要经过许多情况复杂的地区,没有武器就没法反击坏人保卫自己。所以我们没把武器交给他们。

但当天阿勒坦汗又派杜拉尔等人再次来我们住地,说汗令他们来一定要收缴所有武器。

我们还是没交出武器,说明阿勒坦汗不听从沙皇指令,还在自己领地上逼迫我们,抢走我们的衣物,不问价格就无偿索要其他货物,现在又强夺武器。夺我们的武器不光是武器问题,而是想要我们的脑袋:因为图瓦人和玛托尔茨人以及库扬等人都威胁要杀死我们,我们由这里必须经过他们的领地,可已经没有能对付他们的武器了。所以沙皇的旨意,皇上派我们带皇赏来阿勒坦汗这里,专门写信指示阿勒坦汗让他切勿强行没收我们的枪支,是不希望我们牺牲,可是阿勒坦汗不听皇命,夺走我们的衣物、货物,我们都没跟贼人干架,现在竟然还要夺武器。这表明阿勒坦汗在沙皇陛下面前太不老实了,如果我们在路上被贼人杀死,那我们就是被阿勒坦汗杀死的,被你们这些塔布囊杀死的。所以,如果汗命令你们收我们的武器,我们能不反抗吗?

杜拉尔等告诉我们:不管你们怎么推诿不交,汗又一次派我们来收武器,汗对你们的要求没得商量,如你们不交,阿勒坦汗要报告沙皇陛下,还是要收缴你们的一切。这样硬是收缴了我们的武器,其中有枪支、军刀等。

12 月 28 日,阿勒坦汗让我们带上皇上赏给其兄弟岱青诺颜的皇赏从自己兀鲁思送给岱青诺颜,其母彻辰哈敦派来了大车和护送人。岱青诺颜却没有派车来我们这儿接他的皇赏。岱青诺颜的牧地在克姆

[1]显然,从时间顺序看这里应该是 12 月 18 日,而不是元月。

奇克河，在汗的牧地下游快骑2日程的地方，驻营地则扎在阿卡塔小河上。

12月30日，我们才被带到岱青诺颜的兀鲁思，但没安排在离他较近处扎营，而是给了我们一个坏帐篷。到了也没人接，没任何关照。那个岱青诺颜当时也不在兀鲁思，吃斋念佛去了，当时就把其营地扎在了同一条阿卡塔小河上溯6俄里的地方。他不在时，我们在他的兀鲁思住了10天。后来他令他的兀鲁思游牧到他当时的营地，把我们安排在离他半俄里处，给了一个特别的帐篷，不过还是没任何迎接和关照。在那里住到第5天，他岱青诺颜让我们把皇赏展示到他面前，我们就步行到他那里。他也没派人来接我们。

我们到了他帐篷，把皇赏摆好，就让翻译费季卡对他说，要他岱青诺颜向我们问候沙皇陛下圣体健康，并让岱青自己和他面前的所有人 122
都起立、脱帽。

岱青诺颜说，他们那儿没有听到沙皇尊号就要起立的习惯。所以他问候了沙皇陛下的圣体健康，但却坐着，不过让他的属民都起立、脱帽。

我们按规定说了沙皇的所有尊号，回答了圣体非常健康。在我们说皇上尊号时，岱青诺颜没起立，也没脱帽，只有那些在他帐篷里的他的亲近的人们站立了起来。话说完，瓦西利按清单依次把皇赏包含的36粒珍珠、优质呢子、银器、军刀等东西递给他。

岱青诺颜亲自接了皇赏，但没起立，是坐着接的。他对皇赏也没叩谢，没说任何感谢的话。于是瓦西利让翻译对他岱青诺颜说：对这皇赏你要叩谢一下，说你会年年岁岁给沙皇进贡，不断追加贡品。但这时岱青诺颜对此没有作答。

然后，岱青诺颜招待我们吃了一盆肉，除此再没什么别的吃的。也没其他任何照顾，没什么迎送。来回我们都是自己步行，尽管他的帐篷附近，停着上鞍的马足足有50多匹。

次日，岱青派一个叫巴克什的人来我们住地，说岱青诺颜今年会派使节给皇上进贡的。但是，什么贡品，多少贡品，没说。

同一天,那个巴克什跟一个警长古尔塔尔罕来我们那里,说是岱青诺颜派他们来索要单排扣的优质呢装和英国黑呢子、绿呢子,以及金银器等等东西做礼品。

这次我们拒绝了这种索要,对他们说,岱青诺颜凭什么要这些东西呢?他自己领了皇赏后什么礼品也没给我们,我们连杀点牲口吃也没要过。在任何地方,任何汗国的领地,没见过有剥夺使团东西,甚至牲畜的。到处都是给使节送礼,十分尊重,不得让使节受委屈。岱青诺颜自己知道,他派过使节带贡品去沙皇那里,沙皇陛下给他的使节赏赐了什么,他知道,任何地方、任何城市都没让他们受一点委屈。可我们现在是皇使,为什么要被抢劫。所以当时我们仍没给他们。

当天晚上很晚了,岱青诺颜的近亲巴克什和古尔塔尔罕又来到我们那里,令我们按第一次索要的东西准备好,岱青诺颜令他们强行拿走。说要是我们不听从岱青诺颜的话,不老老实实交出来,就叫我们毫
123 无脸面地被俘,还要把我们的固执报告沙皇。我们这才按他们的要求交出那些货物,怕会遭到被驱逐之类。他夺走了我们那里的单排镶银扣的优质服装、8俄丈英国黑呢、绿呢、镀金的器皿等许多东西……

第二天,岱青诺颜派大车送我们去汗的兀鲁思。为了以后送给沙皇的贡品,他留下我们两个骑兵哥萨克,他们俩就在他那里住到贡品出发。出发时岱青诺颜还是没告诉这两个哥萨克送什么贡品,而且把他们打发到汗的兀鲁思找我们时,也没提供食物和大车。他所派使节往吉尔吉斯时没跟我们和汗的使节一起走,令他的使节先走了经过克姆河上的克拉斯诺雅尔,往克姆河下游的一条大路。而我们则走的是经过萨彦岭的一条中间的路。

在吉尔吉斯岱青诺颜才宣布给沙皇进献的贡品是40张黑貂皮、宝石和2块雪豹皮等。可是从吉尔吉斯出来,那些使节又说也不说就转回去了,没把贡品交给我们,说返回是因为吉尔吉斯人不供给他们食物和大车,于是我们没处可与他们汇合。

元月18日,汗的兄弟达音诺颜和喇嘛梅尔根·兰扎为小事来到汗的兀鲁思。达音和喇嘛他们的牧地在山岭后面离汗的牧地10日程的

地方。

次日，瓦西利派翻译从住地去到达音诺颜和喇嘛那里，通知达音诺颜，皇上给他赐有皇赏，问他是在汗的兀鲁思接受皇赏，还是在他自己的兀鲁思接受皇赏。

达音诺颜说，给我带来的皇赏微不足道，按沙皇指示或没沙皇指示都会很少。

达音诺颜回绝了翻译有关皇赏的事，说他达音诺颜不接受这份皇赏，瓦西利等人不必把皇赏摆出来。关于此事他会派使节带信给沙皇陛下。并且没让翻译官费季卡在帐篷里当他的面说话，拒绝接收皇赏之后，就派其亲信奥尔泽特和昂卡把翻译官逐出了帐篷。

瓦西利给达音诺颜又派去了费季卡·扎素辛哥萨克和费季卡翻译官去劝诺颜，让他达音诺颜还是接受我们为他带来的皇赏，告诉说我们已为他摆好，如果他不接受这皇赏，希望他让瓦西利等人把皇赏展示给他先看看，如果到时他还拒绝我们的皇赏，也就不必多说什么了。

达音诺颜说：那我也不能在汗的兀鲁思接受皇赏，我会把你们带到我的兀鲁思，并在自己的兀鲁思接受皇赏。然后就叫他的人奥尔泽特把派去的扎素辛和翻译官逐出他的帐篷。

元月22日，汗的这个兄弟达音诺颜带着喇嘛和他的属民到了自己
的兀鲁思，并为皇赏派了大车来到我们住地，而且是达音诺颜和喇嘛一 124
起来的。从汗的兀鲁思沿克姆奇克上溯，再从克姆奇克左岸向巴尔拉小河走，沿这小河走到头，再从那小河从源头经过山岭到乌留奇湖，再从乌留奇湖经山岭到汗喜欢的一个湖，俄文叫彼格湖……

2月3日，喇嘛梅尔根·兰扎让我们去他扎在达音诺颜兀鲁思中的帐篷，在烹调帐篷中招待我们吃了一顿，斯捷潘·涅维罗夫在那里等他。而喇嘛没出场，是派他的人奥尔泽特来帐篷陪我们，他们曾代表他作为使节跟拉米奥克和土布巴克什一起到过莫斯科。

他们遵嘱传喇嘛的话给瓦西利：这次运给我的60俄尺呢子的皇赏质量很差，不像以前给的，我的使节们都见了，琥珀也小得很，我的使节们在莫斯科从未没见过这么小的，而且分量在圣旨中写的是6磅18索

罗特尼克,实际没了半磅,这皇赏是你瓦西利从莫斯科带到托木斯克运来的,不知是因为总督那边还是你瓦西利的原因给我这么差的皇赏,为此我不喜欢,我也就不准备派使节去给皇上进贡品了。

瓦西利答复喇嘛的话说:喇嘛梅尔根·兰扎,你就别说这种没用的话了,称赞原来的皇赏或贬低皇赏质量的话也再不要说了。反正从莫斯科皇上赐给你的是怎样的皇赏,我瓦西利就给你运来怎样的皇赏,从托木斯克如数全部运出的。如果你有什么信不过的地方,或者也许是你的使节们对你说了些胡编的话,你可以写信到莫斯科告我瓦西利。不过,你不要用什么呢子不好、琥珀太小之类的话乱喊乱叫,不如你把呢子和琥珀拿回莫斯科去检验。

这样,喇嘛第二天也到了达音诺颜的帐篷,当达音叫我们把皇赏放在他面前时,他喇嘛当着达音的面也把赏给他喇嘛的那些皇赏摆到了达音面前,再没说好坏,只是骂了我们一通。他喇嘛又对达音诺颜说皇上赐给他达音的皇赏是质量差的,把它打翻了,叫他不要接受。还对我们说了许多威胁性的话,还叫达音诺颜把我们扣留在他的兀鲁思,不要放我们回去。不过达音诺颜没听喇嘛的,没阻挠我们回来。

2月4日,达音诺颜派其内弟科沙乌奇·恰仁和警长庆卡带着4
125 个人来到我们住地,叫我们带着给他的皇赏去他那里。我们就带着指令,梳理了一下皇赏,跟着那些警官来到了达音诺颜面前。达音诺颜让喇嘛问候了沙皇陛下的身体健康。

瓦西利仍坚持一切按仪式进行,让他起立、脱帽,然后按清单一一发放皇赏……

然后达音诺颜对我们说:给我们的皇赏那么少不知是不是沙皇陛下的意思?我曾派我的使节给沙皇送贡品,但我的使节没到达莫斯科就死了,被阻在弗洛季米尔。皇上陛下也没赏赐过我的使节。

瓦西利对此回答道:皇赏是按沙皇陛下的旨意赐的。你应该赞扬皇赏,为今后继续享受皇赏,还应叩谢赐皇赏的皇恩。沙皇陛下是按你对皇上效忠的实际情况赏赐的。至于你的使节没到达莫斯科就死了,他们不是因饥寒交迫而死,是命中注定的末日,也就死了。沙皇陛下是不会赏赐死人的,不过埋葬他们时,皇上还给他们每人赐了两个卢布。

我们离开达音诺颜处,回到自己住地。……

那天,达音诺颜又派其内弟和警官们来到我们住地说:你们皇使自己有些什么好货和奇货,你们拿些去给达音诺颜和他的王妃,如果你们 126
不送去,喇嘛会叫达音诺颜扣住你们,不放你们走,又要写信给沙皇告你们,不过只要你们送去你们的好货,达音诺颜就不会听信喇嘛的谗言,不会扣留你们的。他喇嘛要写信给沙皇投诉你瓦西利,说你给他的皇赏是些次品。于是我们为了不被他们扣留,只好给达音诺颜送去了黑色长衣、英国优质黑呢子和绿呢、连体刀具、镶金镀银的饰品、珍珠项链等等一批东西……但我们并未得到应有的回报和荣耀的待遇。

我们从托木斯克出来到吉尔吉斯时,达音诺颜的人一个叫巴索伊的,偷了我们向导的一匹马,我们告诉了达音诺颜,希望他处置一下他的这个手下,还这匹马。可是达音诺颜没在我们面前处置,也不下令处置,什么也不给我们回话。

我们出发时,达音诺颜总算送来贡品,让把给皇上的 50 块黑貂皮、8 块海狸皮……还有雪豹皮等贡品带往莫斯科。

2 月 16 日,达音诺颜放我们从他的兀鲁思带着他的使节巴克什出发返回,而他自己在出发时没有在我们面前露脸,也没给予任何礼遇,只是让人大喊大闹为我们送行。

元月 8 日[1],在阿勒坦汗处的其堂兄弟杜拉尔塔布囊来到我们住地要给他的皇赏,并索要 4 俄尺浅绿色优质呢子、10 俄尺黑色绸缎等。我把这些皇赏给了他。杜拉尔收下皇赏呢子和绸缎后,叩谢了皇上陛下,且很高兴,口口声声称赞皇赏。

我们对杜拉尔说:你杜拉尔今后要享受皇恩和皇赏,就应坚持代表你们全汗国宣誓的话,还应劝阿勒坦汗牢记过去和现在赐给他的皇赏, 127
不要背弃自己的誓言和皇恩,劝他听从沙皇陛下的指令,安分守己。你应该效忠沙皇,做友好往来的好事,并年年岁岁给沙皇进贡,今年的贡

---

[1]这里很可能是弄错了,应为 3 月 8 日。

品应比往年更多一些。

杜拉尔回答:我一定会派使节去给沙皇陛下进贡。

我们动身返回时,杜拉尔带着他的使节库兰来到我们面前,献出他给皇上陛下的贡品——贵重的猞猁皮。

3 月 10 日,阿勒坦汗也在我们起程时露了脸,给我们派来了他的侄儿杜拉尔的儿子克亚太奇等人。我们进到阿勒坦汗的帐篷,站在他面前。当时跟汗在一起的有:右面坐着他的侄儿辈台吉们、杜拉尔、杜拉尔的女婿和岳父比尤塔·斋桑塔布囊以及杜拉尔的兄弟丘龙·恰仁,左边坐着汗的女婿和岳父诺木恰塔布囊和科沙乌庆·梅尔根以及岱青塔布囊和其他塔布囊等他的近亲。

这时阿勒坦汗拿出我们带给他的那份沙皇的圣旨,拆开,把它交给我们让读给他听,翻译成蒙文,说说里面给他写了什么,让他明白。

我们接过圣旨,让翻译官读给他听,并让他阿勒坦汗对沙皇陛下起立、脱帽,说一下沙皇的尊号。但阿勒坦汗本人未起立、未脱帽,而是令杜拉尔等人起立并脱帽,这些人都遵令照做了。……

圣旨中写明了赐给阿勒坦汗的皇赏的内容……

阿勒坦汗听完说:圣旨中提到的赏赐清单上的东西,我全都收到了。不过,圣旨上说皇赏是按我在我的呈文中叩求的内容赐给的,那皇上并未赏赐我要求的祈祷用大钟、希腊老人、老医生等等,也没有说明原因。

阿勒坦汗还说:我在呈文中还叩求沙皇陛下关照我,让我的使节去土尔斯克汗叶鲁沙利姆和基兹尔巴什那里,可是皇上在信里对此也不给我回话。阿勒坦汗又说:我现在的使节从莫斯科皇上那儿回来之后,还会去托木斯克城,那时我要捎去许多商品,还有各种中国商品,希望俄罗斯派商人从去托木斯克多带来我们合意的俄国商品,如呢子、皮革、铁锅、贵金属球和钱币等。

回来出发前,阿勒坦汗对我们说:对你们皇使的到来,我做得不到之处,住的地方太闹,有时挨饿,对你们强取了一些东西等等这些不礼遇的地方,希望你们多包涵,说些好事,不愉快的事就全留在这里吧。

来这里就得过这种生活,从前这样,今后还会这样,人们总是有自制力的,会用善良来宽容,这样才会有未来。

当时的阿勒坦汗给瓦西利一种莫名其妙的不知什么意思的感觉,好像是他嘱咐回到了莫斯科和俄国时,要表现和说一些这里的好的事情。

而且当时就宴请了我们,摆上了大盆的牛肉,还端上了喝的茶,不知是什么茶叶,是在水中泡煮的,然后加上牛奶。他们蒙古人用的茶叶是从中国运来的,据说,茶叶是从一种葡萄科的树上摘下来的,究竟是什么树,说不清。不过大部分人没上茶,没有喝的东西,只有阿勒坦汗 129
跟一些塔布囊从大盆中倒着喝,大盆像是木盆。

我们从帐篷出来时,汗对我们说,他准备献给沙皇的贡品,全会叫杜拉尔带上。然后再没有什么礼遇。

我们从帐篷出来就往自己的住地走,阿勒坦汗没安排任何迎送,我们就自己步行到住处。

次日,阿勒坦汗派其堂兄弟杜拉尔塔布囊和财务主管比尤塔·恰仁以及御辰哈敦的女管家麦尔根卡·切里克娅送贡品到我们的住地,他送来的有:黑底金银色花纹的腰带、黑底、黄底、天蓝底色的花绸缎、200块黑貂皮、2块海狸皮、5张雪豹皮,和价值200纸币的茶,代替100块貂皮。

我们问杜拉尔:为什么阿勒坦汗现在献给沙皇陛下的贡品,比起以前增加的,连50块貂皮都没有。

杜拉尔回答说,现在的贡品比以前多得多了,貂皮方面,汗用价值200纸币的茶叶代替了100块貂皮。

瓦西利告诉杜拉尔:在俄国,人们不喝茶,不知道茶是什么,最好还是让阿勒坦汗多献些貂皮,或者别的什么皮子也行,这对阿勒坦汗脸上更有光。

杜拉尔说,阿勒坦汗能收集到的所有貂皮和其他皮革,都献给沙皇陛下了,所以再献上茶叶。

那天,阿勒坦汗还令其警长杜加等人送来了几匹马顶替被扣下的武器，警长就送来了些烂马。那些马骨瘦如柴，我们立即让放回兀鲁思，因为没赶到吉尔吉斯，那些马肯定都倒死了，我们要是收下这些马，根本到不了吉尔吉斯，看那疲惫的样子，一上路怕就倒死了，现在就那
130 么瘦，恐怕连一匹也走不到吉尔吉斯。……

3 月 13 日，我们骑着自己买的马出发离开汗的兀鲁思，驼包由一峰骆驼背着。当我们从自己住地走过汗帐时，兀鲁思里用一片喊声和吆喝声为我们送行，人们还用石头砸我们的马。当我们走出兀鲁思，人们干脆就迎着我们的项链、宝石而来了，驼包被拉下骆驼，我们全被打了，袋装着的东西都被抢走。我们被抢走的小牲畜价值每人损失 20 个卢布以上。……

于是我们只能全都艰难地步行，因为没人提供大车，买来的马都走累了，路还很远，但必须走。后来有的人自己买了车，可那些皮包骨头的马不是累倒，就是死了。

3 月 31 日，我们到达吉尔吉斯塔布囊兀鲁思他母亲阿巴海王妃家。没人迎接，也没任何礼遇，甚至不让我们住在他们帐篷附近，令我们离他们至少 1 俄里。然后黑卡尔梅克人吵闹着赶来，想抢劫我们，并把跟随斯捷潘·涅维罗夫派往喇嘛处的翻译米基特卡·丘拉和斯捷潘的东西抢了。黑卡尔梅克人说了为什么抢劫米基特卡，是些什么卡尔梅克人，这些都写在了斯捷潘的文录中。

我们请求吉尔吉斯人给我们食物和大车，但遭到拒绝，他们说：你们来到谁那里，就找谁去要，我们没道理给你们食物，也不能给大车。你们欣赏阿勒坦汗，但找我们吉尔吉斯人的麻烦，还要阿勒坦汗来打我
131 们，把我们头人交给托木斯克做人质，我们不再听阿勒坦汗的话，也不会再寄希望于他了。

我们开始劝说吉尔吉斯人，希望他们向沙皇陛下认错，派头人去托木斯克，使吉尔吉斯人可以享受沙皇的恩惠，能接受沙皇庇护，世代臣服为奴，效忠沙皇，全面和好，不再进攻沙皇的城市，不杀沙皇的属民，不做任何偷盗抢劫的坏事，全听从沙皇的。

塔布囊、伊兹尔切伊和他们的母亲阿巴海跟吉尔吉斯的头人们对

此回答我们说:你们为什么骗我们,召唤我们吉尔吉斯人去托木斯克臣服沙皇为奴,又教唆阿勒坦汗对付我们,叫他攻打我们并把吉尔吉斯头人出卖给托木斯克做人质,所以我们吉尔吉斯人再不信任阿勒坦汗了,我们现在和黑卡尔梅克人合在一起。我们也不会信任你们这使团,今后你们出使阿勒坦汗处就不必来此,我们也不会再允许你们通过我们吉尔吉斯的领地。

我们就此对吉尔吉斯人说:你们怎能这么说沙皇陛下,这对沙皇的旨意是不礼貌的,还威胁我们说,今后的皇使们休想通过你们领地去阿勒坦汗处,你们怎敢说这样的话?沙皇陛下的旨意指向哪里,皇使就一定要到哪里!

但他们吉尔吉斯人仍未给我们提供食物和大车。我们只好从他们的克什蒂姆那里高价收购了些食物、米面之类充饥。至于马匹在我们从住地起程时起就被强行夺走了,而且二话不让说。他们跟黑卡尔梅克人串通一气,他们全信赖黑卡尔梅克人,所以虽然阿勒坦汗的使节墨尔根·德噶等人跟我们在一起,也一点帮不上我们。

我们只好在吉尔吉斯又用高出3倍的价买马,希望能骑马到达城里。但是我们这些马在路上就倒死了,没能骑到城里。

这样到4月8日我们才走出吉尔吉斯。

在蒙古的阿勒坦汗及兄弟们处为全俄沙皇米哈伊尔·费多罗维奇大公陛下效忠服役期间,我们不幸地被阿勒坦汗、其母彻辰哈敦、其兄弟岱青诺颜、达音诺颜、杜拉尔塔布囊以及喇嘛、王妃,还有其亲近人员勒索要走的东西如下:

在吉尔吉斯时,贵族子弟瓦西利·斯塔尔科夫为了大车和放行被吉尔吉斯王妃勒索2匹优质英国黑呢。

蒙古汗的内弟索走德国军刀和优质大幅牛皮2张…… 132

以上赔进去的和被抢夺的俄国商品和钱共计是属于8个人的驼包,瓦西利和玛卡尔科等人的钱和所买牲畜共合40卢布20阿尔腾。

这是玛卡尔科·科尔莫戈列茨的记录公函原件,在瓦西利·斯塔尔科夫按有手印的地方,还有彼列斯维特·塔拉卡塔夫贵族子弟的手印。

全宗:蒙古事务 1638 年,文件第 1 号,15 - 117 页,17 世纪抄本;蒙古事务 1638 年,文件第 1 号,178 - 273 页,记录草稿;苏联科学院档案馆列宁格勒分部,全宗:存档卷手稿,第 4 目,17 册,文件第 188 号,330 - 372 页,18 世纪拷贝[1]。

出版物:费舍尔《西伯利亚史——从开发西伯利亚到被俄国武装占领》(德文版),圣彼得堡,1774 年,496 - 510 页;阿尔谢尼耶夫《斯帕法里 1675 年从托波尔斯克经由西伯利亚出使到涅尔琴斯克和中国边境游记》(俄国地理学会通报札记,第 10 卷第 1 册),圣彼得堡,1882 年,188、189 页;巴德雷《俄国、蒙古、中国》,第 2 卷,伦敦,1919 年,113 - 121 页(从费舍尔和阿尔谢尼耶夫的书中摘译成英文的)。

---

〔1〕B. 斯塔尔科夫的记录在托木斯克带原件以拷贝集的形式出版,不过是由玛卡尔科·科尔莫戈列茨写成,带有托木斯克贵族子弟彼列斯维特·塔拉卡塔夫代替不甚识字的 B. 斯塔尔科夫的签名。可惜没能发现该记录的原件。

这方面在 177 至 274 页有记录的草稿,其开头写道:“本记录是按沙皇陛下的指示,把阿勒坦汗、其兄弟岱青诺颜和达音诺颜的话逐字逐句记录的……”在结尾写着:“本记录公函是玛卡尔科·科尔莫戈列茨所写……”比较一下草稿和出版的拷贝,可以得出结论:两者是一样的,显然,托木斯克最终出版的拷贝是从草稿照抄、誊清而成的。

草稿用来确认个别地方之用,因为这样可以为证实拷贝的真实性打下基础。

第29号

1638年9月5日至1639年4月26日：前往达音·梅尔根·兰扎喇嘛处的托木斯克军役贵族C.涅维罗夫使团的出使报告。 134

本文录是今年147年(1638)出使蒙古地方喇嘛梅尔根·兰扎、阿勒坦汗及其兄弟叶尔登诺颜处时所做的记录。

按照全俄沙皇米哈伊尔·费多罗维奇大公陛下的谕旨和御前大臣兼总督伊凡·伊凡诺维奇·拉莫丹诺夫斯基、安德烈·安德烈耶维奇·布纳科夫以及秘书长阿尼西姆·特罗菲莫夫等人的指令，托木斯克贵族子弟斯捷潘·涅维罗夫遵令于今年147年(1638)9月5日率信使军役人员季什卡·费多罗夫和护送皇赏的几名军役人员米季卡·兹吉勃涅夫、伊瓦什卡·巴兰丘科夫、伊瓦什卡·阿斯塔拉哈涅夫·舍尔卡、谢尼卡·阿尔卡舍夫、安德柳什卡·巴塔什科夫以及翻译官米季特卡·丘拉等人带着皇赏和皇使们一起去唐古特地方的蒙古兀鲁思拜访喇嘛达音·梅尔根·兰扎和阿勒坦汗的三弟叶尔登诺颜。

9月22日，斯捷潘·涅维罗夫等人来到吉尔吉斯，当时吉尔吉斯人游牧在石城附近的白米尤斯河畔。吉尔吉斯人不愿为护送皇赏和斯捷潘等一行人提供食物和大车。

那天，斯捷潘就派人去王妃阿巴海处。于是王妃阿巴海来到斯捷潘等人住地，问：为沙皇陛下做了事，如我们邀吉尔吉斯人进住地，劝他们给皇赏和使节提供大车和食物，你们给我什么呢？

同时，斯捷潘以皇上的名义给了王妃4俄尺英国黑呢、1块优质皮革和一些镶金镀银的东西。于是那位阿巴海王妃就吩咐给皇赏和斯捷潘一行提供了大车和食物。这样斯捷潘等一行人在吉尔吉斯住了8天。

10月1日，斯捷潘等一行人与蒙古使节们来到温巴特河的阿尔腾兀鲁思。在阿尔腾也没人给皇赏和皇使提供大车和食物。而且阿勒坦汗的使节墨尔根·德噶来到斯捷潘住地报告说:你们还想在阿尔腾人这里弄到护送皇赏和使节的大车,可他们都想杀死你们呢。于是斯捷潘·涅维罗夫等一行人当天就坐着原吉尔吉斯人的大车离开阿尔腾人处前往蒙古地方。

10 月 14 日:斯捷潘·涅维罗夫等一行人来到克姆奇克河明加茨族的王公科乌沙科处,当天杜拉尔塔布囊的兀鲁思人卡尔恰加和开谢尔从阿勒坦汗那里来迎接斯捷潘等人。他们俩到了住地说:阿勒坦汗派我们俩来迎接你们皇使,而且暂时停留等待他的指示。阿勒坦汗现正游牧在离这里 10 天路程的山中,他听说给他捎来了皇赏,正赶来迎接皇赏和你们皇使们。并正派人从阿勒坦汗处赶忙给斯捷潘等人送来食物。

10月15日,喇嘛达音·梅尔根·兰扎派了他的兀鲁思人巴阿海
135 及自己的一位朋友带着厨师也来到明加茨人的兀鲁思到斯捷潘等人住地表示欢迎。并且一下马,就脱帽问候全俄伟大沙皇米哈伊尔·费多罗维奇大公陛下圣体安康。

斯捷潘按规定回答:有上帝保佑全俄伟大的沙皇和许多国家至高无上的君主米哈伊尔·费多罗维奇大公陛下在荣耀的宝座上圣体十分健康。

喇嘛所派的人巴阿海对斯捷潘等一行人说:喇嘛派我来迎接你们皇使,让你们送皇赏到他那里,他在自己兀鲁思里接收。喇嘛现在驻扎在离阿勒坦汗处 10 日程的山里,现离你们皇使只 3 日程。

斯捷潘问:喇嘛派你来既然是为了迎皇赏和皇使,那为什么不捎来大车和食物。喇嘛派的人巴阿海对斯捷潘说,阿勒坦汗和喇嘛之间的事全理不清,阿勒坦汗的使节墨尔根·德噶等人去了莫斯科沙皇那儿,他们不放沙皇的使节卡尔恰加和开谢尔·斯捷潘等人送皇赏给喇嘛,因为阿勒坦汗不允许。如果斯捷潘听从喇嘛使节的话去喇嘛那里,不去阿勒坦汗那里,那阿勒坦汗就不许给皇赏和皇使提供大车和食物。在吉尔吉斯提供的大车和食物,阿勒坦汗都下令追回,为这事,喇嘛兀

鲁思的巴阿海不得不当天赶回喇嘛兀鲁思汇报。

斯捷潘对阿勒坦汗的使节墨尔根·德噶说:我奉皇上圣旨是给喇嘛和叶尔登诺颜送皇赏,而不是给阿勒坦汗。阿勒坦汗凭什么阻挠我?要是阻挠了我,就得不到沙皇陛下的恩宠。

10月17日,斯捷潘等一行人前往扎阿科尔河的杜拉尔兀鲁思,杜拉尔跟其子卡泰切伊率兀鲁思人带着葡萄酒和食物从2俄里外的兀鲁思来迎接。他如何问候沙皇陛下健康等情况,均已写入瓦西利·斯塔尔科夫的记录中。杜拉尔把斯捷潘一行人带到他自己的兀鲁思,为了沙皇陛下对斯捷潘等一行人表示了极大尊敬。而当时阿勒坦汗驻扎在10俄里外山中兀鲁思里。

10月18日,汗的兄弟杜拉尔塔布囊派其属下萨明来到斯捷潘的帐篷,要请斯捷潘等一行人去杜拉尔那里吃午餐。斯捷潘一行人就去了杜拉尔的帐篷,杜拉尔塔布囊让他们为皇上陛下吃够喝足。然后杜拉尔就问斯捷潘:伟大的全俄沙皇、许多国家至高无上的君主米哈伊尔·费多罗维奇大公陛下派你给我的教父达音·梅尔根·兰扎喇嘛和我的兄弟叶尔登诺颜赐皇赏,那你们各位皇使为了办皇上的事要送我点什么呢?

于是斯捷潘为办皇上的事给他杜拉尔塔布囊送了一块优质英国黑呢、一块上等山羊皮、一双黄山羊皮靴子;军役人员季什卡·费多罗夫送了一块皮子、一件用金丝绣的衬衣;米季卡·兹吉勃涅夫送了他一件英国墨绿色大褂;伊瓦什卡·巴兰丘科夫送他一块天蓝色英国呢子;伊 136
瓦什卡·舍尔卡送他一块优质牛皮和一块好呢子;谢尼卡·阿尔卡舍夫送了一件浅绿色英国大褂;安德柳什卡·巴托什科夫送他一件天蓝色大褂和一块优质牛皮。

10月19日,叶尔登诺颜派了其手下属人乌巴沙来到斯捷潘等人住地,一下马,就脱帽问候沙皇陛下圣体安康。斯捷潘按规定回答:有上帝保佑,伟大的全俄沙皇、许多国家至高无上的君主米哈伊尔·费多罗维奇大公陛下和他的皇子阿列克赛·米哈伊洛维奇大公以及伊凡·米哈伊洛维奇大公在帝王的宝座上,或为掌管未来皇权福体都很健康。

叶尔登诺颜的属人乌巴沙说:感谢上帝,愿皇上万寿无疆!我是亲眼见过皇恩浩荡的。并对斯捷潘说:叶尔登诺颜派我来关照你们皇使,感谢你们皇使带皇赏来到我们兀鲁思,来赏赐给他叶尔登诺颜。他叶尔登诺颜就游牧在离你们皇使2日程的叶尼塞河。

斯捷潘对乌巴沙说:叶尔登诺颜派你来是为什么?那接皇赏和使节的大车和食物呢?乌巴沙说:我会在杜拉尔那里借车。斯捷潘又说:我得按沙皇陛下的圣旨先给喇嘛送皇赏,执行皇上的命令,然后再给叶尔登诺颜送皇赏。而杜拉尔塔布囊对乌巴沙说:阿勒坦汗没吩咐放斯捷潘等一行人去喇嘛和去叶尔登诺颜那里,也没让提供大车运皇赏,因为他们没去拜会阿勒坦汗。所以,当天叶尔登派来的这个乌巴沙立马返回兀鲁思去向叶尔登诺颜请示了。

10月31日,杜拉尔率全体兀鲁思人往阿勒坦汗的兀鲁思方向走,斯捷潘一行人也跟着他杜拉尔来到切格缅小河,阿勒坦汗就驻扎在此河上溯5俄里处。

11月5日,杜拉尔塔布囊带着斯捷潘和军役人员来到尤尔古塔小河处驻扎在山中。而阿勒坦汗在离该小河的10俄里处。

11月9日,阿勒坦汗派了到过莫斯科的使节墨尔根·德噶来找斯捷潘等一行人,说:阿勒坦汗让皇使瓦西利·斯塔尔科夫一行人带给阿勒坦汗的皇赏去他那儿,希望你斯捷潘等人也去跟瓦西利他们一起看看赐皇赏。

于是,斯捷潘就跟瓦西利一起到了阿勒坦汗那里看了赐皇赏过程。看到了阿勒坦汗对问候沙皇陛下的礼节的争执和极不礼貌的表现。这些在瓦西利的文录中都已一一记录下了。

11月16日,喇嘛达音·梅尔根·兰扎来到克姆奇克河阿勒坦汗的兀鲁思,他和汗的兄弟达音诺颜一起把兀鲁思驻扎在离阿勒坦汗上溯该河约10日程的山里。

137 11月17日,斯捷潘·涅维罗夫派了一名军人伊瓦什卡·舍尔卡及随同翻译官丘拉去告知喇嘛,让他准备接受沙皇赐给他的皇赏,并听取沙皇的圣旨和指令。

喇嘛回话:我很乐意接受皇恩和赏赐,为了皇赏,为了你们方便,还是来我这里为好。我没有道理去阿勒坦汗那里接受皇赏。

当天喇嘛达音·梅尔根·兰扎就派来了阿勒坦汗的属下墨尔根·德噶和他自己的属下杜布·巴克什,让皇使斯捷潘等一行人以及给阿勒坦汗送皇赏的使节瓦西利·斯塔尔科夫等一行人都去他喇嘛那里,并让带上皇上给他的谕旨。

斯捷潘等一行人走进喇嘛的帐篷。喇嘛梅尔根·兰扎就起立、脱帽,并问候沙皇陛下圣体安康。斯捷潘按规定回答了沙皇陛下和皇子们福体都很健康。喇嘛梅尔根·兰扎还伏拜在地上说:我喇嘛听说沙皇圣体安康,十分高兴。

斯捷潘一行人对喇嘛说:你喇嘛派遣使节拉米奥克·岱青和杜布·巴克什以及纳庆·卡拉奇等人带着你的呈文和贡品来拜见全俄沙皇、许多国家至高无上的君主米哈伊尔·费多罗维奇大公陛下。当你的使节来到沙皇陛下跟前时,沙皇陛下赏赐了你的使节,让他们亲眼看见圣容,令接受了喇嘛的贡品,并吩咐将呈文译出,亲自仁慈地倾听。在你喇嘛的呈文中写道,从前按沙皇陛下的谕旨和阿勒坦汗的呈请,陛下从托木斯克派出雅科夫·图哈切夫斯基和德鲁仁·阿加尔科夫到阿勒坦汗那里让他宣誓,而你喇嘛保护了皇使,并给予全力帮助让阿勒坦汗臣服沙皇陛下,当沙皇陛下让他亲近的人向沙皇宣誓时,你也能效忠沙皇,全力相助,当沙皇陛下遣皇使斯捷潘·格列切宁和巴仁·卡尔塔舍夫等一行人从托木斯克带上皇赏和圣旨去阿勒坦汗和你喇嘛那里,让阿勒坦汗亲自宣誓,以及当斯捷潘等一行人去到你那里,并将沙皇赐给阿勒坦汗和你的圣旨、皇赏进行赏赐仪式时,你喇嘛能够以尊敬而礼遇的态度来接受圣旨和皇赏。当他们劝阿勒坦汗宣誓,让他坚持原来的誓言,最好亲自宣誓,这时你喇嘛在劝说阿勒坦汗这方面,做了很多工作,希望他能亲自宣誓,使阿勒坦汗能向皇使们表示,他会臣服沙皇陛下,率领自己的子女、兄弟和全汗国效忠皇上,除了以前的那次宣誓,又出于阿勒坦汗心愿叫你这位他的教父达音·梅尔根·兰扎和其兄弟杜拉尔塔布囊再次进行了宣誓。你达音·梅尔根·兰扎喇嘛促使阿勒 138

坦汗坚守自己的承诺和曾经按誓文宣誓的誓言，记得那可是自愿的重大宣誓行动，或者说是喝过金子在誓文中写下的。在这个誓言上不仅你喇嘛按过手印，而且阿勒坦汗本人为了表示会坚守不移也亲自按过手印承诺臣服沙皇，世代享受皇恩和听命于沙皇陛下，并效忠于沙皇，全面和平友好，只要沙皇有令，就率全汗国去执行，还保证年年岁岁追加贡品，制服吉尔吉斯人，引导他们也臣服沙皇陛下，并搜查他们从沙皇的城市掳去的交实物税属民和马匹、牲畜，指定他们的人质，把人质、所掠属民、牲畜送还给沙皇各城市。你祝愿伟大沙皇万寿无疆。派你的属下拉米奥克一行人为使节给沙皇陛下和两位皇子都献了贡品……听皇上和皇子们吩咐给你捎来皇赏，还有给你的圣旨。

喇嘛达音·梅尔根·兰扎听了这番话之后回答：感谢上帝保佑全俄沙皇、许多国家至高无上的君主米哈伊尔·费多罗维奇大公陛下圣体安康，愿沙皇长命百岁，圣旨里写的这些，都是真实的。我和杜拉尔向沙皇陛下宣誓是阿勒坦汗的意思，两次都喝过金子，所以阿勒坦汗必须率兄弟们、塔布囊们和全汗国世代臣服沙皇。我喇嘛向沙皇宣了什么誓言，我就会誓死遵守。而如果阿勒坦汗一旦不遵守自己的承诺，那他会遭上帝天罚的。

当天，喇嘛梅尔根·兰扎派来汗的人墨尔根·德噶和书吏杜布·巴克什，是让斯捷潘等一行皇使把给沙皇赐给他的皇赏带到他喇嘛这里。并且也希望派往阿勒坦汗处的皇使瓦西利·斯塔尔科夫也跟斯捷潘他们一起过来。

139 于是，斯捷潘等人带着全俄沙皇米哈伊尔·费多罗维奇大公陛下的圣旨和清单上记载的大批皇赏来到喇嘛达音·梅尔根·兰扎的帐篷。喇嘛起身迎接，并脱帽问候沙皇陛下圣体安康。斯捷潘按规定回答：有上帝保佑，全俄沙皇、许多国家至高无上的君主米哈伊尔·费多罗维奇大公陛下安坐在他荣耀的宝座上圣体十分健康，他高贵的皇子全俄伟大的阿列克赛·米哈伊洛维奇大公皇子殿下和全俄大公伊凡·米哈伊洛维奇皇子殿下也都在崇高的执政宝位上福体安康。说完圣体安康之后，就按清单给喇嘛发赐皇赏。

喇嘛达音·梅尔根·兰扎站起，十分礼遇接过皇赏，并叩谢了皇上陛下，说圣旨嘛，他以后找时间再倾听。

喇嘛达音·梅尔根·兰扎听完皇使们转达的沙皇赏识他的一番 140
话，回答说：我喇嘛和杜拉尔向全俄沙皇米哈伊尔·费多罗维奇宣过两次誓，都是他阿勒坦汗自己的意思，他承诺愿意效忠沙皇，世代和睦相处，我向上帝保证，我记得所发的誓，他立誓忠于伟大沙皇米哈伊尔·费多罗维奇大公，为之工作，向皇上献贡品，誓死坚守，如果阿勒坦汗他一旦不信守自己向沙皇发过的誓言，那上帝不会宽恕他的。至于沙皇陛下要我喇嘛去劝劝阿勒坦汗，让他信守宣誓过的承诺，希望他制约吉尔吉斯人，引导他们也臣服沙皇，去他们那里抓来人质，把他们掠走的沙皇属民和牲畜交还给原来的城市，希望他阿勒坦汗查明一切，将被吉尔吉斯人掠走的沙皇交实物税的属民放回他们的原游牧地。我乐于按这一切去劝说阿勒坦汗。等阿勒坦汗回了话，我就把一切回话详细告知你们皇使。

11 月 20 日，从叶尔登诺颜兀鲁思派来了一个叫乌巴沙的，他是去过莫斯科的使节，他到阿勒坦汗兀鲁思来找斯捷潘等一行人，同时来借大车和食物。这个乌巴沙来到斯捷潘的帐篷，就说：叶尔登诺颜让我来找你们皇使，希望你们皇使带上皇赏去叶尼塞河到叶尔登他的兀鲁思去。

于是，斯捷潘派乌巴沙去对阿勒坦汗和喇嘛说，希望他们允许斯捷潘带着皇赏去叶尔登诺颜那里。

11 月 21 日，喇嘛达音·梅尔根·兰扎派他的书吏杜布·巴克什 141
来找斯捷潘，那个杜布·巴克什一走进帐篷就说：喇嘛派我来找你们皇使，请斯捷潘去他喇嘛那里解读一下沙皇陛下的圣旨。

于是，斯捷潘等人来到喇嘛帐篷站在喇嘛跟前，喇嘛拿出前几天收下的圣旨，斯捷潘接过，就令人译读给喇嘛听。喇嘛非常尊敬而关注地听完了圣旨。听了沙皇陛下的圣旨，喇嘛说了以下的话：我曾向伟大全俄沙皇、许多国家至高无上的君主米哈伊尔·费多罗维奇大公陛下宣过誓，我乐意臣服沙皇，会至死坚守誓言，并岁岁年年追加贡品向皇上进贡。我总是祈祷请求上帝保佑我能亲睹圣容。现在我放斯捷潘去叶尼塞河叶尔登诺颜处。另外派5名军人随同斯捷潘带皇赏出发。喇嘛并让乌巴沙对叶尔登诺颜说,当他叶尔登诺颜收下皇赏之后,希望他立即放回斯捷潘和翻译及其护送人员到他喇嘛的兀鲁思,而叶尔登诺颜可留下4名军人在他自己的兀鲁思,让他们过后带贡品跟其想派的使节一起去莫斯科,喇嘛自己身边也留下了3名军役人员。

11月24日另一个夜晚,斯捷潘·涅维罗夫等一行人带着皇赏到达叶尼塞河叶尔登诺颜的兀鲁思。叶尔登诺颜令人捎来的食物和饮品摆满了两个帐篷。

11月25日,叶尔登诺颜却去了阿勒坦汗的兀鲁思,他派了自己的头人布伊和塔尔罕科等4人来到斯捷潘等人这里。那几个叶尔登派来
142 的人一到,就对斯捷潘解释说,是阿勒坦汗派人来叫走了叶尔登诺颜,令他火速去阿勒坦汗兀鲁思。希望你们皇使别怒怪叶尔登诺颜,怪他不先接受皇赏,却赶去了阿勒坦汗那里。他实在是不敢不听汗的召唤。叶尔登诺颜一见到阿勒坦汗之后,就会马上赶回来接受皇赏,叶尔登诺颜往返阿勒坦汗处就10天左右。

12月5日,叶尔登诺颜果然从阿勒坦汗处返回自己的兀鲁思。当天斯捷潘就派军人伊凡什卡·舍尔卡和翻译官米季特卡·丘拉去叫叶尔登诺颜速来接收皇赏。而叶尔登诺颜也派了他的下属布伊、塔尔罕科和曾作为使节去过莫斯科的乌巴沙等3人来到斯捷潘这儿,让斯捷潘先把赐给他叶尔登诺颜的皇赏给他们看一看,至于叶尔登诺颜接收皇赏的时间,以后选择吉日后再通知。

于是,斯捷潘一行人把皇赏给叶尔登诺颜派来的人看了一下,他们一一看过皇赏之后,回去报告叶尔登诺颜。

12月6日,叶尔登诺颜派其属下那个去过莫斯科当过使节的乌巴沙赶着大车来接斯捷潘等一行人。乌巴沙并让皇使斯捷潘等一行人带着给叶尔登诺颜的皇赏去诺颜那里。

斯捷潘等人就带着沙皇陛下所赐皇赏来到叶尔登诺颜的帐篷。

叶尔登诺颜叫他的女婿巴阿海巴图尔问候沙皇陛下圣体安康。那

个巴阿海巴图尔就起立、脱帽问候了沙皇陛下的健康。

斯捷潘问叶尔登诺颜：你为什么叫你的女婿巴阿海巴图尔问候沙皇陛下的健康，而且你自己不起立也不脱帽？

叶尔登诺颜回答斯捷潘说：我们这儿的习惯是，我叫谁问候，谁就起立、脱帽。我已叫我女婿问候沙皇陛下的健康，而我自己得按照我哥哥阿勒坦汗那样去做。

斯捷潘说：如果你不起立、不脱帽来问候沙皇陛下的健康，我就不能把皇赏赐给你。叶尔登诺颜，你可是自己要臣服沙皇陛下的。

于是叶尔登诺颜脱了帽子，亲自鞠躬像他的女婿一样问候了沙皇陛下的健康。

斯捷潘就按规定回答：有上帝保佑，全俄沙皇、许多国家至高无上的君主米哈伊尔·费多罗维奇大公陛下在他荣耀的宝座上圣体安康，而且他尊贵的皇子阿列克赛·米哈伊洛维奇大公和皇子伊凡·米哈伊洛维奇大公也都在自己执掌的罗斯宝座上福体安康。

斯捷潘对叶尔登诺颜说完沙皇陛下的健康，又说到秘书长阿尼西姆·斯罗菲莫夫在托木斯克写成的那个指令。该指令说：你叶尔登诺颜派了你的属下乌巴沙带着呈文和贡品来拜见全俄沙皇、许多国家至
高无上的君主米哈伊尔·费多罗维奇大公陛下，叩求伟大沙皇陛下赏 143
赐你，让你臣服沙皇陛下，接受你的贡品。所以沙皇陛下赏识你，接受你的臣服和贡品，并对你派来的人赐了皇赏之后，允许他返回。关于你向沙皇叩求的，沙皇赏赐了你叶尔登诺颜，决定派自己的皇使给你送去皇赏：5 块好呢子，2 把军刀和镶银的几把小刀，绿底绣金丝的绸缎，黄底绣银丝的绸缎，以及 66 个大大小小的金属珠球。斯捷潘说完指令，就按清单给叶尔登诺颜发皇赏。

叶尔登诺颜亲自十分隆重地接受了皇赏，并表示叩谢沙皇陛下，还带着喇嘛和自己的头人们在使团的帐篷中看了皇赏。

斯捷潘给叶尔登诺颜发完皇赏之后，就嘱咐叶尔登诺颜要给沙皇陛下进献比以前更多的贡品。

叶尔登诺颜回答说：贡品我已经准备好了，我会派我的使节把贡品

捎给沙皇陛下的。

12 月 28 日，叶尔登诺颜派布伊来到斯捷潘的帐篷，邀请斯捷潘去他的帐篷谈谈国事。斯捷潘等人到了叶尔登诺颜那里，他就向斯捷潘介绍了他拟派往莫斯科送贡品的 3 个使节。

然后叶尔登诺颜又对斯捷潘说：你们皇使来办皇上的事，给我送来点什么礼物呢？我去其他领地祈祷，我会宣传皇上的德行。为了皇上的事办得顺利，各位使节都给他送了一份礼物……

斯捷潘让叶尔登诺颜对他说说准备给莫斯科进献的贡物，叶尔登诺颜回答：我捎往莫斯科的贡品，到放你们皇使回莫斯科出发时，我会给你们看的。他让斯捷潘从其兀鲁思离开时，带着翻译官、护送人员以及他叶尔登诺颜的使节，一起去喇嘛处，并把 4 名军役人员留在自己的兀鲁思中。斯捷潘在叶尼塞河叶尔登诺颜的兀鲁思总共住了 6 周。

1 月 6 日，斯捷潘·涅维罗夫带着翻译来到喇嘛兀鲁思，当时喇嘛跟汗的兄弟达音诺颜驻扎在阿尔腾·卡杜素河的山谷里。斯捷潘到达喇嘛处走了 10 天。到达那天，喇嘛就派其属下阿尔达尔来请斯捷潘等一行人去谈谈国事。

斯捷潘等一行人到达喇嘛帐篷，喇嘛给他们皇使介绍了拟派往莫
144 斯科的使节，并令人展示拟献给莫斯科的贡品——黑貂和雪豹之类。喇嘛还对斯捷潘说：我派遣自己的使节带贡品去拜见全俄伟大的沙皇、许多国家至高无上的君主米哈伊尔·费多罗维奇大公，希望皇上赏赐我，令人再给我捎来各色优质呢子。但这次皇上作为皇赏赐给我的呢子都是劣质的，我需要的呢子是自己日常要用的，不是出售的。是不是我哪里惹怒了皇上，还是皇上不需要我？

斯捷潘向喇嘛达音·梅尔根·兰扎解释说：皇上陛下作为皇赏赐给你的那些呢子都是优质的，而且是按你的呈文要求选了各种颜色的，不是劣质的。

喇嘛达音·梅尔根·兰扎又问斯捷潘等一行人：你们皇使送皇赏来给我，为了办皇上的事，你们各送我点什么呢？我去中国和唐古特祈祷时，我会赞扬皇恩浩荡，宣传给我的赏赐。

于是为了办好皇上的事，斯捷潘和军役人员都给喇嘛达音·梅尔根·兰扎送了礼品……

2 月 2 日，喇嘛梅尔根·兰扎派了一名叫乌尔朱图伊的人来对斯捷潘说：阿勒坦汗的兄弟达音诺颜希望你们皇使去他那儿，问你们为办皇上的事，你们有什么礼品送给他？于是斯捷潘一行人为了好办事，又给达音诺颜送去了礼品。

2 月 19 日，喇嘛派乌尔朱图伊来叫斯捷潘等一行人，说有公事相告。

斯捷潘等人来到喇嘛帐篷，喇嘛叫人拿来了献给沙皇的捎往莫斯科的贡品：3 块斑纹雪豹皮、7 块雪豹皮、20 块海狸皮、1 块黑底花天鹅绒、2 块绸缎、2 个中国箱子。

斯捷潘对喇嘛说：皇上让你追加贡品，可你喇嘛给沙皇陛下的贡品却比以前少得多。

喇嘛说：我很乐意今后给皇上献更多的贡品，可现在要比这些更多的贡品我真没什么可给了。于是喇嘛就让斯捷潘等人带着他的使节和贡品从自己兀鲁思出发回莫斯科沙皇那里。喇嘛达音·梅尔根·兰扎送皇使一行人的礼遇非常隆重。

2 月 25 日，斯捷潘·涅维罗夫等一行人离开喇嘛处往回走，到克姆奇克河汗的兀鲁思。当天叶尔登诺颜也从他自己的兀鲁思带着留在他那里的 4 名军役人员一起到了汗这里。

2月28日，叶尔登诺颜派了其属下切臣·科舍乌奇到斯捷潘这
里，让斯捷潘把他的和手下军役人员带的枪支和军刀拿给他叶尔登诺 145
颜。

斯捷潘对切臣·科舍乌奇说：我们是有武器，但我们带的武器不是卖的，是用来防身用的，而且全俄沙皇米哈伊尔·费多罗维奇大公陛下在他的圣旨中专门告知阿勒坦汗不得收走皇使们的枪支和军刀，所以我们不能把武器交给叶尔登诺颜，因为怕他为此失去沙皇恩宠。

然后，叶尔登诺颜又派来了布伊、塔尔罕科和切罕乌巴沙 3 人。一到就对斯捷潘说：如果你不体面地交出来，叶尔登诺颜就令我们强行没

收。那些来到阿勒坦汗那里的皇使,汗也没收了他们的武器,你斯捷潘送皇赏到喇嘛和我这里来,喇嘛不需要武器,而我则需要。

斯捷潘说:如果叶尔登诺颜要强夺,我们手上就拿着这些武器,不过我们按皇上圣旨是来他叶尔登诺颜这里送皇赏的,而不是来打仗的。就在当天夜里,叶尔登诺颜派来那些头人强行收走了斯捷潘和军役人员的枪支和军刀,并拿给了叶尔登诺颜。而且除了武器,还拿走了斯捷潘的上等山羊皮的马鞍、马的笼头、小刀等物。

2月29日,叶尔登诺颜派了布伊来到斯捷潘这里,他牵了8匹疲惫不堪的瘦马,他一到,就告诉斯捷潘,这是叶尔登诺颜付给他和军人们武器、枪支和军刀等东西的折价,每样折价1匹马。

斯捷潘说:我们的武器不是卖的,而是被叶尔登诺颜强力夺走的,他这事干得太糟,按圣旨他不应没收我们的武器。加上叶尔登诺颜折价拉来的马如此疲惫不堪,根本没法骑用。

叶尔登的人答复斯捷潘:别再苛求了!叶尔登诺颜连这些马也不想付给你们。他们把这些马扔在斯捷潘帐篷就回去报告叶尔登了。那些骨瘦如柴的马被斯捷潘和军役人员一骑上路就倒死了,可路还很远。

当生活在蒙古阿勒坦汗兀鲁思时,阿勒坦汗的母亲彻辰哈敦本人还不在帐篷中,她托付喇嘛达音·梅尔根·兰扎问候了沙皇陛下圣体安康。

146 斯捷潘按规定仪式用语做了回答。……然后彻辰哈敦让斯捷潘等人吃饱喝足。之后就说:全俄沙皇米哈伊尔·费多罗维奇大公陛下给我的儿子们阿勒坦汗、岱青诺颜、达音诺颜、叶尔登诺颜以及教父达音·梅尔根·兰扎喇嘛赐了皇赏,那你们皇使为了皇上办事方便,给我送些什么呢?

斯捷潘等人为了给皇上办事方便,又给彻辰哈敦送了礼品……

3月14日,叶尔登诺颜派了其下属切臣·科舍乌奇等6人,送来了捎往莫斯科的给沙皇陛下的贡品,就2块雪豹皮和1块斑纹雪豹皮,还有1块彩色绸缎以及1块海狸皮。

斯捷潘说:据我所知,沙皇指示你叶尔登诺颜的贡品需要比以前更多,而现在捎来的这些贡品比以前还少,而且雪豹皮和海狸皮质量不好,这么点东西送给皇上陛下是很不礼貌的。

叶尔登诺颜的人对斯捷潘说:今后叶尔登诺颜很乐意给皇上献上更多的贡品,可现在要叶尔登诺颜献上更多贡品给皇上,实在是拿不出什么了。叶尔登诺颜也不准备派使节去皇上那儿了,因为他不知道什么时候要去祈祷,贡品就由阿勒坦汗的使节一并捎上好了。然后叶尔登诺颜就放斯捷潘等一行人返回莫斯科皇上陛下处了。

3 月 28 日,从蒙古返回后,喇嘛的使节卡尔切加 · 巴克什等一行人前往克烈亦惕人处和图瓦地方。斯捷潘问:为什么你们不带我们走捷径? 喇嘛的使节回答说:因为我们要在克烈亦惕和图瓦人那里为你们皇使弄了大车和食物。但是到了克烈亦惕人那里时,克烈亦惕王公们作为阿勒坦汗兄弟岱青的实物税属民来到斯捷潘盘等人的营地说:请你们交还在克拉斯诺雅尔抓去的我们的图瓦王公秀季,如果不交还秀季王公,我们就把你们这些皇使扣留,直到送还秀季为止。

斯捷潘说:你们不必以此威胁沙皇陛下,扣留我们能怎么样,皇上有许许多多我们这样的奴仆。只要图瓦的王公们去叩求沙皇,按以前一样进献贡品,皇上就会放回秀季。

当斯捷潘等人和喇嘛的使节们从克烈亦惕人处离开时,那些克烈亦惕王公抢去了斯捷潘的一件包金的单排扣外套和一支卡宾枪,而克烈亦惕和图瓦都没有提供大车和食物。

4 月 7 日,斯捷潘等人从图瓦来到阿尔腾人处,阿尔腾人深夜来偷走了马匹:斯捷潘 · 涅维罗夫的马和季什卡 · 费多罗夫的另一匹马都被偷走。他们两人只好拿出优质呢子和上好的牛皮等货物将马赎回。他们原还想杀死斯捷潘等一行人,就别提会给皇使和蒙古使节们提供大车和食品了。

4 月 8 日,斯捷潘等一行人从阿尔腾来到吉尔吉斯人处,在吉尔吉斯人这里黑卡尔梅克洪台吉的使节巴阿德尔和麦尔根卡等共约 100 人来到斯捷潘的营地,掠走了翻译官米季特卡 · 丘拉,说他是从他们那儿逃跑的奴隶。 147

斯捷潘通过蒙古使节和护送人员墨尔根·德噶等人交涉说:你们怎么可以把沙皇的人当作你们黑卡尔梅克人呢?他是跟随我为沙皇陛下的外交事务来蒙古的使节,你们这样做是对阿勒坦汗和喇嘛达音·梅尔根·兰扎的不敬。

蒙古人墨尔根·德噶等人告诉斯捷潘说:黑卡尔梅克人认出了他是他们那儿逃跑的人,所以他们抓走了他,我们能怎么保护他呢?因为他是他们的奴隶。所以蒙古人关于他这翻译的事什么也没说,也不维护他。

于是斯捷潘派人找到吉尔吉斯王妃阿巴海。那位王妃来到斯捷潘住地。斯捷潘向她说了情况:黑卡尔梅克洪台吉的使节是到你这里、你的孩子们这里来的使节,你怎么能让他们这么胡来,竟能公然劫持沙皇的翻译官如同掠夺牲畜一样呢?

王妃阿巴海回答斯捷潘:我们对他们的奴隶能怎么去夺回呢?谁不为自己的人争夺?他们不追问你们,这人是如何从他们黑卡尔梅克人处被带走的,这就不全得啦。是他们的人,我们没法去争夺。

这次在蒙古地区为全俄沙皇米哈伊尔·费多罗维奇大公效忠时,给喇嘛达音·梅尔根·兰扎、汗的兄弟叶尔登诺颜、叶尔登的王妃、阿勒坦汗的母亲彻辰哈敦、阿勒坦汗的兄弟达音诺颜、杜拉尔塔布囊以及被叶尔登诺颜没收的枪支、军刀,还有为了办好皇上的事给谁了什么,给了哪些人的东西等等,都写入了这份文录中,它们是(明细内容略)……

这份文录是军役人员季什卡·费多罗夫所写。

其上面有贵族子弟斯捷潘·涅维罗夫按的手印。

全宗:蒙古事务1638年,文件第1号,118-151页,原件;苏联科学院档案馆列宁格勒分部,缪勒存档卷,第4目,17册,文件第249号,479-494页,18世纪拷贝。

出版物:费舍尔《西伯利亚史——从开发西伯利亚到被俄国武装占领》(德文版),圣彼得堡,1774年,496-510页。

第30号

1638年12月31日：托波尔斯克总督M.M.捷姆金·罗斯托夫斯基关于塔拉军役贵族去额尔德尼·巴图尔珲台吉处就巴拉巴乡鞑靼人返回、修建和布克赛尔城以及准噶尔使臣兀鲁思凯前来托波尔斯克等问题进行谈判一事呈西伯利亚衙门的报告。[1] 149

今年147年(1638)11月27日，塔拉总督费多尔·鲍梁金斯基和格里戈里·卡弗德列夫写信给托波尔斯克告诉我，你的臣仆米哈尔科，说：陛下，去年146年(1637)6月25日他们从塔拉派出骑兵哥萨克奥

〔1〕和布克赛尔，准噶尔额尔德尼·巴图尔珲台吉的大本营。最初在文件中提到巴图尔想筑城市的消息，是从托波尔斯克贵族子弟奥鲍利亚宁诺夫提供的，他1636年10—11月在珲台吉妻子的兀鲁思，听说巴图尔去中国要了5个石匠，即"想在蒙古边境造一座石城"(西伯利亚衙门卷宗，栏目83，731页)。到1638年11月8日，塔拉骑兵哥萨克玛尔德诺夫和尤尔托夫鞑靼军役人员阿拉古尔科的记录，才首次描述了该城。因此可以确定，该小城建造的时间在1636年末到1638年8月由中国人而后由蒙古人所造。此外，巴图尔还开始造了第2座城(参见西伯利亚衙门卷宗，栏目83，154页)。总共建了4座小城。

可惜，无论是在游记里，还是其他文件记录中都没有谈到和布克赛尔的地理位置，除了一些大致的辨定，如"雅梅舍夫湖上方"，"靠近蒙古方面的鄂毕河源头"，如此等等。兹拉特金则设想该城是在斋桑湖和乌伦古湖之间(参见兹拉特金《准噶尔汗国史》[1635—1758年]，莫斯科，1964年，167页)。

如果追踪玛尔德诺夫记录中所说的，城的一面是河，而另一面曾是沼泽，那么可以推测小城市和布克赛尔是在和布克河下游。可惜现有的地图没有一幅能回答这个问题。

巴图尔珲台吉的城市主要是以寺庙居民为基础的，这已为其居民的记载所证实："喇嘛和定居的卡尔梅克喇嘛的属民"是那里的居民。这证实了巴图尔开创了建设定居喇嘛寺院的举措，这是与准噶尔的喇嘛宗教势力加强联系的。

巴图尔珲台吉极为关注这些城市，发展种地，企图养猪和养家禽。为建设这些城市他曾要求从俄国运来手艺人、石匠、木匠和其他技师(参见本译著下册文件第122号、124号等)。可惜俄国档案资料没有告知这些创举后来的命运，对所建这些城市的命运一无所知。最后一次提到珲台吉的城市在1654年拜科夫的文录中。他也无法确认，这说的就是和布克赛尔城，因为此前已有4座城市。巴图尔死后开始了内讧，显然这些城市也失去了其意义而逐渐荒芜。大本营迁往伊犁河谷之后，和布克赛尔成为准噶尔台吉们迁牧的地方，直到准噶尔汗国灭亡。1771年之后，据汉文史料，该城内住的是土尔扈特王公策妄多尔济的爱马克(《蒙古游牧记》，圣彼得堡，1895年，465页；兹拉特金《准噶尔汗国史》[1635—1758年]，167页等)。

斯塔什科·玛尔德诺夫和军役人员尤尔托夫鞑靼人阿拉古尔科跟随珲台吉的使节瑟梁去出使卡尔梅克珲台吉那里,令对珲台吉和库拉台吉说明,让他们把塔拉县背叛沙皇的剩余叛徒巴拉巴鞑靼人库兰切伊科等人以及两名乔因斯克人雅戈尔达和丘兰及其妻儿们交还塔拉城。今年 147 年(1638)11 月 8 日,拉骑兵哥萨克奥斯塔什科·玛尔德诺夫和鞑靼人阿拉古尔科从珲台吉处返回塔拉城,并上交了出使记录。陛下,在他们的记录中记载,他们跟珲台吉交涉了关于交还沙皇的背叛者库兰切伊科等人和雅戈尔达以及丘兰这些剩余人员的事。珲台吉回答他们说,他已经从自己的兀鲁思放回了背叛沙皇的巴拉巴鞑靼人 100 户之多,可是对此效忠沙皇的行为,莫斯科方面没有给他任何奖赏。现在珲台吉特派出自己的两名使节别开伊和吉尔仁巴伊去拜见沙皇陛下,只要沙皇赏赐他珲台吉,他就会把剩下的背叛沙皇的巴拉巴鞑靼人都交还塔拉县。

陛下,塔拉出使的使节奥斯塔什科·玛尔德塔夫和鞑靼人阿拉古尔科还在问话时对费多尔公爵和格里戈里说,他们在卡尔梅克珲台吉兀鲁思时,有个塔拉城的被俘人员米哈尔科·切尔卡舍宁告诉皇使们说,卡尔梅克和鄂尔勒克跟其他台吉处来的使节正到了珲台吉这里,来劝说他珲台吉攻打沙皇陛下的西伯利亚各城市。所以,卡尔梅克人正整装待发拟攻打塔拉城和沙皇的实物税地区。还汇报说,珲台吉在和布克赛尔自然界区已建了一座小城,还正在建另一座城池。

陛下,作为您的臣仆,我米哈尔科得知这些消息,就给塔拉的总督费多尔·鲍梁金斯基公爵和格里戈里·卡弗腾列夫写了信,让他们据这些消息在塔拉生活应有高度警惕,加固城防,巡查城郊和堡塞,加强
150 巡逻卫哨,宜时常派塔拉军役人员和鞑靼人去边界地区查看当地情况和打探消息。陛下,似应吩咐农村的俄国人和州县的交实物税属民时刻提高警惕。消息一旦落实,应令俄国人带妻儿及牲畜去塔拉城,或叫交实物税民带妻儿、牲畜在战前避难到有牢固防御的地方,以便敌人来到塔拉县无利可图而不再想打州县地区,对塔拉城也不致造成大的伤害。陛下,我米哈尔科已令他们,以后一旦在塔拉城出现卡尔梅克军

队,就立即派急使送信来托木斯克。陛下,我还会再盘问塔拉使节哥萨克骑兵奥斯塔什科·玛尔德诺夫和鞑靼人阿拉古尔科,落实以下问题:他们在卡尔梅克什么地方见了被俘的米哈尔科·切尔卡舍宁?是否正是在珲台吉的兀鲁思?他们是在什么地方跟这个被俘人员谈到这消息的?有多久了?和鄂尔勒克和其他卡尔梅克台吉遣使到珲台吉那里确切是什么时间?他们劝珲台吉攻打沙皇的城市说的是哪个城市?珲台吉怎么回答的?珲台吉的兀鲁思或其他兀鲁思的卡尔梅克人是否已整装待发要来打塔拉城,或打塔拉交实物税的地区?人数多吗?想何时来攻打?此事是那个被俘人员亲自听到的,还是他从别人那里听说的,珲台吉在和布克赛尔界区筑城,在别处也筑城是为了什么?是想在那些城里生活还是为了躲避敌人来犯?那些城是什么样的?石头的?木头的?城里有没有什么装备?如果有,是从哪里弄来的?珲台吉的城里现在有没有人坐镇?有的话,是卡尔梅克人还是其他什么样的人?那小城离塔拉城有多远?它们离塔拉城、布哈拉城和蒙古地方谁更近?他们奥斯塔什科和阿拉古尔科自己见过那些城,还是只是听说而已?陛下,一旦出使卡尔梅克的哥萨克奥斯塔什科和阿拉古尔科向费多尔公爵和格里戈里汇报上述情况后,我叫他们也立即报告我托波尔斯克。

陛下,12 月 23 日费多尔·鲍梁金斯基公爵和格里戈里·卡弗腾列夫从塔拉写信到托波尔斯克告诉我,他们已按我信函中所提问题盘问了出使卡尔梅克的两名使者骑兵哥萨克奥斯塔什科和鞑靼人阿拉古尔科。盘问中他们两人回答他们是在珲台吉新建的和布克赛尔小城里见到那个塔拉俘虏米哈尔科·切尔卡舍宁的。那个城里还住着一位喇嘛,叫乌耶木乔,跟他们一起住在卡尔梅克的,有喇嘛,有中国人,有蒙古人和布哈拉被俘的人,共计约 300 人,有带妻子儿女的,他们都在种地,陛下,他们的种植场是从布哈拉那边搬来的。那个塔拉俘虏米哈尔科·切尔卡舍宁作为俘虏住在珲台吉的喇嘛乌耶木乔那里,喇嘛是 4 年前从库什的人那里要来的。塔拉军役出使人员奥斯塔什科和阿拉古尔科在那个城里住了 6 周。那个小城是石头砌成的,是中国人和蒙古人砌造的。城墙上和城里面有喇嘛住的庙宇和石头的烹饪房。城四周周长约50俄丈,高2俄丈。城的防围,城的一面是沼泽,另一面是小河,河水穿过小城,城周围没有能阻塞突破的门栅。不过城里有4门钢炮,是珲台吉给喇嘛拉来的。珲台吉是在中国时弄的炮,当时中国在打仗。陛下,从额尔齐斯河到该城就1日程,而塔拉到亚梅什湖的路程相当于从亚梅什湖上溯额尔齐斯河到该地的3倍。陛下,从塔拉城急行到该城,约需走5周。从布哈拉地方看,那城就在一边了,到底多远,他们不知道。据说该城离蒙古地方很近。皇使奥斯塔什科和阿拉古尔科在卡尔梅克珲台吉那里的时候,珲台吉曾从该城游牧7天去了波克塔界区和卡拉尔卡巴加地方,然后又回到该城一段时间。至于珲台吉为什么要建筑该城,现在又想在其不远处再建另外的城市,是否想在里面住?这些他们不知道,也没听那个鞑靼人俘虏米哈尔科·切尔卡舍宁说过。关于卡尔梅克人要来打沙皇城市的事,他们也是听那个俘虏米哈尔科说的,当时他们俩就在和布克赛尔城。据俘虏米哈尔科·切尔卡舍宁说,和鄂尔勒克和库什台吉遣使来珲台吉处,是夏天早些时候的事,后来常常劝说珲台吉跟他们一起去打西伯利亚各城,要打托波尔斯克、秋明、塔拉以及沙皇的交实物税地区。至于珲台吉怎么回答他们的,那个米哈尔科不清楚,因为卡尔梅克人向他隐瞒。不过,米哈尔科也听一个与珲台吉住得很近的卡舍尔人的贵族子弟(珲台吉对他什么都不保密)[1]的俄国俘虏说过,说卡尔梅克的和鄂尔勒克、库什和昆都仑的属民想在秋天河水结冰时攻打沙皇的城市——托波尔斯克、秋明、塔拉和塔拉的交实物税地区。而且他们两人自己在珲台吉那里见到了和鄂尔勒克的使节,后来那些使节留在了珲台吉的兀鲁思。

去年146年(1637)7月27日,我们从托波尔斯克经由塔拉跟随珲台吉的使节选派了托波尔斯克军役人员德鲁仁科·库拉根和尤尔托夫

〔1〕巴图尔珲台吉的亲信成员中有卡舍尔人的贵族子弟这个事实并非孤证。在西伯利亚衙门资料中也有记载,也说到这样一个人住在达音·热尔济(大概是达音·绰尔济)那里。此人的命运很有趣。萨拉托夫一名射击手谢利万·谢苗诺夫被阿斯脱拉罕的鞑靼人俘虏,他们把他送给了和鄂尔勒克的孙子(此人以满速儿的名字出现在文件中)。满速儿又把谢苗诺夫送给了达音·绰尔济喇嘛,喇嘛带着他去过中国。在喇嘛处生活了5年之后,谢利万·谢苗诺夫才被放回俄国,他是跟着克列彼科夫一起回来的(参见西伯利亚衙门卷宗,栏目455,467、468页)。

鞑靼族军役人员杰弗列基姆·鲍克舍纳科夫去珲台吉处,并携带了您
的皇赏:4 块呢子(每块 4 俄尺),让他们对珲台吉说,希望珲台吉看到 152
皇上的恩惠和赏赐而效忠沙皇陛下,并引导其他的台吉也来效忠,因此要把其他剩下的沙皇的背叛者巴拉巴的鞑靼人库兰切伊科和雅戈尔达以及丘兰送还塔拉,而且今后不要再窝藏沙皇的背叛者,把他们都交还沙皇各城市。希望他效忠沙皇,派自己兄弟特意去卡尔梅克的库什台吉、达赖台吉的儿子达颜·翁布[1]那里去劝说,让他们把塔拉的、秋明的、俄国的和塔塔尔的俘虏查明,交还给沙皇的托波尔斯克和塔拉城。如果他珲台吉能效忠于您沙皇陛下,把现在在他兀鲁思的剩下的塔拉巴拉巴背叛沙皇的库兰切伊科等人及其妻儿查明,送回塔拉,而且库什和达赖台吉的儿子们也能因珲台吉的派人说服,而查明他们兀鲁思中塔拉、秋明的沙皇背叛者恰什科·塔纳塔罗夫等人并送回托波尔斯克和塔拉,那么陛下,你就赏赐他珲台吉吧。这点我们在去年 146 年(1637)8 月 20 日已经在派去贵族子弟米哈伊洛·乌沙可夫一行人时,写信答应珲台吉了。

今年 147 年(1638)12 月 24 日,托波尔斯克军役人员德鲁仁科·库拉根以及尤尔托夫鞑靼军人杰弗列基姆·鲍克舍纳科夫从卡尔梅克兀鲁思回到托波尔斯克,跟他们同来的有珲台吉的使节乌鲁斯卡伊。在盘问中,德鲁仁科和杰弗列基姆对我们说,他们到了蒙古方面珲台吉那里,碰到了昆都仑台吉和尤里克图台吉[2]以及达赖台吉的两个儿子,陛下,他们这些卡尔梅克人,合起来号称 12000 人,而其他的人还在叶泽特河的一个界区开阔地聚集,这地方离珲台吉牧地约 1 日程,而聚集的目的是为了打布哈尔的一些城市,这些城市叫库坦纳等。珲台吉从自己的兀鲁思游牧到叶泽特河的开阔地去和那些卡尔梅克人会合,

[1]达颜·翁布,杜尔伯特人,达赖·巴噶德尔的儿子,后者死后,他是杜尔伯特兀鲁思的主要执政者(见本译著下册文件第 98 号注释)。

[2]昆都仑台吉,和硕特人,是库什和拜巴噶斯的兄弟,与巴图尔珲台吉斗争多年。因为巴图尔珲台吉不能原谅昆都仑台吉拒绝参加 1634—1644 年对哈萨克人的讨伐。

尤里克图台吉,土尔扈特人,和鄂尔勒克的兄弟(见兹拉特金《准噶尔汗国史》,199 - 201 页)。

以便他的兀鲁思不会遭到那些卡尔梅克人的损害。他们从塔拉城到那个开阔地界区要走10周，而不到半天就能到珲台吉处，早先，使节别开伊和吉尔仁巴伊就是走这路到达珲台吉处的。所以他们和跟他们一起从托波尔斯克返回的珲台吉的使节别开伊他们事先得到了珲台吉要来的消息，就叫德鲁仁科和杰弗列基姆在那个地方等待。次日，珲台吉叫他们去他的外事院。于是德鲁仁科和杰弗列基姆皇使就对珲台吉说，他们从托波尔斯克带来了给珲台吉的皇赏4块呢子。珲台吉叩谢了皇恩，并说，他看到了沙皇的仁慈，今后乐于效忠沙皇。陛下，当时珲台吉曾问他们：为什么没让他的使节别开伊和吉尔仁巴伊从托波尔斯克去莫斯科叩见沙皇陛下？珲台吉的那两位使节当时就在珲台吉身边。德鲁仁科和杰弗列基姆只好对珲台吉说，他的使节们到托波尔斯克时好像没提这种要求呀。陛下，这时珲台吉的使节对珲台吉说，他们到托波尔斯克后提出了这个要求，可能是翻译没翻给我们，皇上的臣仆们翻译出来。陛下，好在珲台吉当时再没提这个话题。德鲁仁科和杰弗列基姆就说，让他珲台吉效忠您沙皇陛下，把剩下的皇上的背叛者塔拉县的
153 巴拉巴鞑靼人库兰切伊科和雅戈尔达、丘兰及其妻儿交出来的事，并希望他派人去劝说库什台吉和达赖的儿子达颜·翁布及其兄弟查明他们兀鲁思中的所俘的皇上的属民，交还给掠来的城市。珲台吉这时当着他们两人德鲁仁科和杰弗列基姆的面就命令库拉台吉去兀鲁思，搜查库兰切伊科等人并令全部交还。后来珲台吉对皇使们说，他的父亲哈喇忽拉台吉为皇上效忠多年，您沙皇陛下给予他父亲的皇恩和皇赏也是很多的，他父亲的使节此前去过莫斯科沙皇跟前，而现在蒙古的使节到沙皇那里去可以通行无阻，而他珲台吉的使节却不让从托波尔斯克去莫斯科拜觐沙皇。现在他珲台吉再派使节库鲁斯科跟皇使德鲁仁科和杰弗列基姆一起去托波尔斯克，去叩求沙皇陛下赏赐他珲台吉，望允许他的使节库鲁斯科到莫斯科拜见皇上。

次日，珲台吉就放德鲁仁科和杰弗列基姆返回，并让他派的使节库鲁斯科跟随他们同行，让他们取道到库拉台吉处的那条路。陛下，跟他们一起启程的还有库拉台吉，还令他搜查出您皇上的叛徒巴拉巴的鞑

鞑人库兰切伊科等人，就立即交还。这样他们就从珲台吉那里启程跟着库拉台吉一起经一个月到了他的牧地。库拉台吉到达他的牧地之后，就按珲台吉的命令下令在该界区搜查沙皇陛下的背叛者巴拉巴鞑靼人库兰切伊科等人，如查出，就把他们带妻儿一起交还。这样德鲁仁科和杰弗列基姆他们就在库拉台吉那里等了10天，可是没能查到那些巴拉巴鞑靼人库兰切伊科等人。陛下，后来让德鲁仁科和杰弗列基姆去的地方开始下雪了，就叫他们赶快带珲台吉的使节一起去塔拉，说库拉不能再挽留皇使们了，因为大雪纷飞，他们可能没法走到巴拉巴。等他们查出沙皇的叛徒巴拉巴鞑靼人库兰切伊科等人之后，一定交还，说他库拉到开春把这些人交到巴拉巴。而德鲁仁科和杰弗列基姆坚持千方百计在珲台吉和库拉台吉这里进行侦察，因为珲台吉那里正叫卡尔梅克人开大会，是否他们会公然攻打布哈拉各城市，他们把那些布哈拉人叫库塔人。〔1〕这些布哈拉人住的城市是石头砌的，那里打仗用的是枪、炮，当地很富裕，那里没发生过什么战争，珲台吉率卡尔梅克人去攻打这些城市，受到赞扬，他们要靠带盾甲防护板去攻城。陛下，后来我们叫德鲁仁科和杰弗列基姆在外事院警察局盘问卡尔梅克珲台吉的使节库鲁斯科。那个珲台吉的使节库鲁斯科代表珲台吉敬献给您全俄沙皇米哈伊尔·费多罗维奇大公陛下一匹灰色骏马。在外事院他对我们说，珲台吉令他来叩拜沙皇陛下，望沙皇陛下赏赐珲台吉，给他捎去一副特质铠甲，让他可以防枪弹，再赏赐他20头猪和10只看守院子的小狗。至于那些背叛沙皇的巴拉巴鞑靼人库兰切伊科等人要是到珲台吉的兀鲁思，珲台吉已经令人查找，一经查出，就送回塔拉。另外珲台吉 154
还叫叩拜皇上，允许他库鲁斯科作为使节去莫斯科拜见皇上陛下。陛下，今后珲台吉会不止一次地遣使托波尔斯克，并叩求您皇上陛下赏赐他珲台吉，允许他的使节去莫斯科拜见您。可我们没有您的指令不敢放珲台吉的使节去莫斯科，而让他们回珲台吉处。可是现在，我们已叫

〔1〕布哈拉各城市的意思往往是指东土尔克斯坦的城市。在17世纪的文件中，东土尔克斯坦是叫小布哈拉，而其居民则叫布哈拉人。不应把他们和布哈尔汗国的布哈尔人相混淆。库塔人，可能是译自和阗（Хотан），即指东土尔克斯坦汗国。

珲台吉的使节库鲁斯科在托波尔斯克住到开春,因为冬路难行,给他安排了食物、饮料,按原规定安排了警官监视。唯没有您的圣旨因而不敢放他来莫斯科。至于珲台吉叩求的盾铠,陛下,在托波尔斯克买不到好的铠甲。只是,陛下,今后珲台吉还会遣使叩求您赏赐他,允许他的使节去莫斯科,是否能放他们去您那儿?以及关于他叩求的铠甲和其他东西,请您指示如何处理为好?

您给我们的谕旨中写明:如果从卡尔梅克珲台吉和库拉以及其他卡尔梅克台吉遣使来托波尔斯克并要求来莫斯科,就回话说沙皇陛下指示来托波尔斯克的使节不要再来莫斯科,皆放回卡尔梅克。可代表沙皇陛下按常规的话劝说他们远途跋涉来莫斯科实在不便。他们有什么要叩求沙皇陛下的,尽可以通过你们写信给莫斯科。

349 页反面:

提交登记:147 年(1638)2 月 9 日由托波尔斯克哥萨克萨弗卡·伊兹迈洛夫提交。

全宗:西伯利亚衙门,栏目 81,349 - 366 页,原件。

第31号

1639年2月3日至16日：达音·梅尔根·兰扎喇嘛为给他皇赏和派俄国使臣去“唐古特国王”[1]处一事致沙皇米哈伊尔·费多罗维奇的国书。 155

译自喇嘛梅尔根·兰扎的国书：

喇嘛梅尔根·兰扎向白沙皇叩首。

我和阿勒坦汗以及难以计数的蒙古人在此愿上帝保佑您莫斯科俄国的圣主万事如意，健如松柏。为了巩固先前雅科夫和德鲁仁科到我们那里引导比尤斋桑和杜拉尔斋桑以及岱青塔布囊进行的、他们三人的宣誓。此后又给我们派来了斯捷潘·格列切宁、安德烈、巴仁和加拉西姆。他们也为巩固宣誓而来。于是我喇嘛达音·梅尔根·兰扎作为阿勒坦汗的教父代表汗宣了誓，杜拉尔斋桑也代表阿勒坦汗宣了誓，承诺阿勒坦汗跟伟大的白沙皇要和睦相处，确认双方互不打搅，希望双方之间，白沙皇与阿勒坦汗之间不断互派使节。

您，伟大的白沙皇赏赐了我，给我捎来了礼品，都已平安送达。对您的皇赏——礼品，我是躬身敬领的，我起立问候并祝福了您白沙皇圣体安康、万寿无疆！我也送来了礼品给您伟大的白沙皇：3块老虎皮、2个金柜的箱子、7块雪豹皮、各色丝绸被罩、天蓝色中国绸缎、双层中国绸缎，还有黑天鹅绒和20块海狸皮。

我派我的使节卡尔奇加·巴克什和3名护卫送去这封国书。还望将我的使节勿加阻挠地放回。不过这个冬天可留他在托木斯克，可等开春坐木筏返回。届时您白沙皇可以派您的皇使去唐古特汗那里，让他们跟我的使节一起来，以便可在我还没出访唐古特之前找到我。他

[1]指藏王。——译者注

们一找到我,我就护送他们去唐古特。

伟大的白沙皇,请您赏赐我,给我送些珍珠和各色呢子以及贵重的金属珠球。

白沙皇陛下,还请要派像雅科夫、斯捷潘·格列切宁那样的使节,莫斯科的好人和好翻译。

这封国书是我达音·梅尔根·兰扎喇嘛亲笔所写。

全宗:蒙古事务,1639 年,文件第 1 号,60-63 页,17 世纪译文。[1]

---

[1]此译文集中刊有阿勒坦汗和达音·梅尔根·兰扎喇嘛的信,是外事衙门编译的。这个罗莫丹诺夫记录文件中整理的信的下述译文,是托木斯克警察局完成的。这些译文未必完全符合原意。

喇嘛信的译文……(基本相同,略)

阿勒坦汗信的译文:

全俄至高无上的沙皇米哈伊尔·费多罗维奇大公陛下,阿勒坦汗和兀鲁思人及我全国人给您叩安,祝您圣体安康!

我在蒙古兀鲁思看到了皇赏安全送到。您赐给我的这些皇赏我已悉数查收,您信中给我写的事情,我也遵旨一一在做。

陛下,您按我的实践赏赐我,我未食言,您也派来了使节,捎来了皇赏。我年年渴求皇赏,叩求以往的皇使,请沙皇赏赐给我派兵,让我去打那些需要打的敌人。我希望托木斯克准备好军队,皇上给我写过信:一旦皇上您需要打仗的人,我就会准备好人。现在卡尔梅克人要来打,皇上需要人,需要人的时候,就遣使来好了。

至于您的信中让我了解中国皇帝和唐古特的事,现据调查,中国的博格达汗,中国皇帝很好,很伟大,人民富有,各方面比我们汗国好,人口多,地大得无边际,牲畜和各种物资应有尽有。有些人赶着马去他们边城,万匹骏马一时间就卖完了。唐古特王国是拜神的地方,但不很富有,人也很多,那地方也有皮革、贵重金属珠和呢子。

他们也听说过您的威严可怕的俄国。其汗不久前才登汗帐,对其兀鲁思治法严厉,他们一个城里约 10 万人,牲畜和银子很多,但和我们还不是朋友。皇上要派人去中国的时候,我会派人护送。去中国的使节,除了经过其边城,别处无法通行。在边城待着,然后放回。往唐古特派使节,唐古特汗自己接待,不过从他们那里到唐古特要走 2 年。沙皇陛下一旦遣使去唐古特,阿勒坦汗也会一起去求佛祈祷。他给沙皇陛下派了使节,望皇上赏赐,不要扣留使节,若要他们带皇使去唐古特,得让他们先回来找我,没有我,他们谁也没法进去。去中国或唐古特沙皇最好派雅科夫·图哈切夫斯基或斯捷潘·格列切宁,他们到过这里,并望尽快遣使过来。并望沙皇陛下恩准,让他们一位使节去叶罗沙利米那里,为他的使节提供大车。

最后请沙皇赏赐阿勒坦汗珍珠和金银财宝。阿勒坦汗叩献贡品 200 块雪豹皮、2 块老虎皮、5 块大山猫皮、1 条黑腰带、各色绸缎、200 包茶叶顶 100 块雪豹皮。

全宗:蒙古事务,1638 年,文件第 1 号,170-174 页,17 世纪译文。

第32号

1639年3月10日或11日：阿勒坦汗就军事互助和同意护送使臣去中国和西藏一事致沙皇米哈伊尔·费多罗维奇的国书。 156

这是148年(1639)10月13日阿勒坦汗的使节车臣·巴克什带到莫斯科致全俄沙皇米哈伊尔·费多罗维奇大公的国书的译文。[1]

致上帝认定的、虔诚的、仁慈的、光辉的莫斯科国王白沙皇：

上帝保佑我阿勒坦汗能在自己领地的汗位上，在蒙古土地上，跟莫斯科国王一样都很健康，能一如既往地互派使节，互写国书，互赠礼品。您伟大的白沙皇曾给我写信，望我和您伟大的白沙皇和睦相处，使我们双方的领地之间和谐平安，希望我们之间和谐地互赠礼品，互相遣使送国书，我很高兴我们还能不断地互遣使节。

我们首先叩求伟大的白沙皇的是，如果某支军队，我们的敌人来打我们，您会令西伯利亚派军队给我，让您的军队在托木斯克做好准备。一旦来人攻打我们，我们就派使节到托木斯克调您的军队。而如果有敌人攻打您的城市，我就派我的军队去帮助您。现我们那里战争很多，我没法一一陈述。

而您首先写信提到的是让我派使节引导你们去出使中国皇帝。而现在我想去中国和唐古特出访九亲王[2]。望您速派使节来，我可以护送他们到中国，到唐古特，见到九亲王。中国皇帝拥有许多人民，俄国地大物博，他的城市中货物众多，金银财宝不计其数，我们的人去中国

[1]同时阿勒坦汗还捎来了第二份国书，其中他请求沙皇米哈伊尔·费多罗维奇大公陛下把吉尔吉斯人库尔别谢科交还给他，此人在克拉斯诺雅尔总督阿舍费耶夫那里。他在国书中引证说，他的使节墨尔根·德噶见到了这个人(参见全宗：蒙古事务，1636年第1号，59页)。

[2]九亲王这里显然指清朝皇太极阿巴孩(1627—1643)，他在1636年宣布为南蒙古王公博格达汗，称帝，国号“清”。九亲可能表示清帝的衍译。

边城一般要1个月。我们的人赶1万匹马过去,在中国边城一天就卖完了。而唐古特王的属民多为识字的,人口也多,他待属民很严厉,也富有金银、珍珠、呢绒、绸缎、天鹅绒和贵金属珠等等。如果您要遣使中国和唐古特,就请赶快安排皇使,切勿拖延,让他们快来找我。如果他们赶不上我,他们很难去那边。

过去托木斯克城的总督曾扣留我的使节,望现在不要阻挠我的使节返回。

至于中国九亲王跟我们没有协作关系,离我们也太远。

而出使唐古特往返托木斯克怕得1年左右。希望能派雅科夫或者斯捷潘·格列切宁那样的莫斯科优秀人员,还有莫斯科优秀的翻译。

157 我会派我的使节带自己的人到基兹尔巴什地方。

叩请您伟大的白沙皇:我正在整装出使队伍,准备去见中国皇帝,望您赏赐,给我捎来些金银财宝、珍珠、琥珀、呢子和黑狐皮之类。我给您呈上的除国书,还有礼品:2块雪豹皮、各色中国绸缎、镶金黑腰带、5匹骏马、200张黑貂皮和茶叶等等。

这封国书由我的使节车臣·巴克什及其护卫捎去。[1]

全宗:蒙古事务,1639年,文件第1号,53-58页,17世纪译文;也可参见蒙古事务1638年,文件第1号文,170-174页。

出版物:《17世纪俄中关系》(1608—1683年文件资料集)第1卷,莫斯科,1969年,文件第47号,113-115页。

---

[1]这记载的是由于阿勒坦汗不友好的接待斯塔尔科夫和涅维罗夫使团(本译著下册文件第28号、29号)而引起俄国政府方面的对应反应。阿勒坦汗的使节没有受到沙皇的接见。1639年10月其大使节布达特·车臣·巴克沙在莫斯科去世(蒙古事务卷宗,1939年,第1号,37-39页),其余的21名使节在1640年元月被流放到切尔登的大比尔木,因为“阿勒坦汗忘记了自己的誓言,在西伯利亚迫害沙皇的属民”(蒙古事务卷宗,1648年,文件第2号,65页)。到1640年元月16日从流放地放回托木斯克。

第33号

1639年3月10日或11日：阿勒坦汗兄弟、塔布囊杜拉尔斋桑请求给他送去皇赏一事致沙皇米哈伊尔·费多罗维奇的书函。

（略）

第34号

1639年4月26日至6月3日：托木斯克总督И.И.罗莫丹诺夫斯基在托木斯克接见阿勒坦汗使节布达特·巴克什和随行人员墨尔根·德噶以及同僚的文件资料。

158 146年(1637)6月25日，根据全俄沙皇米哈伊尔·费多罗维奇大公的谕旨，托木斯克贵族子弟瓦西利·斯塔尔科夫和军役人员米什卡·瑟罗耶仁等人带着阿勒坦汗的兄弟和喇嘛使节墨尔根·德噶及护卫共15人来到托木斯克并向御前大臣兼总督伊凡·伊凡诺维奇·罗莫丹诺夫斯基等人递交了沙皇关于把沙皇的国书和信件带去给蒙古阿勒坦汗及其兄弟们和喇嘛梅尔根·兰扎的谕旨，要按清单把皇赏送给阿勒坦汗和汗妃，给汗的儿子、兄弟以及喇嘛梅尔根·兰扎，要完好送达。根据沙皇的米哈伊尔·费多罗维奇大公的谕旨，要从托木斯克挑选贵族或贵族子弟、当地优秀的书吏和胜任皇差的翻译官以及比以前更好的护送哥萨克，把皇赏托付给他们，像以前派遣斯捷潘·格列切宁等人一样帮助他们能带着皇赏送到阿勒坦汗和汗妃、汗的儿子、兄弟以及喇嘛梅尔根·兰扎，还有杜拉尔塔布囊手中。还要提供一个沙皇国书和信件抄本的指令，那可以参照以前的指令和沙皇盖有印章的给阿勒坦汗和喇嘛的亲笔信拟定，也让阿勒坦汗和喇嘛的、汗的兄弟的使节们从托木斯克把这指令一起带往蒙古。如果打听到卡尔梅克人到了吉尔吉斯的消息，那就不要立刻放阿勒坦汗他们的使节和我们送皇赏的使节从托木斯克去阿勒坦汗、汗妃、汗的儿子、汗的兄弟和喇嘛及杜拉尔塔布囊那里去了。

6月26日，御前大臣兼总督伊凡·伊凡诺维奇·罗莫丹诺夫斯基等人叫阿勒坦汗和喇嘛的使节及汗的兄弟来到聚会庭院，对他们说，沙皇的皇赏要分送给阿勒坦汗、汗妃、汗的儿子们、喇嘛以及汗的兄弟们，按沙皇圣旨要托木斯克优秀的贵族子弟和好书吏以及护卫的军役人员来送这些皇赏。但现在有消息说,吉尔吉斯来了许多黑卡尔梅克人,他们没法搜查,也没法查清楚卡尔梅克人的情况,在吉尔吉斯到底有没有阿勒坦汗的人?能不能带着皇赏通过吉尔吉斯,使皇赏能安全无忧地送到阿勒坦汗、汗妃、汗的儿子、兄弟和喇嘛手里?如果没查清不能去的话,他们想从使节中和出使人中先派出一个人过去,一旦在吉尔吉斯查明有没有卡尔梅克的人,有没有阿勒坦汗的人之后,他们可以派一个人回托木斯克送消息,但沙皇的军役人员为了查明情况需跟他们一起先去吉尔吉斯。

阿勒坦汗的使节墨尔根·德噶等人说,如果在吉尔吉斯确有卡尔梅克的人,他们就不能带皇赏通过,如果没有卡尔梅克人,即使没有阿勒坦汗的人在吉尔吉斯,他们也能平安通过。吉尔吉斯人会给皇赏和使节们提供大车的,对皇赏和使节们,是丝毫不敢侵犯的。而如果有消息说,有卡尔梅克人在吉尔吉斯,那他们绝不会认从皇命,让皇使们通过。

7 月 7 日,御前大臣兼总督伊凡·伊凡诺维奇·罗莫丹诺夫斯基 159
等人选出 4 名托木斯克军役人员谢苗伊卡·麦泽尼亚、伊瓦什科·阿斯塔拉罕涅茨、米季特卡·布尔纳舍夫、谢苗伊卡·阿尔卡季耶夫,并从黑卡尔梅克的外事军人中任命米季特卡·丘拉为翻译,而阿勒坦汗的外交使节则放回拉米奥克·岱青等 2 人,让他们这些人先去吉尔吉斯人处查明,在吉尔吉斯到底有没有卡尔梅克人,有没有阿勒坦汗的人。如果没有卡尔梅克人,而却有阿勒坦汗的人,那么就叫托木斯克这些军人对阿勒坦汗的人说,阿勒坦汗派了使节墨尔根·德噶等人带了贡品去叩见了全俄沙皇米哈伊尔·费多罗维奇感谢沙皇皇恩,叩求沙皇赏赐他阿勒坦汗,以便他能率全汗国世代臣服沙皇为臣民并向沙皇立誓承诺他阿勒坦汗必会效忠沙皇,令吉尔吉斯人臣服沙皇为奴。现在阿勒坦汗的使节和喇嘛以及汗弟的使节已见过沙皇回到托木斯克,而按沙皇圣旨令从托木斯克给阿勒坦汗和喇嘛派去使节并赐给皇赏,他们望能为皇赏和皇使以及阿勒坦汗的使节准备好大车和护送人员,以便保障捎给阿勒坦汗、喇嘛以及汗的兄弟们的皇赏能安全送达,使节们能平安到达。

如果在吉尔吉斯确有黑卡尔梅克,却没有阿勒坦汗的人,那么就让托木斯克军役人员跟阿勒坦汗的原使节人员一起先去到阿勒坦汗那里。找到阿勒坦汗后,告知阿勒坦汗,他的使节已见过全俄沙皇、许多国家至高无上的君主米哈伊尔·费多罗维奇大公陛下,现已回到托木斯克。按沙皇圣旨,令从托木斯克要给他阿勒坦汗、汗妃、汗的儿子和兄弟以及喇嘛都赐给皇赏。需有使节引导皇使一一绕道分送。而现在皇赏和使节们滞留在了托木斯克,因为这里有消息说,吉尔吉斯来了许多卡尔梅克人。……一旦阿勒坦汗准备好大车并让护送人员启行,就派托波尔斯克军役人员和汗的人各一名回来通知托木斯克。如果吉尔吉斯并无卡尔梅克的人,却有阿勒坦汗的人,那么除了派托波尔斯克军人和汗的使节各一人返回托木斯克通知我们,准备好大车和护送人员外,其余的托木斯克军役人员和翻译以及阿勒坦汗的使节们均可以先去阿勒坦汗处等待。

根据沙皇的谕旨,选出贵族子弟瓦西利·斯塔尔科夫领衔出访阿勒坦汗和汗的兄弟泰庆诺颜、岱青诺颜和杜拉尔塔布囊,沙皇赏他147年(1638)加薪13卢布帮助运送皇赏。随他出使的十人长玛卡尔科·科尔莫戈列茨护送信件,皇赏7卢布25阿尔腾,也要帮助运皇赏。跟他们随行的还有5名托波尔斯克军役人员,负责护送皇赏,也各给了皇赏7至10个卢布。

贵族子弟斯捷潘·涅维罗夫则负责出访喇嘛梅尔根·兰扎和叶尔登诺颜,加赏薪13卢布,帮助给他们运送皇赏。保存信件的军役人员季什卡·费多罗夫以及其他5名军人和翻译米季特卡·丘拉各赏薪7个卢布,都需帮助护送皇赏。

并指令他们,瓦西利·斯塔尔科夫去到托木斯克的一路上要提供2头牛、10桶啤酒和面粉、干粮等供给……

全宗:蒙古事务,1638年,文件第1号,152－177页,原件。

第35号

1639年6月3日:托木斯克总督И.И.罗莫丹诺夫斯基就阿勒坦汗使节布达特·巴克什一行去莫斯科一事呈外事衙门的报告。 164

全俄沙皇米哈伊尔·费多罗维奇大公陛下,您的臣仆伊瓦什卡·罗莫丹诺夫斯基等叩呈!

阿勒坦汗和喇嘛的使节们从147年(1638)6月25日到9月5日一直待在托木斯克,因为等候消息不能出发,因派去吉尔吉斯打探有没有卡尔梅克人和阿勒坦汗人消息的托木斯克军役人员久久没有回来。直到回话来了,在吉尔吉斯没有卡尔梅克人,于是按清单把捎给阿勒坦汗、王妃、汗的儿子、兄弟和喇嘛梅尔根·兰扎的皇赏,向托木斯克贵族子弟瓦西利·斯塔尔科夫和斯捷潘·涅维罗夫及军役人员一一交代完毕。147年(1638)9月5日就让阿勒坦汗的使节带着俄使们从托木斯克出发。

今年1639年4月23日,托木斯克贵族子弟瓦西利·斯塔尔科夫和军役随从人员玛卡尔科·科尔莫戈列茨等人写信到托木斯克说,所带的给阿勒坦汗及其兄弟岱青、达音诺颜和杜拉尔塔布囊的皇赏已安全运到,全都按清单赏赐完毕,并已离开阿勒坦汗处动身返回。阿勒坦汗派了使节:布达特·巴克什及随从、汗弟达音诺颜的伊尔奇特·巴克什及随从、杜拉尔塔布囊的使节基柳奇等人随他们皇使带着贡品返回。为了护送给沙皇的贡品……阿勒坦汗派了使节他的属下墨尔根·德噶及护卫人员护送到托木斯克。阿勒坦汗兄弟岱青诺颜也派出使节3人护送给沙皇的贡品随他们回来。那些岱青诺颜的使节刚从吉尔吉斯回来,没告诉瓦西利·斯塔尔科夫。

而贵族子弟斯捷潘·涅维罗夫在给托木斯克的信中说,所带的给喇嘛达音·梅尔根·兰扎和汗弟叶尔登诺颜的皇赏安全运达,已给他

165 们两人按清单赏赐完毕,接收皇赏时仪式符合礼遇,斯捷潘和军役人员已从蒙古起程返回。喇嘛给沙皇的贡品由其使节卡尔切加·巴克什等3人护送。其贡品有:3块雪豹皮、7块斑纹雪豹皮、20块海狸皮和天鹅绒、绸缎、中式箱子等。叶尔登诺颜的贡品是:1块雪豹皮、2块斑纹雪豹皮、1块海狸皮和彩色绸缎等。他们来到吉尔吉斯时,遇到黑卡尔梅克珲台吉的使节巴阿德尔科和梅尔根科等一行人,强行抢走了翻译米季特卡·丘拉,说这个米季特卡是他们的纳税奴隶,阿勒坦汗的人也未能维护奴隶。

4月26日,皇使瓦西利·斯塔尔科夫和斯捷潘·涅维罗夫以及随从军役人员,带着阿勒坦汗及其兄弟的使节们运送来的贡品到达托木斯克,托木斯克的骑兵哥萨克军人骑着马,步兵则全副武装迎接了他们。叫贵族子弟斯捷潘·阿列克山德罗夫和书吏米哈伊洛·萨尔塔科夫去迎接了阿勒坦汗的属下墨尔根·德噶以及汗弟和喇嘛的使节们。而迎接时,叫阿勒坦汗他们的使节下马。来迎接的斯捷潘和米哈伊洛也下马说:伟大的全俄沙皇、许多国家至尊的君主米哈伊尔·费多罗维奇大公陛下的御前大臣兼总督伊凡·伊凡诺维奇·罗莫丹诺夫斯基、安德烈·安德烈耶维奇·布纳科夫和秘书长阿尼西姆·特罗菲莫夫吩咐来迎接你们,我就在你们边上的警察局里。令把他们安置在托木河边的下层堡塞里。给他们的食物是沙皇赏赐5名头人每人4盅酒,护卫5人每人3盅酒,蜂蜜各1桶,1天每人啤酒4升,肉则买牛肉,每天供给新鲜的,吃饱为止。

贵族子弟瓦西利·斯塔尔科夫到托木斯克后告诉御前大臣兼总督伊凡公爵等人说,他带着皇赏到阿勒坦汗处,阿勒坦汗让他和军役人员把皇赏送到他帐篷去。他们去了。可是阿勒坦汗面对皇赏不起立,也不问候沙皇陛下圣体安康,而要他先问候阿勒坦汗的健康。他瓦西利就没问候阿勒坦汗,这次也就没把皇赏给阿勒坦汗。此后过了一个星期,阿勒坦汗派了其兄弟杜拉尔塔布囊和喇嘛梅尔根·兰扎来斯捷潘那里,要把皇赏代阿勒坦汗取走,他仍不肯让这样取走。但是杜拉尔和喇嘛强行把皇赏拿走了。此后,阿勒坦汗又来请瓦西利和随从军役人员去他的汗帐,他们去了。当他们来到阿勒坦汗面前时,汗起身站立,问候了沙皇圣体安康,并叩谢了赐他皇赏。

……(内容重复,略)

然后那些阿勒坦汗的使节和喇嘛的使节以及汗兄弟的使节都在聚会庭院里享受皇上赏赐的酒和蜂蜜,吃饱喝足了,信件也都译听完了。

……阿勒坦汗兀鲁思的使节墨尔根·德噶跟护卫们(送贡品到托木斯克的人)在托木斯克从4月26日住到5月6日,吃饱喝足了沙皇赏赐的食物和酒以后,从托木斯克放回蒙古,供给了他们一路的食物和马匹,由军役人员伊瓦什科·玛特维耶夫等4人经由沙皇实物税属地送回。

而汗的使节、汗兄弟的使节、喇嘛的使节布达特巴克沙等人以及护卫共8人由托木斯克贵族子弟瓦西利·斯塔尔科夫带领坐船经由托波尔斯克去给沙皇送贡品,随行的还有保护贡品的、曾去过阿勒坦汗的5名军役人员,一起于7月7日起程。

一路为他们提供了2头牛的肉食……和总共6卢布的其他食品。

全宗:蒙古事务,1638年,文件第1号,152-177页,原件。

第36号

166 1639年6月3日:托木斯克总督伊·伊·罗莫丹诺夫斯基就将托木斯克军役贵族B.斯塔尔科夫和C.涅维罗夫出使报告送往莫斯科一事呈外事衙门的报告。

146年(1637)6月25日您沙皇陛下给我们发来了圣旨,并让贵族子弟瓦西利·斯塔尔科夫和军役人员米什卡·瑟罗耶仁以及阿勒坦汗的使节墨尔根·德噶回托木斯克,还带来了您给阿勒坦汗、其兄弟杜拉尔和喇嘛的皇赏以及您的两份国书,一封给阿勒坦汗,另一封给喇嘛达音·梅尔根·兰扎……

我们根据您的指令,挑选了贵族子弟瓦西利·斯塔尔科夫去给阿勒坦汗及其兄弟岱青诺颜、达音诺颜和杜拉尔塔布囊赐皇赏,信件则交给了军役人员玛卡尔科·科尔莫戈列茨和翻译费季卡·费多罗夫,为了保护这批皇赏又派了5名军役人员进行保护。而给达音·梅尔根·兰扎和叶尔登诺颜赐皇赏的,我们挑选了贵族子弟斯捷潘·涅维罗夫;而其信件则托付给了军役人员季什卡·费多罗夫,跟随他们去的翻译是来自卡尔梅克的外乡人俄国实物税民米季特卡·丘拉,另有5名护送军人。然后把皇赏一一按清单交付给了他们,并于147年(1638)9月5日让他们启程前往阿勒坦汗蒙古地区。

167 在给他们的指令中写明了瓦西利一行人到达阿勒坦汗处后,需对阿勒坦汗说的话,前些年中,他阿勒坦汗派自己的使节给您沙皇陛下带来了呈文,献了贡品,让使节叩求沙皇陛下接受他阿勒坦汗臣服伟大沙皇,世代为臣,坚定听命于沙皇,并向沙皇进行了宣誓,阿勒坦汗承诺遵守他的塔布囊代表他和代表整个蒙古按誓文所做的宣誓,现在他阿勒坦汗派了其使节墨尔根·德噶等人带着呈文和贡品来叩见您沙皇。

指令中记载了您、伟大的沙皇赏赐了他们的使节,允许他们亲睹您的圣容，并接受他们的贡品和阿勒坦汗的呈文，还令人译出，仁慈地听了译文。阿勒坦汗的呈文中写着，他阿勒坦汗已臣服伟大沙皇为臣，将永远驯服听命，并信守以前在斯捷潘·格列切宁等皇使面前所做的承诺，信守阿勒坦汗按自己意愿，吩咐其教父达音·梅尔根·兰扎和杜拉尔代表他阿勒坦汗按誓文所宣的誓言，那是一个大誓，是自愿的，喝了金子发了誓的，承诺了他阿勒坦汗对伟大沙皇陛下以及陛下的两位尊贵皇子全俄大公阿列克赛·米哈伊洛维奇殿下和全俄大公伊凡·米哈伊洛维奇大公臣服为臣仆，世代驯服听命，坚持效忠沙皇，全面友好，皇上的命令指向哪里去征服不驯服沙皇的人，阿勒坦汗就率全汗国奔向哪里。决不做也不想做任何伤害沙皇陛下管辖的城市和属民的事，并不断给沙皇进贡品，总之遵守那誓文里立下的全部誓言。为了坚定固守那些誓言，阿勒坦汗自己、喇嘛以及杜拉尔都曾在宣誓书上按了手印，表明对宣誓的忠诚和坚定不移。

还说，在阿勒坦汗汗国周围游牧的国王也都想臣服沙皇，向沙皇进贡，您沙皇也会赏赐给他们皇赏。而吉尔吉斯人却在皇上所管辖的城市抢掠牛马牲畜和交实物税的属民，对此阿勒坦汗已令其兄弟杜拉尔查明吉尔吉斯人抢掠的人畜，归还被掠城市，交出吉尔吉斯人做人质。关于您沙皇陛下意欲遣使去中国和唐古特地方，阿勒坦汗愿派护卫人员护送皇使，提供食物和大车，并祝愿您沙皇长命百岁，万事如意。至于阿勒坦汗叩献给您的贡品，在他的呈文中都写明了，您沙皇陛下赐给
阿勒坦汗、汗的兄弟和喇嘛等人的皇赏，在您的信件中也写明了，而且 168
给了贵族子弟瓦西利和斯捷潘清单，从托木斯克起就嘱咐他们带着皇赏和阿勒坦汗的使节走要千万小心，得保证让皇赏安全运达。

陛下，指令他们一旦把皇赏运到阿勒坦汗处，阿勒坦汗要问候您全俄沙皇至尊无上的米哈伊尔·费多罗维奇大公陛下圣体安康和您两位尊贵的皇子全俄伟大的阿列克赛·米哈伊洛维奇大公和全俄伟大的伊凡·米哈伊洛维奇大公殿下福体安康。回答则按规定说有上帝保佑，伟大的全俄沙皇、许多国家至尊无上的君主米哈伊尔·费多罗维奇陛下在他荣耀的沙皇宝座上圣体非常健康，两位尊贵的皇子全俄伟大的

皇子阿列克赛大公殿下和皇子全俄伟大的伊凡·米哈伊洛维奇大公殿下在他们崇高的俄国皇子尊座上福体都安康无恙。

规定他们答复福体安康后就把您的圣旨交给阿勒坦汗并按清单把皇赏一一赐给。然后对阿勒坦汗致辞:你阿勒坦汗前些年给伟大沙皇派来了使节,并带了国书和贡品,并要使节在叩拜皇上陛下时告知,阿勒坦汗已率全汗国臣服了伟大沙皇,作为臣仆永远听命于沙皇,并向沙皇承诺,他按自己的意愿叫他最好的塔布囊依照誓文在皇使们面前宣了誓。现在他阿勒坦汗又派了使节墨尔根·德噶带着呈文和贡品来拜见沙皇。沙皇陛下赏赐了使节,让他亲睹了圣容,收下了贡品和阿勒坦汗的呈文,并令人翻译后仁慈地听过。在阿勒坦汗的呈文中写道,他阿勒坦汗愿臣服沙皇为臣仆,世代驯服听命,坚守以前在皇使斯捷潘等人面前许下的再次承诺,遵守他叫其教父喇嘛达音·梅尔根·兰扎和杜拉尔塔布囊按照皇使们拟好的誓文所做的宣誓。阿勒坦汗本人为了信守这次重大宣誓,在誓文上亲自按了手印,表示他阿勒坦汗一定率领兄弟们、儿子们、侄儿们、孙儿们以及全汗国臣服伟大沙皇为臣,世代驯服听命,从他自己那里和全蒙古收集贡品进贡,并不断增加贡品。您伟大的沙皇必会赏赐他全汗国,使他全汗国沐浴皇恩,受到赏赐,并保护他的安全。为此沙皇陛下称赞你阿勒坦汗,说阿勒坦汗明白皇恩浩荡,就赐给皇赏,给予保护。希望你阿勒坦汗见到沙皇的仁慈和赏赐,牢记自己过去和现在的承诺与誓言,率领兄弟们、子侄们、孙儿们以及全汗国坚定臣服沙皇,世代不变,效忠沙皇,全面建立睦邻友好关系。沙皇陛下给你指向哪里去效忠,反对沙皇的敌人,阿勒坦汗就会毫不犹豫地率全汗国严阵以待,坚决反对沙皇的敌人和不驯服的人,不伤害任何沙皇
169 的属民,而且年年岁岁从自己的汗国搜集贡品献给沙皇,而且不断追加贡品。说您伟大的沙皇会看他阿勒坦汗接受皇恩后卫国抗敌方面的表现和遵守承诺与誓言的情况,今后继续赐给他皇赏。阿勒坦汗要享受皇赏,就要向沙皇进贡,不得没收皇上的人所带的武器,对于阿勒坦汗呈文中叩求的东西,我们的指令中都写上了,也说明了情况。陛下,在指令中明确令他们对阿勒坦汗的言辞要说得谨慎有警惕性,要保证沙

皇名字的崇高威望,并使莫斯科俄国得到利益和扩大。

我们令对汗的兄弟岱青诺颜、达音诺颜和杜拉尔塔布囊说,他们派了自己的兀鲁思人奥尔泽特·塔尔罕巴克沙和杜拉尔巴克沙带着贡品来拜见沙皇,叩求沙皇赏赐,并接受他们臣服,接受他们的贡品。于是您沙皇陛下赏赐了他们,阿勒坦汗的兄弟岱青诺颜和达音诺颜以及杜拉尔塔布囊,还让他们的兀鲁思人亲睹了您的圣容,接受了他们的呈文,并在译出后,仁慈地亲听了内容,同时令接受了他们的贡品,接受他们臣服,在给其兀鲁思各使者皇赏之后放回各自的兀鲁思主人。同时对阿勒坦汗的3个兄弟都根据他们的请求赐了皇赏。按他们的请求赐了些什么皇赏都记录在案,每份皇赏都有清单。按清单分赐皇赏并对他们说明,您至尊的全俄沙皇米哈伊尔·费多罗维奇大公陛下赐给了他们每人一份皇赏,是接受他们臣服沙皇为臣仆。希望他们看到沙皇的皇恩和赏赐,效忠沙皇,岁岁进贡;并令斯捷潘给喇嘛达音·梅尔根·兰扎赏赐皇赏后说,他忠于沙皇、关心沙皇的事,捎来了贡品,所以给他一份圣旨,还有一份赏赐清单。希望他喇嘛今后还要关心沙皇的事情,做各种友好和睦的好事,引导阿勒坦汗、汗的兄弟、塔布囊都能效忠沙皇,帮他们坚守誓言,始终不渝地世代听命于沙皇陛下。望喇嘛在各方面引导阿勒坦汗及其兄弟们,使他们成为沙皇的臣仆,岁岁进贡。而您沙皇陛下今后也会让他喇嘛继续沐浴皇恩,享受皇赏。

令对汗的兄弟叶尔登诺颜说,他派了自己兀鲁思人乌巴沙带着呈文和贡品来拜见沙皇陛下,叩求伟大沙皇的赏赐,接受他臣服伟大沙皇为臣仆。您伟大的沙皇恩准接受他的臣服和贡品,并赏赐了他派来的人,然后安全放回。他叩求的皇赏已按清单给他捎去。希望他叶尔登 170
诺颜看到皇恩浩荡以及皇上赏赐的恩惠,效忠沙皇陛下并岁岁进贡。

而如果阿勒坦汗和喇嘛对皇使们说,他们没有翻译来译读沙皇给他们的圣旨,那么吩咐就由我方读译给他们听。陛下,您的皇使到达阿勒坦汗、汗的兄弟和喇嘛处的时候,他们迎接的情况是怎样的礼遇,他们接受皇赏时说了些什么,他阿勒坦汗、汗的兄弟们和喇嘛在什么自然界区活动,以及赐皇赏的情况都令皇使们一一全部真实地记录下来。

我们将从贵族子弟中选择谁,名叫什么,派多少人,军役人员和翻译的名字,我们令谁负责和帮助运皇赏,几号放皇使和阿勒坦汗的使节们启程,由多少护送人员送到该地,以及我们跟他们怎么说的,交给他们怎样的指令抄本,还有我们给他们写的全部真实内容和抄本记录,一一都会报告给您,并发给外事衙门。

我们做完名册清单后,哪天让皇使们带着阿勒坦汗的使节们和皇赏出使阿勒坦汗、其兄弟和喇嘛处,即哪天启程,您的皇赏中由谁负责给谁赐赏品,谁帮助分送张罗,皇使们怎样从阿勒坦汗处回来,跟他们一起返回托木斯克阿勒坦汗的、其兄弟的、喇嘛的使节有多少人,所带的阿勒坦汗等人的国书和国书译文、两位皇使瓦西利和斯捷潘各提交给我们怎样的出使记录(瓦西利因不识字,是由奥尼西姆科夫所记),我们都逐字逐句抄录了下来,呈交给皇上。其抄本并交给了您的议会秘书长费多尔·利哈乔夫等人,存档外事衙门。

全宗:蒙古事务,1638 年,文件第 1 号,1-14 页,原件。

第37号

1639年8月17日：托波尔斯克总督П.И.普隆斯基就允许准噶尔使 171
臣兀鲁思凯经托波尔斯克去额尔德尼·巴图尔珲台吉处和批准将准噶尔诸使臣送往莫斯科之事呈西伯利亚衙门的报告。

全俄沙皇米哈伊尔·费多罗维奇大公陛下，臣仆彼得鲁什卡·普隆斯基、费季卡·洛弗奇科夫、伊凡什科·特罗菲洛夫、安德柳什卡·加尔金向您叩呈！

今年147年(1638)12月24日，在前任御前大臣兼总督米哈伊尔·捷姆金·罗斯托夫斯基时，卡尔梅克珲台吉使团派来了他的使节乌鲁斯凯跟随着托波尔斯克皇使德鲁仁科·库拉金和尤尔托夫鞑靼人杰弗列季姆·鲍克舍纳科夫来叩拜您全俄沙皇米哈伊尔·费多罗维奇大公，希望您赏赐他珲台吉，给他捎去一副高级盾牌，让他能防枪弹，另外再捎20头猪和10只会守庭院的小狗。陛下，关于那些背叛沙皇的还未归还的巴拉巴鞑靼人库兰切伊科等人，凡在珲台吉兀鲁思的，珲台吉已令搜查他们，查到后就放回塔拉。

陛下，珲台吉的使节乌鲁斯凯说，珲台吉令他叩拜沙皇陛下，请沙皇赏赐他乌鲁斯凯，从托波尔斯克放他去莫斯科，除此之外，珲台吉没有别的指示。陛下，前任御前大臣兼总督米哈伊尔·捷姆金·罗斯托夫斯基等人曾允许该卡尔梅克使节乌鲁斯凯在托木斯克待到开春，因冬路难走，同时于12月31日令托波尔斯克军役人员带哥萨克骑兵萨夫卡·伊兹迈洛夫和步兵哥萨克安德柳什卡·布尔加科夫一起捎信向您请示能否去拜见您沙皇的事。不过，米哈伊洛大公等人至今还未通知我关于您是否同意珲台吉使节去莫斯科。而珲台吉的使节却不断地不厌其烦地叩求您沙皇开恩，能下旨让他去莫斯科，陛下，到底是让他去还是让他返回珲台吉处？

我们于6月18日让珲台吉的使节乌鲁斯凯经由塔拉返回珲台吉处,并从塔拉选择了军役人员哥萨克骑兵库泽姆卡·阿勃拉莫夫和尤尔托夫鞑靼军人霍扎·玛麦特科·伊捷耶夫护送。临行时,珲台吉的使节又叩求沙皇,并求我们让您沙皇陛下开恩,让他去莫斯科觐见您,说阿勒坦汗蒙古人的游牧地远比珲台吉的还远。可是您沙皇陛下却赏赐他,还让他的使节去莫斯科拜见您,而珲台吉在很多方面都效忠您沙皇陛下,但却不让他的使节去莫斯科拜见您。陛下,如果你能赏赐珲台吉,让他的使节去莫斯科觐见您,珲台吉一定会比以前更好地效忠您。

172 我们对珲台吉的使节说,我们会把他的这些话转达您沙皇陛下,并给珲台吉捎去您的皇赏2块英国呢子,1块黑呢子,1块天蓝呢子,各长4俄尺,责令皇使库泽姆卡和霍扎·玛麦特科随珲台吉的使节捎去给珲台吉,以便让珲台吉看到您沙皇陛下的皇恩浩荡而比以前更好地效忠皇上。他珲台吉今后若要继续享受皇赏,就应交出其他剩下的背叛沙皇的巴拉巴鞑靼人库兰切伊科等人,而且今后再不得接纳沙皇陛下的叛徒,毫不滞留地把他们交还俄国所属城市,交还给派去的皇使,或立即交回托波尔斯克。关于珲台吉叩求的高级盾牌,我们会回答他,托波尔斯克尚未找到有能防枪弹的高级盾牌,报给莫斯科方面后尚未接到回话,至于猪和狗,主要是用大车运到这么远的地方恐怕不行,也就没法捎给珲台吉。

陛下,托波尔斯克派出的皇使库泽姆卡和霍扎·玛麦特科到8月10号还没从珲台吉那边返回。陛下,如果卡尔梅克珲台吉能把剩下的背叛陛下的巴拉巴鞑靼人库兰切伊科等人交还,并再遣使来叩求您皇上开恩,允许他的使节去莫斯科觐见您,承诺今后再交还皇上的叛徒巴拉巴鞑靼人库古捷科公爵等100户家庭,如果现在就准备交还剩下的叛徒们,并为此叩求您更多的皇赏,或盾牌、猪和狗这些东西,那么我们是否能放其使节去莫斯科,能否赐给珲台吉要的这些东西作为他效忠的奖赏?请陛下指示。不过,陛下,珲台吉自己也可能了解,他的牧地,即使建了离塔拉城10周的和布克赛尔城[1]，离托波尔斯克也得3个月，走草原只有骆驼可行走，要运猪呀狗的，坐木船也难于运输，因为那个和布克赛尔在蒙古方面的鄂毕河源头处，离额尔齐斯河还远着呢，所以他叩求您的这些要求，恐是难以送到他那里的。

陛下，根据盘问托波尔斯克和塔拉派往珲台吉处的军役人员时得 173
知，他珲台吉是效忠于您的，因为有些卡尔梅克台吉派了军队到珲台吉处，请求他出兵攻打沙皇的城市，但珲台吉拒绝了这些卡尔梅克台什的要求，说他不想攻打沙皇的城市，不能出兵，而且他亲自制止那些台吉，告诉他们，如果他们去攻打沙皇的城市，他就要打他们，还会把这消息告诉塔拉城。而且珲台吉还对在卡尔梅克的皇使德鲁仁科·库拉金和杰弗列季姆·鲍克舍纳科夫说，他珲台吉不仅会交出剩下的那些背叛沙皇的巴拉巴鞑靼人库兰切伊科等人，而且他要其他兀鲁思搜查出别的俄国俘虏也送还给沙皇的城市，只希望沙皇能奖赏他这种效忠沙皇的行为。据说，他表示他要比以前更好地效忠沙皇。陛下，如果您关于如何对待卡尔梅克使节的指示不能很快下达，而卡尔梅克使节却可能很快就会来到托波尔斯克，又来叩求有关事项，而我们没有您皇上的圣旨没法做决定，那时再请示您的圣旨，就会拖很长时间，也给国库带来不少的支出，而且会为卡尔梅克使节的滞留产生多方面的麻烦。

58页反面登记：148年(1639)10月4日托波尔斯克哥萨克头目加弗里拉·伊里莫递交。

批注：148年(1639)10月10日，全俄伟大沙皇米哈伊尔·费多罗维奇大公陛下听了这个报告并指示给托波尔斯克总督彼得·普隆斯基等人[2]回复：如果珲台吉的使节再来叩求沙皇允许其使节前往莫斯科的事，可告诉他们，鉴于他为皇上的效忠，沙皇陛下已同意放他的使节去莫斯科，并赏赐他皇赏。希望他今后坚持继续为沙皇服务，查处并交

〔1〕参见本译著下册文件第30号注释1。

〔2〕这份允许卡尔梅克使节去莫斯科的圣旨是1639年11月1日从西伯利亚衙门寄给普隆斯基的。这份记录储存在西伯利亚衙门，栏目455，70－74页，它一直没有出版刊出，因为实际上它和1639年10月19日发往外事衙门的那份记录（参见本译著下册文件第40号）是重复的。

出剩下的那些背叛沙皇的巴拉巴鞑靼人库兰切伊科等人。在自己和其他人的兀鲁思查找其他俄国俘虏,查出后即归还沙皇的城市。嘱咐他们要由警察护送至莫斯科。今后报告他们诸事的报告,要派急使急送莫斯科并抄送西伯利亚衙门和外事衙门。而且现在这份皇上的指令也抄送外事衙门留作备案记录。

全宗:西伯利亚衙门,栏目 455,58 - 63 页,原件。

第 38 号

1639 年 8 月 17 日：托波尔斯克总督 П. И. 普隆斯基就托波尔斯克和塔拉军役贵族去卫拉特台吉处谈判巴拉巴乡缴纳毛皮实物税的鞑靼人返归问题呈西伯利亚衙门的报告摘录及关于卫拉特人可能袭击西伯利亚诸城的情况报告。

呈全俄沙皇米哈伊尔·费多罗维奇沙皇陛下，您的臣仆彼得鲁什卡·普隆斯基、费季卡·洛弗奇科夫、伊瓦什科·特罗菲莫夫、安德柳什卡·加尔金向您叩首。

陛下，当我们审查为您服役跟随雅科夫·图哈切夫斯基出使的那 174
些托波尔斯克军役人员和尤尔托夫鞑靼人时，当时哥萨克头人，加弗里洛·伊利英就告诉我们说，144 年（1635）前任御前大臣兼总督米哈伊尔·捷姆金·罗斯托夫斯基等人派他加弗里洛出使卡尔梅克汗国的达赖台吉处，交涉关于秋明俘虏的事。陛下，当时达赖台吉正当着他的面率领许多卡尔梅克台吉，要去出征哈萨克玉兹[1]的扬别克汗[2]，而他加弗里洛也被达赖台吉逮捕了。

在这场出征中，也有您沙皇的叛徒秋明的鞑靼人杨拜科·杨图林等人参加。陛下，如果那些鞑靼人经由英杰和土尔古奇的兀鲁思，并一

---

〔1〕哈萨克汗国或称为大哈萨克玉兹。哈萨克汗国形成于 15—16 世纪，在苏联哈萨克斯坦的东部。在所研究的时期，它是一个具有强烈分立倾向的封建国家，出现了几个苏丹（参见《苏联哈萨克斯坦史》，阿拉木图，1957 年）。

〔2〕扬别克汗，说的应是哈萨克汗国的头领张格尔汗（1629—1680），他是哈萨克叶西姆汗（1598—1628）的儿子。常与卫拉特作战。1634 年他被俘，但逃跑了。1643 年他打败了巴图尔珲台吉、阿巴孩台吉（见本译著下册文件第 55 号的注释 1）、鄂齐尔图·彻辰汗的联军（参见缪勒《西伯利亚史》，莫斯科、列宁格勒，1941 年，第 2 卷，558、579 等页，《苏联哈萨克史》，卷 1，阿拉木图，1949 年，148 页）。

路请求这两位台吉从扬别克汗（Яныбек）[1]那里返回，那么就很容易攻打皇上陛下的城市。当达赖和英杰以及土尔古奇，还有其他许多乌卡尔克台吉与阿巴沙带着大批卡尔梅克军队出征回来时，果然许多兀鲁思人停留在伊利金山的湖边，当时加弗里洛也在场，卡尔梅克英杰、土尔古奇和其他许多台吉和阿巴沙派人到达赖台吉这里，要他攻打沙皇的秋明城的大村庄。可是达赖台吉拒绝了他们并说，他们又不是俄国人，不善步行，而马匹经过出征已经疲惫不堪，一旦喂饱马，他们还是应该去对付蒙古人，今后也不该去攻打沙皇的城市和村庄，因为他们需自己量力而行。

我们又问加弗里洛·伊利英，当他从卡尔梅克达赖台吉那里回到托波尔斯克时，上述那些话是否对前任御前大臣兼总督米哈伊尔·捷姆金·罗斯托夫斯基等人说过？

这个头人加弗里洛·伊利英对我们说，他从卡尔梅克一回到托波尔斯克就病了，他就按指令汇报了在卡尔梅克达赖台吉那里交涉塔拉和秋明俘虏的情况，以及达赖台吉所说这方面有关的话，并提交了他亲手写的出使旅途的全部记录。现在说的那些事在那个旅行记录中没写，置之脑后了，也没对总督们说，不过在说到所听见的闲话时，对御前大臣兼总督米哈伊尔·捷姆金·罗斯托夫斯基简单地、无意识地提到过在那里听说过卡尔梅克人在打仗的情况。于是我们吩咐查找警察局办公室的记录，想查出加弗里洛·伊利英派往卡尔梅克后回来时被盘问的那些记录中记载了什么。

陛下，在144年（1635）的记录文册里记着：加弗里洛跟托波尔斯克尤尔托夫鞑靼军人凯尔玛麦特·别吉舍夫王公被派往达赖台吉处去交涉，让他达赖台吉查找秋明和塔拉战争时他们兀鲁思的人掠去的秋明和塔拉的俘虏，并毫不拖延地全部归还。达赖台吉对加弗里洛说，他
175 的属下塔尔罕是在他达赖台吉不知情的情况下去攻打秋明的，所以达

[1]扬别克汗是否应是扬吉尔汗？但因拼音扬别克与扬吉尔相差太远，不便改动，请学者们研究。——译者注

赖下令抢劫他,并不与库楚姆的孙子们往来。而去攻打塔拉的是库什兀鲁思的人,他达赖的兀鲁思里没有塔拉俘虏,对秋明俘虏,他达赖台吉已下令搜查,查出,可以随加弗里洛一起返回。后来达赖台吉去征讨哈萨克汗国扬别克汗了,出征回来,却拒绝再跟加弗里洛谈俘虏的事,只交给他一个秋明俘虏的小妾,而对他说,明里说我们是遣使跟他达赖交往,而事实证明我们军队就跟在使节后面来打他的兀鲁思。然后达赖台吉自我夸耀说,如果他达赖要打,他率的人可不是以百人计的,而是动辄就是20万,能把所有西伯利亚城都吃掉。

他加弗里洛就此回答达赖台吉说,143年(1634)沙皇的军队是派来攻打贼人库楚姆的孙子们的,而不是来打他达赖的兀鲁思,可是在不知道路的情况下发现了丘拉兀鲁思,而且意想不到的是发现库楚姆的孙子就恰恰在丘拉兀鲁思,并抓到了叛徒卡拉巴什科·依希莫夫等人及其妻儿。难道事实不是他达赖台吉和他的丘拉兀鲁思的人抢劫了这些叛徒吗?后来皇使们听说,那个牧地是达赖属民的,就抓了秋明叛徒们的妻儿,转而返回,没再继续攻打得更远,不料他达赖台吉到沙皇陛下面前反咬一口,皇上的军队当时是能够继续攻略所有卡尔梅克兀鲁思的,如果他达赖台吉当时攻打了俄国城市,却只能侵入俄国城市的那些对他并不必要的地方,而进不了俄国的城市,就会落个彻底完蛋。这时达赖台吉听了加弗里洛的话,怒气冲天,就下令把加弗里洛关在警察办公室。可是次日达赖台吉又来对加弗里洛解释说,他昨天是喝多了。陛下,关于加弗里洛·伊利英在盘问中向我们说的,当达赖台吉和其他台吉去讨伐哈萨克玉兹扬别克汗时,把他抓了起来,他发现参加这次讨伐的竟有背叛沙皇的秋明鞑靼贵族杨拜科·杨图林等人,是他们请台吉们来攻打您皇上的城市。说是从叶尔登和土尔古奇那里回来,有些台吉也来劝说达赖台吉,去攻打秋明及其郊区村庄,不过达赖台吉拒绝了他们,这些在加弗里洛·伊利英的出使报告中没有写入。为此,陛下,特把派往卡尔梅克达赖台吉处的加弗里洛·伊利英等人返回托波尔斯克时,在被盘问时向原御前大臣兼总督米哈伊尔·捷姆金·罗斯托夫斯基公爵等人所说的内容,以及以前米哈伊尔公爵未曾写入记录的内容都报告给您陛下。也把加弗里洛现在对我们说的有关卡尔梅克人的消息,以及我们从他的手稿中抄录的和盘问他的原话都捎到莫斯科,请您圣阅。

陛下,关于加弗里洛·伊利英对我们说的达赖台吉和其他卡尔梅克台吉要去打蒙古人的事,在145年(1636)的记录文书中记有:145年(1636)9月26日在米哈伊尔·捷姆金·罗斯托夫斯基等人面前,托波尔斯克贵族子弟菲利普·奥波利尼亚尼诺夫和骑兵哥萨克雅库什科·科波洛夫以及尤尔托夫鞑靼军人纳德尔·舍霍夫带着给珲台吉的呢绒等皇赏前往卡尔梅克出访珲台吉,也为了要他珲台吉交出剩下的那些没交还的沙皇的叛徒巴拉巴交实物税民库兰切伊科等人。您的皇使回到托木斯克之后说,他们从托波尔斯克走10周到达珲台吉的兀鲁思,陛下,珲台吉这兀鲁思里只有珲台吉的母亲和妻子在,珲台吉本人和其他台吉都去打蒙古台吉了。而且传来消息说,他们击溃了蒙古绰克

 图·洪台吉的4万兀鲁思人,还杀死了绰克图这个蒙古人[1]。那些蒙古人打败逃了,但许多人为了保护妻儿就投奔了珲台吉。他们菲利普等人在珲台吉兀鲁思亲眼看到珲台吉不断陆续押送许多蒙古俘虏到自己兀鲁思,而有些蒙古人则是带上妻儿来的。陛下,他们在卡尔梅克人那里还听说,珲台吉还曾经攻打中国,在那里俘虏来5个石匠,他想在蒙古边界造一座石头城。不过是不是真打了中国,他们不知道,他们在的时候,珲台吉和其他台吉还没有回还。

144年(1635)7月11日,原御前大臣兼总督米哈伊尔·捷姆金·罗斯托夫斯基收到塔拉总督费多尔·鲍梁金斯基公爵和格里戈里·卡弗德列夫发到托波尔斯克的信。说,在盘问中,塔拉军役人员头目斯捷潘·斯库拉托夫和翻译伊瓦什科·亚瑟里(他们是跟随曾经滞留在塔

〔1〕那些蒙古人打败逃了,但这里说的是楚鲁古尔·卓克图的事,史书上以卓克图台吉之名著称(1581—1636)。此人不仅是显赫的政治活动家,还是位学者和诗人,也是喀尔喀传播"红帽派"喇嘛教的积极维护者,这在他的诗人活动中留下了痕迹。他曾为反对清朝侵略者,争取独立而斗争,在1636年跟巴图尔珲台吉作战时被珲台吉所杀(参见本集文件第38号;弗拉季米尔佐夫《卓克图台吉在喀尔喀山岩上所留的题词》,刊《苏联科学院通报》,1926年,1253-1280页,1927年,215-240页;《蒙古共和国史》,莫斯科,1967年,137页)。

拉的布哈拉使节卡兹尔一起派往卡尔梅克的)，他们听卡兹尔说，卡尔梅克的库什台吉在攻打乌法的战争中俘虏了库楚姆的孙子们。只要您沙皇陛下赏赐他，如把库楚姆的孙子们交还给他，他库什台吉就坚决和沙皇的人和平相处。但如果您沙皇陛下不赏赐他，不交还库楚姆的孙子们给他，那他库什台吉只能跟所有卡尔梅克军队一起来攻打塔拉、秋明和托波尔斯克。还听说，秋天库什台吉想率全体兀鲁思人到卡梅什洛夫一带游牧。

144 年(1635)8 月 26 日，原御前大臣兼总督米哈伊尔·捷姆金·罗斯托夫斯基等人在盘问被派往库什台吉处交涉塔拉和秋明俘虏问起的托波尔斯克军役人员杰尼斯科·拉契科夫和昂顿科·多勃里茨基以及尤尔托夫鞑靼军人库泽科·伊凡庆等人时得知，库什台吉拒绝跟杰 177
尼斯科和昂顿科谈塔拉和秋明俘虏问题，却说他跟皇上陛下的人为布哈拉使节卡兹尔打了仗，卡兹尔被扣留在塔拉，而他从其兀鲁思来塔拉是贸易，不是打仗，却在塔拉被扣押，所以后来他就不再为这个布哈拉使节跟沙皇的人打仗了，可是乌法却抓了库楚姆的孙子阿布洛和杰弗科。如果您沙皇陛下恩准并命令交出库楚姆的两个孙子，那他就查找秋明和塔拉的俘虏，并予以归还。但是如果不把库楚姆的孙子交还他，他必定要为库楚姆的这两个孙子的问题率大军攻打沙皇的城市和州县。

杰尼斯科·拉契科夫和昂顿科·多勃里茨基在盘问时还告诉他们，从 144 年(1635)春天起，陆续来到库什台吉那里的有其实物税属民杰弗列特·基列伊、库楚姆的孙子和皇上的背叛者塔拉鞑靼人科恰什科·塔纳塔罗夫以及乌法县的卡塔尔古尔科等 6 方面的人，他们为什么事来，杰尼斯科和昂顿科不知道。不过，此后塔拉鞑靼人科恰什科·塔纳塔罗夫和诺盖一名俘虏的妻子叫阿克托恩的(此后在库什那里住了很久了，他们什么也不防她)，还有个诺盖小俘虏布扬达，都悄悄说，库楚姆的孙子杰弗列特·基列伊是为攻打托波尔斯克和秋明来向库什台吉借卡尔梅克 5000 人的军队的，他们寄希望于库什，因为库什的小妾乌巴散奇是库楚姆的孙子杰弗列特·基列伊兄弟和阿勃拉的侄女,所以当时库什台吉拒绝交出杰弗列特等人,解释说夏天去托波尔斯克没法通过泥坑和沼泽地。但是当河水和沼泽结冰时,他库什台吉却跟杰弗列特·基列伊一起率大军发动了对托波尔斯克和其他俄国城市的战争。而且那个鞑靼女人阿克托恩告诉杰尼斯科和昂顿科他们说,库什台吉从他的大妻贡仁那里回其小妾乌巴散奇这里时对她说,达赖台吉和其他台吉聚集到他那里是来商量他们应如何搭救被掠往乌法的库楚姆的孙子阿布拉和杰弗科,是攻打城市还是到盐湖边去帮沙皇的人干活。后来决定他们大批人都去亚梅什盐湖。当沙皇的军役人员来到亚梅什湖时,就跟他们分散做生意,抓他们两三百人,然后用这些人交换,救出库楚姆的两个孙子。库什的小妾乌巴散奇告诉他们皇使杰尼斯科和昂顿科说,结果没让库楚姆的孙子阿勃拉和杰弗科枉然地落到他们手中。而且,陛下,杰尼斯科和昂顿科在皇上的叛徒科恰什卡·塔纳塔罗夫、女俘虏阿克托恩和其他俘虏那里听说了很多很多事情,库什台吉既没有指示他的使节来托波尔斯克和塔拉,那些传说的事也就没什么可信的。至于您的叛徒塔拉的鞑靼人科恰什科·塔纳塔罗夫跟他们杰尼斯科和昂顿科说的,145 年(1636)秋当河水和沼泽结冰时,库楚姆的孙子杰弗列特·基列伊会率大军来攻打哪个城市,打哪些地方,他科恰什科好像是想让什么俘虏来送个消息,没消息别动作。而且
178 他本人在用什么方法寻求这种消息想效忠您皇上,并用您沙皇的名义逃离。关于牧区,杰尼斯科和昂顿科听库什本人说过,他们全一起游牧在卡梅什洛夫一带,一起打俄国的城市和州县,而卡梅什洛夫离塔拉城总共只 4 日程,到托波尔斯克 2 周可走到。

陛下,杰尼斯科和昂顿科还告诉米哈伊尔等人说,沙皇的叛徒科恰什科·塔纳塔罗夫和诺盖俘虏的妻子阿克托恩以及诺盖人小布扬达告诉他们,当库楚姆的孙子杰弗列特·基列伊来到库什台吉这里求借 5000 人打托波尔斯克和塔拉时,库什台吉那夜就把他曾派往托波尔斯克和塔拉做使节的自己的属下舍盖科叫到自己的小屋盘问他:怎么去托波尔斯克?去托波尔斯克的路怎么样?舍盖科在盘问时说,去托波尔斯克或从托波尔斯克去卡尔梅克都得经过塔拉,他不仅知道这条路,

还详知乡村小路，甚至一草一木。但是在俄国村庄和鞑靼人州县之间设有小堡塞，里面住着沙皇的守卫人员。只是那个小堡塞可以围攻，围攻是从一面突破就可以攻打托波尔斯克，不过在托波尔斯克附近有个驻军要塞，从那地方去托波尔斯克他舍盖科没走过，不知道路，但只要到了那地方，他就能辨认出路来的。所以，库什台吉当时拒绝了给杰弗列特·基列伊借军队，回答说，夏天去托波尔斯克无法通过那仅是泥泞和沼泽的路。到河流和沼泽结冰时，他库什可以跟他一起率大军去攻打托波尔斯克和其他俄国的西伯利亚城市。为此，库什台吉派出了那个深夜见过关于通托波尔斯克道路的舍盖科跟随您沙皇的使节来托波尔斯克了解那条路。所以米哈伊尔·捷姆金·罗斯托夫斯基公爵等人按这个消息把那个库什的使节舍盖科从秋天到春天一直监禁在托波尔斯克，因为他们料想库什台吉等舍盖科一回去，就会在那个秋天攻打托波尔斯克和其他西伯利亚城市，而舍盖科却期望他被派来能侦察到通托波尔斯克的草原路，以便可告知他们那里的卡尔梅克人。145 年(1636)秋，河水结冰，泥泞干结。如果把舍盖科那些使节放回卡尔梅克，他们在草原遇到他们自己的军队，会向他们打听到道路以及雇佣到通往托波尔斯克的大车。所以就到春天从水路放回那位使节，不过米哈伊尔·捷姆金·斯托夫斯基公爵等人没把这个消息报告给您沙皇陛下。

145 年(1636)10 月 12 日，塔拉总督费多尔·鲍梁金斯基和格里戈里·卡弗德列夫写信告知御前大臣兼总督米哈伊尔·捷姆金·罗斯托夫斯基，他们派去珲台吉处为皇使办皇上事务的哥萨克纳纠特卡·格里戈里耶夫捎来塔拉城的立陶宛文录通知费多尔公爵和格里戈列伊说，陛下，皇使纳纠特卡在场时，库什台吉派来了使节到达了珲台吉这里，要求借几千人的军队去攻打皇上的西伯利亚城市。不过珲台吉拒绝了给库什台吉的使节借兵，回答说，他珲台吉本人到死也绝不会帮人跟沙皇陛下的人作战。

146 年(1637)6 月 28 日，塔拉总督费多尔公爵和格里戈列伊又捎 179
信来托波尔斯克告知米哈伊尔御前大臣兼总督说，他们派出了塔拉骑兵哥萨克奥列什卡·库纳文和翻译尤尔托夫鞑靼人谢尼卡跟随珲台吉的使节们一起去卡尔梅克珲台吉处,去交涉其余未归还的沙皇叛徒巴拉巴和卓英的交实物税属民,要他们查明,归还。陛下,现在那皇使奥列什卡·库纳文已返回塔拉,在盘问中,他告知费多尔公爵和格里戈列伊说,和鄂尔勒克和别的卡尔梅克台吉的使节也来到了珲台吉那里,都是为了要珲台吉出兵攻打皇上的西伯利亚各城。奥列什卡亲耳听见珲台吉答复他们说,他本人不能去攻打沙皇陛下的城池,也不能借兵,并且不让他们去,还骂了那些使节,想杀了他们,刀对刀地干了起来。他对达赖台吉儿子的使节说,如果他们丘拉兀鲁思人敢去攻打皇上的城市,他珲台吉就亲自带兵阻击他们。卡尔梅克台吉们这时就放弃了原来的想法,而想去攻打丘巴罗夫汗国。144 年(1635)春,卡尔梅克台吉们、珲台吉及其兄弟库什台吉带着儿子辈小台吉们攻打了黄蒙古人和唐古特人,珲台吉的人马号称 2 万,而其中 700 人装备有火器,库什台吉带了多少人马,他奥列什卡不知道,没查清。第一仗打下来,就击溃了黄蒙古各台吉,杀死了许多兀鲁思人,俘虏了妻儿子女等其余的人,然后,陛下,他们就去打了唐古特人,又杀又俘虏了许多人,扫清了中国和布哈尔各城之间的障碍。珲台吉也就到了中国皇帝跟前,不过不是通过战争。中国人给了珲台吉筑城的 8 名技师。陛下,那些卡尔梅克在蒙古地方待了 2 年,带着大量猎获物离开:每人平均获得 9 个俘虏,和 9 个人的绸缎,还有许多牲畜,每个护卫随从平均也得到 3 个俘虏。奥列什卡是亲眼看见珲台吉是如何在进军后返回兀鲁思的,他骑着骆驼赶回来大批蒙古俘虏,有些蒙古人还拖儿带女,带着妻子和家庭牲畜,他还带回 2 个带着妻儿的蒙古台吉。

陛下,8 月 10 日我,您的臣仆彼得鲁什科收到总督格里戈里·鲍梁金斯基公爵从秋明发到托波尔斯克的有关卡尔梅克信息的信。说是 7 月 30 日秋明尤尔托夫鞑靼人军人艾古恰克·库尔塔耶夫来到他那里对格里戈里公爵说,有个诺盖鞑靼人从卡尔梅克兀鲁思逃到托波尔河了,在秋明实物税税民鞑靼贵族巴特里吉利洁科·别克巴伊的畜群
180 中偷了2匹马,往托波尔河下游逃跑了。后来巴特里吉利洁科·别克

巴伊下来抓住了那个诺盖人,带回他自己那里了。格里戈里公爵马上派出秋明军役人员扎哈尔科·伊利英等3人去托波尔河找秋明鞑靼贵族巴特里吉利洁科索要这个逃犯,吩咐要弄回这个从卡尔梅克兀鲁思逃出来的人,带到秋明来。后来,秋明军役人员扎哈尔科·伊利英等人在路上遇到了巴特里吉利洁科这个交实物税的鞑靼贵族,引渡了那个逃犯到秋明,并带他一起来到秋明,那天是7月31日 。那个巴特里吉利洁科·别克巴伊在盘问时对格里戈里公爵说:他的马匹在托波尔河吃草,其中少了2匹马。于是他巴特里吉利洁科跟踪追寻,追到那个偷马的逃犯,就带回了他蒙古。他很小就从诺盖被俘虏到了卡尔梅克,他在卡尔梅克岱青台吉的兀鲁思生活了都20多年了。今年春天他放牧岱青台吉的马匹时,马匹跑散,他就往托波尔河下游跑着找,发现了马就牵了2匹继续往下游跑,因为听卡尔梅克人说过,他们游牧的这些河流上,已陷落而成了俄国的城市。这样他就被秋明的鞑靼贵族的人抓住了。陛下,他说今年岱青台吉在布哈拉方面的喀拉库姆过冬,俄语是卡拉昆·黑沙的意思,岱青台吉的父亲和鄂尔勒克就在布哈拉城外过冬,在那个开阔地,具体游牧地在哪里,他也不知道。冬天,冰雪融化之后,岱青跟他的兄弟卡拉桑的妻子往靠近西伯利亚乌法城方向游牧,起牧的地方就是他逃跑出来的地方,离此4天多路程,那块开阔牧地叫什么地方,他也不知道。岱青的兄弟跟他分开游牧在离他不远处。岱青的兄弟卡拉桑也是和鄂尔勒克的儿子,去送他的女婿达赖的孙子奥布台了。跟岱青台吉一起游牧的还有您皇上的叛徒诺盖的萨尔坦纳伊鞑靼贵族,他率有2000诺盖鞑靼人。就在他逃出来的那个地方,游牧着岱青台吉和他兄弟的一批恶人,他们有妻儿、牲畜,他们蓄意要干什么,是否要来攻打您皇上的城市,现在其他的卡尔梅克人在哪里游牧,这些他不知道。

这个卡尔梅克逃犯还对格里戈里公爵说,今年1639年冬有一个卡尔梅克人从乌法方面逃到卡尔梅克兀鲁思,他带来消息说,俄国人和鞑靼人正在西伯利亚聚集,准备进攻卡尔梅克人,所以他们现在正在小心防范。

陛下，1638 年 7 月 9 日和鄂尔勒克台吉的使节和来集市贸易的 53 人没您的皇使陪同自己来到了托波尔斯克。我托波尔斯克的军役人员在他们住的外事庭院加强了护卫，他们告诉我们，那些卡尔梅克使节和卡尔梅克商人告诉他们，现在和鄂尔勒克台吉和其儿子们以及背叛沙皇的阿斯特拉罕鞑靼贵族萨尔坦纳伊正跟他的兄弟一起沿托波尔河上溯游牧。他们从和鄂尔勒克那里到托波尔斯克总共得走 3 周，而快走可以不到 2 周就赶到，希望让他们很快交易完就回到和鄂尔勒克台吉那里，以便他们秋天再来托波尔斯克做一次生意。我们，您的臣仆们 7 月26日就把那些使节和卡尔梅克商人从托波尔斯克放回了和鄂尔勒
181 克处，而没有派出您的皇使再去和鄂尔勒克那里，因为 142 年（1633）被派往和鄂尔勒克儿子兀鲁思出使叶尔登台吉处的托波尔斯克军人米季特科 · 捷尼别克和鞑靼人卡泽科 · 拜谢托夫还没回托波尔斯克，音讯全无。所以按他们想快回的要求，跟随他们派出了 3 名做生意的托波尔斯克尤尔托夫鞑靼人和托波尔斯克居民布哈拉人 14 名，令这些人侦察原派去的皇使们的情况，并转告和鄂尔勒克台吉，要他查出皇使米季特卡和鞑靼使节卡泽科并送回，那么沙皇将按以前一样派皇使去赏赐他和鄂尔勒克。我们还叫这些鞑靼人和布哈拉人坚决查明和鄂尔勒克为何游牧得如此靠近我们，他有什么预谋，遣使是真的只为贸易而不想来打沙皇的城市吗，为什么他们的使节在没有皇使随行就来到托波尔斯克，不是为了察看什么吗。不过，那些派去的托波尔斯克鞑靼人和布哈尔人也还没从卡尔梅克和鄂尔勒克那里返回。不过那些托波尔斯克军役人员在托波尔斯克是受过严格训练的，也出使去过卡尔梅克，办卡尔梅克的事对他们是常事。杰尼斯科和昂顿科对我们，您的臣仆们说，和鄂尔勒克台吉遣使来托波尔斯克，是像遣使阿斯特拉罕一样为了千方百计进行侦察活动。那些皇使在前任御前大臣兼总督米哈伊尔 · 捷姆金 · 罗斯托夫斯基等人时，曾于 146 年（1637）7 月 28 日派骑兵哥萨克卢奇卡 · 沃霍茨和鞑靼人叶尼盖科 · 恩布拉托夫出使叶尔登台吉处。而今年 1638 年 11 月 3 日又派哥萨克骑兵彼特鲁什卡 · 菲利普和鞑靼人布兰科 · 桑塔古洛夫出使达赖台吉儿子处，为了交涉塔拉和秋

明的俘虏问题,可8月10日了,还没有返回,仍音讯全无。

根据上述这些情况……我们,您的臣仆们料想卡尔梅克人和库楚姆的孙子们以及您皇上的叛徒秋明和塔拉的鞑靼人有可能要来攻打俄国的城县和村庄。……

723－725页反面:

提交登记:148年(1639)10月4日由托波尔斯克贵族子弟基里洛·涅兹戈沃尔斯基提交。

全宗:西伯利亚衙门,栏目83,723－762页,原件。

第39号

182 1639年不早于10月10日：西伯利亚衙门就派送皇赏给额尔德尼·巴图尔珲台吉并批准将他的使臣送往莫斯科一事所草拟的报告提要。

报告摘录：

143年(1634)8月12日，西伯利亚托波尔斯克御前大臣兼总督米哈伊尔·捷姆金·罗斯托夫斯基公爵等人写给全俄沙皇米哈伊尔·费多罗维奇大公的报告：143年6月16日，总督费多尔·别利斯基和涅乌波克·科科什金从塔拉写信给他米哈伊尔公爵说，从卡尔梅克兀鲁思跟随俄方派往卡尔梅克的塔拉军役人员库拉台吉按珲台吉的命令还来了背叛沙皇的巴拉巴王公库古杰科和137年(1628)背叛的巴拉巴实物税民，还送还了142年(1633)库拉台吉在没有珲台吉的指令的情况下擅自俘来的一些实物税民，同时交还带妻儿和牲畜的100个家庭，以及1000匹马，今后珲台吉不允许皇上的背叛者藏匿在其兀鲁思。

143年(1634)8月20日，全俄沙皇米哈伊尔·费多罗维奇大公陛下从莫斯科给西伯利亚托波尔斯克发来一份圣旨，令从托波尔斯克给卡尔梅克兀鲁思珲台吉和库拉台吉送去皇赏以奖励他们效忠沙皇交还俘虏的行为。赏珲台吉银高脚酒杯、酒器、酒盅和金腰带、高级呢子等价值500卢布的皇赏；赏库拉台吉价值300卢布的皇赏。这些赏品均可从沙皇国库中运往西伯利亚衙门，将此记录到国库支出。[1]

不过这些给卡尔梅克台吉的皇赏到今147年(1638)8月20日还没送出。

145年(1636)米哈伊尔·捷姆金·罗斯托夫斯基公爵等人报告沙

〔1〕喀山省廷衙门有国库支出记录，日期为1635年8月21日，列在西伯利亚衙门基金，栏目455，68、69页。

皇说,代表卡尔梅克珲台吉及其母亲、兄弟和女婿的8名使节来到托波尔斯克,给皇上陛下叩送了礼品,有雪豹皮2块、猞猁皮1块、海狸皮3块、黑貂皮6块。那些使节说,珲台吉已把沙皇的叛徒塔拉王公库古洁科等人交还给了塔拉,只要他一见到皇上的皇赏,他当即把剩下的塔拉背叛者库兰切伊科等人及其妻儿从自己兀鲁思送还塔拉。 183

于是,米哈伊尔公爵等人给了皇赏,奖励了他的效忠行为,回谢他和他母亲、兄弟、女婿的礼品,送了8块黑色、天蓝色的优质英国呢子。

147年(1638)2月9日,西伯利亚托波尔斯克米哈伊尔·捷姆金·罗斯托夫斯基公爵等人给皇上写信报告说,他收到塔拉总督费多尔·鲍梁金斯基和格里戈列伊·卡弗德列夫公爵的信件说,146年(1637)6月25日他们从塔拉派出了骑兵哥萨克奥斯塔什科·玛尔德诺夫和尤尔托夫军役人员阿拉古尔科跟随珲台吉的使节瑟梁科一起去卡尔梅克出使珲台吉处,令其跟珲台吉商讨引渡塔拉县巴拉巴鞑靼人库兰切伊科等背叛沙皇的叛徒和把卓英的雅戈尔达和丘兰两人及他们的妻儿归还塔拉城的事宜。今年147年(1638)11月8日派出的皇使奥斯塔什科和阿拉古尔科回到塔拉,给费多尔和格里戈列伊公爵递交了出使记录。出使记录说,他们跟珲台吉说了交还塔拉叛徒的事。但珲台吉对他们说,他已经从自己的兀鲁思把沙皇叛徒巴拉巴鞑靼人100户家庭送还了,可是对这样的效忠行为沙皇没从莫斯科给他任何皇赏。现在他再派出两名使节别克杰伊和吉尔仁巴伊去莫斯科拜见皇上,只要皇上赏赐他,他立即归还剩下的巴拉巴叛徒。另外记载有:在卡尔梅克珲台吉兀鲁思有个塔拉城的俘虏米什卡·切尔卡舍宁告诉他们两位皇使奥斯塔什科和阿拉古尔科说,卡尔梅克和鄂尔勒克和库什台吉派来了使节,经常来找珲台吉,劝他跟他们一起攻打西伯利亚的托波尔斯克、秋明、塔拉和沙皇的交实物税州县。珲台吉怎么回答的,米什卡不知道,因为对他保密。还有,托波尔斯克跟随珲台吉的两名使节别克杰伊和古尔仁巴伊的托波尔斯克军人德鲁仁科·库拉根和尤尔托夫鞑靼军人杰弗列季姆科·巴克舍纳科夫带了些呢子的皇赏出使珲台吉处,回来后曾告诉米哈伊尔公爵等人他们遇到珲台吉跟其他台吉一

起往蒙古方向走去了,谈到了让他们交还塔拉的叛徒库兰切伊科等人
184 之事。珲台吉回答皇使德鲁仁科和杰弗列季姆科说,他的父亲哈喇忽拉效忠皇上多年,皇上对其父也是皇恩浩荡,赏赐很多,以前他父亲的使节经常到莫斯科沙皇身边,现在连蒙古的使节也让去莫斯科拜见皇上了。但是他珲台吉的使节却还不让从托波尔斯克去莫斯科拜见沙皇陛下,不过,当他们皇使德鲁仁科和杰弗列季姆科要离开珲台吉回国时,珲台吉带他们去到库拉台吉处,令他立即查出库兰切伊科等那些叛徒,交还皇使。库拉台吉按照珲台吉的指示查找了各驻牧地,皇使为此等了10天,但是库拉台吉最终却没能找到巴拉巴库兰切伊科等鞑靼叛徒,开始下起大雪。库拉台吉就送皇使返回塔拉,派了珲台吉的使节库卢斯科护送同行,他对皇使说,不敢再滞留他们,因为已开始下大雪,他们会没法行走,库拉台吉查明俘虏后一定在开春送还到巴拉巴。

珲台吉的使节库卢斯科一到托波尔斯克使馆就代表珲台吉送了1匹骏马,并叩求皇上赏赐珲台吉,赏给他能不被子弹伤害的护身盾牌,再赏他10只守院子的小狗和饲养用的种猪20只。可是在托波尔斯克买不到这样的盾牌。珲台吉使节库卢斯科还说,珲台吉让他叩求皇上能允许他库卢斯科去莫斯科拜见沙皇陛下。但米哈伊尔公爵等人没有皇上指令不敢放他来莫斯科拜见陛下,叫他开春再来托波尔斯克,因为此前给过米哈伊尔公爵等人圣旨,规定珲台吉的使节不得放去莫斯科,令从托波尔斯克不要拖延地放回卡尔梅克,按惯例说明去莫斯科路途遥远,他们需要再叩求皇上的指示。

关于珲台吉的使节库卢斯科要求赏盾牌、小狗和猪以及要去莫斯科的上述情况,彼得·普隆斯基公爵等人也给陛下报告过。那么一旦卡尔梅克珲台吉把剩下的沙皇的叛徒巴拉巴鞑靼人库兰切伊科等人送来,或有派使节来叩求让他们去亲见沙皇陛下,对他们以前的和现在的效忠行为,即一旦送来剩下的叛徒,而要求皇赏和送盾牌、猪狗这些东西,到底放不放他们去莫斯科?给他珲台吉送些什么皇赏奖励他的效忠行为呢?就送猪和小狗给他吗?望皇上对有关这些问题给彼得公爵等人发个圣旨。

今年148年(1639)10月10日,全俄沙皇米哈伊尔·费多罗维奇大公陛下赏赐了珲台吉派到托波尔斯克来叩求要去莫斯科的使节们,允许他们从托波尔斯克去莫斯科拜见沙皇。沙皇关于此事的圣旨是发给托波尔斯克彼得·普隆斯基等人的。

可是皇上在143年(1634)指示要赐给珲台吉的银酒杯、酒器、金腰带和呢子等价值500卢布和给库拉台吉价值350卢布的皇赏,现在还赏不赏赐,这也请沙皇陛下指示。[1]

57页反面有特列尼卡·瓦西利耶夫的签字。

全宗:西伯利亚衙门,栏目455,48－57页,原件。

[1]没有见到有关新皇赏的任何其他手谕的记录文件。只有1635年8月20日的手谕中存在喀山省廷衙门中,曾指示给额尔德尼·巴图尔因其"交还叛徒们",应予大赐皇赏。但是这批皇赏没被送出,因为有权判断该皇赏令的人鲍梁金斯基和瑟金认为,皇赏量与发给阿勒坦汗的礼品相比实在太大,建议只发放其中一些就可以,比如1块呢子加金带,而不需要这么大的数目。按这个理由,改了命令,1636年从托波尔斯克派往准噶尔台吉们的礼品只有1块呢子,因为托波尔斯克总督戈利称公爵坚持认为,还回100户叛徒家庭不应付那么多皇赏,因为"如果给台吉们这么多皇赏,他们见了,今后就会要得更多,以后没皇赏就连小事也不肯做了"。他把这个意见写给了西伯利亚衙门。改赏的事拖了很久,到1640年元月又有了赐皇赏的指示,不过这次的量减了一半(参见本译著下册文件第42—44号之注释1)。

第40号

185 1639年10月19日:西伯利亚衙门就准许准噶尔使臣去莫斯科并在外事衙门予以接见事宜致外事衙门的公函。

7148年(1639)夏10月19日,根据全俄沙皇米哈伊尔·费多罗维奇大公陛下的谕旨,给议会秘书长费多尔·利哈乔夫和玛克西姆·玛丘什金以及格里戈里·利沃夫的公文。

前些年和今年148年(1639)御前大臣兼总督米哈伊尔·捷姆金·罗斯托夫斯基等人曾从西伯利亚托波尔斯克几次给沙皇陛下写信,继米哈伊尔公爵之后总督彼得·普隆斯基等人也写过信,都谈及如何对待卡尔梅克珲台吉使节的问题,说到珲台吉的使节们一到托波尔斯克就叩求沙皇陛下说,珲台吉没有跟沙皇的人打过仗,那些悄悄逃到珲台吉兀鲁思的和其他卡尔梅克兀鲁思的背叛沙皇的鞑靼实物税民以及卡尔梅克台吉们在战争中抓来的实物税民也送还了西伯利亚各城。143年还把137年背叛沙皇的巴拉巴库古结伊王公及其属民,还有库拉台吉在未得珲台吉允许的情况下于142年(1633)战争中掠来的100户带妻儿的实物税民和1000匹马都归还了塔拉城,现在又正在寻查剩下未还的塔拉叛徒库兰切伊科,准备归还塔拉并在其他兀鲁思查找俄国逃去的俘虏,捎回俄国城市。而且有的台吉带兵来到他珲台吉处问他借兵,要他一起攻打俄国城市,珲台吉总是一再拒绝,明确告诉他们,珲台吉本人绝不会去打沙皇的城市,也不会借兵,而且告诉那些台吉,如果他们去打俄国城市,他珲台吉会全力阻止,甚至亲自发兵讨伐。但是蒙古地方的人,对沙皇的效忠比珲台吉差多了,可是那些蒙古使节却允许去莫斯科……所以希望沙皇看到他多方面为沙皇服务,让他的使节去莫斯科,给予接见。

今年148年(1639)10月10日,全俄沙皇米哈伊尔·费多罗维奇大公陛下听了有关汇报，赏赐了珲台吉，允许他的使节今后若从卡尔梅克来到托波尔斯克叩求来莫斯科，那就由合适的警察监护往莫斯科见沙皇陛下，并令把沙皇有关圣旨传达到西伯利亚和托波尔斯克，并把放行的谕旨从外事衙门发给秘书长。当珲台吉的使节从西伯利亚出发往莫斯科时，在此前务必派急使将皇上陛下的指令从西伯利亚托波尔斯克放行，将即将出发的情况报告外事衙门和西伯利亚衙门。到莫斯科后沙皇指示在外事衙门接待珲台吉的使节。

同时遵照全俄沙皇米哈伊尔·费多罗维奇大公陛下给贵族议会秘书长费多尔·利哈乔夫和玛克西姆·玛丘什金以及格里戈里·利沃夫的谕旨，让他们从外事衙门给西伯利亚托波尔斯克总督彼得·普隆斯 186
基等人发去那份圣旨，即一旦珲台吉的使节到达西伯利亚托波尔斯克并叩求允许他们去莫斯科拜见沙皇时，令派警官和监送人员陪同珲台吉的使节从西伯利亚托波尔斯克同往莫斯科拜见沙皇陛下，并在使节们出发前把他们出发的情况预先报告莫斯科沙皇陛下知晓，而且需要提供包括沿途的食物，同时要从西伯利亚衙门报告托波尔斯克总督彼得·普隆斯基公爵等人关于他们出发的情况。谕旨已发出。

封口处签名：秘书长尼基福尔·舍普林。

文末登记：10月19日西伯利亚衙门莫克叶耶米·萨维利耶夫。

全宗：准噶尔事务，1639年，文件第1号，1－4页，原件，该文件部分字迹不清；全宗：西伯利亚衙门，栏目455，64－67页。

第41号

1639年10月20日:西伯利亚衙门就向吉尔吉斯人征收实物税并就此类问题与阿勒坦汗谈判诸事以及在阿巴坎河修筑城堡一事呈沙皇米哈伊尔·费多罗维奇的报告。

148年(1639)10月10日托木斯克的贵族子弟,即今年148年(1639)从托波尔斯克跟随阿勒坦汗的使节出使的瓦西利·斯塔尔科夫在盘问时说,他们从托木斯克带着阿勒坦汗的使节去莫斯科见到皇上陛下是147年(1638)6月4日。到托波尔斯克和索利·喀木以及喀山共历19周。只是托木斯克御前大臣兼总督伊凡·罗莫达诺夫等人只让他们带了一个公文给外事衙门,只说到他们和阿勒坦汗的使节同行,至于他们如何到阿勒坦汗那里去等等公文和文录没让他们携带,可他们却想根据这类公文让他们随后的、曾跟他们一起在阿勒坦汗处的那些托木斯克军役人员玛卡尔科、季什卡和费季卡等人能更快走萨彦岭的捷径。他们期望那些军役人员能带着,说需要赶上他们快行的那类公文,因为走前述捷径可以早5至6周到达,还有他们在托木斯克出发前两天曾有消息说一半吉尔吉斯人骚动了,另一半也蠢蠢欲动,至于是想去攻打俄国城市还是去其他什么方向,还不知道。不过,当他们去阿勒坦汗处和返回时,吉尔吉斯人都不肯为他们提供食物和大车,也不肯卖给他们,而是辱骂他们,告诉他们说皇上三个城市的人要分头攻打他们。所以皇使们在阿勒坦汗那里时,对阿勒坦汗说,希望他制止吉尔吉斯人干任何坏事,引导他们臣服沙皇,这是他宣誓承诺过的。皇使还告诉阿勒坦汗已经从克拉斯诺雅尔向吉尔吉斯派出了使节哥萨克奥德别宁去找他们的头人王公别尔坚。那个别尔坚王公到皇使哥萨克那里,手叉着腰。也是这位王公曾把从托木斯克派往基亚河的军役人员

伊瓦什科·维尔霍土尔茨克人抢掠一空,而且吉尔吉斯王公伊兹尔切 187
伊等人还抢劫了沿楚雷姆河从事渔业营生的百姓。皇使哥萨克希望阿勒坦汗下令查明这些事件,制裁这类抢劫贼人。可是阿勒坦汗拒绝了他,说他没法制裁那些吉尔吉斯人,无力引导吉尔吉斯人臣服沙皇,似乎说那个别尔坚不由他本人管辖。[1]

他们皇使在阿勒坦汗处时,沙皇的实物税民捷列谢茨人的王公爱达尔卡等8人来到阿勒坦汗兄弟岱青诺颜那里,而且每人带来11张黑貂皮作为实物税。而从前捷列谢茨人作为沙皇的实物税民是交实物税给库兹涅茨克堡的,而且这个爱达尔卡的父亲满德拉奇卡现在还在库兹涅茨克做人质。还有阿勒坦汗的兄弟达音诺颜,一到阿勒坦汗处,就把一个皇上交实物税男子的一匹灰马抢走了。皇使哥萨克也告知了阿勒坦汗,让他查出这匹马并交出来。可是阿勒坦汗坚持不交还,不下令查找和归还这马匹。而且阿勒坦汗那些出使到过沙皇身边的人,从俄国托木斯克县回到基亚河在实物税民卡申等人那里抢走了7匹马,还追赶他们的猎获物,滥赶滥骑,把那些马都累死了。

阿勒坦汗把克拉斯诺雅尔一带的实物税民都说成是他的,他对这些人说,让把那个贼人谢伊特科交还给他阿勒坦汗,可是后来那人在克拉斯诺雅尔被抓获。所以瓦西利讽刺阿勒坦汗说:你阿勒坦汗就是不让过后抓住这个贼人,是让他可以在克拉斯诺战争时杀俄国的军人和实物税民吧?你把俄国的武器供给他用,而给俄国军人就送来一件衣服是吗?阿勒坦汗对此无言可答,说他会把谢伊特科的情况报告沙皇陛下,让皇上把此人谢伊特科交还给他阿勒坦汗。可是只要皇上一旦下令交出此贼人谢伊特科,那家伙就会暗中串联其他贼人攻打俄国克

〔1〕阿勒坦汗的领地应该理解为不光是阿勒坦汗汗国专门的领土,已扩张到北至叶尼塞河的上游支流地带,南达蒙古阿尔泰,东到色楞格河与呼布素古尔湖,西临乌布沙湖,而且还应包括其臣民——克什蒂姆的领地。

17世纪头15年阿勒坦汗向南部西伯利亚一些小的部落搜刮贡税实物税。后来他的领地伸延扩张到住有叶尼塞吉尔吉斯人的地区以及图瓦和准噶尔的一部分。而这些他所伸延的地区,特别是收取吉尔吉斯兀鲁思的实物税,也是俄国人和卫拉特人所觊觎和想拥有的,这也正是一个相当长的时期中,他们相互冲突的根源之一。

拉斯诺雅尔的实物税民，攫为他们所有，那就纵容了那人来杀掠皇上的属民。而这样做今后皇上从阿勒坦汗那里也得不到任何好处，因为他是游牧人，不定居，游牧的地方又靠近皇上的收实物税地区，这些地区的克拉斯诺雅尔堡和库兹涅茨克堡就紧挨着阿勒坦汗的萨彦人、莫托列茨人、图瓦人和捷列谢茨人，只要皇上下令击溃吉尔吉斯人，那么那些克什蒂姆比吉尔吉斯人和阿勒坦汗更好控制，他们会臣服沙皇陛下，而从他们那里可以得到远比连斯克堡[1]更多的利益。

一旦拿下吉尔吉斯人，陛下就可指示在巴罕河上，即他们的阿玛罕河上建立一个要塞。这个要塞要建在沿叶尼塞河上溯的吉尔吉斯人身
188 边的山岭脊椎部位，那么许许多多土著人就会臣服沙皇陛下。建这个要塞的位置应选择更适于耕种和适于渔牧狩猎的地方。在沿叶尼塞河上溯到巴罕河上游更上一点的有阿勒坦汗 60 名左右克什蒂姆种地的地方。阿勒坦汗也常游牧去那里住一天半天的。一旦陛下指令在那里建起要塞，吉尔吉斯人和阿勒坦汗的人都会害怕。因为吉尔吉斯人和阿勒坦汗的人都要来那里，一旦那里有了要塞和皇上的驻守军，他们就没法再找现在他们统治的这些克什蒂姆，这些克什蒂姆就会处于要塞保护之下。现在住在那地方的克什蒂姆，除了另外的 500 多人，都是定居农耕民，可以坐轻舟经叶尼塞河从克拉斯诺雅尔到达阿勒坦汗处。只是大轮船能不能通过，他不清楚，因为他没有沿叶尼塞河行走过，不过他今后一定要坐轻舟去侦察一下。从克拉斯诺雅尔到巴罕河骑马要 6 至 7 天，对防御那些好战的土著人，防御吉尔吉斯和黑卡尔梅克人，以及防御阿勒坦汗的人，这个要塞都将起大堡塞的作用……要塞周围的各族都会赶着牲畜、牛马到要塞来交易。

在 67 页反面文末加有注：10 月 20 日全俄沙皇米哈伊尔·费多罗维奇大公陛下审阅了这个报告，并指示关于瓦西利·斯塔尔科夫说到的那个地方，即阿玛罕河那个希望能建防御吉尔吉斯人要塞的地方，要

[1]连斯克堡为 1632 年由叶尼塞百户长彼得·别克托夫在亚库茨克中心地区所建。后来又称亚库茨克城。亚库茨克的部落联盟变成了俄国实物税州县，其居民得交大量实物税，主要税种是黑貂毛皮。

问过雅科夫·图哈切夫斯基，要他确认是否有那么个开阔地带。如果有，雅科夫对那个地方有什么看法？为了找寻到吉尔吉斯人，一边驯服他们，皇上指示派雅科夫·图哈切夫斯基出使，不过原指令是开春出使，而现在按彼得·普隆斯基公爵要派军队的这个报告，今年夏天出发也赶不上了。

文上签字：秘书长米基福尔·舍普林。

全宗：西伯利亚衙门，栏目84，59－67页，原件。

第42号

1640年1月20日:国库就赠给额尔德尼·巴图尔珲台吉的赏赐事致喀山省廷衙门的公函。

7148年(1639)元月20日,按沙皇圣旨给鲍里斯·米哈伊洛维
189 奇·雷科夫和秘书长米基福尔·舍普林的公函:

国库总管帕弗洛·伊凡诺维奇·沃雷恩斯基和秘书长加弗里洛·奥勃列佐夫收到您米基福尔寄来的公文,写有:另给您喀山省廷衙门捎去银质的酒杯、酒盅等酒器,还有一条黄金腰带和优质挺拔的呢子,这些是作为皇赏转交西伯利亚托波尔斯克的,然后从托波尔斯克赐给卡尔梅克珲台吉和库拉台吉:给珲台吉的价值约250卢布,给库拉台吉的价值约150卢布。

现就按全俄沙皇米哈伊尔·费多罗维奇大公陛下圣旨,从国库支取上述规定的皇赏叫书吏伊凡·亚科夫列夫捎去,总共赐给珲台吉酒器、金带、绸缎、呢子等价值250卢布5阿尔腾2戈比的皇赏,超过皇上指令5阿尔腾2钱币;而给库拉台吉的皇赏价值150卢布8阿尔腾3钱币,超过8阿尔腾3钱币。应分别给谁些什么,捎去的这份公文中附有清单。

78-81页封口签名人:秘书长加弗里洛·奥勃列佐夫。

78页反面注有:国库接受来文,选合适军人带往托波尔斯克。

全宗:西伯利亚衙门,栏目455,78、79页,原件。

第43号

1640年1月20日：国库送往喀山省廷衙门的赠给额尔德尼·巴图尔珲台吉的赏赐清单。

（与文件第42号类同，略）

第44号

190 1640年不早于2月26日：托波尔斯克总督普·伊·普隆斯基就军役贵族K.阿勃拉英夫和X.伊捷耶夫去准噶尔兀鲁思和遣送巴图尔珲台吉使臣去莫斯科等事呈西伯利亚衙门的报告。

臣仆彼得鲁什卡·普隆斯基、费季卡·洛夫奇科夫、伊瓦什科·特罗菲莫夫、安德柳什卡·加尔金等叩呈全俄沙皇米哈伊尔·费多罗维奇陛下：

陛下，147年(1638)8月17日我们曾让贵族子弟基里尔·涅兹戈沃尔斯基和哥萨克步兵首领加弗里洛·伊利英给您捎去一信，提到过那个在前任御前大臣兼总督米哈伊尔·捷姆金·罗斯托夫斯基等人在任时从珲台吉处派到托波尔斯克的珲台吉使节乌鲁斯凯，我们已于6月18日把他经由塔拉遣返回了珲台吉处，并派出了哥萨克骑兵军役人员库泽姆卡·奥勃拉莫夫和尤尔托夫鞑靼人霍扎玛麦特·伊杰耶夫与之同行……

这两位送珲台吉的使节乌鲁斯凯回去的皇使已于148年(1639)12月6日返回托波尔斯克。跟随他们同来的使节，珲台吉仍派回了那个乌鲁斯凯，还有一个诺耶达。这两位珲台吉的使节代表珲台吉向您沙皇陛下叩呈了2匹马，这马的价值约3卢布26阿尔腾4钱币。在外交使馆，他们对我们说，珲台吉叫叩求您皇上陛下赏赐他珲台吉，赐他
191 上等防身盾牌、手枪和猪，而且要办养猪场的10头繁殖用母猪和2头公猪，还要火公鸡和母鸡以及10只能卧守庭院的小狗。珲台吉已令查寻剩下的沙皇的叛徒库兰杰伊科等人，并从自己那里送回其原住帐地。陛下，只要您把他珲台吉叩求的皇赏赐给他，全送到盐湖，派人送他的一名使节去处理，另一名使节则走陆路回珲台吉处通知。派往盐湖的若是托波尔斯克带货物的军役人员，他珲台吉会令库拉台吉去盐湖，吩

咐在盐湖边接收皇赏，并为皇上用骆驼从亚梅什盐湖把盐运上船。除此之外，珲台吉再没让他们说什么。

陛下，皇使奥勃拉莫夫和伊杰耶夫对我们说，当他们从塔拉去珲台吉牧地时，从巴拉巴走了9天首先到的是库拉台吉游牧地那个珲台吉的兀鲁思，当他们来到库拉台吉那里，库拉台吉来迎接他们的第一句话就是，他们给珲台吉带来了什么？是否按珲台吉要求带来了猪、狗之类？他们两位皇使回答库拉台吉说，猪、狗之类没法运给珲台吉，因为珲台吉牧地太远，大车上没法运。于是库拉台吉开始很生气地对他们唠叨，珲台吉已经交出了沙皇叛徒巴拉巴鞑靼人100户，为此期盼着皇上的大赏，不止一次地遣使。而皇使从托波尔斯克和塔拉一再遣来珲台吉这里，一再给珲台吉带来了大皇赏的希望，可却至今不给珲台吉送来皇上的大赏。现在珲台吉又派了乌鲁斯凯去叩求皇上陛下赐猪和小狗，可这次还遣使来骗珲台吉，还不捎来给珲台吉。这就表明，皇上各城要派人来打珲台吉的属民，来打吉尔吉斯人了。那，珲台吉现在是否应派4000人去吉尔吉斯，阻拦打仗，并把巴拉巴鞑靼人抓回自己兀鲁思呢？

皇使库泽姆卡和霍扎玛麦特就此回答库拉台吉说，派他们来是出使珲台吉的，而不是找他库拉台吉，对他没有任何指令，指令只跟珲台吉说。而他说什么，似乎会来攻打吉尔吉斯，那全是他自己的猜想，这种威胁性的话会挑起沙皇的人和珲台吉之间的矛盾，不过，珲台吉却并不知道。我们还对库拉说，现在按您陛下的指令每年从俄国城市各派500人以上往西伯利亚诸城，以便使俄国各城市的人口逐渐增加，这不是为打仗，是为贸易，打仗会使各汗国不安宁，造成跟沙皇的人冲突，现在不会打仗了。于是库拉台吉跟他们说，他会给两个皇使提供食物并亲自送他们俩到珲台吉处。 192

后来，他们在亚瑟基河开阔地遇到了珲台吉，从库拉台吉的游牧地离开已经一个月了。一路上珲台吉的兀鲁思都为他们提供了丰富的食物。库拉台吉再见到珲台吉之前就已派出了使节乌鲁斯凯。当珲台吉叫两位皇使到外事处见他时，他俩就把从托波尔斯克带来的皇赏呢子交给了珲台吉。交出后说，希望他珲台吉见到沙皇的皇恩浩荡之后，能比以前更好地效忠沙皇，为了今后继续享受皇恩，能把皇上的叛徒剩下未还的巴拉巴鞑靼人库兰杰伊科等人交还，而且今后在沙皇的叛徒回他的兀鲁思时，希望把他们交给西伯利亚各城，并不要滞留皇使，毫不拖延地放回托波尔斯克。至于他珲台吉向沙皇叩求的盾牌以及猪、狗，那种子弹不入的防身盾牌，在托波尔斯克还没找到，这个要求已报告莫斯科转给沙皇，但回复的圣旨还没到，一旦沙皇圣旨一到，会立即告知他珲台吉。猪和狗没法运往珲台吉处，是因为珲台吉游牧地太远，不好用大车运。珲台吉回答……库兰杰伊科等人已携带妻儿逃离他那里，去很远的地方藏匿起来了。不过他已在兀鲁思下了硬性命令，不管在哪里发现他们，就立即连同其妻儿和牲畜等一起全送回巴拉巴。

陛下，珲台吉的母亲和妻子游牧在离珲台吉10俄里处。第三天，
193 珲台吉来找库泽姆卡和霍扎玛麦特两位皇使，想让他们去看他的母亲阿巴海，就把他们带到自己家。来到那牧地，在他母亲身边待了很久，跟她坐在一排。当他们来到其母亲的小屋，其母阿巴海只说了句问候健康之类的话，再没说什么话。然后叫他们在那里吃饭。当时他们母子之间不知怎么地轻轻交谈着什么，谈了很长时间，讲什么听不清。他们母子交谈过后，珲台吉开始跟他们两位皇使说话，说他珲台吉效忠沙皇，交还 100 户沙皇叛徒巴拉巴鞑靼人的事，并提到他期望沙皇大皇赏的心情。之后从托波尔斯克给珲台吉派来了皇使托米拉·彼特罗夫等人说到了沙皇仁慈的金口玉言，说会给他珲台吉从莫斯科捎来价值 500 卢布的皇赏。不过，这个皇赏至今还没给珲台吉送来[1]，托米拉·彼特罗夫等人告诉他的话到底是真的还是编的谎话呢？

---

〔1〕这里说的还是拖延（达 5 年）送出给巴图尔珲台吉的及其下属库拉台吉皇赏（礼物）的事，皇赏是为了奖励他们把库拉台吉和他的儿子们抓去的 100 户巴拉巴鞑靼人于 1635 年送还给了塔拉（参见本译著下册文件第 39、42、43 号以及 39 号注 2）。

塔拉总督们等不到从莫斯科捎来沙皇的皇赏，就派出了普罗特尼科夫去珲台吉那里，普罗特尼科夫就通知了巴图尔有关巨额礼品的消息。但只是在得知卫拉特王公们对长期拖延已承诺的礼物非常不满的时候，国库才于 1639 年 12 月 16 日收到了关于分配礼品的指示，但数量已大大压缩了：给巴图尔珲台吉的价值为 250 卢布，而库拉台吉所得价值为 150 卢布。到 1640 年 6 月 3 日礼品才随缅尼硕夫·列麦佐夫使节一起送到了珲台吉那里。

146年(1637)沙皇陛下又派了德鲁仁·库拉吉出使珲台吉,说他在托波尔斯克是个受尊敬的人,是总督的侄儿。于是他珲台吉又叩求沙皇,并请他德鲁仁转告托波尔斯克总督,让德鲁仁带着珲台吉的使节乌鲁斯凯请求皇上赏赐他珲台吉,让他的使节乌鲁斯凯从托波尔斯克去莫斯科叩求那份皇赏。望皇上陛下赐给他上等防身盾牌,猪还有守院子的小狗。称为总督侄儿的德鲁仁·库拉吉向珲台吉许诺,说作为皇使他一定把乌鲁斯凯带到莫斯科,并把猪、狗等在返回时带给珲台吉。但是还是没有让他的使节乌鲁斯凯去莫斯科拜见您沙皇陛下,也没允许给珲台吉捎去狗和猪,德鲁仁·库拉吉也再没去见珲台吉,今后还有什么可相信的,您的总督不可信地在欺骗,您的皇使也不可信地欺骗了人家……

后来珲台吉开始告诉他们两位皇使库泽姆卡和霍扎玛麦特,现在他珲台吉放他们回托波尔斯克,再派出他的两名使节诺耶岱和乌鲁斯凯跟他们同行,再去叩求沙皇陛下,希望您陛下赏赐他防身盾牌和手枪,还有珲台吉因为要在蒙古边界的和布克赛尔筑石头城,从事农耕, 194
想在城中生活,所以叩求能繁殖的母鸡和母猪10头、公猪2头,火鸡公母都要,另外还需要守庭院的小狗10只。陛下,珲台吉在托波尔斯克此外再未向我们您的臣仆叩求其他东西,是赐上述这些给珲台吉,还是赐皇上您原定的皇赏,由陛下定夺。只是希望您能赏赐他,两位皇使叩请现在就能派珲台吉的一个使节去莫斯科拜见您。如果还不让珲台吉的使节去莫斯科,那就把皇赏从托波尔斯克捎给珲台吉吧,望能从草原遣回他的一个使节去通报这个消息,而另一个使节坐船把您的皇赏盾牌、手枪、猪、鸡、狗等等通过水路运往盐湖。望陛下再恩准派俄国商人带上俄国商品去珲台吉那里。而珲台吉会命令库拉台吉于开春去盐湖接受您的皇赏,同时已令在盐湖畔为皇上效劳,把盐搬上船。为运盐和用大车运商人,库拉台吉会带上100头骆驼。

珲台吉还是在他们相遇的地方,即亚瑟其河那个地方为皇使库泽姆卡和霍扎玛麦特送行,同时派出其两名使节诺耶达与乌鲁斯凯跟他们同回托波尔斯克。出发时,他最后表示,如果您沙皇仍不赏赐他所叩求的东西,不恩准,那么今后他也不用再派使节来托波尔斯克了。出发时,派人护送皇使到库拉兀鲁思的,是两个头人库坚和玛嘎尔达,因为库拉台吉病了,而珲台吉本人游牧去了他在和布克赛尔地区正在建造的那个城市。陛下,据卡尔梅克人说,和布克赛尔城离他们遇到珲台吉的那亚瑟其河需游牧3天。那个城里在珲台吉边上住的是喇嘛,为珲台吉种地。陛下,种地的人是布哈拉人,种小麦和粟米等,种子也都从布哈拉运来。不过珲台吉还没在城里定居,而是在附近游牧。不过,不知为什么珲台吉没请两位皇使去看那个城市,所以他们不了解该城的情况。出发时珲台吉很坚决地对护送人员下令说,如果那些皇上的叛徒剩下的巴拉巴鞑靼人库兰杰伊科、亚戈尔达和丘拉尔等人还没回到巴拉巴他们的老地盘,或者哪里有他们的消息,一定要查出交给两位皇使。

陛下,他们珲台吉兀鲁思到库拉的游牧地科乌尔恰克历时一个月,但各处都没能打探到叛徒库兰杰伊科等人的消息。当到达科乌尔恰克
195 时,忽听白卡尔梅克人[1]传说,说是那些巴拉巴鞑靼人没法去寻找……

陛下,这两位皇使从珲台吉处到库拉游牧地,又从库拉游牧地到巴拉巴,再到托波尔斯克总共历时9个星期。在珲台吉境内曾听珲台吉的人在谈论,杰弗列特·基列伊、库楚姆的孙子派的使节到了珲台吉这里要借2000人马用来攻打俄国城市。不过,珲台吉拒绝了,说他不想跟沙皇的军队打仗。他们两位皇使库泽姆卡和霍扎玛麦特在去珲台吉的路上和返回时都还听说,那些背叛的巴拉巴鞑靼人无事生非地挑拨说,为什么沙皇不按珲台吉叩求的捎来猪和狗呢?只不过是越叩求,他就越不肯赏赐吧……除了这些,他们两位皇使再没听说什么。

我们让卡尔梅克使节在托波尔斯克等待您的圣旨和皇赏,按原规定为他们提供衣食供应。而且让前两次派出的人,像派托米拉·彼特

[1]白卡尔梅克人在俄文文件中指称的是区别黑卡尔梅克人——准噶尔的卫拉特人的捷列乌特人,这些捷列乌特人游牧于鄂毕河西岸,阿尔泰山的山前地带。

罗夫等人去珲台吉那里时，让他们跟珲台吉说什么？是否令预示会赐给500卢布，还有说了这点之后，是否珲台吉有什么相关的要求给托波尔斯克？

秘书长格里戈列伊·普罗托波夫写道，派贵族子弟托米拉等人出使时，叫他跟珲台吉说的是，说一些肯定珲台吉效忠沙皇的一些表现，为此这次给他珲台吉和他的兄弟库拉台吉捎去了皇赏呢子……希望他珲台吉看到皇恩浩荡，看到给他皇赏的情谊，今后仍忠于沙皇并遵守自己的承诺：率自己的兀鲁思在自己原牧地游牧，不会到邻近沙皇实物税
民的州县去游牧。如果144年(1635)要从托波尔斯克或其他西伯利 196
亚城市派军人去亚梅什湖只为挖盐，他珲台吉会去亚梅什湖为沙皇服务，派自己的人和骆驼把盐运到船上，如有别的台吉在盐湖边，他会叫他们不要挑起冲突……

在以往的142年(1633)从布哈尔派来了使节卡兹·卡兹耶夫来进行贸易，是经过库什台吉的兀鲁思而来。此后库什台吉忘了曾蒙受皇恩和赏赐，竟派其儿子、女婿和属人，还有背叛沙皇的库楚姆的孙子阿布拉，从塔拉鞑靼人科恰什科·塔纳塔罗夫等人那里两次偷袭了塔拉城，而且他们在塔拉城郊杀掠了许多沙皇属民。为了那场库什战争，那个布哈拉使节卡兹·卡兹耶夫来了塔拉。库什台吉也多次遣使来托波尔斯克和塔拉，来请求您沙皇恩准他库什台吉认错，并把卡兹放回他的兀鲁思，而他会查出自己各兀鲁思中的所有塔拉俘虏，归还塔拉。后来根据库什的呈文，未计前嫌，考虑今后他或能再效忠您皇上，就放了
布哈拉使节卡兹，让他回了库什兀鲁思。可是库什到那个秋天并未归 197
还塔拉俘虏，又遣使来说，到次年夏天他会把全部俘虏送到盐湖交给沙皇的人。

143年(1634)来打秋明的是库楚姆的孙子和叛徒塔拉和秋明的鞑靼人联合了达赖兀鲁思的卡尔梅克军人塔尔罕·巴阿德尔等人，突袭秋明县城，杀掠了大批皇上的属民。俘虏都在达赖台吉的兀鲁思。达赖台吉遣使巴乌恰·莫乌达罗夫等人到托波尔斯克叩求沙皇陛下开恩，不要派兵打他的兀鲁思，说他的属下塔尔罕·巴阿德尔攻打秋明他

并不知情,他会查明秋明所俘人员,加以归还。而且其使节巴乌恰在托波尔斯克还进行了宣誓。达赖和库什台吉跟珲台吉都是姻亲,关系和睦,所以希望他珲台吉表现出对您沙皇陛下更明显的忠诚,从盐湖或他的兀鲁思遣使去库什和达赖台吉处,让他们牢记伟大沙皇给过他们的皇赏,应该在各方面效忠沙皇,不要游牧到俄国的州县附近去,不得杀掠沙皇的实物税属民以及所有狩猎民,信守自己的诺言,按协议查明各自兀鲁思中的秋明和塔拉俘虏,全部归还。并把沙皇的叛徒塔拉和秋明鞑靼人科恰什科·塔纳塔罗夫和扬拜科·亚尔土林等人送还塔拉和托波尔斯克,这样才能免受沙皇的惩罚,使自己的兀鲁思免遭毁灭之灾。并且今后不得再保护库楚姆的孙子等这些沙皇叛徒,不得帮助他们的人,不得派人来攻打俄国的城市和县镇。而您陛下可赏赐珲台吉以皇赏,允许他的使节和商人来西伯利亚的城市做生意,勿加阻挠给予自由。

……至于从莫斯科会捎到托木斯克给珲台吉的皇赏将价值500卢布的事,在文录中没有写过,也没有令托米拉等皇使跟珲台吉说这件事。144年(1635)托米拉等人返回托波尔斯克时,随他同来的有珲台吉及其母亲和兄弟派来的使节阿班·布加纳耶夫等人,还捎有一封信。珲台吉只叫他的使节们转告,他效忠于您陛下,已经把科古杰伊王公等巴拉巴叛徒及其妻儿归还了塔拉,他以前收留了他们,今后再不收留这类巴拉巴实物税民。

还说到143年(1634),库什兀鲁思的军人攻打塔拉并俘虏了塔拉的俄国和鞑靼人时,库什台吉曾派一名塔拉俘虏去布哈拉要把那个沙皇的农民格鲁什卡·安德烈耶夫卖掉,珲台吉忠于沙皇,在路上截住了库什的使节,没让卖掉那农夫,并把使节和那个农夫格鲁什卡都送回了托波尔斯克……在珲台吉信中写的,也跟他的使节阿班说的内容一样。托米拉·彼特罗夫等皇使说,他在出使珲台吉那里时,出使文录中没写到从莫斯科会捎来500卢布的皇赏给珲台吉的事,所以,珲台吉的使节
198 来到托波尔斯克也没提到这件事。我们现在又盘问托米拉·彼特罗夫,他说,他们使节对珲台吉说的话,都是出使文书中规定什么,说什

么,所以将给珲台吉价值500卢布皇赏的话,根本没有说过。关于德鲁仁卡皇使说自己是总督的侄儿,保证把珲台吉的使节乌鲁斯凯送到莫斯科并带给他猪和狗等皇赏的话,他德鲁仁卡也没有说过。而您给珲台吉的皇赏,即奖励他交换巴拉巴叛徒的100户属民这事的皇赏,至今就只有一样,即优质呢子。

陛下,今年148年(1639)元月20日在您的圣旨里明示我们,如果珲台吉的使节再来到托波尔斯克,叩求让他们从托波尔斯克来莫斯科,令我们告诉珲台吉的使节们,您陛下已经恩准他们从西伯利亚的托波尔 斯克去莫斯科叩见沙皇,准备赐给珲台吉皇赏奖励他的效忠……所以我们定于2月26日送珲台吉的两名使节乌鲁斯凯和诺耶达及其护 199
卫阿舒布尔去莫斯科……

苏联科学院档案馆,列宁格勒分部,全宗:缪勒存档卷,第4目,11册,文件第49号,34－45页反面,18世纪拷贝。

出版物:存档卷《西伯利亚史》第2卷,莫斯科－列宁格勒,1941年,文件第382号,456－465页。

第45号

200　　1640年3月11日：书吏Д.阿加尔科夫就他个人去阿勒坦汗处情况呈外事衙门的申诉呈文。

（个人申诉，并要求赏赐，略）

第46号

1640年5月31日：西伯利亚衙门就准噶尔使臣携带赏赐前往额尔德尼·巴图尔珲台吉处的放行一事下达给托波尔斯克总督П. И. 普隆斯基的诏书。 202

转达全俄沙皇米哈伊尔·费多罗维奇大公陛下发给我们西伯利亚托波尔斯克总督们彼得·伊凡诺维奇·普隆斯基和费多尔·伊凡诺维奇·洛弗奇科夫以及秘书长伊凡·特罗菲莫夫和安德烈·加尔金的圣旨。

……148年(1639)4月3日我们从信中得知，148年(1639)12月6日从卡尔梅克来的珲台吉的使节乌鲁斯凯和诺耶岱已到达托波尔斯克，叩求我们赐给皇赏上等防身盾牌、手枪和能为养猪场繁殖的母猪10头、公猪2头、大公鸡、母鸡以及卧守庭院的小狗10只。说珲台吉是忠于我们的，此前他已从他的兀鲁思把叛徒巴拉巴鞑靼人科古杰伊王公等人连同妻儿100户送回了西伯利亚塔拉县的巴拉巴，并已下令查寻剩下的巴拉巴鞑靼人库兰杰伊科等人，已令查出后立即送还塔拉他们的旧住地。说如果我们要赏赐他所叩求的东西，希望把皇赏送到盐湖，可让他的一位使节带去，而派另一位珲台吉的使节走草原去通知珲台吉。他珲台吉就会派库拉台吉去接受皇赏，令库拉台吉用骆驼从盐湖亚梅什湖把盐运到我们船上，为此珲台吉令派出库拉台吉带100头骆驼去盐湖。

叩求过我们之后，两位珲台吉使节要求去莫斯科叩求这些同样的皇赏。于是我们赏赐了他的效忠，指令给他赏10只小狗、10头母猪、2头公猪及公鸡母鸡，由托波尔斯克赏赐，赏赐价格在托波尔斯克或其他附近的西伯利亚城市查找，所需钱款已令从托波尔斯克国库支出中提取，等他们珲台吉的两位使节从莫斯科回到托波尔斯克，你们就把皇赏

203 给他们。派一批西伯利亚军役人员跟他们中一人带皇赏去盐湖,另一人从草原道回去给珲台吉通知这一消息……

全宗:西伯利亚衙门,栏目 455,115 - 118 页,底稿;苏联科学院档案馆,列宁格勒分部,全宗:缪勒存档卷,第 4 目,11 册,文件第 57 号,49 - 50 页反面,18 世纪拷贝。

第47号

1640年6月3日至1641年2月3日：托波尔斯克军役贵族列麦佐夫使团去额尔德尼·巴图尔珲台吉和库拉台吉处的出使报告。 204

7148年(1639)6月3日夏，按全俄沙皇米哈伊尔·费多罗维奇大公的谕旨和总督彼得·伊凡诺维奇·普隆斯基、费多尔·伊凡诺维奇·洛弗奇科夫以及秘书长伊凡·特罗菲莫夫、安德烈·加尔金的指令函，令贵族子弟列麦佐夫去到与珲台吉和库拉台吉牧地相连的亚梅什盐湖，为了带皇赏给珲台吉和库拉台吉奖励他们以前对沙皇的效忠，皇赏是银质高脚杯、酒盅、酒器、金腰带、彩腰带以及上等丝绸、呢绒等。到达亚梅什盐湖后，要他列麦佐夫派合适人员去卡尔梅克牧地了解珲台吉和库拉台吉到了没有。如果到了，问珲台吉如何接受皇赏？一旦珲台吉和库拉台吉要他列麦佐夫送到他们那里，列麦佐夫应选择军役人员和全部皇赏同往，要当着皇使的面按清单一件一件赏赐。

列麦佐夫于148年(1639)6月3日从托波尔斯克动身前往亚梅什盐湖。从托波尔斯克到塔拉走了2周又2天。在塔拉为粮食卸载等事待了10天。从塔拉到盐湖走了4周半。来到亚梅什湖已是7月27日。一到盐湖就开始往皇船上装盐。当时珲台吉和库拉台吉还没到达盐湖。后来库拉台吉派来了他的属下杰木卡·巴图尔和布兰·阿勃鲁科以及卡拉羌，与列麦佐夫之前派往珲台吉处通报消息的托波尔斯克尤尔托夫鞑靼人一起来了。

库拉台吉使节杰木卡等人一到，就对列麦佐夫皇使说，如果他列麦佐夫带来了给珲台吉和库拉台吉的皇赏，望给他们杰木卡等人看一看。另外珲台吉和库拉台吉要为沙皇服务，这就用骆驼往沙皇的船上搬盐。于是列麦佐夫就把皇赏让杰木卡等人看了一下以便他们了解。

列麦佐夫告诉杰木卡等人，必须要库拉台吉亲自来亚梅什湖领皇赏。可是库拉台吉一直没来领,为了等他来发给他皇赏,俄使们在等待了2周。

205 8月14日,库拉台吉派了他的儿子萨基尔及其兄弟图尔拉克带了7个人来亚梅什盐湖找俄使告诉他因病不能来了,请列麦佐夫带皇赏去库拉台吉的兀鲁思。

8月15日,列麦佐夫把盐装满船,让他的同事图加林等人出发运走,他自己就带着皇赏跟卡尔梅克人前往库拉台吉处。走了6天到达库拉台吉处……

按照指令本应先给珲台吉赐皇赏,然后才赐给库拉台吉。但因库拉台吉一再强求,列麦佐夫为避免争吵和不愉快,就把赏给库拉台吉的全部皇赏酒器、金腰带、绸缎、呢子等等按清单全部赐给了他。并把指令中规定的话转达给了库拉台吉,之后大家喝足了葡萄酒。

8月31日,列麦佐夫在库拉台吉陪同下一起去找珲台吉,当走到白湖时,库拉台吉因病返回,令派护送人员陪列麦佐夫去找珲台吉。9月24日,列麦佐夫皇使到达珲台吉大妻住的伊休特地方,当时珲台吉不在该兀鲁思,说是去征伐蒙古人了。10月10日珲台吉从蒙古地方回到他大妻子的兀鲁思,时已深夜,次日珲台吉就让皇使列麦佐夫带皇赏去他那里。

于是列麦佐夫让同来的共9个人分别各拿上一种皇赏,而他自己则穿上彩色礼服。

来到珲台吉面前后,皇使列麦佐夫说了赐皇赏仪式规定,珲台吉先鞠躬,听了皇使的话之后,就问候了沙皇陛下健康等规定的话,皇使则转述了包括肯定了珲台吉交出俘虏、维护和平等等对俄国的友好表现,
206 即沙皇对他进行赏赐和奖励的原因……

当列麦佐夫赐皇赏时,当时在珲台吉那里的,还有和鄂尔勒克的儿子叶尔登台吉和4位使节,布哈拉哈萨克玉兹[1]扬吉尔王子[2]和达赖

---

〔1〕参见本译著下册文件第38号的注释1。

〔2〕关于扬吉尔,请参见本译著下册文件第38号注释2。

喇嘛[1]的使节，那些汗国的名字、使节的名字究竟叫什么，他列麦佐夫说不准确。

但是珲台吉接过列麦佐夫的皇赏时是坐着的，并对皇使说：我知道皇上是为那些事赏赐我，我会去叩谢，派我的使节跟你一起去托波尔斯克。

列麦佐夫告知珲台吉、他的妻子阿巴海和其内弟叶尔登台吉即和鄂尔勒克的儿子说，珲台吉接受皇赏时坐着，这不礼貌，在其他许多国家接受皇赏时仪式十分隆重，都站着接，不能坐。

珲台吉对列麦佐夫说，他是个草原粗人，对俄国礼仪一无所知。

然后，过了一天，珲台吉对列麦佐夫说：你赐皇赏的时候，说了许多话，可我记不得了，因为当时我喝醉了。列麦佐夫说：我说你坐着接受皇赏不礼貌。珲台吉表示，那他当时的表现很对不起皇上，请列麦佐夫在他清醒时把那些话再说一遍。于是次日，列麦佐夫又一次按指令上的话又对珲台吉重新说了一遍……

珲台吉请列麦佐夫为他叩求沙皇赏赐他会做生意的俄国人和布哈拉人 50 至 100 名，还有以前一再叩求的盔甲、防身盾牌等战时用品，以及繁殖用的鸡、猪、狗各 10 只，再要没阉割过的公鸡、公牛各 2 个和一些小鸡。

珲台吉还对列麦佐夫说，他听到消息，从库拉兀鲁思传来，说是沙皇的军队从巴拉巴往托木斯克方向进发，是要去打吉尔吉斯。列麦佐夫带着皇赏去赏赐他，可是另一方面却派军队要打他珲台吉的属民。珲台吉叩请列麦佐夫问一问，他珲台吉的吉尔吉斯人对沙皇陛下做了什么不好的事，他珲台吉可以制止他的属民干坏事。如果他们不听他珲台吉的，那时沙皇陛下再派兵不迟，他珲台吉也会亲自从另一方面讨伐他们。

列麦佐夫对此回答说，没有命令让他说这方面的事，他不知道有没

---

〔1〕达赖喇嘛——西藏和喇嘛教会的最高首领。在本研究时期，他是卫拉特王公、和硕特首领图鲁拜琥（顾实汗，1582—1654 年）的傀儡。

有陛下的军队要去打仗，他也不知道吉尔吉斯人是不是珲台吉的属民。他只知道吉尔吉斯人的确曾是沙皇陛下的实物税民，他们原把实物税交给托木斯克和其他边堡。

207 珲台吉说，如果皇上现在想从吉尔吉斯人那里收实物税，那就让皇上去收吧，不过他珲台吉还是照旧收自己的实物税。这件事他会派使节去托波尔斯克跟彼得·伊凡诺维奇·普隆斯基等人去交涉。

还有列麦佐夫在去珲台吉那里的途中查知，珲台吉的属下头人玛济克在库兹涅茨克堡外杀伤了俄国的贸易商人，还掠走了一些人。告诉列麦佐夫这件事的是一个库兹涅茨克堡给沙皇交实物税的鞑靼人，他曾去求珲台吉放了他妻子，他妻子就是被那个玛济克在库兹涅茨克堡外打仗时抓走的……

珲台吉对此事承认说，这件事他知道，但那个玛济克去打库兹涅茨克他不知道，而现在杀伤了沙皇的属民，此事沙皇有何指示？是否人赔人，牲畜赔牲畜？

当珲台吉要放列麦佐夫回托木斯克时，珲台吉来跟列麦佐夫商量他兄弟楚库尔台吉的事。他叩求沙皇恩准楚库尔臣服沙皇，也给他珲台吉这样的皇赏。至于沙皇赏赐库拉台吉他不清楚为什么，其实库拉不是台吉，是珲台吉兄弟的奴仆，当巴拉巴鞑靼人卖给他兄弟时，跟楚库尔商量过，让他库拉做什么事，他就做什么，没有他们的允许他不敢做。

于是列麦佐夫在珲台吉兀鲁思调查了一下库拉的情况，听珲台吉的属民说，库拉真不是台吉，他是在珲台吉的一些兀鲁思游牧的小官。珲台吉想派谁到他那地方去，就派谁去，库拉跟他们是同类属民。一次库拉没听珲台吉的命令，没按珲台吉的意愿来到珲台吉跟前，因库拉犯这个错误，珲台吉罚他交来 200 匹马，并强行夺走他的女儿，卖给了一个叫卡什卡·波罕的卡尔梅克人。珲台吉并叫库拉带着妻儿到自己兀鲁思来，他就离开了原来指定给他游牧的那个兀鲁思，那个兀鲁思珲台吉交给了别的小官去管。[1]

珲台吉从伊差其岭，即阿拉卡·博克地方遣回列麦佐夫，跟随列麦佐夫回来的使节是坚舒和护卫萨基尔吉。但是珲台吉和他的兄弟楚库尔台吉没跟列麦佐夫说明他们为什么派使节以及要带什么礼品给沙皇陛下。

列麦佐夫从珲台吉那里走到库拉台吉和德米特耶夫那里几乎花费了整个尼科来日(指10月26到12月6日)。而且在库拉台吉兀鲁思还被拖住了10天，因为按珲台吉的命令他们要在库拉的兀鲁思挑选送给沙皇的优良的溜蹄马。后来那些护送人员选给沙皇陛下的却是最差的马，而且从库拉兀鲁思送他列麦佐夫起程，既不给大车，也不给食物。 209
送他到巴拉巴的是几个巴拉巴交实物税鞑靼人。所以列麦佐夫到巴拉巴的这10天只好骑自己的马，十分艰难地行走，忍饥挨饿，心里还觉得受了侮辱，吃的只有马肉……

当他们来到巴拉巴，珲台吉和楚库尔的使节宣布豁免沙皇巴拉巴实物税民的狐狸实物税，而称呼他们是珲台吉和楚库尔的巴拉巴人，以及他们母亲的实物税民。对此列麦佐夫对珲台吉使节们申明，那些巴拉巴人是沙皇的实物税民，而不是珲台吉和楚库尔他们的；珲台吉和楚库尔派出使节不是为了交涉实物税的事，而是为令他们去托波尔斯克向沙皇叩求皇赏。而且从那个时候起，那些使节又不给巴拉巴人免实物税了。列麦佐夫在巴拉巴的萨尔特兰住了7天。他从巴拉巴实物税民那里听说，秋天库拉台吉到过巴拉巴向他们强收实物税，抢走狐狸、鱼和鱼卵，而且他亲自径自到帐篷里到处查看。巴拉巴鞑靼人还都到库拉那里去相互告状申冤，却不去找塔拉城，库拉就调解他们之间的纠纷，把那些鞑靼人叫到他那里，想今后收他们的实物税。

---

[1]不搭理最高汗王叫来汗营地的召唤，蒙古的王公们和台吉们会处以严格的惩罚(参见戈尔斯通斯基《1640年蒙古—卫拉特法规》[噶尔丹洪台吉的补充条文和卡尔梅克汗顿杜克达什时期伏尔加卡尔梅克人拟定的法规]，这是带有俄文译文和注释的卡尔梅克文本，圣彼得堡，1880年)。这里这段情节证明了蒙古封建制度时期的情况和所有封建社会一样，土地完全由主要执政者支配，执政者可以是永久，也可以是临时地赐给藩属使用。

210 从巴拉巴到塔拉列麦佐夫走了2周又3天,从塔拉到托波尔斯克又走了12天。到达托波尔斯克是今年149年(1640)2月3日。

封口处有列麦佐夫按的手印。

全宗:西伯利亚衙门,栏目115,18-40页,原件。

出版物:奥格洛勃林《17世纪的西伯利亚外交家》,载《历史通报》第46卷,圣彼得堡,1891年版,159-164页。

第48号

1641年8月31日：托波尔斯克总督就缅尼硕夫·列麦佐夫出使报告送往莫斯科一事呈西伯利亚衙门的报告。

呈全俄沙皇米哈伊尔·费多罗维奇大公陛下，您的臣仆彼得鲁什卡·普隆斯基、费季卡·洛弗奇科夫、伊瓦什科·特罗菲莫夫、安德柳什卡·加尔金叩呈。

陛下，148年(1639)4月24日我们收到由托木斯克贵族子弟瓦西利·斯塔尔科夫等人捎来的您的圣旨。圣旨中写道：您陛下要赏赐珲台吉和库拉台吉，以奖励他们以前的效忠，令给他们捎去银质酒杯、酒器、金腰带、绸缎、呢子等皇赏，给珲台吉价值250卢布的皇赏，而给库拉台吉价值150卢布……

我们于148年(1639)7月3日派托波尔斯克贵族子弟缅尼硕夫· 211
列麦佐夫把皇赏送到亚梅什盐湖，并给了他按圣旨发的指令文书和几位军役人员，指令中规定了列麦佐夫应对珲台吉和库拉台吉说的话，要他把一切都写入出使文录中。

149年(1640)2月3日列麦佐夫从珲台吉和库拉台吉那里返回托波尔斯克，亲手交给了我们出使记录。现特派人给您送去。

全宗：西伯利亚衙门，栏目115,14－17页，原件。

第49号

212 1641年8月31日:托波尔斯克总督彼得·伊凡诺维奇·普隆斯基就额尔德尼·巴图尔珲台吉和楚库尔台吉的使臣留住托波尔斯克及准噶尔使臣获准赴莫斯科诸事呈西伯利亚衙门的报告。

呈全俄沙皇米哈伊尔·费多罗维奇大公陛下,您的臣仆彼得鲁什卡·普隆斯基、费季卡·洛弗奇科夫、伊瓦什科·特罗菲莫夫、安德柳什卡·加尔金叩呈。

陛下,148年(1639)7月3日从托波尔斯克派托波尔斯克贵族子弟列麦佐夫带着皇赏去了珲台吉和库拉台吉处。149年(1640)2月3日列麦佐夫回到托波尔斯克,随他从卡尔梅克珲台吉和他兄弟楚库尔台吉同来托波尔斯克的有3名使节捷普申、艾塔里和阿克什巴伊。

他们问候了陛下健康之后,呈上了礼品。珲台吉的是:老虎皮和雪豹皮,5块红黄虎皮,10块皮色很差的海狸皮,还有17块狐狸皮和4匹马。

珲台吉的兄弟楚库尔送的是:雪豹和很脏的海兽皮,还有半张雪豹皮、2个镶金的中国箱子。我们令接收这些礼品,但把没爪的雪豹皮、半张的雪豹皮和很脏的海兽皮退还给他们了,因为国库不能收这么下等的东西,太差,没什么用。

使节们还说,珲台吉令他们来,是为叩求沙皇,当他们需要军队对抗敌人时,望陛下能借给1000名带火器的军士。还为了能允许他的使节从托波尔斯克去莫斯科叩求您沙皇的恩惠,能赐珲台吉皇赏。说他珲台吉在您陛下面前有个错误,就是珲台吉的一个王公捷列古特人玛济克·卡什巴伊在147年(1638)去库兹涅茨克堡外做生意时,玛济克杀了沙皇的商人,杀了多少,珲台吉不知道。珲台吉只叩求陛下指示:您要怎样惩罚玛济克王公等人,是否要按人头数还人,按抓走的牲口还牲口？珲台吉没您的指示没敢做什么，等待您指示，也为此派来他的使节，会按您的指示处置那些人。

还说148年(1639)春，吉尔吉斯人带着实物税往珲台吉那边走。托木斯克军人在过路的一个驿站，把珲台吉的人伊谢·别克杰耶夫抓走送到了托木斯克城。此人先关在托木斯克监狱。珲台吉要其使节来叩求沙皇陛下开恩，放了这个叫伊谢的人，放他回珲台吉处。另外仍叩求沙皇赏赐上等防身盾牌和手枪，以及呢子和水獭皮等等。

还有珲台吉的妻子达拉·乌班奇[1]要使节向陛下叩求赏赐大珍珠和金银珠宝。而珲台吉的兄弟楚库尔则求赐给珲台吉一样的那些皇赏：酒器、呢绒、绸缎、金腰带等。说您皇上给库拉这个粗人都赐了皇赏，而库拉跟珲台吉和楚库尔根本不是一等人，只是按他们命令做事的人，楚库尔才是跟珲台吉协商出主意的人，珲台吉效忠沙皇陛下时，他楚库尔台吉都在一起，可是您陛下赏了库拉那个他们的属民，却没赏赐他楚库尔。他还要使节求您赏赐3把手枪，以及母猪。

我们暂时没有答复他们关于能否赏赐的事，按原规定给他们提供食宿直到放行返回。但也没马上让他们返回，因为已经赶不上走常行的那通道，已不能通行了。

陛下，5月4日我们叫卡尔梅克使节到外事庭院，对他们说：你们 214
向沙皇陛下叩说了许多事情，包括要去莫斯科。但148年(1639)从托波尔斯克已派了我们皇使去珲台吉处，并赐了皇赏。皇使列麦佐夫赐皇赏时，珲台吉却坐着，很不尊重地收下了皇赏。其他周围各国的汗和国王接受沙皇赏赐时，都是十分隆重的，都要起立，不能坐着，随随便便。希望珲台吉今后必须隆重地接受皇赏，要一如既往地效忠沙皇陛下，并叫自己的兄弟和各台吉都来争取皇恩皇赏，不得收留和接收俄国的叛徒。

陛下，这次我们拒绝了他们去莫斯科的请求，告诉他们不让去的原

---

[1]达拉·乌班奇，或叫达里班奇，是巴图尔珲台吉的长妻，乃土尔扈特台吉和鄂尔勒克之女。

因,因为他们之前的珲台吉使节乌鲁斯凯和诺耶达148年(1639)已到过您那里,并赐了皇赏,只不过乌鲁斯凯和诺耶达在这批使节出来时还没回到珲台吉那里,珲台吉还不知道,所以又来重复叩求。

有关珲台吉这次叩求的盾牌、手枪等物,其妻子叩求大珍珠、金银珠宝的事,以及珲台吉下属王公玛济克杀了俄国商人,还有托木斯克军役人员抓了珲台吉属下伊谢等事,我们一一呈报给陛下,等您指示,这点也已告知珲台吉使节。

至于楚库尔求赐皇赏事,我们回答说,目前还不知道他做了什么忠于沙皇陛下的事,一旦楚库尔表现出忠于沙皇的行为,沙皇陛下就会像奖励珲台吉一样,赐给他皇赏,这取决于楚库尔的效忠行为。

这样,5月11日我们从托波尔斯克遣返了这批使节……

全宗:西伯利亚衙门,栏目455,254-262页,原件。

第 50 号

1641 年 11 月 30 日：托波尔斯克军役人员谢苗卡·涅乌斯特罗耶夫及其同僚在托波尔斯克官署关于回答他们赴见额尔德尼·巴图尔珲台吉情况的讯问记录。 215

150 年(1641)11 月 30 日，托波尔斯克哥萨克骑兵谢苗卡·涅乌斯特罗耶夫和鞑靼人麦利玛麦特科·库塔别尔杰耶夫从卡尔梅克珲台吉处返回托波尔斯克，在会议室盘问他们时，他们向总督彼得·伊凡诺维奇·普隆斯基和费多尔·伊凡诺维奇·洛弗奇科夫以及秘书长伊凡·特罗菲莫夫和安德烈·加尔金叙述说，他们是 149 年(1640)8 月 5 日到达珲台吉处的，当时珲台吉不在其兀鲁思，而是在他的一座城市里种粮食。[1] 他们在珲台吉不在的情况下在其兀鲁思住了两周。后来珲台吉通知他们去他的城市。当他们皇使来到那小城时，珲台吉骑着马站在城里耕地边，看见使节们，他下马首先问候沙皇陛下身体安康。

皇使们按惯例回答：有上帝保佑，我们全俄沙皇和许多国家至尊无上的君主米哈伊尔·费多罗维奇大公陛下在他俄国荣耀的宝座上圣体十分健康。

然后谢苗卡和麦利玛麦特科对珲台吉说，148 年(1639)托波尔斯克贵族子弟列麦佐夫已经把酒杯、酒器、金腰带、绸缎、呢绒等皇赏赐给了珲台吉。而他珲台吉在接受该皇赏时是坐着的，很不礼貌。而所有周边各国的汗和国王接受皇赏都是十分隆重的，都是站着，而不是坐着的。所以这点珲台吉做得很不好。珲台吉对此承认，他很对不起沙皇陛下，因为他是草原粗人，一点也不懂俄国礼仪。 216

---

〔1〕这里说的是额尔德尼·巴图尔珲台吉所建造的城市和布克赛尔(参见本译著下册文件第 30 号注释 1)。

他们两位皇使也告知珲台吉,他们知道珲台吉派了使节捷普申去托波尔斯克求沙皇在需要时给他派1000名带火器的军士,与此相应,珲台吉则会按沙皇指定的人数补上自己的人去打俄国的叛徒。

关于此事总督们已经写信请示沙皇陛下,没有沙皇指示他们不能决定这事。珲台吉对此回答,这事按沙皇旨意做就是,看陛下怎么指示。两位皇使还对珲台吉说到他的属民玛济克杀伤经商的俄国人的事,还抢掠人畜,希望他珲台吉抓住那贼人,搜查出他抢劫的人畜,下令归还库兹涅茨克堡,而那个玛济克犯了这样的罪理应处死。

他们还向珲台吉指出,当珲台吉的使节捷普申等人去托波尔斯克走到巴拉巴县时,却向沙皇的属民索要实物税,还称他们是他珲台吉及其兄弟楚库尔和他的母亲的实物税民。希望他珲台吉再不要从沙皇的实物税民那里收取实物税,以此平息争端。还有库拉曾派了许多人去巴拉巴和其他实物税州县似乎也是为珲台吉搜刮实物税,因而引发事端,希望珲台吉制止库拉制造这类事端。珲台吉对此向谢苗卡和麦利玛麦特科解释说,巴拉巴鞑靼人本来是沙皇的实物税民,但他们背叛了沙皇而投奔来他那里。他珲台吉并没有召唤他们来自己这里,反而已经把一些巴拉巴鞑靼人交还给了沙皇,可是那些鞑靼人还是愿意向他交纳鹰毛等实物税,这事要看以后沙皇的旨意,看沙皇指示什么。

还有,两位皇使在那里时,有巴拉巴鞑靼人基契基尔坚科等5人来找珲台吉,向珲台吉指控他的属下库坚科这人,说那个库坚科到巴拉巴为珲台吉收实物税,而且强抢了他基契基尔坚科的女儿,库坚科逼她上床,占有了她女儿。于是珲台吉令其使节捷普申和乌鲁凯剥夺了那个坏蛋的权利,令夺了他的9匹马交给那个受害的巴拉巴基契基尔坚科,说是这坏蛋去巴拉巴收实物税珲台吉并不知道。

关于珲台吉求沙皇赏赐上等盾牌、手枪、大珍珠、珠宝的事,皇使向
217 珲台吉解释,说这种东西在托波尔斯克的国库里没有,珲台吉得求沙皇

从莫斯科捎来。他们在珲台吉那里受到隆重接待，吃饱喝足，而且一路食物也十分丰富。

全宗：西伯利亚衙门，栏目455，659－665页，原件。

第 51 号

1641 年不早于 12 月 30 日:托波尔斯克总督彼得·伊凡诺维奇·普隆斯基就叙述托波尔斯克新受洗礼的教徒 A. 克兹洛夫关于他赴见楚库尔台吉情况的答问词呈西伯利亚衙门的报告。

呈全俄沙皇米哈伊尔·费多罗维奇大公陛下,您的臣仆彼得鲁什卡·普隆斯基、费季卡·洛弗奇科夫、伊瓦什科·特罗菲莫夫、安德柳什卡·加尔金叩呈。

陛下,149 年(1640)8 月 31 日我们曾让托波尔斯克军役人员伊瓦什科·列济茨基和基莫什卡·波舍霍诺夫给您捎去了一信,告知您 149 年(1640)5 月 11 日我们派了托波尔斯克的新教徒卢奇卡·克兹洛夫出使楚库尔台吉处,向您报告了要向楚库尔说的话。

陛下,今年 150 年(1641)12 月 30 日这个卢奇卡·克兹洛夫回到了托波尔斯克,跟他同来的有楚库尔台吉派来的使节诺加什。该使节代表楚库尔台吉向您呈送了雪豹和绸缎。

30 日当天,卢奇卡回到托波尔斯克就向总督们汇报了沿途路程,说从托波尔斯克到塔拉走了 3 周,从塔拉到库拉的和硕奇 2 周,从库拉那里到额尔齐斯河摆渡口要 2 周,从渡口到楚库尔台吉那儿去又走了 4 周,他到楚库尔台吉处时,是大清早。他一到,楚库尔台吉就叫他去楚库尔的外事馆。一见他,楚库尔就起立问候沙皇陛下圣身安康。卢奇卡按规定回答之后,就向楚库尔赐皇赏——呢子。楚库尔毕恭毕敬
218 地接过呢子,并叩谢了赐给他皇赏……

楚库尔还委托卢奇卡告知沙皇说,有些沙皇的军队攻打了他楚库尔的吉尔吉斯人,杀了很多人,活着的俘虏 150 人左右。求皇上恩准今后别再派人来打他楚库尔的吉尔吉斯人了,叩求皇上归还给他那些被俘走的人。那些已经杀死的,就由皇上的意愿吧,求也没用了……

卢奇卡在从卡尔梅克回来的时候，在珲台吉兀鲁思听说，那个珲台吉手下的玛济克向珲台吉要求去攻打托木斯克和其他城市。珲台吉制止了玛济克，不让他打。后来一个呼图克图到来，珲台吉跟他兄弟都到呼图克图那里开会去了，卡尔梅克人开会要讨论什么事，会后会去哪里，卢奇卡都不知道。

卢奇卡在楚库尔台吉那里很受优遇，吃得饱，喝得好，没任何不愉快的事。路上安排也很好，食物、大车的供应全没一点拖延。

苏联科学院档案馆列宁格勒分馆，全宗：缪勒存档卷，第 4 目，11 册，文件第 55 号，53 – 55 页，18 世纪拷贝。

第52号

219 1641年不早于12月:托波尔斯克总督彼得·伊凡诺维奇·普隆斯基致派往楚库尔台吉处进行谈判的托波尔斯克哥萨克骑兵A.纳索诺夫的训令。

全俄沙皇、俄国至高无上的君主米哈伊尔·费多罗维奇大公陛下,西伯利亚陛下的总督彼得·伊凡诺维奇·普隆斯基公爵、费多尔·伊凡诺维奇·洛弗奇科夫以及秘书长伊凡·特罗菲莫夫和安德烈·加尔金向您躬请圣安和长寿。

如果楚库尔台吉问候全俄至高无上的沙皇米哈伊尔·费多罗维奇大公陛下圣体可安康,那么拉里克应该回答:有上帝保佑我们全俄伟大的沙皇、许多国家至高无上的君主在自己荣耀的俄国的王室宝座上圣体十分健康。然后拿来呢子说,我们全俄沙皇米哈伊尔·费多罗维奇大公赏赐你楚库尔的皇赏是黑色和天蓝色的呢子。然后再说:你楚库尔派了自己的使节莫戈纳克到托木斯克来,带来了一封卡尔梅克的信,不知道里面写着什么,因为这里没有卡尔梅克文的翻译,没人能翻译,以后写信给托波尔斯克或呈给沙皇陛下,都要写鞑靼文,别写卡尔梅克文。

如果楚库尔台吉要说沙皇的军队杀了他楚库尔的吉尔吉斯人,另
220 外一些则被俘走的事,就令拉里克对此回答说:沙皇的军队是按沙皇圣旨去讨伐沙皇的叛徒吉尔吉斯人,这些吉尔吉斯人原来是给沙皇交实物税的,现在背叛了,来攻打托木斯克和其他城市,还杀了沙皇的属民。所以沙皇下令派军队去讨伐自己的叛徒,保卫自己的属民,摧毁他们的背叛阴谋,没有派兵去打过你楚库尔的属民。要是俄国军队果真在战争中杀掠了你楚库尔的属民,我们沙皇会下令查清这事,交还你的人。如果楚库尔不说这事,拉里克就不提这事。

楚库尔对拉里克·纳索诺夫说,他楚库尔曾对皇使卢奇卡·克兹洛夫说过,请沙皇派使节和会做生意的商人到他兀鲁思来。149 年(1640)当卢奇卡出使到他楚库尔那里去时,他楚库尔从皇使那里拿了价值 47 卢布的牲畜,想用好的实物税顶那笔账。可是楚库尔没还皇使拉里克实物税,所以他应该为顶牲畜还给卢奇卡好的实物税,或者还他牲畜,并且对今后的皇使要尊敬,不得侮辱,不得强夺其牲畜。如能做到,沙皇就会给楚库尔派去皇使和带着许多货物的生意人。

苏联科学院档案馆列宁格勒分馆,全宗:缪勒存档卷,第 4 目,11 册,文件第 55 号,55 - 56 页反面,18 世纪拷贝。

第53号

1642年3月24日:托波尔斯克总督谢尼卡·克卢勃科夫·莫萨利斯基关于阿勒坦汗使臣在托木斯克逗留至吉尔吉斯人质到来之前一事呈西伯利亚衙门的报告文录。

呈全俄沙皇米哈伊尔·费多罗维奇大公陛下,您的臣仆谢尼卡·克卢勃科夫·莫萨利斯基、伊瓦什卡·科勃利斯基、米季卡·热列比洛
221 夫叩呈。

陛下,元月12日托木斯克军役人员莫萨尔科·别吉切夫和恰茨克鞑靼人别赫佩科从吉尔吉斯返回,跟随他们同来的有吉尔吉斯人伊谢卡的儿子波亚坦和兀鲁思人卡拉库什,还有两名蒙古人。他们对我们说,希望您沙皇陛下恩准放伊谢卡从托木斯克回吉尔吉斯地方,托木斯克他的位置可由他儿子波亚坦顶替。

我们告诉他们,没有接到沙皇圣旨我们不能把伊谢卡从托木斯克放回,除非他们叩求沙皇宽恕了他们的罪过,并派人质到托木斯克来。也不能留下伊谢卡的儿子,因为这个伊谢卡的儿子从小给了巴图尔珲台吉,是由他领养大,服务于他巴图尔珲台吉的,所以不能相信他这个伊谢卡的儿子扣下能起到他父亲那地位的作用。

而那两个蒙古人则告诉我们,希望您沙皇赏赐他们,让他们蒙古使节从托木斯克返回阿勒坦汗处。我们向那两名蒙古使节说明,现在暂不能放他们回去,因为吉尔吉斯人还没有向沙皇陛下叩认罪行,还没捎人质到托木斯克,而阿勒坦汗是承诺要吉尔吉斯人臣服沙皇的,会带抵押的人到托木斯克来。因此我们不能放走蒙古使节。

派到吉尔吉斯的托木斯克军役人员莫萨尔科·别吉切夫告诉我们,他听吉尔吉斯人说,阿勒坦汗命令他们吉尔吉斯人向沙皇认罪,因他们的罪行,他阿勒坦汗的使节也不能从托木斯克放回。那些吉尔吉

斯的和蒙古的使节都叩求您恩准他们从托木斯克返回他们自己的地方,并派皇使跟他们返回。他们会当着皇使的面劝吉尔吉斯王公和全体兀鲁思人给托木斯克送人质。

陛下,2 月 2 日我们把伊谢卡的儿子波亚坦和卡拉库什等人从托木斯克放回,而随他们派出了哥萨克骑兵伊凡什卡·科洛木宁和莫萨尔科·别吉切夫。令他们转告吉尔吉斯王公伊舍亚等人,让他们来向沙皇认罪,并把人质送到托木斯克,那么您沙皇会恩准接受吉尔吉斯人臣服,宽恕他们的罪,放他们回去。

陛下,2 月 25 日楚雷姆·克兹尔杰耶夫县的交实物税鞑靼人阿尔腾巴伊科·别赫图林叩求陛下,他们看到县里有军役人员在站岗保护伊凡什科·阿萨诺夫等人,希望陛下能恩准叫些军人也来保护他们。他们是实物税民,要去黑森林干活,于是我们按他们的请求叫那些军役人员去了。

陛下,3 月 5 日从基亚河回到托木斯克的军役人员伊瓦什卡·格雷佐夫和亚库什科·库斯科夫对我们叙述,他们叫俄国边境各县的实物税属民带着给沙皇的实物税来托木斯克城。途中,在科尔加庆州有 222
个阿克巴什科夫的兄弟科亚纳克的帐篷附近遇到巴加切耶夫王公的奴仆叫库鲁斯基的人。军役人员问他去哪里?找谁?那个奴仆对他们说,他去城里跟伊谢卡的儿子一起当护卫。军役人员伊瓦什卡和亚库什科带着实物税鞑靼人库巴切科来到驻守在阿尔腾巴伊科帐篷中的军役人员伊瓦什卡·阿萨诺夫那里,要他们过后别放那个仆人回去,抓住他。可是当时驻守那里的伊瓦什卡·阿萨诺夫等人告诉我们,他们那个鞑靼人库巴切科没有指认出有那个吉尔吉斯奴仆的消息,他们也没能亲自看到那人。两位皇使军人伊瓦什卡和亚库什科还对我们说,有个实物税鞑靼人乌杰尔科从吉尔吉斯回到自己基亚河边境县牧地时告诉他们,阿勒坦汗是曾来吉尔吉斯人那里,要他们去叩求沙皇。但乌杰尔科又说,如果从托木斯克放回蒙古使节,那么吉尔吉斯人就绝对不会再向沙皇叩求认罪,而阿勒坦汗则会派自己的人去帮助吉尔吉斯人。现在派人去吉尔吉斯帮忙助威是为了他蒙古使节,所以令吉尔吉斯人去叩求沙皇。所以我们随后没有放走蒙古使节,除非吉尔吉斯人来向您陛下叩求恕罪。

3月14日,从楚雷姆河阿克巴什县来了一个交实物税的鞑靼人库耶纳克到达托木斯克,盘问中他对我们说,吉尔吉斯人沿着楚雷姆河到了沙皇陛下的交实物税州县,而且杀死了一些阿尔腾巴伊科和莫尔恰什科的实物税民,另外有许多实物税民被掠走了。

陛下,当天我们派出了托木斯克贵族子弟谢苗·拉弗洛夫等军役人员组成使团前往楚雷姆。但是陛下,托波尔斯克、秋明、塔拉、托木斯克和库兹涅茨克哥萨克以外的军役人员都属于雅科夫·图哈切夫斯基兵团,我们希望他们能去为您服役效忠,希望总督雅科夫·图哈切夫斯基率领这次皇役。但是他们拒绝了我们,说他们不去雅科夫那里,不跟他去服役。我们劝这些军役人员说,俄国的叛徒吉尔吉斯人正在打实物税州县,而他们作为军人却不去对付这些吉尔吉斯人,不去找雅科夫总督,希望他们选出100名军役人员去讨伐沙皇的叛徒。可是他们仍然拒绝派100人出征,除非您陛下发给圣旨,而至今已3月24日了,还未见圣上您的圣旨。

批注:皇上听了报告,指令回复托木斯克扣留阿勒坦汗的使节,在吉尔吉斯人叩认其罪行之前暂勿放回阿勒坦汗处,并等其派来合适人
223 质。今后如何对待使节问题,要嘱咐根据实际情况研究处理,如何平息吉尔吉斯人问题,以不损害俄国的事业为原则。至于今后为这些使节的事,如何应对阿勒坦汗的反应,要依靠当地各种人员的侦察了解,皇上指示这方面情况可及时报告莫斯科专呈皇上。关于军役人员不愿跟雅科夫·图哈切夫斯基总督去服役的事,此前已发出沙皇谕旨,令他们跟随总督伊凡·科勃利斯基去讨伐吉尔吉斯人。

全宗:西伯利亚衙门,栏目109,155-162页,原件。

第54号

1642年3月24日：托木斯克总督谢尼卡·克卢勃科夫·莫萨利斯基鉴于准噶尔人和白卡尔梅克人可能来袭一事拟增派贵族军役人员去库兹涅茨克城堡和其他城关镇等事呈西伯利亚衙门的报告。

致全俄沙皇米哈伊尔·费多罗维奇大公陛下，您的臣仆谢尼卡·克卢勃科夫·莫萨利斯基、伊瓦什卡·科勃利斯基、米季卡·热列比洛夫叩呈。

陛下，今年150年(1641)3月14日库兹涅茨克总督杰缅洁·卡弗腾列夫叫库兹涅茨克的哥萨克加弗里洛克·西多罗夫捎给我一封信。信中写有：陛下，今年150年(1641)2月6日一个上托木斯克实物税民库鲁纳奇科到警察局告诉总督杰缅洁说，今年冬天他刚在吉尔吉斯听吉尔吉斯人说，他们去攻打库兹涅茨克堡的图瓦人和摩达尔人已经不止一次了，许多时候白卡尔梅克人阿巴克的儿子科卡率了全兀鲁思人游牧到了离库兹涅茨克堡不到10俄里之处。科卡王公的兀鲁思头人告诉他，来到库兹涅茨克堡打他们的是黑卡尔梅克的玛济克，带着卡尔梅克人和珲台吉的儿子。

现在还不知道黑卡尔梅克到底去打哪里？不过库兹涅茨克堡的军役人员很少，从该堡派不出什么人可以去保护远近的农地以及沙皇的粮食和农耕民。陛下，我们按您的旨意已下令，等到第一春汛时就从托木斯克派比往年多的军役人员去库兹涅茨克堡进行补充，因为沙皇的新耕地离边堡又延伸远了，而黑白卡尔梅克人的游牧地已经挨到库兹涅茨克附近了。所以我们您的臣仆只能从托木斯克比往年增派更多的军役人员去库兹涅茨克堡。

陛下，库兹涅茨克哥萨克加弗里尔科告诉我们，当他从库兹涅茨克堡来托木斯克时，还好遇到科卡兀鲁思的一个卡尔梅克人玛木拉奇科。

那人告诉他,黑卡尔梅克的硕赫特台吉和玛济克正往麦列季河游牧,率有1000名黑卡尔梅克人。陛下,那个麦列季河离托木斯克不到2日
224 程。如果那些人来打托木斯克,那么吉尔吉斯的科切巴耶夫的妻子阿巴凯王妃就会奋起响应卡尔梅克人。那个硕赫特台吉是阿巴凯的亲兄弟,珲台吉则是阿巴凯的亲侄儿。我们无时无刻不在关注卡尔梅克人打托木斯克的事,已派军役人员去侦察,并已派人去过往的驿站打探,又各派了40名军士去保护前头2个农耕乡村,因为这2个村已远离托木斯克20俄里。

批注:皇上听了报告,下令回信给托木斯克御前大臣兼总督谢尼卡·克卢勃科夫·莫萨利斯基等人[1],叫他们在托木斯克生活要特别小心卡尔梅克人。

---

[1]指令是从西伯利亚衙门于1642年8月15日发给克卢勃科夫·莫萨利斯基的,指示不仅要"特别小心",而且预先通知了库兹涅茨克总督杰缅洁·卡弗腾列夫采取措施。说必要时可从托木斯克派出一定数量的军役人员去库兹涅茨克堡(见西伯利亚衙门,栏目109,133-137页)。

第55号

1642年6月3日至9月21日：托波尔斯克新受洗礼的教徒亚科夫·布戈拉科夫就其去亚梅什湖向额尔德尼·巴图尔珲台吉转交礼品一事呈托波尔斯克官署的情况报告。

1642年6月3日夏，按照全俄沙皇米哈伊尔·费多罗维奇大公陛下的谕旨和总督彼得·伊凡诺维奇·普隆斯基、费多尔·伊凡诺维奇·洛弗奇科夫和秘书长伊万·特罗菲莫夫以及安德烈·加尔金的指令记录，令托波尔斯克新教徒亚科夫·布戈拉科夫从托波尔斯克出发，经塔拉去亚梅什湖。按珲台吉呈文的要求，派亚科夫携带公火鸡和2只母鸡以及4只小狗去见珲台吉。先令他到塔拉，问总督瓦西利·乔格洛科夫要4头猪、2头牛、6只小狗，拿上这些猪、狗之后，就令亚科夫从塔拉起程去亚梅什湖，到达亚梅什湖之后，如果珲台吉或库拉或珲台吉的卡尔梅克人来到盐湖，亚科夫就可以把火鸡和猪狗交给他们。

亚科夫·布戈拉科夫从托波尔斯克坐小木船到达塔拉花了3周半，到塔拉向总督瓦西利·乔格洛科夫索要到6只小狗、5头猪和1头半年的小牛。在塔拉待了1周。从塔拉到亚梅什湖历时5周半。他到达亚梅什湖时，库拉带着珲台吉的兀鲁思人已到了盐湖，接待了亚科夫·布戈拉科夫。珲台吉本人没到亚梅什湖来。亚科夫在亚梅什湖待了2周又2天。 225

亚科夫在到达的第二天就表示要把捎来给珲台吉的皇赏交给库拉。但是库拉过了2周都没到亚科夫那里领皇赏，而向使节们索要俄国属民作为给他的礼品。皇使亚科夫没有沙皇的谕旨不敢给库拉这样的礼品。

过了2周以后，库拉才来亚科夫耶里接受了火鸡、猪、狗这些赏赐。这时再没向使节索要俄国属民。

但卡尔梅克人库拉和拜巴噶斯台吉的侄儿阿巴顿[1]在盐湖边告诉他:珲台吉让我们转告你,在吉尔吉斯毁灭战中,吉尔吉斯的阿基尔·伊谢卡和其他吉尔吉斯俘虏很多人被抓走了。现在那个伊谢卡还在托木斯克监狱中,他希望沙皇开恩,把那个伊谢卡交还给珲台吉,而对另外的俘虏不要令他们改信东正教和受洗礼。

库拉还对亚科夫说到做生意的事:他们跟俄国人做生意,让盐从亚梅什湖运走,珲台吉的人和我的人从来没对俄罗斯人有什么损害。但你们做食盐生意要小心,要防奥尔柳克人,他们对你们印象很坏,但我没法控制他们,因为他们不是珲台吉的人,也不是我的手下,我也没有人力来约束他们,因为我带的珲台吉的人和自己的属下人手很少,为盐的事我带了寥寥无几的人。

为此,库拉建议亚科夫令俄国人演示列队用手枪射击,亚科夫·布戈拉科夫就下令让军役人员和商人们从最头上起列队用手枪表演射击。天知道,托沙皇的福,军役人员和商人们终于顺利装满了所有木船的盐。而库拉这时也从亚梅什湖派出 2 名珲台吉的使节及 2 名护卫,还有他自己的 1 名使节和 1 名护卫共 6 人跟随托波尔斯克尤尔托夫鞑靼人巴雷切尔·伊杰耶夫从草原回托波尔斯克。

亚科夫则送走了俄国人和鞑靼人共 12 人,让他们带着那些卡尔梅克使节和他在库拉那里买的牲畜回来。亚科夫从托波尔斯克带往亚梅什湖的葡萄酒和蜂蜜,在亚梅什湖时,宴请了库拉和拜巴噶斯的侄儿阿巴顿来品尝。

这样在亚梅什湖俄国人和卡尔梅克人做成了一次不大的生意。

---

[1]亚科夫·布戈拉科夫把阿巴顿当成拜巴噶斯的侄儿是弄错了。

阿巴顿台吉是和硕特汗拜巴噶斯的儿子,卫拉特的大封建主,其兄弟鄂齐尔图车臣汗是个非常热心的喇嘛教徒,是 1657 年在别什卡河上所见著名喇嘛寺院阿巴顿西塔的创建人。

阿巴顿是额尔德尼·巴图尔珲台吉的拥护者,他娶了珲台吉的女儿为妻。1643 年他也参加了对哈萨克扬吉尔汗的征讨。阿巴顿遭到失败以后,就搜集兵力去打和鄂尔勒克,因为就是他引导不参加征讨的力量造成失败(参看西伯利亚衙门卷宗,栏目 455,270 - 273 页)。阿巴顿还为分割父亲遗产跟兄弟鄂齐尔图车臣汗争斗过,也跟各种封建集团争斗过。他跟西伯利亚各城和莫斯科都有外交和贸易关系(见本译著下册文件第 62 号)。1671 年,在与阿玉奇的争斗中失败被俘。1674 年初死于莫斯科,是阿玉奇派他去的(见蒙古事务卷宗,栏目 2,1675 年,2 页)。

从亚梅什湖到塔拉带着盐走了3周,在塔拉停留3天,从塔拉到托波尔斯克又漂行了2周。亚科夫带领所有军人和商人于151年(1642)9月21日返回托波尔斯克。

出使报告由费季卡·舍洛莫夫所写。

苏联科学院档案馆列宁格勒分部,缪勒存档卷,第4目,11册,文件第53号,50页反面-52页,18世纪拷贝。

第56号

226　1642年6月:额尔德尼·巴图尔珲台吉要求送还其被俄国贵族军役人员俘获的缴纳皮毛实物税的吉尔吉斯人一事致沙皇米哈伊尔·费多罗维奇的信件。

逐字逐句抄自珲台吉的来信。

额尔德尼·巴图尔珲台吉致白沙皇的国书。

白沙皇,身体可安康?我们这里一切无恙。我们之间以前和将来都友好往来,我们曾请求交换我们现在的属民——被你们军队击溃的吉尔吉斯人,即请求归还实物税民,不知皇上您知道不知道?如果是在沙皇不知情的情况下抓了我的侄儿和许多实物税民,请下令归还。如果是按沙皇的指令做的,那对我们之间的关系来说,就不地道了。

我所写的这些要求,请务回复给我。另外,给皇上捎来了2块雪豹皮在宾馆。

苏联科学院档案馆列宁格勒分部,全宗:缪勒存档卷,第4目,11册,文件第55号,58页,18世纪拷贝。

第57号

1642年9月2日:托波尔斯克哥萨克骑兵拉里克·纳索诺夫关于赴见额尔德尼·巴图尔珲台吉和楚库尔台吉的情况在托波尔斯克官署的答问词和额尔德尼·巴图尔珲台吉关于被俘人员一事的信件抄本。

150年(1641)12月,从托波尔斯克放回珲台吉的使节杰普舒克和乌鲁斯凯并派了托波尔斯克哥萨克骑兵拉里克·纳索诺夫和鞑靼人玛麦特科·托赫塔瑟诺夫跟随他们出使珲台吉处,而且皇使拉里克和玛麦特科带了给卡尔梅克珲台吉的皇赏,为2块英国黑呢和1块英国天蓝呢,各4俄尺,并指定了皇使到达珲台吉处以后要说的话。

拉里克使节一行于151年(1642)9月2日返回,在聚会厅盘问时,他们对总督彼得·伊凡诺维奇·普隆斯基公爵和费多尔·伊凡诺维奇·洛弗奇科夫以及秘书长伊万·特罗菲莫夫和安德烈·加尔金叙述了出使情况。说从卡尔梅克兀鲁思珲台吉处派来托波尔斯克一位使节乌尔丘戴,他带了一个护卫阿戴奇。但到了渡口那个使节留下不走了。他们皇使拉里克和玛麦特科从托波尔斯克到塔拉只走了10天,在塔拉 227
逗留1周。从塔拉到库拉的和硕齐走了2个月,而在库拉兀鲁思住了3个月,因为库拉迟迟不放他们走,不让他们去珲台吉处,说是他们的使节在托波尔斯克长期扣留着不让去莫斯科见皇上,他库拉也不能放行,得扣留之后,再放他们见珲台吉。皇使拉里克和玛麦特科从库拉处去珲台吉处又走了1个月,到珲台吉兀鲁思时是傍晚。珲台吉即刻叫他们到他那里去。他们一走进珲台吉的廷帐,珲台吉就问候沙皇陛下圣体可安康。皇使们按规定回答了圣体安康的套话之后,就把皇赏——呢子赐给了珲台吉。

然后拉里克和玛麦特科对珲台吉说,他信中索要的上等防身盾牌、手枪、猪以及大珍珠和金银珠宝,已从托木斯克写信到莫斯科请示沙皇了。只要莫斯科的圣旨一到,就从托波尔斯克通知他珲台吉。珲台吉对此回答,那就看皇上的旨意吧,看沙皇怎样奖赏他珲台吉。

拉里克和玛麦特科又对珲台吉说,关于他珲台吉向皇上叩求火鸡、小狗和猪这些东西,现在冬天没法运送这么远,到开春之后会捎到亚梅什盐湖去。珲台吉叩谢了皇恩,并吩咐派自己的使节和商人去盐湖,叫卡尔梅克人帮助皇上装盐上船。

拉里克和玛麦特科还对珲台吉说,150 年(1641)他珲台吉的人塔尔罕科和库杰利科带了 10 名卡尔梅克人去到沙皇的塔拉收实物税县图拉斯克县、柳巴斯克县和土努斯克县,要求沙皇实物税民给他珲台吉交实物税。而且据他们沙皇的实物税民说,这似乎是按珲台吉的命令来收那实物税的。珲台吉对此回答两位皇使时,承认他珲台吉是派了塔尔罕科和库杰利科带了 10 个人去那些沙皇的实物税县收实物税,说是因为托木斯克沙皇的人也从他珲台吉的人那里收走了不该给沙皇的实物税。

过后珲台吉又叩求沙皇赐给防身盾牌、大珍珠、贵重珠宝和猪等皇
228 赏,并叫皇使带上一封鞑靼文的信[1]……

苏联科学院档案馆列宁格勒分部,全宗:缪勒存档卷,第 4 目,第 11 册,文件第 55 号,56 页反面 - 58 页反面,18 世纪拷贝。

[1]此信的译文见前一文件第 56 号。

第58号

1642年不早于9月20日：托木斯克总督谢尼卡·克卢勃科夫·莫萨利斯基就塔拉哥萨克骑兵奥麦利卡·维尔希宁在土尔扈特台吉岱青的兀鲁思逗留情况呈西伯利亚衙门的报告。[1]

致全俄沙皇米哈伊尔·费多罗维奇大公陛下，您的臣仆谢尼卡·克卢勃科夫·莫萨利斯基、伊瓦什科·卡勃利斯基、米季科·扎列比洛夫等叩呈。

陛下，在前任御前大臣兼总督伊凡·罗莫丹诺夫斯基等人在任时，黑卡尔梅克的岱青台吉曾遣使来到托木斯克叩求沙皇陛下恩准他臣服陛下，并允许他的兀鲁思人能自由地带上牲畜和毛皮软货来托木斯克贸易。而且这个岱青台吉的使节在托木斯克替岱青台吉和整个兀鲁思宣了誓，保证岱青和他的兀鲁思人从各方面效忠沙皇，和睦交往，绝不做任何损害沙皇的事。

陛下，148年(1639)9月28日考虑到岱青台吉的宣誓臣服愿望，我
们伊瓦什科和米季科在谢尼卡去黑卡尔梅克之前，就派了一名骑兵哥
萨克奥麦利卡·维尔希宁去岱青台吉及其兀鲁思，随行翻译是城里的
翻译官布哈拉人叶尔莫麦特卡·沙加拉科夫和一名哥萨克鞑靼闲人阿
雷拜科。我们令奥麦利卡·维尔希宁等人一到黑卡尔梅克处，就对岱 229
青和他的兀鲁思人说，让他们全兀鲁思人都要照原来宣誓保证过的内
容，重新宣誓承诺保证他岱青台吉和他的全兀鲁思都发誓效忠沙皇，要
和睦交往，绝不攻打俄国西伯利亚城市、边堡和沙皇的实物税属民，绝
不杀掠谋生的或路过的俄国人和沙皇的鞑靼人，绝不伤害他们，只是派
自己的兀鲁思商人带着牲畜和货物去托木斯克做生意。那么，他岱青

[1]见本译著下册文件第23号注释2。

台吉全兀鲁思就能争取享受到沙皇的皇赏,希望他的属民去托木斯克做生意时,可以不用害怕任何人,包括沙皇的人和其他地方的人迫害他们。至于引导岱青台吉宣誓时,岱青台吉应该说什么,奥麦利卡说什么,回答什么,都写入了出使指令,并依次让他们在托木斯克我们面前做了演示。但是那个奥麦利卡等人从 148 年(1639)直到 151 年(1642)9 月 20 日还没回托木斯克。

151 年(1642)9 月 20 日,哥萨克奥麦利卡·维尔希宁却只身一人没带他的同事回到了托木斯克。我们问了他,148 年(1639)他就从托木斯克被派往黑卡尔梅克出使岱青台吉兀鲁思,引导岱青台吉臣服,按指令做完,他必须毫不拖延地返回。可他一去 3 年,不知人在何处。现在回来了,怎么这么长时间才回来?他的同事叶尔莫麦特卡和阿雷拜科又在哪里?

那个奥麦利卡在盘问中回答说是岱青台吉把他们强行扣留了 2 年。然后岱青台吉派他们皇使几人跟他们的人一起去特鲁赫缅地方,又去中国边城、去布哈拉以及哈萨克汗国做生意。在那些国家他们到过的地方有:中国边城休宁[1]、布哈拉的萨马尔罕和塔什干等。不过,从托木斯克城到他被派去要找的那个岱青台吉处,又骑马又骑骆驼就走了 3 个月,而从那个特鲁赫缅到中国边城又是骑骆驼和马得走 3 周。
230 从那个边城到中国皇帝住的城市骑马走 1 个月。这个中国皇帝住的城大极了,从一面墙穿行到另一面墙,得穿行 1 天。陛下,中国的货物应有尽有,蔬菜园里还有俄国和德国的蔬菜都能生长。从岱青兀鲁思到哈萨克汗国行程 1 个月,而从哈萨克到布哈拉行程 3 周。当他们返回岱青兀鲁思之后,岱青台吉才允许他奥麦利卡返回托木斯克,但还要他的同事叶尔莫麦特卡翻译再跟他的兀鲁思人去布哈拉做一次生意。151 年(1642)春岱青才能放翻译叶尔莫麦特卡回来。而跟他同行的那个哥萨克鞑靼人阿雷拜科则被卡尔梅克人杀死了,他们之间发生了争斗。岱青台吉自愿宣了誓,他愿带全兀鲁思效忠沙皇,友好交往,不想

[1]这大概是说西宁城,在中国西部,当时这里是大商贸中心。

做坏事，只来托木斯克城外贸易，今后他期望享受您沙皇的皇赏皇恩。他们奥麦利卡一行在岱青台吉那里供应丰厚，没受任何委屈。在他们所经的王国和汗国您沙皇都有崇高皇威，称您为伟大光荣的国王。还有，中国边城中的人是会做生意的人，一旦您全俄沙皇米哈伊尔·费多罗维奇大公想派自己的使节出使中国皇帝处，那些中国人希望您的使节从他们边城去中国皇帝处，不是纯粹为了护送，而是希望卖牲口。而中国皇帝对您伟大沙皇的一切了如指掌。赞赏您沙皇有伟大而光荣的威胁力。

苏联科学院档案馆列宁格勒分部，全宗：缪勒存档卷，第4目，第17册，文件第243号，467－469页反面，18世纪拷贝。

出版物：《17世纪俄中关系》（1608—1683年文件与资料）第1卷，文件第52号，119、120页。

第59号

1642年10月12日:秋明总督Г.П.鲍梁金斯基就蒙古诸台吉计划前来攻打西伯利亚诸城附近地区一事发往下尼津斯克城关镇托波尔斯克军役贵族缅·列麦佐夫的公函。

7151年(1642)夏10月12日,按全俄沙皇米哈伊尔·费多罗维奇大公陛下圣旨,给下尼津斯克村贵族子弟缅尼硕夫·列麦佐夫的指令记录。

151年(1642)10月8日,秋明尤尔托夫布哈拉人杨古尔科·巴巴硕夫从卡尔梅克兀鲁思逃到秋明,在问话中他说他杨古尔科在岱青兀鲁思时听说,有个库尔杰奥列木台吉遣使来找岱青台吉,通知他说,他的兄弟库什从蒙古派来使节说,库什他秋天要从蒙古率军来他那里,希
231 望他做好跟他去打沙皇西伯利亚各城的准备。希望你得知此消息后,抄送告知其他大村庄的护队们。

此文录上按有西伯利亚秋明城地区总督鲍梁金斯基公爵的手印。

苏联科学院档案馆列宁格勒分部,第4目,10册,文件第46号,51、51页反面。

出版物:存档卷《西伯利亚史》第2卷,莫斯科-列宁格勒,1941年版,文件第407号,485、486页。

第60号

1643年12月4日：西伯利亚衙门就日后在卡尔梅克市场换取马匹而规定必须出售征实物税所得的水獭皮一事下达给维尔霍图里耶总督H.Ф.麦舍尔斯基的诏书。

全俄沙皇米哈伊尔·费多罗维奇大公陛下致西伯利亚上土耳斯克总督米基福尔·费多罗维奇·麦舍尔斯基和书吏玛克西姆·利哈乔夫的公函。

152年(1643)西伯利亚苏尔古特的总督安德烈·维利亚米诺夫发函给我们，并捎来151年(1642)的134块水獭皮实物税毛皮。而且从托木斯克和其他西伯利亚城市也给我们莫斯科捎来了水獭皮。而对于莫斯科来说，这些水獭皮我们国库和西伯利亚衙门没什么需要支出的，除非出售，别无出路。现我们从西伯利亚军役人员处得知，在西伯利亚托波尔斯克和其他城市往往有卡尔梅克人赶着马匹来买水獭皮，跟卡尔梅克人进行马匹交易的各种人买水獭皮出价都不错，是莫斯科出售价的两倍以上。所以我们指示，凡西伯利亚各城市作为贡品和实物税收来的那些西伯利亚现有水獭皮，再勿从西伯利亚送来莫斯科，可送往托波尔斯克，而托波尔斯克同级的其他西伯利亚城市作为贡品的水獭实物税也可按惯例收下，然后捎给托波尔斯克总督，我们已指令托波尔斯克，把那些水獭皮按当地价格出售，换成钱，或略为加价卖给卡尔梅克商人。水獭皮卖掉所得的钱，留在托波尔斯克作为当地支出费用。

当我们这个公函转到你们那里时，望你们令上土尔斯克可从实物税民处收取水獭皮和其他毛皮作为实物税和贡品，并按西伯利亚的价格规定税额,定多少按以前惯例……

此文写于莫斯科 7152 年(1643)12 月 4 日。

全宗:西伯利亚衙门,栏目 221,347－348 页,副本。

第61号

1644年1月9日：西伯利亚衙门就阿勒坦汗可能进犯西伯利亚俄罗斯诸城并就采取必要的防备措施一事下达给托木斯克总督谢尼卡·克卢勃科夫·莫萨利斯基的诏书。 232

全俄沙皇米哈伊尔·费多罗维奇给托木斯克御前大臣兼总督谢尼卡·克卢勃科夫·莫萨利斯基公爵和安德烈·奥福纳西耶维奇·莫尔维亚尼诺夫以及秘书长安德米特里·扎列比洛夫的谕旨。

收到您谢苗公爵和伊凡·科勃利斯基及秘书长德米特里的公函，说151年(1642)12月9日克拉斯诺雅尔堡总督奥尔菲列伊·巴斯卡科夫致函托木斯克告知你们，151年(1642)11月20日他从克拉斯诺雅尔堡派出哥萨克五十人长彼尔沃什卡·德拉切夫带了5名军人去索奇和萨彦地方收实物税。但12月27日彼尔沃什卡等收实物税的人返回克拉斯诺雅尔堡后，在聚会厅告诉总督说在吉尔吉斯的索奇县和萨彦县驻守着阿勒坦汗的人，约500人，把他们拦在草原，不让进入兀鲁思，并派了其侄儿找到军役人员索要给他们礼品。他们彼尔沃什卡等人回答没有礼品给他们，阿勒坦汗就叫人抢他们的东西，说是阿勒坦汗派到莫斯科的使节，在俄国的切尔登城也遭到了抢劫。[1] 阿勒坦汗还问了他们哈萨克和鞑靼人的塔布囊们现在在哪一带活动？阿兰鞑靼人的帐篷游牧到哪里了？因为阿勒坦汗不许克拉斯诺雅尔的农人耕地，不让喝叶尼塞河的水，要追打阿兰鞑靼人。

沙皇使节彼尔沃什卡·德拉切夫等人还听吉尔吉斯王公别克杰伊

〔1〕这里说的是阿勒坦汗所派的布达特·巴克什和科尔切加·巴克什等人，由于阿勒坦汗虐待俄国皇使斯塔尔科夫，而被他们罚流放去切尔登，在那里度过1年（本译著下册文件第32号注释3）。他们处于被看管状态，但保证了他们的食物，并允许出售他们未被接受的贡品。这两名使节从托木斯克放回已是1640年元月。

和图瓦王公们说,阿勒坦汗要亲自打西伯利亚各城市,他的军队有1000人,而他们看到阿勒坦汗的军队不过500来人。不过,他已派人去增派兵力了,从他自己的地方和其他地方调集兵力。阿勒坦汗对彼尔沃什卡等人说,如果我们从索奇和萨彦县收走了实物税,那他会去攻打克拉斯诺雅尔堡,夺回这些实物税。吉尔吉斯人对彼尔沃什卡说,阿勒坦汗曾要他们吉尔吉斯人帮忙,号召他们跟他阿勒坦汗一起反对伊凡·科勃利斯基总督,不要吉尔吉斯人向我们认罪。而且现在他们吉尔吉斯人也不想为阿勒坦汗卖命,所以他要自己打。

151年(1642)12月28日,鞑靼人科罗凯卡从吉尔吉斯人那里来到克拉斯诺雅尔找阿兰鞑靼人为赎回实物税民的事,并在聚会厅对总督奥尔菲里说,阿勒坦汗在中国皇帝那里待了3年,现在从中国返回自己
233 的领地,又派出20人去中国地面为了从吉尔吉斯收实物税的事。后来阿勒坦汗又派了一个桑仁台吉来办饲料,他带了60个人。不过阿勒坦汗自己没亲自来吉尔吉斯,他只吩咐从吉尔吉斯征集100匹马。而那个桑仁台吉是他的侄儿。

151年(1642)12月29日,有个阿兰鞑靼人班加什从吉尔吉斯跑来,盘问中他说,是图瓦王公伊热涅伊派他来克拉斯诺雅尔打探派来索奇和萨彦收实物税的那些克拉斯诺军役人员,是活着还是已经被杀。还说桑仁(Санжи)台吉[1]带着蒙古人沿阿巴坎河去打野兽了,说总督可以派克拉斯诺雅尔的军队去打那个桑仁台吉。不过,没有我们的指令他奥尔菲里不敢派。

你们收到我们这份公函,一定要让托木斯克生活的所有人高度警惕一切来犯之敌,令城市和边堡的军人们不断地巡逻守卫,你们也要亲自时刻加强视察巡视,在托木斯克县的俄国人乡村和实物税州县所有的人都要吩咐十分小心,要派军队去那些路过的驿站经常巡查到合适的地方,以便敌人不能突袭托木斯克城乡的俄国人和实物税民,没法造成损害。你谢苗公爵要把我们这份指令抄送给克拉斯诺雅尔和库兹涅

〔1〕可能是指僧格台吉。——译者注

茨克堡的总督们。如果阿勒坦汗和卡尔梅克人开始来攻打托木斯克、库兹涅茨克和克拉斯诺雅尔等边堡的俄国人村庄和实物税州县，希望你们求上帝保护，命令干掉那些进犯之敌并搜索出他们，要嘱咐我们的军役人员懂得保护自己的同时，不让敌人攻入托木斯克、克拉斯诺雅尔和库兹涅茨克的实物税州县以及俄国农村，但要防止对阿勒坦汗和卡尔梅克人等的无谓斗争。以后一有关于侵犯之敌的消息，立即报莫斯科，并把文录送交西伯利亚衙门尼基塔·伊凡诺维奇公爵和秘书长格里戈里·普罗托波波卡。

苏联科学院档案馆列宁格勒分部，全宗：缪勒存档卷，第 4 目，17 册，文件第 257 号，502 页反面 – 505 页反面，18 世纪拷贝。

第62号

1644年2月6日至5月9日:托波尔斯克总督格里什卡·库拉金就阿巴顿使臣巴赫特抵达托波尔斯克并就派遣哥萨克骑兵И.马麦耶夫赴见阿巴顿台吉一事呈西伯利亚衙门的报告。[1]

致全俄沙皇米哈伊尔·费多罗维奇大公陛下,您的臣仆格里什卡·库拉金、米哈尔科·加加林、伊瓦什科·彼列诺索夫、格里什卡·
234 卢金叩呈。

今年152年(1643)元月28日,托波尔斯克射击百人长沃洛吉麦尔·克梁比科夫他奉旨出使卡尔梅克珲台吉处并赐其皇赏后,带着阿巴顿台吉的使节巴赫特等人来到塔拉,并从塔拉给我们来了信。他们要来托波尔斯克。说他们游牧在珲台吉附近,珲台吉刚从征伐扬吉尔王子回来,因讨伐哈萨克汗国而损失惨重,跟他一起参加征伐的还有少量和鄂尔勒克的军队。珲台吉征讨回来,就把和鄂尔勒克和阿巴顿、岱青台吉等的部队放回了他们台吉处,并叫他们带回一信,要和鄂尔勒克台吉跟珲台吉一直去攻打达赖台吉的儿子昆都伦,因为他没出兵跟珲台吉去打扬吉尔,背叛了珲台吉。[2] 但那些给珲台吉的捎信的使节在路上,还没走到和鄂尔勒克那里时,就被昆都伦抓住,扣留了起来,信也被搜去。所以现在珲台吉跟达赖台吉的儿子昆都伦发生了严重的斗争,不打一仗是很难解决了。目前珲台吉游牧在有他的耕地的萨雷科比亚克城附近。

如今152年(1643)元月31日,那个卡尔梅克阿巴顿台吉的使节巴赫特及其护卫经由塔拉来到托波尔斯克。2月2日,在外事厅我们问

[1]见本译著下册文件第55号注释1。

[2]见本译著下册文件第30号注释4。

巴赫特为何来出使托波尔斯克。他回答说，他是阿巴顿台吉派来向沙皇问安的。我们按规定回答了他圣体安康。

巴赫特说，阿巴顿台吉让他转告，他阿巴顿会像他父亲拜巴噶斯那样努力效忠沙皇。不过，现在他要跟昆都伦台吉一起去打和鄂尔勒克。……阿巴顿跟昆都伦台吉在一起游牧，跟珲台吉的地方很近，其实阿巴顿和昆都伦都率自己兀鲁思人跟珲台吉去打了哈萨克扬吉尔王子和亚兰土什[1]，不过，从去打和鄂尔勒克是他阿巴顿和昆都伦的考虑，珲台吉不会去打和鄂尔勒克，因为他是和鄂尔勒克的女婿，他只是捎信叫和鄂尔勒克派兵帮他去打达赖台吉的儿子，因为达赖台吉的儿子没跟他珲台吉去讨伐扬吉尔和亚兰土什。而昆都伦台吉没放珲台吉的使节通过去给和鄂尔勒克捎信，扣住了使节，并没收了珲台吉的信[2]。

我们于2月6日从托波尔斯克放使节巴赫特回了阿巴顿处。

全宗：西伯利亚衙门，栏目455，270－273页，原件。

〔1〕亚兰土什是布哈拉汗阿布杜尔·阿济的大臣，大封建主。他拥有巨大的资产、庞大的军队，并对邻国进行了讨伐。他跟哈萨克汗扬吉尔一起与卫拉特台吉们为敌（参见《乌兹别克斯坦民族史》第2卷，塔什干，1947年，75页）。

〔2〕1644年初，和鄂尔勒克越过伏尔加河，进入卡巴尔达的领土，在那里被卡巴尔达和诺盖鞑靼贵族的联军击溃。在这场战斗中，和鄂尔勒克和他的3个儿子都死了，所以当巴图尔珲台吉要捎信去给和鄂尔勒克时，他其实已不在人世。

第63号

235 1644年早于2月12日：额尔德尼·巴图尔珲台吉就无偿归还俘虏并请求给他遣送礼品一事致沙皇米哈伊尔·费多罗维奇的信件。

此文译自诺盖文。

伟大的皇上：

巴图尔珲台吉从遥远的地方怀着一颗亲近的心向您伟大的沙皇和大公叩安！

您皇恩浩荡，我们这里安好无恙。望您伟大的大公陛下仍宽厚仁慈。就我珲台吉这方面说，希望我们都做好我们各自的皇上。我们两国和睦友好，我们的名字将充满荣光。可是您的总督却进攻图瓦，并抓走了卡尔萨吉尔，不知是不是您的旨意。如果是您下令抓的，希望无偿归还我们收的实物税。如果您想双方平静无事，您就下令处罚那个总督，他索要400块貂皮。只要是没有您的命令打的，那您就下令交还吧。

陛下，特派人捎给您2块虎皮和阿拉克庆卡尔梅克人的2匹骏马作为礼品。我想请您方便的话送我一门两下就能射中目标的铜火炮以及4只德国公火鸡，8只德国母鸡。陛下，这些东西，如果您那边觉得合适，就请赏赐给我，并捎来圣旨。并请您的总督给我派使节来。

在该函下方写有卡尔梅克的朱砂字样。

下方有批注：152年（1643）7月8日米基塔·伊凡诺维奇·奥多耶夫斯基公爵听了此函记录，令转发托波尔斯克，并嘱咐给珲台吉捎去他要的德国母鸡。如果今后珲台吉再写信要什么，希望他不要用卡尔梅克文写信。

全宗：西伯利亚衙门，栏目455，642－643页，17世纪译文。

第 64 号

1644 年 2 月 16 日至 5 月 9 日:托波尔斯克总督格里什卡·库拉金就托波尔斯克贵族军役人员格里什卡·伊利英和库切别尔杰·库切耶夫在额尔德尼·巴图尔珲台吉兀鲁思逗留情况、准噶尔使臣兀鲁思凯多尔济和携函前来托波尔斯克以及准许卫拉特使臣赴莫斯科等诸事呈西伯利亚衙门的报告。 236

致全俄沙皇米哈伊尔·费多罗维奇大公陛下,您的臣仆格里什卡·库拉金、米哈尔科·加加林、伊瓦什科·彼列诺索夫、格里什卡·卢金等叩呈。

151 年(1642)10 月 5 日,在彼得·普隆斯基总督等在任时,从珲台吉那里曾派来多尔济等 4 名使节到托波尔斯克,叩求释放关在托木斯克监狱中的他珲台吉的下属伊谢卡。彼得·普隆斯基公爵说,关于这个伊谢卡的事已写信给莫斯科报告陛下,但尚未收到您的指令。一旦有您的指令,就可将此人放回珲台吉处。珲台吉的使节多尔济等人就被普隆斯基公爵送回了珲台吉处,护送他们的是托波尔斯克哥萨克骑兵格里什卡·伊利英和尤尔托夫韃靼军人库切别尔杰·库切耶夫组成的使团。他们带给珲台吉的皇赏是 2 块英国呢子,黑色和天蓝色各 4 俄尺。并让使团带了一封给珲台吉的信,说 151 年(1642)他珲台吉写了一封信来托波尔斯克,他信中说俄国军队打了他的吉尔吉斯实物税民,掳掠了他的侄儿和许多实物税货物。但是陛下,吉尔吉斯人曾经臣服沙皇陛下,也向您交过实物税。当他们不听皇命,不交实物税,还杀了俄国人,才按您陛下的圣旨从托波尔斯克派去了俄国军队讨伐那些叛徒,而不是打他珲台吉的实物税民。关于他侄儿的事已写信请陛下指示。一旦有您的圣旨,即放伊谢卡这人回珲台吉处。

237 这封信中还写道，150年(1641)塔拉御前大臣兼总督瓦西利·乔格洛科夫写信到托波尔斯克说，他珲台吉的人库洁科等11人进入沙皇您的实物税地区土拉什斯克、柳拜斯克和土努斯克等州县来收实物税，以给珲台吉实物税的名义从这些地方各收走优质牛犊皮、上等呢子和鹰尾羽等实物税货物。而且之前，这些珲台吉的人早在149年(1640)就去那些陛下的州县收过实物税，并以珲台吉的名义取走了实物税。珲台吉他自己也向您的皇使拉里克·纳索诺夫和玛麦特科·托赫塔瑟诺夫承认，他是派了其属下塔尔罕和库洁科带了10来个卡尔梅克人去那些地方收了陛下属民的实物税。所以，是珲台吉去俄国实物税地区收实物税才挑起事端，希望他以后不要进入沙皇的实物税地区，那就不会发生冲突。

现在托波尔斯克军役人员格里什卡·伊利英和尤尔托夫鞑靼人库切别尔杰·库切耶夫使团已返回托波尔斯克，跟他们同来的有珲台吉派来的两名使节多尔济·强巴耶夫和乌鲁斯凯，另带了两名随从。在盘问中，格里什卡和库切别尔杰告诉我们，他们到达珲台吉那里时，他不在自己兀鲁思中。他带着女婿科丘尔塔、阿巴顿，还有他的弟弟楚库尔台吉、科亚苏丹、黑蒙古的阿勒坦汗及一些小台吉去打哈萨克的扬吉尔王子，打亚兰土什以及阿拉特的吉尔吉斯人了。[1]

他们的军队有5万人。皇使到达那天，珲台吉的两位哈敦叫皇使带着皇赏去使馆见她们。于是格里什卡和库切别尔杰前去见她们，并把从托波尔斯克带来的皇赏——呢子交给了两位夫人。珲台吉的夫人们接受了皇赏，仪式隆重，都叩谢了皇恩，叩问了沙皇陛下圣体安康。他们就在珲台吉夫人的兀鲁思住了4个月，直到珲台吉回来。珲台吉出征回来出现在沙皇使节面前时，已经过了“伊利英日”(7月20日)。珲台吉一回到兀鲁思那天，就叫皇使们去使馆见他。皇使就把从托波尔斯克带来的信交给珲台吉。珲台吉站起接过信，并问候陛下圣体安康。

---

〔1〕见本译著下册文件第62号。

珲台吉在他的使馆对格里什卡和库切别尔杰两位皇使说，去年库 238
兹涅茨克派出150名俄国军队攻打他珲台吉的兀鲁思，杀死他兀鲁思属民15人，掠走202件实物税物品。而为此人们都来库兹涅茨克问他珲台吉要大量赔偿，索要400块貂皮。珲台吉不可能赔出这么多赎金，也没有东西可赔。这些俄国军役人员攻打他珲台吉的属民到底是按沙皇的圣旨还是总督的指令，或是自行其是？请告知他。如果那些国家军队攻打他珲台吉的兀鲁思并非沙皇下令，珲台吉希望皇上恩准，下令把被库兹涅茨克堡收取的那些属于他的实物税物品无偿还给他珲台吉。

两位沙皇使格里什卡和库切别尔杰就珲台吉这番话回答说，在这场战争之前，他珲台吉的下属玛济克曾来库兹涅茨克堡进行易货贸易。在贸易时他玛济克骗出库兹涅茨克的军役人员，杀了共40名军役人员。所以库兹涅茨克军人才去打珲台吉的人玛济克，但没找到玛济克，却遇到了珲台吉的兀鲁思属民，在不明情况下击溃了他们。珲台吉就他俩的话又说还是请皇上把在库兹涅茨克堡抓取的俘虏无偿还给他珲台吉，希望今后别让皇上的军队去打他珲台吉的兀鲁思，别让他们杀掠他的属民和牲畜。那么他珲台吉的人也不会来攻打沙皇的城市和州县，也不来杀掠皇上的属民和牲畜。如果珲台吉的人在哪里杀掠了您沙皇的属民，望皇上开恩写信告知他珲台吉，并说出您皇上的指示，要怎么惩治他们。或者他们在哪里打了您沙皇的属民，他珲台吉也会写信报告给您沙皇陛下……

两位皇使在珲台吉兀鲁思听一个诺盖人俘虏说，珲台吉的长妻带着自己的儿子奥克斯乔特布·巴图尔和100属民去库什台吉处为给儿子办婚事。那个诺盖人跟他们在一起。说库什台吉喝醉了，不断称赞一次攻打西伯利亚塔拉、托波尔斯克和秋明的进军。此前他库什的儿子翁布台吉去攻打塔拉，但失败了。现在他库什台吉想亲自带兵去打 239
沙皇的西伯利亚各城。但珲台吉的儿子、库什的女婿奥克斯乔特布·巴图尔反对库什台吉这么做，对此他跟库什说，如果他库什敢去攻打沙皇的西伯利亚各城，他奥克斯乔特布·巴图尔绝不会跟他去攻打，而且最终他会率自己的人摧毁库什的兀鲁思,尽管他们是自己人。那个诺盖人是秘密告知两位皇使这个情况的。

两位皇使格里什卡和库切别尔杰还在珲台吉兀鲁思听诺盖人和吉尔吉斯人的俘虏们说,珲台吉攻打扬吉尔王子时,他珲台吉占领了阿拉特吉尔吉斯人的两块土地和大约1万托克马克人。此后又说到扬吉尔王子的消息。扬吉尔迎战珲台吉,但扬吉尔只有600人。不过他在山岭间挖了战壕,300带火器的士兵埋伏在战壕中,扬吉尔自己带了三个团的人隐蔽在山后。珲台吉率军迫近战壕时,从战壕冲出的人杀了许多珲台吉的人。珲台吉的另一面又遭到扬吉尔亲自率领的军队打击,这两场战斗珲台吉死伤近万人。这时扬吉尔王子来增援亚兰土什,他们一起两万人。珲台吉见这些军队后撤退,而珲台吉俘来的人都带回珲台吉处了。现在那两块土地已经是珲台吉的了。开春,珲台吉还要去打扬吉尔和亚兰土什。和鄂尔勒克台吉游牧的地方离珲台吉很远,有5个月的路程。珲台吉跟和鄂尔勒克的联系因太远,这不是借口,他们之间的确游牧着许多台吉,有的还常有争斗,如达赖台吉的儿子昆都伦台吉等,还有扬吉尔和亚兰土什。而和鄂尔勒克游牧地远在雅依克河上游和卡日根河一带。珲台吉现在游牧在自己的城市和布克赛尔附近。珲台吉有三座石头城:一座是白色的,第四座城正在新盖。一座城到另一座城相隔一日程。这些城市住的是珲台吉的喇嘛和农耕人。珲台吉他就围绕着这些城市游牧。

152年(1643)从这次远征回来,珲台吉就派了40个人带着信去他岳父和鄂尔勒克那里,要和鄂尔勒克派兵帮助他攻打昆都伦台吉。而珲台吉从另一方面还要去打扬吉尔和亚兰土什,因为昆都伦这次没跟珲台吉打扬吉尔和亚兰土什,也不肯派兵,实际站在扬吉尔一边,还叫他为义子。

240 但那些珲台吉的使节被昆都伦在路上截住,给和鄂尔勒克的信也被扣住,都没有能去到和鄂尔勒克那里。两位皇使听那些被俘人员说,和鄂尔勒克想用来打仗的军队约有7万人,珲台吉的军队约2万人,其实物税民的士兵约1万人。而扬吉尔只有1.5万人,亚兰土什约有2

万人。

陛下，2月16日我们叫卡尔梅克使节多尔济·强巴耶夫和乌鲁斯凯到我们外事会议厅来，问了他们珲台吉这次派他们来是为何事。他们说首先让他们问候沙皇圣体可安康，我们按规定回答了。然后卡尔梅克使节交给我们两封信。一封鞑靼文，一封卡尔梅克文，另外还叩呈了礼品：有2块虎皮、护肩、2匹马，他们并叩求到莫斯科叩见您沙皇，跟您汇报有关的事情。我们收下了信件，礼品则让他们带往莫斯科。同时我们叫人译出鞑靼文的信，发现信中直呼您皇上的名字竟没有加尊号。是不是的确这样，是否直译，我们不知道，因为在托波尔斯克没有翻译，会卡尔梅克文的更是没人。

我们把这两封信捎给陛下，而没敢擅自退还给珲台吉，怕引起事端。不过，如果以后，卡尔梅克台吉们再捎来这样不礼貌的信，是接受还是退还呢？请陛下给我们指示。

我们，您的臣仆在使馆问珲台吉的使节，为什么信里不写沙皇的尊称，使节回答我们：我们写国书是真心的，不过我们的人不懂这些礼仪，希望皇上不要发怒。对礼品，我们进行了鉴别，特让托波尔斯克军役人员步兵哥萨克伊凡什科·科沃尔津和射击十人长鲍里斯科·奥尔杰米耶夫捎给您大公陛下。至于珲台吉的使节们，没您的指示我们不敢放他们去莫斯科叩见您，就把他们放回珲台吉处了。陛下，如果以后珲台吉和其他台吉再派使节来托波尔斯克，要不要放他们去莫斯科拜见您呢？也请给我们指示。

提交注：152年(1643)5月9日，托波尔斯克哥萨克长官伊万·科沃尔津递交。

批注：152年(1643)5月14日，全俄沙皇米哈伊尔·费多罗维奇大公陛下听了呈文，指示将两份信件交外事衙门翻译，翻译好的内容再呈陛下。把2张虎皮和护肩登记收入账后，护肩捎给兵器衙门交费多尔·伊凡诺维奇·舍列麦杰夫贵族，虎皮交马畜衙门。而关于关在托木斯克的珲台吉的人伊谢卡和玛济克的情况，以及他进攻库兹涅茨克堡和库兹涅茨克堡派军队打珲台吉的属民，还有抓了多少其实物税的

241 俘虏等等,都速记录上报。如果没有专门记录,可询问曾在西伯利亚托木斯克任总督的伊凡·科勃利斯基和库兹涅茨克的捷缅洁·卡弗腾列夫。伊谢卡是在哪里被俘,关入监狱多久了,也问问伊凡·科勃利斯基总督。而关于库兹涅茨克的俘虏的有关赎金问题查问捷缅洁·卡弗腾列夫,要把他们的原话记录下来。所有这些情况记录,都要上报沙皇陛下。关于卡尔梅克的问题写信告知托波尔斯克总督和秘书长。如果今后卡尔梅克使节还要求来莫斯科,可以拒绝并解释为路途遥远。他们有什么事情和要求等等,一切都从托波尔斯克报告莫斯科。

珲台吉信中索要的火鸡等货物可以从托波尔斯克捎给他珲台吉。

全宗:西伯利亚衙门,栏目 455,644 - 653、638 页,原件。

苏联档案馆列宁格勒分部,全宗:缪勒存档卷,第 4 目,11 册,文件第 57 号,60 - 67 反面,18 世纪拷贝。

第65号

1644年8月22日：西伯利亚衙门就不归还吉尔吉斯王公伊泽尼给额尔德尼·巴图尔珲台吉并要他将所俘获的实物税民交送西伯利亚诸城及给他遣送所恳请的赏赐诸事，下达给托波尔斯克总督格里戈里·谢苗诺维奇·库拉金的诏书摘录。

转全俄沙皇米哈伊尔·费多罗维奇给托波尔斯克总督格里戈里·谢苗诺维奇·库拉金公爵和米哈伊洛·谢苗诺维奇·加加林公爵以及秘书长伊凡·彼列诺索夫和格里戈里·卢金的谕旨。

151年(1642)，我们收到西伯利亚托波尔斯克总督彼得·普隆斯基公爵等人的来信。他们从托波尔斯克派出了使团托波尔斯克新教徒卢契卡·基兹洛夫等人去出访楚库尔台吉。卢契卡从楚库尔处返回向彼得公爵等汇报说，他们在珲台吉兀鲁思听说，珲台吉下属玛济克请求珲台吉发兵攻打托木斯克和其他西伯利亚城市。珲台吉说不许发兵。但是当一位呼图克图来到珲台吉处之后，珲台吉带着兄弟们去呼图克图那里听他出主意。卡尔梅克按呼图克图的主意出兵去打仗了，但去打哪里，他卢契卡不知道。

149年(1640)，我们曾收到西伯利亚库兹涅茨克堡总督捷缅洁·卡弗腾列夫总督的来信。说148年(1639)来了些人到库兹涅茨克堡 242
外欺骗说是做生意，属于巴奇科夫兀鲁思的卡尔梅克约100人，他们隐蔽了起来，分出12个人和俄国人做生意。当库兹涅茨克一些军役人员出去交换货物时，那些隐蔽着的人突袭杀死了跟卡尔梅克做生意的俄国军人、闲散路人以及城郊尤尔托夫鞑靼人共20人，伤8人，抓走4名妇女，其他的人都被绑架了。于是，捷缅洁从边堡派出彼得·多罗菲耶夫长官率军营救。彼得长官救出了那些被卡尔梅克劫持的人，并打败

了卡尔梅克人……[1]

我们此函一到你们那里,以后珲台吉再遣使来托波尔斯克,再跟你们谈及伊谢卡的事,或者你们从托波尔斯克遣使去珲台吉那里,珲台吉对我们皇使谈伊谢卡的事,你们可以说前几年吉尔吉斯人叛变了,开始不交实物税了,还来攻打托木斯克和库兹涅茨克的沙皇实物税地区。148 年(1639)那个伊谢卡就是跟吉尔吉斯人来攻打了托木斯克县我们的实物税州县,并杀掠了许多实物税民,还抓走了妇女儿童。所以在托木斯克战役中抓了他,交给珲台吉是不合适的,因为他的族属是吉尔吉斯族,而不是珲台吉兀鲁思的人。

而且现在吉尔吉斯王公和所有兀鲁思都按原来那样臣服沙皇为奴,叩认了自己的罪,也已交出了人质给托木斯克和其他城市。还要说明,玛济克带了卡尔梅克人假装来库兹涅茨克堡做生意,而乘机却杀掠了我们许多人。所以我们派出库兹涅茨克堡的军队去对付他们,对付玛济克,但没有遇见玛济克,却在库兹涅茨克县的克尔加萨利斯克、穆杜斯克和土托什克以及凯泽格茨克等地遇见了此前不向我们交实物税的背叛了我们的实物税民,他们想靠着吉尔吉斯人不交税,还跟我们的军人打仗。这样,我们的军人就打了那些叛徒、各地的王公以及那些实物税民中的败类,而不是打他珲台吉的人,并引导那些人臣服了沙皇,收了他们的实物税。如果抓的人里有真正的珲台吉兀鲁思的人也属不知情,考虑到珲台吉的忠心,可以放了那些俘虏,我们已就此写信给库兹涅茨克堡总督明示。但他珲台吉对那些已经离他远去,移民各地而且靠近我们西伯利亚各城及库兹涅茨克堡、克拉斯诺雅尔堡生活的实物税民,此前已交给我们实物税,是希望现在他们给我们交实物税还是不交呢?那些远离他珲台吉的已经不是他珲台吉领地内的王公和实物
243 税民的寄生虫,还不想给我们交实物税,不听命于我们,去卖身投靠他珲台吉,就像以前塔拉县的王公库加洁科等人是一样的,背叛了我们就去他珲台吉兀鲁思,而珲台吉忠于我们,把库加洁科王公等人连同他们

[1]原文删去了后面的内容。

的妻儿都归还到托木斯克县。希望珲台吉现在仍忠于我们，不要叫那些迁离了珲台吉兀鲁思而移居到库兹涅茨克堡和克拉斯诺雅尔堡一带地方的帐民败类去投靠他，不要接受他们，而交还给西伯利亚他们所属的牧区，这样就不会发生争端。我们也不会派军队去他珲台吉的地方抓人，不会发生属民的争端。

至于珲台吉信中要我们给他捎去德国火鸡4公、8母，希望你们就在西伯利亚买上4只德国公火鸡、8只母鸡等，叫他的使节带去或派托波尔斯克军役人员送去。并转告珲台吉以后有什么事，最好写信给托波尔斯克，而且要用鞑靼文写，不要用卡尔梅克文，因为就是在莫斯科也没人能翻译卡尔梅克文。以后有珲台吉遣使来或有什么有关消息，都务必真实报告给我们了解，同时告知西伯利亚衙门尼基塔公爵和秘书长备案。

此文写于莫斯科7152年(1643)8月22日。

苏联科学院档案馆列宁格勒分部，全宗：缪勒存档卷，第4目，11册，文件第69号，92页反面－103页反面，18世纪拷贝。

第66号

1644 年 8 月 25 日至 31 日:托波尔斯克总督格里戈里·谢苗诺维奇·库拉金就军役人员报告的关于和鄂尔勒克已故的消息并就卫拉特诸台吉拟去西伯利亚诸城附近地区等事呈西伯利亚衙门的报告。

致全俄沙皇米哈伊尔·费多罗维奇大公陛下,您的臣仆格里戈里·谢苗诺维奇·库拉金、米哈伊洛科·加加林、伊瓦什科·彼列诺索夫、格里戈里·卢金叩呈。

244 陛下,152 年(1643)8 月 25 日塔拉总督彼得·舍季宁公爵和费多尔·戈洛瓦切夫来信给我格里戈里说,他们派了塔拉贵族子弟加拉西姆·科斯杰列茨基和哥萨克骑兵费季卡·普洛特尼科夫带了货物去跟游牧在俄国实物税地区附近的珲台吉实物税民进行贸易。并令告诉珲台吉实物税民,希望他们回自己的地方去,以便不损害皇上的俄国实物税民的利益。

152 年(1643)7 月 30 日,加拉西姆·科斯杰列茨基和费季卡·普罗特尼科夫返回,在盘问中他们说,他们到了游牧在邻近俄国实物税地区的珲台吉属民冬季游牧的草原,但珲台吉实物税民没下到那个他们冬季游牧的地方,游牧到离这片草原远方去了。而当时他们从这块牧区返回城市,走过巴拉巴县时,陛下,却在巴拉巴县碰到珲台吉的看家仆人布加契科及其妻儿等。他们问他是按珲台吉的旨意来巴拉巴县过活还是他们自己来的?他回答说是路过巴拉巴县回家去。

加拉西姆和费季卡对他说,他可以在巴拉巴过活,但不能伤害沙皇的巴拉巴实物税民。据巴拉巴实物税民说,他没有伤害过他们。

巴拉巴王公科古洁科在暗中告诉加拉西姆他们说,珲台吉的人库洁科作为朋友暗中告诉他,珲台吉秋天要派他的儿子率军去讨伐库拉,并带这支军队前往攻打托木斯克城、纳林城以及库兹涅茨克堡和克拉斯诺雅尔堡,因为俄国的库兹涅茨克和克拉斯克雅尔的哥萨克人打了他珲台吉的吉尔萨卡列茨人。[1] 陛下,这吉尔萨卡列茨人是珲台吉的交实物税属民。不过珲台吉说,去攻打俄国城市时,不得损害城市的任何作业,只打实物税民,让他们回到珲台吉这边来。可是陛下,去年虽然他曾想派儿子打俄国城市,但他兀鲁思里发生一些事,所以那秋天就没打成。一旦科古洁科王公得到珲台吉的儿子要来攻城的消息,会立即报告塔拉。那个库洁科还对科古洁科王公说,通过他儿子打仗,要夺回巴拉巴、科伊斯克、捷列宁斯克、土兰斯克、柳拜斯克和土努斯克等地的实物税民。那王公对他们说,虽然珲台吉去打实物税民的军队不多,只为向他交税,但也不好对付,因为这些实物税民离俄国城市太远,毕 245
竟离珲台吉近,所以他们不敢反抗珲台吉。

科古洁科王公还说,春天珲台吉就派人到巴拉巴来过,并令巴拉巴头人们向他交实物税,并把他的弟弟卡伊科、鞑靼人阿克巴什和伊利奇拜科等 8 人不知何故抓走了,这些人现在还在珲台吉处,没放回。

今年 152 年(1643),又从塔拉派出一批使节哥萨克骑兵去卡尔梅克台吉处:伊瓦什卡去昆都伦台吉处;伊格纳什科去达赖台吉处;塔拉斯科去乌尔罕台吉处;而基柳什卡去库台和硕齐台吉处。8 月 6 日,伊瓦什卡等人回到塔拉。他们告知彼得公爵等人说,伊瓦什卡到昆都伦那里,正好和鄂尔勒克的妻子和属人派了使节从雅依克河来到昆都伦这里,说他们赶了 15 天的路才到,叩见昆都伦,希望保护他们不受俄国军队攻击,能庇护他们不被沙皇的军队杀死。他伊瓦什卡看见了那些使节,亲耳听见了使节们的话,他也懂这些卡尔梅克语,此时昆都伦的妻子也在屋中,她问和鄂尔勒克妻子的使节,和鄂尔勒克怎么死的?在哪里死的?还死了哪些人?使节们回答说,和鄂尔勒克跟他的几个儿子都死了,总共被杀的有 14 个台吉,而昆都伦的女儿正是嫁给和鄂尔勒克的一个儿子的,使节们说,他们的女婿也死了,他们是在克姆河被契尔克萨人杀死的,他们进入了一个狭小的地方,被杀的人很多。现在

[1]见本译著下册文件第 65 号。

和鄂尔勒克的兀鲁思人游牧在雅依克河,昆都伦台吉和其他台吉都处于聚集兵力的状况中,他们要去打谁,伊瓦什卡不知道。不过一个布哈拉人对他说,要通知塔拉方面小心防卫,因为伊儿杰尼王子在叫喊去打塔拉和西伯利亚城市。……

所以,您的臣仆格里什卡已写信给塔拉和秋明总督们,小心防卫。

如果今后有卡尔梅克人的有关消息,我们令报告莫斯科给陛下。

全宗:西伯利亚衙门,栏目455,239－243页,原件。

第 67 号

1644 年 9 月 24 日到 12 月 21 日:塔拉总督彼得·谢季宁就卫拉特人 246
抵达俄国交纳皮毛实物税诸乡并就其一旦拒绝自行返归原游牧地时,准予派遣军役贵族进行反击一事呈西伯利亚衙门的报告。

西伯利亚塔拉总督彼得·谢季宁公爵和费多尔·戈洛瓦乔夫今年 153 年(1644)12 月 21 日给沙皇米哈伊尔·费多罗维奇大公所发报告的摘要。

致全俄沙皇米哈伊尔·费多罗维奇大公陛下,您的臣仆彼得鲁尼卡和费季卡叩呈。

今年 153 年(1644)9 月 24 日,巴拉巴的王公库列别尔洁科·比奇杰耶夫来向您沙皇陛下叩安。在会客室对我们说:他特地来叩呈陛下,告诉我们您的臣仆,许多卡尔梅克人,有珲台吉的人、达赖的人,还有鄂齐尔图[1]的人等来到了巴拉巴、卓英斯克、捷列宁斯克等州县游牧了一天半天后占领了他们的牧地,但没处可收到您沙皇的实物税,就大加破坏。说去年 152 年(1643)从巴拉巴把实物税民抓到珲台吉那里了,其中有他弟弟等8位头人。当去年皇使们到时,152年(1643)8月28日离开时还没放回。我们在 152 年(1643)也曾向您报告过这事。 247

今年 153 年(1644)我们又问库列别尔洁科,他的兄弟等人回来了

---

〔1〕鄂齐尔图·车臣汗(鄂齐尔图台吉)是卫拉特大封建主,和硕特台吉拜巴噶斯的儿子,阿巴顿台吉的兄弟,巴图尔珲台吉的竭诚拥护者。参加了准噶尔 1640 年大会,也参加了 1643—1644 年征讨哈萨克张格尔汗的进军。许多年因为瓜分父亲遗产问题跟兄弟阿巴顿敌对。

巴图尔死后,他支持珲台吉的儿子僧格,僧格娶了鄂齐尔图的女儿。他得到咱雅班第达的支持。1657 年出游西藏之后,达赖喇嘛授予他车臣汗。

僧格被杀和政权被噶尔丹篡夺终结了鄂齐尔图车臣汗与准噶尔这位新汗的关系。鄂齐尔图车臣汗被杀,他的领地被噶尔丹占领(兹拉特金《准噶尔汗国史》[1635—1758 年],莫斯科,1964 年,229、252 – 254 页)。

没有？珲台吉为什么要抓走他们？盘问中库列别尔洁科王公说,他离开时9月24日还没放回来。至于为什么抓他们,他也不知道。大喊他们冤枉。

陛下,我们曾派贵族子弟格里戈里和骑兵哥萨克去劝过卡尔梅克人,让他们离开俄国实物税地区回自己的地方去,希望不要占俄国实物税民的牧地,不要伤害他们。如果卡尔梅克人不听,不离开,没有陛下的指示我们也不敢派兵去打,但又担心卡尔梅克人会给俄国的事业带来危害。是去攻打还是不打,请陛下指示。

全宗:准噶尔事务,1645年,文件第1号,32-34页,17世纪抄本。

第 68 号

1644 年早于 10 月 14 日:额尔德尼·巴图尔珲台吉就准噶尔使臣赴莫斯科途中准予通行并就给珲台吉赏赐一事致沙皇米哈伊尔·费多罗维奇的信件。

译自诺盖文。

借王子尤尔杜加夫·吉弗柳夫一句话对您伟大的沙皇说,谁是您的敌人——您自己一定清楚。我们住得那么远,不可能打到您那里。对此希望您心明如镜。您皇上赐给我的 5 块水獭皮和 2 件一排扣制服,已收到。我派出了我的使节叶木得瓦等人,希望我的使节能见到您,如果不让见,以后我们就不派了。

而另一封信是卡尔梅克巴图尔珲台吉用诺盖文写的,字迹太差,没法读懂,只有一行能辨明:请赐优等枪炮、马挽具、10 只大母鸡、5 只小母鸡和 7 头猪以及 3 头骟猪。派出使节叶木得瓦,是想让他见到皇上,让他带去礼品 2 块雪豹皮、2 匹马。如果这位使节见不到白沙皇,今后我们再不派使节了。最后叩拜白沙皇!

全宗:准噶尔事务,1645 年,文件第 1 号,3 页,17 世纪译文。

第69号

248 1644年10月25日至1645年1月27日:托波尔斯克总督格里戈里·谢苗诺维奇·库拉金就火枪兵百人长沃洛吉麦尔·克利亚皮科夫使团从额尔德尼·巴图尔珲台吉处返回托波尔斯克的情况并就准噶尔使臣丘恩和瑟梁已来到和准予将其送往莫斯科等事呈西伯利亚衙门的报告。

西伯利亚托波尔斯克总督格里戈里·库拉金公爵等人今年153年(1644)1月27日给沙皇米哈伊尔·费多罗维奇大公的报告摘要。

陛下,去年152年(1643)12月3日格里戈里秘书长写信通知我们,从托波尔斯克选合适使节去珲台吉处千方百计打探清楚:珲台吉跟和鄂尔勒克是否真的不和睦了?为了什么事?现在有没有打起来?今后他们之间会发生战争吗?珲台吉会跟哪些其他台吉打仗?152年(1643)按皇上指令我们令百人长沃洛吉麦尔·克利亚皮科夫等5人出使珲台吉处。今年153年(1644)10月14日,百人长沃洛吉麦尔等人已从卡尔梅克珲台吉处返回托波尔斯克,随他同来的有珲台吉的两名使节秋恩和瑟梁及两名随从。沃洛吉麦尔交给了我们他的出使记录,其中写道:他们皇使到达珲台吉处以后,珲台吉就通知他们去使馆。沃洛吉麦尔一行人见到珲台吉,就把从托波尔斯克带来的皇赏——呢子和水獭皮交给珲台吉。珲台吉隆重地接受了皇赏,叩谢了皇恩,问候了圣体安康。

他沃洛吉麦尔也按规定回答了。然后对珲台吉说,前几年秋明和塔拉有些实物税鞑靼人背叛了沙皇,而另一些鞑靼人和俄罗斯人在秋明和塔拉城外被掠走。现在那些叛徒和被俘人员都在珲台吉处。此前
249 他珲台吉忠于沙皇,把沙皇的叛徒和那些塔拉鞑靼人、科古洁科王公等人连他们的妻儿100户及1000匹马都交还了塔拉。为此珲台吉得到了沙皇的多次皇赏——银质酒杯酒器、天鹅绒、绸缎、呢子等。希望他

珲台吉全面忠于沙皇,臣服沙皇,下令查明在他的兀鲁思的沙皇叛徒和沙皇的鞑靼实物税民以及在达赖儿子们和库什台吉那里的塔拉和秋明被俘人员,送还给塔拉和秋明。那么沙皇会继续赐珲台吉皇赏,保护他不受敌人侵犯,西伯利亚各城市派兵帮他去打他的敌人和鄂尔勒克台吉,俄国军队已击溃了吉尔吉斯人,使他们臣服沙皇,并抓来了人质,并令从喀山和阿斯特拉罕,从乌法派出的火枪、火炮的军队去粉碎和鄂尔勒克的兀鲁思。希望他珲台吉也可以率领其他台吉和朋友从他的方面向他的敌人和鄂尔勒克报仇。

珲台吉听后对沃洛吉麦尔说,他珲台吉不会去打俄国属民,也不会去威胁俄国城市,他没在任何地方抓过沙皇的鞑靼实物税民,现在在他的兀鲁思里没有任何沙皇的人。而在其他台吉和达赖台吉、库什台吉兀鲁思中的沙皇叛徒和俘虏,跟他的兀鲁思,跟他珲台吉无关。而和鄂尔勒克不是他珲台吉的敌人,和鄂尔勒克的女儿嫁给了他珲台吉。难道子辈能去打父辈吗？希望沙皇开恩,别要他去打和鄂尔勒克,他不会去打和鄂尔勒克,其他台吉、他的朋友们也不会去攻打和鄂尔勒克。

沃洛吉麦尔又对珲台吉说,希望他坚定效忠沙皇,并号召他的兄弟等其他台吉也来享受皇恩,享受皇赏,不做恶事,不攻打俄国的城乡和实物税地区,希望他珲台吉能为此讨伐那些不听命的行为加以制止。

珲台吉听后回答沃洛吉麦尔说,他珲台吉自己不会攻打俄国城乡和实物税州县,也不会派任何人去,不会干这种事。但是谁要去攻打俄国的城乡和实物税州县,那是皇上会关心的事,他珲台吉无力过问。临送沃洛吉麦尔回来时,珲台吉还说,以前吉尔吉斯人和凯尔萨加尔人都是他珲台吉的属民。但是149年(1640)沙皇的人攻打了吉尔吉斯人,抓走了他们的妇女儿童,俄国人又从库兹涅茨克堡出来攻打了凯尔萨
加尔县,掳走了妇女儿童,希望沙皇恩准查明那些被抓走的人并还给 250
他。如果沙皇不查出这些人遣返给珲台吉,他只好向俄国的实物税民收取实物税:巴拉巴离他珲台吉的地方仅咫尺之遥,而在纳伦堡珲台吉已在附近安插了许多头目。

陛下,10月25日我们叫珲台吉的使节丘恩和瑟梁到我们的外事

会议厅问了他们这次珲台吉派他们来的目的。两位使节告诉我们说,珲台吉让他们来先问候沙皇圣体安康。我们按规定回答之后,两位使节交给我们一封用鞑靼文写的信,并代表珲台吉叩呈了 2 块雪豹皮,和 1 匹马,并叩求让他们去莫斯科面见沙皇叩求有关事情。我们收下了信和礼品。珲台吉的使节就开始要皇上赏赐珲台吉,说珲台吉希望能赐他上等枪打不进的防身盾牌,还要 5 只公鸡、10 只母鸡、3 头骟猪和 7 头母猪。

我们告诉珲台吉使节,我们要写信向沙皇请示,让他们在托波尔斯克等待指令。现派托波尔斯克哥萨克一名首领斯捷潘·维霍德佐夫和一名步兵哥萨克伊瓦什卡·科尔舒诺夫将珲台吉的信和礼品送往莫斯科给陛下,并让珲台吉的使节听候指令行事。

全宗:准噶尔事务,1645 年,文件第 1 号,16 - 22 页,17 世纪抄本;苏联科学院档案馆列宁格勒分部,全宗:缪勒存档卷,第 4 目,第 11 册,文件第 68 号,87 页反面 - 92 页反面,18 世纪拷贝。

第70号

1644年11月11日：西伯利亚衙门就禁止额尔德尼·巴图尔珲台吉的实物税民居住塔拉并将其遣返至原游牧地一事转给托波尔斯克总督格里戈里·谢苗诺维奇·库拉金的诏书。

沙皇米哈伊尔·费多罗维奇大公发给托波尔斯克总督格里戈里·
谢苗诺维奇·库拉金公爵和米哈伊洛·谢苗诺维奇·加加林公爵以及 251
秘书长伊凡·彼列诺索夫和格里戈里·卢金等的谕旨。

收你们来信说，152年(1643)格里戈里公爵收到塔拉总督彼得·舍季宁公爵和费多尔·戈洛瓦切夫的信，说他们从塔拉派了贵族子弟帕维尔和加拉西姆·科斯杰列茨基去塔拉县巴拉巴、卓英斯克、捷列宁斯克等地收我们的实物税。贵族子弟帕维尔和加拉西姆回到塔拉后说，他们在捷列宁县看见珲台吉的9户实物税民及子女们和我们俄国实物税民生活在一起，而且向捷列宁县送去了需要供养的人，因为珲台吉那里正闹饥荒。现在许多珲台吉的人已离开捷列宁斯克和巴拉巴，但在近处游牧，半日程、1日程或2日程处，各地都有许多人，平均有60多人向捷列宁和巴拉巴实物税民来收珲台吉名义的实物税。

他们帕维尔和加拉西姆告诉巴拉巴头人，让他们全额付给我们实物税。但巴拉巴实物税民说，他们原来的海狸河是世袭领地，在那河里捕捉的海狸给我们交税。可是后来他们没法去捕捉海狸，因为卡尔梅克人来到之后就夺走了他们的那些生计。

152年(1643)，巴拉巴实物税民乌尔金洁科、萨弗拉萨耶夫等人带着实物税来到塔拉。彼得和费多尔公爵问那些人，卡尔梅克人有没有欺侮他们。那些人说有，说卡尔梅克人占领了他们的捕猎地，不让他们干活，因为卡尔梅克人就在近处游牧。可是彼得和费多尔公爵也不敢把卡尔梅克珲台吉的人驱逐出巴拉巴和捷列宁斯克县，以免发生跟他的冲突。

你,格里戈里可写信给塔拉告诉彼得·舍季宁公爵和费多尔·戈洛瓦乔夫公爵,让他们从塔拉派合适的贵族子弟去找珲台吉的实物税民,告诉他们必须离开巴拉巴和捷列宁斯克回到他们原游牧的自己兀鲁思去,不得对我们的实物税民造成任何伤害,但没我们的指示不得让我方军人跟他们发生冲突。另外从托波尔斯克可派立陶宛人斯塔尼斯拉夫科·布克开耶夫和尤尔托夫鞑靼军人库图奈科·哈巴尔庆出使珲台吉处,令他们跟珲台吉说,务必把他的人从我们的捷列宁斯克和巴拉巴县领走,不得对我们的实物税民造成任何伤害,不得在那里收取实物税和占领我方实物税民的捕猎作业区。如果珲台吉的实物税民还不从我们的地方撤走,还对我们塔拉实物税民征税,务必报告我们等候指令。有关情况并报告西伯利亚衙门尼基塔·伊凡诺维奇总督处备案。

此文写于莫斯科 7153 年(1644)夏 11 月 11 日。

全宗:西伯利亚衙门,栏目 455,208 - 212 页,副本;苏联科学院档案馆列宁格勒分部,全宗:缪勒存档卷,第 4 目,11 册,文件第 70 号,104 - 106 页,18 世纪拷贝。

第 71 号

1644 年不早于 12 月 28 日：西伯利亚衙门就额尔德尼·巴图尔珲台吉逼近吉尔吉斯诸兀鲁思，但鉴于遣军役人员人数有限无法去保卫一事所草拟的报告提要。 252

摘自西伯利亚衙门的报告。

今年 153 年(1644)11 月 19 日，总督奥福纳赛·朱波夫从西伯利亚库兹涅茨克堡给全俄沙皇米哈伊尔·费多罗维奇大公的报告。

去年 152 年(1643)5 月 23 日，沙皇实物税区伊基比尔斯克县王公阿尔腾科和伊兹列契科从崞多木河来，在会议厅对总督他们说，在俄国崞多木河与木拉斯河一带实物税地区出现了一大批珲台吉的黑卡尔梅克军队和其他的珲台吉远处增派来的军队，其中带枪炮的军队约 500 人，用弓箭的约 3000 人。听那些卡尔梅克人说，他们是去吉尔吉斯，跟他们同行的有吉尔吉斯王公伊舍耶夫，他们分三路进军吉尔吉斯，路经崞多木河和木拉斯河在俄国属民那里收买盔甲、弓箭等各种军用品，也有一些人对俄国实物税民进行抢劫。于是，沙皇的库兹涅茨克的实物税民和崞多木河、木拉斯河的人纷纷来到库兹涅茨克堡，跟总督说，卡尔梅克人要来攻打库兹涅茨克堡。所以，朱波夫按沙皇以前的指示精神立即写信给托木斯克城御前大臣兼总督谢缅·克卢勃科夫·莫萨利斯基公爵请求增兵抢保卫时间，有增兵就可以打败卡尔梅克，保卫住库兹涅茨克堡。库兹涅茨克的实物税属民还说，一切坏主意是白卡尔梅克叫科卡·阿巴科夫和巴奇克等人出的。这些白卡尔梅克人游牧在离库兹涅茨克堡很近的兀鲁思里，骑马就三两天的路。

153 年(1644)12 月 28 日，书吏安德烈·格拉朱诺夫在西伯利亚衙门会议室向尼基塔公爵和秘书长叙说，库兹涅茨克朱波夫总督向托木斯克御前大臣兼总督谢缅·克卢勃科夫报告说，出现了许多卡尔梅克

253 的军队，他们喊叫是来攻打库兹涅茨克和托木斯克的。谢缅·克卢勃科夫公爵已派军人和鞑靼人去托木斯克边区打探消息。此后，从吉尔吉斯到托木斯克城来了吉尔吉斯几位王公，带来了卡尔梅克人的消息。他们说，珲台吉派人来到吉尔吉斯兀鲁思，要吉尔吉斯人交实物税和马匹，因为他的马在打仗时都死了，而此前珲台吉还从吉尔吉斯人那里收实物税。但吉尔吉斯这两位王公拒绝给他交实物税，因为他们已臣服了沙皇陛下。然后珲台吉就带了2000人到吉尔吉斯兀鲁思，打那些不听从的人。那两位王公害怕了，就带着自己的兀鲁思人逃往山岭后的阿巴坎河那边了，而其余吉尔吉斯人因害怕卡尔梅克人，就屈服交了税。卡尔梅克人就留下向听话的吉尔吉斯人收实物税，而对逃往阿巴坎河的两个王公则派兵征讨。那些驻扎在吉尔吉斯兀鲁思的卡尔梅克人把吉尔吉斯东西都吃光了：光是马就吃掉了2000匹，还不算其他牲口，以后会怎么样，还不知道。

所以，希望皇上开恩，保护他们吉尔吉斯人不受卡尔梅克人侵犯。他安德烈听说，那些卡尔梅克人在吉尔吉斯兀鲁思驻扎了约4周。但是托木斯克想保护他们，却无军队可派，因为卡尔梅克人太多，而且去阿巴坎河的那些卡尔梅克人还不知回来了没有。

全宗：准噶尔事务，1645年，文件第1号，34－39页，17世纪抄本。

第72号

1645 年 1 月 20 日：西伯利亚衙门就派遣托波尔斯克贵族军役人员前往额尔德尼·巴图尔珲台吉处商定将其兀鲁思人员迁出缴纳实物税的俄国诸乡并禁止他向塔拉县诸乡和吉尔吉斯人征收实物税问题下达给托波尔斯克总督格里戈里·谢苗诺维奇·库拉金的诏书。

这是沙皇谕旨的摘录。

全俄沙皇米哈伊尔·费多罗维奇大公陛下致西伯利亚托波尔斯克总督们格里戈里·谢苗诺维奇·库拉金公爵、米哈伊洛·谢苗诺维奇·加加林以及秘书长伊凡·彼列诺索夫和格里戈里·卢金等人的谕旨。

今年 153 年(1644)我们收到塔拉总督彼得·谢季宁和费多尔·戈洛瓦乔夫的来信。说 153 年(1644)9 月 4 日塔拉县的巴拉巴实物税地区王公库列别尔洁科·比奇格耶夫来到塔拉，在盘问中他说珲台吉、 254
达赖台吉和鄂齐尔图台吉的许多卡尔梅克人游牧到了他们的巴拉巴、捷列宁斯克和卓英斯克等地，离这些地区仅一半天路途，而且强行夺占了实物税民的作业狩猎地，极大地伤害了他们，而使我们的属民没处可以获取猎物。去年 152 年(1643)，还从巴拉巴地方夺走了实物税和巴拉巴王公库列别尔洁科的兄弟卡伊姆科等 8 位头人。而且到 152 年(1643)8 月 28 日还没放回。这位王公还说，他期望塔拉、巴拉巴、捷列宁斯克、卓英斯克的实物税民都能幸运免灾。所以，他们从塔拉派出贵族子弟格里戈里·拜加乔夫和骑兵哥萨克伊瓦什卡·亚瑟等令对卡尔梅克人说，要他们离开我们领土回他们自己的兀鲁思，不得损害俄国实物税民的利益，不得占领我们的狩猎地。可是他们没圣旨不敢派兵去打那些卡尔梅克人，望给予指示。

一旦你们收到我们转去的这份谕旨，你们可派塔拉的一些或两名军役人员去珲台吉处,叫对珲台吉说明,此前他效忠我们,把背叛我们的巴拉巴、捷列宁斯克和卓英斯克等地实物税民 100 户都归还了我们,为此珲台吉得到了我们的赏赐,莫斯科给他捎去了银酒杯、酒器、金腰带、绸缎等大笔赏赐。此后,珲台吉和他的属民对我们实物税民任何地方都没有伤害,没有暴力行为。但现在他珲台吉却派自己的人生活在塔拉的巴拉巴、捷列宁斯克、卓英斯克等地,现在他的人已给塔拉实物税民造成了极大伤害,还夺走了他们的牧猎地,强行收走了实物税。同时还从巴拉巴强行抓走了 8 名该实物税民的头人,且不知为何至今不放回来。珲台吉还派人攻打吉尔吉斯人,击溃了他们。希望珲台吉按以前那样忠于我们,令带回自己的卡尔梅克人,以后再勿派人攻打我们吉尔吉斯人,勿来塔拉的巴拉巴和其他我们实物税地区,不得从我们的吉尔吉斯人和塔拉实物税民那里收取实物税,不得对他们造成任何伤害,并速将 152 年(1643)掳去的 8 名巴拉巴头人放回他们巴拉巴牧地,这样才不致让我们因愤怒而对珲台吉兀鲁思发动毁灭性战争,希望不要走和鄂尔勒克的老路:他率领儿孙大举进攻我们阿斯特拉罕的领地,曾引起阿斯特拉罕诺盖人和叶吉山一带鞑靼贵族和鞑靼人叛变,他就把他们搜罗到自己兀鲁思里了。为此,为惩罚和鄂尔勒克的罪行,我们带枪炮的部队奋起反击和鄂尔勒克,杀了他和他的儿孙以及他兀鲁思的许多人,摧毁了他的兀鲁思,他的其他几个没跟我们打仗的儿子只能逃亡到很远的地方。

255 希望他珲台吉不要失去第一时间效忠我们的机会,把我们塔拉的实物税民立即放回塔拉县,把自己的属民从巴拉巴、捷列宁斯克、卓英斯克等我们领地上带走,今后不得让自己的人进入塔拉各实物税州县,不得造成对他们的伤害。如果珲台吉说,吉尔吉斯人以前就是给他交实物税的,望你们对他说,如果吉尔吉斯人给他交过实物税,那是当时他们背叛了我们。现在他们吉尔吉斯人已经臣服我们沙皇陛下为奴,并送了人质。如果珲台吉关于库兹涅茨克俘虏的事说我们库兹涅茨克军人攻打了他珲台吉的凯尔萨迦尔人,也抓了俘虏,望你们按托波尔斯克军役人员说的理由来推托此事,怎么说好,我们以前在谕旨中已说过。总之要用其他各种办法根据实际情况千方百计说服珲台吉，说出他的所有不对之处，但也不要引起大的冲突。同时还得叫军役人员在珲台吉兀鲁思期间，暗中打探各种情况，不能让他知道，并在他的兀鲁思里传播，是我们的军队杀死了和鄂尔勒克及其儿孙，摧毁了他们的兀鲁思，看看珲台吉是否害怕。对此，看他以后会怎么做。

珲台吉对我们派到他那儿去的托波尔斯克军役人员怎么说的，军役人员在珲台吉兀鲁思打探到一些什么消息，回来后向你们汇报了些什么事，望立即一并记录并全部真实报告莫斯科，同时把抄本交西伯利亚衙门让尼基塔·伊凡诺维奇·奥多耶夫斯基公爵和秘书长格里戈里·普罗托波托夫备案，办妥也告诉我们。你格里戈里公爵再写一份摘录把这一切告知塔拉总督彼得·谢季宁公爵和费多尔·戈洛瓦乔夫，让他们也了解有关情况，我们会通知塔拉总督彼得和费多尔根据消息变化小心防卫，希望不发生攻打塔拉和塔拉各州县地区的不幸事件。

写于莫斯科7153年(1644)夏1月20日。[1]

封口处：秘书长格里戈里·普罗托波托夫封。

全宗：准噶尔事务，1645年，文件第1号，40－45页，17世纪抄本。

〔1〕同一内容的谕旨也发送给了塔拉(见准噶尔事务卷宗，1645年，文件第1号，46－52页)。

第73号

1645年2月11日:西伯利亚衙门就准予使臣丘恩和瑟梁赴莫斯科并就给额尔德尼·巴图尔珲台吉遣送所请求的礼品一事下达给托波尔斯克总督格里戈里·谢苗诺维奇·库拉金的诏书摘录。

给西伯利亚托波尔斯克总督们格里戈里·库拉金公爵等人的谕旨的抄本。

256 沙皇米哈伊尔·费多罗维奇大公发给托波尔斯克总督格里戈里·谢苗诺维奇·库拉金公爵、米哈伊洛·谢苗诺维奇·加加林和秘书长伊凡·彼列诺索夫和格里戈里·卢金等人的谕旨。

我们这份谕旨一到,希望你们立即在托波尔斯克或其他西伯利亚城市买5只公火鸡和10只母鸡,以及3头骟猪和7头母猪,并让原派来托波尔斯克的珲台吉的使节带回这些鸡和猪,或者让我们派往珲台吉处交涉事务的托波尔斯克军役人员带去。而盔甲之类则望拒绝提供给珲台吉的使节,按我们以前在谕旨写到的说法说服他们。珲台吉的使节丘恩和瑟梁允许从托波尔斯克到莫斯科来,需有警官和护送人员,并备好从托波尔斯克到莫斯科一路的食物,水平按当地情况定。

几号出发,由谁护送,告知名字,送珲台吉使节从托波尔斯克到莫斯科需几周,就安排几周供给,每人供应多少,望都如实报告我们,抄本则在西伯利亚衙门交尼基塔·伊凡诺维奇·奥多耶夫斯基公爵和秘书长格里戈里·普罗托波托夫备案。

此文拟于7153年(1644)夏2月11日莫斯科。

封口处:秘书长格里戈里·普罗托波托夫封。

全宗:准噶尔事务,1645年,文件第1号,24-31页,17世纪抄本;苏联科学院档案馆列宁格勒分部,全宗:缪勒存档卷,第4目,11册,文件第73号,113-115反面,18世纪拷贝。

第74号

1645年早于5月2日:阿勒坦汗就与俄罗斯国断绝关系的原因并就为恢复已中断的关系派遣使臣一事致沙皇米哈伊尔·费多罗维奇的国书。

阿勒坦汗来函副本。

上帝至爱的莫斯科地方伟大白沙皇米哈伊尔·费多罗维奇大公陛下,我杭爱(Кангинские)地方、杭爱蒙古(кангин-мунгун)大汗国阿勒坦汗身体健好。去到唐古特地方祈祷了4年,完好返回,现派塔尔罕喇嘛去问候圣体安康长寿。以前我父亲阿勒坦汗跟皇上陛下议定什么,我继我父亲之后的阿勒坦汗也照旧执行。第一个沙皇使团是贵族子弟卡兹率领,跟随卡兹由阿勒坦汗派去的使节是拜加尔·巴克什。卡兹之后,有雅科夫·图哈切夫斯基使团来,随雅科夫派去了两位科津。然后是斯捷潘·格列切宁来阿勒坦汗处,随斯捷潘派回去的是阿勒坦汗
257 的使节墨尔根·德噶,确定了双方不断遣使的关系。

说到他父亲和教父达音·梅尔根·兰扎和杜拉尔塔布囊代汗宣了誓。然后派来了贵族子弟瓦西利·斯塔尔科夫,阿勒坦汗就派出布达特·巴克什随瓦西利回去。以后,使团关系从瓦西利和布达特之后出现了麻烦,布达特回来说,他们没有受到赏赐。我问他,为什么不赏赐你?他说是瓦西利说,你阿勒坦汗令喇嘛和杜拉尔强行夺走了皇上的礼品。但是,以前我阿勒坦汗父从未强夺过沙皇捎来的礼品。但是瓦西利对我汗态度太坏,他撒了谎。希望沙皇查清其中原委,如果是我汗夺了瓦西利带来的礼品,那是瓦西利引起的争端,望沙皇再派雅科夫·图哈切夫斯基和斯捷潘·格列切宁来纠正,纠正由于瓦西利引起的事。一旦派他们来,我会回答盘问,并向沙皇禀报。

以前陛下曾写信要阿勒坦父汗派出使节,带领沙皇的使节去中国

和唐古特以及尤尔奇茨克等地方,我也愿领路。但是我提出要去两个地方祈祷,并派墨尔根·德噶去托木斯克买纸张和银货。但是他被总督们监禁在托木斯克城了。他因什么被扣了?是沙皇陛下的旨意还是他们任意扣留了他,还夺去了牲畜?此事还请皇上明示。

请示圣阅我阿勒坦汗的国书,捎去了50块貂皮和5块海狸皮。

全宗:西伯利亚衙门,栏目455,680－682页,17世纪译文抄件。

出版物:《17世纪俄中关系》(1608—1683年资料文件集)卷1,莫斯科,1969年,文件第53号,121页。

第 75 号

1645 年 5 月 9 日至 8 月 31 日:托木斯克总督 A. A. 莫尔维亚尼诺夫就蒙古使臣塔尔罕喇嘛和阿尔奇台携带阿勒坦汗信件前来并放他们回蒙古一事呈西伯利亚衙门的报告。

呈全俄沙皇米哈伊尔·费多罗维奇大公陛下,您的臣仆安德烈·莫尔维亚宁诺夫、鲍里斯·帕特列凯耶夫叩呈。

陛下,今年 153 年(1644)5 月 2 日蒙古地方的阿勒坦汗遣使塔尔罕喇嘛和阿尔奇台等两人来到托木斯克。我们让他们到会议室并盘问了他们:为什么事阿勒坦汗派他们来托木斯克? 陛下,他们两位使节交给了我们一封蒙古文的信。可是在托木斯克没人懂蒙古文字。我们就让使节读一下,又叫翻译盘问他的话,再写成俄文信。有人说,信中对全俄沙皇米哈伊尔·费多罗维奇名字的尊号没写全。而他们使节对我们说明,阿勒坦汗交给他们的就是这个样子的信。现在这封信和它的抄本盖了托木斯克的印章特送莫斯科给您圣阅。

258

陛下,阿勒坦汗派来的使节塔尔罕喇嘛叩求陛下恩准从托木斯克派使节去阿勒坦汗那里,为了何事,他们在呈文中没说明。我们告诉他的使节,没有您的谕旨,我们不能遣使。另外阿勒坦汗让他们使节捎来了 50 块貂皮、5 块海狸皮。我们没您的谕旨也不敢收这些东西,5 月 9 日就都让两名使节返回时带回了。

全宗:西伯利亚衙门,栏目 455,678 - 680 页,17 世纪抄本。

第76号

1645年5月20日：托波尔斯克官署就托波尔斯克贵族军役人员缅尼硕夫·列麦佐夫前往亚梅什湖向额尔德尼·巴图尔珲台吉转交鸡、猪一事致缅尼硕夫·列麦佐夫的公函。

7153年(1644)夏5月20日，按沙皇陛下米哈伊尔·费多罗维奇大公谕旨，给贵族子弟缅尼硕夫·列麦佐夫公函所做的记录。

153年(1644)4月16日，陛下的谕旨中令按照珲台吉的要求捎给他鸡和猪等东西。现在从托波尔斯克派往盐湖珲台吉处的缅索木已捎去了2只公火鸡、3只母鸡、3头骟猪和7头母猪。列麦佐夫到盐湖之后，如果珲台吉或库拉，或珲台吉的兀鲁思人来到盐湖，就令对他们说，这些都是珲台吉叩求沙皇赏赐的，我们沙皇陛下恩准捎给他这些东西作为皇赏。而如果珲台吉或库拉或他的属民问到珲台吉的使节丘恩等人情况，就说他们从托波尔斯克去了莫斯科。万一珲台吉和他的属民都没去盐湖，鸡和猪没人可给，就让列麦佐夫带回托木斯克。

他一回到托波尔斯克，就到会议室报告总督们有关情况。

苏联科学院档案馆列宁格列分部，全宗：缪勒存档卷，第4目，11册，文件第75号，117页反面－118页，18世纪拷贝。

第77号

259 1645年8月29日:托波尔斯克军役贵族缅尼硕夫·列麦佐夫关于去亚梅什湖向额尔德尼·巴图尔珲台吉转交鸡、猪一事的出使记录。

7153年(1644)夏,按沙皇的谕旨和托波尔斯克总督们的指令列麦佐夫带了鸡、猪,还有一些枪的子弹等去盐湖服役,但珲台吉他的属民也没人在盐湖。所以列麦佐夫所带这些皇赏无人可以交给,只好自己带回托波尔斯克并把这情况报告了总督和秘书长们。时为8月29号。

苏联科学院档案馆列宁格列分部,全宗:缪勒存档卷,第4目,11册,文件第76号,118页反面-119页,18世纪拷贝。

第78号

1645年10月2日至11月18日：乌法总督Φ.A.阿利亚比耶夫就请求准予在乌法接待卫拉特使臣往返一事呈外事衙门的报告。 260

致全俄沙皇米哈伊尔·费多罗维奇大公陛下，您的臣仆费季卡·阿利亚比耶夫叩呈。

今年154年(1645)9月17日，一个村里鞑靼军役人员阿德纳洁科·穆加玛林从乌法县来到乌法城，告诉我说，有4名布哈拉人带着2名卡尔梅克人沿着西伯利亚大道来到他的别列格斯河的村庄，距乌法城约30俄里。这些人对他阿德纳洁科说，他们是达赖台吉的儿子昆都伦台吉从卡尔梅克派来的使节，他阿德纳洁科就把他们安排在了自己别列格斯河的乡村里了，不过派了人对他们进行警戒监视。

按陛下的旨意，我从乌法派了人去见那些使节，派去的乌法贵族子弟阿列伊·乌拉科夫和书吏、翻译等乌法射击手共5人，在使节们停留的自然界区遇见了这些使节。我嘱咐阿列伊到达后，带那些使节一起到乌法盘问清楚。

陛下，9月19日乌法贵族子弟阿列伊·乌拉科夫等人来到乌法，并把那些使节也带来了。我吩咐让那些使节住在城外人多的舒适的地方，严加防范，但按对待过去的使节一样优待食物。

9月20日，我安排他们那些使节到我们的会议室。他们一到，我就盘问：他们卡尔梅克使节从哪个兀鲁思来？代表哪个台吉？台吉叫什么名字？为什么来沙皇的乌法城？卡尔梅克使节布哈拉地方的基里姆·土尔吉等人在盘问中告诉我说，他们是卡尔梅克和硕特的使节，西伯利亚的牧地从纳林河上游起，是和硕特台吉昆都伦·阿巴什，即达赖的儿子，还有他的兄弟伊尔卡·洪台吉(亚克苏土耶夫的儿子，代库什的兄弟)的领地。派他们来问候沙皇圣体安康长寿，并对沙皇陛下说，

261 他的祖父、父亲都一直忠于沙皇。他们台吉也会忠于沙皇,与沙皇的城市和睦相处,不会派人来打俄国的任何城市乡村。今后他们台吉仍愿忠于沙皇,听命于沙皇。而他们的兄弟代库什台吉打到了阿勒坦汗的地方去了,现在已经统治了蒙古人。陛下,那些对皇上没犯罪的卡尔梅克人和那些沿着雅依克河游牧到乌法县附近的拉藏、叶尔登、休恩凯和桑津等台吉及和鄂尔勒克的儿子以及侄儿们纳曼萨尔·岱青的儿子等台吉,还有代库什和达赖儿子昆都伦都遣使到拉藏等人那里,要拉藏他们忠于沙皇,说他们错了,希望再不要攻打俄国的城乡,不要派其兀鲁思人来,跟昆都伦等台吉和睦相处,希望拉藏等人给他们交实物税。但如果拉藏等人不向陛下认错,那么昆都伦等台吉就要去打他,所以叩求沙皇派兵,希望沙皇陛下恩准增援军队,率军去打那些不听命沙皇命令的卡尔梅克人。

我对那些使节说,让告诉他们的台吉,望他们为沙皇米哈伊尔·费多罗维奇大公效忠,不得来进攻俄国的城乡,希望他们讨伐俄国的敌人,给乌法捎来人质,并臣服沙皇为奴。只有他们台吉开始臣服沙皇,宣布了承诺,一切听命于沙皇,把兄弟或侄儿作为人质交到乌法城,您全俄沙皇米哈伊尔·费多罗维奇大公才能赏赐他们,令军队保护他们打退敌人,或派人帮助。当时就叫派皇使去台吉们的兀鲁思。但现在因路远又值冬季暂不能派使节去了。那些使节叩求马上放他们回去,才能赶上冬路封冰前到达他们的兀鲁思。

我对他们说完之后,就未加拖延地于10月2日放他们返回,以便不致耗费国库开支他们的供给和生活必要品。并让他们由乌法那条路送出。

卡尔梅克使节在会议室时还说,如果您陛下下旨从乌法派使去他们的台吉处,他们的台吉开春就会遣使再来乌法,此事也望陛下指示。

全宗:卡尔梅克事务,1645年,文件第1号,140－144页,原件。

第79号

1645年10月23日：沙皇阿列克赛·米哈伊洛维奇接见额尔德尼·巴图尔珲台吉使臣丘恩和瑟梁的仪式程序摘要。 262

154年(1645)10月23日，全俄沙皇阿列克赛·米哈伊洛维奇大公宣卡尔梅克使节丘恩和瑟梁到宫廷。当使节走到皇上面前，沙皇赏赐地握了使节的手。然后使节们问皇上有什么要指示他们。沙皇陛下叫贵族会议秘书长格里戈里·利沃夫对使节致辞。但是格里戈里对使节致的词是悼词：两位使节，我们全俄沙皇、许多国家至尊的君主阿列克赛·米哈伊洛维奇大公叫我告诉你们，去年153年(1644)珲台吉遣来使节叩拜我父亲全俄沙皇、许多国家至尊的君主米哈伊尔·费多罗维奇大公陛下仙逝忌日。我们父王全俄至尊的伟大沙皇米哈伊尔·费多罗维奇大公陛下放下地下的王位，去到上帝所赐永恒的天国，把莫斯科俄国的宝座、伟大俄罗斯俄国的王位交给了他的儿子继任伟大国王。

我们全俄至尊的伟大沙皇阿列克赛·米哈伊洛维奇大公记得珲台吉对伟大父王的忠诚，因归还巴拉巴叛徒及其妻儿、马匹而得到父皇的恩惠和赏赐，也为其他效忠奖赏过珲台吉，还望今后继续保持，仍能享受皇赏皇恩。你们各使节，我们会加以赏赐后，让你们回珲台吉兀鲁思，并捎去了沙皇仁慈关爱的圣旨。

希望他珲台吉率领兄弟、子侄和所有兀鲁思人，不忘仙逝的父皇米哈伊尔的皇恩皇赏，以及向父皇的承诺和誓言，同样忠诚于现在的伟大沙皇，忠诚为臣，听命顺从，像已仙逝的沙皇那样，率领兄弟子侄自愿向我们现在的沙皇宣誓。我们现在的沙皇也会赏赐珲台吉及其兄弟子侄和所有兀鲁思人，并使沐浴皇恩，加以保护。

你们回到珲台吉那里，就转告他这一切，希望他继续享受皇恩 263

皇赏。

当这番话说完,沙皇命秘书长告知使节赐赏。格里戈里宣布,皇上赐你饰物,金腰带和天鹅绒连领官帽。瑟梁也一样。国库管理员当即取来放在他们面前。使节们收下皇赏之后,皇上又叫贵族议会秘书长格里戈里告诉使节们赐宴的地方。

按圣旨秘书长告诉他们赐宴的地方之后,就送他们回客栈了。

全宗:准噶尔事务,文件第 1 号,95、97 - 103 页,原件。

第 80 号

1645 年 10 月 29 日至 1646 年 1 月 1 日:阿斯特拉罕总督鲍里斯科·列普宁就被俘鞑靼人陈述卫拉特人同叶济桑人和诺盖人头目的相互关系问题和部分卫拉特·土尔扈特人拟去准噶尔一事的答问词呈外事衙门的报告。

呈全俄沙皇阿列克赛·米哈伊洛维奇大公,您的臣仆鲍里斯科·列普宁、费季卡·沃尔康斯基、加弗里尔科·列沃恩季耶夫、米季卡·普罗托波波夫叩呈。

今年 154 年(1645)9 月 12 日,雅茨克卫所射击队长阿列克赛·奥金福夫写信给阿斯特拉罕告诉我们说,9 月 4 日康杰米尔鞑靼贵族卡纳耶夫·别基姆别特科·阿基姆别杰夫兀鲁思的一个叶济桑鞑靼人从卡尔梅克被俘后逃回雅茨克卫所,在审问中俘虏告诉卫所头目阿列克赛,去年 153 年(1644)他被卡尔梅克骑兵在雅茨克卫所掳去,生活在桑仁台什妻子的卡尔梅克兀鲁思。而卡尔梅克人跟他们的兀鲁思游牧在伊列茨上游,叶济桑人游牧在离卡尔梅克人不远处。诺盖的苏丹纳拉鞑靼贵族的阿克沙开尔玛麦特和卡斯普拉特的鞑靼贵族玛马耶夫及其兀鲁思游牧在阿伊尔自然界区。卡尔梅克人在等待来自阿斯特拉罕返回的他们自己的使节。他说,他从卡尔梅克人处听说,远处大卡尔梅克号召他们返回自己的老牧地。他们来到伏尔加游牧后,他们失去了许多人。那个雅茨克卫所的头目阿列克赛就把那个逃出来的鞑靼人别 264
基姆别特科派来到阿斯特拉罕。我们就盘问了他。

他说,他听这个鞑靼人恰加尔说,叶济桑人杨穆尔托·阿勃杜洛夫跟其兄弟都生活在被辱骂状态,想逃回阿斯特拉罕俄国祖籍地,但有卡尔梅克人守卫着。至于其他那些叶济桑鞑靼贵族他们想不想回俄国祖籍地,他没听说过,他自己也没去过他们那里。近处的卡尔梅克人不怕远处卡尔梅克人会来攻打自己,远处卡尔梅克的喇嘛住在舒开依台吉和玛姆斯林台吉那里。他来听说是谈贸易的事。我们问完那个逃出来的人之后,把他交给了康杰米尔鞑靼贵族卡纳耶夫王公。

9月13日,恰尔卡斯克渡口哨所射击队长亚科夫·乌沙科夫派3个鞑靼人到阿斯特拉罕。那个鞑靼人是逃跑到哨所后告诉亚科夫的,说他是从卡尔梅克兀鲁思逃出来的人。我们就盘问了这个鞑靼人。

陛下,这个夏天卡尔梅克拉藏台吉和叶尔登台吉以及其他台吉游牧在离雅伊茨克城快行约7天路程的额列克自然界区开阔地。而恩布卢克人及其兀鲁思则游牧在离拉藏兀鲁思1天路程的地方,叶济桑鞑靼贵族则游牧在离拉藏兀鲁思2日程的恩巴河。而玛姆斯林台吉和舒开依台吉则率兀鲁思人游牧在雅依克河的阿斯特拉罕方面。不过他逃跑前一天玛姆斯林和舒开依台吉已带着兀鲁思渡过了雅依克河去了卡尔梅克方面靠近拉藏台吉的兀鲁思。他听卡尔梅克人说,卡尔梅克这些台吉商量好了,要到远处卡尔梅克人那里去,因为远处的卡尔梅克遣使来威胁,令他们火速游牧回去。而且这些卡尔梅克人逃往远处卡尔梅克同族处,也因为怕巴什基尔人来犯。不过,叶济桑人则想来俄国祖籍地回阿斯特拉罕来,只是在等待时机,他们彼此商议得把牲畜留在卡尔梅克,要逃往阿斯特拉罕,那么远没法赶牧过去。

陛下,9月18日我们又在阿斯特拉罕收到布藏哨所射击长亚科夫·乌沙科夫的来信。说又有一个卡尔梅克抢去的鞑靼逃人逃到他的布藏哨所,他又把此人派到阿斯特拉罕。我们又向此人打问了卡尔梅克人的情况。他是13年前卡尔梅克岱青台吉等人来攻打阿斯特拉罕的诺盖人、叶济桑人以及尤尔托夫兀鲁思时,连同畜群一起被卡尔梅克人俘去的,从此一直都住在卡尔梅克玛姆斯林台吉的兀鲁思中。后来他和一个朋友商量,偷了卡尔梅克人5匹马,逃到阿斯特拉罕。在草原的别卢日耶地方遇到8个鞑靼人。他的同行朋友离开那些鞑靼人骑马去了伏尔加河,给他留下4匹马,但被遇到的鞑靼人抢走了,他们去了
265 雅依克河,据说,他们是叶济桑人,那些鞑靼人叫他躲到亚梅什河去,说俄国人到了那里。于是他从别卢日步行到布藏,但是没见到任何俄国

人和鞑靼人。他逃跑前，他们卡尔梅克台吉已经带着兀鲁思人从萨克帕拉河界区开始游牧去远处卡尔梅克人那里了，跟一位喇嘛使节走的。卡尔梅克把叶济桑鞑靼贵族和兀鲁思人都带走了，且严加看管，怕他们逃到阿斯特拉罕去。离阿斯特拉罕去往叶济桑兀鲁思一日程处有卡尔梅克 400 人左右在看守，而叶济桑鞑靼人说，如果卡尔梅克人游牧去远处卡尔梅克人处，他们叶济桑人是不会跟他们走的，要扔掉自己的牲畜之后，全逃到阿斯特拉罕去。而恩布列茨人和诺盖鞑靼贵族带着兀鲁思人游牧在恩巴河一带，离卡尔梅克人兀鲁思一天半路程，他们也不会离开恩巴河去远处。他从卡尔梅克处听说，如不是因为远处卡尔梅克人派了使节来，你们俄国阿斯特拉罕人会与他们和睦相处，他们就希望今年冬季能在诺盖草原纳林的沙土地带游牧。他们留在卡尔梅克人那里的那些俘虏，他们希望还给阿斯特拉罕俄国祖籍地。

陛下，10 月 17 日射击长亚科夫·乌沙科夫又从切尔卡斯克哨所派了两名鞑靼人来阿斯特拉罕，他俩也是从卡尔梅克兀鲁思来的。我们又盘问了他们有关卡尔梅克人的情况。这两人是兄弟，是出生在大诺盖的人。25 年前他们跟随母亲迁居到捷列克，因为他们在诺盖兀鲁思太穷，没什么吃的。他们在捷列克为鞑靼贵族坎硕夫干活，此后又为康布拉特鞑靼贵族干活。152 年(1643)当卡尔梅克人来到捷列克攻打诺盖兀鲁思时，卡尔梅克人抓走了捷列克他们的许多人，连同妇女儿童。他们就成了额尔克台吉卡尔梅克兀鲁思的俘虏，后来又住在叶济桑人休尤鞑靼贵族的兀鲁思里。他们是被叶济桑鞑靼贵族一个叫阿勃杜尔的人连同叶济桑其他鞑靼人一起放回阿斯特拉罕的，送还时带妻儿、牲畜。而卡尔梅克的舒开尔台吉、叶尔登台吉以及玛姆斯林台吉则带着兀鲁思人游牧在乌法方面向雅依克河方向的克米尔地区，离英杰尔山快走仅一天程。而拉藏台吉和诺盖苏丹纳拉鞑靼贵族以及卡斯普拉特鞑靼贵族则率兀鲁思游牧在雅依克河上游的科什亚依克地区，离英杰尔山一天半程。陛下，叶济桑鞑靼贵族则率兀鲁思游牧在奥伊拉地区和凯纳尔地区，从雅依克河向恩巴方向离英杰尔山仅半天程。在叶济桑兀鲁思前面，卡尔梅克的属民和猎人经常从雅依克河方面来来 266

往往的总有 50 至 100 人,而恩布卢茨克鞑靼贵族率兀鲁思游牧在恩巴河地区,离叶济桑人约三日程。

现在已冬季,卡尔梅克人想沿雅依克河游牧,究竟在哪段地方,他们不清楚。不过远处卡尔梅克人的使节喇嘛已经出使到了阿斯特拉罕,住在卡尔梅克的叶尔登台吉和舒开尔台吉兀鲁思中。远处卡尔梅克人向近处卡尔梅克人索要 3000 户人带牲畜。不过舒开尔和叶尔登台吉对那位卡尔梅克使节喇嘛说,他们会交出 3000 户人畜,但交给他们哪些人,何时交,他们不清楚。叶济桑鞑靼贵族,怕被卡尔梅克人交给远处卡尔梅克人,为此现在向雅依克河方面跑掉了,不过,在卡尔梅克兀鲁思,除了远处卡尔梅克使节喇嘛之处,没有别处的使节。卡尔梅克人跟乌法人相处和睦,互相自由贸易,从乌法赶往卡尔梅克兀鲁思要 14 天,他们跟游牧在阿斯特拉罕俄国祖籍的诺盖鞑靼贵族流放人关系如何,他们不清楚。

10 月 29 日,从叶济桑人兀鲁思跟卡尔梅克人一起游牧的几名鞑靼人来到我们阿斯特拉罕。盘问中他们说,151 年(1642)他们走是因卡尔梅克人打到阿斯特拉罕,把叶济桑鞑靼贵族和鞑靼人一起带走了,住在了叶济桑兀鲁思。他们中一名鞑靼人说,14 年前卡尔梅克人打到阿斯特拉罕的尼吉萨兀鲁思,当时他就被俘了,从此他就住在彻辰台吉兀鲁思。后来辗转到过翁布、比利克图等兀鲁思,最后逃到叶济桑人这里。

同来的秋明人还说,153 年(1644)春,他从希瓦跟着卡尔梅克商人来到卡尔梅克兀鲁思,因为他在希瓦很穷,所以来叶济桑人兀鲁思。又说到此前 10 月 29 日,大约 3 周前,叶济桑鞑靼贵族阿布拉、阿勃杜尔等人带着兀鲁思人从雅依克河越过河到阿斯特拉罕方面,还想游牧到俄国祖籍阿斯特拉罕来,等待时机逃出卡尔梅克人处。

全宗:卡尔梅克事务,1646 年,文件第 1 号,53 - 80 页,原件。

第81号

1645年11月19日：秋明总督И.Г.鲍勃里谢夫·普什金为告知卫拉特人集结在卡兹雷克似准备出征的消息给下尼津斯克镇总管托波尔斯克军役贵族鲍里斯·杰特科夫的公函。 267

7154年(1645)夏11月19日，按全俄沙皇阿列克赛·米哈伊洛维奇大公陛下的谕旨，发给下尼津斯克镇托波尔斯克贵族子弟鲍里斯·杰特科夫的公函记录。

今年154年(1645)11月19日，秋明收到托波尔斯克给总督伊凡·加弗里洛维奇的信。说卡尔梅克回到托波尔斯克的军役人员米尼卡·谢苗诺夫等人在盘问中说，他们在卡尔梅克兀鲁思住在土尔杰林台吉的喇嘛叶尔登·乌科耶夫·阿巴什那里，在卡尔梅克兀鲁思看到，许多卡尔梅克台吉率领自己的卡尔梅克人聚集在卡兹雷克地区。聚集了约10万卡尔梅克人，要去打仗，去哪里打，他们不知道，因为没法侦察到，俄国人和所有俘虏不能接近他们。希望你们得知这些情况，千万小心，以防卡尔梅克人突袭你们的村、县。为此，从秋明派出一名当地猎人德鲁仁科·伊凡诺夫到你们尼津斯克村镇，让他捎去给上丘巴罗夫村和吉尔吉斯村的公函，盖有秋明公章。当这位邮差德鲁仁科·伊凡诺夫一到你们村，望收下该函后，火速送往上丘巴罗夫村和吉尔吉斯村，切勿延误。

苏联科学院档案馆列宁格勒分部，全宗：缪勒存档卷，第4目，8册，文件第101号，126页反面－127页，18世纪拷贝。

第 82 号

1645 年 12 月 14 日:外事衙门允准额尔德尼·巴图尔珲台吉使臣丘恩和瑟梁去托波尔斯克并准许卫拉特人在西伯利亚诸城经商、准许准噶尔使臣赴莫斯科诸事下达给托波尔斯克总督格里戈里·谢苗诺维奇·库拉金的诏书。

全俄沙皇阿列克赛·米哈伊洛维奇大公陛下给西伯利亚托波尔斯克总督格里戈里·谢苗诺维奇·库拉金公爵、米哈伊洛·谢苗诺维奇·加加林公爵和秘书长伊凡·彼列诺索夫和格里戈里·卢金的谕旨。

根据我们的指示,从莫斯科把卡尔梅克珲台吉的使节丘恩和瑟梁以及两名护卫都放回去。特派射击百人长沃洛季米尔·克利亚比科夫
268 和军役人员伊瓦什卡·弗罗洛夫以及托米尔科·缅尼科夫进行从莫斯科到托波尔斯克的监护,令给使节们沿途提供食物给养,按过路公函每位使节发 8 元补贴,护卫每人 6 元补贴,使节每人酒 3 杯、蜂蜜 1 桶,护卫酒 2 杯、蜂蜜一律半桶。

……我们沙皇允许他们的商人带各种货物继续到我们各西伯利亚城市来不断进行贸易。

如果珲台吉能坚持臣服沙皇,保证以前的承诺,并宣誓听命于沙皇,那么珲台吉派使节或商人来托波尔斯克并要求来莫斯科拜见沙皇,望你们可不加阻拦地放他们来莫斯科,并沿途按原规定提供给养和大车以及监护人员。其商人也可让他们贸易,只需多加小心。但详情须报告莫斯科并向外事衙门备案。

苏联科学院档案馆列宁格勒分部,全宗:缪勒存档卷,第 4 目,文件第 77 号,119 - 121 页,18 世纪拷贝。

第 83 号

1645 年 12 月 15 日:沙皇阿列克赛·米哈伊洛维奇大公颁赐额尔德 269
尼·巴图尔珲台吉的关于接受其加入俄国国籍的特许状。

我们为全俄沙皇和许多国家至尊的君主阿列克赛·米哈伊洛维奇大公所拟的给卡尔梅克珲台吉的谕旨。

你们知道,许多年来在沙皇和俄国大公心里,卡尔梅克台吉及其卡尔梅克兀鲁思属民是听从命令、顺从旨意的,所以沙皇赏赐他们,爱护他们,不派军队讨伐他们。同样,在我仙逝的父皇全俄沙皇和许多国家至尊的君主米哈伊尔·费多罗维奇大公心中,你的父亲哈喇忽拉和你珲台吉及所有兄弟子侄,包括所有卡尔梅克台吉及其兀鲁思民都是听命于沙皇的臣民,经常遣使来叩拜沙皇,叩求皇赏,保持臣属关系和承诺,维护原来的誓言,忠于我父皇,没有背离我们父辈的希望。所以我沙皇也赏赐你们这些台吉,仍把你们看作臣民赐以皇恩皇赏,不派俄国军队去讨伐你们,允许你们到西伯利亚各城堡,包括阿斯特拉罕、乌法等地来自由地免税贸易,并指令对卡尔梅克兀鲁思的返回不得加以阻碍和发生争端。

153 年(1644),你珲台吉派了丘恩和瑟梁两位使节携带公函来叩拜我仙逝的父亲全俄至尊的沙皇米哈伊尔·费多罗维奇大公陛下,报告你们的情况。但上帝的意志让我父皇这位全俄至尊的沙皇米哈伊尔·费多罗维奇大公陛下去了永恒的天国而把这地面的莫斯科俄国的光荣皇位交给了我,他的儿子。在上帝的帮助和仙逝父皇的关怀暗助下,我安稳登上了父皇交给的至高无上的沙皇宝座,成为莫斯科俄国这荣耀的俄罗斯国家的伟大新沙皇,并赏赐了你的使节丘恩和瑟梁等一行人,并让他们目睹了圣容。你的使节祝贺了我成为伟大而光荣的俄罗斯国家的沙皇,并叩求我沙皇赏赐你珲台吉和你的兄弟子侄及全兀

270 鲁思人，继续看作自己的臣民给予皇恩、皇赏，和我父皇一样认可你。

我，作为全俄至尊的沙皇阿列克赛·米哈伊洛维奇大公，不忘父皇以前对你珲台吉的恩宠和赏赐，以及你对我父皇的效忠，把巴拉巴叛徒科古洁科王公等人及其妻儿、马匹和许多鞑靼人户交还塔拉等等行为，今后我会继续赏赐你，让你像父皇在世时一样，享受皇恩皇赏，进行自愿宣誓。

你的使节叩求赐给你会叮叮作响的金片。现在我沙皇就让你的使节丘恩和瑟梁带去赏给你的黄金叶片共500片。

全宗：准噶尔事务，1645年，文件第1号，108－117页，抄本。

第84号

1646年1月30日：额尔德尼·巴图尔珲台吉使臣丘恩和瑟梁逗留托波尔斯克情况摘录。 271

154年(1645)1月30日，总督米哈伊洛·谢苗诺维奇·加加林和秘书长伊凡·彼列诺索夫叫卡尔梅克使节来到会议室并对他们说：丘恩、瑟梁，你们俩在全俄沙皇阿列克赛·米哈伊洛维奇大公那里亲眼看到了皇恩浩荡并受了赏赐，现在我们按沙皇圣旨就送你们回珲台吉处。希望你们回去就把沙皇陛下的圣旨交给珲台吉，并宣传沙皇的仁慈和对他的赏赐，转告他……[1]

珲台吉的使节丘恩和瑟梁说，珲台吉派自己的人马去塔拉县巴拉巴地区是去保护俄国实物税民的，因为其他卡尔梅克台吉像杰弗列特·基列伊王子的人来到俄国实物税地区就强占了狩猎作业区，游牧到了近处，这些都不是珲台吉的属民。他珲台吉的属民是不会伤害俄国实物税民的，更不会强占猎作区，只能是保护他们。而且他们在莫斯科沙皇面前听了那一番话，他们回到珲台吉身边，一定转告珲台吉。

跟随着两位珲台吉使节去卡尔梅克的是俄国使节托波尔斯克贵族子弟达尼尔·阿尔申斯基一行[2]。令他们到达珲台吉那里后，按下述

---

[1]原文件省略，转告内容在本译著下册文件第79、82、83号中已有。

[2]出访额尔德尼·巴图尔珲台吉的这个达尼尔·阿尔申斯基使团，于1646年2月3日派出，随同从莫斯科返回的丘恩和瑟梁经由塔拉去卡尔梅克，它和1640年的列麦佐夫使团、1643年的拉里昂·纳索诺夫使团以及1644年的弗拉季米尔·克列比科夫使团是同一类型的，目的都在于希望这位准噶尔汗能够不要挤压俄国巴拉巴地区的实物税民，而争取他与俄国一起对付诺盖鞑靼人以及和鄂尔勒克。不过，这些使团都没有完成预定的任务。

阿尔申斯基返回托波尔斯克时又带回了新的卫拉特以诺耶代为首的使团，并于1647年1月27日被送往莫斯科。唯一肯定的结果是巴图尔珲台吉同意在亚梅什湖可以把盐湖供给俄国人装船运走。

规定的话转告珲台吉:……[1]

苏联科学院档案馆列宁格勒分部,全宗:缪勒存档卷,第4目,11册,文件第78、78号,121-121页反面,130页反面,18世纪拷贝。

[1]以下原文中已删,估计内容重复。——译者注

第85号

1646年2月3日至12月21日：托波尔斯克军役贵族达尼尔·阿尔申斯基赴见额尔德尼·巴图尔珲台吉的出使报告。 272

7154年(1646)夏2月2日，按全俄沙皇阿列克赛·米哈伊洛维奇大公陛下的谕旨和总督米哈伊洛·加加林公爵以及秘书长伊凡·彼列诺索夫和格里戈里·卢金的指令，令贵族子弟达尼尔·阿尔申斯基从托波尔斯克去卡尔梅克出访珲台吉，去那里作为使节了解他的情况……

如果珲台吉问候沙皇健康之后，要按规定回答。回答之后达尼尔需向珲台吉指出，152年(1643)他珲台吉的实物税民9户人带着妻妾子女来到了沙皇的塔拉县捷列宁斯克地方与捷列宁斯克的俄国实物税民住在一起，另外还有许多珲台吉的人游牧在离捷列宁斯克和巴拉巴地方不到一半天路程的地方，而且许多地方各有60多户，在那里吃住，捕鱼还捕捉海狸，甚至强占了俄国实物税民的狩猎作业区。152年(1643)那边的沙皇实物税民来塔拉状告珲台吉的人造成的许多伤害，他们占领了沙皇属民他们的捕猎地，不让沙皇的实物税民捕猎，因为他们在离沙皇属民很近处游牧。152年(1643)，珲台吉还抓走了巴拉巴王公库列别尔洁科的兄弟卡伊姆科等8人，这些人一直没放回来。153年(1644)，康达拉和鄂齐尔图台吉又率领许多卡尔梅克人游牧到属于沙皇领土的巴拉巴、捷列宁斯克和卓英斯克等地方，游牧到离这些地方仅半日或一日路程的地方，强占沙皇实物税民的狩猎作业地，用暴力伤害他们，使他们无处可以捕猎。还有，他珲台吉派人去攻打吉尔吉斯， 273
击溃了吉尔吉斯人。希望他珲台吉见到沙皇的仁慈和皇赏，能像以前那样为沙皇效忠，把卡尔梅克人从塔拉县的巴拉巴、捷列宁和卓英等地带回自己的兀鲁思，今后，不得派人来皇上的塔拉县和其他实物税地区,不得攻打吉尔吉斯人,强收沙皇实物税民的实物税,不得对他们造成伤害。并把从巴拉巴抓去的 8 名实物税民交还巴拉巴地方他们自己的牧地,今后不得以任何理由侵入沙皇的塔拉县等实物税地区来迫害沙皇属民。

如果珲台吉反驳说,吉尔吉斯人以前就是向他珲台吉交实物税的,就叫达尼尔对珲台吉说,虽然吉尔吉斯人此前曾向他交过实物税,那是在他们背叛沙皇陛下的时候,而现在吉尔吉斯人已经重新来叩求沙皇表示要像以前一样臣服沙皇为奴,并提供人质。而此前珲台吉曾效忠沙皇,把那些背叛沙皇的塔拉县巴拉巴、卓英、捷列宁等地的 100 户叛徒归还了塔拉县。为此沙皇陛下曾重赏珲台吉,赐了他银酒杯、银酒器、金腰带和绸缎等大量皇赏。希望他看到沙皇对他的仁慈和赏赐,仍能够坚持效忠沙皇,和睦相处,那么沙皇陛下也会按他效忠的情况继续赏赐他珲台吉。153 年(1644),按谢世的全俄沙皇米哈伊尔·费多罗维奇大公陛下的旨意,按珲台吉的要求,又捎去了鸡和猪等物品,153 年(1644),鸡和猪是从托波尔斯克送到盐湖的,在交给库拉台吉之后,塔拉总督们还特地通知珲台吉,让他到盐湖去接受这批皇赏。但是库拉本人没有来亚梅什湖,也没派人来,结果这批皇赏没人可给。

如果珲台吉不再愿意效忠沙皇陛下,说他不会把他的人从沙皇的实物税地区带走,还要去那些地方收实物税,并占有狩猎作业区,也不归还巴拉巴王公的兄弟卡伊姆科等 8 人,而且还要打吉尔吉斯人,收他们的实物税,那就叫达尼尔对珲台吉说,他这样会激怒沙皇陛下,劝他不要引发进攻他兀鲁思的战争,而遭到毁灭。不要像和鄂尔勒克那样,和鄂尔勒克带领自己的儿孙进攻沙皇的领土阿斯特拉罕,煽动沙皇世代奴仆阿斯特拉罕人、诺盖和额济萨的鞑靼贵族和鞑靼人造反,把他们
274 并入了和鄂尔勒克的兀鲁思,于是,在上帝护佑下,沙皇的军队讨伐了和鄂尔勒克的这种罪行,一举消灭了和鄂尔勒克及其儿孙和他的许多人马,摧毁了他们的兀鲁思,那些没被杀的和鄂尔勒克的儿子打仗时不在,已逃往远处。希望他珲台吉不要失去曾效忠沙皇得来的唯一的信任,立即把沙皇的塔拉实物税民放回塔拉县,把自己的人从巴拉巴、捷

列宁斯克和卓英斯克等地撤回,再不要向沙皇的实物税民收取实物税。

如果珲台吉提起伊谢卡和库兹涅茨克军人在克尔萨卡利斯克地方所收实物税的事,达尼尔等人应回答,过去几年中,吉尔吉斯人背叛了沙皇,不肯交实物税给沙皇,而且还攻打沙皇的托木斯克和库兹涅茨克实物税地区。148年(1639),伊谢卡率吉尔吉斯人攻打了塔拉县实物税地区,并杀掠了许多实物税民,抓走了许多妇女儿童,为了他的这种罪行,他被抓到托木斯克,也不可能把他伊谢卡交给珲台吉,因为他是吉尔吉斯族属的人,而不是他珲台吉兀鲁思的人,吉尔吉斯王公及其所有兀鲁思人现在已像过去一样臣服沙皇为奴,并已向沙皇陛下认罪,向托木斯克和其他城市提供了人质。至于克尔萨卡利斯克地方和其他地方的实物税的事,要嘱咐达尼尔对珲台吉说,玛济克带着卡尔梅克人用欺骗手段突袭了库兹涅茨克,装作似乎是做生意,从而杀死了许多沙皇的军人,有的则抓走了,所以库兹涅茨克堡的俄军要抓他,他玛济克没能逃走,却在库兹涅茨克县的克尔萨卡利斯克、穆杜斯克、土托斯克和开泽盖茨克等地遇到了不顺从沙皇的一些人和各地的一些叛徒。这些人员先是给沙皇交实物税的,后来投靠吉尔吉斯人,就背叛了,不交实物税给沙皇了,他们接着跟沙皇的军人们打起来,俄国军队打那些各地的不驯服沙皇和背叛沙皇的人,让他们臣服沙皇,并收了他们的实物税,如果当时其中抓了或收了珲台吉属民的实物税,那是出于分不清,沙皇可以因珲台吉过去的忠诚把那些俘虏交还给他。但是希望他珲台吉把那些地方的我们的一些人交还我们,就是那些已经离开他珲台吉而到各地独自生活的人,他们来到了西伯利亚的库兹涅茨克和克拉斯塔雅尔堡附近,他们此前已经给沙皇交了实物税,或者虽然没有交实物税,但已经离开了他珲台吉,是在他们不想交实物税时,又去投靠他珲台吉的,所以还要像以前把库科洁科王公等叛徒交还塔拉一样交回来。希望他珲台吉现在仍然能不忘沙皇恩惠,对那些已经离开了他而生活到沙皇的库兹涅茨克和克拉斯诺雅尔堡的那些王公和实物税民不要干预,不要再置于他的属民之下。

如果将来有贼人背叛沙皇陛下,而逃去他珲台吉兀鲁思,希望他珲 275

台吉不要接纳那些沙皇的叛徒,而交还西伯利亚他们的原牧地,即他们原来生活的地方,这样就不会发生争端。

我们沙皇和沙皇俄国也就不会派俄国军队去攻打珲台吉的兀鲁思。

还要嘱咐达尼尔,在珲台吉兀鲁思期间,务必秘密侦察珲台吉他有多少军队,吉尔吉斯叛徒中谁跟珲台吉亲近,叫什么名字,谁跟珲台吉一起游牧,是否协调,那些台吉有多少军队,那些台吉是否会提供他们的军队帮助珲台吉打仗,珲台吉或那些卡尔梅克台吉派自己的使节到西伯利亚托波尔斯克是不是为了掩人耳目,会不会是为了暗中教唆西伯利亚鞑靼人和布哈拉人争取时间,不会是为在西伯利亚打探点什么情况吗,今后他们不会发动对西伯利亚的战争吗,他们在兀鲁思有这方面议论吗,对于说是俄国军队杀了和鄂尔勒克及其儿子、孙子并摧毁了其兀鲁思的事,他们是否感到惧怕,为此他们今后想怎么做。

后来154年(1646)5月29日,皇使达尼尔·阿尔申斯基一行来到珲台吉兀鲁思的阿拉特自然界区。6月8日珲台吉派了下属达赖·萨尔巴台到皇使这里,并叫他们去珲台吉那里。于是达尼尔一行整装打扮了一下去了,珲台吉询问他们来他这里是为了何事。

达尼尔就把前面写的这些指令中规定的内容都转达了。

珲台吉听完那些话,坐着问候了沙皇圣体可安康,并坐着接下了捎给他的皇赏——黄金。然后珲台吉说,那些他珲台吉的住在沙皇塔拉县捷列宁地方的实物税民和那些巴拉巴地方附近的人,他会把他们从那些地方带回自己的兀鲁思,他不会去收那些地方沙皇属民的实物税,而那些巴拉巴人和另外有些沙皇的实物税民出于尊敬他,是自愿给他交半块牛皮和鹰毛,他珲台吉也为此保护他们免受其他卡尔梅克台吉的迫害。至于巴拉巴库列别尔洁科王公的弟兄卡伊姆科等8人在皇使达尼尔来到之前,他珲台吉已放他们回塔拉县巴拉巴地方了,并会到引导卡尔梅克的昆达来和鄂齐尔图台吉带领沙皇那里的卡尔梅克人离开巴拉巴和其他州县回他们的原牧地。至于吉尔吉斯人臣服了沙皇为奴并给沙皇交实物税,那么那些吉尔吉斯人给沙皇交多少,也得给他珲台吉交多少。153 年(1644),从托波尔斯克捎到盐湖去给他珲台吉的皇赏鸡和猪等,因当时库拉台吉不在盐湖,所以没收到。另外他的兀鲁思没有库兹涅茨克堡和西伯利亚各城来的沙皇的实物税民。以前有来的人,但他都叫那些属民回沙皇的西伯利亚城了,从哪来,让他们回哪儿去,他没有扣留他们。

究竟珲台吉现在有多少军队,皇使达尼尔没法查清楚,因为珲台吉 276
的人分散游牧在各个兀鲁思。不过,他们在珲台吉兄弟楚库尔台吉那里听背叛沙皇从托波尔斯克来的一个农夫安德柳什卡·列宾说,只是现在珲台吉跟吉尔吉斯人不打仗了,他珲台吉似乎想打皇上的城市,但到底打哪个城市,没说。他们皇使达尼尔到来之前,珲台吉去打了哈萨克扬吉尔王子,杀了很多人,俘来了扬吉尔的兄弟、妻儿和许多属人。从这场战役返回时,走到离兀鲁思 2 日程的地方,珲台吉与带着大批军队的昆都伦台吉,就打了起来,珲台吉杀了昆都伦 250 人,而后者杀了珲台吉的 20 人,这一仗之后双方又讲和了。

达尼尔等皇使离开珲台吉处就来到他属下库拉那里,库拉告诉达尼尔他们,沙皇从托木斯克派出了军队,击溃了珲台吉的人马,杀了很多人,也抓了不少俘虏,摧毁了 67 户,所以他库拉想去打托木斯克。达尼尔等告诉他,别去打托木斯克,因为托木斯克军队太多,他去了也干不了什么,不如他报告沙皇,沙皇会赏赐他,并查明此事,查明后按皇上的指令办事。

达尼尔他们在珲台吉兀鲁思住了 2 个月,离开珲台吉兀鲁思的卡兹河地方是 7 月 29 日。临行时,珲台吉要求沙皇赏赐他皇赏 2500 片金片、1 把上等火枪、7 只母鸡、3 只公火鸡和 7 头猪、3 头骟猪,再送他一副尤尔托夫鞑靼军人阿伊特库尔·艾古恰科夫那样的铠甲。同时派出了他的使节诺耶代等人及护卫共 8 人跟随达尼尔回访,说希望沙皇恩准他的使节们从托波尔斯克去莫斯科奏明珲台吉的事。他要奏什么事,达尼尔他们不知道。珲台吉让他的使节给沙皇带的礼品是 3 块雪豹皮和 14 匹马。那些马,使节们骑用到草原,已疲惫不堪,就留在塔拉县巴拉巴库列别尔沽科王公那里了。

他们从珲台吉处到库拉兀鲁思走了10周,在库拉处住了10天,从库拉处到塔拉县巴拉巴地方走了4周,从巴拉巴到塔拉3周,在塔拉住了6天,从塔拉到托波尔斯克9天,到达托波尔斯克已是12月21日。

全宗:西伯利亚衙门,栏目455,308－323页,17世纪抄本。相同的抄本在准噶尔事务,1647年,文件第1号,10－12页,14－31页中也有。

第86号

1646年不早于3月2日:存于外事衙门的德鲁仁·阿加尔科夫的申诉书摘录。[1] 277

此呈文是阿加尔科夫最后一次申诉他随雅科夫·图哈切夫斯基出使阿勒坦汗处所得到的不公正待遇。(内容与前同,略)

全宗:蒙古事务,1640年文件,第1号,11-41号,原件。

〔1〕德鲁仁·阿加尔科夫向外事衙门提交过6份上诉呈文。第1份是"148年(1639)3月11日"(1640),最后一份是"154年(1645)3月2日"(1646),未见就这些呈文做出任何批注和提出解决意见。

第87号

1646年5月31日至8月29日:托木斯克军役贵族П.萨班斯基赴见白卡尔梅克王公科卡·阿巴科夫的出使报告。

7154年(1646)夏5月31日,按全俄沙皇阿列克赛·米哈伊洛维奇大公陛下的谕旨,和总督奥西普·伊凡诺维奇·谢尔巴托夫公爵和
283 安德烈·奥法纳西耶维奇·莫尔维亚尼诺夫以及秘书长帕特列凯耶夫的指令,我彼得·萨班斯基从托波尔斯克城派往白卡尔梅克处。随我出使的有翻译官费季卡·费多罗夫和军役人员费季卡·阿尔帕托夫等人,我们3人前往白卡尔梅克王公科卡处和其兄弟库卢代、鲁巴科夫恰克人的科古洁王公以及其兄弟莫哈纳亚、王公布库亚,还要去黑卡尔梅克的库拉台吉及其兀鲁思。嘱咐我彼得,到达白、黑卡尔梅克人处后,告诉各王公、台吉,要他们王公、台吉和兀鲁思头人跟我们一起来托木斯克对全俄沙皇阿列克赛·米哈伊洛维奇大公和他的皇母和蔼的皇太后叶弗多凯·卢克亚诺夫娜按以前那样宣誓,就像他们向已仙逝的全俄沙皇米哈伊尔·费多罗维奇大公宣誓一样。如果他们,王公们和台吉们以及他们的兄弟、子侄和兀鲁思头人不肯来那样宣誓,也不肯派出兄弟、子侄和头人,那么就要我引导那些卡尔梅克王公和台吉以及他们的兄弟子侄和头人可以按他们卡尔梅克人的方式对全俄沙皇和皇太后照着秘书长在托木斯克拟好的誓文宣誓。于是,我彼得一到白卡尔梅克奥尔恰卡之后,什么名字的人向全俄沙皇阿列克赛·米哈伊洛维奇大公照誓文宣了誓,他们回答了什么,给了他们什么皇赏(呢子)分别按人记录在了出使文录中。

6月12日,我彼得来到白卡尔梅克奥巴科夫的儿子们科卡王公和他的兄弟库卢代王公那里,告诉了他们要他们来托木斯克宣誓的事。这两位王公听后说,他们在以前全俄沙皇米哈伊尔·费多罗维奇那时,

也没宣过誓，只是双方从未发生过任何不愉快的事。如果现在沙皇叫我们进行宣誓，他们愿为沙皇在这里自己的兀鲁思中宣誓，但要去托木斯克绝对不可以，因为天天都在防止蒙古人打来。

这样，6 月 13 日阿巴科夫的儿子科卡王公、其兄弟库卢代王公和他们的叔叔恩土盖·科卡耶夫以及兀鲁思头人们聚集起来到我彼得的营地，向全俄沙皇阿列克赛·米哈伊洛维奇大公陛下和沙皇的母亲叶弗多凯·卢克亚诺夫娜皇太后陛下宣了誓，白卡尔梅克宣誓人的名字我都记在了出使文录中了。

宣誓人有科卡的兄弟库卢代·阿巴科夫王公，还有科卡的叔叔恩 284
土盖·科卡耶夫以及兀鲁思头人比津涅弗季根、托尔盖巴斯别克、启台捷列耶夫、楚都加尔·巴兹别克、鲍丘加·捷别开耶夫等人代替科卡·阿巴科夫王公和全兀鲁思人宣了誓。科卡·阿巴科夫王公没宣誓，说他的使节杨都加和乌鲁托克等 7 人会在托木斯克代替他宣誓，而这里就让他的兄弟和亲叔叔以及头人们代他宣誓好了。为此他科卡就不再宣誓了，说是 153 年（1644）在珲台吉那里时，巴图尔珲台吉曾想要科卡向他珲台吉宣誓，科卡没宣誓，而让他的兄弟代替他宣了誓。所以，如果巴图尔珲台吉得知他科卡本人向全俄沙皇阿列克赛·米哈伊洛维奇宣誓，就会为此毁灭了他。

然后，对宣誓的白卡尔梅克人赐了皇赏，给科卡王公赐的是一份上等优质黑呢子 3 俄尺，其他的宣誓人也分别赏了各种呢子……

赏赐之后，我对科卡及其兄弟说，154 年（1646）库兹涅茨克来信报告托木斯克总督朱鲍夫说，他们的兄弟和儿子侵入到沙皇的库兹涅茨克实物税地区的康多姆斯克和库满吉斯克一带，又打又抢，还带走了一些属民，今年 154（1646）玛济克的兄弟尤列克和他科卡的儿子尤尔罕把实物税民科切什打残废了，打断了手臂，不能为沙皇猎取实物了。抢光了拜塔纳克、库龙拜的东西，抢了瑟斯克拜伊之后，还把他抓走了，还拷打折磨了库巴伊。科卡的儿子尤尔罕在舍尔卡利斯克地方拷打折磨了科奇吉什。还有他科卡·阿巴科夫在克列茨克地方把头人托古亚科及其妻儿子女全俘虏回了自己兀鲁思。

我彼得指出了他们这样又打又抢掠沙皇的属民是不应该的。科卡解释说,他和他儿子今年 154 年(1646)去库兹涅茨克实物税地区是为了讨他自己的债,和买铁器,没有打伤和抢劫沙皇的实物税民,也没带人回自己兀鲁思。在库满吉斯克地方打人致残和打断科切什手臂的是玛济克兀鲁思的男子阿布拉伊·库卢科夫,而不是他科卡的儿子尤尔罕。折磨拷打库巴伊的也是玛济克的人,折磨得怎样,死了没有,他不
285 知道。在舍尔卡利斯克地方折磨科奇吉什的是玛济克的儿子秋涅伊科,那是他科卡儿子见到的,因为他们在一起,但这些坏事是秋涅伊科干的。科卡还说明,科列茨克的头人托古亚科及其妻儿来到他的兀鲁思不是他抓的,是他们自己短时间来他那里住一阵,那里有他们原来的住处。现在他们住在老住处,但同样给皇上交实物税,今年的已交过了。

彼得又说到 146 年(1637)贵族子弟帕弗拉的妻子卡捷林卡失踪的事,说 150 年(1641)托木斯克贵族子弟斯捷潘·涅维罗夫等人出使卡尔梅克时在一个乌拉扎克·布尔拉科夫的女婿的帐篷里见到过那个女人卡捷林卡,要科卡查明卡捷林卡下落,交彼得带回。

科卡·阿巴科夫解释说,那个卡捷林卡是自己逃跑来卡尔梅克的,当时他的兀鲁思里来了黑卡尔梅克巴图尔珲台吉,她的亲兄弟科捷列夫的儿子满奇恰克了解到卡捷琳卡的消息,就叫她来自己这里跟随珲台吉。至于什里波夫的马,科卡说反正他的兀鲁思里没有那些马。如果发现,他会查明后送还托木斯克。

我彼得告知白卡尔梅克王公科卡和库卢代以及他们的兀鲁思人,希望他们争取享受皇赏,在自己的牧地无忧无虑地生活,可以带自己的货物去托木斯克城做生意。

他们都叩谢了皇赏,表示还要争取以后继续享受皇赏,并要带货物去托木斯克做生意。

6 月 14 日,我彼得送卡尔梅克使节先行往托木斯克,因为他们要向全俄沙皇阿列克赛·米哈伊洛维奇进行宣誓,而我自己则在送走他们的当天向奥尔恰克进发。

6月26日,我来到黑卡尔梅克奥尔恰克人地方见到科古洁王公、其兄弟莫加纳伊以及布库亚王公和他们的属人,就说希望他们王公和头人像以前对先沙皇米哈伊尔·费多罗维奇大公及和蔼可亲的母后皇太后叶弗多凯·卢克亚诺夫娜进行宣誓的事。

科古洁王公及其兄弟莫加纳伊听后说,他们从前从来没有给前沙皇米哈伊尔·费多罗维奇大公宣过誓。不过“我们没做任何损害沙皇 287
及其皇民的事。如果现在全俄沙皇阿列克赛·米哈伊洛维奇大公有意叫我们宣誓,为了沙皇他们可以在这里自己的兀鲁思里宣誓,但是要到托木斯克绝对不行,因为我们天天候在这里等蒙古人打来”。

6月30日,王公们来彼得这里宣了誓。宣誓的人名都记录在案。而且都赐了皇赏……并转达了指令中的话……

然后彼得告诉科古洁王公,他得去库拉台吉处,请王公为他准备大车。

但科古洁王公说,库拉台吉游牧的地方太远,沿途要经过蒙古人和卡尔梅克人之间的游牧地。如果我派人跟你一起去库拉台吉那里,我的人肯定要被蒙古人杀掉。

于是7月6日,彼得我就从奥尔恰克人处径直返回了托木斯克,路上没见任何军队,也没再听到任何打仗的消息。

全宗:西伯利亚衙门,栏目252,122－143页,原件。

第88号

1646年7月6日至8月31日:托木斯克总督奥西普·谢尔巴托夫为告知已经使白卡尔梅克人宣誓和就彼得·萨班斯基的出使报告送往莫斯科一事呈西伯利亚衙门的报告。

致全俄沙皇阿列克赛·米哈伊洛维奇大公陛下,您的奴仆奥西普·谢尔巴托夫、阿德柳什卡·莫尔维亚尼诺夫、鲍里斯·帕特列凯耶夫叩呈。

今年154年(1646)5月24日,我们从托木斯克派出了贵族子弟彼得·萨班斯基等一行人去引导白卡尔梅克王公科卡以及奥尔恰克的科古洁王公等人向沙皇阿列克赛·米哈伊洛维奇大公陛下以及皇太后叶弗多凯·卢克亚诺夫娜宣誓。

陛下,那些王公对彼得说,到托木斯克宣誓实在不行,因为他们正在严正以待地等蒙古人打来。所以他们就按托木斯克拟好的誓文在他们自己的兀鲁思向您沙皇陛下和皇太后进行了宣誓仪式。

宣誓过的人的名字,彼得已一一记录下来。宣誓后均赐了皇赏,谁赐了什么也记录在案。不过后来彼得没能去出访库拉台吉,而且后来白卡尔梅克王公科卡本人没向您沙皇宣誓,这些原因都写在出使记录中了,该记录已交给我们。现在我们就把彼得出使记录捎给莫斯科,请陛下圣阅。

全宗:西伯利亚衙门,栏目252,119-121页,原件。

第89号

1646年10月7日至1647年1月4日：托波尔斯克总督伊瓦什卡·萨尔腾科夫就禁止塔拉诸总督派遣军役人员征讨卫拉特人一事呈西伯利亚衙门的报告。

致全俄沙皇阿列克赛·米哈伊洛维奇大公陛下，您的臣仆伊瓦什卡·沙尔腾科夫、伊瓦什卡·加加林、米季卡·卡尔波夫、特列尼卡·瓦西利耶夫等叩呈。

今年155年(1646)10月7日，我伊瓦什卡·沙尔腾科夫收到塔拉总督彼得·舍季宁和费多尔·戈洛瓦切夫的来信，说卡尔梅克珲台吉的库拉派了使节布古奇科到了塔拉。在使馆中这位使节告诉他们说， 288
他布古奇科是库拉派来的，叩求您沙皇陛下恩准派军队和交实物税的鞑靼人、巴拉巴人、土努茨人去打卡尔梅克的丘拉兹人。库拉击溃了那些丘拉兹人，但是他们逃散到塔拉城附近去了，所以需要跟沙皇的人一起把那些残余的丘拉兹人全部肃清。为此，那天晚上从巴拉巴地方来了个塔拉的布哈拉人舍里普科·里吉莫夫，盘问中他告诉他们说，巴拉巴地方的实物税鞑靼人想去攻打卡尔梅克人。而且柳拜地方的实物税鞑靼人当舍里普科在那里时，就去巴拉巴了。而且库拉还送消息到土努茨和库列巴等地方去，在那些地方宣传，让他们去打卡尔梅克人。如果这些沙皇实物税民和卡尔梅克人一旦真在托木斯克城外发生冲突，给沙皇的事业造成麻烦，他们彼得和费多尔两公爵觉得没法向陛下交代。所以，是否要按库拉的要求派军队去打卡尔梅克人，这事希望速回复我，您的臣仆伊瓦什卡·沙尔腾科夫。

我，您的臣仆伊瓦什卡已写给彼得·谢季宁公爵和费多尔·戈洛瓦切夫说，在沙皇的谕旨里给我们写过，不要跟卡尔梅克人发生冲突。那些擅自去打卡尔梅克人的巴拉巴人、土努茨人和柳拜斯克人的实物

税民是谁,什么名字,去打仗的有多少人,他们跟卡尔梅克人打得怎样
289 了,死伤、俘虏还是击溃的情况,我都叫他们写清楚报告给我,并上报全俄沙皇。

全宗:西伯利亚衙门,栏目455,164－166页,原件。

第90号

1647年1月27日:托波尔斯克总督伊凡什卡·萨尔腾科夫就准予额尔德尼·巴图尔珲台吉使臣诺耶代及其同僚从托波尔斯克赴莫斯科一事呈外事衙门的报告。 290

致全俄沙皇阿列克赛·米哈伊洛维奇大公陛下,您的臣仆伊凡什卡·沙尔腾科夫、伊瓦什卡·加加林、米季卡·卡尔波夫、特列尼卡·瓦西利耶夫等叩呈。

154年(1646)全俄沙皇阿列克赛·米哈伊洛维奇大公的谕旨中曾给托波尔斯克总督格里戈里·库拉金公爵等人写过,如果珲台吉今后能坚持对沙皇的臣服和许诺,自愿宣誓并听命于沙皇,并派别的使节和贸易商人来托波尔斯克,而且其使节还请求来莫斯科拜见沙皇陛下,可以放他们来莫斯科,勿加阻挠,并为他们提供给养和大车,但需由托波尔斯克派警官监护按原规定送至莫斯科。

陛下,154年(1646)托波尔斯克总督米哈伊洛·加加林和秘书长伊凡·彼列诺索夫以及格里戈里·卢金等人派出了达尼尔·阿尔申斯基等人组成的使团去出访了珲台吉。今年155年(1647)12月21日,他们皇使从卡尔梅克返回了托波尔斯克,并带回了珲台吉所派的5名使节:诺耶代、瑟梁等人,他们带有3名护卫,达尼尔·阿尔申斯基并亲手把使团出使的记录交给了我们。在记录中写道:珲台吉在放行时对他达尼尔说,请陛下恩准他珲台吉的使节从托波尔斯克去莫斯科叩谈珲台吉的事务。我们就叫珲台吉的使节来到外使馆,并盘问他们来托波尔斯克有何事务。

他们只说是来问候沙皇圣体安康,我们按规定的词回答了他们。他们还是要求来莫斯科拜见您。按您原来的指令,现我们从托波尔斯克放珲台吉的使节诺耶代等5人于元月2日前往莫斯科,并派警官托

291 波尔斯克贵族子弟缅·列麦佐夫以及哥萨克步兵首领做立陶宛文笔录,还有数名随从军人。

我们已嘱咐护送人员,到莫斯科城下约离5俄里处某合适的地方,就让他们先派人报告给陛下您,然后扎营等候您的谕旨……

达尼尔从卡尔梅克返回交给我们的出使记录,特交列麦佐夫带给陛下。

全宗:准噶尔事务,1647年,第1号,7-8页,原件;西伯利亚衙门,栏目455,184-188页,抄本。

第91号

1647年7月10日至8月31日:秋明总督伊凡·图尔盖涅夫就禁止卫拉特使臣在秋明经商一事致图林斯克Φ.Γ.希什金的报告。

费多尔·格里戈里耶维奇阁下,伊凡·图尔盖涅夫问安! 292

今年155年(1647)7月8日,从波什玛下卫所来3个秋明的哥萨克骑兵别兹松科·特鲁巴切夫面告本人说,:有一队布哈拉商人和卡尔梅克人赶着牛羊从岱青的妻子及其儿子叶什开普那里和额尔德尼珲台吉的使节那里来到秋明,商人和护卫共32人。有这么多人所以我从秋明派出20名军役人员叫那些卡尔梅克人停止行进,没放他们进来。7月9日派了秋明军人谢尔盖·乌沙科夫和文书帕维尔·科尔尼洛夫以及翻译谢苗卡·特罗菲莫夫等带着10个军役人员去问卡尔梅克的使节,并劝说他们,按全俄沙皇的指令并未允许秋明接待卡尔梅克人,有卡尔梅克使节来秋明,令把他们护送去托波尔斯克,绝对不允许他们在秋明停留。

7月10日,贵族子弟谢尔盖·乌沙科夫和办公厅书吏帕维尔·科尔尼洛夫从卡尔梅克使节那里回到秋明亲手交给我一份他们的会晤记录。上面写着:台吉夫人达雷卡及其子叶什开普派了他们的使节到秋明做生意,叩问沙皇陛下,为何托波尔斯克和塔拉都接待他们的使节,而秋明却不能接待?他们遣使来只为贸易,向他们说明,他们遣使来秋明已是第三次,而且秋明总不让派皇使去他们那里,从前从秋明曾经派过皇使去他们那里,他们也来做过生意。台吉夫人达雷卡及其子叶什开普让向他们说明,如果现在还不让他们的使节进秋明,不让自由贸易,那他们台吉身心会发生什么不幸的变化,恐引起冲突和战争。

所以希望阁下在图林斯克堡要千万小心,加强保卫,并在过路驿站经常巡逻以防卡尔梅克攻打图林斯克城或突袭县村。并请转告上土耳斯克县及其村庄这一消息,让他们了解这一情况。

苏联科学院档案馆列宁格勒分部,全宗:穆勒抄本,第4目,第6册,文件第334号,120-121页,18世纪拷贝。

出版物:穆勒《西伯利亚史》第2卷,莫斯科-列宁格勒,1941年,文件第448号,519页。

第92号

1647年7月15日至8月31日：托波尔斯克总督伊凡什卡·萨尔腾科夫就准许卫拉特人在秋明经商一事呈西伯利亚衙门的报告。

致全俄沙皇阿列克赛·米哈伊洛维奇大公陛下，您的臣仆托波尔斯克总督沙尔腾科夫、加加林等叩呈。

去年154年(1646)6月27日，在您给我们托波尔斯克的谕旨中写道，您陛下知道了卡尔梅克台吉的使节带了卖马的许多人来到秋明，总督们没有您的指令不会在秋明接待他们很久。以往卡尔梅克台吉的使 293
节都不会赶着马去秋明，他们有什么事情都去托波尔斯克叩求您沙皇。而且您陛下有关卡尔梅克的事务都发给托波尔斯克，也告知过他们接待卡尔梅克使节和听取答复都得到托波尔斯克。所以卡尔梅克台吉们也都遣使去托波尔斯克，从托波尔斯克报告您陛下有关的一切事项。

陛下，在您的臣仆我们看来，怎么能让卡尔梅克的使节从秋明撤回使团，撤回贸易人呢？我希望由我从托波尔斯克写信告知秋明总督伊凡·鲍勃里舍夫·普什金，如果今后卡尔梅克台吉再派使节到秋明来谈什么事或做生意，就拒绝他们来秋明，令他们去托波尔斯克，因为秋明不能接待卡尔梅克使节，也不得进行贸易。否则如果秋明接待了卡尔梅克使节，让他们做生意，而托波尔斯克总督彼得·普隆斯基等人又没有得到新圣旨，除了以前规定托波尔斯克、托木斯克和塔拉之外，其他西伯利亚城市不得接纳卡尔梅克人并与之做生意的圣旨外没有新的圣旨，是希望不要让卡尔梅克人了解通向西伯利亚城乡的道路，不敢损害沙皇俄国的事业。所以也不派使节从秋明去卡尔梅克，那么这些原圣旨的旨意还能有保证吗？所以，我们只希望根据当地情况，按西伯利亚原规定，千方百计想出办法让卡尔梅克秋明使团撤回，但又不能由此引起大的冲突和战争，引出攻打西伯利亚城乡的借口。我们会密切关注这一切及时向陛下报告。

按您陛下指示的精神,我们招来了托波尔斯克优秀的鞑靼族军人基兹尔巴伊等人,询问他们如何能使卡尔梅克人撤回并不来秋明派使节和做生意。是不是卡尔梅克人早就想遣使来秋明,是不是想来侦察通往西伯利亚城乡的道路？会像以往 143 年(1634)那样卡尔梅克人是在设法来攻打秋明吗？

294 这些鞑靼人认为,在彼得·普隆斯基总督到托波尔斯克就任以前,卡尔梅克人从来就是遣使到秋明来做生意的,143 年(1634)卡尔梅克人的军队是跟库楚姆的孙子杰弗列特·基列伊兄弟一起攻打了秋明,那是因为沙皇的叛徒秋明的鞑靼人恩巴伊·杨图林等人号召他们来打的。

往年,如 154 年(1646)按陛下您的圣旨,我曾写信告诉秋明总督伊凡·鲍勃里舍夫·普什金说,那些卡尔梅克人要来秋明贸易或遣使谈判,但他拒绝卡尔梅克使节来秋明,让他们转去托波尔斯克,以便卡尔梅克人不能了解通往俄国西伯利亚城市的道路,并什么也打探不到。这样卡尔梅克人就不能损害俄国人的利益,所以也不得从秋明往卡尔梅克派遣使节。

但今年 155 年(1647)11 月 21 日,秋明总督伊凡·普什金写信给我说,卡尔梅克岱青台吉的妻子达雷卡及其子叶什开普台吉派了 7 名使节、5 个布哈拉商人赶着牛马牲畜等货物来秋明。秋明总督伊凡令将他们送往托波尔斯克,不准放入秋明。但卡尔梅克使节不肯去托波尔斯克,说他们只到秋明,如果要他们从秋明去托波尔斯克,他们的牲口都会死。如果不让进秋明,那也只好回去,托波尔斯克坚决不去。伊凡令他们停留在不到秋明的地方,但没法叫他们去托波尔斯克。

所以我让伊凡对卡尔梅克人说,如果他们只为了想卖马匹和其他牲口,最好去托波尔斯克,如果实在不想去,那也不必靠近秋明,就找个合适的地方通知俄国人来跟他们交易好了。为此也就让他们在秋明外做生意了,因为据尤尔托夫鞑靼人说,自古卡尔梅克人就都是来秋明贸易的,不让贸易,也未必就没有冲突,而似不必坚持不让他们来秋明交易任何货物,一定要来托波尔斯克,现将这情况上报陛下。您看今后秋明是否可以接待卡尔梅克人,请指示?

今年155年(1647)7月15日,秋明总督伊凡·图尔盖耶夫来信说,从卡尔梅克来了一些布哈拉人,他们对他说,岱青台吉的妻子达雷卡及其子叶什开普遣使来了秋明,并随行来了商人和护卫50人,他们有70匹马和20头牛。他们在托波尔斯克河渡口又遇到卡尔梅克使节和商人25人,他们是从额尔德尼珲台吉那里来秋明的,说他们赶有200匹马、150头牛、300只羊。这些布哈拉人说,他们在达雷卡人那里听说,从前在达赖台吉和她丈夫岱青台吉时,他们的使节可以去秋明而且可以自由贸易。但现在却不接待使节也不让自由贸易,他们对此极为困惑,为什么秋明不接待他们的使节呢。如果对这次的使节秋明仍不接待,他们卡尔梅克人真想挑起冲突打仗,因为在伊希姆河沙皇的实物税民还跟他们卡尔梅克人在一起狩猎呢。而关于库楚姆和他的孙子杰弗列特·基列伊兄弟的事以及他们的兀鲁思人、关于秋明和鞑靼的叛徒的事,他们布哈拉人全部知道。……

295

批注:给托波尔斯克发原谕旨。[1]

全宗:西伯利亚衙门,栏目455,393-401页,518页,原件(页码可能有错)。

[1]1647年10月20日回复的谕旨中指示:"一旦我们的手谕送到你们那里,望你们就秋明卡尔梅克人的贸易和使节认真审视,参照过去的情况和当地的实际去做,唯一要审视的就是不能让我们的事业受损,不让秋明卡尔梅克人的贸易引发跟卡尔梅克及其兀鲁思人的冲突,不致引发他们来攻打我们西伯利亚城县。写于7156年10月20日莫斯科。"(西伯利亚衙门卷宗,栏目455,392页)

第 93 号

1647 年早于 7 月 17 日：秋明总督伊瓦什卡·图尔盖涅夫就准许卫拉特人在秋明开设马市的必要性呈西伯利亚衙门的报告。

致全俄沙皇阿列克赛·米哈伊洛维奇大公陛下，秋明总督伊瓦什
296 卡·图尔盖涅夫叩呈。

陛下，今年 155 年(1647)按您的谕旨，令我到西伯利亚秋明服役。去年 154 年(1646)托波尔斯克总督曾给秋明总督伊凡·鲍勃里舍夫·普什金写信说，去年 154 年(1646)6 月 27 日陛下给托波尔斯克的谕旨指出，今后不要让卡尔梅克人去秋明卖马或遣使，让他们改到托波尔斯克。但今年 155 年(1647)，许多秋明的头人、贵族子弟、射击百人长、哥萨克首领、立陶宛人、德国人、实物税猎人、农夫等等各界人士都来我的办公室递交呈文，不止一次地请求皇上陛下开恩，允许卡尔梅克人从他们的兀鲁思来秋明进行使团贸易，允许跟他们自由贸易，以便养马业最终不致毁灭，否则无法为沙皇服役，为沙皇耕作。他们生活在秋明年年看到马匹倒死，而从前秋明刚建立时，卡尔梅克的使节和近处的卡尔梅克人年年不断地运来马匹。他们军人和农民们都想向卡尔梅克人买马，还给沙皇陛下收集了大批税金。而且那些军人是为皇上服役，能不断骑马去各驿站和各卫所的许多地方守护，农夫们能够多十倍地耕地。但如果陛下不恩准，不让卡尔梅克人与他们贸易，他们会毁灭，

军人们无马去服役，农夫们无以耕地。这一切等待您陛下的指示。[1]

全宗：西伯利亚衙门，栏目455，501、500页，原件。

〔1〕改变为允许卫拉特来人到秋明贸易的事提出已很久了。由于这事的拖延使极需马匹和牲畜的所有秋明居民深受其害。在他们的呈文中都要求接受"从卡尔梅克来的使节进行贸易，像以前一样"。卫拉特人和布哈拉人拒绝去托波尔斯克贸易，因为路途艰难。个别总督怕允许在秋明和安德烈耶夫湖（该湖离秋明城市约15俄里）一带贸易自己要承担风险。托波尔斯克总督舍列麦杰夫告了破坏他的命令允许贸易的秋明总督切格洛科夫。最终，西伯利亚衙门1650年元月26日发来的谕旨中指示"关于秋明卡尔梅克人贸易和使节的事可参照以前和当地情况去做"（西伯利亚衙门卷宗，栏目455，502、538－548页，也可见本译著下册文件第115号）。

第94号

297　1647年7月18日至8月31日:托木斯克总督奥·伊·谢尔巴托夫就逃亡的准噶尔人进入俄国实物税诸乡及税民的投诉和派遣军人前往说服他们返回原游牧地之事给西伯利亚衙门的报告。

沙皇陛下和全罗斯阿列克赛·米哈伊洛维奇大公,您的臣仆奥斯卡·谢尔巴托伊、安德留什卡·摩尔维亚尼诺夫、鲍里斯科·帕特列克耶夫叩呈。

陛下,今年155年(1647)7月18日,由书记官格里高利·普罗托波波夫署名的您沙皇陛下和全俄沙皇阿列克赛·米哈伊洛维奇的谕旨寄到托木斯克您的奴仆我处。谕旨中写道:今年155年(1647),你的大臣和总督伊万·伊万诺维奇·萨尔迪科夫及其同僚给您陛下写了一封信,并转交了塔拉县巴拉巴乡的库列别尔杰伊克·彼季切耶夫王公和巴拉巴乡所有贡民的请愿书。他们在请愿书中写道:去年154年(1646),他的兄弟萨尔迪科夫·卡伊姆卡及其同伴一次去打猎时在森林里遇见了卡尔梅克珲台吉兀鲁思的人。那些珲台吉的卡尔梅克人对卡伊姆卡及其同伴说:卡伊姆卡及其同伴他们从巴拉巴乡和捷列宁乡派人去托木斯克告了状,似乎他们卡尔梅克人,抢占了他们巴拉巴人和捷列宁人的猎场。

他的兄弟萨尔迪科夫·卡伊姆卡及其同伴对他们卡尔梅克人说,他们并未派人去托木斯克控告卡尔梅克人。此后大约过了5天,托波尔斯克商人马梅科·阿博林从托木斯克来到巴拉巴乡,并对他们巴拉巴人说,他马梅科去了一趟托木斯克卖货,雇了两个捷列宁乡的贡民——阿伊达尔卡和涅耶基亚奇卡做饭。待他们来到托木斯克之后,您的臣仆我们立即把那两个捷列宁乡的贡民阿伊达尔卡和涅耶基亚奇

298 卡叫到衙门,盘问卡尔梅克人在距巴拉巴乡、距捷列宁乡和距托木斯克多远的地方放牧？那两个捷列宁乡的贡民阿伊达尔卡和涅耶基亚奇卡对您的臣仆我们说,卡尔梅克珲台吉兀鲁思的人放牧的地方距捷列宁乡有3天的路程,距托木斯克有8天的路程。副书记官基里尔科·雅基莫夫携翻译官前往商人马梅科住的驿馆,要他在阿伊达尔卡和涅耶基亚奇卡回答询问的记录上按手印作保。他马梅科要求当面给他宣读那份记录。记录中写道,捷列宁乡和巴拉巴乡的贡民向您沙皇陛下和全俄沙皇阿列克赛·米哈伊洛维奇大公陛下叩求,请陛下你恩准派军队来保护他们不受卡尔梅克人的欺负。使他们不受到卡尔梅克人的迫害,税负沉重,记录读完之后,马梅科并没有在记录上按手印,因为记录上写了叩求的事,而阿伊达尔卡和涅耶基亚奇卡对他马梅科说,他们并未向陛下您叩请派军队那些事。此后不久,我们您的臣仆很快从托木斯克派出了近50个托木斯克骑兵前往卡尔梅克人那里,另派50个步兵乘小木船沿鄂毕河去了那里。而他马梅科和他的厨师捷列宁乡的鞑靼阿伊达尔卡和涅耶基亚奇卡,我们在派兵出发之后又在托木斯克羁押了3天,目的是不让他们知道我们派兵的事,这样将来让他们巴拉巴人和捷列宁人把对托木斯克士兵的怨恨可转移到卡尔梅克人身上。做得就像他们执行您的指令,是那些塔拉县巴拉巴乡的库列别尔杰伊克·彼季切耶夫王公向陛下您叩求似的。而我们您的臣仆奥斯卡、安德留什卡和鲍里斯科,把那两个塔拉县捷列宁乡的鞑靼贡民阿伊达尔卡和涅耶基亚奇卡叫到衙门,向他们盘问了有关卡尔梅克人的情况,并让商人马梅科在盘问记录上按手印作保,还派出了托木斯克军人去征讨卡尔梅克人。我们您的臣仆,招惹卡尔梅克人一事做得不妥,违背了您的旨意。

而在陛下您曾让书记官给我们您的臣仆的谕旨中写道:不允许我们您的臣仆,派托木斯克军人征讨卡尔梅克人,不允许做任何招惹卡尔梅克人的事。只有在卡尔梅克人对捷列宁乡和巴拉巴乡的贡民或对陛下其他的缴纳毛皮税乡发动战争时,我们您的臣仆才能还击。根据您沙皇陛下和全俄沙皇阿列克赛·米哈伊洛维奇大公的旨意,我们您的

臣仆只要在您陛下的西伯利亚托木斯克效力，没有您陛下的旨意，不能
299 派托木斯克军人对卡尔梅克人开战，没有您陛下的旨意，不能做任何招惹他们的事，防止卡尔梅克人为寻求报复攻打托木斯克城和陛下的其他西伯利亚城市、要塞、免缴税赋的村镇、缴毛皮税的乡镇，杀害陛下的人和贡民，干其他的坏事。以后，我们您的臣仆会记住，没有您陛下的旨意，不擅自派托木斯克军人征讨卡尔梅克人，不因卡尔梅克人的过错，而是为自己的利益与卡尔梅克人结怨，会使卡尔梅克人危害陛下的西伯利亚各城市、要塞、免缴税赋的村镇、交毛皮税的贡民。果真那样，我们您的臣仆将愧对陛下的恩德。陛下，至于塔拉县巴拉巴乡的库列别尔杰伊克·彼季切耶夫王公和巴拉巴乡民叩请的事，以及托波尔斯克贵族和伊万·伊万诺维奇·萨尔迪科夫总督及其同僚请愿书中所写的事，其实我们您的臣仆没有盘问过捷列宁乡的鞑靼贡民阿伊达尔卡和涅耶基亚奇卡，没有派衙门的副书记官基里尔科·雅基莫夫及翻译官前往商人马梅科住的驿馆送过任何信件，没有令商人作保。我们盘问了那个副书记官基里尔科·雅基莫夫，他说他没有带任何信件去过商人马梅科住的驿馆。

陛下，在过去的154年(1646)，塔拉县捷列宁乡的贡民阿伊达尔卡和涅耶基亚奇卡未受我们指使给您沙皇陛下和全俄沙皇阿列克赛·米哈伊洛维奇叩求，并在衙门里将请愿书交给我们您的臣仆。在他们的请愿书中写的是，陛下，在过去的152年(1643)，在他们的地界出现了一批从各个台吉那里逃亡来的白、黑卡尔梅克人，这些人在他们的地界安了家，并在那里捕猎，由此使陛下捷列宁乡缴毛皮税的贡民感到很受排挤，他们再也拿不出东西来缴税。在过去的152年(1643)，就在逃亡的白、黑卡尔梅克人开始排挤他们并在他们的地界捕猎时，他们贡民当即派库列别尔杰伊克·彼季切耶夫王公的儿子携请愿书前往塔拉控告这些卡尔梅克人。此人在塔拉向陛下您的父亲、已故的沙皇陛下和全俄大公米哈伊尔·费多洛维奇叩首并递交了请愿书。根据巴拉巴乡王公的诉请，陛下你的总督瓦西里·切格洛科夫随即派塔拉的行政长官格里戈里·拜噶切夫携巴拉巴乡王公库列别尔杰伊的请愿书前往

逃亡的卡尔梅克人那里。令他告诉卡尔梅克人,他们卡尔梅克人不能在陛下您的领地、贡民的地界强行安家,不能排挤捷列宁乡和巴拉巴乡的贡民,不能在他们的林地捕猎任何猎物,防止陛下您的国库收入不足。但那些卡尔梅克人并未听从陛下的命令,也没有离开陛下的领地、贡民的地界。那些卡尔梅克人开始在塔拉县的林地强行放牧,排挤陛下您的贡民,捕猎各种猎物。陛下您的贡民因他们的武力抢夺已一贫如洗,陛下您的税赋也无处可收,因为缴毛皮税的贡民原来为陛下捕猎的地方如今已被逃亡的卡尔梅克人据为己有了。我们您的臣仆,似应根据您沙皇陛下和全俄沙皇阿列克赛·米哈伊洛维奇的旨意令人将那些卡尔梅克人驱赶出陛下您的领地、贡民的林地,以免他们那些缴毛皮税的贡民最终死于卡尔梅克人的武力抢夺,或白白死于陛下您征税人的严刑拷打之中,避免将来他们逃避应缴的税赋。目前,陛下,这些贼人纠集的人数还不很多,那些卡尔梅克贼人已远离塔拉城,向托木斯克城靠近,那些卡尔梅克人距托木斯克城还有 4 天的路程。塔拉的商人扎什·巴巴谢伊托夫在请愿书上按了手印作了保。

陛下,在过去的154年(1645),托木斯克恰茨基人的鞑靼贵族和
叶乌什金人的鞑靼贵族布尔拉克·阿库林、伊杰格门·塔尔拉沃夫代 300
表所有恰茨基人和叶乌什金人的鞑靼贵族和普通鞑靼人向您全俄沙皇阿列克赛·米哈伊洛维奇陛下叩首,并在托木斯克的衙门向我们您的臣仆转交了请愿书。去年,陛下,即在 152 年(1643),一批逃亡的卡尔梅克人从各卡尔梅克台吉的草原来到这里,这些卡尔梅克人开始在他们恰茨基人的林地捕猎各种猎物,在他们的河里捕海狸和鱼,不让他们的人在那些林地、河里捕猎、捕海狸和鱼。他们的林地与捷列宁人和巴拉巴人的林地连在一起。那些逃亡的卡尔梅克人,陛下,有 40 帐多一点。将来,陛下,还会有同样的逃亡的卡尔梅克人或其他地方的贼人来投奔那些逃亡的卡尔梅克人,而由于那些卡尔梅克人的到来,陛下您的托木斯克和塔拉县的贡民将受到排挤,由于被抢掠和欠债,陛下,鞑靼贵族和他们的人可能会投靠那些逃亡的卡尔梅克人。他们的逃亡,陛下,将使托木斯克城的军人和托木斯克县陛下缴毛皮税的贡民,以及恰

茨基和叶乌什金的鞑靼贵族和鞑靼人受欺负、受损失,后患无穷。因此,我们您的臣仆愿按您沙皇陛下和全俄沙皇阿列克赛·米哈伊洛维奇的旨意,派托木斯克的贵族子弟和军人们将那些逃亡的卡尔梅克人从陛下您的领地、贡民的林地驱赶出去,防止那些逃亡的卡尔梅克人给陛下的贡民带来更大的祸害。

在过去的154年(1645),托木斯克的贵族子弟谢苗·拉夫罗夫及其50多个哥萨克骑兵同僚,还有米什卡·萨尔科夫和费龙卡·科列门捷夫等十几个普通哥萨克骑兵向您沙皇陛下和全俄沙皇阿列克赛·米哈伊洛维奇叩首,并在托木斯克衙门亲手将请愿书交给我们您的臣仆,他们请您陛下恩准派他们的贵族子弟和哥萨克骑兵征讨那些逃亡的卡尔梅克贼人,将那些卡尔梅克人赶出您陛下的领地,以免那些逃亡的卡尔梅克贼人给陛下的军人、捕猎捕鱼业,给陛下的贡民以及恰茨基和托木斯克的鞑靼贵族和鞑靼人带来祸害。只是,陛下,其他逃亡的卡尔梅克人,或其他地方的一些人可能会投奔那些贼人,恰茨基和托木斯克的鞑靼贵族和鞑靼人也可能会投靠那些贼人,他们的人数在增加,唯愿,陛下,那些贼人不要给陛下的托木斯克城带来什么祸害,不要将陛下的领地据为己有。

我们您的臣仆令人从陛下您的先父、伟大的沙皇陛下和全俄大公米哈伊尔·费多洛维奇给我们您的臣仆的由书记官执笔的上谕以及他
301 陛下此前的一些上谕里摘录了部分内容。陛下,上谕里写道:我们您的臣仆不能招惹托木斯克的卡尔梅克人,我您的臣仆奥斯卡应亲自写信给托木斯克各城堡的总督,要求他们在没有接到您陛下旨意的情况下,不能招惹在他们城堡附近放牧的卡尔梅克人,不能派兵攻打他们,因为聚在一起的卡尔梅克人有很多。如果卡尔梅克人或其他地方的人前来攻打您陛下的贡民并向他们征税或抢劫杀害那些贡民,我们您的臣仆要派兵攻打那些卡尔梅克人和其他不归顺的人,我您的臣仆奥斯卡,应亲自写信给托木斯克各城堡的总督,要他们根据当时的实际情况,决定是否派兵攻打那些卡尔梅克人和其他不归顺的人并惩罚他们。要求各城的总督事后亲自写信给在托木斯克的我,您的臣仆奥斯卡,禀告事情

的起因。如果我们的军人将来打死卡尔梅克人或其他地方的人或俘虏了他们,事后就让他们归顺您沙皇陛下,带他们宣誓,效忠您伟大的沙皇陛下,让他们给您陛下缴税。如果他们自己的人或其他兀鲁思的人被俘虏,而他们想赎买,鉴于那些俘虏未经洗礼,我们您的臣仆就下令找到俘虏并卖给他们。

在那封陛下的上谕中,陛下,还写道:我们您的臣仆到达托木斯克城后,要我们您的臣仆在托木斯克城阅读他陛下给前任总督的上谕和他陛下的敕令,在执行陛下的上谕和敕令时,要根据当地的实际情况,要以有利于陛下的事业为原则。陛下,在陛下以前的敕令中写道:在过去的 144 年(1635)4 月 7 日,您陛下的先父、伟大的沙皇陛下和全俄大公米哈伊尔·费多洛维奇在一封由书记官费多尔·潘诺夫执笔的给托木斯克城总督御前大臣伊万·罗莫丹诺夫斯基王公及其同僚的敕令中写道:在过去,根据您陛下的先父、伟大的沙皇陛下和全俄大公米哈伊尔·费多洛维奇旨意,他们曾派乌法的总督乌法人费多尔·卡罗夫斯基及 35 个乌法的贵族子弟和 100 个骑兵弓箭手等前往乌法县攻打卡尔梅克人,他们,陛下,还召集到了乌法县的 350 个巴什基尔人。上帝保佑,您陛下的先父、伟大的沙皇陛下和全俄大公米哈伊尔·费多罗维奇万福,总督费多尔·卡罗夫斯基和他的士兵在距乌法城有 10 天路程的乌法县乌法河上游进攻卡尔梅克人,打败并抓获了 2 个西伯利亚人奥博卢和加夫库,和他们一起被抓的,陛下,还有54个卡尔梅克人,他们被带到了乌法,其他的卡尔梅克人,陛下,都被打死了。您陛下的先 302
父、伟大的沙皇陛下和全俄大公米哈伊尔·费多罗维奇为此恩赏了总督和士兵。您陛下的先父、伟大的沙皇陛下和全俄大公米哈伊尔·费多洛维奇命人给西伯利亚的托木斯克总督发去敕令,要求托木斯克总督伊万·罗莫丹诺夫斯基王公及其同僚,陛下,作为您陛下在西伯利亚托木斯克的臣民,为了您陛下的宏图大业,应常打探是否有卡尔梅克人和其他军队前来,如果打探到他们前来,陛下,令他们派陛下的士兵前往迎击他们卡尔梅克人,不管士兵身在何处,要根据实际情况和自己的观察寻找有利的战机,要按照您陛下的先父、伟大的沙皇陛下和全俄大公米哈伊尔·费多洛维奇在旨意中和他陛下在敕令中写到的那样思考怎样保全自己的士兵,他陛下的敕令发到了您陛下在西伯利亚所有此前受到过武装进犯和将来可能遭到武装进犯的托木斯克一级的城堡。要求托木斯克总督给您陛下的先父、伟大的沙皇陛下和全俄大公米哈伊尔·费多洛维奇敕令中提到的城堡立即写信,让他们周知此事,让他们高度警惕外来的武装进犯,思考并寻找战胜武装进犯的办法,不管他们来自何处。

陛下,在过去的154年(1645)8月1日,根据您沙皇陛下和全俄沙皇阿列克赛·米哈伊洛维奇的旨意,我们您的臣仆派托木斯克城的贵族子弟彼得·萨班斯基及其士兵(托木斯克贵族子弟、哥萨克骑兵和步兵、恰茨基和叶乌什金的鞑靼贵族和鞑靼人)共200人前往恰茨基与托木斯克鞑靼贵族和鞑靼人原来放牧的林地,以及塔拉县捷列宁乡和巴拉巴乡贡民的林地,要把那些逃亡的卡尔梅克人从您陛下领地的恰茨基和托木斯克鞑靼贵族和鞑靼人、塔拉县捷列宁乡和巴拉巴乡陛下贡民的林地赶出去,不准他们在您陛下的领地放牧。如果那些逃亡的卡尔梅克人不听从陛下的命令,负隅顽抗,我们您的臣仆请上帝原谅,已令他彼得及其士兵用仁慈的上帝赐予的力量狠狠教训他们,保护您陛下的臣民,避免卡尔梅克人给您陛下的臣民带来祸害。至于彼得及其士兵是如何把卡尔梅克人赶出去的,卡尔梅克人哪一天、去了哪里放牧,他彼得和他的士兵在回到托木斯克城,回到衙门之后会向我们报告。彼得和他的士兵只有在那些逃亡的卡尔梅克人主动挑战的时候,才会与他们交战,并把他们赶出您陛下的领地。他回到托木斯克城之后就会来衙门述职并递交士兵名单。

在过去的154年(1645)8月29日,彼得·萨班斯基和士兵(托木
303 斯克贵族子弟、哥萨克骑兵和步兵、恰茨基和叶乌什金的鞑靼贵族、鞑靼人)回到了托木斯克城。来到衙门之后,彼得在回答我们的盘问时说,他彼得和陛下的士兵被派往您陛下的领地托木斯克县恰茨基鞑靼贵族、捷列宁人和巴拉巴人的林地,去驱赶逃亡的卡尔梅克人。他彼得得到的命令是告诉那些逃亡的卡尔梅克人,要他们离开您陛下的领地,

不要排挤和欺负您陛下的臣民,不要在您陛下的领地打猎捕鱼。可那些逃亡的卡尔梅克人说话非常无礼,对他彼得和您陛下的士兵破口大骂,并向他们射箭,陛下,你的士兵有很多被射伤。他彼得和您陛下的士兵面对这些坏蛋们的粗暴无礼忍无可忍,他们祈求了圣父和圣母的保佑并向您陛下宣誓之后,便开始与那些逃亡的卡尔梅克人拼杀,战斗从早上持续到晚上。圣父圣母保佑,您沙皇陛下和全俄沙皇阿列克赛·米哈伊洛维奇万福,那些逃亡的卡尔梅克人被打败,他们的妻子和儿女被俘。在那次战斗中活捉了 3 个男人和 1 个阿尔钦人,他彼得把他们带到了我们您的臣仆的衙门,第三个男人在半路上死了,因为他被火绳枪伤得很重。

他彼得带着和他一起为您陛下效力的士兵来到我们您的臣仆的衙门,并把士兵的名单亲手交给了我们您的臣仆。我们您的臣仆在过去的 154 年(1646)把有关这次战斗的报告和士兵名单发到了莫斯科给您沙皇陛下和全俄沙皇阿列克赛·米哈伊洛维奇。

陛下,在过去的 154 年(1646),我们在衙门盘问了被俘的 2 个逃亡的卡尔梅克人吉尔格里和布颜达加里以及阿尔钦人坤都司卡。吉尔格里和布颜达加里在回答我们您的臣仆的盘问时说,他们以前是达赖与和鄂尔勒克台吉的人,后来逃离其台吉,来到您陛下在巴拉巴和捷列宁的领地黑水,已住了 5 年。

他们曾与捷列宁人和巴拉巴人一同在您陛下的领地捕猎,巴拉巴人和捷列宁人要把他们赶出您陛下的领地。他们对此有过不满,但他们躲开巴拉巴人和捷列宁人,在过去的 154 年(1646)迁到了您陛下的领地黑水放牧,并给库拉台吉交了毛皮税,以便库拉保护他们,不让任何人攻打他们。而前些年他们给谁都没交过毛皮税。此前阿尔钦人科格杰伊王公及其兄弟带着其兀鲁思的人,以及白卡尔梅克人科卡王公 304
及其兀鲁思的人要攻打他们。这些人随时都可能打来,所以他们把毛皮税交给了库拉,希望库拉不让任何人攻打他们。在他们汗国放牧的有 36 个户主,不算他们的子女和侄子女。我们您的臣仆问他们,为什么他们在您陛下的领地放牧和捕猎却不归顺您沙皇陛下,为什么彼得·萨班斯基和士兵们赶到他们那里让他们离开您陛下的领地,他们却不离开您陛下的领地,不听从彼得·萨班斯基和士兵的话,他们就这么一点人,指望谁来帮他们。那几个俘虏,陛下,对我们说,彼得·萨班斯基和士兵到来后,他们冲出帐篷并向他们射箭,他们在这件事上是有罪的,他们没有任何人可指望。他们开始朝士兵射箭后,士兵也开始朝他们开枪,他们卡尔梅克人同伴被打死了,2 个受伤的被俘并被带到了托木斯克。前几年卡尔梅克人就经常来到秋明和塔拉,这其中也包括吉尔格里和布颜达加里所属的兀鲁思的人,这个兀鲁思的很多卡尔梅克人来过秋明和塔拉,他们打死了很多您陛下的臣民。现在您陛下的士兵彼得·萨班斯基等人把他们打死了,把他们的妻子和儿女俘虏后带回了托木斯克。

阿尔钦人坤都司卡对我们说,他到黑水逃亡的卡尔梅克人别列克杰和达利别处是来娶亲的,他在他们那里只待了 2 天。您陛下的彼得·萨班斯基和士兵来到他们的帐篷并开始驱赶他们时,那些逃亡的卡尔梅克人开始和您陛下的人打了起来,他就是在那场战斗中被打伤并俘虏。

那个阿尔钦人坤都司卡又对我们您的臣仆说,本来阿尔钦人科格杰伊王公及其兄弟也要攻打彼得·萨班斯基和士兵从您陛下的领地驱赶的那些逃亡的卡尔梅克人。那个科格杰伊王公和他兀鲁思的阿尔钦人曾经与逃亡的卡尔梅克人科卡王公及其同伙商议,要攻打卡尔梅克人库拉台吉,他们原想派使者前往托木斯克,请托木斯克总督派您陛下的士兵攻打那个库拉台吉。他们是在过去的 154 年(1646)商议的此事,即在彼得·萨班斯基带领他们向您陛下宣誓之后。

在今年,陛下,即 155 年(1647)9 月 3 日,阿尔钦人也恩别巴图尔和萨拉拔阿兰等人来托木斯克赶集,他们向您沙皇陛下和全俄沙皇阿列克赛·米哈伊洛维奇叩首,请您恩准把那个与逃亡的卡尔梅克人一起被俘的阿尔钦人坤都司卡交还给他们。他们阿尔钦人,他们的科格杰伊王公和所有兀鲁思的人当着彼得·萨班斯基的面向您沙皇陛下和全俄沙皇阿列克赛·米哈伊洛维奇叩了首,并宣誓归顺沙皇陛下,永远做陛下的奴仆。我们您的臣仆派了书记官吉利尔卡·雅基莫夫和翻译官费奇卡·费多洛夫前往阿尔钦人的卡尔梅克集市，令他们问也恩别巴图尔及其同伙那个自称坤都司卡的男人是否真的是阿尔钦人，还是他在说谎话，害怕士兵杀死他。阿尔钦人也恩别巴图尔和萨拉拔阿兰等人说，那个叫坤都司卡的男人是真的阿尔钦人，他在他们的汗国出生，他父亲坤都司及其兄弟现在还在他们阿尔钦人那里，坤都司卡去那些逃亡的卡尔梅克人那里是为娶亲。

我们您的臣仆把坤都司卡交还给了阿尔钦人也恩别巴图尔和萨拉 305
拔阿兰等人，因为科格杰伊王公和他兀鲁思的阿尔钦人向您沙皇陛下和全俄沙皇阿列克赛·米哈伊洛维奇叩过首，并宣誓归顺沙皇陛下，永远做陛下的奴仆。那些阿尔钦人还叩请您陛下，恩准把坤都司卡的未婚妻卖给坤都司卡。他坤都司卡为她付了 30 匹马的彩礼。

书记官吉利尔卡·雅基莫夫对那些阿尔钦人说，他们阿尔钦人可以到托木斯克城来赶集，不要害怕您陛下的臣民，在您陛下的庇护之下什么也不要怕。他们在彼得·萨班斯基面前向您陛下宣誓就是为了这些，他们要这些转告给自己的科格杰伊王公和所有阿尔钦人。陛下，那些阿尔钦人也恩别巴图尔和萨拉拔阿兰等人说，他们正是为此在彼得·萨班斯基面前向您陛下宣的誓，他们生活在您沙皇陛下的庇护之下无所畏惧，他们准备到托木斯克来赶集，并准备把所有的事情都派自己的使者向您陛下叩请。而那些逃亡的卡尔梅克人世代都是贼人，他们抢劫和欺负了您陛下的臣民之后，马上就消失了，而他们阿尔钦人与贼人没有任何关系，他们没有任何理由站在贼人一边。陛下，盘问那些阿尔钦人之后，把那个叫坤都司卡的男人交给了他们阿尔钦人也恩别巴图尔和萨拉拔阿兰等人。此时，恰茨基人的鞑靼贵族萨尔特库拉·也兹杰古林、布尔坤都司·巴依莫夫、卡列乌特·科切古林、科伊马斯·塔尔拉沃夫、齐齐卡纳克·阿普杰涅科夫也在卡尔梅克集市上赶集。陛下，那些阿尔钦人被问完后在当时的记录上按了手印。

陛下，今年 155 年(1647)，恰茨基人的鞑靼贵族伊杰格门·塔尔拉沃夫和萨尔特库拉·也兹杰古林等人与奥梅里卡·维尔士宁等 30

个托木斯克哥萨克骑兵从托木斯克县出发去猎场狩猎,在比萨诺夫河下游的伊斯基吉姆河边遇到了布图乃等4个白卡尔梅克人。相遇之后,白卡尔梅克人对伊杰格门和奥梅里卡说,在过去的154年(1646),彼得·萨班斯基和陛下的士兵奉命讨伐了聚在一起的逃亡卡尔梅克人。您陛下的士兵走后,珲台吉的堂兄弟库拉去攻打了那些聚在一起的逃亡的卡尔梅克人,打败了他们,并把俘虏和马、牛等所有牲畜都掠走了。此后,陛下,库拉又去攻打了剩余的、聚在一起的逃亡的卡尔梅克人玛济克王公,打败了他们,俘虏了整个兀鲁思的人,把马和牛全都赶走了。在那次战斗中,玛济克有两个最善战的士兵被打死,其他人受了伤。

陛下,今年155年(1647)6月24日,黑卡尔梅克人珲台吉的使者霍罗亥·达尔金、科拉奇、墨尔根·科舍乌奇、恰冈什苏、基琴和翻译官科金纳兀鲁思的白卡尔梅克秃噜恰克来到托木斯克。他们对我们您的
306 臣仆说,珲台吉派他们来问沙皇陛下和全俄沙皇阿列克赛·米哈伊洛维奇龙体是否康健。我们您的臣仆对珲台吉的使者霍罗亥等人说,上帝保佑,我们伟大的沙皇陛下阿列克赛·米哈伊洛维奇大公、全罗斯的君主、很多国家至尊的国君和统治者在莫斯科皇城崇高的沙皇宝座上,龙体安康。珲台吉让使者们给您陛下送来了两匹马,给我们每人一匹马。我们您的臣仆令人接受了那些马匹并送给了您陛下种地的农民。那些珲台吉的使者对我们您的臣仆说,珲台吉曾经与黑卡尔梅克人昆都伦·乌巴沙开过战,他与哥萨克汗国也打过仗,但已与他们讲和了,所以暂时不会受到他们的骚扰。珲台吉派了500人到白卡尔梅克人科卡王公处收毛皮税,为首的是他的弟媳妇西拉·乌尔玛。她把这些人分别派到吉尔吉斯人和自己的贡民那里,她自己则留在了鄂毕河边,她要白卡尔梅克人科卡王公横渡鄂毕河来见她。科卡带着毛皮税去见了她,随他而去的有300个他兀鲁思的人。我们您的臣仆对珲台吉的使者说,他珲台吉的臣民白卡尔梅克人科卡和玛济克住在托木斯克城和库兹涅茨克城堡附近,他们的子女、兄弟和他们兀鲁思的人经常欺负和排挤您陛下缴毛皮税的贡民,向他们收取毛皮税,抢夺他们的牲畜,抢

夺他们的妻子和子女。如果有贡民不愿意给他们交毛皮税，他们就拷打他们，用火烧他们，有的人的手被打断了，有的人被掳到了他们的兀鲁思。珲台吉的使者对我们您的臣仆说，珲台吉是派自己的弟媳妇，他兄弟乔库洛夫的妻子西拉·乌尔玛带300个自己兀鲁思的人去向白卡尔梅克人科卡王公和玛济克收毛皮税。弟媳妇西拉·乌尔玛收了毛皮税，征集了马匹，并把那些马赶到托木斯克贩卖。他们请我们您的臣仆允许他们买卖。我们您的臣仆下令允许他们自由买卖。那些黑卡尔梅克人就把马卖到了托木斯克。我们您的臣仆问珲台吉的使者，库拉和玛济克攻打过哪里？使者们说，库拉和玛济克在您陛下的彼得·萨班斯基和士兵离开以后，攻打过聚在一起的卡尔梅克人，并打败了他们剩余的人，掠走了俘虏、马和牛。珲台吉的儿媳妇把科卡王公叫娘们儿，说：难道你不需要俘虏、马和其他牲畜吗？你为什么不去攻打黑卡尔梅克人？库拉和玛济克于是就去了，并掠走了很多马和其他牲畜。

当天，陛下，恰茨基人的鞑靼贵族布尔拉克·阿库林也来到衙门并对我们您的臣仆说，珲台吉的使者霍罗亥·达尔金等人对他布尔拉克说，他们作为珲台吉的使者刚出使过托木斯克，托木斯克城的贵族子弟彼得·萨班斯基和士兵征讨的那些人不是珲台吉的，他们是达赖台吉的儿子掩音－诺姆的人。珲台吉和他们没有关系，甚至与他们交过战，他们与昆都伦一起攻打珲台吉。珲台吉的库拉和珲台吉的人玛济克在您陛下的彼得·萨班斯基等人征讨了这些聚在一起的卡尔梅克人之后，攻打过他们，打败了他们，掠走了他们的妻子、儿女和马、牛等牲畜。

陛下，在今年155年(1647)6月6日，黑卡尔梅克人珲台吉的使者巴克什·尤克什和一个阿尔钦人阿尔强·塔尔卡来到托木斯克城，在驿馆交给我们您的臣仆一页纸——他们卡尔梅克人的信，并对我们您的臣仆说，那张纸是珲台吉发来的。在那张纸中写了祝您沙皇陛下和 307
全俄沙皇阿列克赛·米哈伊洛维奇万寿无疆，还写了请陛下恩准，允许他珲台吉的人来托木斯克赶集。请您陛下恩准，把那些被托木斯克军人打败的卡尔梅克人交还给他，因为在那个兀鲁思有很多珲台吉的人。我们您的臣仆对珲台吉的使者巴克什·尤克什回答说，那些惯于盗窃的卡尔梅克人不是珲台吉的人,他们来自各个部族。那些卡尔梅克贼人打死过您陛下的臣民,侵入您陛下的城市——塔拉和秋明,打死和俘虏了很多您陛下的罗斯人,他们生活在您陛下的领地,欺负您陛下交毛皮税的贡民,向他们征收毛皮税。使者们说,在那个被摧毁的兀鲁思里有3帐阿尔钦人,那些阿尔钦人是珲台吉兀鲁思的,他们男人被打死了,他们的妻子儿女被俘虏。我们您的臣仆对珲台吉的使者说,托木斯克军人在那个惯于盗窃的卡尔梅克兀鲁思只抓了一个阿尔钦人。那个阿尔钦人在托木斯克被盘问时说,他是阿尔钦人,不是珲台吉的人,他去惯于盗窃的卡尔梅克人那里是为了娶亲。在阿尔钦人也恩别巴图尔等人来托木斯克赶集并提出请求后,那个阿尔钦人已被放回了阿尔钦部落。

珲台吉的使者说,那个兀鲁思里有3个人是珲台吉兀鲁思的,其中2个是去娶亲,第3个是去办供养。那3个男人我们不要,只要把战斗中被俘的3个男人还给我们,就再没有其他的要求。我们问那个卡尔梅克使节,他们要的是哪3个人,叫什么名字?那个卡尔梅克人听了您的臣仆我们的问话,站在那里沉思良久,叫不出名字,但仍希望能要回几个那场战斗中的俘虏。这时,陛下,正巧在驿馆的托木斯克贵族子弟和士兵、恰茨基人的鞑靼贵族和会讲卡尔梅克语的鞑靼人听到了这些谈话。我们您的臣仆对珲台吉的使者说,玛济克王公自称是珲台吉的奴仆,可他却以赶集为名偷袭了库兹涅茨克城堡。在那次偷袭中杀死了您陛下很多的士兵和平民,抢走了牲畜。玛济克和科卡的兄弟、儿子们以及他们兀鲁思的人经常来打您陛下的库兹涅茨克缴毛皮税的乡镇,殴打、折磨您陛下缴毛皮税的贡民,用火烧他们,冻他们,抢走他们的牲畜,抢罗斯人的家什,如锅和铁器,向他们征毛皮,抢他们的妻子和儿女,因此您陛下缴毛皮税的贡民生活非常艰难。有些您陛下缴毛皮税的贡民不想给他们交毛皮,玛济克就拷打他们,有的人的胳膊被拧断,其他人则被他们抓到自己的兀鲁思。为此,我们您的臣仆从托木斯克派出贵族子弟斯捷潘·亚列克山德罗夫到白卡尔梅克人那里找他的兄弟科卡王公交涉,告诉他们,他科卡和玛济克的人经常到您陛下缴毛皮税的乡镇殴打和抢劫您陛下缴毛皮税的贡民,抢掠他们的妻子、儿女和牲畜,把贡民抓到他们自己的兀鲁思。

贵族子弟斯捷潘·亚列克山德罗夫来到科卡王公处,进了他的帐篷,首先提到了您沙皇陛下。但听到您陛下的名讳,科卡并未站起来,也没有问您沙皇陛下和全俄沙皇阿列克赛·米哈伊洛维奇龙体是否安 308
康,而是令他兀鲁思的人毕节纽起身问您沙皇陛下和全俄沙皇阿列克赛·米哈伊洛维奇龙体是否安康。斯捷潘令翻译官对科卡王公说,他科卡对您沙皇陛下和全俄沙皇阿列克赛·米哈伊洛维奇不尊敬,听到您沙皇陛下的名讳没有站起来。科卡王公对此解释说,他们卡尔梅克人习惯的做法是坐着向自己的上帝祷告。斯捷潘·亚列克山德罗夫对科卡说了很多次,希望他站起来,但科卡并未听从他的劝告站起来。在他科卡的兀鲁思,斯捷潘·亚列克山德罗夫的坐骑被盗,随他一起出使的恰茨基人的鞑靼贵族库尔图克被打,您陛下的许多军人、恰茨基和托木斯克鞑靼贵族、鞑靼人和缴毛皮税的贡民被欺辱。至于科卡王公、玛济克王公及其子弟和臣民欺负您陛下托木斯克和库兹涅茨克臣民的事情,我们您的臣仆明确对那个卡尔梅克人说,希望他去一趟珲台吉巴图尔的兀鲁思,把欺负您陛下臣民的事情明明白白地告诉珲台吉,希望珲台吉阻止科卡、玛济克及其兀鲁思的人的这些恶行,希望您陛下的臣民将来不再受他们的排挤、欺负和强暴。使者历数了他科卡听到您陛下的名讳不起立、欺负您陛下的士兵、强暴您陛下的臣民这一系列无礼和下流的行径,并说珲台吉不了解这些,因为他的使者不报告这些。那个卡尔梅克人记下了我们的话,想转告珲台吉。我们您的臣仆对那个使者说,今年 155 年(1647),科卡王公为一己之私派自己兀鲁思的卡尔梅克人乌鲁扎奇卡等人去过托木斯克,我们您的臣仆对他乌鲁扎奇卡说,斯捷潘·亚列克山德罗夫被派到科卡王公处办您陛下的差,斯捷潘对他提到了您陛下的名讳,科卡听到您陛下的名讳没有站起来。卡尔梅克人乌鲁扎奇卡说,科卡听到您陛下的名讳不起立,是他对您陛下有罪,但他科卡当时喝醉了。

陛下,在今年 155 年(1647)7 月 1 日,库兹涅茨克军人副书记官马卡尔克·雅科夫列夫和哥萨克谢梅卡·默克罗乌斯、伊瓦什卡·费菲洛夫、亚库什卡·彼得罗夫、谢尔股什卡·伊万诺夫、基什卡·安德烈耶夫在衙门对我们您的臣仆说，近几年，白卡尔梅克人科卡和玛济克的兄弟、子女和臣民经常来您陛下的悬东、秋留别和博阳乡，殴打和折磨
309 贡民，用火烧他们，冻他们，抓走他们的妻子儿女，强征他们的牲畜，抢劫罗斯人的家什，如锅、铁器，因此您陛下的毛皮税征集不足。

陛下，今年155年（1647）春天，您陛下的塔加普乡的贡民叶斯德杰伊卡带着儿子来到库兹涅茨克城堡，对总督阿佛纳西·祖波夫说，有一伙黑卡尔梅克人，总共30多人，在途经他们塔加普乡前往吉尔吉斯人的地盘时，洗劫了他们乡，一个男人被打得半死，其他人被打伤，他们的妻子儿女被俘虏，牲畜被抢劫。陛下，根据他们的请求，总督阿佛纳西·祖波夫从库兹涅茨克城堡派出了五十人长珀斯别尔卡·阿福洛夫等30人，城郊住帐篷的鞑靼人10人。要求他珀斯别尔卡保护您陛下的缴毛皮税的乡镇的贡民。让那个来城堡报信的男人和他儿子随珀斯别尔卡一同前往，要他们在前往吉尔吉斯人地盘的路上截住那些人。

五十人长珀斯别尔卡·阿福洛夫等人在巴克切塔耶夫兀鲁思追上了悬东兀鲁思的黑卡尔梅克人科硕等人，抓获4个黑卡尔梅克人和他们在塔加普乡抢走的男、女俘虏10人，并把他们带了回去，而卡尔梅克人在塔加普乡抢的牲畜已被走在前面的黑卡尔梅克人带走了。陛下，我们在库兹涅茨克城堡的衙门盘问了那4个黑卡尔梅克人他们是哪个部落的人。那些黑卡尔梅克人说，他们是萨玛尔罕的人，和他们在一起的还有玛济克的人。萨玛尔罕是珲台吉的女婿。他们经塔加普乡去吉尔吉斯人处。在塔加普乡收了债，因为缴毛皮税的人欠他们的债，而塔加普乡的人说他们根本不欠他们卡尔梅克人的任何债务。陛下，那些被卡尔梅克人抓的塔加普乡的俘虏被放了回去。陛下，总督阿佛纳西·祖波夫放了3个黑卡尔梅克人，把第4个留在了库兹涅茨克城堡关押，以便在卡尔梅克人中间寻找，是哪些人杀害了缴毛皮税的人，哪些人打伤了人并进行了抢劫。

陛下，在今年155年（1647），一个塔拉的商人布哈拉教士，毛拉在

衙门对我们您的臣仆说，关于彼得·萨班斯基等士兵被派去征讨的那些人，他毛拉在塔拉听捷列宁人和巴拉巴人说起过。那些人是逃亡的达赖部落与和鄂尔勒克部落的人，他们住在捷列宁乡的林地，干了很多欺负捷列宁和巴拉巴乡缴毛皮税的贡民的事，在他们那里猎取各种猎物。那些捷列宁乡和巴拉巴乡的缴毛皮税的贡民把给您陛下的请愿书寄到了塔拉，并交给了总督瓦西里·切格洛科夫，他们状告那些逃亡的卡尔梅克贼人欺负他们。捷列宁乡缴毛皮税的贡民阿依达尔卡、涅叶加奇卡与商人马梅科和卓什·巴巴谢伊托夫到达托木斯克时，他毛拉正好在托木斯克城。阿依达尔卡和涅叶加奇卡写完给您陛下的请愿书后，在衙门亲手交给了我们您的臣仆。那封请愿书是一个托木斯克的街头卖字的人替他们写的，与马梅科一起来的商人卓什·巴巴谢伊托夫在上面按了手印。

陛下，154 年(1645)，在那些捷列宁乡缴毛皮税的贡民在场的情况下，恰茨基人的鞑靼贵族和鞑靼人也在托木斯克衙门给您沙皇陛下和全俄沙皇阿列克赛·米哈伊洛维奇叩首，向我们您的臣仆递交了请愿书，也状告那些逃亡的卡尔梅克人，说他们在恰茨基人的林地、在巴拉巴乡和捷列宁乡的林地肆意放牧，捕获猎物。他毛拉应恰茨基人的鞑靼贵族和鞑靼人的要求在他们的请愿书上按了手印。托木斯克的各级官吏也向您陛下回禀，他们知道这些人不是珲台吉的人。那些被打败的卡尔梅克人中有一个还在监狱，他自己都说，那些卡尔梅克人不是珲台吉的人，他们是从各部落聚到一起的。那些逃亡的黑卡尔梅克人悄悄地潜入距托木斯克 4 天路程、距塔拉城 10 天多路程的地方放牧。

托木斯克商人塔伊普·阿里莫夫在衙门对我们您的臣仆说，他塔 310
伊普多次去过塔拉。彼得·萨班斯基等士兵被派去驱赶的那些逃亡的黑卡尔梅克人，距托木斯克有 4 天的路程，距塔拉城 10 天多的路程。那些卡尔梅克人是从达赖部落与和鄂尔勒克部落逃亡的，不是珲台吉的人。前些年达赖台吉与和鄂尔勒克曾与珲台吉打过一仗，仗后那些黑卡尔梅克人四散逃命，就来到您陛下的贡民的林地住下。他们住在您陛下的领地已经 6 年多了。巴拉巴和捷列宁的贡民就是为了控告那些逃亡的黑卡尔梅克人才前往托木斯克城给您陛下叩首，并将请愿书交给总督瓦西里·切格洛科夫。他们贡民控告说，他们受到那些逃亡的黑卡尔梅克人的百般欺负，他们林地的猎物都被抢走了。于是总督向那些逃亡的黑卡尔梅克人派去了哥萨克头人格里高利·巴依嘎切夫和巴拉巴的王公库列别尔杰伊科，命他们告诉卡尔梅克人，他们卡尔梅克人得离开您陛下的领地，不能欺负您陛下缴毛皮税的贡民，不能在他们的林地捕猎。卡尔梅克人没有听从格里高利·巴依嘎切夫和库列别尔杰伊克王公的话，没有离开您陛下的领地……

陛下，如果将来卡尔梅克人来攻打您陛下的城市、城堡和缴毛皮税的乡镇，那可不是我们的过错。前些年，陛下，卡尔梅克人和吉尔吉斯人曾经多次攻打您陛下的城市、城堡和缴毛皮税的乡镇，百般排挤和欺负您陛下的罗斯和鞑靼军人、手工艺人和贡民。现在他们仍然排挤和欺负您陛下的手工艺人和缴毛皮税的贡民。陛下，前任总督和我们您的臣仆曾多次给已故的您父亲沙皇陛下和全俄大公米哈伊尔·费多洛维奇和您伟大的全俄沙皇阿列克赛·米哈伊洛维奇大公陛下写信，报告他们抢劫、欺负人的恶行。陛下，那些逃亡的黑卡尔梅克人不是珲台吉的人，他们是世代为贼人的达赖台吉与和鄂尔勒克的人。前些年，他们曾经攻打过塔拉和秋明，打死很多您陛下的军人和贡民，经常排挤和
311 欺负您陛下的塔拉和秋明的贡民。陛下，在阿尔钦人也恩别巴图尔等人来托木斯克城赶集而我们把在逃亡的黑卡尔梅克人兀鲁思抓到的那个阿尔钦人还给他时，他们阿尔钦人也说，那些逃亡的黑卡尔梅克人是贼，他们打死了您陛下缴毛皮税的贡民。阿尔钦人说这些话时，您陛下的罗斯人和恰茨基鞑靼贵族以及鞑靼人都听到了。

陛下，在珲台吉的使者霍罗亥·达尔金等人来托木斯克到我们的驿馆时，托木斯克贵族子弟、军人恰茨基鞑靼贵族、鞑靼人和卖布哈拉布的商人都在场。那些珲台吉的使者霍罗亥·达尔金等人对我们您的臣仆说，珲台吉的弟媳妇西拉·乌尔玛对科卡王公说：你科卡是娘们儿或笨蛋，你科卡为什么不去抢卡尔梅克人，难道你不需要俘虏、马、牛和其他的牲畜，而罗斯人彼得·萨班斯基等人和库拉、玛济克带着自己兀

鲁思的人征讨了他们,把俘虏、马、牛羊和牲畜都抢走了。当天恰茨基鞑靼贵族布尔拉克·阿库林来到衙门,对我们您的臣仆说,他听到了那些珲台吉的使者霍罗亥等人的话。当时还有很多您陛下的臣民。而当珲台吉的使者巴克什·尤克什来到我们您的臣仆的驿馆时,托木斯克贵族子弟、军人、恰茨基鞑靼贵族、鞑靼人和卖布哈拉布的商人都在场。他对我们您的臣仆说,请您陛下恩准珲台吉下令把彼得·萨班斯基和士兵在逃亡的黑卡尔梅克人的兀鲁思抓到的那些俘虏还给他,那里有很多珲台吉的人,但他们没有对我们您的臣仆说那个兀鲁思里有多少珲台吉的人。我们您的臣仆对使者说,那些人不是珲台吉的人,他们是达赖部落与和鄂尔勒克的人。那些逃亡的黑卡尔梅克人是世代的贼人,他们来攻打您陛下的城市和缴毛皮税的乡镇,欺负您陛下的贡民。那个珲台吉的使者霍罗亥站了一会儿,对我们您的臣仆说,那个兀鲁思里只有 3 帐是珲台吉的人,之后他又说,那个兀鲁思里没有住帐篷的珲台吉的人,是 3 个珲台吉的男人去了那个兀鲁思:2 个男人去逃亡的卡尔梅克贼人那里娶亲,第 3 个男人去那里要东西吃。请您陛下恩准,下令还给他那 3 个人,而其他被打败的男人不再提。我们您的臣仆对使 312
者说,他说那些逃亡的卡尔梅克人里有 3 个珲台吉的人,为什么在您陛下的士兵与那些逃亡的卡尔梅克贼人开战时,他们不对您陛下的士兵彼得·萨班斯基等人说明白。他们一定是知道了您伟大的陛下,没有令我们您的臣仆讨伐珲台吉的人,那个与卡尔梅克贼人在一起的阿尔钦人,他也知道了阿尔钦人的王公和阿尔钦人向您陛下叩了首,并宣誓归顺您沙皇陛下永远做您的臣仆,他记着自己的誓言,所以才从那个兀鲁思跑到了士兵彼得·萨班斯基等人那里,您的士兵没有打死那个阿尔钦人,把他带回了托木斯克城。我们您的臣仆把那个阿尔钦人交给了阿尔钦部落。所以,那个使者索要 3 个人。我们您的臣仆问他那几个人叫什么名字,他们是谁家的儿子。那个珲台吉的使者说,谁知道,为什么他们没有对您陛下的士兵说明白。他请您陛下恩准,下令哪怕随便给他 3 个小孩儿,他也会收下。很明显,陛下,那个卡尔梅克人所说的逃亡的卡尔梅克人里有 3 个珲台吉的人,是谎话,他想骗 3 个人去珲台吉部落,是为了谋利。那个使者给您陛下叩首也是假的,哪里会有小孩儿?陛下,卡尔梅克人,甚至尊贵的台吉,自古以来就有一个习惯——如果能通过说谎、欺骗和偷窃的办法从别人那里搞来财物,他们卡尔梅克人会视为荣誉,并在自己的兄弟面前炫耀。陛下,如果那些逃亡的黑卡尔梅克人真是珲台吉的人,库拉和玛济克就不会在您陛下的士兵征讨过他们之后再去攻打他们了,因为库拉是珲台吉的兄弟,而玛济克是珲台吉的奴仆。珲台吉的弟媳妇西拉·乌尔玛也就不会对科卡王公说那样的话,鼓动他攻打卡尔梅克人,不会数落库拉和玛济克叫他们去攻打那些逃亡的卡尔梅克人,把俘虏、马、牛羊和其他牲畜都掠走,不会把科卡叫娘们儿。

我们您的臣仆请您沙皇陛下和全俄沙皇阿列克赛·米哈伊洛维奇恩准我们您的臣仆,向托木斯克城的各级官吏、恰茨基和托木斯克鞑靼贵族、楚雷姆的鞑靼人、吉尔吉斯村民、托木斯克和纳雷姆各乡镇的贡民通告捷列宁的王公库塔别尔杰伊科·比洽科夫所写的请愿书和珲台吉有关聚在一起的那些贼人是他的人的说法,让当时听到了这些话的托木斯克城的各级官吏,陛下,不要相信捷列宁的库塔别尔杰伊科所写的假请愿书,也不要相信珲台吉的使者和接受了我们交还的坤都司卡的阿尔钦人关于那些被我们您的臣仆派您陛下的士兵攻打的逃亡的黑卡尔梅克人不是珲台吉的人,而是达赖部落与和鄂尔勒克部落的人的说法。根据库塔别尔杰伊卡杜撰的假请愿书的说法,好像我们您的臣仆派您陛下的士兵乘平地木船沿鄂毕河溯流而上专门去攻打那些黑卡尔梅克贼人。陛下,我们没有派士兵乘平地木船去鄂毕河。那些逃亡的黑卡尔梅克人住在距鄂毕河很远的草原上,而根本不在鄂毕河沿岸。我们您的臣仆从托木斯克城派 20 人乘船是去运送士兵,而不是去打仗。我们您的臣仆是根据您父亲伟大的沙皇陛下和全俄大公米哈伊尔·费多洛维奇的旨意和手谕,并应捷列宁乡的贡民、恰茨基和叶乌什金的鞑靼贵族、鞑靼人、托木斯克贵族子弟和军人谢苗·拉夫罗夫等人的请求，派 200 人去征讨那些聚在一起来到沙皇领地的卡尔梅克贼人，是那些逃亡的贼人先挑衅，而不是我们挑衅他们。

全宗：西伯利亚衙门，栏目 252，181－195 页，原件。

第95号

313 1647年8月16日至31日:托木斯克总督·奥·伊·谢尔巴托夫给外交衙门的关于阿勒坦汗的使者墨尔根·德噶前来确认归顺俄国一事呈外事衙门的报告。

沙皇陛下和全俄沙皇阿列克赛·米哈伊洛维奇,您的臣仆奥斯卡·谢尔巴托伊、伊列伊卡·布纳科夫、鲍里斯卡·帕特列克耶夫向您叩呈。

陛下,今年155年(1647)8月16日,阿勒坦汗的使者墨尔根·德噶等3人从蒙古来到托木斯克城,在驿馆对我们您的臣仆说,阿勒坦汗派他们来,命他们向您全俄沙皇阿列克赛·米哈伊洛维奇陛下的万寿之躯请安,上帝保佑,您沙皇陛下和全俄沙皇阿列克赛·米哈伊洛维奇龙体安康。我们您的臣仆起立后说,上帝保佑,伟大的沙皇陛下阿列克赛·米哈伊洛维奇大公、全罗斯的君主、很多国家至尊的国君和统治者在久负盛名的俄国皇宫崇高的沙皇宝座上龙体康健。

关于向沙皇陛下和全俄大公米哈伊尔·费多罗维奇的万寿之躯请安的事,阿勒坦汗的使者墨尔根·德噶说,阿勒坦汗没有命他墨尔根·德噶向他请安,因为阿勒坦汗从吉尔吉斯人那里得知,他沙皇陛下已经作古了,现在的统治者是他陛下的儿子,伟大的沙皇陛下和全俄沙皇阿列克赛·米哈伊洛维奇。

我们您的臣仆问阿勒坦汗的使者墨尔根·德噶,他使者来您沙皇陛下的托木斯克城找我们您的臣仆是否带着阿勒坦汗给您沙皇陛下的国书?如果带着,他墨尔根·德噶就把国书交给我们您的臣仆,如果他使者没有带阿勒坦汗给您沙皇陛下的国书,阿勒坦汗有什么事要禀告您沙皇陛下并命他使者来找我们您的臣仆?

阿勒坦汗的使者墨尔根·德噶说,前几年,沙皇陛下和全俄大公米

哈伊尔·费多洛维奇的使者雅科夫·图哈切夫斯基和斯捷潘·格列切 314
宁曾出使他阿勒坦汗处,引导他阿勒坦汗的兄弟杜拉尔·塔布囊、他的女婿比尤恩塔、岱青·塔布诺夫和他的父亲及教父达音·梅尔根·兰扎喇嘛代表他阿勒坦汗并用他阿勒坦汗的心宣誓,他阿勒坦汗愿率自己的汗国做沙皇陛下和全俄大公米哈伊尔·费多罗维奇的奴仆,永不反悔。此后,瓦西里·斯塔尔科夫又一次出使阿勒坦汗处,阿勒坦汗随他瓦西里向沙皇陛下和全俄大公米哈伊尔·费多罗维奇派出了自己的使者布达特·巴克什等人。可不知为什么陛下命人把那些使者扣留在了罗斯人的城里,并且此后再没有陛下的使者出使他阿勒坦汗处。

我们您的臣仆对阿勒坦汗的使者墨尔根·德噶说,遵照沙皇陛下的旨意,使者雅科夫·图哈切夫斯基和副书记官德鲁仁·阿加尔科夫曾从托木斯克城出使他阿勒坦汗的蒙古,阿勒坦汗当着沙皇陛下使者的面令自己的兄弟杜拉尔塔布囊、女婿比尤恩塔和岱青塔布囊按阿勒坦汗的心意——喝金子——代表他和他的汗国宣誓,他阿勒坦汗愿率自己的汗国归顺您沙皇陛下已故的父亲、沙皇陛下和全俄大公米哈伊尔·费多罗维奇君主和他的儿子,您沙皇陛下和全俄沙皇阿列克赛·米哈伊洛维奇君主,并永不反悔。另一次派去了沙皇陛下的托木斯克军人格列切宁·斯捷潘·亚列克山德罗夫和安德烈·萨姆松诺夫等人。为强化以前的誓言,命他们引导阿勒坦汗本人按照从莫斯科发去的宣誓词宣誓。阿勒坦汗当着您沙皇陛下的使者斯捷潘·亚列克山德罗夫等人的面又让自己的父亲和导师达音·梅尔根·兰扎喇嘛及自己的兄弟杜拉尔塔布囊按他阿勒坦汗的心意宣誓,他阿勒坦汗愿率自己的汗国归顺您沙皇陛下已故的父亲及沙皇陛下和全俄大公米哈伊尔·费多罗维奇,做您沙皇陛下的奴仆,并永不反悔,年年纳贡。达音·梅尔根·兰扎喇嘛和杜拉尔塔布囊当着阿勒坦汗的面以他阿勒坦汗的名义向您沙皇陛下已故的父亲、沙皇陛下和全俄大公米哈伊尔·费多罗维奇以及您全俄沙皇阿列克赛·米哈伊洛维奇陛下宣了誓,喝了金茶。

陛下,在过去的147年(1638),您沙皇陛下的第三批使者,托木斯克军人贵族子弟瓦西利·斯塔尔科夫等人带着您陛下的赏赐出使阿勒坦汗的蒙古。阿勒坦汗当着您沙皇陛下使者的面对您沙皇陛下不恭,听到您沙皇陛下的名讳不站起来,也不向您沙皇陛下问安,对您陛下的赏赐,他先是令人撤出自己的帐篷,后来又试图令人硬抢,完全违背了以前的誓言。他派自己的使者布达特·巴克什等人随陛下的使者瓦西里·斯塔尔科夫等人前来给你已故的父亲、伟大的沙皇陛下和全俄大公米哈伊尔·费多罗维奇君主带了信件和贡品。你已故的父亲、伟大的沙皇陛下和全俄大公米哈伊尔·费多罗维奇因阿勒坦汗如此不诚实,没有同意接见他阿勒坦汗的使者,也没有让接受其贡品,而是令人将他们发配到别尔姆,按照陛下的旨意给了他们足够的食物和草料。按常理,阿勒坦汗的使者本应因为阿勒坦汗的不诚实被执行绞刑。可您陛下已故的父亲、伟大的沙皇陛下和全俄大公米哈伊尔·费多罗维奇君主按照自己一贯仁慈的传统没有下令将阿勒坦汗的使者处绞刑,也没有下令对他们进行任何惩罚,而是仍下令将他们放回阿勒坦汗的蒙古,等待他阿勒坦汗改正错误。

315 阿勒坦汗的使者墨尔根·德噶说:我将会把您的话转达给阿勒坦汗,说他完全违背了自己以前所立的誓言。阿勒坦汗的使者们私下说,阿勒坦汗没有授意说任何大不敬的话,也不可能在书信里写龌龊不堪的言辞,如果使者说这样的话,阿勒坦汗一定会惩罚他。再说,那个把书信送到莫斯科的叫布达特·巴克什的使者也没有什么文化,读不懂书信,因此阿勒坦汗不可能对陛下使用粗野的言辞,请您沙皇陛下和全俄沙皇阿列克赛·米哈伊洛维奇恩准他阿勒坦汗的请求,派你的使者雅科夫·图哈切夫斯基、斯捷潘·格列切宁和瓦西里·斯塔尔科夫前往他阿勒坦汗处核实情况。正如他阿勒坦汗的兄弟杜拉尔塔布囊、女婿比尤恩塔、岱青塔布囊及他的教父达音·梅尔根·兰扎喇嘛代他宣誓时说的那样,他阿勒坦汗至今仍坚守自己的誓言,愿率自己的汗国永远做你伟大的沙皇陛下和全俄沙皇阿列克赛·米哈伊洛维奇的奴仆。

阿勒坦汗的使者墨尔根·德噶在蒙古的驿馆所说的那些阿勒坦汗愿意归顺的话，当时在场的许多托木斯克贵族子弟、骑兵和步兵哥萨克、懂蒙古语的恰茨基鞑靼贵族和鞑靼人都听到了。

全宗：蒙古事务，1647年，文件第1号，1－7页，原件。

第96号

1647年10月6日：叶尼塞哥萨克十人长科·莫斯克维京就前往图鲁凯塔布囊和车臣汗硕垒处打探银矿一事给叶尼塞总督办公室递交的报告。

316 156年(1647)10月6日，哥萨克十人长科斯奇卡·伊万诺夫·莫斯克维京和猎人伊瓦什卡·奥尔杰米耶夫，在叶尼塞城堡的总督办公室向总督费多尔·珀塔普耶维奇·珀利宾报告了长官瓦西里·克列斯尼科夫派他们与伊瓦什卡·萨莫伊洛夫一起从贝加尔湖边的安加拉斯克城堡前往巴尔古津河和叶拉弗纳湖打探银矿及其所属国家和所属人的情况。

冬季乘雪橇从安卡拉河上游的安加拉斯克城堡出发经贝加尔湖到巴尔古津高地需要走4个星期，从高地经卡门到巴尔古津河要走半天，从巴尔古津河到巴尔古津草原要走半天，从巴尔古津草原的一端骑马到另一端要走4天。在巴尔古津草原放牧的是通古斯人，切尔卡吉尔人的一支，他们穿的是蒙古式和通古斯式的长袍，他们驯养的牲畜只有马，没有其他的。从他们那里出发经卡门骑马走1天到安加拉河，安加拉河汇入巴尔古津河，穿过安加拉河后，在大卡门军人们遇上了大雪，其他地方的雪下得更大。军人们在大雪里借助斧头开路用1天的时间到达阿尔坦湖，从阿尔坦湖发源的阿尔坦河通向巴尔古津河，从阿尔坦湖到吉吉马河骑马走1天的时间，巴尔古津河则通往惟吉姆河，穿过惟吉姆河在茂密的森林里走1天到达图尔库纳湖，图尔库纳湖面积不大，其四周有通古斯人放牧。

从图尔库纳湖到叶拉弗纳湖要在茂密的森林里走1天。叶拉弗纳湖面积也不大，奥卡河发源于此并汇入惟吉姆河。沿奥卡河放牧的是蒙古人和通古斯人。奥卡河河面宽阔，河水很深，可行驶平底木船。叶拉弗纳湖附近不仅杳无人烟，连野兽也没有，因为四周土地贫瘠，多沼泽和小湖泊。但小湖泊周围有蒙古人和通古斯人放牧。

从叶拉弗纳湖前往蒙古汗车臣汗和他的王公图鲁凯塔布囊所在的蒙古地方，到第一个蒙古兀鲁思走 1 天，此兀鲁思的王公是图鲁克·色楞格，从图鲁克·色楞格处出发到图拉克伊王公处走 1 天，从图拉克伊王公处出发到杰尔格兀斯王公处走 1 天，从杰尔格兀斯王公处出发到库德赫塔王公处走 1 天，从库德赫塔王公处出发到卡图涅王公处走 1 天，从卡图涅王公处出发到乌达河渡口走 1 天。穿过乌达河后，沿水流方向走 3 天到达色楞格河。乌达河河面宽阔，河水很深，可开行各类船只，此河通向色楞格河。色楞格河上有一渡口，渡口人很多，都是蒙古人。色楞格河也很宽阔，在岸边听不到对岸人的喊声。河上只能行驶大型平底船，小船不行，因为水流湍急。沿河有蒙古人放牧。色楞格河注入贝加尔湖，蒙古人没有说这条河从哪里发源。从色楞格河渡口出发到巴噶德尔王公处需走 1 天，蒙古人之所以把他称为巴噶德尔，是因为他力大无比。从巴噶德尔王公处出发到图舍特王公处需走 1 天。

蒙古人从土谢图王公处出发到蒙古王公图鲁凯塔布囊处需要走 3 317
天。图鲁凯王公的帐篷是用毡子制成的，外表装饰有天蓝色的丝绒，里面镶有金丝花边。王公穿的长袍是布拉茨基式的，天鹅绒的上衣镶有金色花边。他们膜拜的佛像画在金板上，五颜六色，面部画得像人，金板的背面有签名，不知道为什么金板被涂上颜色。他们还有其他偶像，半俄尺高，银质镶金。他们的偶像和画着人脸的金板被包在毡子里，他们有经书，写在纸上，他们用的纸和罗斯人的纸一样。蒙古人祈祷时，要跪在那些偶像和金板上画的人脸面前，口念经书，两手十指先捂住额头再放到地上，站起来的时候再念一遍经书。祈祷时，在偶像和金板上画的人脸面前要摆几个装着木炭的银盆，人们要往燃烧的木炭上撒安息香树胶。图鲁凯塔布囊王公说，除小孩和老人外，他有两万精壮的人马，小孩和老人有多少不知道。蒙古汗车臣和图鲁凯塔布囊王公的所有属人都是游牧民，没有定居民。

从图鲁凯塔布囊大公处出发到汗的女婿扎伊萨恩塔布囊处要走 1

天,而从扎伊萨恩塔布囊处出发到奥尔昆河,要走3天。奥尔昆河河面宽阔,河水很深,可行驶各种船只,蒙古车臣汗就沿这条河放牧。这条河从哪里发源,不清楚,但它注入色楞格河上游。穿过奥尔昆河后,到蒙古车臣汗的汗帐还要走1天。车臣有9座帐篷,他的帐篷四周都装饰着天蓝色的丝绒,至于帐篷里面的情况,不清楚。

军人们从安加拉斯克城堡出发,朝一个方向先后到了蒙古车臣汗的王公图鲁凯和扎伊萨恩塔布囊处。军人们从蒙古人那里听说了什尔卡河,说有通往那里的路,但要走6天……在那里放牧的是蒙古人和布拉茨基人。这条河两岸人烟稠密……乘平底木船到什尔卡河需要6天,什尔卡河河面宽阔,站在河边看不到对岸的人。沿河向下游放牧的是通古斯人,在他们的下游是一个定居的汗国,据说他们是拉弗卡耶夫部落的,他们没有城市,人口不多,他们向蒙古车臣汗交毛皮税,他们种植各种粮食作物和蔬菜,他们的房子是罗斯式的。什尔卡河流入冰冻的海,在奥纳河口一带有放牧的人,他们有马和牛,没有其他牲畜。

155年(1647)6月29日,叶尼塞城堡的哥萨克十人长科斯奇卡·伊万诺夫、军人伊瓦什卡·萨莫伊洛夫和伊瓦什卡·奥尔杰米耶夫带着陛下赏赐的海狸皮、水獭皮、猞猁皮、水貂皮等来到蒙古王公图鲁凯塔布囊的住处。在军人们说到沙皇陛下、全俄大公阿列克赛·米哈伊洛维奇给他的赏赐时,图鲁凯塔布囊王公站了起来,从军人们手里接过了陛下赏赐的海狸皮、水獭皮、猞猁皮和水貂皮,举到头顶,向沙皇陛下、全俄大公阿列克赛·米哈伊洛维奇鞠了一躬。之后,他问军人们:你们的陛下为什么派你们来我们这里,是来探查我们的土地和我们的吗?

318 军人科斯奇卡等人对图鲁凯塔布囊王公说,沙皇陛下和全俄沙皇阿列克赛·米哈伊洛维奇恩准派他们军人到陛下的世袭领地西伯利亚,沙皇陛下和全俄沙皇阿列克赛·米哈伊洛维奇令他们与哥萨克长官瓦西里·克列斯尼科夫等从叶尼塞城堡出发前往贝加尔湖附近的新土地上探查银矿的情况,哪里有银矿,怎样从银矿里提炼白银,银矿在哪个国家或谁的领地上,银矿附近住的什么人,他们是怎样从银矿里提炼白银的。

图鲁凯塔布囊王公对沙皇陛下和全俄沙皇阿列克赛·米哈伊洛维奇的军人们说,他的领地上没有银矿,博格达皇帝那里才有银矿和白银,但这是个什么样的国家,他没有告诉军人们。这个皇帝笃信宗教,他有大量的白银。他的武器,有铜质的大炮,有和他们军人的陛下所有的火枪一样的各种各样的火枪。关于沙皇,他图鲁凯塔布囊从中国听说过,说他们军人的沙皇威严无比强大。他图鲁凯塔布囊王公让他们军人去觐见蒙古车臣汗,因为他图鲁凯塔布囊从属于车臣汗,而且他知道他博格达皇帝的情况。

军人们由图鲁凯塔布囊王公的向导带着来到蒙古车臣汗处,迎接他们的是沙皇负责外交事务的书记官员,他向军人们问了与图鲁凯塔布囊同样的问题。军人们请汗的书记官领他们去见蒙古车臣汗。蒙古车臣汗当时没有让他们军人觐见,而是命人给他们安排了一顶好帐篷,并表示了敬意。

第二天,汗的书记官对军人们说,只有在他们带来了陛下的礼物的情况下,他才会允许他们觐见。军人们遵照陛下的旨意说:我们的沙皇陛下派自己的军人们来这蛮荒的异乡,并不是因为害怕他们,我们的沙皇陛下和全俄沙皇阿列克赛·米哈伊洛维奇比所有国王都强大、威严。我们的沙皇陛下和全罗斯的君主阿列克赛·米哈伊洛维奇大公给蒙古带来了他的赏赐——1 件深蓝色的呢子上衣,3 条海狸皮,3 条水獭皮和 1 块红色呢料。但这是赏赐,不是礼物。

蒙古车臣汗令人将军人们带到他的住处,令军人们见到他的帐篷时,要面对帐篷鞠躬并跪下。深受沙皇陛下恩典并对沙皇陛下和全俄沙皇阿列克赛·米哈伊洛维奇宣过誓的军人们没有惧怕蒙古汗的言辞,就既没有前去觐见,也没有把沙皇陛下的赏赐给他。

蒙古车臣汗命人给我们沙皇陛下和全俄沙皇阿列克赛·米哈伊洛维奇君主的军人们提供了足够的食物和饮料,由于蒙古车臣汗因为他们不懂罗斯法定的度量单位沙绳和俄尺,他又命人带军人们去见图鲁凯塔布囊王公。在路上,军人们向汗的书记官询问了有关银矿和白银的情况:哪里有银矿和白银?

319 关于银矿和白银的情况,汗的书记官对军人们说,博格达汗的山里有大量的银矿和白银,为了保护银矿,他在那里长期派驻了足足2万全副武装的骑兵。他们都身穿铁甲,他们的马也戴着铁甲,他们有各种火器、大炮,和你们俄国的一样。博格达汗保护银矿是为了防止中国和蒙古地方抢夺。我们蒙古汗常派人到他博格达汗那里用水貂皮换银矿,但他要蒙古人自己挖银矿,但多一点也不让挖,管事的就是那些保护银矿的人。

军人们从蒙古车臣汗那里来到图鲁凯塔布囊处。图鲁凯塔布囊向军人们表示了敬意并要他们给我们的沙皇陛下和全俄沙皇阿列克赛·米哈伊洛维奇带去一根金条和一个银碗。而要到博格达汗那里挖银矿,从蒙古车臣汗处出发需骑马走3个月。如今,为了我们的沙皇陛下和全俄沙皇阿列克赛·米哈伊洛维奇君主,他图鲁凯塔布囊派了150人骑骆驼到博格达汗处用水貂皮去换银矿去了。他图鲁凯塔布囊王公有意率自己兀鲁思的人归顺我们的沙皇陛下和全俄沙皇阿列克赛·米哈伊洛维奇。他图鲁凯塔布囊将自己兀鲁思的2000人送给了我们的陛下,并从此不再向他们收毛皮税。他们军人收了图鲁凯的人献给陛下的50条水貂皮,并将护送他们的3个图鲁凯的人带到巴尔古津河口哥萨克十人长瓦西里·克列斯尼科夫的住处。到达后,科斯奇卡·伊万诺夫和伊瓦什卡·奥尔杰米耶夫将金条和银碗呈给了瓦西里。而伊瓦什卡·萨莫伊洛夫死在了从蒙古汗处返回的路上。

全宗:西伯利亚衙门,栏目308,340-347页,原件。

第97号

1647年10月6日之后：叶尼塞总督费·珀·珀利宾就向莫斯科送交毛皮和金、银矿样品一事给西伯利亚衙门的公文。

您的臣仆费奇卡·珀利宾向沙皇陛下和全俄沙皇阿列克赛·米哈伊洛维奇叩首。

今年156年(1647)9月29日，陛下，叶尼塞哥萨克十人长瓦西 320
里·克列斯尼科夫等军人，上帝仁慈，您沙皇陛下洪福齐天，从贝加尔湖附近的新土地带回了陛下的毛皮税，还有用山羊皮包裹的11块喜鹊皮和7条水貂皮，皮张完整有脐带和尾巴，其中1条水貂皮没有尾巴，1条棕褐色的狐皮，3条深灰色狐皮，3条红色狐皮等。

我您的臣仆命人把手工艺人召集到叶尼塞城堡，并把瓦西里·克列斯尼科夫等人带回的陛下的新毛皮税——水貂皮整理好，要求各城市来的商人研究和评估这些水貂皮在叶尼塞的卖价。陛下，您的那些作为毛皮税交来的水貂皮按叶尼塞的价格为9[1]卢布16阿尔敦4坚嘎[2]，陛下，这个价格不包括11块喜鹊皮和7个水貂脐带，这些水貂脐带按叶尼塞的价格为44卢布23阿尔敦2坚嘎，1条棕褐色狐皮价值半卢布，3条深灰色狐皮价值2卢布13阿尔敦2坚嘎，3条红色狐皮的一个半卢布……因此，陛下，你的毛皮税，水貂皮和水貂脐带、狐狸皮等加起来按叶尼塞的价格为1001卢布18阿尔敦2坚嘎。陛下，由各城市的商人对您这批进入国库的毛皮税进行估价的情况已记录下来，并发往莫斯科给您全俄沙皇阿列克赛·米哈伊洛维奇陛下。此外，通古斯人为表示对您陛下的敬意给瓦西里带了1件短通古斯皮袄，里面缝

〔1〕这里看不清。

〔2〕阿尔敦(алтын)，(俄国旧铜币)3戈比。坚嘎(деньга)，(旧时)半戈比的铜币。

着9张一般水貂皮和11张完整水貂皮,1张深褐色狐狸皮。我您的臣仆把这件皮袄、水貂皮和狐狸皮与叶尼塞的其他物品封到一起发往莫斯科给您全俄沙皇阿列克赛·米哈伊洛维奇陛下。

他瓦西里·克列斯尼科夫遵照您已故的父亲全俄大公米哈伊尔·费多罗维奇陛下的旨意,从自己的安加拉斯克城堡派了4个军人和通古斯向导前往巴尔古津河和色楞格河上游的蒙古人的土地寻找和收服新的部族为您陛下贡民,并带回些银矿。全俄沙皇阿列克赛·米哈伊洛维奇陛下洪福,蒙古地方的王公图鲁凯塔布囊准备下一步归顺您陛下,永不反悔。他说,除老人之外,他有2万蒙古人,他还说,银矿和金矿在博格达汗的国土上确实有,而且距他的领地不远。图鲁凯塔布囊说,博格达汗的银矿石和金矿石会运到他那里,他需要多少矿石,就会给博格达汗送多少礼物。陛下,那个银矿里有军人站岗保卫,但那个图鲁凯塔布囊王公已让自己的蒙古人与罗斯人一道把实验用的金矿石和银矿石以及一根重4所洛特尼克[1] 3坚嘎的金条和重24所洛特尼克的银碗送到了巴尔古津河河口。陛下,图鲁凯塔布囊王公还让他瓦西里给您伟大的沙皇陛下带了一个重22所洛特尼克的银盘。陛下,那根金条和银碗、银盘,我您的臣仆已加封派瓦西里·克列斯尼科夫送往莫斯科呈给您全俄沙皇阿列克赛·米哈伊洛维奇陛下。那个图鲁凯塔布囊要瓦西里将金条和银碗等呈给您陛下看,并要他告诉您陛下,那个金银矿提炼出的金银就和呈给您的一样。由哥萨克百人长马克西姆·别尔菲利耶夫执笔的有关王公和他兀鲁思的人归顺您沙皇陛下,以及王公送给您陛下的交毛皮税贡民名单的公文,我您的臣仆已让瓦西里·克列斯尼科夫发往莫斯科呈给您全俄沙皇阿列克赛·米哈伊洛维奇陛下。这份公文,我您的臣仆在叶尼塞城堡公署留了一份完全一样的副本。

陛下,那个图鲁凯塔布囊王公派了自己的蒙古人护送瓦西里·克列斯尼科夫等人,他要瓦西里随后派军人跟蒙古人回去,因为他想交给

[1]所洛特尼克(золотник),旧俄重量单位,等于4.266克。

他们金矿石和银矿石样品,他们就是用这样的矿石提炼金银的。瓦西里·克列斯尼科夫派了哥萨克十人长雅坤卡·库拉科夫,新挑选了猎人瓦斯卡·弗拉西耶夫和翻译官甘卡·谢苗诺夫前往蒙古王公图鲁凯塔布囊处取金矿石和银矿石样品。瓦西里·克列斯尼科夫和军人们在图鲁凯塔布囊处时没有去过贝加尔湖,下一步,只要您沙皇陛下和全俄 322
沙皇阿列克赛·米哈伊洛维奇下令,我您的臣仆立即派人前往蒙古地方和博格达汗的国土,实地探查金矿和银矿。

全宗:西伯利亚衙门,栏目 308,8 - 14 页,原件。

第 98 号

1647 年 12 月 10 日至 1648 年 2 月 8 日:托波尔斯克总督伊瓦什卡·萨尔腾科夫就卡尔梅克人拟攻打秋明及派贵族军役人员前往会见卡尔梅克诸台吉等事呈西伯利亚衙门的报告。

呈全俄沙皇阿列克赛·米哈伊洛维奇大公陛下,您的臣仆伊瓦什卡·萨尔腾科夫、伊瓦什卡·加加林等人叩呈。

今年 156 年(1647)10 月 15 日,塔拉总督格里戈里·布图尔林写信告诉我伊凡什卡·萨尔腾科夫说,156 年(1647)9 月 26 日塔拉军役人员伊瓦什卡·戈尔布诺夫等 4 人从额尔齐斯河上游鄂毕河捕鱼场回323 到塔拉,说他们从捕鱼场往城里走时,看见卡梅什洛夫河上在离城 6 天路程的地方有许多卡尔梅克牧民,但不知他们是哪位台吉的人。而且在更近的离城 4 日程的卡梅什洛夫河的黑河弯处也看见了卡尔梅克人游牧在以前是沙皇实物税民渔猎作业的俄国领土上,而此前,在这块土地上是没有卡尔梅克人游牧的,他们是游牧在卡梅什洛夫河彼岸还有三四天路的地方。

陛下,10 月 3 日塔拉军役人员彼特鲁什卡·捷列霍夫等 4 人从卡尔梅克来到塔拉,他们是被岱青台吉家派到其儿子伊什开卜和切切尼台吉那里去的。他们说,他们听那两个兀鲁思的俄国和布哈拉俘虏说,和鄂尔勒克的儿子岱青台吉派人到他两个儿子那里,是向他们索要人马,要去打沙皇的秋明和乌法城郊,打完再打托波尔斯克。他们想再到昆都伦台吉处去聚集,而作为王子的库楚姆的孙子们和昆都伦住在一起,在他们王子那里也可以聚集军队,至于岱青的儿子们对和鄂尔勒克儿子的使节说了什么,彼特鲁什卡·捷列霍夫等人不知道。

而且 10 月和 11 月,秋明伊凡·图尔盖涅夫总督分别给我伊瓦什卡送来 3 份报告,说从秋明的卫所和狩猎处到秋明来的秋明军役人员和鞑靼人都说，卡尔梅克人正游牧在离秋明三四日路程的阿巴坎湖畔，逼近鞑靼人营地，杀掠他们，强占了他们的渔猎作业地。由于这些事情得逞，他们又期望再攻打秋明村县地区。

陛下，11 月 14 日我又收到塔拉总督格里戈里·布图尔林的来信，说 10 月 20 日您的皇使塔拉哥萨克卢奇卡·波普可夫等人跟阿巴顿的使节一起从卡尔梅克阿巴顿处回来了。阿巴顿台吉叫使节们转告，库楚姆之孙、王子与和鄂尔勒克的儿子岱青向他索要人马帮他们攻打俄国的西伯利亚各城市。但阿巴顿台吉拒绝了，说他阿巴顿及他的人，绝不打沙皇的人，他不会为任何人提供这种人马。所以阿巴顿台吉告诉他们，让沙皇的西伯利亚各城一定要小心防范卡尔梅克王子们和岱青台吉的侵犯。他们正在聚集人马，要进犯俄国西伯利亚城县，至于确切攻打哪个城县，他们不清楚。

而且阿巴顿的使节叩求沙皇陛下恩准其台吉的请求，让其使节们在塔拉过冬。因为冬季回到他的兀鲁思是不可能了，离塔拉太远。他格里戈里已允许阿巴顿的使节在塔拉过冬。我伊瓦什卡·萨尔腾科夫
已从托波尔斯克分别写信给塔拉和秋明的总督，嘱咐他们小心防范卡 324
尔梅克军队来犯，在城市、卫所和通行的关卡边站都要派守护人员加强巡逻，使敌人不能突袭秋明和塔拉，使城市和州县都不发生意外。

陛下，后来，156 年(1647)秋明总督伊凡·图尔盖涅夫又给我来信说，卡尔梅克和鄂尔勒克的儿子岱青台吉派了使节拜戈兹和巴克什，请求通使托波尔斯克。我伊瓦什卡已写信给他，让他提供警官和护送人员，可从秋明动身来托波尔斯克。

11 月 6 日，伊凡·图尔盖涅夫把那两名使节派到了托波尔斯克。11 月 22 日，使节拜戈兹和巴克什到了我们使馆，说他们的岱青台吉，和鄂尔勒克的儿子派他们来托波尔斯克是为问候沙皇圣体安康，并叩求沙皇赐给他皇赏，不要派兵去攻打他的兀鲁思，并望派皇使回访他的兀鲁思。而且岱青台吉跟自己的兄弟和其他卡尔梅克台吉以及布哈拉人、杜尔伯特人都讲和了，不会来攻打沙皇俄国的西伯利亚城市。

我们回答岱青台吉的两名使节说，秋明总督伊凡·图尔盖涅夫多

次来函说道,卡尔梅克人游牧在秋明附近俄国的土地上,排挤与侮辱俄国的秋明实物税民,还强占了狩猎地,杀掠属民,夺走马匹。而也有一些卡尔梅克人自己说,他们是岱青台吉的兄弟达赖台吉的人,是达赖台吉的儿子玛济克所带的部落民。

155 年(1646),哥萨克布尔纳什科·穆罗姆佐夫从托波尔斯克带着出使的沙皇立陶宛文的公函前往额尔德尼珲台吉处。当额尔德尼台吉把他们从自己兀鲁思驱逐出来后,岱青台吉的侄儿土贡带着岱青的人夺走了他们的 22 匹马,把马带回了岱青的兀鲁思。这是岱青方面做得不合适,他岱青的人游牧的地方离俄国西伯利亚城市很近,时常强力迫害沙皇属民,杀掠他们,占他们的狩猎地。

他们使节还说,但现在岱青台吉派他们来向沙皇叩求,望沙皇开恩,不要派军队去打他的兀鲁思,还是派皇使去他那里。如果岱青想得到沙皇的皇恩、皇赏,他再也不会叫自己的人做以前那种坏事。而且岱
325 青台吉对使节说了,他再不会抢劫皇使和皇上的实物税属民,也不派人干这类抢劫的事,其实也有别的人自己干的坏事,却说是岱青的人干的。而岱青台吉不久前还来了卡尔梅克地方,似乎不是他的人跟您沙皇的那些人发生的冲突,总之他希望跟沙皇的人和睦相处。

陛下,卡尔梅克使节给您叩呈 3 匹马,并请求恩准他们在托波尔斯克过冬,因为降大雪,回卡尔梅克已不可能。我们已吩咐为他们提供过冬的食物。

11 月 25 日,卡尔梅克杰弗列特·基列伊王子的使节的警察官托波尔斯克骑兵大尉立陶宛人尤里·沃耶沃茨基通知我们说,就那天基列伊王子的使节告诉他说,他们听说要把他们安排在跟和鄂尔勒克的儿子岱青台吉的使节住在一个院子。他们不愿意,因为岱青台吉攻打了沙皇的城乡,抢劫过沙皇的属民。现在他们又遣使过来是想欺骗沙皇陛下。他们说什么是基列伊王子干了坏事,而基列伊王子没干过坏事。而且今后王子要坚持效忠沙皇,不断遣使到托波尔斯克。

还有,今年 156 年(1647)12 月 10 日您的皇使托波尔斯克军役哥萨克费季卡·穆罗姆佐夫等从卡尔梅克回到托木斯克。他们汇报说,

他们到了达颜衮布台吉[1]的兀鲁思。不过没在那里见到他本人，他去达赖喇嘛那里了。您的皇赏由他的妻子接收了，并叩谢了皇上的赏赐。他们在达颜衮布的兀鲁思里住了一个月，听说了和鄂尔勒克的儿子岱青台吉正聚集兵力要攻打西伯利亚城市的消息。而且还派人来他这里商量这事，不过一个叫玛来的台吉收下了皇赏、呢子，不过很不礼貌，还扔在了地上，说什么，他费季卡说这呢子是皇赏，那就把这块呢子扔到买给沙皇当礼物的马的地上，而和鄂尔勒克的儿子岱青台吉的人在那个兀鲁思时就把费季卡他们抢了。当达颜衮布的妻子给他们提供去托波尔斯克的使节之后，就把皇使们从兀鲁思放回了，但皇使们一离开其兀鲁思，就又被抢了，那些人抢完，就回自己兀鲁思了。那些打了塔拉和秋明的卡尔梅克人现在就游牧在离托波尔斯克不远仅 9 日程的地方。而您皇上的人去狩猎时，就是在他们那里被劫掠、被夺去马匹的。

托波尔斯克的军役人员和鞑靼人来告诉我们，说他们卡尔梅克人是抢劫了他们，还占了他们的作业地，但不知道他们是哪个台吉的人。陛下，如果卡尔梅克人真从塔拉和秋明后面来进攻托波尔斯克县，那么我们真没人能包围托波尔斯克县，因为您的军役人员在托波尔斯克寥寥无几，这情况我们多次向您报告过，但一直没有收到您的指示。

全宗：西伯利亚衙门，栏目 455，1－11 页，原件。

---

[1]达颜衮布是杜尔伯特的达赖·巴噶德尔台吉的儿子，达赖死后，他是杜尔伯特的主要台吉。1649—1651 保持着与托波尔斯克的独立联系（使节没被允许进入莫斯科），在对俄关系中占着奉公守法的地位。1650 年，他不仅拒绝参加巴图尔珲台吉为首的对西伯利亚的预谋进军行动，而且派了自己的使节到托波尔斯克叫准备反击（见西伯利亚衙门卷宗，栏目 455，456、454、457、458、492、493、491 等页［为原文顺序。——译者注］）。

第99号

326　1648年早于6月9日：阿勒坦汗就蒙古使臣墨尔根·德噶及其同僚被扣留在托木斯克一事致沙皇阿列克赛·米哈伊洛维奇的信件，并附使臣们被夺之商品清单。

逐字逐句从阿勒坦汗的信中抄录。

阿勒坦汗派其使节墨尔根·德噶来托木斯克打探全俄沙皇阿列克赛·米哈伊洛维奇的健康状况，并嘱咐把这封信在会议室交给托木斯克总督。

首先派了布达特·巴克什一行到莫斯科谒见沙皇陛下，那些使节被关在了罗斯。然后阿勒坦汗派了他墨尔根·德噶到托木斯克，他也被托木斯克关了起来。去年他阿勒坦汗派了喇嘛到托木斯克并带了一封信，希望与沙皇陛下像过去那样交往，互派使节。但没有见到陛下对此有何谕旨，而总督们扣留他阿勒坦汗的使节，把他们的货物也没收了，没收的货物有10匹印花布，7匹从总数中被偷走，还有4把弓，120支箭……

阿勒坦汗还给沙皇捎来绸缎和2头牛，那牛也被吉尔吉斯人夺走了。阿勒坦汗还给总督奥西普公爵捎来过天蓝色绸缎，给伊利耶总督和秘书长各1头牛，这2头牛吉尔吉斯人也没给吗？

全宗：蒙古事务，1648年，文件第1号，3页，抄自17世纪译文。

第100号

1648年6月9日至8月31日间：托木斯克总督伊列伊卡·布纳科夫就阿勒坦汗使臣前来托木斯克并将阿勒坦汗信件及其译文送往莫斯科一事呈外事衙门的报告。 327

呈全俄沙皇阿列克赛·米哈伊洛维奇大公陛下，您的臣仆伊列伊卡·布纳科夫叩呈。

今年156年(1647)6月9日，蒙古阿勒坦汗遣使墨尔根·德噶等6人到达托木斯克，来到会议室，阿勒坦汗的来使墨尔根等对我说，阿勒坦汗派他们来托木斯克问候全俄沙皇圣体安康。我起立，并按规定回答了他们的问候。

然后阿勒坦汗的使节也就我的问候回答说，阿勒坦汗在他的牧地一切都安好，他们来托木斯克也一路平安。使节们在会议室交给我一封蒙古文写的信。我叫人翻译了那信。信中写了什么，我让书吏抄录了，并派人呈送莫斯科给您圣阅。在使馆只我一人，奥西普公爵因为使馆其他事务很忙，没来会议室，中午都在坚持工作。

全宗：蒙古事务，1648年，文件第1号，1-2页，原件。

第101号

328 1648年9月18日至24日：秋明总督伊凡·图尔盖涅夫就蒙古人抵达托波尔河并就对他们采取防备措施一事致下尼津斯克城镇总管Ф.А.沃罗诺夫的报告。

致费多尔·阿列克谢耶维奇阁下，伊凡·图尔盖涅夫问安！

157年(1648)9月18日，我收到托波尔斯克伊凡·伊凡诺维奇·萨尔腾科夫总督给秋明的信，说157年(1648)8月26日有位塔拉实物税民伊利玛麦特科·卡日巴克特耶夫从卡尔梅克杰弗列特·基列伊王子处来，在会议室他说，叛变了皇上的鞑靼人塔纳塔罗夫和乌玛尔弗切什科等人叫他伊利玛麦特科来告诉托波尔斯克，皇上的城市要小心保卫，因为敌人要来打托波尔斯克或者塔拉，是卡尔梅克人，还是王子率人来，这点没告诉他。

今年157年(1648)9月17日，喀山的一名鞑靼被俘人奥福尼卡从卡尔梅克到秋明，说他住在图尔哈诺夫的儿子巴克沙·舒卢奇那里。去年156年(1647)春天，伊尔德尼洪台什来到杰弗列特·基列伊王子这里，号召他一起攻打沙皇的城市、州县。王子回答，沙皇对他赐皇赏、皇恩，他不去打沙皇的城市。他就对他说：我和你分不开，我非强拉你去。他们听说洪台什要来打自己这里，就没敢到沙皇的城市而去托波尔河那边游牧了，上溯托波尔河，游牧在离秋明10日程的地方。

望您得知这些消息后，在尼津斯克村庄一带小心防范，加强防卫，经常巡视通行边站、卫所，并转告其他村庄，避免被卡尔梅克人突袭或损害。

苏联科学院档案馆列宁格勒分部，全宗：缪勒存档卷，第4目，第10册，文件第82号。

第 102 号

329　1648 年 10 月 20 日：叶尼塞斯克军役贵族伊凡·波哈鲍夫和托波尔斯克火枪手亚库尼卡·库拉科夫在托波尔斯克官署关于他们赴喀尔喀车臣汗硕垒处的答问词文录。

从叶尼塞堡出使蒙古车臣汗的叶尼塞贵族子弟伊凡·波哈鲍夫和托波尔斯克射击手亚库尼卡·库拉科夫的答话。

157 年(1648)10 月 20 日，在托波尔斯克会议厅伊凡回答问话时说，154 年(1645)他就从叶尼塞堡出使蒙古，沿叶尼塞河上溯，在沿安加拉河上到勃拉茨克卫所，再到奥瑟河、白莲河、额尔古塔河、达贝加尔湖，然后到巴尔古津和色楞格河。令他在这些河上或什么合适的地方建立卫所和各种边堡，从这些新建卫所可以向当地异国人以沙皇名义收取实物税，侦察他们的各种情况，尤其是银子的情况。如果查到他们有银子，就要弄清楚他们从哪里弄来银子？自己会炼吗？如果他们指出哪里有银矿，伊凡务必去察看银矿，如实描述，产量多吗，并取矿样以备检验。还令他查明中国离贝加尔湖有多远。

皇使伊凡到达贝加尔湖后，在额尔古塔河抓了额尔古茨克的一位王公纳列伊为人质，从他的兀鲁思属民中杰尔米耶夫兀鲁思中收了皇税。看到这纳列伊王公身上扎着一根镶银的耀眼腰带，他就问王公，银子从哪里弄来，还是他们自己炼造？纳列伊说，银子是车臣汗蒙古地方弄来的，车臣汗从哪里弄来或是会生产，他不清楚。

然后，伊凡从贝加尔湖派出军役人员费季卡·戈沃林等 14 人去查访不顺从和不交实物税的人。他们滑着雪橇从库普土格地方到波格罗木河走几天之后遇到了车臣汗的女婿图鲁凯塔布囊兀鲁思的克什蒂姆 4 个帐的人，期望他们认可沙皇的恩惠。但要他们给沙皇交实物税时，那些克什蒂姆不肯交，而且跟军役人员打起来。于是军役人员杀死了

他们，把其妻儿俘虏了。从他们那里夺取了皮毛税34块黑貂皮。另有 330
一些克什蒂姆逃到图鲁凯那里报告了消息。于是图鲁凯塔布囊派托波尔斯克射击手（他是伊凡遣到这里查矿的）去跟伊凡说，如果他们不把实物税和貂皮还给他图鲁凯，那他就不放先遣来的翻译和猎户回去，要杀死他们。于是伊凡带着收来的实物税和貂皮去见图鲁凯塔布囊，经交涉，皇使交出收来的实物税，换回了被扣留的所有以前的使团人员。但图鲁凯塔布囊强拿了伊凡的一个火药筒和哥萨克的一把枪。

离开图鲁凯塔布囊，皇使伊凡去车臣汗处打探银矿，图鲁凯派了两个人护送。车臣汗住地离色楞格河不远，有的属民就在色楞格河游牧。

当伊凡来到车臣汗处，给他送了貂皮、呢子等礼品，虽是伊凡自己的东西，但说是皇赏。然后问了车臣汗银矿的情况。

车臣汗说他这里没银矿，在中国博格达汗那里有，中国离他这儿一个月路程，还说到原老中国的瑟宗皇帝[1]那里有，但山上有500人守卫。

伊凡要车臣汗送他们去博格达汗那里。车臣汗不肯，说要等他派往莫斯科的使节回来。以后如果沙皇陛下要派人去中国，人数不大的话，他可以准备供养和大车。

车臣汗要伊凡等皇使给表演一下打靶，让他的人开开眼。射击之后，车臣汗要了伊凡的枪和子弹盒等。

送行时，车臣汗希望沙皇陛下恩准不要派人来攻打他的属民，继续
给他赐皇赏。 331

托波尔斯克哥萨克亚库尼卡以前就到过蒙古地方，来过车臣汗这里，他在盘问中说151年（1642）他被派到贝加尔湖来过。155年（1646）他又被派到亚尔诺湖探查银矿，亚尔诺湖住的是通古斯人，他和叶尼塞的头人瓦西利·克列斯尼科夫来探矿时，蒙古护送人员曾说过车臣汗收通古斯人的实物税，他指挥着一个银矿。于是亚库尼卡他们专门去给车臣汗送皇赏、呢子等。

---

[1]老中国大概是指南中国。瑟宗皇帝可能指明朝皇帝思宗，崇祯帝（1628—1644年）。

他们走了4周,先来到图鲁凯塔布囊处。他们到车臣汗处时,车臣汗正在驱逐一个王公。亚库尼卡等把带来的皇赏给车臣汗,但车臣汗不收,推托给其他兀鲁思。不过他们只在其他兀鲁思住了3天,第4天车臣汗就叫他们去自己那里,并亲手收下了皇赏,只是坐着问他们来干什么。皇使们说明是奉沙皇旨意来探银矿,车臣汗也回答这里没银矿,银子是从中国博格达汗那里弄来的。

在车臣汗兀鲁思只住了5天,车臣汗就要送他们走,并给沙皇捎来了礼品,派了使节。图鲁凯也给沙皇送了礼物,又叫他们回车臣汗处。
332 车臣汗又把他们推去找图鲁凯,这样一事无成……亚库尼卡等人返回托波尔斯克。

全宗:蒙古事务,1648年,文件第2号,3-4页,原件。

出版物:《17世纪俄中关系》(1608—1683年文件资料集)第1卷,莫斯科,1969年,文件第106号,124-126页。

第 103 号

1648 年 11 月 30 日：托波尔斯克总督伊瓦什卡·萨尔腾科夫就准予喀尔喀车臣汗硕垒的使臣谢吉科及同僚去莫斯科一事呈外事衙门的报告。 333

呈全俄沙皇阿列克赛·米哈伊洛维奇大公陛下，您的臣仆伊瓦什卡·萨尔腾科夫等叩呈。

今年 157 年(1648)10 月 15 日，我们托波尔斯克收到叶尼塞堡总督费多尔·波利宾的来信，同时派来了蒙古地方车臣汗和其女婿图鲁凯塔布囊的使节谢吉科和乌列台等人。[1] 警官波哈鲍夫等告诉我们说，那些使节是车臣汗派来的，并带有信函和礼品。我们吩咐接待这几位使节。然后请来问了遣使目的等。

使节们说，车臣汗及其女婿图鲁凯塔布囊派他们来送信函和礼品给沙皇陛下，现在礼品在警官伊凡·波哈鲍夫等人那里。我们在警官那里查看了礼品，车臣汗送的是 1 个银杯、1 块红黄色天鹅绒、1 只中国彩色箱子；图鲁凯送的是 1 块黄金和 20 块黑貂皮等。

我们也问了警官伊凡·波哈鲍夫和射击手亚库尼卡这些不是我们派出的使节，他们为何出使车臣汗，是从何处派出的？先将他们的回话

---

[1] 伊凡·波哈鲍夫与蒙古使节谢吉科和乌列台等人来到叶尼塞堡是 1648 年 7 月 8 日。蒙古使节带来了信和礼品，总督波利宾在会议室收下了这些东西。对波哈鲍夫的问话留到莫斯科去问，蒙古使节跟着波哈鲍夫先去了托波尔斯克。这一切波哈鲍夫在记录报告中都告知了托木斯克总督，这份记录未刊布，因为与问话公布的内容重复(参见苏联科学院档案馆列宁格勒分部，全宗 21，第 4 目，第 22 册，224 - 229 页)。

记录都捎给您陛下亲阅。并把这些人连同护送人员共7人从托波尔斯克送往莫斯科。

全宗:蒙古事务,1648年,文件第2号,1-2页,原件。

第 104 号

1648 年不早于 12 月 3 日:杜尔伯特台吉达颜衮布就双方友好关系要 334
求准许其使臣去莫斯科一事致沙皇阿列克赛·米哈伊洛维奇的信件。

全俄沙皇阿列克赛·米哈伊洛维奇大公陛下转给贵族伊凡·伊凡诺维奇·萨尔腾科夫和御前大臣伊凡·谢苗诺维奇·加加林公爵等人的卡尔梅克达颜台吉的信。

我达颜小儿有许许多多诉求。我父亲达赖台吉跟已仙逝的沙皇米哈伊尔·费多罗维奇大公陛下友好交往是所有卡尔梅克台吉中最早的,最早派往莫斯科 3 名使节。现在我继父汗之位。希望沙皇赏赐我,并允许我的使节去莫斯科。我没有上好的礼品献给沙皇陛下,只捎去 2 匹溜蹄马、6 块海狸皮,另外放回 1 名托波尔斯克俘虏。

我叩求沙皇是想要鞑靼贵族凯达沃尔那样的护甲[1],我愿意至死都是沙皇的工作者。我父亲派布达列伊送回了库尔达茨人俘虏,在那里我见到过沙皇的人,我也会这样做。而土尔加沃特人不顺从沙皇,也不是我们的朋友。一旦他们攻打您的城乡,我会通报给您消息。我至死也不会做对不起陛下的事。我父亲做了很多效忠于已故沙皇的事,如果伊希姆王子攻打俄国,我父亲就查找被俘俄国人,加以送还。我现在也想这样效忠陛下。只要王子们敢于攻打沙皇的兀鲁思,沙皇不必自己派兵,希望遣使告诉我,我会抓到王子交给您。我的信誉众人皆知。

现在我慎重叩求陛下,像仙逝沙皇赏赐我父亲一样,赏赐我达颜,

〔1〕这里说的是叶尔马克的护甲,据列麦佐夫斯基的编年史记载,他是被交给鞑靼贵族凯达沃尔保存的。这副护甲被描绘成有魔术般的奇妙功能,所以卫拉特台吉在信中渴求得到它(参见缪勒《西伯利亚史》卷 1,莫斯科 - 列宁格勒,第 1937 年,494 - 495 页)。

恩准我的使节去莫斯科。您的使节捎来的皇赏已收到,我们一定听从陛下的指令,这敬请陛下明鉴。

全宗:卡尔梅克事务,1649 年,文件第 2 号,5 - 7 页,17 世纪译文。

第105号

1648年12月6日至1649年1月30日：托波尔斯克总督伊凡·伊凡诺维奇·萨尔腾科夫就要求准许卫拉特使臣赴莫斯科一事呈外事衙门的报告。 335

呈全俄沙皇阿列克赛·米哈伊洛维奇，您的臣仆伊瓦什科·萨尔腾科夫、伊瓦什科·加加林等叩呈。

今年157年(1648)12月6日，您发到托波尔斯克的圣旨中指示，如有来托波尔斯克或塔拉的台吉们的使节要求来莫斯科，没有您的特许指令，勿放入莫斯科，劝其返回。

今年157年(1648)12月3日，有达颜衮布台吉的使节基奇等人从卡尔梅克来到托波尔斯克。使者们说，他们的达颜衮布令他们叩求去莫斯科祝贺陛下，因为他们从未来过莫斯科，而且使节还带有一封鞑靼文的信函和礼品海狸皮等，还送回一名俘虏。

我们叫使节在此等候您的特许，是允许去莫斯科还是令其返回，望指示。

批示：目前入冬去莫斯科太迟了，在托波尔斯克久等也不便，劝其返回告知他，以后会赐皇恩。

第106号

336 1649年3月13日:外事衙门就车臣汗硕垒的使臣离开莫斯科予以放行一事并就配备新使团从托波尔斯克出发前往车臣汗硕垒处履行宣誓一事下达给托波尔斯克总督瓦西里·舍列麦杰夫的诏书。

转发全俄沙皇阿列克赛·米哈伊洛维奇大公的圣旨给托波尔斯克总督瓦西里·舍列麦杰夫等人。

今年157年(1647)元月28日,收到托波尔斯克来函,并派来了蒙古使节谢吉科等人,让其谒见了圣容。那些蒙古使节控告我们沙皇的军队,说俄军进攻了他们的兀鲁思和牧地,杀了他们的人,叩求以后不要再派西伯利亚的军队去打他们,他们兀鲁思人愿年年向沙皇交贡。我们沙皇现恩准他们蒙古车臣汗及其女婿图鲁凯臣服沙皇,特赐他们金银杯和呢子等皇赏,这些物品现派鲍格丹·阿尔申斯基捎到托波尔斯克,可叫使节们带回自己蒙古地方。

一旦你们收到这份圣旨,那鲍格丹·阿尔申斯基警长和西伯利亚军役人员带着皇赏包裹到达,望你们让蒙古使节收下那皇赏包,他们到达时,并为使节提供合适的庭院居住,当面让他们查看给蒙古车臣汗及其女婿的酒杯和呢子,并望选拔优秀的托波尔斯克贵族子弟和书吏以及翻译等合适人选去蒙古车臣汗及其女婿图鲁凯处。应怎样叫他们参照以往指令一一写好,然后放行出发。还需在指令中写明,他们到达车臣汗那里后要说的话,告诉车臣汗和图鲁凯,157年(1648)他们派遣谢吉科等人带着国书和礼品来叩拜沙皇陛下,控告俄国西伯利亚的军队打了他们的兀鲁思牧地,杀了他们的人。我们沙皇陛下现恩准以后不
337 派兵攻打他们。但今后他车臣汗和图鲁凯得臣服沙皇,世代称奴。而我们陛下赏赐了他俩,以后会继续恩赐他们,保护他们对俄国的臣服。说完这些,再拿出皇赏——金银酒杯和呢子。希望他车臣汗和图鲁凯

看到这些恩赐，今后想继续享受，为此叫他们当我们皇使的面，进行宣誓，保证今后坚定不移地臣服沙皇，世代为奴，效忠沙皇，友好交往，沙皇指令他们去哪里服役抗敌，他俩就率领兀鲁思民听从调配，坚定地打击敌人和不听命的人，不做损害沙皇属民的事，年年岁岁不断向自己兀鲁思属民收实物税，交给沙皇。我们沙皇陛下会看他俩效忠沙皇的实际表现继续赐给皇恩皇赏，并进行庇护。关于使节们所控告的西伯利亚军役人员打了他们兀鲁思，杀了他们属民的事，沙皇甚为怜悯，特发令给西伯利亚各城市严禁擅自行动，严防军人再去打他们的属民，不得再派人去打杀他们的兀鲁思属民。

关于使节叩求赏赐上等骏马的事，由于路途太远，实不可能，所以没法运去。

令那些被派往蒙古车臣汗处去的人，无论对车臣汗、图鲁凯还是对当地人士的言谈，都必须十分谨慎妥帖，处处需维护沙皇的名望，使俄国的利益最大化。命令他们在蒙古车臣汗和图鲁凯那里，他们必须把一切记录下来，欢迎仪式和尊敬程度如何，他们对车臣汗和图鲁凯关于皇赏说了什么，在哪里赐的皇赏，车臣汗和图鲁凯说了些什么，一切都要如实写入记录报告…… 338

所派贵族子弟的名字、书吏的名字，派了多少人，军役人员和翻译是谁，皇赏交给谁负责，谁协助，护送蒙古使节的有几人，护送到什么地方，一旦他们从车臣汗处返回托波尔斯克，他们要向你们汇报什么，交出怎样的出使文录。希望把原件交给我们，出使抄本给外事衙门秘书长。从托波尔斯克出发走什么路线，他们往哪边走，停在哪个地方更合适，都要考虑能避开敌人安全到达。

全宗：蒙古事务，1648 年，文件第 2 号，141－154 页，抄本。

第107号

1649年不迟于3月17日:西伯利亚衙门就有关叶尼塞斯克军役贵族 339
伊凡·波哈鲍夫前往车臣汗硕垒及图鲁凯塔布囊处收集银矿产地情况一事的报告摘录。

摘自西伯利亚衙门的报告。

从蒙古车臣汗及其女婿图鲁凯派来的谢吉科、乌利台等4名使节跟随伊凡·波哈鲍夫和军役人员来到叶尼塞堡。该堡总督在会议室盘问了使节们,问他们是否携带了信函、呈文和礼品。

蒙古使节说,他们由车臣汗和图鲁凯派来,他们没带信函和礼品,礼品委托给了伊凡·波哈鲍夫捎给托木斯克,再转给沙皇。那个伊凡·波哈鲍夫在盘问中的回答是,他原是被派往贝加尔湖服皇役的。当时他被伊尔库茨克王公纳列伊抓住,关做了人质。作为人质他被派去收取伊尔库兹克男人们的皇税,而有些人把皇税交给另一个伊杰尔杰耶夫的兀鲁思,他们也住在那条伊尔库茨河。后来他看见纳列伊王公的腰带上镶着银子,就问起从哪里弄的银子,什么地方产银子。纳列伊回答,银子是从蒙古车臣汗那里弄来的,关于银矿在哪里,不详。后来,他伊凡军役人员和头人费季卡等14人要去侦察那些人不给沙皇交税的事。有一次,头人费季卡等人遇到4个帐篷的塔布囊的克什蒂姆,他们不肯交实物税,还跟军役人员打了起来。费季卡等人击溃了那4个帐篷的克什蒂姆,并夺来了34块黑貂皮,抓来了实物税民。有些克什蒂姆逃出去报告了塔布囊。那塔布囊就派了一个扣留在他那里的军役人员亚库尼卡到伊凡这里来交涉,如果不交还黑貂皮和实物税民,就
340 绝不放他们离开那里,还要杀了他们。

于是伊凡从军役人员那里收齐貂皮和实物税民,带上14个人跟那个派来的亚库尼卡走了15天到了塔布囊那里。伊凡问,为何塔布囊扣

留沙皇俄国的人？那图鲁凯塔布囊回答说，他们打了他的克什蒂姆，收了貂皮等。如果交还克什蒂姆和貂皮，就可放了所有以前沙皇的人。于是伊凡交出貂皮等，图鲁凯塔布囊也放了人。不过，最后塔布囊强要了伊凡的一把手枪。

当伊凡去蒙古车臣汗处去查银矿时，他带了全部 14 个人，塔布囊为了保护他们，派了 2 个人。他们整整走了 2 个月才到，其实如果骑马按俄国人的速度 2 周可到。伊凡给车臣汗、图鲁凯塔布囊和呼图克图都送了礼品，是他自备的礼品貂皮和呢子，但他说的是沙皇赐的皇赏。所以他们也回赠了礼品叫带给沙皇。

当伊凡在车臣汗那里要查银矿时，车臣汗对他说，他这里没有银矿，银矿在中国博格达汗那里才有，他们从海那边采来。另外一处银矿在老中国的一个山里，那矿有 500 人守卫。车臣汗这里离博格达汗处要走 1 个月，伊凡要求车臣汗送他去博格达汗那里，但车臣汗不准，说必须先把他的使节带到沙皇那里，让他们代表车臣汗他去请示全俄沙皇阿列克赛·米哈伊洛维奇大公陛下的命令。他车臣汗的礼品也得由他的使节安全送到。一旦他们的使节从沙皇处安全返回，而皇上确实要银矿，那时候送他们的使节再去，可把银矿的样品送去测试。

伊凡还对车臣汗和图鲁凯塔布囊说，希望他们臣服沙皇，每年从他们自己的兀鲁思人那里收取实物税交给皇上。他们两人回答，他们也 341
希望与沙皇友爱和睦相处，希望沙皇不要派人来打他们，他们就从勃拉茨男子和通古斯的克什蒂姆处为沙皇收实物税。还有车臣汗的内弟多希在伊凡那里拿走了他的步枪，并背着它给车臣汗。车臣汗就不肯再还给伊凡。

蒙古使节谢吉科和乌利台还说道，他们蒙古人用牲口、貂皮和狐皮向中国人换炼好的银子，他们蒙古人自己不会熔炼银子。……

全宗：西伯利亚衙门，栏目 227，262、270 – 280 页，原件。

第108号

342　1649年3月24日至8月31日：克拉斯诺雅尔斯克总督米什卡·杜尔诺伊就实物税交纳者在向阿勒坦汗交纳实物税之后再向他们收实物税的种种困难呈西伯利亚衙门的报告。

呈全俄沙皇阿列克赛·米哈伊洛维奇大公陛下，您的臣仆米什卡·杜尔诺伊叩呈。

今年157年(1648)3月24日，我收到波克罗夫斯克城勃拉茨克地方骑兵大尉斯捷潘·科洛夫斯基的来信。说蒙古的使节玛特科和库拜科先后到达他的波克罗夫斯克城，要求遣使进城，他斯捷潘没让他们进来。陛下，他们就托他斯捷潘转告，要我夏天时派遣军役人员去访问梅尔根台吉。但他斯捷潘那里有份指令公函曾指示：勿与阿勒坦汗和台吉们遣使往来。又听说他们那些使节是为了谈和的事。以前，没让梅尔根台吉收取您的实物税，然后让他收来，再后来以他梅尔根台吉的名义收走了。

自从156(1647)年我来这里开始，就按您的圣旨，反复劝说当地所有王公和兀鲁思属民，并多次去收税，还请他们吃喝，总算把图瓦王公们以前付给阿勒坦汗的实物税弄回来了。后来他们这些王公的克什蒂姆又把您的实物税交给了阿勒坦汗。在我到来之前，都是以阿勒坦汗的名义向图瓦王公的克什蒂姆收取实物税的。往年图瓦王公们的每个克什蒂姆交大型貂皮1张、2张到3张。而现在他平均强收6张。不过现在我们按1张交的人，也不交了，就强行按各2至3张貂皮收取，现在又按3张交了。陛下，只能渐渐引导他们交足全税，突然间要强收全税，用什么办法也难奏效。图瓦王公那儿我也去开导了多次，让他们交实物税。他们只对我说，那得他们的克什蒂姆肯交。这事如何办？望陛下指示。

批注:收实物税态度要和蔼,不要残暴,以便收上全税,总督需以此效忠沙皇陛下。

全宗:西伯利亚衙门,栏目 377,144 - 145 页,原件。

第109号

343　1649年6月5日至8月31日:托波尔斯克总督瓦西里·舍列麦杰夫就杜尔伯特台吉达颜衮布的使臣基奇回兀鲁思予以放行一事并就已送来的礼品清单送往莫斯科等事呈外事衙门的报告。

呈全俄沙皇阿列克赛·米哈伊洛维奇大公陛下,您的臣仆瓦西里·舍列麦杰夫等4人叩呈。

陛下,今年157年(1648)4月26日收到您发给我们托波尔斯克的谕旨,说到今年157年(1648)1月30日总督伊凡·伊凡诺维奇·萨尔腾科夫从托波尔斯克向您陛下报告说,卡尔梅克兀鲁思的达颜衮布台吉遣使基奇到达托波尔斯克并要求来莫斯科。他使节还代表达颜送给您2匹溜蹄马和2块虎皮、2块海狸皮。

他们伊凡·伊凡诺维奇总督等人让卡尔梅克使节在托波尔斯克等候陛下指示。我们把达颜衮布台吉的使节基奇召到会议室,对他说没收到沙皇陛下的指令,希望他返回自己台吉处,在托木斯克等圣旨时间太长,因为往返莫斯科时间太长,将来陛下会令赐恩于他的。解释完就拟放他们从托波尔斯克出发回卡尔梅克,并让给他带去回谢达颜台吉的礼物,按他们礼物的情况赏给呢子或单排扣礼服。几号让卡尔梅克使节回其兀鲁思,派几人送到何处等等,待定后上报陛下。

一旦今后他们再送给您礼物1匹或2匹马,我们会收下,给他们相应的呢子作为皇赏,使他们不委屈,而不是白白收受他们的礼品。不放卡尔梅克使节到莫斯科是因为他们多穷兵黩武,所以不能让他们了解通莫斯科的道路。也不让诺盖人那样的人来,他们来不会有什么好处,跟他们交往也没用处,都不学无术,给他们谕旨也没有用,他们不会读认,又不会写字。如果要来托波尔斯克办市场,我们可以允许跟他们交

易，不过那时城市内也一切得小心谨慎，不得让他们看堡垒，不得久留 344
托波尔斯克。哪年哪月，为什么事，派谁来，何时放行，他们带来什么消息，他们拟跟谁打仗，我们会一一上报陛下。

按您全俄沙皇阿列克赛·米哈伊洛维奇大公陛下的指令，我们已叫达颜衮布的使节到会议室来，并让他大喝一顿。并吩咐把他们捎来的礼品进行估价。台吉的2匹溜蹄马3卢布，而2块虎皮和4块海狸皮价值41卢布。陛下，这些礼品我们暂时不敢给您送去，因为夏天路上劳累且太远，卖掉吧，马又太瘦。如何处理，请指示，我们先送去记录有礼品的目录。

陛下，向使节说明您的指示后，6月5日我们就放他们从托波尔斯克回了卡尔梅克。随着同去的有皇室贵族子弟阿列克赛·文格尔斯基给达颜衮布台吉捎去2块英国上等呢子、1块绿色和1块蓝色呢子作为皇赏。

全宗：蒙古事务，1649年，文件第1号，1－5页，原件。

第110号

345 1649年6月12日至8月21日：托波尔斯克总督瓦西里·舍列麦杰夫就军役贵族亚罗菲伊·扎勃洛茨基携带国书及赏赐前往蒙古车臣汗硕垒处一事呈外事衙门的报告。

致全俄沙皇阿列克赛·米哈伊洛维奇大公陛下，您的臣仆瓦西里·舍列麦杰夫、季莫什卡·洛德根、特列尼卡·瓦西利耶夫、瓦西利·阿塔尔斯基叩呈。

陛下，今年157年(1648)4月25日，您给我们托波尔斯克的圣旨中，说今年157年(1648)1月28日您收到托波尔斯克皇室贵族伊凡·伊凡诺维奇·萨尔腾科夫总督等人的信，并派了托波尔斯克哥萨克首领波格丹带蒙古使节谢吉科等一行去拜见了您。然后那些使节被莫斯科遣返回了蒙古，而同时让波格丹监护他们先从莫斯科到托波尔斯克。您给车臣汗及其女婿图鲁凯塔布囊的皇赏也让波格丹·阿尔申斯基捎到托波尔斯克，每人各1只包金银的带盖高脚杯，赐车臣汗的重2磅，图鲁凯的重1磅半，再各赐2块深红色呢子和1块5俄尺的绿呢子。一旦波格丹·阿尔申斯基带着蒙古使节和赏赐包从莫斯科到达托波尔斯克，我们您的臣仆会令人接待这些使节和皇赏包，届时他们要停留，就为他们提供合适的住处，望将您拟赐给蒙古车臣汗及其女婿图鲁凯的酒器呢绒赏包都完好无恙接收，并在托波尔斯克挑选当地合适的贵族子弟、书吏以及翻译，再派几名哥萨克护送人员，连同指示如何赐皇赏的指令一起捎往蒙古。至于他们到达蒙古车臣汗及其女婿图鲁凯那儿之后，令他们如何讲问候沙皇的祝词，如何拿出皇赏，说些什么话，我们会参照以前的指令给他们写好新指令，然后放他们和使节一起带着皇赏去车臣汗及其女婿处。我们您的臣仆在指令中明确规定要对派往蒙古车臣汗处的贵族子弟和书吏说的是，当他们见到蒙古的车臣汗，就对这位车臣汗及其女婿图鲁凯说明，今年157年(1648)他们派了使节谢吉科等人带着国书来叩见沙皇陛下，指控了俄国的西伯利亚军人，说西伯利亚军队侵入他们的兀鲁思牧地，攻打了他们，杀了他们兀鲁思人，希望您沙皇陛下，对他车臣汗及其女婿开恩，今后再不要派军队打 346
他们，他车臣汗和他的女婿图鲁凯都愿意臣服伟大沙皇，世代为臣、为奴仆。

现在您伟大的沙皇恩准了蒙古车臣汗及其女婿图鲁凯塔布囊的请求，希望他们今后能维护享受皇恩的待遇，坚持臣服沙皇，沙皇恩准不派军队去攻打他们的兀鲁思。吩咐他们说完之后就把皇赏赐给车臣汗及其女婿图鲁凯，以便他们目睹陛下的皇恩浩荡，今后仍期盼您的皇赏。后来，车臣汗及其女婿图鲁凯在皇使面前宣了誓，承诺他们向沙皇陛下臣服的誓言，并愿世代为奴，不做损害沙皇属民的事，并要收集他们各自兀鲁思的贡品呈给沙皇，年年进贡。而您陛下也会看他们的实际表现，继续赐给皇赏，并保护他们。至于他们的使节叩求您陛下赐给他车臣汗东方骏马的事，因为路途太远，赐骏马到他们那里不可能。并且我们令派往蒙古车臣汗那里去的使节对车臣汗及其女婿和当地的人说话一定要十分谨慎，要使沙皇的名声更为光荣，更为崇高，使俄国的利益更为扩大。

全宗：蒙古事务，1648年，文件第2号，180－183、185、184、186等页，原件。

第111号

347 1649年6月13日至1652年9月13日：翻译官潘菲尔科·谢苗诺夫就赴见阿海哈敦和图鲁凯塔布囊的情况呈递叶尼塞斯克官署的报告。

7157年(1649)夏6月13日,按照沙皇阿列克赛·米哈伊洛维奇大公陛下的圣旨和御前大臣兼总督瓦西利·鲍里索维奇等人的出使指令,托波尔斯克贵族子弟亚罗菲伊·扎勃洛茨基和书吏瓦西利·恰普林被指定从托波尔斯克跟蒙古使节谢吉科等人带着皇赏去出访蒙古地方的车臣汗及其女婿图鲁凯塔布囊。与他们同行的还派出了翻译官潘菲尔科·谢苗诺夫以及几名护送人员。

皇使亚罗菲伊·扎勃洛茨基等一行人从托波尔斯克到叶尼塞斯克堡走了16周零3天。叶尼塞堡已入冬冰冻。到了次年158年(1650)夏,叶尼塞堡的总督才放皇使亚罗菲伊一行往蒙古,时已6月7日。他们从叶尼塞堡到索尔地方走17周,却没到色楞格河,而是带着22名作业人员坐在船上。

亚罗菲伊和书吏瓦西利在渡过贝加尔湖后,就派出2名哥萨克和蒙古使节一起先去车臣汗和其女婿图鲁凯那里要大车。其余人留在索尔等大车等了3周。

直到159年(1651)10月7日那天,贵族子弟皇使亚罗菲伊跟他的儿子、书吏瓦西利·恰普林和5名哥萨克共8人走出船外,走到离船约
348 100俄丈(每俄丈约2.134米)处去生了一堆火,坐在火边烤火。他翻译官潘菲尔科和蒙古使节谢吉科以及另外12名船上作业人员,留在船里守着国库皇赏。那天皇使亚罗菲伊一行人正好碰到勃拉茨人,即图鲁凯的不知名的实物税民约100人,他们把烤火的亚罗菲伊等8人打得死去活来,并夺走了他们的武器,掠走了他们。这伙人还曾迫近船上的潘菲尔科等人这里,潘菲尔科为皇赏躲避了这伙人,并护住了皇赏。

然后翻译官潘菲尔科等着皇使亚罗菲伊一行人却在13天后等来了先派去蒙古要大车的先遣人员，他们带着大车和30名蒙古人回来了。本来潘菲尔科不想在皇使亚罗菲伊还没回来的情况下去蒙古，但是那些蒙古人拿了皇赏要他跟他们一起去蒙古。他们并对潘菲尔科翻译官说，究竟谁劫掠了皇使们，需要告知车臣汗的女婿让他下令查寻。于是潘菲尔科翻译官就跟2名先遣哥萨克和蒙古使节一起前往蒙古去图鲁凯塔布囊处，而另外留了一些人在船上等待皇使。从离开船到图鲁凯的兀鲁思走了12天，在肯格河界区遇到了他的兀鲁思。但是在潘菲尔科到达之前，老车臣汗已经去世了[1]，他留有遗孀泰卡[2]。他们在土拉河界区遇见了这位车臣汗的妻子泰卡(阿梅哈敦)。

当潘菲尔科等人来到图鲁凯和车臣汗遗孀泰卡的兀鲁思帐中，他们让潘菲尔科到使馆处，并带来皇赏。

一到使馆，就先说按伟大的全俄许多国家的至尊沙皇阿列克赛·米哈伊洛维奇大公的圣旨和御前大臣兼总督瓦西利·鲍里索维奇等人的指令，从西伯利亚托波尔斯克给车臣汗及其女婿图鲁凯捎来了皇赏，本是令皇使亚罗菲伊、书吏瓦西利等人一起来发皇赏的，但是他们在渡过贝加尔湖还没到色楞格河的地方遇到图鲁凯的勃拉茨人，皇使亚罗菲伊等人被他们毒打后，没收了枪支，掠走了。现在没人来给发皇赏和
处理使团事务，故请泰卡哈敦和图鲁凯塔布囊务必查出抢掠的贼人，并 349
把皇使和书吏等人和武器衣物交还给潘菲尔科他们。

泰卡哈敦对潘菲尔科他们说，关于皇使被抢被打之事，就让图鲁凯塔布囊去查。图鲁凯塔布囊接上说，皇使被打伤的事，他一点不知道，他马上搜寻这些贼人。

而且图鲁凯塔布囊和车臣汗遗孀泰卡对潘菲尔科等人说，既然现在皇使不在，他潘菲尔科等人也是跟皇使一起从托木斯克派来的，就对他们说说出使的事情并把捎给他们的皇赏代为赐给他们好了。于是潘

---

[1]这去世的时间有争议。按这里应为1650—1651年，有的说1652、1655年。

[2]泰卡即阿海哈敦，是硕垒·车臣汗的长妻。

菲尔科就叫他们执行问候沙皇陛下福体安康等仪式,潘菲尔科他们则穿上了彩衣。

在车臣汗遗孀泰卡(阿梅)和图鲁凯按规定说了沙皇尊号并祝福陛下圣体安康之后,潘菲尔科就呈出了皇赏。

泰卡和图鲁凯都起立祝陛下万寿无疆以及总督瓦西利·鲍里索维奇等人福体健康。潘菲尔科·谢苗诺夫等人按规定的答词回答了沙皇和御前大臣兼总督等人福体健康。

此后,潘菲尔科他们又问候了泰卡和图鲁凯的身体健康,并谈起公务方面的事说,157年(1648)车臣汗和图鲁凯塔布囊向沙皇陛下派来了使节谢吉科一行,并带了国书和礼品,在叩拜沙皇陛下时控告了沙皇的西伯利亚军队,说军人们侵入了他们的兀鲁思,摧毁了他们的兀鲁思还杀了人。请求沙皇陛下恩准,以后不要派军队去攻打他们的兀鲁思,并允许他们车臣汗及其女婿图鲁凯塔布囊臣服伟大的沙皇陛下为臣,世代为奴。所以,我们全俄沙皇和许多国家至尊的君主阿列克赛·米哈伊罗维奇大公陛下恩准了他们车臣汗和图鲁凯,希望他们今后继续享受皇恩,接受他们臣服,并下令不得派俄国军队去攻打他们的兀鲁

350 思。

说完所有规定的话,潘菲尔科等人便赐给了他们皇赏——镶金银的酒杯和呢子……泰卡和图鲁凯叩谢了皇恩。

潘菲尔科等人又对他们说,希望他们看到皇恩和皇赏,今后要争取继续享受皇恩皇赏,为此他们泰卡(阿梅哈敦)和图鲁凯在潘菲尔科等人面前向沙皇陛下宣了誓,承诺他们以及他们的属民今后坚决臣服沙皇为臣,愿世代为奴,效忠沙皇,和睦相处。沙皇陛下指向哪里,他们就去哪里效忠,反对皇上的敌人,他们将率全体属民准备好毫不犹豫地听从沙皇旨意制裁不驯服沙皇的人,并搜集自己兀鲁思的实物年年岁岁向沙皇进贡品。那么我们全俄沙皇、许多国家至尊的君主阿列克赛·米哈伊洛维奇大公陛下也会根据他们的实际行动和效忠情况,让他们继续享受皇恩皇赏和保护他们的安全。

图鲁凯和车臣汗遗孀泰卡对这些话未表示任何异议。

然后潘菲尔科也说了，因路途太远，无法运来他们的使节谢吉科所叩求的骏马的事。

此后潘菲尔科他们就要求返回托波尔斯克，请派给他们同行使节或护送人员，但图鲁凯扣留了他们30个星期才放他们去泰卡那里。而泰卡扣留了他们10个星期，说是她已派人去叫图鲁凯查找杀掠皇使的贼人，潘菲尔科又一次要求返回托波尔斯克，泰卡才允许放行，但她说不能派出使节，因为车臣汗死后，他留下10个妻子的12个儿子，所以现在他们蒙古一片混乱。一旦选出新汗王，那时才能遣使去叩拜沙皇。 351
关于杀掠皇使亚罗菲伊等人的贼人，查出之后，他们会通知沙皇。

说完之后，车臣汗的遗孀泰卡就令人给了大车，派了护送人员送潘菲尔科一行人到图鲁凯塔布囊那里，又叫图鲁凯送他们到巴尔古津堡，就是没派出使节。

当潘菲尔科一行到达图鲁凯那里，后者吩咐立即放行。

送行时图鲁凯说，车臣汗和他图鲁凯派使节谢吉科去叩见沙皇陛下控告了西伯利亚军人，是为了西伯利亚军队再不要来攻打他们的兀鲁思，可是后来叶尼塞的贵族子弟伊凡·加尔金又率军队来侵犯他们的兀鲁思，驱散了他们的兀鲁思属民，而且声言要杀了车臣汗和图鲁凯他们派的使节。所以勃拉茨的人们一看到那些皇使，以为他们是来攻打的军队，就对他们又打又杀。那些勃拉茨人瞒着他杀了人，已不知逃亡去了哪里，所以现在没法找到皇使他们。还是希望沙皇陛下开恩，不要为此事攻打他们兀鲁思，他们为此叩谢皇恩。他图鲁凯和蒙古今后作为沙皇臣民一定为皇上效忠，并交纳贡品。不过那个贡赋并没有交，也没有向谁效忠。

图鲁凯也说道，现在他们地方没有了汗王，车臣汗留下了12个儿子，他们之间正争斗着。今后哪个儿子被选登上汗位，他们会告知陛下他要作为沙皇臣民忠于沙皇，并交纳贡赋，并把谁即位等事报告沙皇陛下。

图鲁凯呈送沙皇一只不大的金碗作为礼品，让潘菲尔科带上之后，
给了大车及10名护卫保护他们到巴尔古津堡。 352

但是潘菲尔科他们一行人离开图鲁凯兀鲁思 2 天后,那些护送人员在中途就对潘菲尔科一行人进行抢掠,夺走了他们的枪支、储备和所有软货以及拉车的马匹,原还想打死他们,而后来他们自己回去了。潘菲尔科一行忍饥挨饿,步行 9 天才走到巴尔古津堡。

而且当时潘菲尔科一行人住在蒙古车臣汗遗孀泰卡和图鲁凯那里时,1 周也只给 5 天的食物。后来潘菲尔科在蒙古地方只好自己花钱买食物,花了 27 卢布。被抢夺走的货物则价值约 50 个卢布。

潘菲尔科他们到达巴尔古津堡之后管事瓦西利·科列斯尼科就让他们经由叶尼塞斯克堡回到托波尔斯克。

全宗:西伯利亚衙门,栏目 220,73－91 页,原件。

出版物:奥格洛勃林《17 世纪西伯利亚外交史》,载《历史通讯》,第 46 卷,圣彼得堡,1891 年,164－168 页。

第112号

1649年7月29日：托波尔斯克军役人员费季卡·伊凡诺夫和拜拜什科·亚克舍古洛夫就赴见和硕特王公托尔贡·额尔德尼洪台吉的 353
情况在托波尔斯克官署的答问词文录。

157年(1649)7月29日,皇使托波尔斯克军役人员费季卡·伊凡诺夫和尤尔托夫鞑靼人拜拜什科·亚克舍古洛夫从卡尔梅克兀鲁思的额尔德尼洪台吉那里返回,在聚会厅向御前大臣兼总督瓦西利·鲍里索维奇等人汇报了出使情况。说他费季卡和拜拜什科从托波尔斯克出使卡尔梅克的额尔德尼洪台吉处[1],时为157年(1649),从托波尔斯克到该兀鲁思行程4周。他们在额尔齐斯河一个开阔界区遇到了额尔德尼洪台吉。他们皇使带有给额尔德尼洪台吉的皇赏呢子等,费季卡等就赐给了他。洪台吉接受皇赏仪式隆重,并叩谢了皇恩。皇使们在额尔德尼洪台吉那里住了7个月,在那里听说额尔德尼洪台吉跟和鄂尔勒克的人和珲台吉还有哈喇忽拉的儿子之间发生了争战。不过他们在那里时额尔德尼洪台吉没去那里打仗,而是昆都伦和达颜衮布台吉带了他们自己的人,还有其他许多台吉都来额尔德尼洪台吉兀鲁思谈和,劝他跟和鄂尔勒克的人以及珲台吉哈喇忽拉的人和解。但是额尔德尼洪台吉不想和解。然后昆都伦和达颜衮布带自己的人来讲和的其他台吉离开额尔德尼那里为了交涉议和都去了和鄂尔勒克处。住在其兀鲁思期间没听说额尔德尼和其他台吉有想攻打俄国城乡的消息。

离开额尔德尼兀鲁思时,他派出了来乌法的使节,跟皇使们同来的使节加护卫,还有卡尔梅克商人,共计浩浩荡荡约有200人。他不是让

〔1〕这文件中说的是和硕特执政者托尔贡·额尔德尼洪台吉,是和硕特台吉昆都伦和顾什汗的兄弟。不要把他和额尔德尼·巴图尔珲台吉相混,因为军役人员对他们的叫法常常一样。

使节直接从草原到托波尔斯克,因为额尔德尼洪台吉要把和鄂尔勒克的人赶出他们的牧地,他自己去那些牧地游牧,成为他的牧地,而那牧地离乌法很近。为此他放他们去乌法,希望乌法和乌法县能保护他打
354 败和鄂尔勒克的人,也不会危害乌法县的人。他额尔德尼洪台吉跟俄国人是友好的,所以他叫费季卡和拜拜什科到达乌法后,如实说明。他们皇使从卡尔梅克兀鲁思回到乌法共走了 15 天,在到达乌法前,他们把卡尔梅克使节留在离城 20 俄里处的乌尔恰克开阔地,他们自己则进了乌法城,到会议厅向总督德米特里·多尔戈鲁科夫汇报了额尔德尼洪台吉的意思。总督告诉两位皇使说,乌法不允许接待卡尔梅克人的台吉,于是派出 100 名军人去乌尔恰克河。费季卡和拜拜什科在那里时,军役人员逼退了卡尔梅克使团,使节们返回了自己兀鲁思,他们又听说,在乌法地区有些巴什吉尔鞑靼人在路上抢劫了那些卡尔梅克使节。而德米特里·多尔戈鲁科夫把两位皇使沿着国道从乌法送回托波尔斯克。

苏联科学院档案馆列宁格勒分部,全宗:缪勒存档卷,第 4 目,11 册,文件第 80 号,131 - 132 页,18 世纪拷贝。

第113号

1649年9月21日至1650年6月14日:乌法贵族军役人员伊凡·伊凡诺维奇·奥努钦使团赴见土尔扈特岱青台吉的出使报告摘录。 354

158年(1649)9月9日。按全俄沙皇阿列克赛·米哈伊洛维奇的谕旨和外事衙门贵族议会秘书长米哈伊尔·沃洛舍尼诺夫草拟的国书的内容,御前大臣兼总督费多尔·亚科夫列维奇令乌法人伊凡·伊凡诺维奇·奥努钦出使卡尔梅克岱青台吉处,随行的有翻译瓦西利·吉尔扎茨基这个乌法外国人,一名射击手和一名货郎。

9月21日,伊凡·奥努钦从会议室出来,当天就出发去卡尔梅克兀鲁思。

11月4日,伊凡·奥努钦带着使团的人到达卡尔梅克兀鲁思。当天岱青台吉的兀鲁思头人伊车塔尔罕和阿泰·科什卡就来到皇使伊凡那里,说是岱青台吉派他们来问候伊凡等人安康,说请他皇使4天后在使馆见岱青台吉。

11月8日,伊凡·奥努钦等一行人来到岱青台吉的使馆并根据指令中的内容对岱青台吉转告了一切。他受岱青台吉在使馆接见后在兀鲁思住了一周,岱青跟他的兄弟拉藏和儿子纳曼索拉以及其他台吉商量之后,集中兵力攻打了阿斯特拉罕城下,杀死了许多诺盖鞑靼人,还掠走了另一些人。他们的军队有多少人,这不清楚,只听卡尔梅克人和诺盖人说,跟拉藏来的卡尔梅克和诺盖的军队约2000人。然而岱青到第4个月才回到自己的兀鲁思,带回来20个诺盖人俘虏。关于这次战争,当他们在兀鲁思聚集军队时,伊凡·奥努钦皇使就告知了乌法。

岱青台吉带着军队和俘虏回到其兀鲁思之后,伊凡·奥努钦皇使就过去对他说:157年(1648)沙皇指示按你岱青的要求从乌法派了使节弗拉季米尔·戈卢勃佐夫[1]和翻译官瓦西利·吉尔扎茨基去你处。你们的兀鲁思头人杜拉尔塔尔罕和宗噶奇代表你、你的兄弟和你的子侄当着皇使沃洛吉麦尔的面宣誓保证,你和你的兄弟、子侄和自己的兀鲁思人都不会派兵攻打俄国城乡,不打俄国人,不掳掠俘虏。可现在你岱青和你的兄弟、子侄都忘记了誓言,去攻打俄国的城市,打了阿斯特拉罕的诺盖人,还在其他俄国城市沿伏尔加河打俄国人,而且还抓来了
355 俘虏,把诺盖人俘虏和俄国人俘虏都抓到自己兀鲁思来了,你的信誉何在?你们自己知道,很久以来,从祖辈时起,卡尔梅克台吉们及其所有卡尔梅克兀鲁思属民都是听命和服从于伟大的各位全俄沙皇的,包括阿列克赛·米哈伊洛维奇大公陛下以及莫斯科的王公们的。所以沙皇陛下一直赏赐他们,保护他们,未派军队打击他们。同样,沙皇的父亲、仙逝的伟大沙皇至尊的君主米哈伊尔·费多罗维奇大公陛下时,你们的前辈巴图尔台吉、哈喇忽拉台吉以及你父亲和鄂尔勒克及其兄弟和包括你在内的子侄当时跟所有卡尔梅克人一起都是臣服沙皇,听命于沙皇的,时常遣使叩见沙皇,并在各方面效忠沙皇。伟大的沙皇对和鄂尔勒克台吉及其兄弟、子侄都进行过赏赐,使保持对沙皇的臣服,使享受皇恩、皇赏。但是现在你们卡尔梅克台吉们却忘记了过去和现在享受的父辈和你辈的皇恩,你们竟跟俄国的叛徒们,跟诺盖鞑靼贵族们勾结在一起,他们从原阿斯特拉罕俄国的领土叛逃到你们处,开始沿雅依克河、鄂拉河、萨克玛拉河、基洛河和其他的河流游牧,这些河流此前全是俄国乌法县的实物税民掌管的地方,但却被你们沿这些河占领了他们俄国属民的祖传地域,还强占了这些实物税民的狩猎作业地,俘虏他们,对他们为所欲为。

岱青台吉听完辩解说:我没去攻打阿斯特拉罕,我带军队一直守卫在伏尔加河,带军进攻阿斯特拉罕的是我的兄弟拉藏,你们自己再去了

〔1〕这个乌法贵族子弟弗拉季米尔·康斯坦季诺夫·戈卢勃佐夫于1648年出访土尔扈特台吉岱青,坚决要求他游牧离开巴什基尔边界地区,为此俄国政府允许交换俘虏,这些俘虏是1643—1644年乌法总督普列舍耶夫进军时在卡尔梅克兀鲁思中抓走的(参见《卡尔梅克人简史》,莫斯科,1967年,106-110页)。

解一下，我兄弟独立游牧，什么也不听我的。

岱青台吉还说：我不知道我岱青的卡尔梅克人有人跟我兄弟拉藏去打阿斯特拉罕了。他们是瞒着我跟随拉藏去打阿斯特拉罕的，所以我下令剥夺他们的战利品，我们这里除此没什么别的惩罚的办法。

岱青台吉还对皇使伊凡说：你刚才说，似乎我们清楚，巴图尔台吉、哈喇忽拉台吉和我父亲和鄂尔勒克及所有卡尔梅克人都是臣服沙皇 356
的，听命于沙皇的。这你们是编谎了，我们的父辈和祖辈从未臣服谁为奴，我们的书里毫无记载，我们从来独立生活，掌握自己命运，掌管自己的属民。我们除了上帝谁也不怕，派遣使节只不过希望和睦相处。

皇使谴责岱青台吉，居然说得出来，把事实颠倒成是编谎，并指出他现在抓来的 20 个俘虏是哪里来的。

岱青一会儿说是兄弟拉藏送的，一会儿又推说是手下人苏巴尔台那人在他不知情的情况下干的。

皇使伊凡说，既然他苏巴尔台杀掠了俄国的人，就当处死。岱青却说他们这里只能夺下他的战利品，没有处死的规定。

伊凡返回出发时，嘱咐岱青台吉今后必须遵守誓言，不仅不得攻打乌法和其他俄国城乡，而且必须游牧回他们远处自己的老牧地，不得在巴什基尔人和诺盖人的牧地上游牧。

岱青回答说巴什基尔人已经成了卡尔梅克人的奴隶，他们打走了巴什基尔人，他们自然可以在这里游牧。又说他们和诺盖人一起游牧在诺盖人的土地上。这些地方是巴什基尔人和诺盖人的地方，不是俄国的土地，那些地方并没有俄国的城市。

皇使伊凡说：虽然那些地方没有俄国的城市，但那些地方和那些河流沿岸都是俄国实物税民的地盘，他们没有地盘，就没法给俄国交实物税，所以你岱青必须从这些地方离开，回自己远方的牧地去，以免俄国和你发生巨大冲突。

岱青台吉坚持说：现在我和全俄沙皇阿列克赛·米哈伊洛维奇大公陛下关系是和睦的。巴什基尔人已经不在那些地方、那些河流沿岸狩猎了。我想让他们跟着我的兀鲁思狩猎，来到我兀鲁思后，他们可以

357 卖多余的储备品，只要我不跟俄国人和巴什基尔人冲突便行了。要我离开这些地方那我就没处可以游牧了……

全宗：卡尔梅克事务，1649 年，文件第 5 号，1－29 页，原件。

第114号

1649年11月11日：西伯利亚衙门就以“温和”方式向实物税民征收实物税一事下达给克拉斯诺雅尔总督安德烈·安德烈耶维奇·布纳科夫的诏书。 359

全俄沙皇阿列克赛·米哈伊洛维奇大公陛下给西伯利亚克拉斯诺雅尔堡总督安德烈·安德烈耶维奇·布纳科夫的谕旨。

前总督米哈伊拉·杜尔诺伊曾从西伯利亚克拉斯诺雅尔写信来说，157年(1648)骑兵大尉斯捷潘·科洛夫斯基曾从勃拉茨地方波克罗夫斯克城写信给他，说蒙古使节玛特科和库拜科不止一次来请求要到波克罗夫斯克城来，但是他斯捷潘没放他们进来，怕他们来惹事。斯捷潘多次对当地王公和兀鲁思属民做工作，宴请他们吃喝，他也给图瓦王公做工作，让他们上交实物税。但是现在给他们王公交实物税的克什蒂姆，不肯交税了，图瓦王公告诉他，他们收不到实物税，克什蒂姆拒绝交税，请对此给予指示。

一旦你收到我们这份谕旨，仍要图瓦王公们的克什蒂姆给我们交实物税，但希望你收取实物税时“和蔼而有礼貌”，而不要凶残，要让他们感受到并相信沙皇是仁慈的，让他们仍能全额上缴实物税，像我们指令中规定的一样。唯一希望你关心此事，并表现出自己的忠诚，希望你能“和蔼而有礼貌地”召唤那些不和谐的当地实物税民能臣服沙皇，按谕旨收上实物税。

全宗：西伯利亚衙门，栏目377，146－147页，副本。

第 115 号

1650 年 1 月 21 日:西伯利亚衙门就允许卫拉特人在秋明附近交易一事下达给托波尔斯克总督 B. Б. 舍列麦杰夫的诏书。

全俄沙皇阿列克赛·米哈伊洛维奇大公给西伯利亚托波尔斯克御前大臣兼总督瓦西利·鲍里索维奇等人的谕旨。

你们曾来函说,154 年(1645)我曾给你们托波尔斯克贵族伊凡·伊凡诺维奇·萨尔腾科夫等人指出过要认真审视考察今后如何把卡尔
360 梅克人引开,让他们不管有什么事都不要遣使来秋明,是为了不让他们了解秋明地方我们村庄道路的情况,防止他们的军队来进犯我们的那些村庄,希望卡尔梅克台吉们遣使去托波尔斯克谈判一切事务和出售马匹、牲口。考察之后,把以后能否让卡尔梅克台吉到秋明商谈或贸易的事告知秋明。

157 年(1648),秋明总督谢利维尔斯特·乔格洛科夫又写信给你托波尔斯克瓦西利总督,说 6 月 19 日和 7 月 16 日卡尔梅克托云·乌巴什台吉的使节乌鲁斯等 12 人和昆都伦台吉的卡尔梅克生意人 10 人赶着要卖的马来到秋明。于是谢利维尔斯特总督派出秋明的射击百人长、书吏、翻译和一些军役人员去会见卡尔梅克使节,把他们的人阻止在普什玛河彼岸,并转告了上方不允许秋明接待卡尔梅克使节和商队的指令,劝他们全部人转去托波尔斯克。但卡尔梅克使节对百人长和书吏说,他们托云·乌巴什台吉就是派他们来秋明,不是去托波尔斯克,只叩求我们让他们在秋明地方自由贸易,并从秋明派皇使去他们台吉处,说如果秋明不接受他们,他们就只有全部返回卡尔梅克,也不去托波尔斯克。155 年(1646),这位使节又被派到秋明,就允许他在秋明进行了一次贸易。此后,卡尔梅克人并未滋生任何事端,后来一直也没有。希望你瓦西利总督写信再问问谢利维尔斯特,是否可让卡尔梅克

人到秋明来做生意。你还让谢利维尔斯特按我们的谕旨办事。但那些使节来叩求我,让他们按原来那样在秋明贸易,说如果不让他们在秋明贸易,他们就要损失1万匹马,就是返回卡尔梅克,也不去托波尔斯克。谢利维尔斯特就照以前的情况在安德烈耶夫湖边允许卡尔梅克人进行了贸易,以免为此发生冲突。

156年(1647),卡尔梅克使节乌鲁斯等人又来秋明贸易了一次。

158年(1649),从秋明到托波尔斯克来的军役人员和各种人都说 361
道,今年158年(1649)来自卡尔梅克的各位台吉的人都赶着马匹和各种牲口来秋明贸易了两次,不过秋明谢利维尔斯特总督让他们在原安德烈耶夫湖畔交易的事没有写信告诉御前大臣兼总督瓦西利·鲍里索维奇。

一旦你们收到我这份谕旨,或收到秋明谢利维尔斯特有关卡尔梅克人贸易情况的公函,望你们仍要严密审视这事,可根据当地情况,唯一原则就是秋明贸易不要损害我们的利益,不要发生与卡尔梅克人及其兀鲁思属民之间的冲突,不致引发他们进攻我们西伯利亚各城乡的事件。

7158年(1650)1月21日写于莫斯科。

苏联科学院档案馆列宁格勒分部,全宗:缪勒存档卷,第4目11册,文件第81号,132-135页,18世纪拷贝。

第116号

1650年6月10日至8月31日:托木斯克总督米什卡·沃伦斯基就车臣汗、台吉鄂齐尔图的使臣抵临并就给鄂齐尔图送去皇赏一事呈西伯利亚衙门的报告。

呈全俄沙皇阿列克赛·米哈伊洛维奇大公陛下,您的臣仆米什卡·沃伦斯基、波格达什科·科科文斯基等叩呈。

今年158年(1650)6月10日,黑卡尔梅克鄂齐尔图台吉遣来使节沙满达拉和科拜等8人到达托木斯克。陛下我们在聚会厅询问了他
362 们,鄂齐尔图台吉派遣他们来的目的。沙满达拉等人说,是叩求皇上赏赐他鄂齐尔图并能允许他的属民来托木斯克进行贸易。我们按您谕旨的规定回复了他们可以来托波尔斯克自由贸易。

使节们又叩求您恩准给他鄂齐尔图派去皇使,我们答复遣使出访鄂齐尔图台吉的事要等您的圣旨。

后来,沙满达拉等使节说,鄂齐尔图台吉给您陛下送来两匹马,给我们臣仆各一匹马做礼物。我们收下了礼物,估价20卢布。根据这价值我们回赠了价格相当的皇赏,主要是各种呢子。那些送来的马匹已卖掉,钱已入国库。

全宗:西伯利亚衙门卷宗,栏目381,第1部分,152、153页,原件。

第117号

1650年7月2日至8月31日:托木斯克总督米什卡·沃伦斯基就白卡尔梅克王公玛济克袭击俄罗斯居民点并决定派遣军役人员征讨该王公一事呈西伯利亚衙门的报告。

呈全俄沙皇阿列克赛·米哈伊洛维奇大公陛下,您的臣仆米什卡·沃伦斯基、波格达什科·科科文斯基、米什卡·克柳恰列夫等叩呈。

今年158年(1650)2月9日您给我们的圣旨中说,去年157年
(1649)6月6日您收到托木斯克前总督伊利亚·布纳科夫的信函,说 363
155年(1646)6月25日您给托木斯克总督奥西普·舍尔巴托夫的圣旨中说,白卡尔梅克的玛济克王公住在离托木斯克城和库兹涅茨克四五日程的地方,托木斯克和库兹涅茨克的俄国实物税民遭到他多次驱赶,他玛济克及其兄弟、儿子和兀鲁思人来到那些实物税地区,大肆抢劫,往死里狠打,还俘掠回了兀鲁思。

陛下,过去148年(1639)时,那个玛济克就曾率众来攻打库兹涅茨克,制造了似乎是来贸易的骗局,从而杀掠了俄国库兹涅茨克军人,还掠走了牲畜。

154年(1645),鞑靼贵族伊杰格缅报告说,他的舅舅白卡尔梅克王公科卡告诉他,那个玛济克游牧渡过了鄂毕河到了离托木斯克3日程的地方,想逃脱他的罪行,又杀了黑卡尔梅克达赖台什的属民。如果陛下要派托木斯克军队去讨伐那个玛济克,科卡将会提供向导人,如果不去讨伐,那个玛济克准会毁灭了剩下的俄国实物税属民。其实他的兀鲁思民不过200人,但有珲台吉的庇护,因为他们是亲戚。我们希望不要纵容玛济克,可从托木斯克派兵追捕,但以不致发生卡尔梅克人更大冲突为原则。今后追捕的情况,一有消息,即报告陛下。

陛下,今年158年(1650)11月30日我米什卡写信给库兹涅茨克

总督格里戈里·扎谢茨基说,当库兹涅茨克总督阿福纳谢伊·瑟金没经过托木斯克直到莫斯科时,曾告诉我说,那个白卡尔梅克王公玛济克向您全俄沙皇阿列克赛·米哈伊洛维奇大公宣了誓,但没说承诺了什么和是否要给库兹涅茨克提供人质。

陛下,3月18日我米什卡收到格里戈里·扎谢茨基的信,告诉我157年(1649)为了宣誓,从库兹涅茨克派往玛济克那里的是当地书吏伊瓦什卡·瓦西利和翻译科凯科。在伊瓦什卡的出使记录中记有:玛
364 济克向陛下宣誓承诺了世代臣服沙皇,带领属民年年进贡,玛济克并向您陛下呈送了狐皮、黑貂皮等礼品,今后保证再增加进贡礼品。但还是没写明玛济克是否提供了人质,是否准备给库兹涅茨克提供人质,人质是谁。

5月12日,我米什卡又写信问了上述问题。

7月2日,库兹涅茨克总督格里戈里·扎谢茨基回信说,玛济克宣誓时只承诺按陛下的旨意给陛下上交贡品,没宣誓给库兹涅茨克提供人质。而他又游牧到离库兹涅茨克15日程的地方,冬季则在离库兹涅茨克5周处。但我们不敢派托木斯克的军队去打他。叩请陛下就此事给予指示。

批注:给托木斯克回信[1],不必到远处去打玛济克。但如果他再来攻打托木斯克或库兹涅茨克县,杀掠实物税民,那可按当地情况派适当的军队回击他,而不是去远处打他、搜寻他,只需保卫好自己的地方和不让他打我们的属民即可。

全宗:西伯利亚衙门,栏目381,第2部分,467-471页,原件;苏联科学院档案馆列宁格勒分部,全宗:缪勒存档卷,第4目,第17册,文件第270号,524页反面-527页,18世纪拷贝。

---

[1]1651年8月30日从西伯利亚衙门转来一份给托木斯克总督的谕旨,允许在玛济克来到托木斯克县或库兹涅茨克县并抢劫实物税民众时派军队讨伐他(参见西伯利亚衙门卷宗,栏目381,第1部分,472-474页)。

第118号

1650年7月19日：叶尼塞斯克总督费季卡·波利宾为禀告喀尔喀车臣汗硕垒去世和向通古斯人及与其有亲属关系的部落征收实物税一事呈西伯利亚衙门的报告。

呈全俄沙皇阿列克赛·米哈伊洛维奇大公陛下，您的臣仆费季卡·波利宾叩呈。 365

陛下，158年(1650)7月19日叶尼塞贵族子弟伊凡·加尔金从贝加尔湖巴尔古津堡那边写信给我说，他伊凡·加尔金奉旨在巴尔古津堡贝加尔湖彼岸服役。他从蒙古人、勃拉茨人等处得知，蒙古地方的车臣汗已不在人世，他们那里现在一片混乱，他就引导勃拉茨人和通古斯人臣服了沙皇并按您的谕旨收他们的实物税。去年157年(1649)已收了，这批从叶尼塞堡巴尔古津新地方收的实物税已运来。按您从叶尼塞堡发来的谕旨，这笔从新的地方，即巴尔古津和安加拉堡收来的专门收入应送往莫斯科，现今年158年(1650)，他贵族子弟伊凡·加尔金率领军役人员从那些实物税民中征收了比去年157年(1649)更多的实物税，不过直至19日他还没到叶尼塞堡去收那边专门的皇税。

全宗：西伯利亚衙门，栏目381，第2部分，856－857页，原件。

第 119 号

1650 年 8 月 18 日至 31 日:托波尔斯克总督瓦西里·舍列麦杰夫就车臣汗硕垒的蒙古使臣在叶尼塞斯克城堡滞留的情况呈西伯利亚衙门的报告。

呈全俄沙皇阿列克赛·米哈伊洛维奇大公陛下,您的臣仆瓦西里·舍列麦杰夫、季莫什卡·洛德根等人叩呈。

去年 157 年(1649)6 月 12 日按陛下的谕旨,我们从托波尔斯克允许蒙古车臣汗和图鲁凯塔布囊的使节谢吉科等人经由叶尼塞堡返回蒙古,并派了托波尔斯克贵族子弟亚罗菲伊·扎勃洛茨基和书吏瓦西利·恰普林以及翻译、护送人员等共 6 名为使团随蒙古使节回访车臣汗,根据您的谕旨,还让使团带去了赐给车臣汗和图鲁凯的皇赏金银酒杯和呢子。我们也写信嘱咐了叶尼塞堡总督费多尔·波利宾,让他为皇使团和蒙古使节提供备用食物到色楞格河,并尽可能快地放行去蒙古,勿要拖延。并让他派 30 名叶尼塞哥萨克射击手护送之,以保障安全到达。

今年 158 年(1650)8 月 18 日,我们收到皇使团托波尔斯克贵族子
366 弟亚罗菲伊等人两封信函,说他们 10 月 10 日到达叶尼塞堡,但费多尔总督令蒙古使节的食物按过路人公函规定全额付现金,衣服、酒等也减半提供,还发生了其他的摩擦。而且很久才放行,还没给大车。

现将皇使亚罗菲伊等人的信函送莫斯科呈给您陛下亲阅。

全宗:西伯利亚衙门,栏目 455,666 - 667 页,原件。

第120号

1650年不早于9月1日：托木斯克总督米什卡·沃伦斯基就托木斯克官署接待蒙古使臣墨尔根·德噶一行的情况以及阿勒坦汗要求从到过蒙古的俄国使臣中派遣一人去见他等事宜呈西伯利亚衙门的报告。

呈全俄沙皇阿列克赛·米哈伊洛维奇大公陛下，您的臣仆米什卡·沃伦斯基等人叩呈。

去年158年(1650)7月28日，蒙古阿勒坦汗派遣他的使节墨尔根·德噶等5人来到托木斯克。我们安排他们在聚会厅盘问了他们：阿勒坦汗遣使的目的，向他们交代了什么事情？使节梅尔根等人回答说，阿勒坦汗首先让他们来问候全俄沙皇阿列克赛·米哈伊洛维奇大公陛下圣体安康，并指示他们说，他此前曾派出托兹(塔尔罕喇嘛)喇嘛来托木斯克，后来对这个使团的情况，阿勒坦汗一无所知。我们回答使节，有关该使团的情况，我们要等收到皇上的谕旨后，再告诉阿勒坦汗。

然后使节墨尔根一行又说，阿勒坦汗叩求陛下赏赐他，并希望派去的皇使要像过去托木斯克贵族子弟斯捷潘·格列切宁、彼得·萨班斯基和德米特列伊·科波洛夫那样能胜任的。

全宗：西伯利亚衙门，栏目455，683页，原件。

第121号

367 1651年不迟于4月5日：西伯利亚衙门就额尔德尼·巴图尔珲台吉请求允许他的使臣去莫斯科并给他送去礼品和各种工匠一事的报告提要。

报告中写有如下内容：

今年159年(1651)2月28日，西伯利亚托木斯克御前大臣兼总督瓦西里·舍列麦杰夫等人曾向陛下报告说，他们从托波尔斯克往卡尔梅克珲台吉处派出了一个由托波尔斯克射击百人长沃洛吉麦尔·克列比科夫率领的皇使团，去交涉托木斯克被蹂躏的实物税民的事。说是157年(1649)珲台吉的黑卡尔梅克人库拉的儿子等人蹂躏了托木斯克县的舍尔加尔斯克地方，希望他珲台吉能效忠沙皇，查寻被俘人员，放回托木斯克城。

今年159年(1651)当年皇使一行便回到托波尔斯克，并递交了出使记录报告。报告中记有：珲台吉说，他的兀鲁思人库拉的儿子打劫舍加尔斯克地方是托木斯克军人挑起的，说托木斯克军人去攻打了珲台吉的兀鲁思，并杀掠了约40户家庭。珲台吉叩求陛下开恩，以后再不要派军队打他的兀鲁思，可遣皇使去他那里。珲台吉还求皇上赏赐他2名木匠、2名石匠、2名铁匠以便发展乡村事业，再为了发展机械业，请赐他2名制甲匠和上等盾牌、步枪、铅弹，还要铜钹器，再就是猪、牛、鸡等人。珲台吉还派了其妻子、儿子名义的使节叶涅伊等共9人随皇使沃洛吉麦尔同来托波尔斯克。

御前大臣兼总督瓦西利等人让那些珲台吉的使节到使馆，并问了为何珲台吉的妻儿要派使节来托波尔斯克。使节们回答说是为了叩求陛下恩准他们的使节去莫斯科给沙皇陛下道贺。

瓦西里御前大臣等告知珲台吉使节叶涅伊，在陛下圣旨未到托波

尔斯克之前要在托波尔斯克等候,没有圣旨他们不敢放他去莫斯科,因 368
为157年(1649)有指令不得允许卡尔梅克使节去莫斯科。

要看全俄沙皇阿列克赛·米哈伊洛维奇大公对珲台吉的使节及珲台吉叩求的事有什么指示。

155年(1646)曾从西伯利亚托波尔斯克把珲台吉的使节诺耶代等5人连同3名护卫派去了莫斯科谒见沙皇陛下。圣旨是从西伯利亚衙门转发外事衙门的[1],而且给他的皇赏是外事衙门赐发的,西伯利亚衙门不清楚,因为他们是由外事衙门直接送到西伯利亚托波尔斯克的。

文上封口处有批注:159年(1651)4月5日,有全俄沙皇阿列克赛·米哈伊洛维奇大公陛下的批语,令贵族阿列克赛·尼基季奇·特鲁别茨基写信给托波尔斯克御前大臣兼总督和秘书长,不要让珲台吉的使节来莫斯科,拒绝提供人员、盾牌和枪支。至于铅弹之类可按情况推托,铜钹可从莫斯科捎去,而鸡呀、猪呀这类东西可由托波尔斯克捎去。

全宗:西伯利亚衙门,栏目455,485－482页,原件。

---

[1]这里说的是两年前巴图尔珲台吉的使节诺耶代等人在俄国发生的事。诺耶代使团是跟随皇使达尼拉·阿尔申斯基于1646年12月来到托波尔斯克的,到1649年初才从莫斯科回额尔德尼。巴图尔珲台吉因长期没有其使节的消息而忐忑不安,多次要求托波尔斯克对拖延这两年的情况做出解释,没得到回答时,曾威胁要进攻西伯利亚城市。1649年库拉台吉的儿子谢季利果然在其卫拉特汗知情的情况下进犯了秋明地区。

第 122 号

1651 年 9 月 4 日至 1652 年 12 月前后:托波尔斯克军役贵族伊凡·拜加乔夫及其同僚在托波尔斯克官署呈递的关于他们赴见额尔德尼·巴图尔珲台吉的出使报告。

7160 年(1652)夏 9 月 4 日,按全俄沙皇阿列克赛·米哈伊洛维奇大公陛下的谕旨和御前大臣总督瓦西利·鲍里索维奇等人的指令,特令托波尔斯克贵族子弟伊凡·拜加乔夫和鞑靼族军役人员库丘盖·克兹尔巴耶夫从托波尔斯克经由塔拉出使卡尔梅克兀鲁思珲台吉处,随行出使珲台吉及其妻儿处的还有骑兵哥萨克鲍里斯卡·克留恰列夫等 10 余人,并捎去立陶宛文公函一份。皇使们从托波尔斯克捎往珲台吉及其妻儿的皇赏有:6 块水獭、20 颗贵重珠子、10 磅重的铜吹打器、5 块红呢、2 块绿呢子、2 块天蓝英国呢子,每块长度约 4 俄尺。同行的还有
369 珲台吉的使节叶涅伊等 9 人。到达珲台吉及其妻儿的兀鲁思后,让皇使扎营在他们附近,派一合适的人去取得联系,而伊凡等人换上他们备有的彩礼服。珲台吉及其妻儿通知去他们那里,皇使一行就带着皇赏——水獭皮、呢子和珠宝去了。珲台吉及其妻子儿子隆重地接受了皇赏。

贵族弟子伊凡·拜加乔夫等皇使一行人跟着珲台吉使节从托波尔斯克经由塔拉和巴拉巴到珲台吉兀鲁思走了四个半月,然后在伊休特地方才遇到了该兀鲁思。来到兀鲁思,在珲台吉没安排他们住使馆前,他们在珲台吉附近住了 8 天。后来珲台吉及其妻儿才通知他们到珲台吉的使馆。皇使伊凡等人就去了,隆重地拿着给珲台吉及其妻儿的皇赏。一到那里,皇使贵族子弟伊凡·拜加乔夫和库丘盖·克兹尔巴耶夫对珲台吉宣告,蒙全俄沙皇、许多国家至尊的君主阿列克赛·米哈伊洛维奇大公陛下的恩典,沙皇的御前大臣兼总督瓦西利等人派他们伊

凡·拜加乔夫等人组成使团从俄国的西伯利亚的托波尔托斯克给他珲台吉及珲台吉的妻子、儿子都捎来了皇赏。

皇使伊凡等人赐皇赏的仪式很隆重,珲台吉及其妻儿都叩谢了沙皇陛下。然后都按规定的话问沙皇圣体健康,按规定的话回答了。

然后,珲台吉又问候了御前大臣兼总督瓦西利的身体健康。

之后,皇使开始说公事,159 年(1651)他珲台吉及其妻儿派了使节叶涅伊跟随皇使沃洛吉麦尔·克列比科夫等人一起到了西伯利亚托波尔斯克,叩求沙皇陛下赏赐珲台吉及其妻儿,允许他们的使节去莫斯科给陛下祝贺。珲台吉还让叶涅伊带了一封鞑靼文的信,信中求赐皇赏 370
珠宝等。

当皇使们在珲台吉那里时,珲台吉还叩求过为发展乡村事业需要的木匠、石匠、铁匠等各 2 名,为发展军械业需要 2 名制甲工人,还有上等盾牌、步枪、铅弹等,同时求赐 20 头猪、5 头牛、5 只母鸡、10 只公火鸡等等。

瓦西利御前大臣就此请示了沙皇陛下,军用品等没有沙皇批准不能赏赐,因从托波尔斯克到莫斯科路途遥远,还需来回。除了这次捎来的铜吹打器等赏赐,其他猪、鸡之类到开春可捎来,或等下次遣使时。

珲台吉叩谢了皇赏。于是对珲台吉说道,塔拉城哥萨克弟子伊瓦什卡·阿列克谢耶夫要求寻查他的兄弟米什卡·阿列克谢耶夫和农夫安德柳什卡·列宾的事,希望珲台吉在他自己和其他兀鲁思查找,查到后,望送往西伯利亚托波尔斯克或塔拉,如果他们死了,也希望他珲台吉把牲畜交还哥萨克子弟格里什卡·阿列克谢耶夫或哥萨克鲍里斯·特罗菲莫夫。

关于此事,珲台吉回答说,米什卡·阿列克谢耶夫和安德柳什卡·列宾这两人都曾住在他珲台吉的兄弟楚库尔台吉的兀鲁思之中。但米什卡被安德柳什卡·列宾杀了,而安德柳什卡·列宾又被卡尔梅克人杀了。牲畜都留在一个喀山鞑靼人那里,不过现在这个鞑靼人自愿跟他兄弟楚库尔台吉到唐古特地方朝圣去了。

此后,皇使伊凡等人就要求返回托波尔斯克,但珲台吉留他们住了

19 周才放他们回托波尔斯克。同时跟随皇使又派出使节扎梁等 9 人去拜见沙皇陛下。他们从珲台吉处出发经巴拉巴到塔拉走了 9 周,而从塔拉到托波尔斯克走了 2 周。

送行时,珲台吉对皇使们说,他珲台吉这次给沙皇陛下再派去使节,令他们叩求沙皇允许使节从托波尔斯克去莫斯科表示祝贺。如果
371 沙皇不恩准他的使节从托波尔斯克去莫斯科,那么希望托波尔斯克总督不加拖延地放他们返回卡尔梅克,那么不必再遣使到他这里了。

而且珲台吉强迫托波尔斯克的鞑靼军役人员拉赫曼古洛·布加耶夫作为他兀鲁思去中国做生意的人。这个鞑靼人是跟皇使伊凡·拜加尔乔夫一起出使到珲台吉这里的随行人员。又贵族子弟伊凡·拜加尔乔夫回到塔拉时,就失明了。现在还在塔拉。

我们从托波尔斯克去卡尔梅克时,带了少量货物,到塔拉后,用一些货物高价换了马匹和骆驼。我们从卡尔梅克回托波尔斯克时又买了些货物,但一让人发现,便被卡尔梅克人抢光了。

全宗:西伯利亚衙门,栏目 455,602 - 611 页,原件。

第123号

1651年早于10月17日:和硕特台吉图鲁拜琥之妻贡日关于派遣使臣前往托波尔斯克并要求准许其使臣前往莫斯科的信件。

译自库什妻子贡日的信。

嫁给达赖君王[1]的贡日,转鄂齐尔图台吉给托波尔斯克总督的话,问候他们的健康。我特派使节几名来问候托波尔斯克的总督们,希望了解你们安居乐业的情况,我们也生活得很和谐,我们所遣使节盼能不拖延地被派往莫斯科,还希望沙皇的俄国能知道我们每年让布哈拉人通过这里去托波尔斯克做生意。每年平均还有30艘盐船由我放行通过去莫斯科,所以我遣使到沙皇处使了解这一切,沙皇对我是希望和睦相处,还是想打仗,我希望了解清楚。当我从达赖喇嘛那里回来,听说土尔扈特人及其儿子们以及杜尔伯特人都做了损害沙皇城市的事,却想要嫁罪给我。而且我们还听说,珲台吉及其子的使节去了莫斯科又回来了,希望也会给我和我的那些使节同样的机会,如果能够和睦相待,就能够让我的使节去莫斯科。如果不放我的使节去莫斯科的话,也 372
希望不加阻挠地放他们回我这里,这就是要对托波尔斯克总督说的话。

我的使节们曾到过塔拉,可塔拉总督说什么娘们知道什么,于是把我的使节赶了出来。那塔拉总督是按沙皇的指示这么做的,还是托波尔斯克总督自己叫这么做的?这事我贡日要弄清楚,我想,对于所有卡尔梅克人来说,我是母亲,所有卡尔梅克人都听说过我,如果跟我和睦相处,希望沙皇对我说仁慈的话,财产算什么,不如和睦万事兴,我知道,我对待英明的沙皇就是和睦相处。当我们使节到沙皇陛下身边时,沙皇会了解我的一片诚意,我特派出我的使节和硕齐·叶涅伊去拜见

[1]可能是指达赖洪台吉,这是和硕特顾实汗的儿子和继承人。

陛下。

信是由鞑靼族托波尔斯克军役人员奥维斯巴季·库尔玛麦杰夫和纳德的儿子舍霍瓦·纳扎尔等合译的。

全宗:西伯利亚衙门,栏目 455, 443、441 - 442 页,17 世纪译文抄件。

第 124 号

1651 年 11 月 24 日:托波尔斯克总督瓦西里·舍列麦杰夫就派遣军役人员将铜钹转交给额尔德尼·巴图尔珲台吉并就接受珲台吉送至托波尔斯克的礼品事呈西伯利亚衙门的报告。

呈全俄沙皇阿列克赛·米哈伊洛维奇大公陛下,您的臣仆瓦西里·舍列麦杰夫、季莫什卡·洛德根等人叩呈。

陛下,159 年(1651)12 月 16 日我们曾叫伊凡·帕弗洛茨基大主教给您带去一信。

陛下,珲台吉及其妻儿派了他的使节叶涅伊等 9 人跟随皇使沃洛吉麦尔·克利亚比科夫等人来到托波尔斯克。我们在使馆询问了他们的来意。使节们回答,他们是来问候陛下圣体安康,并表示祝贺,叩求 373
让他们去莫斯科,并递给我们一封鞑靼文写的信。

珲台吉及其妻子献给您 2 块虎皮,有 1 块似赝品,2 个毡呢马鞍,2 个高级笼头,1 个天鹅绒马鞍,1 个中国箱子。马鞍的鞍桥和笼头的弯曲处都镶有金银。他们马镫的铁皮上都镀了银,中国箱子是彩色的,虎皮为红黄斑色……

今年 160 年(1651)10 月 24 日陛下您给我们托波尔斯克的谕旨中指示,让火速放卡尔梅克的使节叶涅伊一行回珲台吉处,并按珲台吉的要求,捎去 10 磅的铜钹器、猪和鸡等,但婉言拒绝提供制甲匠、盾牌、铅弹等军用东西。

陛下,在您的谕旨到达之前,我们已经让珲台吉的使节叶涅伊等回去了,还派了托波尔斯克贵族子弟伊凡·拜加乔夫等为使节回访,并参照他们来礼的价值,捎去水獭皮、呢子等皇赏。 374

我们嘱咐皇使伊凡回答珲台吉说,他 159 年(1651)遣使并在信中提出的赏赐要求我们已一一记下来,并已报告给您陛下,一旦您的谕旨下来,即可给珲台吉送去,但没有皇上的圣旨,我们不敢赐这些东西,因莫斯科路途遥远,先请使节回珲台吉处,为了路途安全,特遣我们的皇使送他们回去。

陛下,10 月 21 日总督瓦西利·戈尔恰科夫公爵写信给我瓦西里·舍列麦杰夫说,您的皇使伊凡·拜加乔夫等人和珲台吉的使节从托波尔斯克于 10 月 13 日到达塔拉,而且珲台吉的使节来叩求沙皇赐大车让他们好从塔拉回卡尔梅克。但皇使伊凡·拜加乔夫等一行和珲台吉使节没能得到从塔拉到珲台吉处的大车。我回信给塔拉总督请他按过去的原放行规定对待皇使和珲台吉使节一行,同时让他问问珲台吉的使节,您已批准开春可赐给珲台吉的那些皇赏,他们是否要在塔拉等到春天一并带上?如果要等,我即将皇赏送到塔拉,如果他们觉得太久,要回卡尔梅克,可告诉他们,我们会加紧派特使把皇赏送去。

375 11 月 16 日瓦西利公爵回信说,叶涅伊等珲台吉的使节叩谢了陛下的皇赏。但他们请求把赏赐的铜钹速送塔拉,今冬就带回去,至于公火鸡和猪等赐品,则可开春送到盐湖。我们就这样处理了。

此报告 11 月 24 日交由骑兵哥萨克彼特鲁什卡呈送陛下。

苏联科学院档案馆列宁格勒分部,全宗:缪勒存档卷,第 4 目,11 册,文件第 87 号,143 反面 - 147 页,18 世纪拷贝。

第 125 号

1652 年不迟于 2 月 25 日：西伯利亚衙门关于和硕特台吉图鲁拜琥之妻贡日请求准许其使臣赴莫斯科问题所草拟的报告提要。

报告中写有：

今年 160 年(1652)1 元 5 日托波尔斯克总督瓦西利给沙皇陛下呈送：159 年(1651)他们从托波尔斯克派出贵族子弟谢苗·波洛佐夫等 376
人的使团出访卡尔梅克库什台吉夫人贡日。今年 160 年(1652)10 月 17 日谢苗一行人返回托波尔斯克，库什的妻子派了两位使节随他们同到了托波尔斯克。贡日夫人的使节说，派他们来为叩求沙皇赏赐并求恩准放他们从托波尔斯克去莫斯科亲见沙皇陛下，他们带来献给陛下的礼物是 1 只箱子和 3 块雪豹皮。这些礼品他们没在托波尔斯克拿出来，说要面呈沙皇。

贡日的使节还在使馆说道，贡日夫人让他们对御前大臣兼总督说，她想抓杰弗列特·基列伊王子及其属下，给予幽禁，不让他再攻打俄国城市。说卡尔梅克人都尊重她，听从她，叫她妈妈。使节们还带来一纸信函，这前已翻译过(见文件第 123 号)，从略……

文上批注：160 年(1652)2 月 25 日令写信通知托波尔斯克，允许贡日夫人的使节从托波尔斯克去莫斯科。

全宗：西伯利亚衙门，栏目 455，446－448 页、444－445 页，原件。

第126号

377 1652年8月30日：和硕特使臣科苏奇耶内关于阿穆尔河和达斡尔地区问题在外事衙门的答问词。

从对卡尔梅克的问话中逐字记录。

160年(1652)8月30日，陛下令询问卡尔梅克使节和硕齐·叶涅伊关于阿穆尔河、达斡尔斯克地方的情况，还有嫩江以及顺治汗[1]和阿拉卡巴图尔汗的情况，问他是否听说那河、那地方和那有关皇帝？如果听说过，离他们的牧地多远？离中国多近？在他们的哪个方向？东边还是西边？出什么物产？有城市吗？他们种粮食吗？产银吗？他们山里有银矿吗？

卡尔梅克使节就这些问题回答说，他听到过有关传说，但本人不太了解实情，因为达斡尔地方离他们很远，大约得走2年，他们的王妃贡日去那边朝贡过。跟她同去的人说，那地方在中国后面的东方，有很多城市，住的全是中国人，统治他们的也是中国皇帝。[2] 关于种粮食的情况，他不清楚。他倒听说过，那里有银山，从山上挖银矿。有关顺治汗皇帝的事他不知道。

使节还说，王妃贡日令他们请求沙皇赐给他1把军刀和100颗贵重珠子以及外貌远比牧区乡地好的上等呢子。如果沙皇陛下认为他的这些要求合适，或者他可以按沙皇的指示立即到中国去办那些东西。她贡日王妃还对他们指示说明，她为效忠沙皇，允许许多布哈拉人带着

---

〔1〕大概是指清朝皇帝世祖顺治（执政年代1644—1661年），阿拉卡巴图尔是他的一个尊号，可能是从满洲的《阿里哈巴图尔汗》中演绎出来的（见《17世纪俄中关系》，1969年，543页）。

〔2〕17世纪50—60年代达乌尔的概念，不仅包括阿穆尔河两岸，还包括向南直到中国长城的大片领土。蒙古人在他们的记载中了解的正是这些地区。到17世纪末这个术语的含义逐渐肯定下来。俄国所称的达乌尔开始只指称阿穆尔左岸了（见阿列克山德罗夫《俄国和远东边区》，莫斯科，1969年；《17世纪俄中关系》，543页）。

许多土特产放行到托波尔斯克或其他西伯利亚城市。这会给沙皇国库增加大量税金，特报请沙皇知晓。

秘书长说，希望她今后继续效忠沙皇，陛下一定会恩赐她。

使节还说，如果沙皇有意要派俄国商人去中国，她贡日可以小心地
护送商人到达中国，提供大车和食物，商人们不必自备什么，她还会令 378
人从中国再叫人把那些商人护送回托波尔斯克。

秘书长又问，在莫斯科俄国近处游牧的和鄂尔勒克家的岱青和拉藏台吉是否与她来往？他们是否有亲戚关系？

使节回答，他们的父亲和鄂尔勒克是贡日的兄弟，他们两人则是贡日的侄儿。但游牧地相距很远，要走 4 个月以上，不过他们之间仍友好往来。她的丈夫库什台吉现在统治着蒙古地面，并在那里生活。[1] 而贡日自己则带着儿子、侄子在自己兀鲁思游牧。

关于贡日说要抓杰弗列特·基列伊，以便不让他攻打西伯利亚城市一事，秘书长希望她能把此人送到莫斯科，以证明她的忠心。

使节答应把此人交给沙皇陛下。

全宗：西伯利亚衙门，栏目 455，301 - 307 页、288 页，17 世纪抄本。

出版物：《17 世纪俄中关系》（1608—1683 年资料文件集）第 1 卷，1969 年，文件第 62 号，139 - 140 页。

[1] 见本译著下册文件第 5 号注释 1。

第127号

1652年不早于12月1日:库兹涅茨克军总督费多尔·巴斯卡科夫就阿勒坦汗击溃吉尔吉斯王公一事致托木斯克总督米季福尔·纳硕金的报告。

米季福尔·奥西波维奇阁下,费多尔·巴斯卡科夫问安!

阁下,今年161年(1652)9月20日,我从库兹涅茨克派出五十人长阿尼西姆·瓦西利耶夫等5名军役人员去吉尔吉斯王公达赖和秋留卡等人处去收取实物税。

同年161年(1652)12月1日,阿西尼姆科等5位收税人返回库兹涅茨克堡向我汇报说,在他们到达吉尔吉斯王公达赖等人处约10天前,已经有4000多阿勒坦汗的人到了吉尔吉斯,抓了许多吉尔吉斯头人,收走了马群、牛群,而吉尔吉斯人的交税克什蒂姆、萨加人、塔班人、别尔德尔人和乌尔丘基人等等全逃散了。由于这次蒙古人的入侵战争,去年使应从吉尔吉斯人和他们的克什蒂姆处收取的皇税没能收齐。他们军役人员通过平民的帮助迂回曲折走小路才从入侵吉尔吉斯的蒙古人眼皮下逃出,逃出后蒙古人如何对待吉尔吉斯人他们已无法知道。

阁下,今后一有吉尔吉斯人的消息,我当立即往托木斯克报告给您。

苏联科学院档案馆列宁格勒分部,全宗:缪勒存档卷,第4目,18册,文件第7号,6页反面-7页,18世纪拷贝。

第 128 号

1652 年不早于 12 月 14 日：托木斯克总督米季福尔·纳硕金就吉尔吉斯王公因阿勒坦汗突袭而遣使求援并就库兹涅茨克城堡驻军为应付袭击做好备战一事致库兹涅茨克总督 Ф. E. 巴斯卡科夫的报告。 379

费多尔·奥弗多季莫维奇阁下，米季福尔·纳硕金向您问安！

今年 161 年(1652)12 月 9 日，在托木斯克会议室一个吉尔吉斯兀鲁思属民卓库尔·德戈当着我们的面叙述说，吉尔吉斯人和其兀鲁思百姓派他来叩求沙皇陛下，说是额尔德尼珲台吉来到了吉尔吉斯地方，而且带来了 3000 人。吉尔吉斯王公听说额尔德尼珲台吉来到吉尔吉斯，就与基尔奇别等 8 人去看望额尔德尼珲台吉。珲台吉要求吉尔吉斯王公给他 1000 名会骑马、打枪的年轻人。如果他们不给他这些人马，他就要攻打吉尔吉斯人。而吉尔吉斯人拒绝了珲台吉的要求，说他们吉尔吉斯人享受了沙皇陛下许多恩惠，陛下赏赐他们，会保护他们打退珲台吉的暴力行为。后来珲台吉的儿子莫强要吉尔吉斯人上交战马和动产，数量多少没说。后来额尔德尼珲台吉的下属墨尔根·德噶又来代表珲台吉向吉尔吉斯人索要 1000 只羊、400 头牛。吉尔吉斯人让他带走了这些牛羊。吉尔吉斯人很担心珲台吉会来攻打沙皇的实物税地区，造成巨大损失，望沙皇恩准给吉尔吉斯人派来军队，保护他们免受珲台吉欺凌。而且许多吉尔吉斯人还被额尔德尼珲台吉关在禁林中。

12月14日，贵族子弟瓦西利·斯塔尔科夫回到托木斯克，对我和同事们说，161 年(1652)他去卡尔梅克麦列特河办事。一个白卡尔梅 380
克人伊谢卡告诉他瓦西利说，有个科卡王公到了黑卡尔梅克珲台吉处，带来了从黑卡尔梅克调来的 3000 人。这个科卡向其住在河边的兀鲁思民下了命令，凡那一带一出现俄国人，就抓捕起来，送到他科卡那里。

阁下,这一消息,请您关注。

库兹涅茨克堡若有些什么消息,请您按陛下指令,派急使通知我托木斯克,并叫库兹涅茨克的军役人员、哥萨克骑兵和步兵准备好储备和马匹,小心服皇役,至于要去哪里服役,请随时等待托木斯克转给您的谕旨。

苏联科学院档案馆列宁格勒分部,全宗:缪勒存档卷,第 4 目,18 册,文件第 3 号,2 页反面 -4 页,18 世纪拷贝。

第129号

1652年不早于12月31日：克拉斯诺雅尔斯克总督米哈伊尔·斯克梁宾就克拉斯诺雅尔贵族军役人员斯捷潘·科洛弗斯基与阿勒坦汗使臣墨尔根·德噶商谈阿勒坦汗赴图巴乡并向吉尔吉斯实物税民征收实物税诸事致托木斯克总督米季福尔·纳硕金的报告。

米季福尔·奥西波维奇阁下，米哈伊尔·斯克梁宾向您问安！

今年161年(1652)10月21日，吉尔吉斯王公伊热涅·麦尔根从吉尔吉斯地方派来兀鲁思鞑靼人2名到了克拉斯诺雅尔堡，说阿勒坦汗的侄儿梅尔根台吉率领700名士兵来到克拉斯诺雅尔县打了俄国的图瓦地方，驻扎在离克拉斯诺雅尔堡5日程到俄国实物税地区之间的恩巴河口的俄属图瓦地方。他梅尔根台吉声言要劫掠消灭俄国实物税民，而且暴力抓走了其中许多人，赶走了另外一些人。阁下，我根据这些消息，派出军役人员斯捷潘·科洛弗斯基和翻译伊瓦什科·阿尔西波夫以及叶弗谢维克·科夫里根等人去找阿勒坦汗的侄儿梅尔根台吉交涉。阁下，11月26日我派出的克拉斯诺雅尔军役人员斯捷潘等人很快写信给我，说11月22日他斯捷潘一行人到达吉尔吉斯边地，跟吉尔吉斯人一起下到图们江河口处。那些吉尔吉斯人说，蒙古阿勒坦汗跟其子洛藏[1]到了吉尔吉斯和图瓦地方,他们率领的军队约 4000 人。后来他的一个台吉又带了 1000 人来支援他阿勒坦汗。

阿勒坦汗率军驻扎在离克拉斯诺雅尔堡 5 日程的恩巴河口,并且在瑟达河下游的石城紧紧包围了他自己的侄儿梅尔根台吉及其属民,而且强行抓走了吉尔吉斯和图瓦的头人约 70 人。他阿勒坦汗的人还赶走了吉尔吉斯人、图瓦人和沙皇的外国属民的马匹和牲口,抢劫他们的家禽和粮食店,强占了他们的土地。吉尔吉斯人、图瓦人、阿尔腾人和克连涅茨人为了逃避阿勒坦汗都拖家带口逃到了克拉斯诺雅尔堡下的克兹尔地方叶尼克河一带,一无所有地躲入了离克拉斯诺雅尔堡 2 日程的小城。

另外 6 个军役人员从克拉斯诺雅尔堡出发去图瓦和亚林斯克地方收皇上的实物税,也一无所获,都两手空空地返回。他们说当地的沙皇实物税民,住在叶尼塞河一带的,都因怕阿勒坦汗及其侄儿梅尔根逃到远处各地去了,有的躲进萨彦岭和黑森林了,没法找到他们。也有些沙皇的实物税民被阿勒坦汗强行抓走了,并且阿勒坦汗开始在那些地方向所有人收实物税。

阁下,我就根据沙皇陛下的谕旨精神,给克拉斯诺雅尔的军役人员斯捷潘等人发去了一份盖有公章的指令公文,令他们去对阿勒坦汗交涉,指出他曾经宣誓臣服沙皇,承诺不攻打、杀掠沙皇城乡和属民等等原来的承诺,而现在却破坏了这一切,忘记了所有承诺,令他不得继续妄为,不得迫害实物税民和收取吉尔吉斯和图瓦人的实物税。如果阿

---

〔1〕洛藏指的是洛卜藏·桑·额尔德尼洪台吉(1657—1696),最后一位阿勒坦汗,是衮布额尔德尼洪台吉的儿子。从 1655 年起他是喀尔喀 8 个斋桑(执政王公)之一。他实行军事化政治,于 1657 年入侵吉尔吉斯人、阿尔腾人、图瓦人的领土,威胁克拉斯诺雅尔和托木斯克,回到蒙古之后,又积极介入喀尔喀和卫拉特封建主之间的斗争,而清人更有意燃起这场围绕扎萨克图汗诺尔布 1661 年死后遗产之争。1662 年洛藏攻打土谢图失败,被迫先后退出克姆奇克和乌布苏河地区,再往后就向北到了克拉斯诺雅尔,1666 年在那里的希卓河与叶尼塞河河口处筑了一个城堡,俄国居民称之为"洛藏之围"。

1667 年洛卜藏被准噶尔汗僧格击溃,并被俘。当了多久的俘虏,不详。他重新出现在俄国档案文件的页面上已是 1678 年,和叶尼塞总督谈判时。但很快他就离开而去了喀尔喀,从 1679 年初之后,阿勒坦汗的名字就从俄国档案文件的页面上消失了(参见兹拉特金《准噶尔汗国史》[1635—1758 年],莫斯科,1964 年,216 - 217 页)。

勒坦汗不认错,不从俄国撤走自己的军队,那就让沙皇的军队去制服阿 381
勒坦汗的人。

阁下,12 月 7 日克拉斯诺雅尔的军役人员斯捷潘等人很快给我写来了回信,说 11 月 29 日一些被阿勒坦汗关起来的吉尔吉斯人从阿勒坦汗那里回来了,跟他们同回的还有阿勒坦汗的使节墨尔根·德噶等 10 人,向吉尔吉斯人索要许多东西。吉尔吉斯人和图瓦人从四面八方纷纷上来到克拉斯诺雅尔堡向沙皇呈文,文中说阿勒坦汗与他的侄儿讲和了,两人联合起来有军队约 5000 人,都驻扎在离克拉斯诺雅尔堡 5 日程的恩巴河河口处,抢掠牲畜和粮食。阿勒坦汗先派差官召他们这些吉尔吉斯人去他那里,然后就把他们关了起来,还强抓走许多沙皇的实物税属民,扣留在兀鲁思中,然后毁了他们的一切,直到他们赤贫如洗。而且阿勒坦汗想很快就攻入吉尔吉斯人、图瓦人、阿尔腾人和沙皇的人的所有地方,所以他们逃离了阿勒坦汗及其军队的控制,逃到离克拉斯诺雅尔堡 2 日程的克兹尔斯克地方叶尼克河一带来,是为叩求皇上给他们派皇军支援(他们现在聚集的军队只有 1500 人),才能迫使阿勒坦汗及其侄儿不敢打沙皇的属民,最终不致被毁灭。

阁下,我按照陛下的谕旨和大家的呈文,向克拉斯诺雅尔的军役人员等宣布坚决为沙皇服役。军人们已根据阿勒坦汗可能来侵犯的消息,准备好支援吉尔吉斯人、图瓦人和所有沙皇的实物税民,让他们享受皇恩。

12 月 31 日,克拉斯诺雅尔军役人员斯捷潘等人从吉尔吉斯地方回到克拉斯诺雅尔堡,在会议室他在汇报中说,他们没有会见阿勒坦汗及其侄儿,因为吉尔吉斯人、图瓦人等都不肯带他们去,说阿勒坦汗及其侄儿的向导不会带他们见到阿勒坦汗的,路上就会杀了他们的,像这样杀掉可避免沙皇陛下迁怒于阿勒坦汗。但阿勒坦汗自己却派了使节两次来找斯捷潘他们了,他是想了解我派斯捷潘他们去找阿勒坦汗要
干吗。 382

斯捷潘等人告诉阿勒坦汗的使节说是为了转告沙皇陛下的公事,指出他率了这么多人来到离克拉斯诺雅尔仅 5 日程的地方,而且赶走

了许多吉尔吉斯人、图瓦人和陛下的外国属民,他阿勒坦汗的人大肆抢劫牲畜和粮店,不断赶走马匹和牲畜,对沙皇实物税民造成极大伤害,还抓走了不少,且开始向他们收实物税,凡此种种说明阿勒坦汗撕毁了誓言,表现出不义。所以现在为了讨伐他的不义行为,沙皇的总督们正从4个城市派来了带枪炮的火力部队。

阿勒坦汗的使节墨尔根·德噶等人听完后解释说,阿勒坦汗来到沙皇的地盘,不是来打皇上的人,而是来讨伐他侄儿梅尔根的罪行的。次日,德噶等人回到阿勒坦汗那里汇报了皇使们说的话,阿勒坦汗听后就派出其兀鲁思下属玛济克塔布囊等人,叫他们来护送皇使到他那里去,以便路上不要被他各地段的人所杀。但是吉尔吉斯人等还是不放皇使去,因为认为去了必被地段伏兵所杀。这时正好被阿勒坦汗软禁的吉尔吉斯王公麦吉奇回到吉尔吉斯人中,他说阿勒坦汗让他对沙皇的所有属民和吉尔吉斯人、图瓦人转达,他阿勒坦汗要把汗位让给儿子洛藏,因为他老了。希望他们原听从阿勒坦汗并向他纳贡的人都按原先那样听从他儿子的,并交贡给他儿子,那他自己就可带领所有兀鲁思民立即离开沙皇土地回去了。吉尔吉斯人、图瓦人和沙皇的异地属民相互商议了一番,同意对洛藏像对阿勒坦汗那样听从并交贡。所以现在原躲在克拉斯诺雅尔堡的那些吉尔吉斯人和沙皇异地属民都出来了,他们沿色楞格河上溯去白湖那边游牧了,阿勒坦汗的侄儿梅尔根台吉也回自己的地盘萨彦岭那边去了。

皇使斯捷潘等人在服役记录中还写道,当阿勒坦汗来到吉尔吉斯地方时,他在斯捷潘他们到达前两天曾派他的使节德噶等人到吉尔吉斯王公伊热涅和所有吉尔吉斯人及图瓦人那里,叫他们带着自己的全体兀鲁思人去他阿勒坦汗那里。伊热涅吉尔吉斯王公愿意去阿勒坦汗
383 那里,还说服所有吉尔吉斯人和图瓦人都带着自己的兀鲁思人过去。经考虑,他们表示想去见阿勒坦汗。皇使斯捷潘等人听了他们的这种打算,劝说他们大家别忘记对沙皇的宣誓和承诺,指出他们是沙皇的臣民,不要去阿勒坦汗那里。吉尔吉斯人、图瓦人和沙皇的异地属民们听了他的劝告,终于坚持了誓言而不去阿勒坦汗那里了,于是他们聚集起

来逃到克拉斯诺雅尔堡附近，躲进了离该堡2日程的叶尼克河克兹尔斯克地方的小城里，当阿勒坦汗听到斯捷潘等人散布的俄军从4个城市打来的话，就带着他的全部属民撤回了。而且当时那些吉尔吉斯人、图瓦人和阿尔腾人、克连涅茨人摆出30支俄式手枪和15门卡尔梅克炮，他们还有许多火药和铅弹。斯捷潘问吉尔吉斯人和沙皇的异国属民们，他们是从哪里弄到这么多枪和炮弹的。他们回答说是各种各样的人从托木斯克运来的，然后向他们换货物，还有那些卡尔梅克的炮，是从卡尔梅克运来的。当着斯捷潘他们的面，他们多次向目标射击，跟俄国人一样射中了目标。如果没有及时从克拉斯诺雅尔派去斯捷潘等人，了解到吉尔吉斯人和图瓦人想去投靠阿勒坦汗的想法，不用他们的誓言约束他们，那么吉尔吉斯人和图瓦人在斯捷潘到达之前可能就去投靠了阿勒坦汗。那他们会配合阿勒坦汗对俄国地区的城乡造成极大危害，因为他们中许多年轻人已经成长起来…… 384

苏联科学院档案馆列宁格勒分部，全宗：缪勒存档卷，第4目，18册，文件第8号，7页反面－14页反面，18世纪拷贝。

第 130 号

386 1653 年 1 月 18 日：托波尔斯克总督瓦西卡·希尔科夫就翻译官潘菲尔科·谢苗诺夫自喀尔喀车臣汗硕垒处返回并就向莫斯科呈送出使报告一事呈外事衙门的报告。

呈全俄沙皇阿列克赛·米哈伊洛维奇大公，您的臣仆瓦西卡·希尔科夫等人叩呈。

陛下，在原 157 年(1649)您陛下给托波尔斯克御前大臣瓦西利·舍列麦杰夫的谕旨中有如下内容：

157 年(1649)6 月 20 日您收到来自托波尔斯克御前大臣兼总督瓦西利的来信，说他们按您的谕旨已于 6 月 12 日允许蒙古车臣汗及其女婿图鲁凯的使节谢吉科等人经由叶尼塞堡返回蒙古地方，并派贵族子弟亚罗菲伊一行以及翻译潘菲尔科·谢苗诺夫等人跟他们同行。

根据陛下的谕旨，给贵族子弟亚罗菲伊等人发了一份指令，并把皇赏和呢子交给他们带去给车臣及其女婿。

陛下，从叶尼塞堡没有拖延地放皇使们和蒙古使节去了勃拉茨克堡，并派了叶尼塞射击手和哥萨克共 30 人护送。158 年(1650)6 月 7 日，叶尼塞总督费多尔·波利宾放行皇使亚罗菲伊等人去蒙古，渡过贝加尔湖后，皇使亚罗菲伊先派出托波尔斯克哥萨克彼特鲁什卡·丘克玛索夫和亚库尼卡·库拉科夫 2 人跟乌列台等 2 名蒙古使节去车臣汗及其女婿图鲁凯塔布囊那里弄大车。而其他皇使和 1 个蒙古使节谢吉科则留下等待大车。他们等了 3 周。一天皇使亚罗菲伊带着其儿子基里尔科和书吏瓦西利以及几名哥萨克共 8 人走出船外，到离船 100 俄丈处架起了火堆在烤火。而翻译官潘菲尔科和那名蒙古使节谢吉科以及 12 名船上作业人员留下守着船上的皇赏。

就在这天，皇使亚罗菲伊等 8 人正好遇到了图鲁凯塔布囊的勃拉

茨人共约100人,袭击了正在烤火的皇使一行,他们打死了这8个人, 387
就逼近了小船上的潘菲尔科等人。最后幸免于难的潘菲尔科等人一直没等到亚罗菲伊皇使一行人,13天后等到了先行去要大车的彼特鲁什卡和亚库尼卡2人从蒙古回来,还带来了30名蒙古人。于是潘菲尔科等人就在等不及皇使亚罗菲伊的情况下带着皇赏坐马车前往蒙古,留下9人继续在船上等待亚罗菲伊他们回来。

陛下,潘菲尔科翻译官等人到达了蒙古地方,他们交给了我们出使记录,还有一个不大的金碗,是图鲁凯塔布囊呈给陛下的。

现把两份出使记录抄本一份呈外使馆,另一份呈西伯利亚衙门,而金碗和这份报告则送往莫斯科呈给您,时为1月18日。

全宗:西伯利亚衙门,栏目220,57-71页,原件。

第 131 号

388 1653 年 6 月 23 日：秋明总督伊凡·维里根就采取防备措施对付卫拉特人可能发动的袭击一事致下尼津斯克城关镇的书信。

致普罗科比·谢苗诺维奇阁下，伊凡·维里根、格里戈里·日丹诺夫问安！

今年 161 年(1653)6 月 18 日，御前大臣兼总督瓦西利·伊凡诺维奇·希尔科夫从托波尔斯克写信到秋明，说今年 161 年(1653)5 月 29 日伊凡·恰达耶夫从塔拉写信到托波尔斯克，过往的布哈拉商人乌谢音科·奥弗索夫等人从塔拉草原来到塔拉，在会议室告知他伊凡说，今年 161 年(1653)春他们被允许跟另外几名塔拉人以及布哈拉人一起去卡尔梅克。在途中伊奇古尔地方遇到了达赖·乌巴什台吉的 2 个人，随行的还有 3 个布哈拉人。他们在那个地方一起待了 3 天。在相互交谈中，他们听到布哈拉人说，珲台吉、阿巴顿台吉和贡扎台吉以及巴图尔台吉准备去打伊什开普台吉和杰尔别维茨人。究竟去打了没有？为什么要打伊什开普台吉，他不知道。是不是会打沙皇的城市，这也不清楚。望你按陛下的谕旨告知下尼津斯克村所有的人小心防备，以便防止敌军突袭下尼津斯克村，不致发生意外，而且还应把这消息通知托波尔斯克的其他村庄，使这些村庄也能小心防备敌人。

苏联科学院档案馆列宁格勒分部，全宗：缪勒抄本，第 4 目，第 10 册，文件第 65 号，67－67 页反面，18 世纪拷贝。

第132号

1653年7月2日至8月31日：叶尼塞克斯克总督П.别克托夫就军 389
役人员费季卡·阿福纳西耶夫等人在洛卜藏王子兀鲁思逗留的情况呈叶尼塞斯克总督阿福纳西·菲利波维奇的禀文摘录。[1]

致全俄沙皇阿列克赛·米哈伊洛维奇大公的叶尼塞堡总督阿福纳西·菲利波维奇，贵族子弟彼得·别开托夫问安！

今年161年(1652)4月，我按陛下圣旨从沙皇的新牧地派了军役人员费季卡·阿福纳西耶夫等3人为了收沙皇的实物税和寻找新牧地的勃拉茨人、通古斯人和蒙古人以引导他们臣服沙皇，而如果军役人员费季卡等人找到了勃拉茨人或通古斯人，我按陛下谕旨令他们叫这些勃拉茨人和通古斯人臣服沙皇，并收他们的皇税，并转达皇上仁慈的话，可让他们这些勃拉茨人、通古斯人和蒙古人在臣服沙皇后能在色楞格河、贝加尔湖和基尔卡河沿岸来开阔地安心地生活，不必再逃避沙皇的军役人员。我还嘱咐军役人员说说我的情况，说我会按沙皇陛下旨意，率军役人员去伊尔根湖和舍尔卡河和谈，不是去打仗，是全俄沙皇阿列克赛·米哈伊洛维奇大公派我去出访博格达台吉，我会带300人去完成这项皇役。

今年161年(1653)6月9日，军役人员费季卡向我汇报：我们按皇 390
命和指令文件规定从满都尔冬季牧地沿蒙古人的路线找寻勃拉茨人和通古斯人，引导那些非实物税民的勃拉茨人和通古斯人臣服沙皇，并从他们那里收集了皇税。我们步行加骑骆驼从陛下的新领地翻过一个山

〔1〕这里说的是未来的阿勒坦汗洛卜藏·桑·额尔德尼洪台吉，军役人员称他为王子库尔土称。证实这点的是他那里住着一位喇嘛，很多年前去过莫斯科。显然此人就是达尔罕喇嘛，他是第一位阿勒坦汗时，即1619—1620年时作为使节去莫斯科的(见本译著下册文件第33－38号，也可见本译著下册文件第129号注1)。

岭沿蒙古人的路走了 5 天，到处都没找到那些勃拉茨人和通古斯人。第 6 天到达蒙古人的地方。当天蒙古人为我们提供了大车和食物，用大车把我们送到库尔土称王子处。他叫我们去他的帐篷。他问我们来自何处，为什么事？我们回答他，我们是沙皇阿列克赛·米哈伊洛维奇的人，是由叶尼塞堡总督阿福纳西·菲利波维奇按沙皇圣旨派出的衙门的人，想去舍尔卡河出访博格达皇帝，就从沙皇的贝加尔湖到普罗尔瓦间的新卫所走到了王子的蒙古地方，皇上也令我们转告他，劝他领地上的勃拉茨人和通古斯人向沙皇交贡税。他王子身边坐得很近的有一位喇嘛，我们开始向他们介绍沙皇的情况和陛下的尊号，听到陛下的名字，他们 2 人全站了起来，而且鞠了躬。王子又问了一些陛下的情况。

391 等我们回答完陛下的情况，王子和喇嘛才坐回自己的位子。

喇嘛又问我们为何来？有没有带信件？我们把指令全交给他，喇嘛先看了日期，又看了陛下的名字。别的再没看而是说，这个印不是陛下的印，陛下的印他认得，因为很久前他去莫斯科见过。然后叠好交还我们。

我们告诉喇嘛，那印就是不是陛下的，而是派我们出来的衙门的人盖的印，自然跟陛下的不一样。

王子吩咐为我们设宴，很丰盛，吃饭时又问：你们骑马去还是走水路去博格达皇帝那里？带多少人？走水路的话，船有多大多宽？每船多少人？走哪条河？

我们回答：每船 30 人，衙门共派 300 人。想走水路，沿色楞格河、基尔卡河到伊尔根湖去。我们的船约 9 俄丈长，3 俄丈宽，每船可坐 30 人。

王子说：那样的船你们根本到不了伊尔根湖，因为船太大，而基尔卡河又小又窄，我常在那河上从河口到河源游牧，深知这点。告诉你们衙门的人，你们可以大胆地沿色楞格河和基尔卡河去服役，那里没我的人。即使有我的人，我也想和沙皇和睦相处。那你们谁知到基尔卡河的河口，有没有向导？

我们回答，目前还没有向导，我们要等从伊尔根湖来的俄国向导，去年已经派他们经由巴尔古津堡去伊尔根湖了，他们会迎我们。

王子告诉我们：你们沿色楞格河走时，就会见有一条左边来的河，你们就走那条河，左岸还有另一条河，别走那条河，那也是基尔卡河，可要是走这条河，一年也走不到陆地处。关于礼品，他对我们说：我不问你们要礼品，因为知道你们不是从沙皇处来，而是衙门派的。王子让人款待我们，也可以自由交易货物，非常客气，没受任何委屈，但我们没带什么可以跟蒙古人交易的东西，他们问我们要皮货。

我们在王子那里住了3周，他对我们说：你们该回去了，以后你们派皇使来我这里，我再派使节回访并准备好礼品。然后他为我们提供了充分的给养和马车等等。 392

这些军役人员告诉我，他王子信仰浇注的佛像，铸造物都是镶金镀银的。佛像前摆的碗也是金银的，周围还点着蜡烛，蜡烛日夜点在佛像前。王子告诉他们，金银都来自中国，那里产金银，说博格达皇帝那里住的佛像形形色色很多。喇嘛为王子从早到晚带唱带说地念经，不知念些什么。

费季卡等军役人员，希望他王子通知他附近的勃拉茨人和通古斯人向沙皇交实物税，这事王子一口拒绝，说他不会让他们给沙皇交税，也不会提供向导给俄国人。说那些住在贝加尔湖附近和巴尔古津堡以及上安加拉河与下安加拉河的勃拉茨人和通古斯人是跟着他生活的，把实物税一直是交给他的，说他们领地的开销很大，14个汗王要许多开支。

那些日子我又派出军役人员骑马侦察基尔卡河，并派出五十人长伊凡等人去伊尔根湖。7月2日五十人长所带军役人员12人和9名自愿去的人坐着2只木船回来了，为陛下带回了6块喜鹊皮和4块貂皮，我令收入国库。

苏联科学院档案馆列宁格勒分部，第4目，22册，文件第178号，264页反面－273页，18世纪拷贝。

第133号

393 1653年8月20日:托波尔斯克总督瓦西卡·赫尔科夫就派遣商队前往清帝国和派遣托波尔斯克军役贵族格里戈里·乌沙可夫使团前往贡日处送交赏赐并就收集达斡尔地区、阿穆尔河和中国情况诸事呈西伯利亚衙门的报告。

呈全俄沙皇阿列克赛·米哈伊洛维奇大公陛下,您的臣仆瓦西卡·希尔科夫等人叩呈。

陛下,今年161年(1653)12月14日从外事馆发到我们托波尔斯克的那份圣旨中写道,去年160年(1652)8月6日托波尔斯克总督季莫菲伊·洛德根和我格里什卡等人向您派出卡尔梅克贡日夫人的使节和硕齐·叶涅伊[1]随托波尔斯克贵族谢苗·波洛佐夫去莫斯科谒见您,您恩准该使节亲谒圣容并令赐给皇赏后放回托波尔斯克,再送回卡尔梅克。您指示由谢苗带去赐给她的皇赏,镶有宝石和包银的一把军刀、黑色呢子以及50颗贵重珠子。

您指示派俄国贸易人员去中国并派其他使节去贡日夫人处商谈这商队通过及谈判有关事务。说完这些,就给贡日夫人赐皇赏。赐过皇赏后,他们在贡日兀鲁思时,要令他们打探有关阿穆尔河、达斡尔地方、嫩河以及世姆沙(Шемша)汗和阿拉卡(Алака)·巴图尔汗[2]的情况,问清离卡尔梅克地方有多远?去中国哪些地方多近?在东西南哪个方

---

[1]1652年(见本译著下册文件第125号)总督舍列麦杰夫报告莫斯科,1651年4月3日派了谢苗·波洛佐夫等人的使团出访库什台吉及其妻子贡日夫人。1652年10月16日皇使们返回,贡日派了她的使节和硕齐·叶涅伊等跟随谢苗到来,并叩求去莫斯科呈礼品。使节们3月31日在托波尔斯克,而4月1日就跟随贵族子弟格里戈里·乌沙可夫出发返贡日兀鲁思。1652年4月4日允许他们去莫斯科的圣旨就到了,于是那些使节4月6日就从路上折回,5月6日动身去莫斯科(见西伯利亚衙门,栏目455,289-300页)。

[2]不能确定这两人具体指谁,拼音无法识别,总是指新兴清朝执政者。——译者注

向？货物情况、城市情况，是否种粮食？总之查清一切，记录报告莫斯科给您亲阅。今后派谁去贡日夫人处谈判遣使中国的事，等您的圣旨 394
发给我们，需从您的国库中支出大笔公款。

161年(1652)3月29日，在您另一份给我们托波尔斯克的谕旨中说，费多尔·拜科夫被派来托波尔斯克处理皇上的商业，并由他带来您的货款钱5万卢布。到托波尔斯克入库安置，小心水火。当在另一钱库一起安置，该处应无忧患。

陛下，5月28日费多尔·拜科夫带着您的公款到达托波尔斯克。已经把他领到另一国库把您的款子交给了税款官，并派人守护。

并按您的另两道谕旨，增派了从事贸易事务的人员，和中国之行的人员，并为去中国服役的人员增加3年工资。

今年161年(1653)6月6日，塔拉总督伊凡·恰达耶夫写给托波尔斯克告诉我瓦西卡说，5月3日从塔拉被俘的鞑靼女人叶尔加奇卡·卡兹布林从卡尔梅克杰弗列特·基列伊处逃到了塔拉。陛下，这个鞑靼女俘虏说，库什的妻子贡日夫人今冬已经去世，是真是假，我们无法确定……

一旦拜科夫、彼得·亚勒什金等人出发去中国，我们会对贡日夫人 395
的使节和硕齐·叶涅伊说，如果贡日安好，见到您的皇恩浩荡和收到皇赏，一定会坚持效忠于您，如果她已去世，就请使节把皇恩赐给继承贡日夫人位子、掌管她兀鲁思的人，希望他也像贡日夫人一样效忠于您，护送皇使从他们的兀鲁思去中国。

陛下，7月9日我们允许贡日夫人的使节和硕齐·叶涅伊跟彼得·亚勒什金等人一起从托波尔斯克动身，提供了路上所需供养。我们又派了贵族子弟格里戈里·乌沙可夫等人组成的使团出访卡尔梅克贡日夫人。

关于贡日夫人说过要抓住那个袭击西伯利亚城市的杰弗列特·基列伊王子押送给沙皇陛下的事，我们令皇使格里戈里·乌沙可夫只能暗下跟贡日夫人或新掌管她的兀鲁思的人说，不让任何人知道。

我们也嘱咐了皇使格里戈里·乌沙可夫等人在卡尔梅克兀鲁思抓

紧了解前述有关阿穆尔河、达斡尔地方、嫩河等一连串的情况。只需皇使们一回到托波尔斯克汇报了贡日夫人或另一新掌管人的情况以及调查到的有关阿穆尔河、达斡尔和地方、嫩江、中国顺治皇帝等有关情况,我们会立即报告莫斯科给陛下。

另外,您原指示我们派贵族子弟谢苗·波洛佐夫去贡日夫人处,因为他病了,因病无法成行。

全宗:西伯利亚衙门,栏目 455,558 - 570 页,原件。

出版物:《17 世纪俄中关系》(资料文件集)卷 1,莫斯科,1969 年,文件第 68 号,144 - 148 页。

第134号

1653年12月3日至1654年1月22日：托波尔斯克总督瓦西卡·希尔科夫就托波尔斯克军役贵族格里戈里·乌沙可夫自和硕特台吉阿巴赖台吉处返回并就阿巴赖答应护送普·亚雷日金去清帝国等事呈西伯利亚衙门的报告。 397

呈全俄沙皇阿列克赛·米哈伊洛维奇大公陛下，您的臣仆瓦西卡·希尔科夫、拜伊姆科·鲍尔金等人叩呈。

陛下，去年161年(1653)8月20日我们曾写信向您报告了，我们于161年7月9日从托波尔斯克放贡日夫人的使节叶涅伊动身回卡尔梅克，随行的我方皇使派的是格里戈里·乌沙可夫等人，并捎去了您的皇赏。

我们指示格里戈里说：

如果贡日夫人活着，就把皇赏赐给她。并按您的谕旨对她说，去年160年，她派遣和硕齐·叶涅伊使节来拜见全俄沙皇陛下您。想让您知道，她做了许多有利于西伯利亚城市而遏制杜尔伯特、土尔扈特和杰弗列特·基列伊等的恶行。她贡日夫人忠于您陛下，想抓住杰弗列特王子，不让他和其他卡尔梅克台吉侵犯俄国西伯利亚各城市。她贡日夫人看到陛下的恩惠和赏赐，要效忠沙皇，抓住那个杰弗列特·基列伊王子押送莫斯科交给沙皇陛下，您沙皇陛下为此将皇赏赐给她贡日夫人。而且贡日夫人还叫自己的使节转告，如果沙皇有意派商人去中国，她贡日夫人愿提供食物和大车，并往返护送，再放回西伯利亚城市。 398

如果贡日活着，我们叫皇使格里戈里对贡日夫人说，现在按沙皇旨意从托波尔斯克派彼得·亚雷日金带着军役人员跟随布哈拉人带着皇款去中国贸易。希望她贡日夫人在皇恩皇赏的份上效忠沙皇，令他的人护送皇款和皇使去中国，并返回，保护皇使和皇款在其兀鲁思和途中都不致有任何闪失……

今年162年(1654)12月3日,皇使格里戈里·乌沙可夫等从卡尔梅克返回托波尔斯克,在会议厅向我们汇报说,当他们来到卡尔梅克靠近阿巴赖的兀鲁思时,卡尔梅克人告诉他们,贡日夫人死了,她前夫的儿子阿巴赖台吉现在掌管着她的兀鲁思……他也想保持对沙皇的忠诚,和睦相处,也希望抓住以前那位背叛沙皇的王子之后,押送给沙皇陛下,并让他的人把沙皇的人彼得·亚雷日金等人及皇款送到中国,再送回来,直到托波尔斯克。

阿巴赖台吉以隆重的仪式收下了皇赏,叩谢了沙皇,并说他愿意像他母亲一样效忠沙皇陛下,和睦相处,往返护送沙皇派往中国做生意的人。不过,现在需在阿巴赖处过冬,开春再放他们去中国。关于阿巴赖
399 的情况,我们以后会再报告外事衙门。

全宗:西伯利亚衙门,栏目455,571－579,原件。

出版物:《17世纪俄中关系》(1608—1683年资料文件集)第1卷,莫斯科,1969年,文件第69号,149－151页。

第135号

1654年3月25日:阿斯特拉罕总督伊凡什卡·普隆斯基就乌法一名 400
军役人员告知额尔德尼·巴图尔珲台吉拟前往蒙恰克台吉处的消息一事呈外事衙门的报告。

呈全俄沙皇阿列克赛·米哈伊洛维奇大公陛下,您的臣仆伊凡什卡·普隆斯基、瓦西卡·沃尔康斯基等人叩呈。

一名从卡尔梅克兀鲁思来的乌法外乡人瓦西卡·基尔扎茨基报告我们,前年161年(1652)他被派往卡尔梅克蒙恰克台吉处,他离开蒙恰克兀鲁思去离伊列茨克盐湖半日程的基伊尔河地方,这里离雅依克河2日程,离乌法10日程。在蒙恰克台吉那里时,他亲耳听见蒙恰克台吉和他的兀鲁思人说,今年春天远处哈喇忽拉的巴图尔珲台吉要跟他蒙恰克的父亲岱青台吉一起来他那里,届时会率大批军队来。不过,确切何时到,去打哪里,不清楚。而且蒙恰克在另一个时候说起过要攻打俄国边城州县……

全宗:卡尔梅克事务,1654年,文件第1号,1、55、54页,原件。

第 136 号

1654 年 6 月 25 日至 1657 年 7 月 31 日:费多尔·伊沙科维奇·拜科夫使团前往中国的出使报告。

7162 年(1654)夏 3 月 20 日,据伟大的俄罗斯和白俄罗斯的沙皇阿列克赛·米哈伊洛维奇大公陛下的指令和圣旨,指派费多尔·伊沙科维奇·拜科夫和布哈拉人叶卢鲍巴耶夫从莫斯科外事衙门出发前往
401 托波尔斯克,令他带着沙皇给中国皇帝博格达汗的友爱国书去中国。

于是费多尔从托波尔斯克城坐船沿额尔齐斯河走了 4 周 3 天先去塔拉城,7 月 27 日来到塔拉,8 月 1 日再从塔拉沿额尔齐斯河上溯而行。

从塔拉到白河走了 5 周 3 天,163 年 9 月 17 日来到白河。在白河边驻扎等待大车 4 周。然后卡尔梅克台吉阿巴赖派来的一名布哈拉人伊尔卡·穆卢率领的一个 40 头骆驼和 50 匹马拉的大车队。从白河到达阿巴赖台吉的兀鲁思已是 10 月 16 日。

从白河到卡班加苏约 3 日程。卡班加苏是卡尔梅克语,按俄语讲是“砖的帐篷”。从卡班加苏到多洛·卡拉盖 2 日程。多洛·卡拉盖也是卡尔梅克语,按俄文意思是“7 棵松”。从这个多洛·卡拉盖到恩库尔河 1 日程,这条恩库尔河从萨彦岭注入额尔齐斯河。

从恩库尔河在额尔齐斯河旁上溯,沿着右岸到喇嘛住处 3 日程。那个卡尔梅克喇嘛就住在额尔齐斯河旁,在左边他造了 2 个砖式布哈拉帐篷房,外涂石灰,喇嘛的地由布哈拉人耕种,能产出小麦、大麦、黍和豌豆。由多洛·卡拉盖到喇嘛住处在额尔齐斯河的左岸是一片长满松树、云杉树和云松树、白桦林的森林,而额尔齐斯河的右岸,在河边地带是河柳和杨树林。从额尔齐斯河左岸的喇嘛住处到阿巴赖的布哈拉在种地的人处需走 2 周,而且是在山岭中行走,山里有许多卡尔梅克游

牧的阿巴赖台吉的兀鲁思人，山里有白杨树。而在没山的地方，除了一两棵金松、榆树外也没树林，水流也很浅。 402

163(1655)年11月22日，皇使带着皇款到达阿巴赖的布哈拉农耕人处。

布哈拉农夫们住的小屋是土质的，他们种出的有小麦、大麦、黍米和豌豆，还养着各种牲口。阿巴赖就把皇使和皇款安排在布哈拉农人们的小泥屋中，阿巴赖自己冬牧的地方离这些布哈拉农夫处还有1天路程。

阿巴赖台吉指示为皇使提供1个月的30卡普大麦和小麦、50卡普的面粉，而每卡普是重1俄担。还叫每月提供20只绵羊、10只山羊。不过阿巴赖没给军役人员提供食物。于是押款皇使从自己的食物中分给军役人员吃。有一条小河流过耕地，河名叫卡尔布盖，是从萨彦岭流入额尔齐斯河的。

当月27日，阿巴赖台吉派自己的兄弟巴达台吉来皇使处看过沙皇给他捎来的皇赏。元月27日，阿巴赖台吉把皇使和皇赏都带到他自己的帐中去了。1元28日，皇使把皇赏交给了阿巴赖，又在他那里住了2天，30日仍返回布哈拉农夫处。

在布哈拉农夫处住了4个月10天之后，阿巴赖台吉于4月3日把皇使从农夫处带到他自己住的巴什卡河地方。从农夫小舍到巴什卡河他们走了12天。那河从萨彦岭流入额尔齐斯河，阿巴赖在那小河上造了2顶砖式帐篷，而且造在可防卫的石岭之间，建造人也是从中国找来的。皇使跟阿巴赖台吉在巴什卡河注了5周零5天。163年(1655)6月30日，阿巴赖台吉才放皇使动身去中国。

从巴什卡河到珲台吉的儿子处走14天。再从珲台吉儿子僧格处到珲台吉的小城走了5天。小城也是土城，城内有2顶帐篷。那个小城造在山间的低地上，小城里住着卡尔梅克喇嘛，就像俄国教士。

从小城到湖边4日程，卡尔梅克语叫该湖为克兹尔巴什湖，用卡尔梅克的话说就是湖中鱼成群，湖水绿茵茵，额尔齐斯河流入湖心。

湖边到额尔齐斯河1日程，渡过河是树木茂密的一片绿草覆盖的河间地，沿河走 8 天第一个到达的是蒙古岱青台吉处；再走 2 天到另一个蒙古台吉额尔德尼休留夫台吉处，他俩都在额尔齐斯河畔游牧。离开他们在山中走 7 天，有卓鲁克洪台吉，他游牧的地方卡尔梅克语和蒙古语叫布卢罕，由这里就走出了额尔齐斯河。从这位台吉处走 22 天才到珠德巴 · 额尔根台吉所在地，一路都是山。再走 8 天到扎姆什蒙古台吉处，到最后一位蒙古台吉多卜隆台吉的地盘则走了 3 周。那个多卜隆台吉游牧在离中国边境不远处，由那里到中国地方为15日程，那
403 些蒙古台吉之间还有许多蒙古小台吉游牧。

走到中国第一座城市呼和浩特行程 2 个月，从额尔齐斯河、白河到中国，蒙古人和卡尔梅克人全走在山岭之间，而且蒙古土地上食物和水源都很贫瘠。

这些蒙古台吉之间有每 10 天、每两三周、每个月就没吃没喝的地方。没到中国城呼和浩特 10 天前，皇使从途中派出军役人员彼得鲁什卡等人去访问中国第一座城的总督交涉食物给养和大车等事。但总督拒绝提供，说没有皇上指令他们没法提供。后来皇使走到了该城，164年 1 月 12 日到了城下。在城下等护送人等了 8 天。而总督们只给了 2 名护送人员让送到康巴雷克。

从第一城呼和浩特启程已是 1 月 21 日。呼和浩特城是土城，炮楼是砖的，烧制的砖。通行炮楼很大，每炮楼有 2 扇门，通道约 16 俄丈，通行炮楼有 6 处，却没见火炮。

城里的市场很大。商铺用石头砌成，按俄国那样带商号，商铺后面有院子，用银子交易，用“两”计重量，一两十进位为索洛特尼克。用零钱可以买茶叶和烟草。商铺里的货物有中国产的各色绸缎、棉布，还有很多卖丝的，农作物产粮食：小麦、黍米、大麦、豌豆、燕麦、亚麻、大麻等等，各种蔬菜应有尽有。森林树木也名目繁多：橡树、白桦树、松树、偃松、椴树、云杉等等都有。不下雪，城建在低谷地方，谷地辽阔，谷地周围石山环保，小河在城前潺潺流过，向西流去，城市周围全种地。

从这第一座城到卫所城卡普卡行程 12 天。两城之间生活着许多游牧的蒙古台吉，他们脱离了自己的蒙古人，被称作秋别涅茨人，效忠

于中国皇帝，他们一般骑着骆驼和公牛羊放牧，像俄国人坐大车放牧。在到达卫城卡普卡城前，皇使派人去交涉，但回话是没有皇上命令，不 404
能提供食物、大车，也不能进城。所以 2 月 12 日时，派人给皇上送去了申请报告。

在那个卫所城卡普卡城里，各种储备品都很贵，面粉、黍米和燕麦粉都按“两”称着卖，牛肉也是小块的，按 8 两、10 两、12 两称着卖。

在卡普卡卫所城外等了 10 天，2 月 20 日皇帝指令到了，只允许皇使们去康巴雷克城。

从卡普卡城到康巴雷克城行程 7 天，之间有 18 座城市，城市或是砖砌的，或是土质的。但炮楼都是砖砌成的，涂了石灰，上部有窗户和作战用的炮眼、枪眼。炮楼上也没见大炮，在门边有军人警卫，都背着枪支武器。

城内蔬菜形形色色……

全宗：俄中关系卷，第 1 册，1654 年，71－84 页反面，17 世纪抄本。

索引

人名

Абак, теленгуцкий князь　阿巴克　421

Абаков（Обаков）Кока, теленгуцкий князь　科卡·阿巴科夫，捷列古茨克王公　71, 223, 252, 282 – 285, 287 – 289, 303 – 308, 311, 312, 363, 380, 409, 421

Абаков（Обаков）Кулудай（Удай, Улудай）, теленгуцкий князь, брат К. Абакова　库卢岱（乌岱，乌卢岱）·阿巴科夫，捷列古茨克王公，前者之兄弟　283 – 285, 287

Абан, см. Баганаев Абан　阿班，参见巴加纳耶夫·阿班

Абахай, мать Эрдени Батура-хунтайджи　阿巴海，额尔德尼·巴图尔洪太吉之母　64 – 66, 193, 198, 207, 412

Абахай（Абакай, Обокай）, княгиня, сестра Хара-Хулы, жена киргизкого князя Кочебая　阿巴海夫人，哈喇忽拉的妹妹，吉尔吉斯王公科切巴伊之妻　103, 104, 130, 131, 134, 147, 223, 224, 412, 415

Абахай（Дюрчицкий царь）, маньчжурский хан, см. также Богдой　阿巴孩，满州汗，参见见博格达　411, 414, 418, 425

Абдул　阿勃杜尔，叶济桑，鞑靼贵族　266

Абдул-азиз, бухарский хан　阿卜杜尔·阿济，布哈拉汗　422

Абдулов Сююнч（Сюнч）, мурза едисанских татар　阿布杜洛夫·秀季，叶济桑鞑靼贵族　265, 400

Абдулов Ян-мурза, едисанский татарин　扬·阿布杜洛夫，叶济桑鞑靼贵族　263

Абла, едисанский мурза　阿卜拉，叶济桑鞑靼贵族　266

Аблай(Абла, Обла), сын царевича Ишима, внук Кучума　阿布赉,伊希姆王子,库楚姆之孙　92,177,196,301,410

Аблай(Абулай)-тайджи, ойратский феодал, сын хошоутского хана Байбагиша　阿卜赉台吉,卫拉特封建主,和硕特汗拜巴噶斯的儿子　8,225,233 – 235,237,323,388,397,399,401 – 403,419,421 – 423

Аблин Мамей(Мамейко), тобольский бухарец　玛麦依·阿卜林,托波尔斯克布哈拉人　297 – 299,309,310

Аблин Сеиткул, тобольский торговый бухарец　谢伊特库尔·阿勃林,托波尔斯克商人　395

Абрамов(Обрамов) Кузьма, тобольский конный казак　库兹玛·阿勃拉莫夫,托波尔斯克骑兵哥萨克　171,172,190 – 195,200

Абулай-тайша, см. Аблай-тайджи　阿布赉台吉,参见阿卜赉台吉

Абытаев Кулюк, человек хошоутского тайджи Туру-Байху　库留克·阿布塔耶夫,和硕特台吉图鲁拜琥的"属人"　409

Аврамов Аникей(Оничка), тюменский десятник　阿尼凯伊·阿弗拉莫夫,秋明十人长　296

Авров Поспел, пятидесятник кузнецких служилых людей　阿弗罗夫·波斯皮尔,库兹涅茨克军人,五十人长　308,309

Агарков(Огарков) Дружина, подьячий Томской приказной избы　德鲁仁·阿加尔科夫,托木斯克警察局书吏　17 – 19,21,31,35 – 39,42,45,53,55,58,72,76 – 78,84,87,98,100,111,113,137,155,200,277 – 282,314,410,423

Агучак, см. Айгучаков Аиткул　阿古尔恰克,参见阿古尔·阿古恰科夫

Адайчи, кошевар при посольстве от Эрдени Батура-хунтайджи　阿达伊奇,额尔德尼·巴图尔洪太吉使团的厨师　226

Азстороханец, см. Астраханец Михаил　阿兹托罗罕涅茨,参见米哈伊尔·阿斯特拉罕涅茨

Айгучаков (Агучак, Айгучак) Аиткул, тарский юртовский служилый татарин 阿伊特库尔·艾古恰科夫,塔拉尤尔托夫鞑靼军人 90,208,227,276

Айдар,телецкий князь 艾伊达尔,捷列茨克王公 187

Айдар(Айдарко),ясачный татарин Теренинской вол. 艾伊达尔,捷列宁县交实物税的鞑靼人 297－299,309,310

Айсеитов Ашач,тобольский служилый татарин 阿萨奇·艾谢伊托夫,托波尔斯克军人 368

Айтари,посол Эрдени Батура-хунтайджи и тайджи Чокура 艾伊塔里,额尔德尼·巴图尔洪太吉和卓库尔台吉的使节 212

Акбаш,барабинский татарин 阿克巴什,巴拉巴鞑靼人 245

Акбаш(Окбашко),ясачный татарский мурза 阿克巴什,交实物税的鞑靼贵族 221,222

Акимбетев Бекимбет(Бекимбетко),едисанский татарин улуса К. Канава 别基姆别特·阿基姆别杰夫,叶济桑卡纳耶夫兀鲁思的鞑靼人 263,264

Акинфиев(Акинфов)Архип Федорович,красноярский воевода 阿尔希普·费多罗维奇·阿金菲耶夫,克拉斯诺雅尔总督 118,418

Акинфьев (Окинфьев) Алексей (Олексей), голова яицких стрельцов 阿列克赛·阿金菲耶夫,亚伊茨克射击长 263

Аккулин(Акулин)Бурлак,мурза чацких татар 布尔拉克·阿库林,恰茨克鞑靼贵族 79,300,306,311

Аксакелмаметев Салтанал,ногайский мурза,ср. Салтанай-мурза 萨尔塔纳尔·阿克萨凯尔玛麦杰夫,诺盖贵族 263,265

Актон,жонка,татарка,полонянка 阿克童,小妾,鞑靼女俘虏 177,178

Акулин Бурлак,см. Аккулин Бурлак 布尔拉克·阿库林,参见布尔拉克·阿克库林

Акшибай,посол Эрдени Батура-хунтайджи и тайджи Чкура 阿

克舍巴伊,额尔德尼·巴图尔洪太吉和卓库尔台吉的使节　212

Алак-Бутур-кан-царь,см. Шицзу　阿拉克巴图尔汗,参见世宗

Алачев(Алачов)Дмитрий Михайлович,остяцкий князь　德米特里·米哈伊洛维奇·阿拉切夫,奥斯佳茨克王公　26

Алдар,человек ламы Даин Мергенланзу　阿尔达尔,达音·梅尔根·兰扎喇嘛的"属人"　76,84,88,89,114,115,143

Алей,см. Улусов Алей　阿列伊,参见阿列伊·乌鲁索夫

Александров В. А. ,советский историк　瓦·阿·阿列克山德罗夫,苏联史学家　427

Александров Степан,см. Греченин Степан Александров　斯捷潘·阿列克山德罗夫,参见斯捷潘·阿列克山德罗夫·格列切宁

Алексеев Григорий,тарский казачий сын　阿列克谢耶夫·葛里戈里,塔拉哥萨克贵族　370

Алексеев(Олексеев)Евдоким(Овдоким),тобольский пеший казак　叶弗多金·阿列克谢耶夫,托波尔斯克哥萨克步兵　291

Алексеев Иван,подьячий Томской приказной избы　伊凡·阿列克谢耶夫,托木斯克警察局书吏　162

Алексеев(Олексеев)Иван,тарский казачий сын　伊凡·阿列克谢也夫,塔拉哥萨克贵族　370

Алексеев(Олексеев)Михаил,тарский казачий сын　米哈伊尔·阿列克谢耶夫,塔拉哥萨克贵族　370

Алексеев Петр,человек М. Гербова　彼得·阿列克谢耶夫,穆·格列鲍夫的"属人"　342

Алексей(Олексей)Михайлович,царевич,затем царь 米哈伊洛维奇·阿列克赛,王子,后为国王　9,11,73,75 – 77,81 – 83,86,99,100,108,109,115,127,128,135 – 139,142,145,162,167,168,259 – 263,267,269 – 272,277,282 – 293,295 – 300,302 – 310,312 – 315,317 – 322,326,327,333 – 336,339,340,342 – 350,354,355,358,359,361 – 369,372,373,375 – 377,379,381,382,385,386,388 – 390,393,394,

397,398,400,407,408

Алзет,см. Олзет Тархан-бакша　阿尔泽特,参见阿尔泽特·塔尔罕·巴克什

Алимов Таип,томский бухарец　塔伊普·阿利莫夫,托木斯克布哈拉人　309,310

Алияр(Алиярка),толмач Томской приказной избы　阿利亚尔,托木斯克警察局翻译官　50,54,60,64,78,79

Аллагул(Аллагулка),тарский юртовский служилый татарин　阿拉古尔,塔拉尤尔托夫鞑靼军人　149 – 151,183,416

Аллак Бутурукан-царь,см. Шицзу　阿拉克·布图鲁皇帝,见世祖

Алпатов(Олпатов)Федор,томский служилый казак　费多尔·阿尔帕托夫,托木斯克哥萨克军人　30,32,49,78,80,90,283,287,367

Алтар,посол джунгарского тайджи Чокура　阿尔塔尔,准噶尔卓库尔台吉的使节　209,218

Алтыбай,см. Бехтулин Алтыбай　阿尔滕巴依,参见别赫土林·阿尔滕巴依

Алтыбай(Алтыбанко),алатырский князь　阿尔腾巴伊,阿拉德尔的王公　32,51

Алтын(Алтынко),князь Тиберской ясачной вол.　阿尔腾,伊基别尔实物税县王公　252

Алтын-хан(царь)Бадма(Омбо)Эрдени(Ирден,Ирденей-ноян)-хунтайджи,второй из Алтын-ханов(конец 20-Х г. XVII в. —1657 г.)　阿勒坦汗巴德玛(衮布)·额尔德尼洪太吉,17 世纪 20 年代末至 1657 年的第二任阿勒坦汗　5,8,9,11 – 13,17 – 23,30 – 64,72 – 90,92 – 101,103 – 121,126 – 132,134 – 142,145 – 147,155 – 172,186 – 188,200,201,221,222,232,233,237,256 – 258,277 – 282,313 – 315,326,327,342,366,378 – 385,407,408,410 – 414,416 – 418,420,422,423,427,428

Алтын-хан Лубсан (Лоджан, Ложан)-сайн Эринчин (Иренчин, Култацин, Кунтацин)-хунтайджи, сын Омбо Эрдени-хунтайдж, последний из Алтын-ханов(1657—1696) 阿勒坦汗罗卜桑·赛音·额凌青洪太吉,衮布·额尔德尼洪太吉之子,末代阿勒坦汗 8,73,99,100,116,128,381－385,389,390,414,427,428

Алтын-хан Шолой Убаши-хунтайджи, основатель феодального государства в Сев.-Зап. Монголии, первый из Алтын-ханов (1567 г.—конец 20－X г. XVII в.) 阿勒坦汗硕垒·乌巴什洪太吉,西北蒙古封建国家的奠基人,1567至17世纪20年代末的第一任阿勒坦汗 407,411,412,428

Алферов (Олферов) Семен (Сенька), тобольский пеший казак 谢苗·阿尔菲罗夫,托波尔斯克步兵哥萨克 291

Алчитай, посол Алтын-хана Омбо Эрдени-хунтайджи 阿尔奇台,阿勒坦汗衮布·额尔德尼洪太吉的使节 257,258

Алыбай (Алыбайко), татарин, казанский гулящий человек 阿雷巴伊,鞑靼人,喀山游散人员 229,230

Алябьев (Олябьев) Федор Андреевич, уфимский воевода 费多尔·安德列耶维奇·阿利亚比耶夫,乌法总督 260

Андреев (Ондреев) Григорий, пашенный крестьянин, тарский полоненник 葛里戈里·安德列耶夫,农民,塔拉俘虏 66,198

Андреев (Ондреев) Тихон (Тишка), кузнецкий служилый казак 季宏·安德列耶夫,库兹涅茨克哥萨克军人 308

Андреев (Ондреев) Третьяк (Тренька), томский служилый человек 特列季亚克·安德列耶夫,托木斯克军人 71

Аничков (Оничков) Никита, уфимский служилый человек 尼基塔·阿尼契柯夫,乌法军人 261

Арга, посол Эрдени Батура-хунтайджи 阿尔加,额尔德尼·巴图尔洪太吉的使节 270

Аркашев (Аркатьев, Аркашков) Семен (Семейка), томский

служилый человек 谢苗·阿尔卡舍夫,托木斯克军人 134,136,144,148,159,160,165

Аркуев(Абкуев)Тобольчак(Толбочак),лутчий улусный человек К. Кошекова 托波利恰克·阿尔库耶夫,克·科克舍可夫兀鲁思的上层代表人物 286

Арсеньев Ю. В.,историк 尤·勃·阿尔谢尼耶夫·历史学家 133,415

Артемьев(Ортемьев)Борис,десятник тобольских стрельцов 鲍里斯·阿尔杰米耶夫,托波尔斯克射击手十人长 240

Артемьев (Ортемьев) Иван (Ивашко), ново приборный наемный человек,байкальский охотник 伊凡·阿尔杰米耶夫,新补的雇佣人员,贝加尔“猎手” 316,317,319,321

Архан Тарсукай,посол Алтын-хана Омбо Эрдени-хунтайджи 阿尔罕·塔尔苏凯,阿勒坦汗·衮布·额尔德尼洪太吉的使节 99

Архипов Иван,красноярский служилый человек 伊凡·阿尔希波夫,克拉斯诺雅尔斯克军人 381

Архипов Кирилл(Кирюшка),тарский конный казак 基里尔·阿尔希波夫,塔拉骑兵哥萨克 245

Арчан Тарка, орчак, участник посольства от Эрдени Батура-хунтайджи 塔尔卡·阿尔羌,额尔德尼·巴图尔洪太吉使团的成员 306

Аршинский Богдан,голова тобольских пеших казаков 博格丹·阿尔申斯基,托波尔斯克步兵哥萨克头人 26-28,333,336,337,345

Аршинский Даниил,тобольский сын боярский 丹尼尔·阿尔申斯基,托波尔斯克贵族子弟 10,271-276,290,423,427

Астраханец Иван Шилка,см. Шилка Иван Астраханец 伊凡·舍尔卡·阿斯特拉罕涅茨,参见舍尔卡·伊凡·阿斯特拉罕涅茨

Астраханец (Азстороханец, Астороханец) Михаил, томский

служилый человек 米哈伊尔·阿斯特拉罕涅茨，托木斯克军人 50，60，62，63，79

Астраханцев(Астараханцов)Степан Иванов，томский служилый человек 斯捷潘·伊凡诺夫·阿斯特拉罕涅茨，托木斯克军人 283

Атакош(Атай Кошка)，лутчий улусный человек торгоутского тайджи Дайчина 阿塔柯什，土尔扈特台吉岱青的兀鲁思人质 354

Атарский Василий Елизарович，дьяк Тобольской приказной избы 瓦西里·叶利扎罗维奇·阿塔尔斯基，托波尔斯克警察局秘书长 336，343，345，347，348，353，359，365，368，372，393

Атил Иселько，см. Изень 阿基尔·伊谢科柯，参见伊津

Афанасьев(Афонасьев)Федор，служилый человек 费多尔·阿法纳西耶夫，军人 389，392

Ахай(Тайка)-хатун，старшая жена Цецен-хана Шолоя 阿海哈敦，车臣汗硕垒的长妻 9，11，347－352，426

Ашубур，кашевар помольства от Эрдени Батура-хунтайджи 阿舒布尔，额尔德尼·巴图尔洪太吉使团的厨师 200

Аюка，калмыцкий хан 阿玉奇汗，卡尔梅克汗 421

Аюши，ойратский тайджи 阿尤什，卫拉特台吉 325

Аюши Хатан-Батур，монгольский феодал，см. Также Сайн-Бадма Хатан-Батур 阿尤什·豁坛·巴图尔，蒙古封建主，参见赛英·巴德马·豁坛·巴图尔 412

Баатыр(Баатырка)，посол Эрдени Батура-хунтайджи 巴阿德尔，额尔德尼·巴图尔洪太吉的使节 146，161

Баатыр-контайша，см. Эрдени Батур-хунтайджи 巴阿德尔珲太什，参见额尔德尼·巴图尔洪太吉

Баахай，человек ламы Даин Мергенланзу 巴阿海，达音·梅尔根·兰扎喇嘛的“属人” 134，135

Баахай-Богатырь(Баатырь)，зять Гомбо Иелденя，брата Алтын-хана Омбо Эрдени-хунтайджи 巴阿海·巴嘎德尔(巴阿德尔)，贡

布·叶尔坚的女婿,阿勒坦汗衮布·额尔德尼洪太吉的兄弟 142

Бабасеитов (Бабусаитов) Джаш (Джеш, Джот, Еж), тарский торговый бухарец 扎什·巴巴赛托夫,塔拉的布哈拉商人 299, 309,310,395

Бабашев Янгул, тюменский юртовский бухарец 扬吉尔·巴巴舍夫,秋明尤尔托夫布哈拉人 230

Бабусаитов Еж, см. Бабасеитов Джаш 叶什·巴布赛托夫,参见巴布赛托夫·扎什

Баганаев Абан, посланник Эрдени Батура-хунтайджи 阿班·巴加纳耶夫,额尔德尼·巴图尔洪太吉的使节 64 – 66

Багатырь, посол Дзасакту-хана Субуди 巴噶德尔,扎萨克图汗素巴第的使节 46

Багатырь-контайша, см. Эрдени Батур-хунтайджи 巴噶德尔珲台吉,参见额尔德尼·巴图尔珲台吉

Багучей, см. Богучей 巴古切伊,参见鲍古切伊

Баду-тайджи, брат хошоутского тайджи Аблая 巴都台吉,和硕特台吉阿布赉的兄弟 401

Бадурхон-тайша, см. Эрдени Батур-хунтайджи 巴都尔珲台吉,参见额尔德尼·巴图尔珲台吉

Базыбеков (Безыбеков) Чундугар (Чютугар), лутчий человек князя К. Атаковал 秋杜加尔·巴兹别科夫,阿巴科夫王公的人质代表 284

Баимов Буркундус, мурза чацких татар 布尔昆杜思·巴伊莫夫,恰茨克鞑靼贵族 305

Баиня, сестра ясачного татарина Е. Янтарина 巴伊尼娅,交实物税鞑靼人杨图林的姐妹 102

Байбагиш (Байбагас, Байбагач, Байбагаш), хошоутский тайджи 拜巴噶斯,和硕特台吉 24,25,70,225,234,409,415,421,422

Байбау-Хаты (Хоты) -табунан, зять Алтын-хана Омбо Эрдени-хунтайджи 哈坛·拜巴乌塔布囊,阿勒坦汗衮布·额尔德尼洪太吉的女婿 33,50－52,63

Байгал-бакша, посол Алтын-хана Омбо Эрдени-хунтайджи 拜噶尔巴克什,阿勒坦汗衮布·额尔德尼洪太吉的使节 19,34,36,37,256

Байчачев（Бейгачев）Григорий, тарский сын боярский, голова тарских казаков 葛里戈里·拜加切夫,塔拉贵族子弟,塔拉哥萨克头领 247,254,299,310

Байгачев Иван, тобольский сын боярский 伊凡·拜加切夫,托波尔斯克贵族子弟 10,368－371,373－375

Байгозы, посол торгоутского тайджи Дайчина 拜噶兹,土尔扈特岱青台吉的使节 324

Байкаловкий（Бакаловский）Яков（Якушка）, тобольский служилый человек 雅可夫·拜卡洛夫斯基,托波尔斯克军人 403

Байков Федор Исакович, московский дворянин 费多尔·伊萨科维奇·拜可夫,莫斯科贵族 13,14,394,395,400,402,417,428

Баймамбет（Баймамбетко）, едисанский татарин 拜伊玛姆别特,叶济桑鞑靼人 266

Байсеитов Казый, тобольский служилый татарин 卡兹伊·拜赛托夫,托波尔斯克军鞑靼人 181

Байтанак（Байтан）, ясачный человек 拜塔纳克,实物税民 284

Бакаловский, см. Байкаловский 巴卡洛夫斯基,参见拜卡洛夫斯基

Бакуй, см. Букуй 巴库伊,参见布库伊

Бакчетаев Кошов, владелец улуса черных калмыков 科硕夫·巴克切塔耶夫,“黑卡尔梅克”兀鲁思的掌管人 309

Бакша, посол Даин-нойона, см. Илчигит-бакша 巴克沙,达音诺颜的使节,参见伊尔奇吉特－巴克沙

Бакши-Юкши, посол Эрдени Батура-хунтайджи 巴克什－尤克

什,额尔德尼·巴图尔洪太吉的使节 306,307,311

Бакшан(Башкан)-Шулучи,сын ойратского тайджи Тархана 巴克善·舒卢奇,卫拉特台吉塔尔罕之子 92,328

Бакшенаков,см. Бокшенаков 巴克申纳可夫,参见波克申纳可夫

Бакши, ближний человек Дайчин-нойона, брата Алтын-хана Омбо Эрдени-хунтайджи 巴克什,阿勒坦汗衮布·额尔德尼洪太吉的兄弟,岱青诺颜的"近侍" 122,26

Бакши,посол торгоутского тайджи Дайчина 巴克什,土尔扈特台吉岱青的使节 324

Бангаш,аринский татарин 班加什,阿兰鞑靼人 233

Баранчулков(Баранчюков)Иван,томский служилый человек 伊凡·巴兰丘科夫,托木斯克军人 134,135,144,148,160,165

Барчихан, посол Дурал-табурана, брата Алтын-хана Омбо Эрдени-хунтайджи 巴尔奇罕,阿勒坦汗衮布·额尔德尼·洪太吉兄弟杜拉尔塔布囊的使节 95

Барялтинский,см. Борятинский Басбеков(Безыбеков)Торгай, лутчий человек князя К. Абакова 巴梁津斯基,参见巴斯别科夫·托尔盖·鲍梁津斯基,阿巴科夫王公的人质代表 284

Баскаков(Басканов)Олферий Петрович,красноярский воевода 奥尔菲里·彼得罗维奇·巴斯卡科夫,克拉斯诺雅尔总督 232

Баскаков Федор Евдокимович (Овдокимович), кузнецкий воевода 费多尔·叶弗多季莫维奇·巴斯卡科夫,库兹涅茨克总督 378,379

Басой,человек Даин-нойона,брата Алтын-хана Омбо Эрдени-хунтайджи 巴索尔,阿勒坦汗衮布·额尔德尼洪太吉的兄弟达音诺颜的人 126

Бастяк,посол торгоутского тайджи Дайчина 乌斯佳克,土尔扈特台吉岱青的使节 357

Батажков(Баташков,Батожков,Ботожков),Андрей(Ондрей),томский служилый человек 安德烈·巴塔日科夫,托木斯克军人 134,136,143,148,160,164,165

Батар,человек ламы Даин Мергенланзу 巴塔尔,达音·梅尔根兰扎喇嘛的人 76

Батур,ойратский тайджи 巴图尔,卫拉特台吉 389

Батур-тайша,см. Эрдени Батур-хунтайджи 巴图尔台什,参见额尔德尼·巴图尔洪太吉

Батур-Убаши-Тюмен,калмыцкий князь,автор летописи 巴图尔·马巴什·丘缅,卡尔梅克王公,编年史作者 409

Батур-хунтайджи,см. Эрдени Батур-хунтайджи 巴图尔·珲台吉,参见额尔德尼·巴图尔珲台吉

Батыр(Батырка),посол торгоутского тайджи Дайчина 巴特尔,土尔扈特台吉岱青的使节 357

Батыр-контайша,см. Эрдени Батур-хунтайджи 巴图尔珲台吉,参见额尔德尼·巴图尔珲台吉

Бахрушин С. В.,советский историк 斯·勃·巴赫鲁申,苏联史学家 410

Бахтый(Бахты),посол хошоутского тайджи Аблая 巴赫腾,和硕特阿卜赉的使节 233–235

Бачик,см. Кабаева Мазик 乌契克,参见卡什巴耶夫·玛吉克

Башкан,см. Бакшан 巴什坎,参见巴克山

Башкуртов Аиткул,тобольский служилый татарин 阿伊特库尔·巴什库尔托夫,托波尔斯克鞑靼军人 368

Бегичев Инсар(Янсар),томский конный казак 音萨尔·别吉切夫,托木斯克骑兵哥萨克 221

Бегишев Кельмамет,тобольский юртовский служилый татарин 凯利玛麦特·别吉舍夫,托波尔斯克尤尔托鞑靼军人 174

Беддли Дж ф.(J. F. Baddeley),английский историк 巴德利·

巴德雷,英国史学家 133,412,415

Безносков Василий,тобольский казак 瓦西里·别兹诺斯科夫,托波尔斯克哥萨克 347,348,386,387

Безыбеков Тогай,см. Бас беков Торгай 别兹别科夫·托盖,参见巴斯别科夫·托尔盖

Безыбеков Чютугар,см. Базыбеков Чундугар 丘图加尔·别兹别科夫,参见巴兹别科夫·丘都加尔

Бейгачев,см. Байгачев Григорий 别伊加切夫,参见格里戈里·别伊加切夫

Бекбаев Батригильдей,тюменский ясачный татарин 巴特里吉利杰伊·别克巴耶夫,秋明交实物税的鞑靼人 179,180

Бекека,см. Бокак 别凯卡,参见鲍卡克

Беектов Петр,енисейский сын боярский,сотник 彼德·别开托夫,叶尼塞贵族子弟,百人长 365,389,420

Беккей,(Бектей),посол Эрдени Батура-хунтайджи 别开伊,额尔德尼·巴图尔洪太吉的使节 149,151,152,183

Бекмуреза,сын ясачного татарина Н. Янкубина 别克穆尔扎,交实物税的鞑靼人扬库宾之子 92

Бектей,см. Беккей 别克杰伊,参见别凯伊

Бектенев Исень,см. Атил Исень 伊谢尼·别克杰涅夫,参见阿基尔·伊谢尼

Бектень,см. Бехтеней 别克杰尼,参见别赫杰涅伊

Белектей,беглый калмык 别列克捷"白卡尔梅克人" 304

Белтень,см. Бехтеней 别尔杰尼,参见别赫杰涅伊

Бельский Федор Самойлович,князь,тарский воевода 弗多尔·萨莫伊洛维奇·别利斯基,公爵,塔拉总督 67,68,182,206

Берескин Артемий(Ортюшка),томский служилый человек 阿尔杰米·别列斯金,托木斯克军人 103,121,123,130,132,160,170,186

Бехпей(Бехпейко),чацкий татарин　别赫佩伊,恰茨克鞑靼人　221

Бехтемирев Чурин(Чуринко),тарский служилый татарин　秋里·别赫杰米列夫,塔拉鞑靼军人　323

Бехтеней(Бектень,Белтень,Бехтень,Техтень),киргизский князь　别赫杰涅伊,吉尔吉斯王公　23,186,187,213,232

Бехтулин Алтыбай(Алтыбайко),ясачный татарин Чулымской Кизыльдеевской вол.　阿尔腾巴伊·别赫土林,楚雷姆的基兹利杰耶夫县交实物税的鞑靼人　221,222

Бигичеев Кулебердей,см. Бичигеев Кулубердей　库列别尔杰伊·比吉切耶夫,参见比奇盖耶夫·库卢别尔杰伊

Биликту,ойратский тайджи　毕利克图,卫拉特台吉　266

Битень,калмык улуса К. Абакова　比捷尼,阿巴科夫兀鲁思的"卡尔梅克"　307

Бичигеев(Бичагов,Бигичеев,Бичитеев)Кулубердей(Кулебердей,Кутабердей),князь ясачных барабинских и теренинских и татар　库卢别尔杰伊·比奇盖耶夫,巴拉巴和捷列尼交实物税的鞑靼王公　245-247,253,254,272,273,275,276,290,297-299,310,312,328

Биюнту(Биюн,Биют,Бьюнт,Доюн-табунан)-джайсун(зайсун)-табунан,зять Алтын-хана Омбо Эрдени-хунтайджи　比尤图斋桑·塔布囊,衮布·额尔德尼洪太台吉阿勒坦汗的女婿　18,19,35,37,39,41,42,44,48,53,59,76,87,98,100,108,113-115,127,155,278-280,313-315,417

Бьюнту-Чажин,пристав и казначей Алтын-хана Омбо Эрдени-хунтайджи　比尤图·恰仁,阿勒坦汗衮布·额尔德尼洪太吉的警务主管　112-114,116,120,121,278

Биют-табун,см. Биюнт　比尤特塔布囊,参见比尤特

Бобрищев-Пушкин Иван(Ыван)Гаврилович,тюменский воевода　伊万·伽弗里洛维奇·鲍勃里舍夫·普什金,秋明总督

267,293,294,296,360

Богатур-контайша,см. Эрдени Батур-хунтайджи 巴嘎德尔珲台吉,参见额尔德尼·巴图尔珲台吉

Богатырь,монгольский князь 巴噶德尔,"蒙古王公" 316

Богатырь,см. Эрдени Батур-хунтайджи 巴噶德尔,参见额尔德尼·巴图尔洪太吉

Богатырь-контайша,см. Эрдени Батур-хунтайджи 巴嘎德尔珲台吉,参见额尔德尼·巴图尔珲台吉

Богдой (Богдо, Богды), китайский царь, возможно, маньчжурский хан Абахай(1626—1643) 博格达,中国皇帝,可能是指满洲汗阿巴孩 318 – 321,330,331,340,389,390,392,425

Богоявсленский С. К.,советский историк 斯·卡·鲍戈亚弗连斯基,苏联史学家 409

Богучей(Багучей),киргизский князь 鲍古切伊,吉尔吉斯王公 32,50,103

Бокак(Бекека),посол Дайчин-нойона,брата Алтын-хана Омбо Эрдени-хунтайджи 包卡克,阿勒坦汗衮布·额尔德尼洪太吉的兄弟岱青诺颜的使节 75,85,95

Бокшенаков (Бакшенаков) Девлетим, юртовский служилый татарин 杰弗列季姆·鲍克舍纳科夫,尤尔托夫军人 151 – 153, 171,173,183

Болтин Аверкий (Оверкей) Федорович, товарищ томского воеводы Н. О. Нащокина 阿维尔基·费多罗维奇·鲍尔金,托木斯克总督纳硕金的同事 379,380

Болтин баим(Баимко),товарищ тобольского воеводы В. И. Хилкова 巴伊姆·鲍尔金,托波尔斯克总督赫尔科夫的同事 386, 393,397

Борис,см. Детков 鲍里斯,参见杰特科夫

Бориско,см. Патрикеев Борис 鲍里斯科,参见鲍里斯·帕特里

凯耶夫

Борисов Тихон，байкальский охочий новоприборный человек 季洪·鲍里索夫，贝加尔“新补狩猎人” 322

Борятинский（Барятинский）Григорий Петрович 格里戈里·彼特罗维奇·鲍梁金斯基，公爵，秋明总督 179，180，230，231

Борятинский（Барятинский）Никита Петрович，князь，судья Приказа Казанского дворца 尼基塔·佩特罗维奇·鲍里亚金斯基，王公，喀山衙门警察局法官 420

Борятинский（Барятинский）Федор Афанасьевич，князь，тарский воевода 费多尔·阿法纳西耶维奇·鲍里亚金斯基，公爵，塔拉总督 26－28，30，90，149，150，176，178，179，183

Ботожков，см. Батажков 鲍多日科夫，参见巴塔日科夫

Брага Семен（Семейка），пашенный крестьянин 谢苗·勃拉加，耕地农民 28

Бугаев Рахмангул，тобольский служилый татарин 拉赫曼古尔·布加耶夫，托波尔斯克鞑靼军人 368，371

Бугач（бугачка，Бугочко，Бугучко），дворовый человек Эрдени Батура-хунтайджи 布加奇，额尔德尼·巴图尔洪太吉的家仆 244，245，288

Бугачей，киргизский князь 布加切伊，吉尔吉斯王公 222

Бугачей，тубинский князь 布加切伊，图瓦王公 383

Буголаков（Бугалаков）Яков（Якушко），тобольский служилый человек，новокрещенный татарин 亚可夫·布戈拉科夫，托波尔斯克军人，“新耶稣教徒鞑靼人” 200，224，225，272，421

Бугонаев Абан，посол джунгарских тайдж 阿班·布戈纳耶夫，准噶尔台吉的使节 198

Бугояков Кузуяк，（чацкий татарин） 库祖亚克·布戈亚可夫，恰茨基鞑靼人 285

Будалей，человек дербетского тайджи Далая 布达列伊，杜尔伯

特达赖台吉的人 334

Булат(Будал, Будаш) Цецен(Чечен)-бакша, посол Алтын-хана Омбо Эрдени-хунтайджи　布达特·策凌巴克沙,阿勒坦汗衮布·额尔德尼洪太台的使节　9,156,157,160,164,165,257,281,313 – 315,326,418,422

Буй, лутчий человек Гомбо Иелден-нойона, брата Алтын-хана Омбо Эрдени-хунтайджи　布依,阿勒坦汗衮布·额尔德尼洪太吉的兄弟,翁布·亦尔登诺颜的"人质代表"　141,143,145

Букуй(Бакуй), орчацкий князь　布库依,奥尔恰茨克王公　283,285 – 287

Булан Абрук, улусный человек тайджи Кулы　阿勃鲁克·布兰,库拉台吉的"兀鲁思人"　204

Булат(Булатко), человек Алтын-хана Омбо Эрдени-хунтайджи　布拉特,阿勒坦汗衮布·额尔德尼洪太吉的"属人"　277

Булгаков Андрей, тобольский пеший казак　安德烈·布尔加科夫,托波尔斯克步兵哥萨克　171

Бунаков Андрей(Ондпей) Андреевич(Ондреевич), томский, затем красноярский воевода　安德烈·安德烈也维奇·布纳科夫,托木斯克总督,后为克拉斯诺雅尔总督　23 – 25,30,32,48,50,54,70,80,81,84,88,103,107,134,139,142,161,164,166,359

Бунаков Илья(Илейка) Никитич, товарищ томского воеводы О. И. Щербатого, затем томский воевода　伊利亚·尼基季奇·布纳科夫,托木斯克总督舍尔巴特的同事,后升为托木斯克总督　313,326,327,362

Бурлак, калмык　布尔拉克,卡尔梅克人　285

Бурлак Аккулин, см. Аккулин Бурлак　布尔拉克·阿库林,参见阿库林布尔拉克

Бурнашов Никита(Микитка), томский служилый человек　布尔纳硕夫·尼基塔,托木斯克军人　103,121,130,133,159,160,164,

165

Бурхан, человек Дайчин-нойона, брата Алтын-хана Омбо Эрдени-хунтайджи 布尔罕,阿勒坦汗衮布·额尔德尼洪太吉兄弟岱青诺颜的“属人” 61

Бурхан-хутухта(Кутухта), см. Ундур-Торолту 布尔罕呼图克图,参见温杜尔·托罗尔图

Буткеев Станислав, тобольский литвин 斯坦尼斯拉夫·布特凯耶夫,托波尔斯克“立陶宛人” 251

Бутунай, белый калмык 布图纳伊,“白卡尔梅克” 305

Бутурлин Григорий Иванович, тарский воевода 葛里戈里·伊万诺维奇·布屠尔林,塔拉总督 322,323,423

Буянагарь, беглый черный калмык тайджей Далая и Хо-Урлюка 布扬达加尔,达赖与和鄂尔勒克的黑卡尔梅克克台吉的逃亡人 303,304

Буянда, ногайский полонянник 布扬达,诺盖“俘虏” 177,178

Бьюнт-джайсун, см. Биюнт 勃尤恩特斋桑,参见尤恩特

Быковский Иван(Ыван), тобольский казак 伊凡·贝科夫斯基,托波尔斯克哥萨克 375

Вакунин(Дакунин) Елисей, тобольский казак литовского списка 叶利赛·瓦库宁,利托夫斯基名录的托波尔斯克哥萨克 395,397,399

Васильев Анисим (Онисим), кузнецкий служилый человек, пятидесятник 阿尼辛姆·瓦西利耶夫,库兹涅茨克军人,五十人长 378,379

Васильев Иван, кузнецкий таможенный подъячий 伊凡·瓦西利耶夫,库兹涅克关税书吏 363,364

Васильев Кирилл (Кирюшка), тобольский или енисейский служилый человек 基里尔·瓦西利耶夫,托波尔斯克或叶尼塞斯克的军役人员 340

Васильев Лука(Лучка),томский сын боярский　卢卡·瓦西利耶夫,托木斯克贵族子弟　18,31,78,277-279

Васильев Третьяк(Тренька),сначала дьяк Сибирского приказа, затем Тобольской приказной избы　特列季亚克·瓦西利耶夫,先是西伯利亚衙门秘书长,后是托波尔斯警察局长　66,184,276,288,290,292,322,329,332-336,343,345,347,348,353,359,365,368,372,395

Васильев Федосей(Федоска),служилый человек Нового зимовья　费多赛·瓦西利耶夫,新冬季牧场军人　389

Вельяминов Андрей Степанович,сургутский воевода　安德烈·斯捷潘诺维奇·维利亚米诺夫,苏尔古特的总督　231

Вельяминов Никита(Микита),уфимский воевода　尼基塔·维利亚米诺夫,乌法总督　301

Венгерский Алексей(Олексей),тобольский сын боярский　阿列克赛·维盖尔斯基,托波尔斯克贵族子弟　344

Веригин Иван Тимофеевич,тюменский воевода　伊凡·季莫费耶维奇·维里根,秋明总督　388

Верхотурец Иван,томский служилый человек　伊凡·维尔霍土列茨,托木斯克军人　80,186

Вершинин Емельян(Омелька),томский или тарский конный казак 叶麦利扬·维尔申宁,托木斯克或塔拉的骑兵哥萨克　32,49,77-79,228-230,305

Вилков О. Н.,советский историк　О. Н.·维尔科夫,苏联史学家　410

Владимирцов Б. Я.,советский монголовед　Б. Я. 符拉基米尔佐夫,苏联蒙古学家　407,415,416,419,426

Власов(Власьев)Василий, новоприборный, Охочий служилый человек　瓦西里·符拉索夫,新补“狩猎”军人　321,329,339

Воеводский (Воеводцкий) Юрий, тобольский ротмистр литовского списка,пристав　尤里·沃也伏特斯基,立陶宛名录的骑

兵大尉，警官　325

Волконский Василий Богданович，князь，товарищ астраханского воеводы И. П. Пронского　瓦西利·波格丹诺维奇·沃尔康斯基，公爵，阿斯特拉罕总督的同事　400

Волконский （Волковский）-Меринок Федор，товарищ астраханского воеводы Б. А. Репнина　麦里诺克·费多尔·沃尔康斯基，阿斯特拉罕总督列普宁的同事　263

Волошенинов（Волошеников）Михаил Дмитриевич，думный дьяк Посольского приказа　米哈伊尔·德米特里耶维奇·沃洛舍尼诺夫，外事衙门贵族议会秘书长　338，343，345，354，368，386，428

Волынский Андрей Васильевич，товарищ тобольского воеводы М. М. Теткина-Ростовского　安德烈·瓦西利耶维奇·沃楞斯基，托波尔斯克总督杰姆金·罗斯托夫斯基的同事　25，149

Волынский（Воланской）Михаил Петрович，томский воевода　米哈伊尔·彼特罗维奇·沃伦斯基，托木斯克总督　361－364，366，427

Волынский Павел Иванович，казначей Казенного двора　巴维尔·伊凡诺维奇·沃楞斯基，宫廷管事　189

Воронов Федор Алексеевич，приказчик Нижней Ницынской слободы　费多尔·阿列克谢耶维奇·沃罗诺夫，下尼称斯克村警官　328

Вриланд Х.（Vreeland H.），американский историк　赫·弗里兰德，美国史学家　414

Выродов Турунтай，（тобольский）конный казак　图伦泰·浮罗多夫，托波尔斯克骑兵哥萨克　395，397

Выходцев（Выходцов）Иван，тобольский конный казак или тобольский служилый человек литовского списка　伊凡·维霍德佐夫，托波尔斯克骑兵哥萨克或托波尔斯克“立陶宛名录”中的军人　368，371

Выходцев（Выходцов）Лука（лучка），тобольский конный казак

卢卡·浮霍德采夫,托波尔斯克骑兵哥萨克 181

Выходцев(Выходцов)Степан,атаман тобольских казаков 斯捷潘·浮霍德采夫,托波尔斯克哥萨克头人 250

Вяткин Дмитрий(Митька),томский служилый человек 季米特里·维亚特金,托木斯克军人 103,123,130,132,133,160,164,165

Габан Шарад,ученый лама,автор летописи 加班·沙拉勃,喇嘛学者,编年史家 423

Гаврилов Григорий,верхотурский сын боярский 葛里戈里·伽弗里洛夫,维尔霍土尔斯克贵族子弟 373

Гаврилов Кузьма,томский пешин казак 库兹玛·伽弗里洛夫,托木斯克步兵哥萨克 78

Гагарин(Гогарин)Иван Семенович,князь,стольник,тобольский воевода 伊凡·谢苗诺维奇·加加林,公爵,御前大臣,托波尔斯克总督 288,290,292,322,329,333-335

Гагарин(Гогарин)Михаил Семенович,тобольский воевода 米哈伊尔·谢苗诺维奇·加加林,托波尔斯克总督 233,248,250,253,256,259,267,271,272,290

Галдан Бушухту-хан, глава Джунгарского ханства, сын Эрдени Батура-хунтайджи 噶尔丹·博硕克图汗,准噶尔汗国首领,额尔德尼·巴图尔洪太吉之子 7,407,412,421,422

Галиченин ТрифонТрифан,томский служилый человек,пристав 特里福·伽利切宁,托木斯克军人,警官 84

Галкин Андрей (Ондрюшка) Андреевич, дьяк Тобольский приказной избы 安德烈·安德烈耶维奇·伽尔金,托波尔斯克警察局秘书长 171,173,190,202,203,206,207,210,212,215-217,219,224,226,227

Галкин Иван,енисейский сын боярский 伊凡·伽尔金,叶尼塞贵族子弟 351,364,365

Ганька,см. Семенов Гаврила 伽尼卡,参见伽弗里拉·谢苗诺

夫

Гарасим,см. Тимофеев Герасим 伽拉西姆,参见季莫菲耶夫·伽拉辛

Гарасимов,см. Герасимов 伽拉辛莫夫,参见格拉辛莫夫

Гарма(Горма),посол халхаского Цецен-хана Шолоя и Турухай-табунана 伽尔玛,喀尔喀的策凌汗硕雷和图鲁海塔布囊的使节 9,333,339

Герасимов(Гарасимов) Василий Семенович,дьяк Астраханской приказной избы 瓦西里·谢苗诺维奇·格拉西莫夫,阿斯特拉罕警察局秘书长 400

Гешкеп(Гешкап)-тайша,см. Ешкеп 格什凯普台吉,参见叶什凯普

Гилжибай,посол Эрдени Батура-хунтайджи 吉尔仁巴伊,额尔德尼·巴图尔洪太吉的使节 149,151,152,183

Глазунов Андрей(Ондрей),подьячий Томской приказной избы 安德烈·格拉宗诺夫,托木斯克警察局书吏 80,252,253

Гребов Матвей,служилый или торговый человек 玛特维·格列博夫,军人或商人 342

Говорин Федор,служилый человек 费多尔·戈沃林,军役人员 329,339

Гогарин,см. Гагарин 戈加林,参见加加林

Голицын Андрей Андреевич,князь,тобольский воевода 安德烈·安德烈耶维奇·戈里趁,王公,托波尔斯克总督 420

Головачев Федор Федорович,тарский воевода 费多尔·费多罗维奇·戈洛瓦切夫,塔拉总督 244－246,250,251,253,255,288,289

Голстунский К. Ф.,русский монголовед 戈尔斯通斯基 К. Ф.,俄国蒙古学家 7,407,412,421

Голубцов Владимир(Володимер) Константинов,уфимский сын боярский 弗拉季米尔·康斯坦季诺夫·戈卢勃佐夫,乌法贵族子弟

354,357,426

Голыханский Иван,(енисейский) служилый человек 伊凡·戈雷罕斯基,军人 322

Гомбо Иелден(Еденя,Елда,Елден,Ельден,Илден)-нойон(каян,наян),брат Алтын-хана Омбо Эрдени-хунтайджи 贡布·亦尔登诺颜,阿勒坦汗衮布·额尔德尼洪太吉的兄弟 8,45,49,61,63,74,83,85,86,134 - 136,141 - 148,160,161,164,166,169,170,278,407,419

Горбунов Иван,тарский служилый человек 伊凡·戈尔布诺夫,塔拉军人 322

Горма,см. Гарма 戈尔玛,参见加尔玛

Горчаков Василий Андреевич,князь,тарский воевода 瓦西利·安德烈耶维奇·戈尔恰科夫,公爵,塔拉总督 374,375

Греков Б. Д.,советский историк 格列科夫 Б. Д.,苏联史学家 413

Греченин (Гречанин) Степан Александров, томский сын боярский 斯捷潘·阿列克山德罗夫·格列切宁,托木斯克贵族子弟 8,31 - 34,38 - 52,56,57,59,60,73 - 81,85,89,93,96,98 - 100,108,111,113,116,119,128,137,139,155,156,158,161,166 - 168,200,257,280,281,307,308,313 - 315,367,411,414,417,418

Григорьев Втор(Фторышко),астраханский стрелец 弗托尔·格里戈里耶夫,阿斯特拉罕射击手 266

Григорьев Назют,тарский казак литовского списка 纳久特·格里戈里耶夫,塔拉“立陶宛名录”中的哥萨克 178

Григорьев Яков(Якушко),томский казак 雅可夫·格里戈里耶夫,托木斯克哥萨克 288

Гришка,см. Кобылинский Григорий 格里什卡,参见葛里戈里·科勃林斯基

Гришка,см. Углев Григори 格里什卡,参见格里戈里·乌格列夫

Грызов Иван, томский служилый человек 伊凡·格雷佐夫·伊凡,托木斯克军人 221,222

Гулжа, см. Гунжа 古尔扎,参见贡扎

Гунба, посол халхаского феодала СайнБадма Хатан-Батура 贡巴,喀尔喀封建主赛音巴德玛·哈坦巴图尔的使节 46

Гунджа(Гулжа, Гунжа), старшая жена хошоутского князя Туру-Байху 贡哲,和硕特王公图鲁拜琥的长妻 177,371,372,375,376,388,393－399,428

Гур-тархан, ближний человек Дайчин-нойона, брата Алтын-хана Омбо Эрдени-хунтайджи 古尔·塔尔罕,阿勒坦汗衮布·额尔德尼洪太吉兄弟岱青诺颜的近侍 122

Гуши-хан, см. Туру-Байху 顾实汗,参见图鲁拜琥

Давыдов Осип, сотник манга земских стрельцов 奥西普·达浮多夫,满加泽斯克的射击手,百人长 294

Дани(Наин) Мерген(Имерген, Менгер)-ланзу(лонза, ханзу), лама Алтын-хана Омбо Эрдени-хунтайджи 达音·梅尔根·兰扎,阿勒坦汗衮布·额尔德尼洪太吉的喇嘛 8,9,18,21,22,33,34,37－39,42－44,50－63,75－80,82－86,88－90,92,93,96,97,99,100,108,112－114,116,123－125,134－141,143－145,147,155,158,160－162,164－170,257,278－280,313－315,407,410,411,414,417

Дани(Доин, Наин)-нойон(наян, ноян), брат Алтын-хана Омбо Эрдени-хунтайджи 达音·诺颜,阿勒坦汗衮布·额尔德尼洪太吉的兄弟 8,33,45,49,52,60,61,63,74,83,85,86,103,108,112,123－126,131－133,135,136,143－145,147,148,155,160,164－166,169,187,278,279,416,419

Дайбын(Дайбун)-царь, см. Сыцзун 泰本,皇帝,思宗

Дайкуш, хошоутский тайджи 岱库什,和硕特台吉 260,261

Дайчин(Тайчин)-Хошучин(Кошучин), щербет кий тайджи 岱青·和硕齐,杜尔伯特台吉 8,292,294,295,323

Дайчин(Тайчин, Тойчи, Шукур-Дайчин), торгоутский тайджи, сын Хо-Урлюка, отец Мончака 岱青,土尔扈特台吉,和鄂尔勒克之子,蒙恰克之父 92,180,228 – 230,234,261,264,323 – 325,354 – 358,378,400,415,423,426

Дайчин(Тайчин), джунгарский тайджи, сын Эрдени Батура-хунтайджи 岱青,准噶尔台吉,额尔德尼·巴图尔珲台吉之子 402

Дайчин(Дойчин, Тайчин, Тойчин)-нойон(наян), табунан, брат Алтын-хана Омбо Эрдени-хунтайджи 岱青诺颜,塔布囊,阿勒坦汗衮布·额尔德尼洪太吉的兄弟 8,18,19,35,37,39,41,42,45,48,49,53,61,63,72,75,76,83 – 87,95,98,100,103,108,113,121 – 123,126,127,130 – 132,145 – 147,155,160,164 – 166,169,187,278,280,313 – 315,416,417

Далай(Талай)-Богатырь(Батур, Кошучин), старший тайджи щербетов 达赖 – 巴噶德尔,杜尔伯特的大台吉 5,27,65,91,102,151,152,174,175,177,189 – 181,197,206,239,245,246,249,254,295,303,306,309 – 312,324,334,363,409,410,415,417,425

Далай-лама(лаба), верховный глава Тибета и ламаитской церкви 达赖喇嘛,西藏和藏传佛教的最高首领 207,325,371,412,415,422

Далай-Сарботай, человек Эрдени Батура-хунтайджи 达赖·沙包台,额尔德尼巴图洪太台的人 275

Далай-убаши, ойратский тайджи 达赖·乌巴什,卫拉特台吉 388

Далай Убосанча, см. Дарибанчи 达赖·乌博山恰,参见达里班奇

Далай -хунтайджи, хошоутский тайджи 达赖洪太吉,和硕特台吉 260,261,371,376,427

Далибей, беглый калмык 达里别伊,“逃亡卡尔梅克人” 304

Даль В. И., русский этнограф, составитель словаря 达利 В.

И.,俄国民族学家,辞典编撰人 414

Данилов Артемий(Ортюшка),туринский торговый человек 阿尔杰米·丹尼洛夫,图林斯克商人 395

Данилов Афанасий(Офонька),тобольский служилый человек 阿法纳西·丹尼洛夫,托波尔斯克军人 428

Данилов Тимофей,тарский казак 季莫菲伊·丹尼洛夫,塔拉哥萨克 375

Дарибанчи(Далай Убосанча, Дара Убасанча, Дарал Басанча), дочь Хо-Урлюка,жена Эрдени Батура-хунтайджи 达里班奇,和鄂尔勒克之女,额尔德尼·巴图尔洪太吉之妻 213,237,238,421

Дархан Конзин,см. Хозяин Дархан 达尔罕·科津,参见霍津·达尔罕

Дархан-Сухе(Суха),посол Алтын-хана Омбо Эрдени-хунтайджи 达尔罕·苏赫,阿勒坦衮布·额尔德尼洪太吉的使节 82

Дархан-убаши,см. Цыган-убаши 达尔罕·乌巴什,参见察罕·乌巴什 74,85

Дарыка, жена дербетского тайджи Дайчина-Хошучи, мать Ешкепа 达雷卡,杜尔伯特台吉岱青·和硕奇之妻,叶什凯普之母 292,294,295

Дачин-Колачи,см. Начин Колачи 达钦·科拉奇,参见纳庆·科拉奇

Даян-Ерки(Эрке), торгоутский тайджи, внук Хо-Урлюка 达颜·厄尔基,土尔扈特台吉,和鄂尔勒克之孙 265

Даян(Доен,Доян)-Омбо(Анбо Олба,Онбо,Онбы),дербетский тайджи,сын Далая-Богатыря 达颜·鄂木布,杜尔伯特台吉,达赖·巴噶德尔之子 8,151,152,325,334,335,343,344,353,415,417,425

Девков,см. Детков 德弗科夫,参见德特科夫

Девлет-Гирей(Кирей), Сибирский царевич, сын Чувака, внук Кучума 基列伊·德弗列特,西伯利亚王子,楚瓦克之子,库楚姆之孙

28,91,92,102,176 –178,195,246,271,294,295,325,326,328,376,378,394 –396,398,410,427

Дементьев Воин, тарский голова　沃音·德缅季耶夫,塔拉头人　67,68

Демидова Н. Ф., советский историк　德米多娃 Н. Ф.,苏联史学家　404,428

Демка-Багатырь(Баатырь), человек тайджи Кулы　德姆卡·巴噶德尔,库拉台吉的人　204

Дергоус, монгольский князь　德尔戈乌斯,蒙古王公　316

Детков(Девков) Борис, тобольский сын боярский, приказчик Нижней Ницынской слободы　鲍里斯·德特科夫,托波斯克贵族子弟,下尼称斯克庄庄主　246,247,328

Джангир(Елгир, Енгир, Иялгир, Ялгир, Яныбек-царь), казахский хан, сын хана Естма　扬吉尔(扬吉尔汗),哈萨克汗,叶希姆汗之子　174,175,207,234,237,239,276,419,421,422

Доедай-нойон, мингат, приближенный Чингисхана　哲台诺颜,成吉思汗亲兵　411

Дхасакту-хан Норбо, халхаский феодал　扎萨克图汗诺尔布,喀尔喀封建主　7,427

Дзасакту(Есах, Есахту, Ясахту-царь)-хан Субуди, халхаский феодал, сын Лайхор-хагана　扎萨克图汗素巴弟,喀尔喀封建主赉瑚尔汗之子　5,8,46,61,63,411,412

Дзорикту(Зурукта-контайша), монгольский тайджи　卓哩克图,蒙古台吉　402

Дзургачей(Заргучей, Зюргачей), лутчий человек торгоутского тайджи Дайчина　宗尔嘎奇,土尔扈特台吉岱青的人质　354,357

Добрицкий Антон(Онтонко), тобольский служилый человек　安东·多勃里茨基,托波尔斯克军人　176,178,181

Доброн, монгольский тайджи　多卜隆,蒙古台吉　402

Доен-Анбо(Онбы),см. Даян-Омбо　朵颜·昂面,参见达颜·鄂木布

Дойчин-табун,см. Дайчин-нойон　朵庆塔布囊,岱青诺颜

Долги,Долгикул,см. Чанбаев Долги　多尔济,多尔济库尔,参见多尔济·强巴耶夫

Долгих Б. О.,советский этнограф　多尔济赫,苏联民族学家 425

Долгорукий Дмитрий Алексеевич,князь,уфимский воевода　德米特里·阿列克谢耶维奇·多尔戈鲁基公爵,乌法总督　353,357

Донгор Манзушири-хутухта, ламаистский проповедник I четв. XVII в.　敦戈尔·满珠什里呼图克图,17世纪前半叶藏传佛教传教士 411

Дондук-Даши,калмыцкий хан　顿杜克达什,卡尔梅克汗　7,407,412,421

Доржи (Дорзей, Ирки, Иркин-ноен) Хара-хунтайджи, брат Алтын-хана Омбо Эрдени-хунтайджи　多尔济·哈拉洪太吉,阿勒坦汗衮布·额尔德尼洪太吉的兄弟　278,407

Дорофеев Петр,кузнецкий атаман　彼得·多罗菲耶夫,库兹涅茨克头人　242

Досий,шурин Цецен-хана Шолоя　朵西,车臣汗硕垒的内弟 341

Досмаметев Коногач(Коногачко),бухаретин　科诺加奇·多斯玛麦杰夫,布哈拉人　67

Доюн-табунан,см. Биюнту-табунан　多尤塔布囊,参见比尤图塔布囊

Доян,см. Даян-Омбо　达颜,参见达颜翁布

Доян-Олба,см. Даян-Омбо　达颜·奥尔巴,参见达颜翁布

Драчев Первый (Первушка), пятидесятник красноярских казаков　佩尔维·德拉切夫,克拉斯诺雅尔斯克哥萨克五十人长 232

Дуба(Дубо, Дубу, Туба)-бакша(бакшей), посол ламы Даин Мерген-ланзу 杜布,达音·梅尔根,兰扎喇嘛的使节 76,84,85,95,112,114,124,137,138,141,163,417

Дубина Андрей(Ондрей), десятник енисейских казаков 安德烈·杜宾纳,叶尼塞哥萨克十人长 365

Дугуй, пристав Алтын-хана Омбо Эрдени-хунтайджи 杜古伊,阿勒坦汗衮布·额尔德尼洪太吉的警官 120,129,130

Дураков Афанасий(Офонасий), подьячий Сибирского приказа 阿法纳西·杜拉科夫,西伯利亚警察局书吏 257

Дурал, посол Дарыки, жены дербетского тайджи Дайчина-Хошучи 杜拉尔,杜尔伯特台吉岱青和硕齐妻子达雷卡的使节 294,295

Дурал-бакша, посол Даин-нойона, брата Алтын-хана Омбо Эрдени-хунтайджи 杜拉尔巴克沙,阿勒坦汗衮布·额尔德尼洪太吉兄弟达音诺颜的使节 74,85,169

Дурал(Турал)-джайсун-табунан, брат Алтын-хана Омбо Эрдени-хунтайджи 杜拉尔斋桑塔布囊,阿勒坦汗衮布·额尔德尼洪太吉的兄弟 18－23,33－43,45－50,52,53,57－62,72,76,78－85,87－90,93,95－101,103,105－113,115,116,118,121,126,127,129,131－136,138－140,147,148,155,157,158,160－170,257,278－280,313－315,410,414,417,419

Дурал(Дурул)-тархан, лутчий человек торгоутского тайджи Дайчина 杜拉尔·塔尔罕,土尔扈特岱青台吉的人质 354,357

Дурал Хонжин, см. Хонзин Дурал 杜拉尔·霍仁,参见霍津·杜拉尔

Дурново(Дурной) Михаил Федорович, красноярский воевода 米哈伊尔·菲罗多维奇·杜尔诺沃,克拉斯诺雅尔斯克总督 342,359

Дцудба-Илген, монгольский тайджи 宗德巴伊尔根,蒙古台吉 402

Евдокия Лукьяновна，царица，жена царя Михаила Федоровича 卢克扬诺夫娜·叶芙多基娅，王后，沙皇米哈伊尔·费多罗维奇之妻 73，75，76，86，138，283，285－288，423

Евсевьев Василий，тобольский служилый человек 瓦西里·叶弗谢维耶夫，托波尔斯克军人 26

Егупов（Ягупов）-Черкасский Никита（Микита）Иванович，князь，стольник，томский воевода 尼基塔·伊凡诺维奇·叶古珀夫·切尔卡斯基，公爵，御前大臣，托木斯克总督 21，36，277，280

Еденя-каян，см. Гомбо Иелден-нойон 亦登尼亚·卡扬，参见鄂木布·亦尔登诺颜

Едигер，см. Тамаймурзин Едигер 叶吉盖尔，参见叶吉盖尔·塔麦穆尔津

Ездегулин Сартакул，чатцкий татарский мурза，есаул 萨尔塔库尔·叶泽古林，恰茨基鞑靼贵族，大尉 305

Елгир-царевич，см. Джангир-хан 叶尔吉尔王子，参见扬吉尔汗

Елден（Элден），см. Ельден-тайша 亦尔登，参见亦尔登台吉

Елден-ноен，см. Гомбо Иелден-нойон 亦尔登诺颜，参见鄂木布亦尔登

Елубобаев Бабур，торговый бухарец 巴布尔·叶卢博巴耶夫，布哈拉商人 400，403

Елчикей，брат орчацкого князя Бакуя 叶尔奇凯伊，奥尔恰茨克王公巴库伊的兄弟 287

Ельден（Елден，Енден，Ильден，Элден），торгоутский тайджи，сын Хо-Урлюка 亦尔登，土尔扈特台吉，和鄂勒克之子 174，175，181，207，261，264－266

Ельден-ноян，см. Гомбо Иелден-нойон 亦尔登诺颜，参见鄂木布·亦尔登诺颜

Емельянов（Омельянов）Кирилл，енисейский служилый человек 基里尔·叶麦利扬诺夫，叶尼塞军人 322，392

Емудва(Ямудва),посол Эрдени Батура-хунтайджи 叶穆德瓦,额尔德尼·巴图尔的使节 247

Енбай(Енбей)-Богатырь(Баагатырь),орчак,торговый человек 恩巴伊·巴图尔,商人 304,305,307,310,311

Енбулатов Енигей,служилый татарин 叶尼盖·恩布拉托夫,鞑靼军人 181

Ендугай,см. Кокаев Ентугай 恩杜盖,参见恩屠盖·科卡耶夫

Еней,см. Мульчин Еней 恩涅伊,参见穆利庆·恩涅伊

Епса,пристав Алтын-хана Омбо Эрдени-хунтайджи 叶普沙,阿勒坦汗衮布,额尔德尼洪太吉的警官 120

Еркомба,брат ламы Даин Мерген-ланзу 额尔考巴,达音·梅尔根·兰扎喇嘛的兄弟 76

Ермак,казачий атаман 叶尔玛克,哥萨克头领 426

Ермамет(Ермаметко),служилый бухарец,толмач 叶尔玛麦特,布哈拉军人,翻译官 34,50,79,84

Ермаметев Енгилдей,тобольский служилый татарин 恩吉尔杰伊·叶尔玛麦杰夫,托波尔斯克鞑靼军人 368

Ерок,улусный человек ойратского тайджи Исенгея 叶罗克,卫拉特台吉伊谢盖的兀鲁思属民 24,25

Есах(Есахту)-хан,см. Дзасакту-хан Субуди 叶萨克图汗,参见扎萨克图汗素巴弟

Есим,казахский хан 伊希姆,哈萨克汗 419

Естыкей(Естыкейко),ясачный татарин Тагапской вол. 叶斯蒂凯伊,交实物税的塔加普县鞑靼人 308

Еуфимьев Иван Устюжанин,см. Устюжанин Иван Еуфимьев 伊万·乌斯秋扎宁·尤菲米耶夫,参见伊凡·尤菲米耶夫·乌斯秋扎宁

Ешкеп (Гешкап, Гешкеп, Ишкеп), дербетский тайджи, сын Дарыки 叶什凯普,杜尔伯特台吉,达雷卡之子 292,294,295,323,

325,389

Ештавлеев Кутлугаш(Кутлугашко), едисанский татарин мурзы А. Урусова　库特卢伽什·叶什塔弗列耶夫,鞑靼贵族乌鲁索夫的叶吉桑鞑靼人　266

Жадовский Назар, голова тарских конных казаков　纳扎尔·热多夫斯基,塔拉哥萨克骑兵头人　67,90,91

Жданов Григорий Григорьевич, товарищ тюменского воеводы И. Т. Вериги на　格里戈里耶维奇·日丹诺夫,秋明总督维里京的副手　388

Жеребилов Дмитрий(Митька), дьяк Томской приказной избы　德米特里·热列比洛夫,托木斯克警察局秘书长　220,223,228,232

Жук Прон(Пронька), томский служилый человек　普罗恩·朱克,托木斯克军人　285

Заблоцкий(Заболотцкой) Ерофей(Ярофей), тобольский сын боярский　叶(亚)罗菲伊·扎勃洛茨基,托波尔斯克贵族子弟　9,345－351,365,366,386,387,426

Заблоцкий Петр, тарский служилый человек　彼得·扎卜洛茨基,塔拉军人　323

Зайсан-табунан, зять монгольского Цецен-хана Шолоя　斋桑塔布囊,蒙古车臣汗硕垒的女婿　317

Залкинд Е. М., советский историк　扎尔金德 Е. М.,苏联史学家　425

Заргучей, см. Дзургачей　扎尔古契,参见珠尔加契

Засецкий Григорий Константинович, кузнецкий воевода　格里戈里·康斯坦京诺维奇·扎谢茨基,库兹涅茨基总督　363,364

Засухин Федор, томский казак　菲多尔·扎苏辛,托木斯克哥萨克　103,123,133,160,164,165,210

Захар(Захарище), поп церкви Богоявления г. Томска　扎哈尔,托木斯克教堂的牧师　64

Зая Пандита, церковный и политический деятель Монголин XVII в. 咱雅班弟达,蒙古的传教士和17世纪政治活动家 411,422

Згибнев Дмитрий(Митька), томский служилый человек 德米特里·兹吉勃涅夫,托木斯克军人 134,135,143,148,160,164,165

Земша, монгольский тайджи 泽木沙,蒙古台吉 402

Златкин И. Я., советский монголовед 兹拉特金 И. Я.,苏联蒙古学家 5,7,409,412-414,416,417,422,423,427

Зорзий(Чорди), посол халхаского Цецен-хана Шолоя 卓尔金,喀尔喀车臣汗硕垒的使节 333,339,347,387

Зубов Афанасий (Офонасей) Иванович (Никитич), кузнецкий воевода 阿法纳西·伊凡诺维奇·祖博夫,库兹涅茨克总督 252,253,284,308,309

Зурукта-контайша, см. Дзорикту 卓哩克图康太什,参见卓哩克图

Зырян, посол Эрдени Батура-хунтайджи 泽梁,额尔德尼·巴图尔洪太吉的使节 370

Зюзин Григорий Алексеев(Олексеев), стольник 格里戈里·阿列克谢耶夫·纠津,御前大臣 95

Зюзин Никита(Микита) Алексеев(Олексеев), стольник 尼基塔·阿列克谢耶夫·纠津,御前大臣 95

Зюргачей, см. Дзургачей 久尔加契,参见朱尔加契

Иван Михайлович, царевич, сын царя Михаила Федоровича 伊凡·米哈伊洛维奇,王子,米哈伊尔·费多罗维奇沙皇之子 73,76,77,81-83,86,99,100,108,109,115,127,128,135-139,142,145,162,167,168,407,408

Иванов Алмаз, дьяк Посольского приказа 阿尔玛兹·伊万诺夫,外事衙门秘书长 338

Иванов Данила, томский казак 丹尼拉·伊万诺夫,托木斯克哥萨克 327

Иванов Дружина, тюменский ямской охотник　德鲁仁·伊万诺夫,秋明驿务衙门的猎手　267

Иванов Завьял, десятник томских казаков　扎维亚尔·伊万诺夫,托木斯克哥萨克十人长　71

Иванов Костянтин, см. Москвитин Константин Иванов　康斯贾京·伊万诺夫,参见康斯坦京·伊万诺夫·莫斯克维京

Иванов Ларион, тобольский городничий　拉里昂·伊万诺夫,托波尔斯克城的市长　344,347

Иванов Михаил, тарский конный казак　米哈伊尔·伊万诺夫,塔拉骑兵哥萨克　26

Иванов Никифор (Микифорка), тобольский стрелец　尼基福尔·伊万诺夫,托波尔斯克射击手　291

Иванов Сергей (Сергушка), кузнецкий служилый казак　谢尔盖·伊万诺夫,库兹涅茨克哥萨克　308

Иванов Степан Астараханцев, см. Астраханцев Степан Иванов　斯捷潘·阿斯塔拉罕采夫·伊万诺夫,参见阿斯塔拉罕采夫·斯捷潘·伊万诺夫

Иванов Тарас, подьячий Сибирского приказа　塔拉斯·伊万诺夫,西伯利亚衙门书吏　371

Иванов Федор, тобольский служилый человек　费多尔·伊万诺夫,托波尔斯克军人　10,352,353

Иванчин Кузьма (Кузейка), юртовский служилый татарин　库兹玛·伊万钦,尤尔托夫鞑靼军人　26,176

Иебередев Тараш (Тарашка), едисанский татарин мурзы Я. Янаева　塔拉什·叶别尔杰耶夫,鞑靼贵族扬纳耶夫的叶吉桑鞑靼人　266

Иевлев Алексей (Олешка), дьяк Астраханской приказной избы　阿列克塞·叶弗列夫,阿斯特罕警察局秘书长　400

Иевлев Иван, (тобольский) сын боярский　伊凡·叶弗列夫,托

波尔斯克贵族子弟　295

Иженей Мерген, киргизский князь　伊热涅伊·梅尔根,吉尔吉斯王公　380,383

Иженей, князь тубинских татар　伊热涅伊,图瓦鞑靼王公　233

Изенбей, улусный человек орчацкого князя Кохтобея　伊泽别依,奥尔恰茨克王公科克托别伊的"兀鲁思人"　24

Изень (Атил Иселько, Изенка, Изонь, Исейка, Иселька, Исенка, Исень, Ызень), киргиз, человек Эрдени Батура-хунтайджи　伊泽尼,吉尔吉斯人,额尔德尼·巴图尔洪太吉的人　213,214,221,222,225,236,237,240－243,274

Изерчей (Изырчей, Ишей), киргизский князь, сын Абахай-хатун　伊泽尔切伊,吉尔吉斯王公,阿巴海哈屯之子　23,84,103,131,186,221,252,415

Излеч (Излечко), ясачный человек Итиберской вол.　伊兹列奇,伊基别尔县实物税民 252

Измайлов Иван, служилый человек　伊凡·伊兹麦洛夫,军役人员　403

Измайлов Савва, тобольский конный казак　萨瓦·伊兹麦洛夫,托波尔斯克骑兵哥萨克　154,171

Иирек, киргиз　伊列克,吉尔吉斯人　83

Иконник　伊科尼克·瓦西里,托木斯克军人　50,60,62,63,79

Гомбо Иелден-нойон　衮布·叶尔坚诺颜,参见鄂木布·亦尔坚诺颜

Илчигит (Бакша, Илчит)-бакша, посол Даин-нойона, брата Алтын-хана Омбо Эрдени-хунтайджи　伊尔吉奇特·巴克沙,阿勒坦汗衮布·额尔德尼洪太吉的兄弟达音诺颜的使节　126,160,165,419

Ильден-контайша, см. Эрдени Батур-хунтайджи　叶尔坚康太什,参见额尔德尼·巴图尔洪太吉

Ильден-тайша, см. Ельден, торгоутский тайджи　亦尔坚台什,

参见叶尔登，土尔扈特台吉

Ильин Гаврила，атаман тобольских пеших казаков　伽弗里拉·伊利英，托波尔斯克步哥萨克头人　67，173－175，190

Ильин Григорий，тобольский конный казак　格里戈里·伊利英，托波尔斯克骑兵哥萨克　10，236－239，395，423

Ильин Захар，тюменский служилый человек　扎哈尔·伊利英，秋明军人　179，180

Ильчибай（Ильчибайка），барабинский татарин，“государев изменник”　伊利奇巴伊，巴拉巴鞑靼人，“国家叛徒”　195，245

Имамкули，бухарский хан　伊玛木库尔，布哈拉汗　409

Имерген-ланза，см．Даин Мерген-ланзу　墨尔根·兰扎，参见达音·梅尔根·兰扎

Ирденей-контайша，см．Эрдени Батур-хунтайджи　厄尔德尼·康太什，参见额尔德尼·巴图尔洪太吉

Ирдени Сюлюва，см．Эрдени Сюлюва　厄尔德尼·休留瓦，参见额尔德尼·休留瓦

Ирдени Укоев-Абашидзе，см．Эрдени Укоевабаши　厄尔德尼·乌科耶夫·阿巴什，参见额尔德尼·乌科耶夫·阿巴什

Иренчин（Иречин），см．Алтын-хан Лубсан-сайн Эринчин-хунтайджи　厄尔沁，参见阿勒坦汗·罗卜桑·赛英·额布沁洪太吉

Ирки-хунтайджи（контайчи）Яксутуев，хошоутский тайджи　伊尔济洪太吉·亚克苏屠也夫，和硕特台吉　260

Иркин-Дайчина（Тайчин），хошоутский тайджи，сын Хунделеня　伊尔济·岱青，和硕特台吉，昆都伦之子　325

Ирки-мулла，бухарец улусахошоутского тайджи Аблая　伊尔济穆拉，和硕特台吉阿巴赖兀鲁思的布哈拉人　399，401，403，428

Ирки-табунан（табын），зять Эрдени Батура-хунтайджи　伊尔济塔布囊，额尔德尼·巴图尔洪太吉的女婿　64－66，198

Иркин-ноян，см．Дрожи Хара-хунтайджи　伊尔济诺颜，参见多

尔济·哈拉洪太吉

Иртень-контайша, см. Торгуя Эрдени-хунтайджи 伊尔杰·康太什,参见托尔衮·额尔德尼洪太吉

Изруган, см. Исурган 伊鲁甘,参见伊苏尔甘

Исейка, см. Изень 伊谢卡,参见伊泽尼

Исенгей (Изсенгей, Сенге), ойратский, возможно, хошоутский тайджи 伊谢盖,卫拉特的,可能是和硕特的台吉 23-25,70,409

Исен-тархан, "улусный человек" торгоутского тайджи Дайчина 伊谢恩·塔尔罕,土尔扈特岱青的"兀鲁思属民" 354

Исенка, см. Изень 伊谢恩卡,参见伊泽尼

Изень, см. Изень 伊谢,参见伊泽尼

Исурган (Ируган, Иурган), сын телеуцкого князя К. Абакова 伊苏尔干,捷列乌茨克王公,阿巴什科夫之子 284

Итеев Балыцер (Балычер), тобольский юртовский служилый татарин 巴雷切尔·伊杰耶夫,托波尔斯克尤尔托夫鞑靼军人 204, 205,211,225

Итеев Теней (Тенийко), тобольский юртовский служилый татарин 捷涅伊·伊杰耶夫,托波尔斯克尤尔托夫鞑靼军人 205, 208

Итеев Ходжамамет (Кожамамет, Кочемаметь, Ходжа-Мамет, Хожемаметь, Хожмаметь), тобольский юртовский служилый татарин 霍扎玛麦特·伊杰耶夫,托波尔斯克尤尔托夫鞑靼军人 171,172, 190-195,200,333

Итемгей (Итемгейко), сын ясачного татарина Е. Янтурина 伊捷姆盖(伊杰姆根科),实物税鞑靼人杨图林之子 102

Итертей, владелец улуса по Иркуту 伊捷尔伊,伊尔库图兀鲁思掌管人 339

Иткулин Базалгедей (Базагадей), "лутчий человек", орчацких князей 伊特库林·巴扎尔盖杰伊,奥尔恰茨克王公们的"人质"

286

Итыкуль-богатырь, посол к дербетскому тайджи Даян-Омбо　伊腾库利·巴噶德尔,杜尔伯特台吉达颜·俄木布使节　334

Иурган, см. Исурган　伊乌尔甘,参见伊苏尔甘

Ичинда-Богатырь(Багатырь), казначей жен Алтын-хана Омбо Эрдени-хунтайджи　伊钦达·巴噶德尔,阿勒坦汗衮布·额尔德尼洪太吉妻妾中的主管妻子　44

Ишега, белый калмык　伊舍加,白卡尔梅克　380

Ишей, см. Изерчей　伊舍伊,参见伊泽尔切伊

Ишжамц Н., многольский историкН　伊什扎木茨.,蒙古史学家　5

Ишим, Сибирский царевич, сын Кучума　伊希姆,西伯利亚王子,库楚姆之子　201,334,410

Ишимов Карабаш, "государев изменник"　卡拉巴什·伊希莫夫,"叛徒"　175

Ишкеп, см. Ешкеп　伊什凯普,参见叶什凯普

Ишмала, посол княгини Гунджи　伊什玛拉,贡吉夫人的使节　376

Ишмамет, "человек" Маметкулы　伊什玛麦特,玛麦特库拉的"属人"　285

Иштерек, князь Большой Ногайской орды　伊什捷列克,大诺盖汗国王公　180

Иялгир-царевич, см. Джангир　扬吉尔王子,参见贾吉尔

Кабыльский, см. Кобыльский　卡贝利斯基,参见科贝利斯基

Кадышев Татуй, ясачный татарин　塔土伊·卡德舍夫,交实物税的鞑靼人　197

Кажбахтыев Ильмамет, тарский ясачный татарин　伊利玛麦特·卡日巴赫特耶夫,塔拉交实物税的鞑靼人　328

Казанец Григорий, томский служилый человек　格里戈里·卡扎

涅茨,托木斯克军人 50,60,62,63

Казбулина Елгачка,татарка Аялынской вол. Тарского у. 叶尔加契卡·卡兹布利娜塔拉阿亚雷斯克县鞑靼女人 395

Казыев Казы(Казый),бухарский посол 卡兹·卡兹耶夫,布哈拉使节 25 – 29,67,68,176,177,196,197,409

Каим(Каимко),барабинский татарин,брат князя К. Бичигеева 卡伊木,巴拉巴鞑靼人,比奇盖耶夫王公之兄弟 245,247,254,272,273,275,297

Кайдаул(Кайдавула),татарский мурза 凯达乌尔,鞑靼贵族 334,426

Кайкан,брат Алтын-хана Омбо Эрдени-хунтайджи 凯坎,阿勒坦汗衮布·额尔德尼洪太吉之兄弟 407

Кайяголда,см. Яголда 凯亚戈尔达,参见亚戈尔达

Калачик(Колачан)-нойон(ноян),большой брат Алтын-хана Омбо Эрдени-хунтайджи 卡拉钦诺颜,阿勒坦汗衮布·额尔德尼洪太吉之兄 129,130

Калашников(Колашников)Влас, атаман тарских волостных татар 弗拉斯卡·拉什尼科夫,塔拉县上鞑靼头人 67,68

Калкан-царь,см. Сайн-Бадма Хатан-Батур 喀尔喀汗,参见赛英·巴德乌·哈坦巴图尔

Каловский Федор,уфимский голова 费多尔·卡洛夫斯基,乌法头人 301

Канаев Кантемир,князь едисанских татар 康杰米尔·卡纳耶夫,叶济桑鞑靼王公 263,264

Карагула,см. Хара-Хула 哈喇科拉台什,参见哈喇忽拉

Каракола-таиша,см. Хара-Хула 哈喇库拉,参见哈喇忽拉

Каракуш,киргизский улусный человек 卡拉库什,吉尔吉斯兀鲁思属民 221

Каранда Михаил,енисейский казак 米哈伊尔·卡兰达,叶尼塞

哥萨克 352

Карасан, см. Харасан 卡拉山，参见哈喇山

Карачан, улусный человек тайджи Кулы 卡拉羌，库拉台吉的兀鲁思人 204

Карачевцев (Карачевец) Трофим, тобольский служилый человек 特罗菲姆·喀拉切夫采夫，托波尔斯克军人 428

Карпов Григорий, дьяк Посольского приказа 格里戈里·卡尔波夫，外事衙门长官 199

Карпов Дмитрий (Митька) Герасимович, дьяк Тобольской приказной избы 德米特里·格拉西莫维奇·喀尔波夫，托波尔斯克警察局秘书长 288,290,292,322,329,333－335

Карсагил, ясачный человек Эрдени Батура-хунтайджи 喀尔萨吉尔，额尔德尼·巴图尔洪太吉属民 235

Карсаев (Карсай) Адай, "человек" джунгарского тайджи Чокура, приказчик 喀尔萨耶夫·阿岱，准噶尔台吉卓库尔台吉的人，管家 218,219

Карташев (Корташев) Бажен, томский сын боярский 巴仁·卡尔塔舍夫，托木斯克贵族子弟 8,33,34,50－52,54－62,64,75－77,79,88－90,96,99,100,108,137,155,200,201,280,281,411,414

Карчага (Корчага), улусный человек, Дурала－табуна на, пристав 恰尔恰加，杜拉尔塔布囊的兀鲁思人，警官 105－197,110,134,135

Карчега (Карчига, Корчега)-бакша (бакшей), посол ламы Даин Мерген-ланзу 卡尔切加·巴克什，达音·梅尔根·兰扎喇嘛的使节 146,155,161,165,417

Карякин Казый (Казей), томский сын боярский 卡兹伊·卡梁金，托木斯克贵族子弟 108,254,415

Каспулат-мурза, см. Мамаев Каспулат 卡斯普拉特，鞑靼贵族，参见玛麻耶夫·卡斯普拉特

Катаичи (Катачи), сын Алтын-хана Омбо Эрдени-хунтайджи,

ср. Серен-тайджи　喀泰奇,阿勒坦汗·衮布·额尔德尼洪太吉之子　73,100,116,128

Катайча,сын Дурала-табунана　喀泰恰,杜拉尔塔布囊之子　106,135

Катан-Багатырь,см. Сайн-Бадма-Хатан-Батур　喀坦·巴噶尔德,参见赛英·巴德玛·哈坦巴图尔

Катаргул(Катаргулко),татарин Уфимского у.,государев изменник　卡塔尔古尔,乌法县城的鞑靼人,"国家叛徒"　177

Катачи,см. Катайчи　喀塔奇,参见喀泰奇

Катерина (Катеринка), крепостная П. Рыхлевского, "новокрещенка"　卡捷琳娜,雷赫列夫斯克农夫,新耶稣教徒　285

Катуней,монгольский князь　喀童涅伊,蒙古王公　316

Кафтырев Григорий Аггеевич,тарский воевода　格里戈里·阿盖耶维奇·卡弗德列夫,塔拉总督　26-28,30,90,149,150,176,178,179,183

Кафтырев Дементий Васильевич,кузнецкий воевода　捷缅洁·瓦西里耶维奇·卡弗腾列夫,库兹涅茨克总督　215,223,241,242,421

Качин Колачи,см. Начин Колачи　卡钦·科拉奇,参见纳钦·科拉奇

Кабаева Мазик(Бачик, Мазийко, Мачик),теленгуцкий князь,лутчий человек,Эрдени Батура-хунтайджи　玛济克·卡什巴耶夫,捷列古茨克王公,额尔德尼·巴图尔洪太吉的"人质"　208,213,214,216,219,223,238,240-243,252,274,284,305-309,311,312,362-364,421,427

Кашин,ясачный человек Томского у.　卡申,托木斯克县城交实物税民　187

Кашка(Кошка)Боган,человек Эрдени Батура-хунтайджи　鲍甘·卡什卡,额尔德尼·巴图尔洪太吉的人　209

Кедровский Стефан(Степан),тобольский служилый человек

литовского списка или тобольский конный казак　斯捷潘·凯德罗夫斯基,托波尔斯克立陶宛名录军人,或托波尔斯克骑兵哥萨克　368,371

Келимбетов Аксач（Аксачка）, едисанский татарин мурзы К. Курмашева　阿克萨奇·凯利姆别托夫,库尔乌马夫贵族的叶济桑鞑靼人　266

Кельмаметев（Килмаметев）Янгурчей, тобольский служилый татарин　扬古尔切伊·凯利玛麦杰夫,托波尔斯克鞑靼军人　403

Кесер, улусный человек Дурала-табунана　凯谢尔,杜拉尔塔布囊的兀鲁思属民　105,106,134,135

Кетменев Василий, тобольский конный казак　瓦西里·凯缅涅夫,托波尔斯克骑兵哥萨克　397

Кеченга Чижин, см. Киченга Чежин　凯钦加·切仁,参见基钦加·切仁

Кизланов Куртук, чатцкий мурза　库尔图克·基兹兰诺夫,恰茨克贵族　308

Кизылбаев（Кызылбаев）Аиткул, служилый татарин　阿伊库尔·克兹尔巴耶夫,鞑靼军人　376,428

Кызылбаев（Кызылбаев）Кучугай（Кунчюгай, Кучагай, Кучюга）, тобольский юртовский служилый татарин　库丘盖·克兹尔巴耶夫,托波尔斯克尤尔托夫鞑靼军人　368－371,373

Кизилов Абрам（Обрам）, томский служилый человек　阿勃拉姆·基兹洛夫,托木斯克军人　32,49,77－79

Кизилов（Кызылов）Лука（Лучка）, тобольский конный казак, новокрещен　卢卡·克兹洛夫,托波尔斯克骑兵哥萨克,新耶稣教徒　214,217－220,241

Кизылтинов Аликей, тобольский юртовский служилый татарин　阿利凯伊·克兹尔金诺夫,托波尔斯克鞑靼军人　325

Килдыбаев Ятыкурт（Атикуртка）,（тобольский）служилый

татарин　亚特库尔特·基尔德巴耶夫,托波尔斯克鞑靼军人　395,398,399

Килмаметев Янгурчей,см. Келмаметев Янгурчей　扬古尔切伊·基尔玛麦杰夫,参见凯尔玛麦杰夫

Килчибей,киргизский князь　基尔奇别伊,吉尔吉斯王公　379

Килюк,см. Кулак-Богатырь　基留克,参见库留克·巴噶德尔

Килюч,см. Кулюк-Богатырь　基留奇,参见库留克·巴噶德尔

Кирей-царевич,см. Девлет-Гирей　基列伊王子,参见杰弗列特·基列伊

Киржатцкий (Киржитцкий) Василий, уфимский служилый человек,иноземец,толмач　瓦西里·基尔扎茨基,乌法军人,"外来人",翻译　354,358,400

Кирилов Василий,енисейский служилый человек,атаман　瓦西里·基里洛夫,叶尼塞军人,头人　319

Кириловец Павел(Панька)Федоров,тобольский пеший казак　巴维尔·费多罗夫·基里洛夫,托波尔斯克步兵哥萨克　291

Кирилл,сын тобольского сына боярского Е. Заблоцкого　基里尔,托波尔斯克贵族扎勃洛茨基之子　347,348,387

Киченга(Кеченга)Чежин(Чижин), табун Алтын-хана Омбо Эрдени-хунтайджи　基钦加·切仁,阿勒坦汗衮布·额尔德尼洪太吉的塔布囊　32,49,51

Качин,посол Эрдени Батура-хунтайджи　基庆,额尔德尼·巴图尔洪太吉的使节　305

Кичкильдей(Кийкильдей),барабинский татарин　基奇季利杰伊,巴拉巴鞑靼人　216

Кичу(Кичю),посол дербетского тайджи Даян-Омбо　基丘,杜尔伯特台吉达颜·鄂木布的使节　334,335,343

Клементьев Филон(Филонко),томский конный казак　菲洛恩·克列缅季耶夫,托木斯克骑兵哥萨克　300

Клепиков (Кляпиков) Владимир (Володимер), тобольский стрелецкий сотник, пристав　弗拉季米尔·克列比科夫,托波尔斯克射击百人长,警察官　10,67,68,234,248,249,267,268,367,369,380,372,374,417,423

Клубков-Мосальский (Масальский) Семен Васильевич, князь, стольник, томский воевода　莫萨利斯基·谢苗·瓦西利耶维奇·克卢勃科夫,公爵,御前大臣,托木斯克总督　220,223,224,228,232,233,252,253,421

Ключарев Борис, тобольский служилый человек "литовского спискаили" тобольский конный казак　鲍里斯·克留恰列夫,托波尔斯克"立陶宛名录"军人或骑兵哥萨克　368,370,371

Ключарев Михаил Наумович, дьяк Томской приказной избы　米哈伊尔·纳乌莫维奇·克留恰列夫,托木斯克警察局长　361,362,366

Кляпиков, см. Клепиков　克梁比科夫,参见克烈比科夫

Кобай, посол Цецен-хана Очирту　科巴伊,车臣汗鄂齐尔图的使节　361

Кобылинский Григорий, тобольский конный казак　格里戈里·科雷林斯基,托波尔斯克骑兵哥萨克　334,335,368

Кобыльский (Кабыльский) Иван Дмитриевич (Семенович), товарищ томского воеводы С. В. Клубкова-Мосальского　伊凡·德米特里耶夫·科勃利斯基,托木斯克总督克卢勃科夫·莫萨利斯基的副手　220,223,228,232,241

Коври, посол Дурал-табунана　科弗里,杜拉尔塔布囊的使节　95

Ковригин Евсей (Евсевейко), красноярский служилый человек　叶弗谢伊·科弗里根,克拉斯诺雅尔斯克军人　381

Ковырзин Иван (Ывашко), пятидесятник тобольских пеших казаков, атаман　伊凡·科沃尔津,五十人长,托波尔斯克步兵哥萨

克,头人 235,240

Коготей, Когутей, Козутей, см. Кокшеков Когутей 科戈杰伊,参见科克舍科夫·科古杰伊

Когутей (Когутейко, Куготейко, Кузутей, Кугутей), князь ясачных тарских барабинских татар 科古杰伊,塔拉交实物税的巴拉巴鞑靼人的王公 65,182,192,195,197,198,202,243–245,249,262,270,274

Когутей, "человек" тайджи Кулы 科古杰伊,库拉台吉的"属人" 197

Коделеев Манчичак, см. Манчичак 满奇恰克·科德列耶夫,参见满奇恰克

Коделей, человек улуса Эрдени Батура-хунтайджи 科德列伊,额尔德尼·巴图尔洪太吉兀鲁思的"属人" 285

Коеда, см. Ноедай 科耶达,参见诺 耶达伊

Коза Семен(Семейка), пеший казак 谢苗·科扎,步兵哥萨克 133

Козе-мулла(молла), (служилый человек) 科泽穆拉,军人 354

Козейустин Чагыр, едисанский татарин 恰格尔·科泽伊乌斯金,叶吉桑鞑靼人 263

Козьмин Калина, сургуцкий казак 卡利纳·科兹明,苏尔古茨克的哥萨克 72

Коим, см. Каим 科伊姆,参见卡伊姆

Кой-Салтан, участник похода против казахского хана Джангира 科伊·苏丹,进军反哈萨克汗扬吉尔的参与者 237

Койтай(Койтак, Котайко), человек Алтын-хана Омбо Эрдени-хунтайджи 科伊泰,阿勒坦汗衮布·额尔德尼洪太吉的人 277

Коса, см. Абаков Кока 科卡,参见阿巴科夫·科卡

Кокаев Ентугай(Елтугуй, Ендугай), телеут, дядя К. Абакова 叶

恩土盖·科卡耶夫,捷列乌特人,阿巴科夫的叔伯　283,284

Кокай(Кокайко),подгородный юртовский татарин Кузнецкого острога　科卡伊,库兹涅茨克城堡近郊的尤尔托夫鞑靼人　363

Коровинский Богдан Алексеевич,товарищ томского воеводы М. П. Волынского　鲍格丹·阿列克谢耶维奇·科克温斯基,托木斯克总督 М. П. 沃伦斯基的副手　361,362,366

Кокодей,см. Коншеков Когутей　科克德伊,参见科克舍科夫·科古切伊

Кокошкин Неупокой Андреевич,тарский воевода　涅乌波科伊·安德烈耶维奇·科可什金,塔拉总督　67,68,182,206

Кокшеков(Коншеков)Когутей(Каготей, Когодей, Когутей, Козутей,　科克舍科夫,参见喀拉什尼科夫

Кокодей,Огутей),орчацкий князь　科克杰伊,奥尔恰茨克王公　283,285 – 287,303 – 305

Колачан-ноян,см. Калачин-нойон　科拉羌诺颜,参见喀拉钦诺颜

Колачи,посол Эрдени Батура-хунтайджи　科拉奇,额尔德尼·巴图尔洪太吉的使节　305

Колашников,см. Калашников　科拉什尼科夫,参见喀拉什尼科夫

Колбай,тубинский ясачный татарин　科尔巴伊,图瓦交实物税的鞑靼人　382

Колденен-тайша,см. Хунделеня-Убаши　科尔德侬台吉,参见昆都伦·乌巴什

Колесников Василий, енисейский казачий атаман, приказчик Баргузинского острога,енисейский сын боярский　瓦西里·科列斯尼夫,叶尼塞哥萨克头领,巴尔古津城堡警察官,叶尼塞头人,贵族子弟　9,316,318 – 322,329,331,332,339,348,351,352,387,424,425

Колкан-царь,см. Сайн-Бадма-Хатан-Батур　喀尔喀汗,参见赛

英·巴德乌·哈坦巴图尔

Колмогорец (Колмогор) Макар Яковлев, томский служилый человек, конный десятник　玛卡尔·亚可夫列夫·科尔莫戈列茨,托木斯克军人,骑兵十人长　87,89,103,121,130,132,133,160,164,166,170,171,186,210,308,416

Колмогорец Петр Семенов, Байкальский "охотник"　彼得·谢苗诺夫·科尔莫戈列茨,贝加尔"猎人"　322

Колоаский Степан, ротмистр Покровского городка, Красноярский служилый человек　斯捷潘·科洛夫斯基,波克罗夫斯克城骑兵大尉,克拉斯诺雅尔斯克军役人员　342,359,380－384

Коломнин(Коломкин)Иван, томский конный казак　伊凡·科洛姆宁,托木斯克骑兵哥萨克　50,60,62,63,79,221,283

Конгу, сын хошоутского тайджи Туру-Байху　康古,和硕特台吉图鲁拜琥之子　67

Кондала, ойратский тайджи, ср. Хунделен　昆达拉,卫拉特台吉,参见昆都伦　272

Конжа, жена хошоутского тайджи Туру-Байху　康日阿,和硕特台吉图鲁拜琥之妻　91

Конжи-тайша, см. Туру-Байху　康仁台什,参见图鲁拜琥

Конзин Уран, см. Хонжин Уран　科津乌兰,参见洪津·乌兰

Конзины, см. Хонзин Дархан и Хонзин Уран　康津,参见洪津·达尔罕和洪津

Контайша, см. Эрдени Батур-хунтайджи　康泰什,参见额尔德尼·巴图尔洪太吉

Кончай, брат теленгуцкого князя Мачика　坎恰伊,杰列古茨克王公玛济克的兄弟　284

Кончак, мингацкий князь　康恰克,明加茨克王公　411

Кончин, ойратский тайджи　康钦,卫拉特台吉　328

Коншеков Когодей, см. Кокшеков Когутей　科戈德伊·康舍科

夫,参见科克舍科夫·科古杰伊

Копландеев Кизылбай,тобольский юртовский служилый татарин 基兹尔巴伊·科普兰杰耶夫,托波尔斯克尤尔托夫鞑靼军人 293

Копылов Дмитрий,томский сын боярский 德米特里·科普洛夫,托木斯克贵族子弟 367

Копылов Яков(Якушка),тобольский конный казак 雅可夫·科普洛夫,托波尔斯克骑兵哥萨克 66,175

Корвацкий Яков,тобольский сын боярский 雅可夫·科尔瓦茨基,托波尔斯克贵族子弟 326

Корепонов Алексей(Олешка),подьячий Посольского приказа 阿列克赛·科列波诺夫,外事衙门书吏 22

Корет(Коретко),"лутчий человек"Эрдени Батура-хунтайджи 科列特,额尔德尼·巴图尔洪太吉的人质 205,209

Корик,ср. Корет 科里克,参见科列特 187

Корнилов Павел,подьячий Тюменской приказной избы 巴维尔·科尔尼洛夫,秋明警察局书吏 292,295

Корокай(Корокайка),аринский татарин 科罗凯,阿林斯克鞑靼人 232

Корташев Бажен,см. Карташев Бажен 科尔塔舍夫巴仁,参见卡尔塔舍夫·巴仁

Корчага,см. Карчага 科尔恰加,参见卡尔恰加

Корчаков Василий,тарский казак 瓦西里·科尔恰科夫,塔拉哥萨克 375

Корчега-бакша,см. Карчега-бакша 科尔恰加·巴克什,参见卡尔切加·巴克什

Коршунов Иван(Ывашко),тобольский пеший казак 伊凡·科尔舒诺夫,托波尔斯克步兵哥萨克 250

Костелецкий (Костелецкий) Герасим (Гарасим), тарский сын боярский 格拉西姆·科斯捷列茨基,塔拉贵族子弟 244,245,251

Костелецкий(Костелетцкий)Павел, тарский сын боярский 巴维尔·科斯捷列茨基,塔拉贵族子弟 251

Котегу, тунгусский князь 柯杰古,杰列古茨克王公 331

Котайко, см. Койтай 科泰克,参见科泰

Коточин Ороул, улусный человек орчацких князей 奥罗乌尔·科托钦,奥尔恰茨克王公的兀鲁思人 286

Коушак, мингацкий князь 科乌沙克,明加茨王公 105,134

Кохтобей(Кохтебей, Кохтобай), орчацкий князь 科赫托巴伊,奥尔恰茨克王公 23 –25,70,409

Кочебай, киргизский князь 科切巴伊,吉尔吉斯王公 223

Кочегачин(Кочогачин)Иземек(Земик), "улусный человек" орчацких князей 伊泽麦克·科切加钦,奥尔恰茨克王公的"兀鲁思人" 286

Кочегулин Калеут, мурза чацких татар 卡列乌特·科切古利,恰茨克鞑靼贵族 305

Кочеш, ясачный человек Кумандинской вол. 科切什,库曼金斯克县实物税民 284

Кочигиш(Кочигеш), ясачный человек Щелкальской вол. 科奇吉什,希尔卡利斯克县实物税民 284

Кочол, киргиз 科乔尔,吉尔吉斯人 118

Кочюр, см. Чогур 科丘尔,参见卓古尔

Кочюрта, см. Цецен-хан Очирту 科丘尔图,参见车臣汗鄂齐尔图

Кошауч Чежин, шурин Даин-нойона, брата Алтын-хана Омбо Эрдени-хундайджи 切仁·科沙乌奇,达音诺颜的内弟,阿勒坦汗衮布·额尔德尼洪太吉的兄弟 124

Кошаучин Мерген, см. Мерген Хошеучи 科沙乌钦·梅尔根,参见梅尔根·霍舍乌奇

Кошей, брат теленгуцкого князя Мачика 科舍伊,捷列古茨王公

玛济克的兄弟　284

Кошичи，см. Кошучи Еней　科希契，参见科舒奇·叶涅伊

Кошка Боган，см. Кашка Боган　科什卡·鲍甘，参见卡什卡·鲍甘

Кошучи（Кошичи，Кошоут，Кушючи）Еней（Аней），посол княгини Гунджи　叶涅伊·科舒奇，贡济女王公的使节　372，376，377，393－399，428

Коян，тубинский князь　科扬，图瓦王公　379

Коянак，брат татарского мурзы Акбаша　科亚纳克，鞑靼贵族阿克巴什的兄弟　222

Кроемский Софрон，тобольский служилый человек литовского списка　索弗隆·克罗也姆斯基，托波尔斯克"立陶宛名录"中的军人　375

Кропотов Андрей（Онрей），ротмистр тарского литовского списка　安德烈·克罗波托夫，塔拉"立陶宛名录"中的骑兵大尉　67，68

Кубай，ясачный человек Кумандинской вол.　库巴伊，库满金斯克县交实物税民　284

Кубай（Кубайко），посол монгольского тайджи Мергена　库巴伊，蒙古台吉墨尔根的使节　342，359

Кубычек，ясачный татарин　库勃切克，交实物税的鞑靼人　222

Кугутей（Куготейко），см. Когутей　库古杰伊，参见科古杰伊

Кудамышев Топмамет，тюменский юртовский служилый татарин　托普玛麦特·库达格梅舍夫，秋明尤尔托夫鞑靼军人　92

Кудамышев Кутук，юртовский служилый татарин Тюменского у.　库土克·库达梅舍夫，秋明县城尤尔托夫鞑靼军人　92

Куделен-Убаша，см. Хунделен-Убаши　库德连·乌巴什，参见昆都伦·乌巴什

Кудень，лутчий человекЭрдени Батура-хунтайджи　库登，额尔德

尼·巴图尔洪太吉的"人质" 194

Куенак, ясачный татарин Акбашевской вол. 库也纳克,阿克巴舍夫斯克县交实物税的鞑靼人 222

Кужа, см. Туру- Байху 库日阿,参见图鲁拜琥

Куйша, см. Туру-Байху 库伊沙,参见图鲁拜琥

Кула. посол Эрдени Батура-хунтайджи 库拉,额尔德尼·巴图尔洪太吉的使节 290

Кулагин Дружина, тобольский служилый человек 德鲁仁·库拉根,托波尔斯克军人 26,151 - 153,171,173,179,183,193,199

Кулаев Мамей, тобольский служилый татарин 玛麦伊·库拉耶夫,托波尔斯克鞑靼军人 368

Кулаков Яков(Якунька), тобольский казачий десятник, стрелец 雅可夫·库拉科夫,托比尔斯克射击十人长 9,321,329 - 333,339,340,347,348,350,352,386 - 388,425

Кулан, человек Дурала-табунана 库兰,杜拉尔塔布囊的"属人" 127

Каланчей (Куланчейка, Кулунчейка), ясачный барабинский татарин Тарского у., государев изменник 库兰切伊,塔拉县巴拉巴交实物税的鞑靼人,"叛徒" 64 - 66,159,151 - 154,171 - 173,182 - 185,191,192,194 - 196,198,202,206

Куланчейка(Кулачейко), посол хошоутского тайджи Туру-Байху 库兰切伊卡,和硕特台吉图鲁拜琥的使节 27 - 29,176

Кулачейко-Хошучи (Кошучи)-тайджи, невладетельный ойратский Хасан, приказной человек Эрдени Батура-хунтайджи 库拉切伊卡·和硕齐台吉,不掌权的卫拉特斋桑,额尔德尼·巴图尔洪太吉的"警务人" 64,65,149,153,154,179,182 - 185,189,191,192,194 - 198,202 - 205,208 - 213,216 - 218,224,225,227,228,236,244,258,259,273,275,276,283,286 - 289,303 - 306,311,312,367,409,412,420,427

Кулбесек,киргиз　库尔别谢克,吉尔吉斯人　418

Кулдевлен,Кулдеолем,см. Хунделен-Убаши　库尔都连·库尔德弗连,参见昆都仑·乌巴什

Кулден-абаша,см. Хунделен-Убаши　库德·阿巴什,参见昆都仑·乌巴什

Кулебердей,см. Бичигеев Кулубердей　库列别尔杰伊,参见比奇盖耶夫·库卢别杰伊

Кулмаметов Овесбаки,тобольский служилый татарин　奥维斯巴基·库尔玛卖托夫,托波尔斯克鞑靼军人　371,376

Култаев Айгучак,ясаул тюменских юртовских служилых татар　艾古恰克·库尔塔耶夫,秋明尤尔托交实物税的鞑靼人　179

Кулудай,см. Абаков Кулудай　库卢岱,参见阿巴科夫·库卢岱

Кулуков Абрай,улусный человек теленгуцкого князя Мачика　阿布拉伊·库卢科夫,捷列古茨克王公玛济克的兀鲁思人　284

Кулунач(Кулуначко),верхотомский ясачный человек　库卢纳契,上托木斯克实物税民　223

Кулунбай,ясачный человек Кумандинской вол.　库伦巴伊,库满金斯克县实物税民　284

Кулурусов Тогай,тобольский юртовский татарин　托盖·库卢鲁索夫,托波尔斯克尤尔托夫鞑靼人　205

Кулюк(Килюк,Килюч,Кулек)-Богатырь,посол Дурала-табунана　库留克·巴噶德尔,杜拉尔塔布囊的使节　157,160,165,419

Кумян,посол Эрдени Батура-хунтайджи　库木扬,额尔德尼·巴图尔洪太吉的使节　196

Кунавин Алексей,тарский конный казак　阿列克赛·库纳温,塔拉骑兵哥萨克　179

Кундалай,см. Хунделен-Убаши　昆德兰,参见昆都仑·乌巴什

Кунделен,см. Хунделен-Убаши　昆德连,参见昆都仑·乌巴什

Кундус(Кундуско),орчак　昆都斯,奥尔恰克人　303－305,312

Кунтацин, царевич, см. Алтын-хан Лубсан-сайн Эринчин-хунтайджи 昆太钦,王子,参见阿勒坦汗罗卜桑·赛英·额尔德尼洪太吉

Украины Григорий Семенович, князь, тобольский воевода 葛里戈里·谢苗诺维奇·库拉金,公爵,托波尔斯克总督 231,233,236,241-244,248,250,251,253,255,256,259,267,290,422,423

Курбай, брат Алтын-хана Омбо Эрдени-хунтайджи 库尔巴伊,阿勒坦汗衮布·额尔德尼洪太吉的兄弟 407

Курмаш(Курмашик), бухарец 库尔玛什,布哈拉人 245

Курмыш, улусный человек К. Абакова 库尔梅什,阿巴科夫的"兀鲁思人" 285

Курсебай(Курсебайко), татарин 库尔谢巴伊,鞑靼人 264

Курус(Куруско), киргиз, холоп князя Бугачея 库鲁思,吉尔吉斯人,女王公布伽切伊的"奴仆" 222

Куруска, см. Урускай 库鲁思卡,参见乌鲁思凯

Кусков Яков, томский служилый человек 雅可夫·库斯科夫,托木斯克军人 221,222

Кусябердеев Аккус, тархан 阿库斯·库夏别尔杰耶夫,塔尔罕 354

Кутайгул, бухарец 库泰古尔,布哈拉人 205

Кутабердеев Кельмамет(Мельмамет), тобольский юртовский служилый татарин 凯利玛麦特·库塔别尔杰耶夫,托波尔斯克尤尔托夫鞑靼军人 214-217

Кутай-Хошучи(Кошучи), ойратский тайджи 库台·和硕齐,卫拉特台吉 245

Кутарбердейко, см. Кутабердей 库塔别尔杰伊科,参见库塔别尔杰伊

Кутен(Кутелько, Кутенка), человек Эрдени Батура-хунтайджи, ясачный сборщик 库坚,额尔德尼·巴图尔洪太吉的人,实物税征集

人 216,227,237,244

Кутуев (Кутаев) Аллагул, тобольский юртовский служилый татарин 阿拉古尔·库图耶夫,托波尔斯克尤尔托夫鞑靼军人 235-239

Кутуй, посол сына хошоутского тайджи Аблая 库土伊,和硕特台吉阿巴赖儿子的使节 399

Кутухта (Кутыхта), монгольский князь, возможно, лама 呼图克图,蒙古王公,可能是喇嘛 316

Кутуч (Кутучко), человек ясачного татарина Е. Янтурина 库屠奇,杨图林的鞑靼实物税民 102

Кучеев Кучембердей, тобольский юртовский служилый татарин 库切别尔杰·库切耶夫,托波尔斯克尤尔托夫鞑靼军人 236

Кучук, сын царевича Аблая 库楚克,阿布赉王子之子 427

Кучум, Сибирский татарский хан 库楚姆,西伯利亚鞑靼人的汗 27-29,67,91,102,174-178,181,192,195-197,245,294,295,323,410

Кушелев Григорий Яковлевич, кузнецкий воевода 格里戈里·亚可夫列维奇·库舍列夫,库兹涅茨克总督 188

Кушючи Еней, см. Кошучи Еней 库舒奇·叶涅伊,参见科舒奇·叶涅伊

Кущий, см. Туру-Байху 顾什,参见图鲁拜琥

Куян, тубинец или моторец 库扬,图瓦人或莫托尔人 121

Кызылбаев, см. Кизылбаев 克兹尔巴耶夫,参见基兹尔巴耶夫

Кызылов, см. Кизылов 克兹洛夫,参见基兹洛夫

Кяхайча, казначей Алтын-хана Омбо Эрдени-хунтайджи, сын Дурала-табунана 贾哈恰,阿勒坦汗衮布·额尔德尼洪太吉的管家,杜拉尔塔布囊之子 44,127

Лавкай, даурский князь 拉弗凯,达乌尔斯克王公 317

Лаврентьев Иван (Ивашко), подьячий Сибирского приказа 伊

凡·拉弗连季耶夫,西伯利亚衙门书吏　341

Лавров Семен,томский сын боярский　谢苗·拉弗罗夫,托木斯克贵族子弟　24,70,222,300,312,315,409

Ладыгин,см. Лодыгин　拉德根,参见洛德根

Лайхор-хаган,халхаский феодал　赉湖尔·哈甘,喀尔喀封建主　411

Лалетин Семен (Семейка), красноярский служилый человек, ясачный сборщик　谢苗·拉列金,克拉斯诺雅尔斯克军人,实物税征收人　381

Ламиок(Ламиек,Ламияк-тайчин,Ламяк,Ломиок-бакша),посол ламы Даин Мерген-ланзу　拉米奥克,达音·梅尔根·兰扎喇嘛的使节　17,18,21,33,52,54,57,59,75,76,86,95,96,124,137,138,159,163,417

Лаузан-тайша,см. Лоузан　拉乌藏台什,参见洛乌藏

Левонтьев,см. Леонтьев　沃季耶夫,参见列昂季耶夫

Леонтович Ф. И. ,профессор истории права в дорев. РоссииФ. И.　列昂托维奇,教授,俄罗斯革命前右翼史学家　411

Леонтьев (Левонтьев) Гаврила, дьяк Астраханской приказной избы　加弗里拉·列昂季耶夫,阿斯特拉罕警察局秘书长　263

Лигден(Лэгдан)-хан, правитель чахаров, см. также Чигирчин-царь　林丹汗,察哈尔执政者,参见齐哈尔庆汗　414

Литосов(Литусов) Зиновий, голова томских казаков　兹诺维奇·利托索夫,托木斯克哥萨克头人　362,364

Лихачев Максим, подьячий Верхотурской приказной избы　玛克西姆·利哈切夫,维尔霍土尔斯克警察局书吏　231

Лихачев Федор Федорович,думный дьяк Посольского приказа　费多尔·费多罗维奇·利哈切夫,外事衙门贵族议会秘书长　21,93-95,97,170,185,201-203

Ловчиков Федор Иванович, товарищ тобольского воеводы П.

И. Пронес кого　费多尔·伊万诺维奇·洛弗奇科夫，托波尔斯克总督普罗恩斯基的副手　171，173，190，202，203，206，207，210，212，215－217，219，224，226，227

Лоджан，см. Алтын-хан Лубсан-сайн Эринчин-хунтайджи　罗德藏，参见阿勒坦汗罗卜藏·赛英·额尔德尼洪太吉

Лодыгин（Ладыгин）Тимофей Дмитриевич，товарищ тобольского воеводы В. Б. Шереметьево　季莫菲伊·德米特里耶维奇·洛德根，托波尔斯克总督 В. Б.，舍列麦杰夫的副手　336，343，345，347，348，353，359，365，368，372，393

Ложан，см. Алтын-хан Лубсан-сайн Эринчин-хунтайджи　罗藏，参见阿勒坦汗罗卜藏·赛英·额尔德尼洪太吉

Ломиок-бакша，см. Ламиок　洛米奥克·巴克什，参见拉米奥克

Лоузан（Лаузан），торгоутский тайджи，сын Хо-Урлюка　洛乌藏，土尔扈特台吉，和鄂勒克之子　261，264－266，354－356，378，400

Лубсан-Дамба-Джанцан（Ундур-геген），первый ургинский хутухта　罗卜桑达巴嘉错（温都格根），首位库伦呼图克图　6，425，

Лукин Григорий，дьяк Тобольской приказной избы　格里戈里·卢金，托波尔斯克警察局秘书长　233，236，241，243，248，250，253，256，259，267，271，272，290

Лучников Пахом，подьячий Уфимской съезжей избы　帕霍姆·卢奇尼科夫，乌法拘留所书吏　301

Лыков Борис Михайлович，князь，боярин，судья Приказа Казанского дворца　鲍里斯·米哈伊洛维奇·雷科夫，公爵，贵族，喀山衙门法官　25，90，154，188，202，203

Львов Григорий Васильевич，думный дьяк Посольского приказа　格里戈里·瓦西利耶维奇·利沃夫，外事衙门贵族议会秘书长　158，170，184，202，203，262，263，268，290

Львов Иван Андреевич，князь，тюменский воевода　伊凡·安德烈耶维奇·利沃夫，秋明总督　91，102

Лэгдан-хан,см. Лигден-хан　莱丹汗,参见林丹汗

Магалдай(Мугалтай),лутчий улусный человек Эрдени Батура-хунтайджи　玛格岱,额尔德尼·巴图尔洪太吉的"兀鲁思人质" 194,205

Мазийко,см. Кашбаев Мазик　玛济科,卡什巴耶夫·玛济克

Мазик,см. Кашбаев Мазик　玛济克,参见卡什巴耶夫·玛济克

Мазурин Ф. Ф.,коллекционер　玛祖林 Ф. Ф.,收藏家　412

Максимов Григорий,тобольский пеший казак　格里戈里·玛克西莫夫,托波尔斯克步兵哥萨克　291

Максимов Иван,пятидесятник служилых людей　伊凡·玛克西莫夫,军队五十人长　392

Макшеев Малафей,тарский сотник　玛拉菲·玛克舍耶夫,塔拉中尉百人长　67,68

Малай,ойратский тайджи　马赍,卫拉特台吉　325

Малинин Петр,тобольский конный казак　彼得·玛林宁,托波尔斯克骑兵哥萨克　371,375,395,403

Малиновский А. Ф.,директор московского Архива коллегии ин. дел　玛林诺夫斯基 А. Ф.,外交委员会的莫斯科档案馆经理馆长　413

Мамеделев Аблай(Облайко),торговый бухарец　阿布顿·玛麦德列夫,布哈拉商人　294

Мамеделеев Дружина(Дружен),тобольский служилый татарин　德鲁仁·玛麦德列耶夫,托波尔斯克鞑靼军人　272

Мамеев Иван,тобольский конный казак　伊凡·玛麦耶夫,托波尔斯克骑兵哥萨克　233,235

Мамей,см. Аблин Мамей　玛麦伊,参见阿勃林·玛麦伊

Маметкул,человек чацких мурз　玛麦特库尔,恰茨克鞑靼贵族的"属人"　285

Маметев Курамбакей,торговый бухарец　库兰姆巴凯·玛麦杰

夫,布哈拉商人　294

Мамрач(Мамрачко),улусный человек К. Абакова　玛姆拉契,阿巴科夫的兀鲁思属民　223

Мамсрен,см. Намсерен　玛姆斯连,参见纳姆斯连

Мамыка Иван,тобольский служилый человек,новокрещен　伊凡·玛牟卡,托波尔斯克军人,新教徒　291,395

Мандрач(Мандрачка),отец телецкого князя Айдара　满德拉奇,捷列茨克王公艾达尔之父　187

Манзи-табун,человек Ахай-хатун　满济·塔布囊,阿海哈敦的人　351

Манново Дмитрий(Митька),(тобольский)служилый человек　德米特里·玛诺沃,托波尔斯克军人　395

Мансырей,см. Намсерен　满瑟列,参见纳姆谢连

Манчичак, сын Коделея, человека улуса Эрдени Батура-хунтайджи　满奇恰克,额尔德尼·巴图尔洪太吉的兀鲁思的“属人”　285

Маньков (Меньков) Кирилл, тобольский служилый человек литовского списка или тобольский конный казак　基里尔·曼科夫,托波尔斯克立陶宛名录军人或托波尔斯克骑兵哥萨克　267,368,371

Мартыкай-табун Белая шапка, человек Дурал-табунана, брата Алтын-хана Омбо Эрдени-хунтайджи　玛尔腾凯－塔布囊,阿勒坦汗衮布·额尔德尼洪太吉的兄弟,杜拉尔塔布囊的“属人”　84

Мартынов Евстафий(Осташка),тарский конный казак　叶弗斯塔菲·玛腾诺夫,塔拉骑兵哥萨克　149－151,179,183,416

Мархлинский Николай(Миколай),томский сын боярский　尼可来·玛尔赫林斯基,托木斯克贵族子弟　79

Мат(Матко),посол монгольского тайджи Мергена　玛特,蒙古台吉梅尔根的使节　342,359

Матвеев Иван,служилый человек　伊凡·玛特维,军人　164

Матвеев Сергей, дьяк приказа Казанского дворца　谢尔盖·玛特维耶夫,喀山衙门秘书长　90

Матусов Фрол, тобольский служилый человек литовского списка или тобольский конный казак　费罗尔·玛屠索夫,托波尔斯克"立陶宛名录"军人或托波尔斯克骑兵哥萨克　368,371

Матюшкин Максим Григорьевич, дьяк Посольского приказа　玛克希姆·格里戈里耶维奇·玛丘什金,外事衙门长官　21,22,93,170,185,202,203

Махкоступин, см. Мяхкоступин　玛赫科斯土宾,参见米亚科斯土宾

Мачик табунан, улусный человек Алтын-хана Омбо Эрдени-хунтайджи　玛企克·塔布囊,阿勒坦汗衮布·额尔德尼洪太吉的"兀鲁思人"　383

Мачик, см. Кашбаев Мазик　玛企克,参见玛济克·卡什巴也夫

Мачиков Тонгур (Тонгурка), сын телецкого князя Мачика　吞古尔·玛契柯夫,捷列茨克王公玛济克之子　284

Мачиков Тюней (Тюнейка), сын или улусный человек телецкого князя Мачика　玛济克·秋涅,捷列茨克王公玛济克之子或其"兀鲁思人"　284

Медечи, киргизский князь　玛杰奇,吉尔吉斯王公　383

Мезеня Семен (Семейка), десятник томских служилых людей　麦泽尼亚·谢苗,托木斯克军人十人长　70,103,110,113,159,160,165,170,409

Мезяка Игнат, тарский конный казак　伊格纳特·麦佳卡,塔拉骑兵哥萨克　245

Меньков, см. Маньков　缅科夫,参见玛尼科夫

Меньков Томила, тобольский служилый человек　托米拉·缅科夫,托波尔斯克军人　267

Мерген, монгольский тайджи, племянник Алтын-хана Омбо

Эрдени-хунтайджи　墨尔根，蒙古台吉，阿勒坦汗衮布·额尔德尼·巴图尔洪太吉的侄儿　342，359，380－383，428

Мерген（Мергенька），улусный человек Цецен-хатун　墨尔根，彻辰哈敦的"兀鲁思人"　145

Мерген（Мергенька），посол Эрдени Батура-хунтайджи　麦尔根，额尔德尼·巴图尔洪太吉的使节　146，161

Мерген-Богатырь，посол халхаского феодала Сайн-Бадма Хатан-Батура　墨尔根·巴噶德尔，喀尔喀封建主赛英·巴德马·哈坦巴图尔的使节　46

Мерген Дега，посол Алтын-хана Омбо Эрдени-хунтайджи　墨尔根·杰加，阿勒坦汗衮布·喀尔德尼洪太吉的使节　9，78，82，83，86，92，94，95，98－100，103，104，106，207，112，114，116，119，130，131，134－138，145－147，157－168，257，313－315，326，327，366，379，380，382，383，418，423

Мерген-линзу，см. Даин Мерген-ланзу　梅尔根－兰扎，参见达音·梅尔根－兰扎

Мерген-нойон，брат Алтын-хана Омбо Эрдени-хунтайджи　墨尔根诺颜，阿勒坦汗衮布·额尔德尼洪太吉的兄弟　33，50，52

Мерген хошеучи（Кошеучи），посол Эрдени Батура-хунтайджи　墨尔根·和硕齐，额尔德尼·巴图尔洪太吉的使节　305

Мерген Хошеучи（Кошаучин，Кошеучи），лутчий человек Алтын-хана Омбо Эрдени-хунтайджи　梅尔根·和硕齐，额尔德尼·巴图尔洪太吉的"人质"　47，127

Мерген-Чириктей（Чериктей，Чириктай），казначей Цецен-хатун，матери Алтын-хана Омбо Эрдени-хунтайджи　墨尔根·契里克捷，阿勒坦汗衮布·额尔德尼洪太吉之母，彻辰哈敦的财务总管　43，59，112－114，116，120，129

Мещерский Никифор Федорович，князь，верхотурский воевода　尼基福尔·费多罗维奇·麦舍尔斯基，维尔霍土尔斯克总督　231

Милославский Федор Яковлевич, стольник, уфимский воевода 费多尔·雅可夫列维奇·米洛斯拉夫斯基,乌法总督 354

Миллер Г. Ф., историкГ. Ф 缪勒.,史学家 10,13,21,22,25,30,31,50,71,73-75,77,88,90-92,102,133,148,200,203,219,220,225,226,228,230,233,241,243,250,252,256,259,267,268,271,292,328,353,361,364,375,379,380,386,389,392,408,409,419,422,426,428

Михаил Федорович, царь 费多罗维奇·米哈伊尔,沙皇 20,22,23,25,26,30,32-42,44,46,49—59,61,62,67-69,72-78,80-89,91-95,97,100,103,104,107-111,115,116,122,125,127,131,134-143,145,147,149,153-159,161,162,164-166,168,169,171,173,182,184-186,188-190,195,199-203,205-207,210,212,215-221,223,224,226-228,230-236,240,241,243,246-248,250,252,253,255-259,262,268-270,273,277,280,281,283,285,299-302,310,312-315,320,334,355,407,408,410,413,415,417-419,423

Михайлов Петр, дьяк Томской приказной избы 彼得·米哈伊洛夫,托木斯克警察局局长 379,380

Михайлов Сергей, промышленный человек 谢尔盖·米哈伊洛夫,工矿开采人 348,387

Михалевский Евстафий(Осташко), томский служилый человек, поляк 叶弗斯塔菲·米哈列夫斯基,托木斯克军人 22,23

Моганай (Могонай, Мохонай), брат орчацкого князя К. Кокшекова 莫伽乃,奥尔恰茨克王公科克舍科夫的兄弟 283,285-287

Могонак(Маганак), посол джунгарского тайджи Чокура, ср. Ногаж 莫戈纳克,准噶尔台吉卓库尔的使节,同诺加日 217,219,220

Мокринский Савватий(Саватей), тобольский сын боярский 萨瓦季·莫克林斯基,托波尔斯克贵族子弟 200

Мокроус Семен(Семейка),кузнецкий служилый казак　谢苗·莫克罗乌斯,库兹涅茨克哥萨克军人　308

Молвиниов Андрей (Ондрей) Афанасьевич (Офанасьевич), товарищ томского воеводы О. И. Щербатого,затем томский воевода　安德烈·阿法纳希耶维奇·莫尔维亚宁诺夫,托木斯克总督舍尔巴托的副手,后升为托木斯克总督　232,257,282,287,297,298

Молчаш(Молчашка),ясачный татарин　莫尔恰什,交实物税的鞑靼人　222

Мончак,калмыцкий тайджи　蒙恰克,卡尔梅克台吉　400

Моочан(Мочаг),сын Алтын-хана Омбо Эрдени-хунтайджи　莫羌,阿勒坦汗衮布·额尔德尼洪太吉之子　379

Мосальский Семен,см. Клубков-Мосальский　谢苗·莫萨利斯基,参见克卢勃科夫·莫萨利斯基

Москвитин (Москвитинов) Констатин Иванов, десятник енисейских казаков　康斯塔金·伊凡诺夫·莫斯克维金,叶尼塞哥萨克十人长　9,315,317,319,321,425

Моударов Баучи,посол дербетского тайджи Далая　巴乌庆·莫乌达罗夫,杜尔伯特台吉达赖的使节　197

Мохонай,см. Моганай　莫霍乃,参见莫伽乃

Мочаг,см. Моочан　莫恰格,参见莫羌

Мугалтай,см. Магалдай　穆加尔台,参见玛伽尔台

Мугамалин Адналей(Одналейка),служилый слободской татарин Уфимского у.　阿德纳列伊·穆加玛林,乌法县城郊村鞑靼军人　260

Муйгал,ногайский татарин улуса князя Иштерека　穆伊加尔,伊什杰列克王公兀鲁思的诺盖鞑靼人　180

Мульчин(Мунчин)Еней,посол Эрдени Батура-хунтайджи　叶涅伊·蒙钦,额尔德尼·巴图尔洪太吉的使节　367－370,372－375

Мунгутай, человек Гомбо Иелден-нойона, брата Алтын-хана

Омбо Эрдени-хунтайджи　蒙古台,阿勒坦汗衮布·额尔德尼洪太吉的兄弟贡布·叶尔登诺颜的“人”　61

Мунлыч(Мунлычко),торговый бухарец　蒙雷奇,布哈拉商人　388

Мунчин,см. Мульчин　蒙钦,参见蒙尔钦

Муромцев Бурнаш,тобольский казак “литовского списка”　布尔纳什·穆罗姆采夫,托波尔斯克“立陶宛人名录”中的哥萨克　324

Муромцев Федор,тобольский казак“литовского списка”　穆罗姆采夫·费多尔,托波尔斯克“立陶宛人名录”中的哥萨克　325

Мякинин Федор Михайлович,красноярский воевода　费多尔·米哈伊洛维奇·米扬基宁,克拉斯诺雅尔斯克总督　69

Мясников В. С.,советский китаеведВ. С.　米扬斯尼科夫,苏联汉学家　404,428

Мятзик,сын тайджи Далая　米亚济克,“达赖台吉之子”　324

Мягкоступни (Махкоступин) Григорий, томский служилый человек　格里戈里·米亚科斯土宾,托木斯克军人　79,80

Навацкий Самсон,томский сын боярский　萨姆松·纳瓦茨基,托木斯克贵族子弟　241

Назар,сын служилого татарина Г. Шихова　纳扎尔,鞑靼军人什霍夫之子　371,376

Наин-ноян,см. Даин-нойон　纳音诺颜,参见达音诺颜

Наин Менгер-ланзу,см. Даин Мерген-ланзу　纳音·梅尔根－兰扎,参见达音·梅尔根－兰扎

Намсерен (Мансырей, Наменсара, Намансоро), торгоутский тайджи,сын Дайчина,внук Хо-Урлюка　纳木谢凌,土尔扈特台吉,岱青之子,和鄂尔勒克之孙　261,264,266,354,417

Нарей,иркуцкий князец　纳列伊,伊尔库茨克王公　329,339

Нару-Банчин,хутухта　纳鲁班奇,呼图克图　414

Насосов Ларион(Ларька),тобольский конный казак　拉里昂·

纳索诺夫，托波尔斯克骑兵哥萨克 10，219，220，226 – 228，237，423

Начин（Дачин，Качин）Колачи（Калачи，Кулачи），посол ламы Даин Мерген-ланзу 科拉奇·纳庆，达音·梅尔根·兰扎喇嘛的使节 51，52，59，76，85，95，137，163，417

Нащокин Никифор（Микифор）Осипович，томский воевода 尼基福尔·奥西波维奇·纳锁金，托木斯克总督 378 – 380

Неверов Степан（Стефан），томский сын боярский 斯捷潘·涅维罗夫，托木斯克贵族子弟 8，107，124，230，134 – 148，160 – 162，164 – 167，169，180，280，285，312，418

Невтигин（Недигин）Битен（битник），лутчий улусный человек К. Атаковал 比捷·涅弗季根，阿巴科夫的兀鲁思人质 284

Неедяч（Невдячка，Неедячко），ясачный татарин Теренинской вол. 涅也佳奇，捷列宁斯克县交实物税的鞑靼人 297 – 299，309，310

Незговорский Кирилл，тобольский сын боярский 基里尔·涅兹戈沃尔斯基，托波尔斯克贵族子弟 182，190

Немировича Андрей（Ондрей），дьяк Посольского приказа 安德烈·涅米罗夫，外事衙门长官 393，397

Некпокоев Андрей，（тобольский）казачий пятидесятник 安德烈·涅乌波科耶夫，托波尔斯克哥萨克五十人长 352

Неупокоев Иван，тарский служилый человек 伊凡·涅乌波科耶夫，塔拉军人 322

Неустроев（строев）Семен（семейка），тобольский конный казак 谢苗·涅乌斯特罗耶夫，托波尔斯克骑兵哥萨克 214 – 217

Нефедьев Михаил，подьячий Сибирского приказа 米哈伊尔·涅费吉耶夫，西伯利亚衙门书吏 428

Ногаж，посол джунгарского тайджи Чркура，ср. Погонах 诺加日，准噶尔台吉卓库尔的使节，参见莫戈纳克以 217

Ноедай（Коеда，Ноеда，Ноен，Нойда），посол Эрдени Батура-хунтайджи　诺也岱,额尔德尼·巴图尔洪太吉的使节　190,193,194,199,200,202,203,207,214,276,290,291,368,423,427

Номча(Нонча), табунан Алтын-хана Омбо Эрдени-хунтайджи　诺姆恰,阿勒坦汗衮布·额尔德尼洪太吉的塔布囊　34,56,107,108,113,127,279,280

Обакай, см. Абахай　阿巴凯,参见阿巴海

Обаков, см. Абаков Кока　奥巴科夫,参见阿巴科夫·科卡

Обаков, см. Абаков Кулудай　奥巴科夫,参见阿巴科夫·库卢岱

Облезов Гавриил, дьяк Казенного дворов　伽弗里尔·奥勃列佐夫,宫廷国库主管长官 189,190

Обобуров Богдан, дьяк Тобольской приказной избы　包格丹·奥鲍布罗夫,托波尔斯克警察局长　386,393,397

Оботай, внук дербетского тайджи Далая　鄂孛台,杜尔伯特台吉达赖之孙　180

Обокай, см. Абахай　鄂孛凯,参见阿巴海

Обольянинов(Обольнянин, Обольянин) Филипп, тобольский сын боярский　菲利浦·奥鲍利扬宁塔夫,托波尔斯克贵族子弟　66,175,176,416

Обрам, см. Кизылов Абрам　奥勃拉姆,参见阿勃拉姆

Образов Кузьма, см. Абрамов Кузьма　奥勃拉莫夫·库兹玛,参见阿勃拉莫夫·库兹玛

Овсом Усеин(Усеинко), торговый бухарец　乌赛英·奥弗索夫,布哈拉商人　388

Огарков, см. Агарков　奥加尔科夫,参见阿加尔科夫

Оглоблин Н. Н., русский историкН. Н.　奥格洛勃林,俄国史学家　210,319,352

Одбенин, красноярский казак　奥德别宁,克拉斯诺雅尔斯克哥萨克　186

Одоевский Никита Иванович, князь, боярин, судья Сибирского

приказа　尼基塔·伊凡诺维奇·奥多耶夫斯基,公爵,贵族,西伯利亚区警长　231,233,236,243,252,255,256

Окбашко,см. Акбаш　奥克巴什科,参见阿克巴什

Окинфьев,см. Акинфьев Алексей　奥金菲耶夫,参见阿列克赛·阿金菲耶夫

Олександров Степан,см. Греченин Степан Александров　斯捷潘·奥列克山德罗夫,参见斯捷潘·阿列克山德罗夫·格列切宁

Олексеев,см. Алексеев Евдоким　奥列克谢耶夫,参见耶夫多金·阿列克谢耶夫

Олексеев,см. Алексеев　奥列克谢耶夫,参见阿列克谢耶夫

Олексей Михайлович,см. Алексей Михайлович　奥列克赛·米哈伊洛维奇,参见阿列克赛·米哈伊洛维奇

Олзет,ближний человек Даин-нойона　奥尔泽特,达音诺颜的"近侍"　123,124

Олзет(Алзет, Олзет, Улчат) Тархан(Дархан)-бакша, ближний человек Дайчина-нойона, посол в Москву　塔尔罕巴克什·奥尔泽特,岱青诺颜的近侍,派往莫斯科的使节　75,85－87,95,125,169

Олпатов,см. Алпатов　奥尔帕托夫,参见阿尔帕托夫

Олтын-царь,см. Алтын-царь　奥勒腾汗,参见阿勒坦汗

Олферов,см. Алферов　奥尔菲罗夫,参见阿尔菲罗夫

Олябьев,см. Алябьев　奥梁比耶夫,参见阿梁比耶夫

Омбо(Омбу,Онбо),торгоутский тайджи,зять Туру-Байху　翁布,土尔扈特台吉,图鲁拜琥的女婿　67,266

Омбо(Анбо,Онбо),хошоутский тайджи,сын Туру-Байху　翁布,和硕特台吉,图鲁拜琥之子　67,90,239

омельянов,см. Емельянов　奥麦利扬诺夫,参见叶麦利扬诺夫

Ондреев,см. Андреев　昂德列耶夫,参见安德列耶夫

Оничков,см. Аничков　昂尼柯夫,安尼契柯夫

Окна,ближний человек Даин-нойона　昂卡,达音诺颜的"近侍"

123

Онучин Иван Иванович, уфимский служилый человек　伊万·伊万诺维奇·奥努钦,乌法军役人员　354－358

Ончоной Очолбу(Охчотбу)-Батырь, джунгарский тайджи, сын Эрдени Батура-хунтайджи　鄂乔尔布巴图尔·鄂乔嫩,准噶尔台吉,额尔德尼·巴图尔珲台吉之子　238,239

Оптенеков Чичканак, мурза чацких татар　契卡纳克·奥普杰涅科夫,恰茨克鞑靼贵族　305

Орлюк, см. Хо-Урлюк　鄂尔勒克,参见和鄂尔勒克

Ортемьев, см. Артемьев　奥尔杰米耶夫,参见阿尔杰米耶夫

Османов Иван, служилый человек　伊凡·奥沙诺夫,军人　221－222

Осип Иванович, см. Щербатов Осип Иванович　奥西普·伊万诺维奇,参见谢尔托夫·奥西普·伊万诺维奇

Отомекин Елдей, лутчий улусный человек орчацкого князя К. Кокшекова　叶尔坚·奥托麦金,奥尔恰茨克王公科克舍科夫的兀鲁思"人质"　286

Охчотбу-Баатырь, см. Ончоной Очолбу-Батыр　鄂克乔布特－巴图尔,参见鄂乔嫩·鄂乔尔布巴图尔

Очета, см. Цецен-хан Очирту　鄂齐特,参见车臣汗鄂齐尔图

Очета, человек ламы Даин Мерген-ланзу　奥齐塔,达音·梅尔根·兰扎喇嘛的"属人"　57,58

Очирту Цецен-хан, см. Цецен-хан Очирту　鄂齐尔图车臣汗,参见车臣汗鄂齐尔图

Павлоцкий Иван (Ыван), тобольский архиепископский приказчик　伊凡·帕弗洛茨基,托波尔斯克大主教的管家　372

Паламошный(Паломошной, Поломшный), Семен(Семейка), томский казак　谢苗·帕拉莫什内,托木斯克哥萨克　24,222,224

Палладий(Кафаров П. И.), русский китаевед　帕拉吉·卡法罗

夫,俄国汉学家　415

Панов Федор,дьяк приказа Казанского дворца　费多尔·帕诺夫,喀山衙门长官　25,90,301

Панютин Тугарин,атаман тобольских пеших казаков　屠加林·帕纽金,托波尔斯克步兵哥萨克　204

Патрикеев（Патракеea, Патрекеев）Борис, Дьяк Томской приказной избы　鲍里斯·帕特列凯耶夫,托波尔斯克警察局长官　257,283,287,288,297,298,313,326

Пашков Афанасий(Афонасий)Филиппович,енисейский воевода　阿法纳西·菲利波维奇·帕什科夫,叶尼塞总督　389,390

Переносов Иван,дьяк Тобольской приказной избы　伊凡·彼列诺索夫,托波尔斯克警察局长官　233,236,241,243,248,250,253,256,259,267,271,272,290

Перминов Федор,тарский служилый человек　费多尔·彼尔米诺夫,塔拉军人　28

Пермитин Любим(Любишка),служилый человек　柳比姆·彼尔米金,军人　389

Перфильев Иван,тарский казак　伊凡·彼尔菲利耶夫,塔拉哥萨克　205

Перфирьев Максим,сотник　玛克辛·彼尔菲利耶夫,百人长　321

Петров Андрей,Борисов человек　伊凡·彼特罗夫,鲍里斯的“属人”　328

Петров Томила,тобольский сын боярский　托米拉·彼特罗夫,托波尔斯克贵族子弟　10,64－66,193,195,196,198

Петров Федор,кузнецкий казак　费多尔·彼特罗夫,库兹涅兹克哥萨克　68

Петров Яков(Якушко),кузнецкий служилый казак　雅可夫·彼特罗夫,库茨涅茨克哥萨克军人　308

Пиржда, посланник одного из ойратских тайдж　佩尔扎，一个卫拉特台吉的使节　245

Писарев Петр,（тобольский）служилый человек　彼得·佩萨列夫，军人　371

Плешев Иеш（Иешко），тарский служилый татарин　叶什·普列舍夫，塔拉鞑靼军人　323

Плещеев Лев Афанасьевич, уфимский воевода　普列谢耶夫·列夫·阿法纳西耶维奇，乌法总督　426

Плотников Федор, тарский конный казак　费多尔·普洛特尼科夫，塔拉骑兵哥萨克　195,244,245,420

Позднеев А. М., русский монголовед А. М.　波兹德涅耶夫，俄国蒙古学家　6,7,412,425 – 427

Покотилов Д. Д., русский историк Д. Д.　波柯季洛夫，俄国史学家　414

Полибин Федор Потапович, енисейский воевода　费多尔·波塔波维奇·波利宾，叶尼塞总督　9,315,319,333,346,347,364 – 366,386,387,426

Полозов Семен（Симеон），тобольский сын боярский　谢苗·波洛佐夫，托波尔斯克贵族子弟　376 – 378,393,397,428

Поломошный, см. Паломошный　波洛莫什内，参见帕洛莫什内

Полтев Лукьян, пристав Посольского приказа　卢克扬·波尔杰夫，外事衙门警官　94

Попков Лука（Лучка），тарский казак　卢卡·波普科夫，塔拉哥萨克　323

Поскочин Семен, тюменский сын боярский　谢苗·波斯科钦，秋明贵族子弟　292

Потанин Г. Н., русский этнографГ. Н.　波塔宁，俄国民族学家　413

Похабов Иван（Ыван），енисейский сын боярский　伊凡·波哈

鲍夫，叶尼塞贵族子弟　9，329，330，333，339 – 341，425，426

Поцелой，посол Эрдени Батура-хунтайджи　波采洛伊，额尔德尼·巴图尔珲台吉的使节　290

Пошехонов Тимофей，пятидесятник тобольских пеших казаков　季莫菲·波舍霍诺夫，托波尔斯克步兵哥萨克的五十人长　211，217

Поятан，сын киргизского князя Изеня　波亚坦，吉尔吉斯王公伊泽尼之子　221

Прокшин Григорий，（тобольский）служилый человек　格里戈里·普罗克申，军人　395

Прокопий Семенович，приказчик Нижней Ницынской слободы　谢苗诺维奇·普罗柯比，下尼村斯克镇警察官　388

Пролупщиков Киприан（Кипрюшка），томский пеший казак　基普里安·普罗卢泼希科夫，托木斯克步兵哥萨克　148

Пронский Иван Петрович，князь，стольник，астраханский воевода　伊万·彼特罗夫·普罗恩斯基，公爵，御前大臣，阿斯特拉罕总督　95，400

Пронский Петр Иванович，князь сначала томский，затем тобольский воевода　彼得·伊万诺维奇·普隆斯基，公爵，先是托木斯克总督，后任托波尔斯克总督　22，149，171，173，174，179，184 – 186，188，202，203，205 – 208，210，212，215 – 219，224，226，227，236，241，293，294，331，419

Просоветский（Проковецкий，Просоветцкой）Андрей（Ондрей），московский дворянин，голова　安德烈·普罗索维茨基，莫斯科贵族头人　22，23

Протопопов Григорий，дьяк Тобольской приказной избы，затем дьяк Сибирского приказа　格里戈里·普罗托波波夫，托波尔斯克警察局长官　25，149，195，202，203，231，233，243，248，252，253，255，256，258，293，296，297，335，361，371，375，394，424

Протопопов Дмитрий（Митька），дьяк Астраханской приказной

избы　德米特里·普罗托波波夫,阿斯特拉罕警察局局长　263

Пустынников Дорофей, дьяк Тобольской приказной избы　多罗菲·普斯腾尼科夫,托波尔斯克警察局长官　25,149

Пушкин Иван, см. Бобрищев-Пушкин Иван　伊凡·普什金,参见鲍尔勃里谢夫·普什金

Пышега, сын тубинского князя Кояна　普舍加,图瓦王公科扬之子　379

Рамадановский, см. Ромодановский　拉曼丹诺夫斯基,参见罗莫丹诺夫斯基

Рачковский Денис, тобольский служилый человек　代尼斯·拉契科夫斯基,托波尔斯克军人　26,176-178,181

Рашид-ад-Дин, иранский историк　拉施德哀丁,伊朗史学家　408,409,411

Редров Федор, подьячий Томской приказной избы　费多尔·拉德罗夫,托木斯克警察局长官　81-83

Резицкий (Резицкой) Иван (Ывашко), тобольский конный казак литовского списка　伊凡·列济茨基,托波尔斯克"立陶宛人名录"中的骑兵哥萨克　210-212,215,217

Ремезов Меньшой, тобольский сын боярский　缅硕夫·列麦佐夫,托波尔斯克贵族子弟　10,203-212,215,230,258,259,291,420,423

Репин Андрей (Ондрюшка), тобольский пашенный крестьянин　安德烈·列平,托波尔斯克种地农民　205,208,276,370

Репин Борис Александрович, князь, астраханский воевода　鲍里斯,阿列克山德罗维奇·列普宁,公爵,阿斯特拉罕总督　263

Ригимов Ширип, тарский бухарец　舍里普·列吉莫夫,塔拉布哈拉人　285,289

Рог Иван, красноярский служилый человек, ясачный сборщик　伊万·罗格,克拉斯诺雅尔实物税征收人　381

Романов Алексей (Олексей), атаман пеших казаков　阿列克塞・罗曼诺夫,步兵哥萨克头人　67

Ромодановский (Рамадановский) Иван Иванович, князь, томский воевода　伊万・伊万诺维奇・罗莫丹诺夫斯基,公爵,托木斯克总督　13,14,17,23 –25,30,32,48,50,54,69,70,72,78 –88,98,103,107,134,139,142,157 –159,161,162,164,166,186,228,301,409,410,414,417

Рыхлевский Павел, томский сын боярский　巴维尔・雷赫列夫斯基,托木斯克贵族子弟　31,71,72,285

Сабаев Петр, тобольский служилый человек, толмач　彼得・萨巴耶夫,托木斯克军人,翻译官　205

Сабаев Севереш (Северга), тобольский служилый человек литовского списка или конный казак　谢维列什・萨巴耶夫,托波尔斯克"立陶宛人名录"中的军人或哥萨克骑兵　368,371

Сабан(Сабанко), ясачный татарин Аялынской вол.　萨班,阿亚雷恩斯克县交实物税的鞑靼人　67

Сабанский(Собанский) Петр, томский сын боярский　彼得・萨班斯基,托木斯克贵族子弟　80 –83,85,86,89,162,282 –288,302 –306,309,311,367

Сабанчей (Сабанчейка), Сибирский тюменский захребетный татарин　萨班切伊,西伯利亚秋明的鞑靼人　335

Савельев Мокей, подьячий) Сибирского приказа　莫凯伊・萨维利耶夫,西伯利亚衙门书吏　186

Саврасаев Улкиндей (Улкиндейко), ясаул барабинских ясачных людей　乌尔金杰伊・萨弗拉沙耶夫,巴拉巴交实物税民的收税人　251

Садуй-царь, см. Сыцзун　萨都汗,参见思宗

Садум, см. Сыцзун　萨都木,参见思宗

Сайн-Бадма Хатан-Батур (Калкан, Каский феодал), один из

вассалов Дзасакту-хана　赛英·巴德马·哈坦巴图尔,喀坦巴嘎德尔,喀尔喀封建主,扎萨克图汗藩臣之一　46,61,63,412

Сайн-нойон-хан,халхаский феодал　赛音诺颜汗,喀尔喀封建主　415

Сакил,см. Секиль　萨吉尔,参见谢基尔

Сакил,джунгарский тайджи　沙吉尔,准噶尔台吉　380

Сакилдий,кашевар посольства Алтын-ханаЭрдени-хунтайджи　萨基尔吉,额尔德尼·巴图尔珲台吉使团厨师　209

Салтанай,мурза ногайских астраханских татар　萨尔丹奈,诺盖阿斯特拉军鞑靼贵族 180

Салтаналы-мурза,см. Аксакелмаметев Салтанал　萨尔坦纳雷·穆尔扎,参见阿克萨凯尔玛麦杰夫·萨尔塔纳尔

Салтыков (Солтыков) Иван Иванович, боярин, тобольский воевода　伊万·伊万诺维奇·萨尔腾科夫,贵族,托波尔斯克总督 9,288 - 290,292 - 298,322 - 324,328,329,333 - 336,343,345,359,360,423

Салков Михаил,томский конный казак　米哈伊尔·萨尔科夫,托木斯克骑兵哥萨克　300

Самар,посол хошоутского тайджи Туру-Байху　萨玛尔,和硕特台吉图鲁拜琥的使节　26,29

Самарган,ойратский тайджи　萨玛尔甘,卫拉特台吉　309,380

Самин,человек Дурал-табунана　萨明,杜拉尔塔布囊的“属人”　135

Самойлов Иван(Ывашко),енисейский казак　伊凡·萨莫伊洛夫,叶尼塞哥萨克　316,317,319,321,331

Самойлов Первый(Первой),тобольский городничий　彼尔沃伊·萨莫伊洛夫,托波尔斯克市长　366

Самсонов Андрей(Ондрей),подьячий Томской приказной избы　安德烈·萨姆索诺夫,托木斯克警察局书吏　31 - 34,38 - 50,52,

56,57,59,60,73,76－79,85,89,155,314,411,414

Санжи-тайша,см. Сенга 桑仁台吉,参见僧格

Санжин(Санзин),(торгоутский)тайджи 桑仁,土尔扈特台吉 261,263

Сантагулов Булан(Буланко),служилый татарин 布兰·桑塔古洛夫,鞑靼军人 181

Сарабааран(Сарабараан),торговый орчак 萨拉拔阿,商人,奥尔恰克人 304,305

Сартаков Михаил,подьячий Томской приказной избы 米哈伊尔·萨尔塔科夫,托木斯克警察局书吏 161

Сары,уфимский татарин 沙雷,乌法鞑靼人 92

Сарыч,брат Алтын-хана Омбо Эрдени-хунтайджи 萨雷奇,阿勒坦汗衮布,额尔德尼洪太吉兄弟 407

Саскыбай(Сыскибай),ясачный человек Кумандинской вол. 萨斯克巴伊,库玛金斯克县实物税民 284

Сахаров И. П.,русский этнограф 萨哈罗夫 И. П.,俄国民族学家 404

Седик(Седеко),посол халхаского Цецен-хана Шолоя 谢吉克(科),喀尔喀车臣汗硕雷的使节 9,333,336,337,339,341,345,347－351,365,386,387,425,426

Сеит,см. Сют 谢伊特,参见休特

Сеитов Сафар,торговый бухарец 萨法尔·谢伊托夫,布哈拉商人 294,295

Секиль(Сакил)сын тайджи Кулы,приказного человека Эрдени Батура-хунтайджи 谢吉尔,库拉台吉之子,额尔德尼·巴图尔洪太吉的小官吏 204,427

Селетцын(Селедцов)Иван,подьячий Сибирского приказа 伊凡·谢列衬,西伯利亚衙门书吏 243,361

Семен(Сенька),тарский юртовский татарин 谢苗,塔拉尤尔托

夫鞑靼人 179

Семенов Василий, толмач Тарского гостиного двора 瓦西利·谢苗诺夫，塔拉市场翻译官 90

Семенов Василий, казак 瓦西利·谢苗诺夫，哥萨克 69

Семенов Гаврила(Ганька), толмач 伽弗里拉·谢苗诺夫，翻译 321,329,339

Семенов Минай (Минька), тобольский служилый человек литовского списка 米奈·谢苗诺夫，托波尔斯克“立陶宛人名录”中的军人 267,368,371

Семенов Панфил, тобольский конный казак литовского списка, толмач 潘菲尔·谢苗诺夫，托波尔斯克“立陶宛人名录”中的骑兵哥萨克，翻译官 9,205,211,291,347－352,386－388,426

Семенов Селиван, саратовский стрелец 谢利万·谢苗诺夫，萨拉托夫射击手 417

Сенга (Санжи, Сенжан) тайджи (тойчин), племянник Алтын-хана Омбо Эрдени-хунтайджи 僧格，台吉，阿勒坦汗衮布·额尔德尼洪太吉侄儿 232,233,379

Сенге (Сенкей), джунгарский тайджи, сын Эрдени Батура-хунтайджи 僧格，准噶尔台吉，额尔德尼·巴图尔珲台吉之子 402,422,427

Сенжан-тайша, см. Сенга 僧然台什，参见僧加

Сенкей-тайша, см. Сенге 僧凯台什，参见僧格

Сербяй Степан, толмач Посольского приказа 斯捷潘·谢尔比亚伊，外事衙门翻译官 248

Сергеев Афанасий(Офонька), тобольский казак 阿法纳西·谢尔盖耶夫，托波尔斯克哥萨克 347,348,386,387

Сергеев Иван, тарский конный казак 伊万·谢尔盖耶夫，塔拉骑兵哥萨克 26

Серебреник (Серебреников) Григорий, томский конный

служилый человек 格里戈里·谢列勃列尼克,托木斯克骑兵 32,50,78,79

Серен,табунан Алтын-хана Омбо Эрдени-хунтайджи 谢林,阿勒坦汗衮布·额尔德尼洪太吉的塔布囊 121

Серен-тайджи (тайчи), сын Алтын-хана Омбо Эрдени-хунтайджи 色愣台吉,阿勒坦汗衮布·额尔德尼洪太吉之子 99

Сесен Хатыев,ойратский тайджи 哈达耶夫·色森,卫拉特台吉 266

Сидоров Гаврила,кузнецкий казак 加弗里洛·希罗多夫,库兹涅茨克哥萨克 223

Скороходов Яков(Якунька),тобольский казак 雅可夫·斯科罗霍多夫,托波尔斯克哥萨克 347,348,386,387

Скрябин Михаил Федорович,красноярский воевода 米哈伊尔·费多罗维奇·斯克梁宾,克拉斯诺雅尔斯克总督 380

Скуратов Степан,атаман тарских служилых людей 斯捷潘·斯库拉托夫,塔拉军人头人 26–29,176

Собанский,см. Сабанский 索班斯基,见萨班斯基

Совлуков,толмач Посольского приказа 索弗卢科夫,外事衙门翻译 203

Солоум(Чолоум)-Богатырь(Батыр),человек Алтын-хана Омбо Эрдени-хунтайджи 索伦·巴噶德尔,阿勒坦汗衮布·额尔德尼洪太吉的“属人” 32,50

Солтыков,см. Салтыков 索尔腾科夫,参见萨尔腾科夫

Соснин Терентий(Тренька),тобольский казак 捷连金·索斯宁,托波尔斯克哥萨克 347,348,386,387

Спафарий Николай Гаврилович,глаза посольства в Китае 尼古拉·加弗里洛维奇·斯帕法里,中国使馆的负责人 133,415

Старков Василий,томский сын боярский 瓦西利·斯塔尔科夫,托木斯克贵族子弟 8,13,18,31,78,90,103,106–109,112,113,

115,121 – 126,129 – 133,135 – 137,139,156 – 158,160 – 168,170,186 – 188,200,201,210,257,280,281,313 – 315,380,413,414,416,418,420,422

Стаусупов Михаил, тобольский служилый человек литовского списка или тобольский конный казак 米哈伊尔·斯套苏波夫,托波尔斯克"立陶宛人名录"中的军人或托波尔斯克骑兵哥萨克 368

Стельшин Петр, подьячий приказа Казахского дворца 彼得·斯捷利申,喀山衙门书吏 25,71

Степанов Семен(Сенька), тобольский новокрещен 谢苗·斯捷潘诺夫,托波尔斯克新教徒 375

Стрешневы, боярский род 斯特列什涅沃,贵族 423

Строев Семейка, см. Неустроев Семен 谢麦伊卡·斯特罗耶夫,参见涅乌斯特罗耶夫

Сулбатай(Субалтай, Сулбантай), дербетский тайджи 苏尔巴台吉,杜尔伯特台吉 356

Суетка, см. Сют 素叶特卡,参见休特

Суклемский Федор, тобольский служилый человек 费多尔·苏克列姆斯基,托波尔斯克军人 403

Сулкун, посол Дзасакту-хана Субуди 素尔坤,扎萨克图汗素巴第的使节 46

Сулумкичи Арга (Ага), посол Алтын-хана Омбо Эрдени-хунтайджи 阿尔加·苏卢姆基奇,阿勒坦汗衮布·额尔德尼·巴图尔洪太吉的使节 19,34,36,37

Сыроежин Михаил, томский служилый человек 米哈伊尔·瑟罗耶仁,托木斯克军人 32,49,79,158,166

Сырян(Сарыня, Сыряйка), посол Эрдени Батура-хунтайджи 瑟梁,额尔德尼·巴图尔洪太吉的使节 149,183,247,248,250,255,256,262,263,267 – 271,290,423

Сыскибай, см. Саскыбай 瑟斯基巴伊,参见瑟斯克巴伊

Сытин Афанасий(Афонасей)Филиппович,кузнецкий воевода 阿法纳西·菲利波维奇·瑟京,库兹涅茨克总督 363

Сытин Константин Сильвестрович, дьяк приказа Казанского дворца 康斯坦京·西利维斯特罗维奇·瑟京,喀山衙门长官 420

Сыцзун (Дайбун, Дайбын, Садуй-царь, Садум, Тайбин-царь), минский император,девиз правления Чунь-жэнь(1628—1644) 思宗,明朝皇帝,年号崇祯(1628—1644)93,119,330,340,415,416,425

Сюнч,см. Абдулов Сююнч 休奇,参见阿勒杜洛夫·休奇

Сют(Сеит,Суетка,Сютя),тубинский князь,глава маторцев 休特,图瓦王公,玛托茨人的头人 48,49,118,146,187,416

Сютеев Утебай(Утебайко),едисанский татарин улуса мурзы А. Урусова 乌杰巴伊·休捷耶夫,A. 乌鲁索夫鞑靼贵族兀鲁思的叶济桑鞑靼人 266

Сююнч,см. Абдулов Сююнч 休奇,参见阿勒杜洛夫·休奇

Табун,киргизский князь,сын княгини Абахай 塔本,吉尔吉斯王公,阿巴海夫人的儿子 103,104,130 – 132,415

Тайбин,китайский царь,см. Сыцзун 太平,中国皇帝,参见思宗

Тайка,см. Ахай-хатун 泰卡,参见阿海哈敦

Тайчин,см. Дайчина-Хошучи 泰庆,参见岱青·和硕特

Тайбин-Кошучин,см. Дайчина-Хошучи,дербетский 泰庆·科硕奇,参见岱庆·和硕特

Тайчин-ноян,см. Дайчин-нойон 泰庆诺颜,参见岱青诺颜

Тайчин,см. Дайчин,монгольский тайджи 台钦,参见岱钦,蒙古台吉

Тайчин-тайша,см. Дайчин,сын Хо-Урлюка 岱青台什,参见岱青,和鄂尔勒克之子

Тайчин-тайша,см. Дайчин. сын Эрдени-Батура-хунтайджи 泰钦台什,参见岱钦,额尔德尼·巴图尔洪太吉之子

Талай,киргизский князь 塔赖,吉尔吉斯王公 378

Талай-тайша, см. Далай-Богатырь-тайджи　塔赖台什,参见达赖·巴噶德尔台吉

Талдин(Далдин) Хорохай, посол Эрдени Батура-хунтайджи　霍罗海·塔尔金,额尔德尼·巴图尔洪太吉的使节　305,306,311

Тамаймурзин Едигер, тобольский служилый татарин　叶吉盖尔·塔玛伊穆尔津,托波尔斯克鞑靼军人　65

Танатаров(Тонатаров, Тонотаров) Кочаш(Кочашко), тарский юртовский татарин, государев изменник　科恰什·塔纳塔罗夫,塔拉尤尔托夫鞑靼人,"国家叛徒"　28,30,67,92,152,176－178,196,197,328

Тараканов(Тороканов) Пересвет, томский сын боярский　彼列斯维特·塔拉卡诺夫,托木斯克贵族子弟　133,170,416

Тарасов Тарас, тарский конный казак　塔拉斯·塔拉索夫,塔拉骑兵哥萨克　245

Тарлавов(Тарлаков) Итегмень(Тегмень, Ытегмень), мурза чацких татар　伊杰格缅·塔尔拉沃夫,恰茨克鞑靼人贵族　300,305,363

Тарлавов Коймас, мурза чацких татар　科伊玛斯·塔尔拉沃夫,恰茨克鞑靼贵族　305

Тарлак, племянник тайджи Кулы　塔尔拉克,库拉台吉的侄儿　197

Тарлаков Итегмень, см. Тарлавов Итегмень　伊杰格缅·塔尔拉科夫,参见塔尔拉沃夫·伊杰格缅

Тарукай-табун, см. Тур ухай-табунан　塔鲁凯塔布囊,参见图鲁海塔布囊

Тарутин Иван, тобольский конный казак　伊万·塔鲁京,托波尔斯克骑兵哥萨克　395

Тархан-лама(лаба), посол Алтын-хана Омбо Эрдени-хунтайджи　塔尔罕喇嘛,阿勒坦汗衮布·额尔德尼洪太吉的使节　256－258

Тархан-лама (лаба), посол Алтын-хана Шолой Убаши-хунтайджи в Москву 塔尔罕喇嘛,阿勒坦汗硕垒·乌巴什洪太吉派往莫斯科的使节 20,21,54,428

Тархан,лутчий человек Гомбо Иелден-нойона,брата Алтын-хана Омбо Эрдени-хунтайджи 塔尔罕,鄂木布·亦尔登诺颜的"人质",阿勒坦汗衮布·额尔德尼洪太吉的兄弟 141,145

Тархан,ойратский тайджи 塔尔罕,卫拉特台吉 92,328

Тархан(Тарханка),человек Эрдени Батура-хунтайджи,ясачный сборщик 塔尔罕,额尔德尼·巴图尔洪太吉的人,收税员 227,237

Тархан Хонзин,см. Хонзин Дархан 塔尔罕·霍津,参见霍津达尔罕

Тархан-Богатырь (Баатырь), улусный человек дербетского тайджи Далая 塔尔罕-巴噶德尔,杜尔伯特台吉达赖的兀鲁思人 102,174,197

Тархан Шибаучи(Шубачи),человек Алтын-хана Омбо Эрдени-хунтайджи 塔尔罕·舍巴奇,协坦汗衮布·额尔德尼洪太吉的"属人" 32,50,277

Татев Иван Федорович,князь,стольник,томский воевода 伊凡·费多罗维奇·塔捷夫,公爵,御前大臣,托木斯克总督 19,34,36,37

Тевке,см. Тявка 捷夫克,参见捷亚夫卡

Телбикеев Бочюга,см. Тенбикеев Бочуга 捷列比凯耶夫·鲍丘伽,参见捷比凯耶夫·

Телепнев Степан Васильев,стольник 斯捷潘·瓦西利耶夫·捷列普涅夫,御前大臣 95

Темкин-Ростовский Михаил Михайлович, князь, стольник, тобольский воевода 米哈伊尔·米哈伊洛维奇·捷姆金·罗斯托夫斯基,公爵,御前大臣,托波尔斯克总督 25－28,30,64－66,90,91,102,149,150,171,174－179,181－185,190,200,206

Тенбикеев (Телбикеев) Бочуга (Бочюга), лутчий человек К. Атаковал 鲍丘加 · 坚比凯耶夫,К. 阿巴科夫的“人质” 284

Тенибеков Никита, тобольский служилый человек 尼基塔 · 捷尼别科夫,托波尔斯克军人 181

Тепшен (Теншун, Тепшан, Тепшук), посол Эрдени Батура-хунтайджи 捷普申,额尔德尼 · 巴图尔洪太吉的使节 209,212,216,226

Тереев Читай, лутчий человек К. Абакова 契台 · 捷列耶夫,К. 阿巴科夫的“人质” 284

Терехов Петр, тарский служилый человек 捷列霍夫 · 彼得,塔拉军人 323

Термий, иркутский князец 捷尔米伊,伊尔库茨克小王公 329

Тетюбеев Баиш (Баишко), едисанский татарин улуса мурзы Б. Урусова 巴伊什 · 捷纠别耶夫,Б. 乌鲁索夫贵族的兀鲁思叶济桑鞑靼人 266

Тилгерь, беглый черный калмак тайдж Далая и Хо-Урлюка 季尔盖里,达赖台吉与和鄂尔勒克的逃亡黑卡尔梅克人 303,304

Тимофеев Герасим (Гарасим, Горасим), подьячий Томской приказной избы 盖拉辛 · 季莫菲耶夫,托木斯克警察局书吏 34,50 – 52,54 – 64,76,77,79,89,155,280,411

Тихвинский С. Л., советский китаевед С. Л. 季赫文斯基,苏联汉学家 7

Тлеш, едисанский татарин 特列什,叶济桑鞑靼人 264

Тогуяк, лутчий человек Керенской ясачной вол. 托古亚克,凯连斯克实物税县的“人质”284

Тоз, лама (лаба), посол Алтын-хана Омбо Эрдени-хунтайджи, ср. Тархан-лама 托兹,喇嘛,阿勒坦汗衮布 · 额尔德尼洪太吉的使节,参见塔尔罕喇嘛 366

Тоин Ном, сын дербетского тайджи Далая 托音诺门,杜尔伯特

台吉达赖之子　306

Тойчи-тайша, см. Дайчин, торгоутский　托伊青台什，参见岱青，土尔扈特的台吉

Тойчин-табун, см. Дайчин-нойон　托伊青塔布囊，参见岱青诺颜

Токарев С. А., советский этнографС. А.　托卡列夫，苏联民族学家 425

Торгун Эрдени(Ирдени, Иртень)-хунтайджи, хошоутский князь　托尔衮·额尔德尼洪太吉，和硕特王公　352, 353, 426

Торгучи, ойратский тайджи　托尔古奇，卫拉特台吉　174, 175

Торокай, см. Тур ухай-табунан　托罗凯，参见土鲁海塔布囊

Тороканов, см. Тараканов　托罗卡诺夫，参见塔拉卡诺夫

Тохтасынов Мамет(Маметка), тобольский служилый татарин　玛麦特·托赫塔瑟诺夫，托波尔斯克鞑靼军人　226－228, 237

Тоюн -Убаши, ойратский тайджи　托尤·乌巴什，卫拉特台吉　360

Трофимов (Трафимов) Анисим (Онисим), дьяк Томской приказной избы　阿尼西姆·特罗菲莫夫，托木斯克警察局秘书长　23－25, 30, 32, 34, 48, 50, 54, 70, 89－84, 88, 89, 103, 107, 133, 134, 139, 142, 161, 162, 164, 166, 170, 416

Трофимов Борис, тобольский казак литовского списка　鲍里斯·特罗菲莫夫，托波尔斯克"立陶宛人名录"中的哥萨克　272, 291, 370

Трофимов Иван, дьяк Тобольской приказной избы　伊凡·特罗菲莫夫，托波尔斯克警察局长官　171, 173, 190, 202, 203, 206, 206, 210, 212, 215－217, 219, 224, 226, 227

Трофимов Семен(Сенька), толмач Тюменской приказной избы　谢苗·特罗菲莫夫，秋明警察局翻译官　292, 295

Трубецкой Алексей Никитич, князь, боярин, судья Сибирского

приказа　阿列克赛·尼基季奇·特鲁别茨科伊,公爵,贵族,西伯利亚衙门法官　341,368,375,424

Трубачев Бессон(Безсон),тюменский конный казак　别松·特鲁巴切夫,秋明骑兵哥萨克　291

Трусевич Х.,русский историк Х.　特鲁谢维奇,俄国史学家　413

Туба-бакша,см. Дуба-бакши　土巴·巴克什,参见杜巴·巴克什

Тугун,племянник торгоутского тайджи Дайчина　土贡,土尔扈特台吉岱青之侄儿　324

Утл делен-тайша,см. Хунделен　土尔德伦台什,参见昆都伦

Тулуз-Селенга,монгольский князь　吐卢克·色楞噶,蒙古王公　316

Тулунбаев Афанасий(Офонька),казанский татарин　阿法纳西·土伦巴耶夫,喀山鞑靼人　328

Турай-табунан,см. Дурал-табунан　土莱塔布囊,参见杜拉尔

Тургенев Иван Юрьевич,тюменский воевода　图尔盖涅夫·伊万·尤里耶维奇,秋明总督　291,294,295,323,324,328,360

Турдин Килим,бухарский купец(тезик)　基里木·图尔金,布哈拉商人　260

Турлак,брат тайджи Кулы　土尔拉克,库拉台吉的兄弟　204

Турокай,см. Турухай-табунан　图罗凯伊,参见图鲁海－塔布囊

Туру-Байху (Гуши-хан, Конжи, Кужа, Куйша, Кущий), хошоутский князь, известный в русских документах под именем Куйша-тайша　图鲁拜琥,和硕特王公,俄国文献中著名的顾什台吉　8,24－30,65－71,90－92,151,152,174,176－179,183,192,196－198,230,238,239,249,371,375,376,378,395,409,417,421,426,428

Турухай (Тарухай, Торокай, Турокай, Турукай)-табунан, монгольский князь,вассал Цецен-хана Шолоя　拖鲁海塔布囊,蒙古王公,车臣汗硕雷的藩属　8,9,11,315－321,329－333,336－341,

345 – 352,365,386 – 388,425

Туручак, телеут улуса Кашика, переподчик при посольстве от Эрдени Батура-хунтайджи 图鲁恰克，卡什卡兀鲁思的捷列乌特人，额尔德尼·巴图尔洪太吉使团的翻译 305

Тутолмин Дмитрий, тобольский сын боярский 德米特里·图托尔明，托波尔斯克贵族子弟 289

Тухачевский Яков Евстафьевич, Смольянин, дворянин, посол к Алтын-хану Омбо Эрдени-хунтайджи 雅可夫·叶弗斯塔菲耶维奇·图哈切夫斯基，贵族，派往阿勒坦汗衮布·额尔德尼洪太吉处的使节，贵族 17 – 19,21,31,35 – 37,39,42,45,53,58,72,76 – 78,84,87,98,100,108,111,113,137,155,156,174,188,200,201,220,222,223,256,257,277 – 282,313 – 315,410,412,417,418

Тушаты-тархан, шурин Алтын-хана Омбо Эрдени-хунтайджи 图沙特·塔尔罕，阿勒坦汗衮布·额尔德尼洪如吉的内弟 106,107,131,132

Тушету, монгольский князец 土谢图，蒙古王公 316

Тушету-хан Гомбо Доржи, халхаский феодал 土谢图汗，衮布·多尔济，喀尔喀封建主 5,6,8,411,425,427

Тушету-хан Чихунь Доржи 土谢图汗·察辉·多尔济 427

Тэнгис, сунитский князь 泰吉斯，苏尼特王公 425

Тюлеч (Тюлечко), юртовский татарин Трешевского табуна Эшалыевминского родства 秋列奇，尤尔托夫鞑靼人，属艾沙雷耶夫明斯克族的特列舍夫塔布囊 264

Тюлюк, киргизский князь 秋留克，吉尔吉斯王公 378

Тюшата (Тюшакта), зять Эрдени Батура-хунтайджи 秋沙塔，额尔德尼·巴图尔洪太吉的女婿 64 – 66,198

Тявка (Тевекель, Тевке), Сибирский царевич, сын Ишима, внук Кучума 杰夫卡（杰夫凯力），西伯利亚王子，伊希姆之子，库楚姆之孙 177,301,410

Убасанчи,младшая жена хошоутского тайджи Туру-Байху 乌巴桑齐·图鲁拜琥和硕特台吉的小妾 177

Убаша,см. Цыган-убаши 乌巴什,参见彻甘乌巴什

Уваров Федор Федорович,енисейский воевода 费多尔·费多罗维奇·乌瓦罗夫,叶尼塞总督 339

Угельден-нойон посол брата Алтын-хана Омбо Эрдени-хунтайджи 乌格尔登诺颜,阿勒坦汗衮布·额尔德尼洪太吉兄弟的使节 95

Углев Григорий Родионович,дьяк Тобольской приказной избы 格里戈里·罗季昂诺维奇·乌格列夫,托波尔斯克警察局长官 386,393,397

Удел(Уделко),ясачный татарин Кийской вол. 乌德尔,基伊斯克县交实物税的鞑靼人 222

Уемча(Уеумча),лама у Эрдени Батура-хунтайджи 乌也木恰喇嘛,额尔德尼·巴图尔洪太吉的喇嘛 150

Ужен-табун,тесть Алтын-хана Омбо Эрдени-хунтайджи 乌仁塔本,阿勒坦汗衮布·额尔德尼洪太吉的岳父 47

Ужеты,сборщик ясака от тайджи Кулы 乌热特,库拉台吉的实物税征收人 197

Уланов Иван,толмач Томской приказной избы 伊凡·乌兰诺夫,托木斯克警察局翻译官 84

Улетай(Улитай),посол халхаского Цецен-хана Шолоч 乌列台,喀尔喀车臣汗硕雷的使节 9,333,339,341,347,387,425,426

Улжутай(Улжютуй),человек ламы Даин Мерген-ланзу 乌尔米台,达音·梅尔根·兰扎喇嘛的“人” 144

Улчат Дархан-бакша,см. Олзет Тархан-бакша 达尔罕·巴克什乌尔恰特,参见奥尔泽特·塔尔汗巴克什

Умарвчешко,ясачный татарин,государев изменник 乌玛尔夫切什科,实物税鞑靼人,“叛徒” 328

Ундур-Торолту (Бурхан-хутухта), сын Алтын-хана Шолой Убаши-хунтайджи 温都尔·托罗尔图,阿勒坦汗硕垒·乌巴什洪太吉之子 46,49,61,64,411

Упугулов Ямгурчей(Ямгурчейко),туркмен 扬姆古尔切夫·乌普古洛夫,土耳克曼人 266

Ураков Алей,уфимский сын боярский 阿列伊·乌拉科夫,乌法贵族子弟 260

Урал Хонжин,см. Хонзин Уран 乌拉尔·霍仁,参见霍津·乌拉尔

Уран Хонзин,см. Хонзин уран 乌兰·霍津,参见霍津·乌兰

Ургудай,см. Урускай 乌尔古台,参见乌鲁斯凯

Урлюк,см. Хо-Урлюк 乌尔勒克,参见和鄂尔勒克

Урузак, белый калмык, зять Бурлака, ср. Урузак, посол К. Абаковал 乌鲁扎克,白卡尔梅克人,布尔拉克的岳父,即乌鲁扎克,阿巴科夫的使节 285

Урузак(Урузачко),посол князя белых калмыков К. Абакова 乌鲁扎克,白卡尔梅克人阿巴科夫的使节 284,308

Урунхан(Урхан,Урухан),ойратский тайджи 乌伦罕,卫拉特台吉 245

Урус,посол ойратского тайджи Тоюн-Убаши 乌鲁斯·卫拉特台吉托尤·乌巴什的使节 360

Урускай(Куруска, Ураскай, Ургудай, Уруска, Урчудай), посол Эрдени Батура-хунтайджи 乌鲁斯凯,额尔德尼·巴图尔洪太吉的使节 149,152 – 154,171,183,184,190 – 194,199,200,202,203,206,207,214,216,226,227,236 – 240

Урусов Алей,мурза едисанских татар 阿列伊·乌鲁索夫,叶济桑鞑靼贵族 266

Урусов Борис,мурза едисанских татар 鲍里斯·乌鲁索夫,叶济桑鞑靼贵族 266

Урхан, см. Урухан　乌尔罕,参见乌鲁罕

Урчудай, см. Урускай　乌尔楚台,参见乌鲁斯凯

Ус Осип, красноярский служилый человек, ясачный сборщик　奥西普·乌斯,克拉斯诺雅尔斯克军人,征税人　381

Усеин(Усеинко), брат ясачного татарина Е. Янтари на　乌谢英,交实物税鞑靼人杨图林的兄弟　102

Устюгов Н. В., советский историкН. В.　乌斯丘戈夫,苏联史学家　410,427

Устюжанин Иван Еуфимьев, пятидесятник тобольских стрельцов　伊凡·尤菲米耶夫·乌斯纠扎宁,五十人长,托波尔斯克射击手　395

Учету-тайша, см. Цецен-хан Очирту　乌齐尔图台什,参见鄂齐尔图车臣汗

Учурту, см. Цецен-хан Очирту　乌齐尔图台什,参见鄂齐尔图车臣汗

Учюту-тайша, см. Цецен-хан Очирту　乌丘图台什,参见鄂齐尔图车臣汗

Ушаков Григорий, тобольский сын боярский　格里戈里·乌沙可夫,托波尔斯克贵族子弟　393,395－399,428

Ушаков Михаил, тобольский сын боярский　米哈伊尔·乌沙可夫,托波尔斯克贵族子弟 152,200

Ушаков Сергей, тюменский сын боярский, голова тюменских казаков　谢尔盖·乌沙可夫,秋明贵族子弟,秋明哥萨克头人　292, 295,361

Ушаков Яков, стрелецкий голова　雅可夫·乌沙可夫,射击手头人　264,265

Федор, сын юртовского служилого татарина К. Кудамышева　费多尔,尤尔托夫军人库达梅什夫的儿子　92

Федор Алексеевич, см. Воронов　阿列克赛耶维奇·费多尔,参

见沃罗诺夫

Федоров Иван, атаман тобольских пеших казаков　伊凡·费多罗夫，托波尔斯克步兵哥萨克头人　291

Федоров Степан, казачий пятидесятник　斯捷潘·费多罗夫，哥萨克五十人长　69

Федоров Тихон, томский служилый человек　吉洪·费多罗夫，托木斯克军人　134, 135, 143, 144, 146 – 148, 160, 164, 166, 170, 186

Федоров Федор, томский служилый человек, толмач　费多尔·费多罗夫，托木斯克军人，翻译官　84, 103, 110, 112, 115, 116, 121 – 125, 127, 133, 160, 165, 166, 277 – 279, 283, 287, 304

Федоров Феодосий (Федосей), уфимский стрелец　费奥多西·费多罗夫，乌法射击手　354

Фефилов Иван, кузнецкий служилый казак　费菲洛夫，库兹涅茨克军人　308

Фехнер М. В., советский историкМ. В.　费涅尔，苏联史学家　413

Филипов Петр, тобольский конный казак　彼得·菲力泊夫，托波尔斯克骑兵哥萨克　181

Фишер И. Е., историк　费舍尔 И. Е.，史学家　133, 148, 410, 411, 415

Фомин Иван, выборный целовальник　伊凡·托米，选出的地方官　392

Фролов Иван, тобольский казак　伊凡·费罗洛夫，托波尔斯克哥萨克　30, 267

Хабарчин Кутунай, тобольский юртовский служилый татарин　库图纳伊·哈巴尔钦，托波尔斯克尤尔托夫鞑靼军人　251

Хадзенский (Хонзинской) Матиас (Матвей), поляк, томский сын боярский　玛基阿斯·哈赞斯基，波兰人，托木斯克贵族子弟　68, 69

Харасан (Карасан), торгоутский тайджи, сын Хо-Урлюка　哈拉

·欧·亚·历·史·文·化·文·库·

三,土尔扈特台吉,和鄂尔勒克之子　180

Хара-Хула(Карагула, Каракола, Каракула), глава чоросов, отец Эрдени Батура-хунтайджи　哈喇忽拉,卓罗斯的领袖,额尔德尼·巴图尔珲台吉的父亲　65,103,153,183,192,195,262,269,353,355,400,412,415

Харламов Евстафий(Остафий),томский сын боярский　叶弗斯塔菲·哈尔拉莫夫,托木斯克贵族子弟　81 - 83

Хатан-Батур,см. Сайн-Бадма Хатан-Батур　哈坦 - 巴图尔,参见赛英·巴德马·哈坦 - 巴图尔

Хилков Василий Иванович,тобольский воевода　瓦西利·伊万诺维奇·希尔科夫,托波尔斯克总督　347,386,388,393,395,397

Хонжины,см. Хонзин Дархан,Хонзин Уран,посол Алтын-хана Омбо Эрдени-хунтайджи　霍仁,参见霍津·达尔罕,霍津·乌兰,阿勒坦罕俄木布·额尔德尼洪太吉的使节　19,21,30,35,36,78,98,256,277,280

Хонзин(Конзин, Хонжин)Уран(Урал), посол Алтын-хана Яомбо Эрдени-хунтайджи　霍津·乌兰,阿勒坦汗衮布·额尔德尼洪如吉的使节　19,21,30,35,36,78,98,256,280

Хонзинский Матвей,см. Хадзенский Матиас　玛特维伊·霍津斯基,参见哈津斯基

Хорохай,см. Талдин Хорохай　霍罗海,参见塔尔金·霍罗海

Хо-Урлюк(Курлюк, Орлюк, Урлюк), торгоутский большой тайджи　和鄂克勒克,土尔扈特大台吉　5,92,149 - 151,179 - 181,183,207,225,234,235,239,243,245,248,249,254,255,261,273,275,303,309 - 312,323 - 325,353,355,378,408,410,412,415,417,421 - 423

Хулагу,внук Чингисхана,основатель династии Хулагидов　呼拉古,成吉思汗孙,呼拉格特的奠基人　411

Хунделен(Колденен, Куделен, Кулдевлен, Кулден, Кулдеолен,

Кундалай, Кунделень, Тулделен)-убаши(абаша), хошоутский тайджи 昆都仑·乌巴什,和硕特台吉 151,152,230,234,235,239,245,260,261,266,267,275,276,306,323,325,328,353,360,417,423,426

Цаган(Дархан, Чеган)-убаши(Убаша), улусный человек Гомбо Иелденнойона, посол в Москву 察甘－乌巴什,衮布·亦尔登诺颜的"兀鲁思人",赴莫斯科的使节 74,85,136,141—143,145,169

Цаганшису(Чаганшису), посол Эрдени Батура-хунтайджи 察甘什锁,额尔德尼·巴图尔珲台吉的使节 305

Цецен(Чечен), дербетский тайджи, сын Дайчина-Хошучи 彻辰,杜尔伯特台吉,岱青·和硕齐之子 323

Цецен(Чеченка), посол Дарыки и Ешкета, дербетского тайджи 彻辰(卡),杜尔伯特台吉达雷吉和叶什凯普的使节 294

Цецен(Чечен)-Катайча, казначей Алтын-хана Омбо Эрдени-хунтайджи 彻辰·卡台奇,阿勒坦汗衮布·额尔德尼珲台吉的管家 60

Цецен-хан Очирту(Кочюрта, Очета, Учерту, Учерты, Учирту, Учурту, Учюрту), крупный ойратский феодал, сын хошоутского тайджи Байбагиша 车臣汗·鄂齐尔图,卫拉特大封建主,和硕特台吉拜巴噶斯的儿子 8,70,237,246,254,272,275,361,362,371,376,398,419,421,422

Цецен-хан Шолой(Сецен-хаган, Шолой-Геген-Маха-Самадж-Сецен-хан, Шолой-Далай, Чичин), один из крупнейших феодалов Халхи 车臣汗·硕垒,喀尔喀最大的封建主之一 5,8,9,11,315－319,329－333,336－341,345－352,364,365,386,387,411,425,426

Цецен(Чечен)-хатун(катун), Номаху Холочи, мать Алтын-хана Омбо Эрдени-хунтайджи 彻辰哈敦·诺玛呼·霍洛奇,阿勒坦汗衮布·额尔德尼洪太吉之母 21,31,36－38,40,43,44,47,49,50,56－59,62,63,74,107,111－114,116,120,121,131－133,145－148,279,410

Цецен (Чечен) Хошеучи (Кошеучи), человек Гомбо Иелден-нойона, брата Алтын-хана Омбо Эрдени-хунтайджи 彻辰·和硕齐,衮布·亦尔登诺颜,阿勒坦汗鄂木布·额尔德尼洪太吉兄弟 145,146

Цокту(Цуругул Цокту, Чоктуй)-тайджи(контайша), халхаский феодал 卓克图台吉,喀尔喀封建主 175,412,419,420

Цынгис-царь, см. Чингисхан 成吉思汗,参见成吉思汗

Цысан-хан, см. Цецен-хан Шолой 彻桑汗,参见车臣汗硕垒

Цэвэн-Доржи, торгоутский князь 策旺·多尔济,土尔扈特台吉 417

Цэцэн-хан халхаский, см. Цецен-хан Шолой 喀尔喀车臣汗,参见车臣汗硕垒

Чаадаев(Чеадаев) Иван Артемьевич, тарский воевода 伊凡·阿尔杰米耶维奇·恰达耶夫,托木斯克总督 388,395

Чагабаев Долги, см. Чанбаев Долги 多尔济恰巴耶夫,参见强巴耶夫·多尔济

Чаганшису, см. Цаганшису 恰甘什苏,参见察甘什苏·

Чанбаев (Анбаев, Чанабаев, Чандаев) Долги (Долгича), посол Эрдени Батура-хунтайджи 多尔济·强巴耶夫,额尔德尼·巴图尔洪太吉的使节 236-240,270,290

Чаплин Василий, подьячий Тобольской приказной избы 恰普林·瓦西利,托波尔斯克警察局书吏 346-348,365,366,386,387

Чаплин Никифор (Михикор), подьячий Разрядного стола Тобольской приказной избы 尼基福尔·恰普林,托波尔斯克警察局吏部书吏 259,276

Чеадаев, см. Чаадаев 切阿达耶夫,参见恰阿达耶夫

Чебучей (Чебучейко), человек Алтын-хана Омбо Эрдени-хунтайджи 切布切伊,阿勒坦汗衮布·额尔德尼·巴图尔洪太吉的人 277

Чебучей, см. Тархан Шибаучи 切布切伊,参见塔尔罕·什巴乌

奇

Чегадаев Чутпеяк（Чютпеак），улусный человек орчацких князей 丘特佩亚克·切加达耶夫，奥尔恰克王公的兀鲁思人 286

Чеган-Убаша，см. Цаган-убаш и 切甘·乌巴什，参见察甘·乌巴什

Чеглоков（Чоглоков）Василий Александрович，стольник，тарский，затем тюменский воевода 瓦西里·阿列克山德罗维奇·切尔洛科夫，御前大臣，塔拉总督，后秋明总督 224，237，299，309，310，424

Чеглоков（Чоглоков）Селиверст Александрович，тюменский воевода 谢利维尔斯特·阿列克山德罗维奇·切格洛科夫，秋明总督 360，361

Чекеев Тимофей，толмач（Тобольской приказной избы） 季莫菲伊·切凯耶夫，托波尔斯克警察局翻译官 371，376

Чокур-тайша，см. Чокур 切库尔台什，参见卓库尔

Черепонов И. Л.，тобольский ямщик，автор сибирской летописиИ. Л. 切列帕诺夫，托波尔斯克译递员，西伯利亚编年史作家 412

Чериктей Мергенка，см. Мерген-Чириктей 梅尔根·卡切里克捷，参见梅尔根·奇里克捷

Черкасов Афанасий（Офонасий），атаман тобольских новокрещенных татар 阿法纳西·切卡尔索夫，托波尔斯克新教徒鞑靼人的头人 199

Черкассов Борис，тобольский сын боярский 鲍里斯·切尔卡索夫，托波尔斯克贵族子弟 67，68

Черкасский Камбулат（Канбулат），кабардинский мурза 卡姆布拉特·切尔卡斯基，卡巴尔金斯克鞑靼贵族 265

Черкасский Каншов，кабардинский мурза 坎硕夫·切尔卡斯基，卡巴尔金斯克鞑靼贵族 265

Черкасский Кельмамет(Келимбет),кабардинский мурза　凯尔玛麦特·切尔卡斯基,卡巴尔金斯克鞑靼贵族　265

Черкашенин Антип(Онтипка),служилый человек　安基普·切尔卡申宁,军人　392

Черкашенин Михаил,тарский полонянник　米哈伊尔·切尔卡申宁,塔拉俘虏　149－151,183

Чеченка,см. Цецен　彻辰卡,参见车臣

Чечен-бакша,см. Будат Цецен-бакша　彻辰巴克什,参见车臣－巴克什

Чечен-катун,см. Цецен-хатун　切辰哈屯,参见彻辰哈敦

Чечен-тайша,см. Цецен-тайджи　彻辰台什,参见车臣台吉

Чечигин Яков(Якушка),(тобольский)служилый человек　亚可夫·切奇金,托波尔斯克军人　403

Чигирчин (Чачин, Чагир-кан, Дючинкан)-царь, см. Также Лигден-хан　成吉克钦(九亲)汗,参见林丹汗　94,415

Чимак(Чимал),улусный человек ойратского тайджи Исенгея　奇马克,卫拉特台吉伊谢盖的兀鲁思人　24,25

Чингисхан (Цынгис) (царь), основатель Монгольского государства,империи　成吉思汗,蒙古帝国奠基人　110,408,411

Чин(Чинка),пристав Даин-хунтайджи　奇恩,达音诺颜的,即阿勒坦汗衮布·额尔德尼洪太吉的兄弟的警官　124,126,132

Чириктай,см. Мерген-Чириктей　奇里克台,参见墨尔根－奇里克捷

Чоглоков,см. Чеглоков　乔格洛科夫,参见切格洛科夫

Чогур,см. Чокур　乔古尔,参见卓库尔

Чоктуй-контайша,см. Цокту-тайджи　乔克土伊康太什,参见卓库尔台吉

Чокур (Кочюр, Чекур, Чогор, Чогур, Чюгур, Чюкод, Шогур, Шукур-убаши),джунгарский тайджи,брат Эрдени Батура-хунтайджи

卓库尔，　准噶尔台吉，额尔德尼·巴图尔珲台吉的兄弟　8,64－66,198,209,212－220,226,228,237,241,276,306,370,412

Чокур, табунан Алтын-хана Омбо Эрдени-хунтайджи　乔库尔，阿勒坦汗衮布·额尔德尼·巴图尔珲台吉的塔布囊　34

Чокур Дего, киргизский улусный человек　德戈·卓库尔，吉尔吉斯兀鲁思人　379

Чолоум-Богатырь, см. Солоум-Богатырь　乔洛温－巴噶德尔，参见索洛温·巴噶德尔

Чолчи, человек тайджи Кулы, приказного человекаЭрдени Батура-хунтайджи　库拉台吉的人，基吉列夫·库尔乌什，额尔德尼·巴图尔珲台吉的警员　197

Чорди, см. Зорзий　乔尔济，参见卓尔津

Чтигирев Курмаш, тарский служилый татарин　库尔马什·基吉列夫，塔拉鞑靼军人　323

Чувак, сибирский царевич, сын Кучума　楚瓦克，西伯利亚王子，库楚姆之子　410

Чукмасов(Чюкмасов) Петр, тобольский казак　彼得·楚克马索夫，托波尔斯克哥萨克　347,348,350,352,386－388

Чулон(Чюлон) Чажин, брат Дурала-табунана　丘伦·恰仁，杜拉尔塔布囊兄弟　127

Чулюнга(Чюлюнга), брат тайджи Кулы, приказного человека Эрдени Батура-хунтайджи　楚留加，库拉台吉兄弟，额尔德尼·巴图尔珲台吉的小官员　197

Чура(Чюра) Никита(Микитка), русский полоняник, выходец из Джунгарии, толмач Томской приказной избы　尼基塔·楚拉，俄国俘虏，来自准噶尔的外来民，任托木斯克警察局翻译官　130,134,137,141,146,159－161,166

Чуран(Чюрал, Чюран), ясачный татарин Чойской вол.　楚兰，乔伊斯克县实物税鞑靼人 149,151,152,183,192,194,195,198

Чюгур,см. Чокур　楚古尔,参见卓库尔

Чюкмасов,см. Чукмасов　楚克马索夫,参见丘克马索夫

Чюлон Чажин,см. Чюлон Чажин　楚伦·恰仁,参见丘伦·恰仁

Чюлюнга,см. Чулюнга　楚留加,参见丘留加

Чюня,см. Чуня　楚尼亚,参见丘尼亚

Чюра,см. Чура　楚拉,参见丘拉

Чюрал,см. Чуран　楚拉尔,参见丘兰

Чюран,см. Чуран　楚兰,参见丘兰

Шагалаков Ермамет(Ермометка),бухарец,городской толмач 艾尔马麦特·沙加拉科夫,布哈拉人,城市翻译官　228–230

Шамандара,посол Цецен-хана Очирту　沙曼达拉,鄂齐尔图车臣汗的使节　361,362

Шастина Н. П.,советский монголоведН. П.　沙斯季娜,苏联蒙古学家　407,410,415,425,426

Шеленга(Шелга,Шулга),нойон　色连格,诺颜　341

Шеломов Феодор,тобольский служилый человек　费多尔·舍洛莫夫,托波尔斯克军人　225

Шемшакан-царь,см. Шицзу　舍木顺汗,参见世祖

Шереметев Василий Борисович,стольник,тобольский воевода 瓦西里·鲍里索维奇·舍列麦杰夫,御前大臣,托波尔斯克总督　9,336,343,347–349,353,359–361,365,367–370,372,374–376,386,424,428

Шереметев Федор Иванович,боярин,судья Оружейного приказа 费多尔·伊万诺维奇·舍列麦杰夫,贵族,奥鲁仁警察法官　240

Шибаучи,см. Тархан Шибаучи　什巴乌奇,参见塔尔罕·什巴乌奇

Шигай,киргиз,человек хошоутского тайджи Туру-Байху　什盖,吉尔吉斯人,和硕特台吉图鲁拜琥的“属民”　26,29,178

Шилка Иван Астраханец (Астараханец), томский служилый человек· 伊凡·阿斯特拉罕涅茨·什尔卡,托木斯克军人 134, 135,137,141,143,148,159,160

Шипулин Никифор (Микифор), дьяк сначала приказа Казанского дворца,затем Сибирского приказа 尼基福尔·舍普林,先是喀山警察局长官,后为西伯利亚警察局长 25,186,188,199,202, 203

Шира-Урма(Урума),жена джунгарского тайджи Чокура 乌尔玛·舍拉,准噶尔卓库尔台吉之妻 306,311,312

Ширяев Григорий,байкальский охотник 格里戈里·舍梁耶夫,"贝加尔猎手" 322

Шихов Надыр,тобольский юртовский служилый татарин 纳德尔·锡霍夫,托波尔斯克尤尔托夫鞑靼军人 66,175,371,376

Шицзу (Алак Бутур-Кан-царь, Алака Батур-хан, Аллак Бутурукан-царь, Шамшакан, Шемшакан, Шемшекан-царь), цинский император,девиз правления Шуньчжи(1644—1661) 世祖舍穆沙汗,清朝皇帝,统治年号世祖(1644—1661) 377,394,397,399,427

Шишкин Федор Григорьевич,Турчинский воевода 费多尔·格里戈里耶维奇·锡什金,图林斯克总督 291

Шолой-хан,см. Цецен-хан Шолой 硕雷汗,参见车臣汗硕雷

Шохты,чороский тайджи 硕赫特,卓罗斯台吉 223,224

Шрипко,см. Ригимов Ширип 什里普科,参见里吉莫夫·什里普

Шубачи,см. Тархан Шибаучи 舒巴奇,参见塔尔罕·昔巴乌奇

Шуга-бакша,человек Алтын-хана Омбо Эрдени-хунтайджи 舒加·巴克什,阿勒坦汗衮布·额尔德尼洪太吉的"属人" 115

Шукур-Дайчин,см. Дайчин,торгоутский 舍库尔-岱青,土尔扈特的台吉

Шульгин Яков,тобольский сын боярский 雅可夫·舒利根,托

波尔斯克贵族子弟 335

Шункей(Шюнкей), торгоутский тайджи, сын Хо-Урлюка 顺凯,土尔扈特台吉,和鄂尔勒克之子 261,264-266

Шунков В. И., советский историк В. И. 科夫,苏联的史学家 413

Шюнкей, см. Шункей 休凯,参见顺凯

Щепоткин Богдан, гость, ценовщик соболиной казны Сибирского приказа 鲍格丹·谢波特金,一个客人,西伯利亚貂皮库估价人 72

Щепоткин Семен(Сенька), томский казак 谢苗·谢波特金,托木斯克哥萨克 18

Щербатов(Щербатой) Осип Иванович, князь, томский воевода 奥西普·伊万诺维奇·舍尔巴托夫,公爵,托木斯克总督 282,287,297,298,300,301,313,326,327,362

Щетинин Петр Иванович, князь, тарский воевода 彼得·伊万诺维奇·谢季宁,公爵,塔拉总督 244-246,250,251,253,255,288,289

Ызень, см. Изень 额真,参见伊真

Элден, см. Ельден-тайджи 艾尔登,参见叶尔登台吉

Эрдени(Ирденей, Иржен, Иртень) Батур(Баатыр, Багатырь, Бадурхон, Батур, Батыр, Богатур, Богатырь)-хунтайджи(Контайша), Хотогчин-Батур, глаза Джунгарского ханства(1634—1653) 额尔德尼·巴图尔珲台吉,呼图霍庆巴图尔珲台吉,准噶尔汗国头领 6-8,10-12,14,64-66,69-71,91,104,149-154,161,171-173,175,176,178,179,182-186,188-200,202-219,221,223-228,234-256,258,258,262,263,267-276,284,285,288,290-292,294,297,305-312,324,328,353,355,363,367-375,380,388,400,402,409-412,415-417,419-423,425-427

Эрдени(Ирдени) Сюлюва, монгольский феодал 厄尔德尼·休

留瓦，蒙古封建主　402

Эрдени（Ирдени）Укоев-убаши（абаша），лама　额尔德尼·乌可耶夫·乌巴什喇嘛　267

Эрке-тайша，см. Даян-Ерки　厄尔克台什，参见达延－厄尔克

Эшалыевмынский，татарский род　艾沙雷也夫梅斯基，鞑靼族人　264

Юлек，брат теленгутского князя Мазика　尤列克，捷列古茨克王公玛济克兄弟　284

Юрикту（Юрклу），торгоутский тайджи，брат Хо-Урлюка　尤里克图，土尔扈特台吉，和鄂尔勒克弟兄　152，417

Яголда（Кайяголда），ясачный татарин Чойской вол.　亚戈尔达，佐伊斯克县交实物税的鞑靼人　149，151，152，183，192，194，195，198

Языков Савва，пристав　沙瓦·亚兹科夫，警官　92

Якимов Василий，томский служилый человек　瓦西里·亚基莫夫，托木斯克军人　32，50，78，79

Якимов Иван，томский служилый человек　伊凡·亚基莫夫，托木斯克军人　50，60，62，63，79

Якимов Кирилл，подьячий Томской приказной избы　基里尔·亚基莫夫，托木斯克警察局书吏　297－299，304，305

Яковлев Иван，подьячий Казенного двора　伊凡·亚科夫列夫，喀山书吏　189，190

Яковлев Макар，см. Колмогорец Макар Яковлев　玛卡尔·亚科夫列夫，参见科尔莫戈列茨·玛卡尔·亚科夫列夫

Яковлев Макар，подьячий Кузнецкой съезжей избы　亚科夫列夫·马卡尔，库兹涅茨克拘留所书吏　308

Якшибай（Яншибай），посол джунгарского тайджи Чокура　亚克什巴伊，准噶尔台吉卓库尔的使节　218

Якшигулов Байбагиш，тобольский служилый юртовский татарин　拜巴吉什·亚克锡古洛夫，托波尔斯克尤尔托夫鞑靼军人　10，352，

353

Ялангтуш(Ялантуш),военачальник,сановник хана Абдул-азиза 亚兰都什,阿卜杜尔阿济汗的军事高官 234,237,239,422

Ялгир-царевич,см. Джангир 扬吉尔王子,参见扬吉尔

Ялтурин Янбай,см. Янтарный Янбай 扬巴伊·亚土林,参见杨图林·扬巴伊

Ямудва,см. Емудва 雅木德瓦,参见叶木德娃

Янаев Янмамет,мурза едисанских татар 扬玛麦特·亚纳耶夫,叶济桑鞑靼贵族 266

Янгуватов Тойпал(Тойпалко),татарин Б. Ногайской орды 托伊帕尔·扬古瓦托夫,诺盖汗国的鞑靼人 265

Янгуватов Янбактыч(Янбактычко),татарин Б. Ногайской орды 扬巴克特奇·扬古瓦托夫,诺盖汗国的鞑靼人 265

Яндуга,посол князя белых калмыков К. Абакова 扬杜加,白卡尔梅克阿巴科夫王公的使节 284

Яндыр,посол Эрдени Батура-хунтайджи 杨德尔,额尔德尼·巴图尔珲台吉的使节 195

Янзы,хошоутский тайджи,сын Туру-Байху 扬泽,和硕特台吉图鲁拜琥之子 67

Янкубин Нурмамет,ясачный татарин Бачкурской вол. 努尔玛麦特·扬库宾,巴奇库尔斯克县的交税鞑靼人 92

Янкучуков (Янкучюков) Баянда (Боянда), Тобольский юртовский служилый татарин 巴扬达·扬库楚克,托波尔斯克尤尔托夫鞑靼军人 227

Янтурин(Ялтурин)Енбай(Елбай,Янбай),Кинырский ясачный татарин Тюменского у. 恩巴伊·杨图林,秋明县基内尔斯克交税鞑靼人 102,174,175,197,294,

Яныбек-царь,см. Джангир 扬别克汗,参见扬吉尔

Яроцкий Михаил,томский сын боярский 米哈伊尔·亚罗茨

基,托木斯克贵族子弟　241

Ярыжкин(Ярышкин) Петр, голова тобольских служилых татар 彼得·亚雷什金,托波尔斯克鞑靼军人的头领　395－399

Ясакту(Есакту), сын Дурала-табунана, брата Алтын-хана Омбо Эрдени-хунтайджи　亚萨克图,阿勒坦汗衮布·额尔德尼洪太吉的兄弟,杜拉尔塔布囊之子　80,81,84

Ясахту-хан, см. Дзасакту-хан Субуди　亚萨克图汗,参见扎萨克图汗素巴第

Ясарь Иван, тарский конный казак, толмач　伊凡·亚瑟尔,塔拉骑兵哥萨克,翻译官　27,28,176,245,254

地名

Абакан(Амахан, Бакан, Омахан), р., лев. Приток р., лев. приток р. Енисея　阿巴坎河,叶尼塞河左支流　32,47,48,51,105, 186－188,233,253

Албай-хит, ламаисткий м-рь на р. Бешке　阿布莱·希特,别什凯河上的喇嘛寺院　421

Адаурская земля, см. Даурия　阿达乌地区,参见达里亚

Азия центральная　中央亚细亚　5

Акбашевская(Акбашева), ясачная вол. на р. Чулыме　阿克巴舍夫斯卡亚,楚雷姆河上的收税县　222

Аккол(Заакол, Закол), р., лев. Приток р. Кемчика　阿科尔河,克姆奇克河左支流　105,106,135,136

Акта, р. в бассейне р. Кемчика　阿克塔河,流入克姆奇克河盆地　121

Акушлы, оз. в бассейне р. Ишима　阿库什雷湖,在伊希姆河流域　92

Алас, р., лев. Приток р. Кемчика　阿拉斯河,克姆奇克河左支

流 32,51

Алатери(Пегое),оз.,см. Убсу-нур 阿拉杰里湖,参见乌布苏湖

Алатов,урочище 阿拉托夫,天然界区 275

Алтай Монгольский 蒙古阿尔泰,界区 5,420

Алтайские горы 阿尔泰山 408,420

Алтан,оз. в верховьях р. Витима 阿尔坦湖,在维提姆河上游 316

Алтан,р.,приток р. Баргузина 阿尔坦河,巴尔古津河支流 316

Алтубулак(Артубулак),р. в р-не кончевий енисейских киргизов 阿尔图布拉克河,在叶尼塞吉尔吉斯牧地区域内 32,51

Алтын Кедус(Кадусан,Золотой прикол),р. и займище на лев. бер. оз. Убсу-нур 阿尔腾·凯杜斯河,在乌布苏湖左岸河边地带 123,143

Алтын-ханов государство(Алтынная земля,Кангай,Кангинская земля,Канган Мунгун и Большая орда),см. Также Монголия 阿勒坦汗国家,也可见蒙古 8,156,256,260,407,418-420

Алтырский(Алтыр,Алтырцы,Алтысары),киргизский улус 阿尔腾尔斯基,吉尔吉斯兀鲁思 32,48,104,105,132,134,146

Амахан,р.,см. Абакан 阿马哈河,参见阿巴坎河

Амур,р. 黑龙江、阿穆尔河(中、苏) 377,393,394,397,399,427

Анга,р.,лев. Приток р. Енисея 安加拉河,叶尼塞河左支流 9,316,329,331,392

Ангара Верхняя,см. Ангара 安加拉上游,参见安加拉

Ангара Нижняя,см. Ангара 安加拉下游,参见安加拉

Ангарский(Онгарский)острог 安加拉斯克城堡 316,317,320,365

Андреевское(Ондреевское),оз. в Тюменском у. 安德烈耶夫

湖,在秋明县　360,361,424
Аракубок,урочище　阿拉库布克,天然界区　209
Аргунская(Арганская,Аргуцкая)земля　额尔古纳地方　73,101,119,413
Аринская(Яринская)земля,ясачная татарская вол.　阿林斯克地方,交实物税鞑靼县　381
Артубулак,р.,см. Алтубулак　阿尔图布拉克河,参见阿尔图布拉克
Арчаки,см. Орчаки　阿尔恰克,参见奥尔恰克
Астрахань(Астрахань,Асторонань),г.　阿斯特拉罕城　181,249,254,263－266,269,273,354－358,400,410,413,415
Атабакл,оз.　阿塔巴克尔湖　323
Аялынская(Аюлынская)татарская вол. Тарского у.　塔拉县城的阿亚雷斯克鞑靼小县　67,395
Байкал,оз.　贝加尔湖　316,318,320－322,329,331,332,339,347,348,351,364,365,387,389－392,425
Бакан,р.,см. Абакан　巴坎河,参见阿巴坎河
Баксайское(Баскацкое)устье р. Баксай,в низовьях р. Урала(Яика)　巴克赛河口,在乌拉尔河下游　266
Банчен-зуу,м-рь　班庆－珠寺院　414
Бараба(Барабинская вол.),вол. Тарского у.　巴拉巴小县,属塔拉县城　153,183,184,191－198,202,208,209,216,218,228,244－257,250,251,253－255,271－276,289－291,297,298,369,370,423
Барга(Хулун-Буир)　巴尔加,呼伦贝尔　411
Баргузин,р.,впадающая в оз. Байкал　巴尔古津河,流入贝加尔湖　316,319－321,329,331
Баргузинская степь　巴尔古津草原　316
Баргузинский култук　巴尔古津 · 库尔图克　316
Баргузинский острог　巴尔古津斯克城堡　348,351,352,364,

365,386,391,392

Барлаг(Барла),р.,пр. приток р. Кемчика 巴尔拉克河,克姆奇克河右支流 123

Баскацкое устье,см. Баксайское устье 巴斯卡茨克河口,参见巴克赛河口

Бачкурская ясачная вол. Тюменского у. 秋明县城的巴奇库尔交实物税小县 92

Башка,р.,см. Бешка 巴什卡河,参见别什卡河

Башкирия 巴什基里亚 410,426

Баян,г.,см. Сюань-хуафу 巴彦城,参见宣华府

Баянская(Боянкая)ясачная вол. Кузнецкого у. 库兹涅茨克县城的巴彦斯克实物税小县 307,308

Белегес,р. в Уфимском у. 别列格斯河,在乌法县 260

Белень,р. в(Иркутской обл.) 别连河,在伊尔库茨克省 329

Белое,оз. в киргизских улусах 白湖(别洛耶湖),在吉尔吉斯兀鲁思境 22,383

Белоозеро,г. 别洛奥泽罗城,白湖城 410

Белтерева ясачная вол. Кузнецкого у. 库兹涅茨克县的别尔杰列瓦实物税小县 380

Белужье,урочище в р-не Астрахани 别卢日叶,阿斯特拉罕境内的天然界区 264

Белые Воды(Белые озера),протока р. Иртыша 白河,额尔齐斯河支流 205,401,403

Белые Калмаки(Колмаки),см. Калмаки Белые 白卡尔马克,参见白卡尔梅克

Белый Миюс,см. Июс Белый 白米尤思,参见伊尤思·别雷伊

Бешка(Башка),р. приток р. Иртыша 别什卡河,额尔齐斯河支流 401,402,421

Богдагай,см. Маньчжурия 鲍格达盖,参见满洲里

Бокта, урочище　博克塔天然界区　151

Большая Кемь, р., см. Кемь　大克姆河,参见克姆

Большие Киргизы, см. Киргизы　大吉尔吉斯,参见吉尔吉斯

Большой Камень, (Икатский хр.) в. Забайкалье　大卡缅,伊卡茨克山脉,在外贝加尔　316

Большой Нагай, см. Ногайская Орда Большая　大诺盖,参见大诺盖汗国

Брянская вол., см. Баянская вол.　博梁县,参见巴扬县

Братская (Братцкая, Брацкая) земля　勃拉茨克地方　331,342,359

Братский (Братцкий) острог　勃拉茨克城堡　329,346,352,365,366,385,386,388,426

Буженей, оз. в Забайкалье　外贝加尔的布仁涅伊湖　365

Бузан, застава на одном из рукавов Волги, недалеко от Амтрахани　布赞,伏尔加河一个支流上的关卡,离阿斯特拉罕不远　264

Булуган, р., лев. приток р. Урунгу, урочище　布卢甘河,乌伦古河左支流,天然界区　402

Бурятия (Бурят-Монгольская АССР)　布里亚特(布里亚特蒙古自治共和国)　425

Бухара (Бухарская земля, Бухарское ханство), г. и ханство　布合拉,城市名和汗国名　27,66,92,150,151,180,194,196,198,229,230,260,409,412,417

Верблюжий Яр, урочище　维尔伯柳日伊·雅尔,天然界区　204

Верхе-Ангарск, острог　上安加拉斯克堡　9

Верхние Киргизы, см. Киргизы　上吉尔吉斯,参见吉尔吉斯

Верхняя Ангара, р. впадающая в оз. Байкал в сев. его части　上安加拉河,流入贝加尔湖的北部部分　316,392,425

Верхняя слобода, см. Ницынская Верхняя слобода　上大庄,参

见尼衬斯克上大庄

Верхотурский у.　维尔霍土尔斯克县,或称上土尔斯克县　231,246,291,292

Витим,р.,пр. приток р. Лены　维提姆河,勒拿河右支流　316

Владимир(Володимер),г.　弗拉基米尔城　125

Внутренняя Монголия, см. Монголия Внутренняя　内蒙古,参见内蒙

Волго,р.　伏尔加河　5,263,264,354,355,358,408,422,423

Восточный Туркестан(Малая Бухара)　东土尔克斯坦(小布哈拉)　409,417

Вросалим,г.,см. Иерусалим　符罗萨利姆城,参见耶鲁撒冷

Гоби,пустыня　戈壁,沙漠　415

Далан-Карагай,см. Долон-Карагай　达兰－卡拉盖,参见多伦－卡拉盖

Дальний Восток　远东　10

Датун,г. в Китае　大同城,在中国　414

Даурия(Адаурская земля, Даурская земля, Одаурская земля), территория на Дальнем Востоке　达乌里亚,在远东的一块领土　377,393,394,397,399,427

Джунгарское ханство (Джунгария, Джунгарская Бухария, Зенгорское владение, Колмаки, Колмацкие улусы, Ойратское ханство)　准噶尔汗国(准噶里亚,准噶尔布哈里亚,卡尔梅克兀鲁思,卫拉特汗国)　5,7－9,11,12,149－152,154,171,173,175,176,179,183,184,195,198,212,217,226,248,263,275,371,374,408－417,420,422,423,427

Дзасактухановский аймак　扎萨克图汗的爱马克　411

Долон(Далан)-Карагай, перевоз на р. Иртыше　多伦卡拉盖,额尔齐斯河上的渡口　401

Езета,р.　埃泽塔河　152

Еик, р. , см. Яик　埃伊克河,参见亚伊克河

Еицкие вершины, см. Яик　耶伊克上游,参见亚伊克

Емыш, оз. , см. Ямыш　叶梅什湖,参见亚梅什湖

Енба, см. Эмба　恩巴,参见厄姆巴

Енбинская сторона, см. Эмбинская сторона　恩巴地区,参见厄姆巴地区

Енбинский култук, см. Эмбинский култук　恩巴库尔土克,参见厄姆巴·库尔土克

Еника, р. в Кизыльской киргизской вол.　艾尼卡河,在克兹尔茨克的吉尔吉斯人县区　381,382,384

Енисей(Енесей),　р. 叶尼塞河　5,136,141,143,187,188,279,315,317,318,320－322,329,333,339,346,347,352,365,366,385－390,424－427

Енисейский у.　叶尼塞斯克县城　384

Ен-куль(Энкул), р. , приток р. Иртыша　恩库尔河(艾库尔河),额尔齐斯河支流　401

Еравна, оз. в Забайкалье　叶拉弗纳湖,在外贝加尔　316

Ерба(Ербинское устье), р. в Тубинской вол.　耶尔巴河,在图瓦县　380－383

Ерма, р. в Киргизской земле　叶尔马河,在吉尔吉斯地方　32,50

Еросалим, см. Иерусалим　耶罗撒林,参见耶路撒冷

Ерусалим, см. Иерусалим　耶鲁撒林,参见耶路撒冷

Железенка, р. , пр. приток р. Иртыша　热列津卡河,额尔齐斯河右支流　91

Жидан(Идан, Найдани), р. , пр. приток р. Кемчика　日丹河,克姆奇克河右支流　106

Жиргата, р. , см. Чиргака　日尔伽塔河,参见契尔伽塔河

Заакол, р. , см. Аккол　扎阿科尔河,参见阿科尔河

Забайкалье　外贝加尔　8,9,413,424,425

Забайкалье Западное　外贝加尔西部　425

Загарский,острожек на р. Ангаре　扎加尔斯克,安加拉河上小卫所　331

Зайсан(Кизылбаш),оз.　斋桑湖(基兹尔巴什湖)　402,416

Закол,см. Аккол　扎科尔,参见阿科尔

Западная Монголия,см. Монголия Западная　西蒙古,参见蒙古西部

Зарадная Сибирь,см. Сибирь Западная　西西伯利亚,西伯利亚西部

Западное Забайкалье,см. Забайкалье Западное　西外贝加尔,参见外贝加尔西部

Зенгорское владение,см. Джунгарское ханство　准噶尔政权,参见准噶尔汗国

Идан,р. ,см. Жидан　伊丹河,参见日丹河

Иерусалим(Вросалим,Еросалим,Ерусалим,Ырусалим),г.　耶路撒冷(弗罗撒冷,耶罗撒冷,耶鲁撒林,厄鲁萨冷)　17,37,119,128,315,418

Илес,р. в Барабинской вол.　伊列思河,在巴拉巴县　194

Илецкая соль,урочище на р. Илецкие　伊列次克·索利,伊列河上的天然界区　400

Илецкие(Ылецкие) вершины,верховья р. Илецкие 伊列茨克河上游　263

Или,р. ,впадающая в оз. Балхаш　伊犁河,流入巴尔喀什湖　408,417

Ильдень-камень,оз.　伊利登·卡缅湖　174

Имиль-речка,урочище　伊米利小河,天然界区　238

Индерские,горы в низовьях р. Яика(Урала)　英迭尔山脉,在亚依克河(乌拉尔河)下游　265,266

Индия(Ындея) 印度 119

Иргень,оз. в Забайкалье 外贝加尔的伊尔根湖 389,391,392

Иргиз(Иргыз),р. в Казахстане 伊尔吉兹河,在哈萨克斯坦 353,357

Иркут,р. ,лев. приток р. Ангары 伊尔库特河,安加拉河左支流 329,339

Иртыш(Ыртыш),р. ,лев. приток р. Оби 额尔齐斯河,鄂毕河左支流 91,92,102,151,172,286,322,401 –403,410

Исетский острог 伊谢次克堡 388

Искитим,р. ,приток р. Оби 伊斯基提姆河,鄂毕河支流 305

Исют(Ысють)Камень,урочище 伊休特 · 卡缅,天然界区 205,209,369

Итиберская(Итибирская)ясачная вол. Кузнецкого у. 伊基别尔实物税县,属库兹涅次克县 252

Ичигир,урочище 伊奇吉尔,天然界区 388

Ишим(Ышим),р. ,лев. приток р. Иртыша 伊希姆河,额尔齐斯河左支流 92,102,295

Июс(Миюс)Белый,р. ,образующая вместе с Черным Июсом р. Чулым 白伊尤思河,与黑伊尤思、楚雷姆河一起形成的 48,103,134

Кабангасун(Калбагасун),урочище на лев. бер. р. Иртыша 卡班加苏(卡尔巴加苏),额尔齐斯河左岸天然界区 401

Кабарда,княжество на Сев. Кавказе 卡巴尔达,北高加索的一个小公国 422

Каз,р. и урочище 卡兹河,也是天然界区 276

Казанская дорога,из Тобольска через Тюмень в Казань 喀山道,从托波尔斯克经秋明到喀山 353

Казанский у. 喀山县 357

Казань,г. 喀山城 186,249,353,357

Казахская ССР 苏联哈萨克共和国 419

Казахский старший жуя(Большая Казачья орда, Казахское ханство,Казачья орда) 哈萨克大玉兹,哈萨克汗国 174,175,207,229,237,276,306,419

Казлык,урочище 卡兹雷克,天然界区 267

Казылбаши,см. Персия 卡兹尔巴希,参见伊朗

Кайнарсагыз,урочище на пр. стороне Эмбы 凯纳尔萨格兹,厄姆巴河右岸天然界区 265

Калбагасун,см. Кабангасун 卡尔马加苏,参见卡班加苏

Калмаки,см. Калмыцкое ханство 卡尔梅克,参见卡尔梅克汗国

Калмыки(Колмаки)Белые 白卡尔梅克 283,285,288,306,307,380

Калмыки(Колмаки, Колмацкие улусы)Черные(Чорные), см. Также Орчаки,ср. Джунгарское ханство 黑卡尔梅克(兀鲁思),也可见奥尔恰克,同准噶尔汗国 24-27,30,47,48,70,75,147,228,252,283,285,287,288,290,291,305,353,361,380,408,409

Калмыкия,см. Калмыцкое ханство 卡尔梅基亚,参见卡尔梅克汗国

Калмыцкая АССР 苏联卡尔梅克自治共和国 5,409,415,426

Калмыцкая земля,см. Калмыцкое ханство 卡尔梅克地方,参见卡尔梅克汗国

Калмыцкие улусы,см. Калмыцкое ханство 卡尔梅克兀鲁思,参见卡尔梅尔汗国

Калмыцкое ханство(Калмаки, Калмыцкие улусы, Колмаки, Колмацкая орда) 卡尔梅克汗国 5,7,90,102,174,175,177,178,180,181,245,263,267,294,323-325,328,335,360,383,384,388,395-397,399,403,415

Камень,возможно Абаканский хр. 卡缅,山岭,可能指阿巴坎山脉 253

Камень,здесь предгорья Алтая 卡缅,山岭,这里指阿尔泰山麓

401,402

Камень,здесь Баргузинский хр.　卡缅,山岭,这里指巴尔古津山脉　316

Камень,здесь,вероятно,предгорья хр. Танну-Ола　卡缅,山岭,这里大概是指唐努山脉的山麓　106,107,111,123,124

Камень,Уральские горы　卡缅,山岭,乌拉尔山脉　69,90,165,170,186

Камчик,р.,см. Кемчик　卡姆奇克,克姆奇克河

Камышлов,р.,лев. приток р. Иртыша и урочище　卡梅什洛夫河,额尔齐斯河左支流,也是天然界区　28,91,92,176,322,323

Канбалык,г.,см. Пекин　坎巴雷克城,参见北京

Кангай,см. Алтын-ханов государство　坎盖,参见阿勒坦汗的国家

Канский,острог　坎斯克城堡　385

Кантегир(Кантыгир),р.,лев. приток р. Енисея　坎帖吉尔河,叶尼塞河左支流　105

Капка,г.,см. Чжанцзякоу　卡普卡城,参见张家口

Кара Адзегир,урочище　卡拉·阿泽吉尔,天然界区　237

Карабазар р.　卡拉巴扎尔河　27

Каракум(Черные пески)　喀拉库姆(黑沙漠)　180

Кара-Кучир. р.,возможно(приток р. Иртыша)　喀拉·库奇尔河,可能是额尔齐斯河支流　402

Каралкабарга,урочище　卡拉尔卡巴尔加,天然界区　151

Карбугай,р.,приток р. Иртыша　卡尔布盖河,额尔齐斯河支流　401

Каргополь,г.　卡尔戈波尔城　410

Каржгин,оз. в верховьях р. Яика　卡尔日根湖,在亚依克河上游　239

Козе грецкая ясачная вол. Кузнецкого у.　库兹涅茨克县的科泽

实物税小县　242,274

Кемчик(Камчик,Кемчюк),р.,лев. приток р. Енисея　克姆奇克河,叶尼塞河左支流　3,33,43,45－47,51,105,106,110－112,114,116,123,134,136,144,427

Кемь(Большая Кемь),р.,лев. приток р. Енисея　克姆河(大克姆河),叶尼塞河左支流　106,123

Кергасальская,см. Керсагальская вол.　开尔沙加利斯卡亚,参见开尔沙加利斯卡亚县

Кереиты　凯列伊腾　146,147

Керенская(Керецкая,Кирецкая)ясачная вол. Кузнецкого у.　卡连斯卡亚实物税县,属库兹涅茨克县　284

Керсагальская(Кергасальская)ясачная вол. Кузнецкого у.　开尔沙加利斯卡亚实物税县,属库兹涅茨克县　242,249,274

Кибаксары,см. Кобук-Саур　基巴克萨雷,参见科布克萨乌尔

Кизлар,р.,один из рукавов в низовьях Терека　基兹拉尔河,捷列克河下游支流之一　265

Кизылбаш,оз.,см. Зайсан　基兹尔巴什湖,参见斋桑湖

Кизылбаши,см. Персия　基兹尔巴什,参见伊朗

Кизыльская ясачная земля,вол.　基茨尔斯卡亚县,交实物税地区　381,382,384

Киил,р.,возможно Илек лев. приток р. Яика　基伊尔河,可能即伊列克,亚依克河的左支流　355,400

Кийская ясачная вол.　基伊斯卡亚实物税县　222

Килка,р.,см. Хилок　基尔卡河,参见希洛克河

Киргизы(Большие, Верхние, Киргизия, Киргизская земля),ханство на Енисее　吉尔吉斯汗国,在叶尼塞河　18,21－23,31,32,42,46－48,53,55,60,62,76,78－80,84,87,88,103－105,123,126,129－132,134,135,146－148,158－161,186,191,221－223,232,233,252,253,279,306,308,309,378－383,415

Киргинская слобода Туринского у.　图林斯克县的吉尔根大庄　267

Киргиская земля, см. Киргизы　吉尔吉斯地方

Кирецкая, см. Керенская вол.　基列茨卡亚,参见基连斯卡亚县

Китай (Китайская земля, Китайское государство, Китайское царство, Цинская империя)　中国,中华帝国,清帝国　7,12,73,77,93,94,101,119,129,133,144,151,156,167,176,179,181,232,257,318,319,329－332,340,341,371,377,392－400,402－404,407,413,415－419,422,424,428

Китай Южный (Старый Китай)　南中国(旧中国)　330,340,425

Китайская Земля, см. Китай　中国地方,参见中国

Китайское государство, см. Китай　中华国家,参见中国

Китайское царство, см. Китай　中华国家,参见中国

Китим, р., приток р. Витима　基提姆河,维提姆河支流　316

Кия, р., лев приток р. Чулыма　基亚河,楚雷姆河左支流　147,186,187,221

Кмил, урочище на пр. стороне р. Яика　克米尔,亚依克河右岸天然界区　265

Кобдо, р. в сев. зап. части Монголии　科布多河,在蒙古西北部　411

Кобран г., см. Пекин　科勃兰,参见中国

Кобук, р., впадающая в оз. Тели-нур　科布克河,流入特利湖　416

Кобур-Саур (Кибаксары, Кобок-Сари, Кубаксары, Кубан, Кубук-Сары, Сарыкобяк, Сары-Кубу, Саур-Кобук, Сыры-колюк), урочище и городок, ставка Эрдени Батура-хунтайджи　和布克赛尔,天然界区,小城,是额尔德尼·巴图尔珲台吉的大本营　6,149－151,172,194,228,239,416,417,421

Кодомская вол.,см. Кондомская вол.　科多木斯克县,参见康多木斯克县

Койша,мечеть в низовьях р. Яика　科伊刹,亚依克河下游清真寺院　266

Кококотан,г.,см. Худо-Хото　呼和浩坦城,参见呼和浩特

Колмаки,Колмацкие улусы,см. Джунгарское ханство　卡尔马克,卡尔梅克兀鲁思,准噶尔汗国

Колмаки,Колмацкие улусы,см. Калмаки Черные　科尔梅克,卡尔梅克兀鲁思,黑卡尔梅克

Колмаки,см. Калмыцкое ханство　科尔梅克汗国,参见卡尔梅克汗国

Колмацкая орда,см. Калмыцкое ханство　科尔梅克汗国,参见卡尔梅克汗国

Кондома,р.,лев. приток р. Томи　康多玛河,托木河左支流　252

Кондомская(Кодомская)ясачная вол. Кузнецкого у.　康多木斯克实物税县,属库兹涅克次克县　284,307－308

Кондомские,улусы черных калмыков в р-не р. Кондоры　康多木斯克,黑卡尔梅克人的兀鲁思,在康多玛河地区　309

Коптагай,р.　科普塔盖河　324

Коргачинская(Коргачина)ясачная вол.　科多加钦实物税县　221

Коурчаки,см. Орчаки　考尔恰克,参见奥尔恰克

Кошяик,урочище на р. Яика　科夏伊克,亚依克河上的天然界区　265

Красноярск(Красноярский,Красный Яр),острог　克拉斯诺雅尔斯克城堡　8,22,31,36,37,40,41,48,49,55,57,69,118,121,146,186－188,232,233,242－244,274,279,359,380－386,427,428

Красноярский у.　科拉斯诺雅尔斯克县　380,384,428

Кубан, см. Кобук-Саур 库班，和布克赛尔

Кубуксары (Кобок-Сари), см. Кобук-Саур 库布克萨尔，参见和布克赛尔

Кузнецк (Кузнецкий, кузнетцкой, Кузнецкой, Кузнецы), острог 库兹涅茨克，城堡 22,31,36,37,40,41,48,55,57,68,187,188,208,213－216,223,233,238,240－244,250,252,253,274,275,277－279,284,285,306－309,362－364,378－380,421

Кузнецкие ясачный вол. 库兹涅茨克实物税县 284

Кузнецкий у. 库兹涅茨克县 242,274,379,380,384,427

Ку-ку-нор, оз. И территория 库库淖尔，湖和领土 5,7,378,408,409,415

Кулебинская ясачная вол. Тарского у. 塔拉县的库列巴实物税小县 289

Кума, р., в Предкавказье 库玛河，流入前高加索 245

Кумандинская (Кустандинская, Кутандская) ясачная вол. Кузнецкого у. 库兹涅茨克县的库玛金实物税小县 284

Куртук 库普图格 329

Кустандинская вол., см. Кумандинская вол. 库斯坦金县，参见库玛金小县

Кусунтакай (Кусунтокай), р. 库苏塔凯河 33,52,79

Кутандская вол., см. Кумандинская вол. 库坦小县，参见库马金县

Кутаны, см. Хотанское ханство 和田，参见和阗汗国

Кынга, р. 肯加河 348

Лабина земля, см. Тибет 喇嘛地方，参见西藏

Ленский острог, см. Якутский городок, острог 连茨克堡，参见雅库茨克城堡

Лобина земля, см. Тибет 洛巴地方，参见西藏

Лом, р. Под томском 洛木河，托木斯克城下 79,80

Любайская(Любанская,Любанская)ясачная вол. Тарского у. 塔拉县的柳巴伊实物税县 227,237,289

Маковский,острог 玛科夫斯克,城堡 69

Мала,р. 玛拉河 392

Малая Бухара,см. Восточный Туркестан 小布哈拉,参见东土尔克斯坦

Мантурово зимовье в Забайкалье 满土罗夫冬季游牧地,在外贝加尔 390

Маньчжурия(Богдагай) 满洲 418

Мереть,р. 梅列特河 223,380

Мингацкий улус 明加次基兀鲁思 134

Монголия (Мугальская земля, Мугальская сторона, Мугалы, Мунгальская земля,Мунгаты) 蒙古,蒙古地方 5-12,37,38,42,43,49-51,58,59,62,79,81-83,85,88,89,92-96,103,113,114,116,117,119,121,128,130-134,145-147,150-152,156,158,161,162,164,166-168,172,175,176,179,181,185,205,230,257,258,277,278,280,313-316,319-321,325,327,329,331-333,338-341,345-348,351,352,365,366,381,383,386-389,391,403,408,409,411,415,416,417,419,421,426

Монголия Внутренняя 内蒙古 415

Монголия Западная 西蒙古 5,407,408,411

Монголия Северная(Внешняя,Халха) 北蒙古,(喀尔喀)外蒙古 5,412,415,419,424,425,427

Монголия южная 南蒙古 7,415

Монгольская Народная Республика(МНР) 蒙古人民共和国 5,7

Монгольский Алтай,см. Алтай Монгольский 蒙古阿尔泰,参见阿尔泰蒙古

Москва,г. 莫斯科,城市 8-11,17,18,21-23,25,26,30,31,

36,54,64,66,69,73,76,78,84 – 86,88,90,95,98,102,104,111,112,114,118,120,123 – 126,128,129,135,136,141 – 144,146,149,152 – 154,156,157,159,162 – 166,171 – 173,175,182 – 187,190,192 – 194,198 – 203

Московское государство（Российское царство，Россия，Русское государство，Русь） 莫斯科国家，俄国，沙俄 5,7 – 12,19,22,23,32 – 34,38,44,46,51,52,59,61,81 – 83,115,118,122,125,127 – 129

Мураса，р.，лев. приток р. Томи 穆腊斯河，托木河左支流 252

Мугалы，см. Монголия 蒙加尔，参见蒙戈里亚

Мугальская земля，см. Монголия 蒙加利斯卡亚土地，参见蒙古

Мугальская сторона，см. Монголия 蒙加利斯卡亚土地，参见蒙古

Мунгаты，см. Монголия 蒙加特，参见蒙古

Мундусская вол. Кузнецкого у. 库兹涅茨克县的蒙杜斯小县 242,274

Мончак камень，утес на р. Ишиме 蒙恰克·卡缅，伊希姆河上的悬崖 92

Нагаи，см. Ногайская орда Большая 诺盖，参见大诺盖汗国

Найдани，р.，см. Жидан 奈丹河，参见日丹河

Нарин-Харани 纳林·哈兰尼 411

Нарымскне верщины， 纳雷姆上游 260

Нарымский острог 纳雷姆斯克城堡 244,250

Нарын Пески，урочище в Ногайской степи 纳伦·佩斯基，诺盖草原的天然界区 265

Нерчинск，г. 涅尔琴斯克城（尼布楚） 133,415

Нижняя Ницынская（Нижне-Ницынская，Ницынская）слобода 下尼称斯克大庄 230,267,328,388,389

Ницынская Верхняя слобода 上尼称斯克大庄 267

Ницынская слобода, см. Нижняя Ницынская слобода　尼称斯克大庄,参见下尼称斯克大庄

Новое зимовье в устье р. Прорвы　普罗尔瓦河口的新冬牧地　389,390

Ногайская орда Большая(Большой Нагай, Нагаи)　诺盖大汗国　180,265

Нон, р., см. Нуньцзян　嫩河,参见嫩江

Нороганчинское(Норогачинкое) государство, ср. Маньчжурия　诺罗甘清国,参见满洲里亚　93,413,414

Нуныцзян(Нон), р., лев. приток р. Сунгури　嫩江,松花江的左支流　377,394,397,399

Обские вершины, верховья р. Оби　鄂毕上游,鄂毕河的上游流域　172,416

Обь, р.　鄂毕河　22,285,298,306,312,363,409,420

Одаурская земля, см. Даурия　阿达乌尔斯克地方,参见达乌里亚

Оил, урочище　奥伊尔,天然界区　263,265

Ойратское ханство, см. Джунгарское ханство　卫拉特汗国,参见准噶尔汗国

Ока, р., см. Она　奥卡河,参见奥纳河

Омахан, р., см. Абакан　奥玛罕河,参见阿巴坎河

Омь, р., пр. приток р. Иртыша　奥姆河,额尔齐斯河右支流　322

Она(Ока), р., пр. приток р. Уды　奥纳河,乌达河右支流　316

Онгарский острог, см. Ангарский острог　奥加尔斯克堡,参见安加拉斯克堡

Ондреевское оз., см. Андреевское　奥德烈耶夫斯科耶湖,参见安德烈耶夫斯科耶湖

Онон, р., пр. приток р. Шилки　鄂嫩河,石勒卡河右支流　9

Орхон(Оркон),р.,пр. приток р. Селенга　鄂尔浑河,色楞格河右支流　317

Орчаки(Арчаки, Коурчаки, Урчаки), см. Также Калмыки Черные　奥尔恰克,也指黑卡尔梅克　24,70,194,218,283,285,287,304,307,409

Орь(Ор),р.,лев. Приток р. Урала(Яика)　奥尔河,亚依克河左支流　355

Оса р.,бассейн р. Ангары　奥萨河,安加河流域的河　329

Охотской(Студеное)море　鄂霍茨克海　317

Пекин(Канбалык,Кобран),г.　北京,城市　119,400,403,404,416

Пермь,Пермь Великая,территория　彼尔姆(莫洛托夫),大彼尔姆领土　281,314,418

Персия(Казылбаши)　波斯,伊朗(克兹尔巴希)　119,128,157

Печора　佩乔拉,河与领土　69

Писанов Камень　彼萨诺夫山岭　305

Печора(Печера),р.　佩乔拉河　329,339

Покровский городок　波克罗夫斯克小城　342,359

Прорва,р.　普罗尔瓦河　388,390

Пышма,р.,пр. приток р. Туры　培什马河　295,360,361

Пышма,слобода　培什马大村庄　291,292

Российское царство,см. Московское государство　沙皇俄国,参见莫斯科国家

Россия,см. Московское государство　俄罗斯,参见莫斯科国家

Русское государство,см. Московское государство　俄国,参见莫斯科国家

Русь,см. Московское государство　露西,参见莫斯科国家

Саахан,р. Или урочище　萨罕,河名或天然界区　402

Сакмара(Сакпара),р.,пр. приток р. Яика(Урала)　萨克马拉

河(萨克帕拉河),亚依克河右支流 265,355

Самарканд(Самарган),г. в Бухарском ханстве 撒马尔罕(撒马尔干),城市,在布哈拉汗国 229

Сарпан(Сарплан,Сартлан),оз. в Барабе 萨尔潘湖,在巴拉巴 195,209

Сары-Кубу,см. Кобук-Саур 赛尔·和布克,参见和布克赛尔

Саур-Коубк,см. Кобук-Саур 赛尔·和布克,参见和布克赛尔

Саянская(Сояны)ясачная вол. 萨彦实物税县 232,233

Саяны(Саянский камень,Сояны),горы 萨彦岭,山脉 32,47,49,51,62,105,123,323,385

Северная (Внешняя) Монголия, см. Монголия Северная (внешняя) 北蒙古,外蒙古,参见蒙古

Селенга(Силенга),р. 色楞格河 8,9,316,317,320,329,330,340,347,365,386,389 - 391,415,420,424,425

Семь бугров,урочище под Астраханью 七岗地界,阿斯特拉罕附近的天然界区 264

Сереш,р. Бассейна р. Чулыма 塞列什河,楚雷姆河流域的河 383

Сибирская дорога 西伯利亚大道 260

Сибирская земля,см. Сибирь 西伯利亚地方,参见西伯利亚

Сибирская страна,см. Сибирь 西伯利亚地方,参见西伯利亚

Сибирское царство 西伯利亚王国 410

Сибирь(Сибирская земля,Сибирская страна) 西伯利亚 8,10 - 12,22,23,64,67 - 69,71,102,128,133,148,156,180,182 - 186,188,189,199 - 203,231,232,241,243,246,248,250,252,253,255,260,267,275,277,280,282,290 - 293,296,298,301,318,324,327,336,348 - 350,359,361,367 - 370,374,375,394,403,408 - 413,415,418,422,426

Сибирь Западная 西西伯利亚 410

Сибирь Южная 南西伯利亚 411,420

Сизой, р. , приток р. Енисея　锡佐伊河,叶尼塞河支流　427
Силенга, р. , см. Селенга　西楞格河,参见色楞格河
Синин(Сюмен), г. в Китае　西宁(修门),中国城市　229,415,421
Соликамск(Соль Камская), г.　索利卡姆斯克城　186,291
Сольвычегодск(Соль Вычеготцкая), г.　索利威切戈茨克城,城市　69
Соль Камская, см. Соликамск　索利·卡姆斯克,参见索利卡姆
Соляное озеро, см. Ямыш　盐湖,参见亚梅什湖
Сор, урочище　索尔,天然界区　347,348,387
Сочи, сочинская вол. , см. Точи　索奇,索奇县,参见托奇
Соянская вол. , см. Саянская вол.　索扬县,参见萨彦县
Сояны, см. Саяны　索彦,参见萨彦岭
Средняя Азия　中亚　5,409
Старый Китай, см. Китай Южный　旧中国,参见南中国
Студеное море, см. Охотское море　斯图坚海,参见鄂霍次克海
Сукчей, см. Сучжоу　肃城,参见肃州
Сургут, г.　苏尔古特,城市　231
Сучжоу(Сукчей), г. в Китае　肃州(肃城),中国城市　403,404
Суюлмакабан, урочище за р. Ишимом　休尔玛卡板,在伊希姆河彼岸　102
Сыда, р. в Тубинской вол.　司达河,在图瓦县　381
Сырыколюк, см. Кобук-Саур　赛尔和勒克,参见和布克赛尔
Сюань-Фу, г. в Китае　兴安府,中国城市　414
Сюаньхуафу(Баян), г. в Китае　兴安华府(巴彦),中国城市　119
Сюгру, г. в Китае　修格鲁城,中国城市　119
Сюмен, см. Минин　修门,参见西宁
Табанова ясачная вол. Кузнецкого у.　库兹涅茨克县的塔班诺

夫实物税小县 380

Тагапская ясачная вол. Кузнецкого у. 库兹涅茨克县的塔加普实物税县 308,309

Тангутская земля, см. Тибет 唐古特地方,参见西藏

Тангутцкая земля, Тангуцкое государство, см. Тибет 唐古特地方,参见西藏

Тара(Тарской), г. 塔拉城 8,12,26-30,64-67,90,91,149-154,171-174,176-179,182,183,190,195-198,204,206,209,217,224-228,234,237,239,244-246,249-251,253-255,259,262,270-273,276,282,288,289,291-293,295,299,304,307,309,310,322-325,328,335,360,368-372,374,375,388,395,401,409,413,420,423,424

Тарбагатайские(Таргабагат Камень) горы 塔尔巴哈台山脉 27,409

Тарская вол. 塔拉小县 409,410,423

Тарский(Торский) у. 塔拉县城 149,150,152,183,195,202,243,250,251,253-255,272-276,290,297-300,302,395

Тарханская ясачная вол. (Тобольского у.) 托波尔斯克县的塔尔罕实物税小县 181

Ташкент(Ташкен), г. 塔什干,城市 229

Телецкая(Телеская) земля 捷列茨克地方 188

Телецкое(Телеское) оз. на Алтае 捷列茨科耶湖,在阿尔泰 62

Те мир-Чюрга, р., см. Черга 帖米尔·切尔加河,参见切尔加

Терек, р. на Северном Кавказе 捷列克河,在北高加索 265

Теренинская(Тереницкая) ясачная вол. Тарского у. 塔拉县的捷列宁斯克实物税小县 195,246,251,254,255,272-275,297-299

Тибет (Лабина, Лобина земля, Тангутская, Тангуцкая земля, Тонгуское, Тонгуцкое, Тангуцкая земля, Тонгуское, Тонгуцкое, Тунгуское царство, Тынгуское государство) 西藏(喇嘛地方,唐古特

地方，唐古特王国等）　50，56，73，75，93，99，101，119，134，144，156，167，256，257，370，411－413，415，418，419，421，422

Тобол，р.，лев. приток р. Иртыша　托波尔河，额尔齐斯河左支流　179，180，294，328，412

Тобольск，г.　托波尔斯克城　8，9，12，13，19，22，26－30，54，64－66，90，133，149－154，164，165，170－186，189－200，202－220，224－228，231，233—243，246—248，250，251，253，255，256，258，259，267，268，270－273，275，276，289－297，323－326，328，329，332，333，335－339，343－353，359－361，365，367－378，386－388，393－401，409，413，415，420－428

Тобольский у.　托波尔斯克县　325，326，389

Тола（Тула），р.，пр. приток р. Орхона　土拉河，鄂尔浑河右支流　348

Томск（Томский），г.　托木斯克城　8，9，12，13，17－19，21－25，31，34－37，40，41，47－50，55－57，64，68－71，73，76，78－84，86－89，98，101，103，117－121，124，126，128，131，134，137，139，142，155－166，168，170，186，200，208，213，214，219－225，227－230，232，233，236，237，240－242，244，245，252，253，256－258，274，276，277，279，280，282－288，293，297－313，315，326，327，360－364，366，367，379，380，384，385，407－409，413，414，416－418，421，422，427

Томский у.　托木斯克县　187，224，233，242，243，300，302，367，384，427

Томь，р.，пр. приток р. Оби　托木河，鄂毕河右支流　80，161，277，306

Тонгуское，Тонгуцкое царство，см. Тибет　唐古特王国，参见西藏

Торский у.，см. Тарский у.　塔拉县的托尔斯克县

Точи（Сочи，Сочинская），ясачная вол.　托奇实物税县　232，233

Троецкий(Троецкой)　特罗耶茨基　400

Трухменкала земля, см. Туркмения　土库曼地方,参见土库曼尼亚

Тубинская(Туба) ясачная вол. Красноярского у.　克拉斯诺雅尔斯克县的图瓦实物税小县　146,148,380,381,428

Тува　图瓦　420

Тула, р., см. Тола　土拉河,参见托拉河

Тумбы, ср. Тубинская вол.　土姆勃,参见图瓦县　235

Тумна, р. в Киргизии　土姆纳河,在吉尔吉斯　381

Тунгуска, р., приток р. Енисея　通古斯河,叶尼塞河支流　426

Тунгусская(Тунгуская) ясачная вол. Тарского у.　塔拉县的通古斯实物税县　227,237,289

Туражская(Тураская, Турашская) ясачная вол. Тарского у.　塔拉县的土拉什实物税县　227,237

Туринский(Турья) острог　图林斯克城堡　28,69,246,292

Туринский у.　图林县　292

Туркмения(Трухменкала земля)　土库曼　229

Туркун, оз. в Забайкалье　土尔昆湖,在外贝加尔　316

Турья, г., см. Туринский острог　图里亚城,参见图林斯克堡

Тутожская(Тутошская) ясачная вол. Кузнецкого у.　库兹涅茨克县的土托什实物税县 242,274

Тюлюберская ясачная вол. Кузнецкого у.　库兹涅茨克县的秋柳别尔实物税县　307,308

Тюменская вол.　秋明县　409,410

Тюменская обл.　秋明州　427

Тюменский у.　秋明县城　92,102,197

Тюмень, г.　秋明城　8,12,27,28,30,91,92,102,151,154,174－181,183,197,231,239,245,246,249,267,291－296,304,307,310,322－325,328,335,353,359－361,388,409,413,424

Убо, оз. в Барабинской степи　乌博湖,在巴拉巴草原　195

Убсу(Алатери-Пегое, Упс, Упса)-нур., оз.　乌布苏诺尔(湖)　5,106,124,420

Уда, р., пр. приток р. Селенги　乌达河,色楞格河右支流　316,391

Узбекистан　乌兹别克斯坦　422

Уйбат, р., лев. приток р. Абакана　威巴特河,阿巴坎河的左支流　48,104,134

Улюнгур, оз. в Зап. Монголии　乌伦古尔湖,在西蒙古　416

Упс, оз., см. Убсу-нур　乌普斯湖,参见乌布苏湖

Упса, р.　乌普萨河　427

Упса-нур, см. Убсу-нур　乌普萨诺尔,参见乌布苏河

Урег(Урюч)-нур, оз. в сев-зап. Монголии　乌列格(乌柳奇)诺尔(湖泊),在蒙古西北　123,124

Уртякл Тебиз, оз.　乌尔贾克·特比兹湖　323

Урчак(Урчяк), р. под Уфой　乌尔恰河,在乌弗伊城下　353

Урчаки, см. Орчаки　乌尔恰克,参见奥尔恰

Урюч, оз., см. Урег-нур　乌柳奇湖,参见乌列格湖

Уфа(Уфинский), г.　乌法城,乌法斯克城　27－29,176,177,180,249,260,261,266,269,301,323,353,354,356－358,400,410,413,415

Уфа, р., пр. приток р. Белой　乌法河,白河的右支流　301

Уфимская(Уфинская) вол.　乌法县　92

Уфимская(Уфинская) сторона, пр. сторона р. Яичка　乌法地方,亚依克河的右岸地方 265

Уфимский(Уфинский) у.　乌法县城　177,260,261,301,353,355,357,358

Халха, см. Монголия Северная(Внешняя)　喀尔喀,参见北蒙古(外蒙古)

Хива,г.　希瓦　266

Хилок(Килка),р.,пр. приток р. Селенги　希洛克河,色楞格河右支流　389－392,425

Хотанское(Кутаны)ханство　和阗(和田)汗国　181,417

Хубсугул,оз.　呼布苏古尔湖　5,420

Хулун-Буир,см. Барга　呼伦贝尔,参见巴尔加

Хухэ-Хото(Кококотан),г. во Внутренней Монголии　呼和浩特,城市,在内蒙古　403

Цаган Бургас(Чаган Бургасы,Баргасы),р.,один из притоков р. Тес　察罕·布尔加斯河,帖斯河支流之一　33,45,51

Цаганмах(Чаганмах,Чеганмах),р. в Саянах　察干玛赫河,在萨彦岭　105

Царство Сибирское,см. Сибирское царство　西伯利亚王国,参见西伯利亚汗国

Центральная Азия,см. Азия Центральная　中央亚细亚,参见中亚

Цеценханоаский аймак　车臣汗的艾马克　426

Цинская империя,см. Китай　清帝国,参见中国

Чаган Бургасы(Баргас),р.,см. Цаган Бургас　恰干－巴尔加斯河,参见察干·布尔加斯河

Чаганмах,р.,см. Цаганмах　恰干玛赫河,参见察干玛赫河

Чекма(Чегмень),р.　切格玛(切格缅)河　106,107,136

Чекур(Чокур, Чюкур)-булак,р.,(приток Кемчика)　切库尔(乔库尔)布拉克河,克姆奇克支流　106

Чердынь,г.　切尔登城　232,281,422

Черкасский перевоз,　切尔卡斯克渡口　264,265

Чёркая Лука,урочищет　黑卢卡,天然界区　323

Черные Воды,урочище　黑水,天然界区　303,304

Черные Пески,урочище в верховьях р. Эмбы　黑沙漠,恩巴河

上游的天然界区　357

Черный Миюс, урочище, горы, в Киргизской земле　黑米尤斯，天然界区，山脉，在吉尔吉斯地方　22

Чжанцзянкоу (Капка), г. в Китае　张家口（卡普卡），中国城　403, 404

Чидетей, р.　奇德杰伊河　102

Чикой, р., пр. приток р. Селенги　契可伊河，色楞格河右支流　424, 425

Чиргака (Жиргата, Чиргата, Юргут), р., пр. приток р. Кемчика　契尔加卡河，克姆奇克河的右支流　106, 107, 136

Чойска (Чоинская, Чон), ясачная вол. Тарского у.　塔拉县的乔伊斯克实物税县　197, 198, 246, 251, 254, 255, 272 – 274

Чокур-булак, см. Чокур-булак　乔库尔布拉克，参见切库尔布拉克

Чон, см. Чойская вол.　乔恩，参见乔伊县

Чубарово (Чюбарово), слобода Тобольского у.　丘巴罗沃，托波尔斯克县的大庄　267

Чубаровская (Чюбаровская) орда　丘巴罗夫汗国　179

Чулым (Чюлым), р., пр. приток р. Оби　楚雷姆河，鄂毕河右支流　22, 186, 222

Чулымская (Чюлымчкая) Кизылдеева (Кызылдеева) ясачная вол.　楚雷姆·克兹尔杰耶夫实物税县　221

Чюбарово, см. Чубарово　丘巴罗沃，参见丘巴罗沃

Чюкур-булак, см. Чокур-булак　丘库尔布拉克，参见切库尔布拉克

Чюлым, см. Чулым　丘雷姆，参见楚雷姆

Чюлымская Кызылдеева вол., см. Чулымская Кизылдеева вол.　丘雷姆·克兹尔杰耶夫县，参见楚雷姆克兹尔杰耶夫县

Шагарская (Шегарская, Шелгарская) ясачная вол. Томского у.

沙加尔(舍加尔)实物税县,属托木斯克县城 364

Шаньси,провинция в Китае 陕西省(中国) 415

Шегарская вол.,см. Шагарская вол. 舍加尔县,参见沙加尔县

Шилка(Шылка),р. 舍尔卡河 317,350,389－391

Щелкальская(Щелканская)ясачная вол. Кузнецкого у. 库兹涅茨克的希尔卡尔实物税县 284

Ылецкие вершины,см. Илецкие вершины 厄列茨克峰,参见伊列茨克峰

Ымилюрчка,см. Имиль-речка 厄米柳列契卡,参见伊米利小河

Ындея,см. Индия 恩吉亚,参见印吉亚,印度

Ыртыш,см. Иртыш 厄尔腾斯,参见额尔齐斯

Ырусалим,см. Иерусалим 厄鲁撒冷,耶路撒冷

Всю ты-камень, см. Исют-камень 厄休特·卡缅,参见伊休特·卡缅

Ышым,см. Ишим 厄希姆,伊希姆

Элек,урочище за р. Яиком 艾列克,亚依克河彼岸的天然界区 264

Эмба(Енба),р. 恩巴河 264,265

Эмбинская(Енбинская)сторона,здесь пр. берег р. Эмбы 恩巴地方,这里指恩巴河的右岸 265

Эмбинский(Енбинский)култук,залив на р. Эмбе 恩巴弯,恩巴河的河弯 265

Энкуль,р.,см. Ен-куль 恩库利河,参见埃库里河

Эшилтобул,урочище 艾什尔托布尔,天然界区 266

Южная Монголия,см. Монголия Южная 南蒙古,参见南部蒙古

Южная Сибирь,см. Сибирь Южная 南西伯利亚,参见西伯利亚南部

Южный Китай,см. Китай Южный 南中国,中国南部

Юргут, см. Чиргака　尤尔古特，参见奇尔加卡

Юрчицкая земля　尤尔清地方　257

Яик (Еик, Еицкие вершины), р., ныне р. Урал　亚依克河，现称乌拉尔河　239,245,261,264－266,355,358,400

Яицкий острог　亚依克城堡　263,264

Якутский (Ленский) городок, острого　亚库茨克(连茨克)城堡　187,420

Ямын, р.　亚梅河　90

Ямыш (Емыш, Соляное, Ямышевское), оз. на пр. стороне р. Иртыша　亚梅什湖，在额尔齐斯河的右岸　12,26,28,65,91,151,177,191,196,202－204,211,224,225,258,259,273,275,375,410,413,416,423

Ямышевская ярмарка 亚梅舍夫集市　410

Яринская земля, см. Аринская вол.　亚林斯克地方，参见阿林斯克县

Ярно, оз. в Забайкалье, ср. Еравна　亚尔诺湖，在外贝加尔，即叶拉弗纳湖

Ясыть, р.　亚瑟特河　192、194

·欧·亚·历·史·文·化·文·库·

欧亚历史文化文库

已经出版

林悟殊著:《中古夷教华化丛考》 定价:66.00 元
赵俪生著:《弇兹集》 定价:69.00 元
华喆著:《阴山鸣镝——匈奴在北方草原上的兴衰》 定价:48.00 元
杨军编著:《走向陌生的地方——内陆欧亚移民史话》 定价:38.00 元
贺菊莲著:《天山家宴——西域饮食文化纵横谈》 定价:64.00 元
陈鹏著:《路途漫漫丝貂情——明清东北亚丝绸之路研究》 定价:62.00 元
王颋著:《内陆亚洲史地求索》 定价:83.00 元
〔日〕堀敏一著,韩昇、刘建英编译:《隋唐帝国与东亚》 定价:38.00 元
〔印度〕艾哈默得·辛哈著,周翔翼译,徐百永校:《入藏四年》 定价:35.00 元
〔意〕伯戴克著,张云译:《中部西藏与蒙古人——元代西藏历史》(增订本) 定价:38.00 元
陈高华著:《元朝史事新证》 定价:74.00 元
王永兴著:《唐代经营西北研究》 定价:94.00 元
王炳华著:《西域考古文存》 定价:108.00 元
李健才著:《东北亚史地论集》 定价:73.00 元
孟凡人著:《新疆考古论集》 定价:98.00 元
周伟洲著:《藏史论考》 定价:55.00 元
刘文锁著:《丝绸之路——内陆欧亚考古与历史》 定价:88.00 元
张博泉著:《甫白文存》 定价:62.00 元
孙玉良著:《史林遗痕》 定价:85.00 元
马健著:《匈奴葬仪的考古学探索》 定价:76.00 元
〔俄〕柯兹洛夫著,王希隆、丁淑琴译:《蒙古、安多和死城哈喇浩特》(完整版) 定价:82.00 元
乌云高娃著:《元朝与高丽关系研究》 定价:67.00 元
杨军著:《夫余史研究》 定价:40.00 元
梁俊艳著:《英国与中国西藏(1774—1904)》 定价:88.00 元

〔乌兹别克斯坦〕艾哈迈多夫著，陈远光译：

《16—18世纪中亚历史地理文献》（修订版） 定价：85.00元

成一农著：《空间与形态——三至七世纪中国历史城市地理研究》

定价：76.00元

杨铭著：《唐代吐蕃与西北民族关系史研究》 定价：86.00元

殷小平著：《元代也里可温考述》 定价：50.00元

耿世民著：《西域文史论稿》 定价：100.00元

殷晴著：《丝绸之路经济史研究》 定价：135.00元（上、下册）

余大钧译：《北方民族史与蒙古史译文集》 定价：160.00元（上、下册）

韩儒林著：《蒙元史与内陆亚洲史研究》 定价：58.00元

〔美〕查尔斯·林霍尔姆著，张士东、杨军译：

《伊斯兰中东——传统与变迁》 定价：88.00元

〔美〕J.G.马勒著，王欣译：《唐代塑像中的西域人》 定价：58.00元

顾世宝著：《蒙元时代的蒙古族文学家》 定价：42.00元

杨铭编：《国外敦煌学、藏学研究——翻译与评述》 定价：78.00元

牛汝极等著：《新疆文化的现代化转向》 定价：76.00元

周伟洲著：《西域史地论集》 定价：82.00元

周晶著：《纷扰的雪山——20世纪前半叶西藏社会生活研究》

定价：75.00元

蓝琪著：《16—19世纪中亚各国与俄国关系论述》 定价：58.00元

许序雅著：《唐朝与中亚九姓胡关系史研究》 定价：65.00元

汗受宽著：《骊靬梦断——古罗马军团东归伪史辨识》 定价：96.00元

刘雪飞著：《上古欧洲斯基泰文化巡礼》 定价：32.00元

〔俄〕T.Б.巴尔采娃著，张良仁、李明华译：

《斯基泰时期的有色金属加工业——第聂伯河左岸森林草原带》

定价：44.00元

叶德荣著：《汉晋胡汉佛教论稿》 定价：60.00元

王颋著：《内陆亚洲史地求索（续）》 定价：86.00元

尚永琪著：

《胡僧东来——汉唐时期的佛经翻译家和传播人》 定价：52.00元

桂宝丽著：《可萨突厥》 定价：30.00元

篠原典生著：《西天伽蓝记》 定价：48.00元

〔德〕施林洛甫著，刘震、孟瑜译：

《叙事和图画——欧洲和印度艺术中的情节展现》 定价:35.00 元
马小鹤著:《光明的使者——摩尼和摩尼教》 定价:120.00 元
李鸣飞著:《蒙元时期的宗教变迁》 定价:54.00 元
〔苏联〕伊·亚·兹拉特金著,马曼丽译:
《准噶尔汗国史》(修订版) 定价:86.00 元
〔苏联〕巴托尔德著,张丽译:《中亚历史——巴托尔德文集
第 2 卷第 1 册第 1 部分》 定价:200.00 元(上、下册)
〔俄〕格·尼·波塔宁著,〔苏联〕B. B. 奥布鲁切夫编,吴吉康、吴立珺译:
《蒙古纪行》 定价:96.00 元
张文德著:《朝贡与入附——明代西域人来华研究》 定价:52.00 元
张小贵著:《祆教史考论与述评》 定价:55.00 元
〔苏联〕K. A. 阿奇舍夫、Г. A. 库沙耶夫著,孙危译:
《伊犁河流域塞人和乌孙的古代文明》 定价:60.00 元
陈明著:《文本与语言——出土文献与早期佛经词汇研究》
定价:78.00 元
李映洲著:《敦煌壁画艺术论》 定价:148.00 元(上、下册)
杜斗城著:《杜撰集》 定价:108.00 元
芮传明著:《内陆欧亚风云录》 定价:48.00 元
徐文堪著:《欧亚大陆语言及其研究说略》 定价:54.00 元
刘迎胜著:《小儿锦研究》(一、二、三) 定价:300.00 元
郑炳林著:《敦煌占卜文献叙录》 定价:60.00 元
许全胜著:《黑鞑事略校注》 定价:66.00 元
段海蓉著:《萨都剌传》 定价:35.00 元
马曼丽著:《塞外文论——马曼丽内陆欧亚研究自选集》 定价:98.00 元
〔苏联〕И. Я. 兹拉特金主编,М. И. 戈利曼、Г. И. 斯列萨尔丘克著,
马曼丽、胡尚哲译:《俄蒙关系历史档案文献集》(1607—1654)
定价:180.00 元(上、下册)

敬请期待

贾丛江著:《汉代西域汉人和汉文化》
王永兴著:《敦煌吐鲁番出土唐代军事文书考释》
薛宗正著:《汉唐西域史汇考》
徐文堪编:《梅维恒内陆欧亚研究文选》
李锦绣编:《20 世纪内陆欧亚历史文化研究论文选粹》

李锦绣、余太山编:《古代内陆欧亚史纲》
李锦绣著:《裴矩〈西域图记〉辑考》
李艳玲著:《田作畜牧
——公元前2世纪至公元7世纪前期西域绿洲农业研究》
许全胜、刘震编:《内陆欧亚历史语言论集——徐文堪先生古稀纪念》
张小贵编:《三夷教论集——林悟殊先生古稀纪念》
李鸣飞著:《横跨欧亚——中世纪旅行者眼中的世界》
杨林坤著:《西风万里交河道——明代西域丝路上的使者与商旅》
林悟殊著:《华化摩尼教补说》
王媛媛著:《摩尼教艺术及其华化考述》
李花子著:《长白山踏查记》
芮传明著:《摩尼教敦煌吐鲁番文书校注与译释研究》
马小鹤著:《霞浦文书研究》
〔德〕梅塔著,刘震译:《从弃绝到解脱》
郭物著:《欧亚游牧社会的重器——鍑》
王邦维著:《华梵问学集》
李锦绣著:《北阿富汗的巴克特里亚文献》
孙昊著:《辽代女真社会研究》
赵现海著:《长城时代的开启
——长城社会史视野下明中期榆林长城修筑研究》
华喆著:《帝国的背影——公元14世纪以后的蒙古》
杨建新著:《民族边疆论集》
王永兴著:《唐代土地制度研究——以敦煌吐鲁番田制文书为中心》
〔俄〕柯兹洛夫著,丁淑琴译:《蒙古与喀木》
韩中义著:《欧亚与西北研究辑》
刘迎胜著:《蒙元史考论》
尚永琪著:《古代欧亚草原上的马——在汉唐帝国视域内的考察》
石云涛著:《丝绸之路的起源》
青格力等著《内蒙古土默特金氏蒙古家族契约文书整理研究》
尚永琪著:《鸠摩罗什及其时代》
石云涛著:《魏晋南北朝时期的外来文明》
